사오위린 대사의 한국 외교 회고록

중화민국과 한국의 근대 관계사

일러두기

신해혁명이 일어난 1912년부터 1949년까지는 국호를 '중국'으로 통일했으며, 중화인민공화국과 중화민국이 각각 수립된 1949년 이후로는 중화인민공화국은 '중공', 중화민국은 '중화민국' 또는 '타이완'으로 표기했다.

이 도서의 국립중앙도서관 출판예정도서목록(CIP)은 서지정보유통지원시스템 홈페이지(http://seoji.nl.go.kr)와 국가자료공동목록시스템(http://www.nl.go.kr/kolisnet)에서 이용하실 수 있습니다.
CIP제어번호: CIP2017030020(양장), CIP2017030547(반양장)

사오위린 邵毓麟 지음

이용빈 외 옮김

사오위린 대사의

한국 외교 회고록

중화민국과 한국의 근대 관계사

使韓回憶錄: 近代中韓關係史話

by 邵毓麟

추천의 글

　중화민국과 대한민국은 긴 역사 속에서 깊고도 두터운 우정을 나누어
왔습니다. 최근 백 년 동안 두 나라는 외세의 침략과 압박을 함께 극복하
고 반공의 대오를 함께했습니다. 그뿐만 아니라 이후에도 두 나라는 경제
를 일으키고 민주주의를 발전시키고 국민들의 삶의 질을 높이면서 전 세
계에 성공한 자유민주주의의 모범을 보여왔습니다.

　오늘날 한국은 세계 7대 수출국이자 10대 경제대국으로 우뚝 섰으며,
한류의 열풍은 전 세계를 휩쓸고 있습니다. 이와 같은 놀라운 성공은 상하
이에 한국임시정부를 수립한 이래 온 국민이 힘을 합해 노력해온 결과라
할 것입니다.

　한국임시정부가 나라를 되찾기 위해 노력했던 과정은 중화민국의 국민
당 정부와 불가분의 관계를 가지고 있습니다. 국민당 정부는 전면적인 항
일 전쟁의 간고한 환경 속에서도 정치적으로 재정적으로 그리고 군사적으
로 여러 방면에서 한국임시정부에 대한 지원을 아끼지 않았습니다. 장제
스 총통은 1943년 개최된 카이로회담에서 전후 한국의 독립을 강력히 주
장하기도 했습니다. 그리고 대한민국이 수립된 이후에도 중화민국은 대한
민국과 최초로 외교 관계를 수립한 국가였습니다. 장제스 총통이 1949년
8월 이승만 대통령의 초청으로 진해에서 회담을 가진 후 양국은 더욱더 견

고한 반공의 동맹국으로, 격변하는 국제정세의 소용돌이 가운데 서로를 지지하고 돕는 소중한 우방으로 거듭났습니다.

사오위린 대사는 중화민국의 초대 주한대사를 지낸 인물입니다. 그는 1935년 외교부에 들어가기 전부터 한국의 독립운동 지사들과 친분이 두터웠으며, 이후로도 오랫동안 한국과의 교섭 업무를 맡았습니다. 1980년에 출판된 그의 회고록은 1919년 일어난 3·1 독립운동에서부터 1979년에 이르기까지 60년 동안의 역사를 생생히 증언하고 있습니다. 이는 대한민국의 독립운동사일 뿐만 아니라 중화민국과 대한민국의 관계사를 소상히 기록하고 있는 소중한 역사 기록입니다.

대한민국 정부 수립 70년, 그리고 한국임시정부 수립 100년을 앞두고 있는 시점에 한울엠플러스에서 사오위린 대사의 회고록을 번역 출판하게 된 것을 기쁘게 생각합니다. 사오 대사의 회고록은 한국의 친구들이 건국의 역사적 사실을 기억하고 양국 관계의 깊은 우정을 되새기는 데 크나큰 도움이 될 것입니다. 특히 이 책을 통해 양국이 미래를 위해 함께 노력해 나가는 새로운 비전을 그릴 수 있기를 기대합니다.

2017년 11월
주한 타이베이대표부 대표 스딩(石定)

차례

한 권의 전기 또는 회고록이 모든 사람이 앞 다투어 읽으려는 수준에 도달하기 위해서는 상세하고 실질적인 내용 외에 비범한 시기, 비범한 지역, 비범한 사람, 이 세 가지 요소를 포함하고 있어야 한다. 만약 책 내용이 일상적이고 늘 보아오던 것이거나 내용을 전하는 사람의 학식이 일반적인 수준이라면 쓰인 기록이 충실하더라도 사람들로부터 관심을 받지 못한다.

사오위린(邵毓麟) 선생의 회고록은 위에서 제시한 비범한 시기·지역·사람의 세 가지 요소를 모두 갖추고 있다고 할 수 있다. 왜냐하면 그가 한국에 대사로 부임했던 때는 바로 한국과 중화민국 양국이 미국의 극동 정책에 의해 함께 버림 받았던 시기였으며, 그가 외교 사절로 부임한 곳은 바로 미소 냉전이 한창이어서 전쟁이 발발할 위기에 놓인 위험한 지역이었기 때문이다. 그런데 오랫동안 비서로 일했던 사오위린은 임기응변과 전략에 정통한 인물이라서 이처럼 처리하기 어려운 일을 훌륭하게 감당해냈다. 따라서 그가 주한 중화민국대사로 재직한 기간은 비록 2년에 불과하지만 여기에 기록된 사실은 대중이 알고 싶어 하는, 국제적으로 혼란스러웠던 한 시대의 사료다. 이 때문에 글 중에는 비밀 사항에 대한 기록도 있다.

나와 사오위린 선생은 1944년에 미국 워싱턴에서 함께 자리를 하며 알게 되었는데, 얼굴만 알고 지내다가 1965년 뉴욕에서 열린 연회에서 다시 만났다. 당시 사오위린 선생은 막 주터키대사로서의 임무를 마치고 미국으로 돌아온 터였다. 그날 허심탄회하게 얘기를 나눈 뒤 나와 판궁잔(潘公展), 청치바오(程其保), 쉐광첸(薛光前) 등 여러 선생은 모두 그가 현대 중국의 무대에 출현한 하나의 혜성이자, "아마도(Perhaps)"라고만 말할 뿐 "아니오(No)"라고 말하지 못하는 구식 외교관과는 사뭇 다른 사람임을 알게 되었다. 1968년 타이완으로 돌아온 나는 총통부가 작성한 '다시(大溪) 당안(檔案)'을 살펴볼 기회가 있었는데, 그 과정에서 『대소외교 일반교섭(對蘇外交一般交涉)』이라는 책에 실린 사오위린 선생의 글을 발견했다. 1944년 1월 「소련공산당과 중국공산당의 투쟁 실시 계획서(與蘇共中共鬪爭之實施計劃說帖)」라는 제목으로 집필한 글이었는데, 이 글로 인해 나는 사오위린 선생을 더욱 높이 평가하게 되었다. 해당 계획서의 요점을 간추리면 다음과 같다.

- 소련의 대외 전략은 줄곧 타인에게 갈등을 만들어냄으로써 자신의 안정을 추구하는 것을 정책 취지로 삼고 있다. 1943년 5월 코민테른이 해산한 것 또한 정치 전략을 조직 전략으로 전환하는 일종의 변화와 결부되어 있으며, 소련이 각국 공산당을 장악해 대외 전략을 실시하기 위함이다. 이러한 전략은 조금도 바뀌지 않고 있다.
- 중국공산당은 항일 전쟁 및 건국 통일의 주요 장애다. 도리어 소련이 우리의 중요한 정치 자본이다. …… 우리는 반드시 중국공산당을 해결해야 한다. 그래야만 항일 전쟁과 국가 건설을 완성할 수 있다. 그래야만 중소(中蘇) 관계를 제대로 바로잡을 수 있다.

중소 관계를 바로잡는 과정에서는 중국이 반드시 주동적이어야 하며, 중국은 소련과 흥정할 수 있는 밑천이 있어야 한다. 이 계획서에서는 여기에 대해 다음과 같이 지적했다.

• 소련의 대외 전략은 줄곧 당이 비밀리에 선동해서 정치적 규합을 시도하는 이중 방식이었다. 현재 소련은 체코를 장악하고 있는데, 이에 맞서 영국은 폴란드를 핵심으로 하는 동유럽 연방을 타파하고 있으며 서유럽 연방을 타파하기 위해 프랑스도 끌어들이고 있다. 소련은 범슬라브주의를 제창하고 헝가리·불가리아·루마니아의 공산당을 책동해 애국전선을 조직하며 있으며 발칸반도의 작은 국가들을 다시 탈환해 도나우강 연방을 분쇄하려 하고 있다.

• 영국은 터키를 끌어들여 범이슬람 연맹을 형성하려 하고 있으며, 미국과 연계해 이란의 독립을 보증함으로써 중동을 공산화하려는 소련의 야심을 예방하려고 한다.

• 앞으로 소련은 영국에 대해서는 제국주의와 식민지 간의 갈등을 이용하고 중동에서 남하해 인도를 위협할 것이며, 미국에 대해서는 중남미 각 소국을 선동해 미국의 먼로주의를 동요시킬 것이며, 일본에 대해서는 일본공산당을 선동해 일본이 움직이지 못하게 만들 것이다. 이는 군사·정치·경제 세 가지 방면으로 구분해 살펴볼 수 있다.

① 군사상으로 보자면, 소련은 장차 독일·소련 간의 전쟁이 종결되고 난 후 일본의 심각한 패배를 감안하면서 대일 작전을 전개하는 동시에, 중국공산당과 연계해 중소 간의 국경 지대에 장기간 할거함으로써 일본을 중소 간의 완충으로 삼으려 할 것이다.

② 정치상으로 보자면, 소련과 영국·미국은 이미 대립을 형성하고 있으므로 중국은 이들 국가 사이를 중개해야 하는데 이는 매우 중요한 의미를 갖는다. 전 세계적인 국면에서 볼 때 소련은 중국을 얻으면 승리할 것이고 중국을 잃으면 패배할 것이다. 이 때문에 지금 소련은 중국에 붙어 있지도 떨어져 있지도 않다. 소련은 한편으로는 장차 중국이 강대해져서 영국·미국에 의해 이용되어 소련에 대항하는 쪽으로 방향을 바꿀까 봐 두려워하고 있으며, 다른 한편으로는 중국을 끌어

들이는 데 뜻을 두지 않고 중국과 미국·영국 사이에 갈등을 만들어냄으로써 중국을 장악하고 운용하기 쉽도록 하려 할 것이다.

③ 경제상으로 보자면, 전후 중국의 시장은 반드시 소련의 주목을 받을 것인데, 그중에서도 중국 서북의 교통은 더욱 소련의 주목을 받을 것이다. 중국에 대한 소련의 진의를 탐색하고 중국이 중국공산당 토벌 조치를 실행하는 것을 소련이 가로막지 못하도록 하기 위해 우리는 소련에 대해 외교 공세를 취해야 한다. 소련과 중국공산당 사이의 틈새를 파고들어 양자 간의 모순을 만들어내고 그 가운데에서 이를 분화시켜야 한다. 이와 동시에 외교에서는 대소(對蘇) 회담을, 내정에서는 대공(對共) 회담을 기치로 삼아 이 두 가지 사안이 확연히 구분되는 것임을 명백히 표명해야 한다. 이에 입각해 중국공산당 토벌이 곧 반소(反蘇)라는 착각과 오해를 없애는 한편 중국에 대한 동맹국의 관심을 일정하게 유지해야 한다.

이 계획서는 마지막에 몇 가지 항목을 구체적으로 건의하고 있는데, 그중에는 중소상호불가침조약의 자동 연장, 소련에 대한 무역 개선, 소련에 대한 운수 강화, 소련과 공동으로 한국의 독립에 대한 보증 건의, 외몽골 지역에 대한 소련의 진의 탐색 등과 같은 내용이 포함되어 있다. 그런데 마지막에는 다음과 같은 빼어난 경고의 문구로 결론을 내리고 있다.

대소 외교의 기본 요령(要領)은 소련 측에 대영(對英)·대미(對美)의 정치 자본을 제공하고 그 대신 중국에서 취할 수 있는 소련의 정치 자본을 획득하는 것이다. 또한 소련 측에 장래에 중국에서 발생할 경제 이익을 제공하고 그 대신 소련이 현재 중국에 줄 수 있는 경제 이익을 획득하는 것이다. 우리가 친소(親蘇)를 하는 것은 중국공산당을 제압하기 위해서다. 따라서 대소 회담을 통해 반드시 상당한 성의와 실리적 혜택을 얻어야 한다. 이에 입각해 친소의 태세를 취하면 미국과 영국으로 하여금 중국에 대한 원조를 강화하게 만드는 이익을 얻을 수도 있다.

이 계획서는 당시 카이로회담이 열리고 미국, 영국, 소련 3개국이 밀접하게 연대해 독일에 대한 작전을 펴는 데 모두 도취되어 있을 때 이미 전후 동서 냉전의 징조를 찾아낸 것으로서, 일반 사람을 초월한 식견이었다. 일본이 패배에 직면하면 소련이 자동으로 참전하리라는 것은 이미 어니스트 킹 제독과 체스터 니미츠 제독 간에 은밀히 논의되어 있었으나 사오위린의 식견은 조지 마셜 국무장관과 헨리 스팀슨 육군장관의 예상을 훨씬 능가하는 것이었다.

사오위린은 소련과 연대를 맺을 때 중국이 반드시 주동적이어야 한다는 것, 그리고 소련이 반드시 상당한 성의를 보여야 한다는 것을 지적함으로써 중국정부가 소련에 대한 정책을 미국에만 의존할 경우 실책이 될 것임을 명확하게 밝혔으며, 또한 장차 소련이 동북 지역을 접수한 이후에는 경제 협력을 위한 소련과의 교섭이 결실을 맺지 못할 것임을 정확히 예견했다. 나는 이 글을 배독한 이후 몇 차례에 걸쳐 깊이 숙고했다. 결국 이 글은 수십 년의 극동 정세와 관련된 일종의 전략이었지만 제대로 주목받지 못해 안타까웠다. 독자들은 1944년 1월에 소련과 마오쩌둥 사이에 표면에 드러나지 않은 껄끄러운 흐름이 있었다는 것과,[1] 당시 중미 간에는 공개적인 분열이 아직 존재하지 않았다는 것[2]을 반드시 알아야 한다.

사오위린 선생은 이 계획서에서 소련 측에 영국과 미국의 정치 자본을 제공하고 그 대신 소련은 중국의 서북 지역에서 경제 이익을 거두게 하자

---

[1] 1941년 소련은 독일이 소련을 공격하는 틈을 타서 일본이 서시베리아로 출병할 것을 두려워해, 병력을 배치해 견제하도록 두 차례에 걸쳐 코민테른을 통해 중국공산당에 요구했다. 하지만 마오쩌둥은 모두 허락하지 않았고, 코민테른은 이를 매우 불쾌하게 생각했다. 彼得 弗拉基米洛夫, 『延安日記, 1942~1945』, 周新 譯(臺北: 國聯出版社, 1976) 참조.

[2] 스틸웰 사건이 발생한 1944년 10월 이후에 중미 간의 분열이 공개되기 시작했다.

는 퀴드 프로 쿼(Quid Pro Quo), 즉 주고받기 계획을 언급했는데, 그 계획은 크렘린의 수요에 부합되는 것으로서, 스탈린에 의해 받아들여졌을 가능성이 매우 높다. 사실 스탈린은 그 해 11월 중에 장제스(蔣介石) 총통에게 소련에 와서 회담을 하도록 요청할 심산이었다. 만일 그렇게 되었다면 중국의 권익을 소련에 팔아넘길 필요가 없었을 것이고 동아시아의 역사는 다시 쓰였을 것이다. 내가 10년 넘게 가지고 있던 이런 생각이 이 책 『사오위린 대사의 한국 외교 회고록』에 토로되어 있다. 따라서 나는 미력한 의견을 다소나마 표명함으로써 사오위린 선생에 대한 나의 존경을 나타내고자 한다.

이 책은 모두 일곱 개의 장으로 구성되어 있다. 그중에서도 사료상의 가치가 가장 높은 부분은 물론 한국전쟁과 관련된 제3장이다. 1950년 발발한 한국전쟁이 중화민국 정국에 미친 영향은 과거 시안(西安) 사건[3]이 중국공산당에 미친 영향과도 같다. 한국전쟁은 역사를 뒤바꾸는 무게를 지니고 있기 때문에 정치학자와 역사학자로부터 커다란 주목을 받았다. 한국전쟁의 역사적 진실은 10년 동안 소련과 중공 외의 국가에서는 점차 밝혀지는 추세다. 나는 다방면에 걸쳐 연구와 토론을 한 끝에 한국전쟁이 일종의 커다란 재난이었다는 사실을 깨달았다. 미국은 한국 관련 정책에 대해 마땅히 책임을 져야 한다. 이와 관련해서 1942년부터 시작해 서술하겠다.

1942년 대한민국 임시정부가 충칭(重慶)에 세워졌는데, 미국은 이를 승인하지 않았다.[4] 1943년 프랭클린 루스벨트는 영국 외교장관에게 한국은 먼저 30~40년의 공동 신탁통치를 받은 이후에야 독립을 할 수 있을 것이라는 의견을 제기했다.[5] 카이로회담에서는 한국에 대해 상당히 긴 기간 동안 신탁통치를 실시한다는 명문이 규정되었는데, 여기에는 루스벨트의 의

---

3   1936년 12월 중국 시안에서 만주군 지휘관인 장쉐량이 공산군 토벌을 격려하러 온 장제스를 감금하고 내전 정지와 항일 투쟁을 호소한 사건을 말한다. _옮긴이 주
4   邵毓麟, 『使韓回憶錄』, 第2章 第3節 참조.
5   State Department Report, Apr. 11, 1942.

건이 상당히 많이 반영되었다.[6] 테헤란회담 기록에는 스탈린이 한국에 대해 토론한 내용이 전혀 없는데, 루스벨트는 "스탈린은 이미 한국에 대해서 40~50년의 공동 신탁통치를 하는 데 동의했다"라고 보고한 바 있다.[7] 얄타회담에서 루스벨트는 '한국에 대한 30~40년의 공동 신탁통치'에 대해 스탈린에게 문의했고, 스탈린은 "신탁통치 기간은 짧으면 짧을수록 좋다"라고 응답했다.[8] 조선이 망한 이후 한국인들은 독립을 이루고 국가를 되찾기를 학수고대했는데, 루스벨트는 장기간의 신탁통치로 전후의 독립을 대신하려 했던 것이다. 이는 그가 한국 민족의 정서에 밝지 못했기 때문이다. 이러한 지경에 이르게 만든 채 1945년 루스벨트가 사망하자 미국은 대한(對韓) 정책을 끝내 정하지 못하게 되었다.

해리 트루먼이 후임 대통령직을 승계한 이후 요셉 그루 국무차관, 헨리 스팀슨 육군장관은 모두 미국이 한국에 상당한 병력을 배치해 한국이 소련에 의해 지배당하지 않도록 해야 한다고 주장했다.[9] 하지만 마셜과 소련군 오토로프는 포츠담회담에서 소련 측에 "미국은 아직 한국에 병력을 배치할 계획이 없다"라고 말했다.[10] 소련이 신속하게 부대를 진주시켜 나진

6   梁敬錞, 『開羅會議』, p.147.
7   United States Department of State, *Foreign relations of the United States(FRUS): diplomatic papers, The Conferences at Cairo and Tehran, 1943*(Washington, D.C.: U.S. Government Printing Office, 1943), p.869.
8   United States Department of State, *Foreign relations of the United States(FRUS): Conferences at Malta and Yalta, 1945*(Washington, D.C.: U.S. Government Printing Office, 1945), p.770.
9   그루의 보고서는 United States Department of State, *Foreign relations of the United States(FRUS): diplomatic papers, 1945: British Commonwealth, the Far East*, Vol.6(Wasthington, D.C.: U.S. Government Printing Office, 1945), p.563을, 스팀슨의 서신은 United States of Department of State, *Foreign relations of the United States(FRUS): diplomatic papers: the Conference of Berlin(the Potsdam Conference)*, 1945, Vol.2(Washington, D.C.: U.S. Government Printing Office, 1945), p.631을 참조.
10 소련은 오랫동안 미국이 극동에서 추진하는 전후 군사 배치를 탐색했다. 7월 24일 오토로프와 마셜이 포츠담에서 회담할 때 오토로프는 먼저 마셜에게 소련군이 만주에서 했던 행동을 한반도 연안에서 할 경우 미국이 군대를 동원해 한국을 지원할 계획이 있는가를 물었으며, 마셜은 미국은 그러한 계획이 없다고 대답했다. 이 대답을 듣고 오토로프는 매우 만족했으며, 북한 지역으로 소련군을 진주시키는 방책을 은밀히 마련했다. 당시는 소련이 동유럽 각국에서 군대의 점령 지구 행정에 대한 방법을 드러내 보이던 시기였는데, 마셜은 스팀슨과 그루의 경고를 고려하지 않

항을 점령하자 트루먼은 맥아더, 니미츠에게 급하게 전보를 쳐서 전함을 신속하게 파견해 먼저 한국의 서울과 랴오둥(遼東)반도의 다롄(大連)을 차지할 것을 요구했지만, 소련군은 이미 중화민국의 동북 지역에 진주한 뒤였다.[11] 미국 참모본부는 상황이 이에 이르자 당시 미국 육군에서 복무 중이던 딘 러스크 대령 등에게 미국과 소련이 대일 항복을 받는 경계선을 30분 내에 작성하라고 명령했다. 남북한 38도선은 여기에서 유래되었다.[12] 일본이 투항할 당시 미국은 한국에 대한 정책을 갖고 있지 않았다는 사실이 여기에서 증명된다.

1945년 12월 모스크바 3국 외상회의가 열린 이후 미국은 5년간 한국을 신탁통치한 뒤 독립시키는 대한 정책을 마련하기 시작했다. 하지만 이 정책이 집행될 수 있을지 여부는 미소공동위원회의 협의를 거쳐야만 했는데, 식자층은 이 방안이 성과를 거두지 못할 것임을 일찍부터 간파하고 있었다. 관련 협의가 1946년 2월부터 1947년 4월까지 14개월이나 정체된 가운데 에드윈 폴리 대사가 트루먼에게 비밀리에 보고서를 제출했고,[13] 이로 인해 트루먼은 처음으로 미국이 한국을 쟁취하는 정책을 견지하게 되었다.[14] 그런데 1947년 4월 이후 미국은 결국 남한을 포기하는 전략을 채택했다.[15]

고 경솔하게 이와 같은 대담해 큰 실책을 범했다. 이와 관련한 심도 있는 논의는 다음을 참조. Robert M. Slusser, *Soviet Far Eastern Policy*(1975), pp.133~135.

11   Richard C. Thornton, *China: the Struggle for Power, 1917-1972*(Indiana University Press, 1973), p.177.

12   Joseph Collins, *War in Peacetime: The History and Lessons of Korea*(Houghton Mifflin, 1969), p.25의 Note 항목 참조.

13   폴리의 비밀 보고서에는 한국은 비록 작지만 공산 제도와 민주 제도가 각축을 벌이는 장소이므로 미국이 이를 쉽게 포기할 수 없다고 언급하고 있다. 한국을 포기할 경우 미국의 위신에 타격을 입을 것이기 때문이다. United States Department of State, *Foreign relations of the United States(FRUS), 1946: Eastern Europe, the Soviet Union*, Vol.6(Washington, D.C.: U.S. Government Printing Office, 1946), pp.708~709.

14   트루먼은 1946년 7월 18일 폴리에게 답신하며 이에 대해 동의를 표시했다. 이와 동시에 다른 편지를 국무부에 보내 주한 미군의 주둔 시기를 좀 더 연장함으로써 남한 독립의 안전을 보증하도록 했다. 같은 글, pp.713~714.

15   JCS-1769/1 문건은 미국의 인력과 자원은 모두 전면적인 반공의 막중한 임무를 담당하기에 부족하다고 논하면서, 미국의 안전에 관계되는 경중에 따라 원조의 순서를 결정해야 한다고 제기했

남한을 포기하기로 한 표면적인 이유는 두 가지였는데, 하나는 미국의 대소 전략 차원에서 볼 때 남한은 그다지 가치가 없었기 때문이고, 다른 하나는 미국의 아시아 정책이 육상이 아닌 해양을 확보하는 데 초점을 두고 있었기 때문이다.[16] 하지만 실질적인 이유는 미국의 군정 관료가 트루먼 독트린을 자체적으로 검토한 결과 미국의 대외 부담이 과도하다는 사실을 깨닫기 시작했기 때문이다. 전후 미국에서는 제대하는 군인이 너무 많아져 미군 병사의 수가 다른 나라까지 지배하기에 충분하지 않았다. 그렇다고 징병을 다시 조정하면 예산 증가를 이유로 의회에서 공화당으로부터 공격을 받을 텐데 이 또한 원하지 않았다. 한편 북대서양조약기구(NATO)가 발족한 이후 미국은 유럽에 주둔하는 병사의 규모를 늘려야 했는데, 남한에서는 소련이 나날이 철수하면서 미군에도 조속히 철수할 것을 촉구하는 형국이었다. 이에 미국은 선구후아(先歐後亞), 즉 유럽을 우선시하고 그 후에 아시

다. 16개 국가 중에서 영국이 첫째이고, 그다음으로 프랑스, 서독, 벨기에, 네덜란드, 이탈리아, 오스트리아, 캐나다, 터키, 그리스, 라틴아메리카, 스페인, 일본, 그리고 순서에 따라 중국은 14위, 한국은 15위였으며, 필리핀이 가장 마지막이었다. 이처럼 남한은 미국의 안전에 매우 적게 도움이 되므로 미국이 더욱 중요한 국가에 대해 원조를 한 이후에 여력이 있을 때라야 남한에 원조를 할 수 있었다. United States Department of State, *Foreign relations of the United States (FRUS), 1947: General; The United Nations*, Vol.1(Washington, D.C.: U.S. Government Printing Office, 1947) pp.738~750.
또한 육군장관 피터슨은 1947년 4월 24일, 해군장관 제임스 포리스털은 1947년 9월 24일, 국무부 정책기획위원회 케넌 주임은 1947년 5월에 마셜 국무장관에게 보고서를 올려, 한국이 전략적인 가치가 있는 지역이 아니므로 미국이 병력 파견을 고려할 필요가 없다고 표명했다. F.R. 1947, (6), pp.626~627, 814, 818.
아울러 상기 각 인사의 의견은 1947년 9월에 국무부, 육군, 해군의 3부 연석회의 토론을 거치고 1948년 4월 국가안전보장회의의 일련의 결의를 거쳤다(NSC-8, NSC-48/1, NSC-48/2). 트루먼은 결국 1949년 3월 미국이 1946년 이래 추진해왔던 대한 정책을 변경했다. NSC-6/2 The Position of U.S. with Respect of Korea, F.R. 1949, (7), part 2, pp.969~978.

16 NSC-48/1 안은 미국의 아시아에서의 지위에 입각해서 말하자면 미국은 아시아 대륙에서 최소한의 지대라도 유지해야 한다고 논하고 있는데, 이는 태평양 연안의 이어져 있는 섬들과 그 연안의 교통선을 뜻한다. 또한 아시아에서의 미국의 작전 요결(要訣)은 단지 육군 이외의 무력을 사용하는 데 있으며, 따라서 미국의 극동 국방의 제1선은 일본, 오키나와섬, 그리고 필리핀이라고 밝혔다(이는 1950년 1월 12일 애치슨이 신문기자 클럽 연설에서 알류샨열도에서의 미국 국방선은 필리핀이라고 말했던 근거인데, 여기에는 타이완, 한국이 함께 포함되지 않으므로 주의할 필요가 있다). Dept. of Defense: US-Vietnam Relations, Vol. 8, pp.226~264.

아를 운용하는 전략을 추진하기로 했다. 따라서 "남한 정세와 미국 안보는 무관하다", "아시아 대륙은 미국의 작전 지역이 아니다"라는 말은 모두 병력이 부족한 미국의 현실을 은폐하기 위한 것에 불과했다.

그러나 합동참모본부(JCS)와 국가안전보장회의(NSC)는 남한에 미군을 주둔시키고 싶지 않았지만 그렇다고 남한을 저버린 흔적을 남기고 싶지도 않았다. 이에 한국에서 무슨 일이 발생할 경우 유엔에서 처리하게끔 논의했다. 1947년 11월 10일, 이 논의가 유엔총회에서 통과된 이후 11개 국가의 대표로 구성된 유엔한국임시위원단이 한국을 방문해 국회의원 선거를 감독했다. 하지만 소련은 참가를 거부했다. 1948년 5월 10일 남한에서 선거가 치러져 6월 대한민국이 탄생한 반면, 그해 9월 북한은 조선민주주의인민공화국을 수립해 남북한이 분열되었다. 1949년 3월 미국은 6월 말에 주한 미군을 철수할 것이라고 선포했으며, 유엔한국임시위원단은 한국에 남아 업무를 수행했다. 사실 이 모든 상황은 미국이 연출한 것이라 할 수 있다. 당시 미국은 대체적으로 다음과 같이 판단했다. '북한은 아직 소련으로부터 원조를 받지 못하고 있었으므로 유엔을 무시한 채 남한을 침범할 수는 없을 것이다. 만약 남한을 침범하더라도 미국식 장비를 갖춘 이승만의 부대는 이에 저항하며 자위할 수 있을 것이다. 만약 소련이 북한이 남한을 침범하도록 교사한다면 이는 제3차 세계대전의 개전 사유에 속하므로 유엔 안전보장이사회가 제재를 가해야 된다. 미국이 병력을 철수하더라도 유엔한국임시위원단은 한국에 주재하고 있으므로 한국의 정세에 크게 주의를 기울이지 않더라도 미국의 위신이 손상되지는 않을 것이다.'

이는 위기의 상황에서 은밀히 달아나는 계책으로, 합동참모본부와 국가안전보장회의의 여러 참모들이 이에 대해 반복해서 변론한 바 있다. 필자는 워싱턴에 위치한 국립문서기록보관청 자료와 학자들의 연구 논문에서도 이를 확인할 수 있었다.[17] 그러나 한국전쟁이 발발한 이후 미군이 여전히 한국에서 벗어나지 못한 것은 미국의 정책이 제대로 집행되지 못했기 때문이다.

미국의 육군 역사관인 로버트 소이어가 쓴 『한국의 군사 고문들(Military Advisors in Korea)』에 따르면, 한국전쟁이 발발했을 당시 남한 부대는 10만 명이었는데 훈련 수준이 매우 낮았다. 또한 탱크와 대포가 모두 부족했고, 공군 방면에는 P-51 비행기 40대, F-6 훈련기 7대, C-47 운수기 2대만 보유하고 있어 북한이 보유한 소련 신식 무기 및 T-32 탱크의 화력에 맞서 저항할 수 없는 상태였다.[18] 육군 참모총장 조셉 콜린스의 기록에 따르면, 한국전쟁이 발발하기 1년 전 주한 미군 고문단 단장 윌리엄 로버츠는 미국 상원에서 열린 청문회에서 "남한 부대는 북한을 훨씬 능가한다"라고 밝혔다. 또한 한국전쟁이 발발하기 12일 전인 1950년 6월 13일에는 경제협력청(ECA) 부국장 윌리엄 포스터가 미국 의회의 청문회에서 "기율이 엄격한 남한 부대는 북한의 어떤 도전에도 충분히 대응할 수 있다"라고 증언했다.[19] 하지만 실제로는 미국의 장비를 갖춘 남한 부대의 전투력이 이처럼 취약했으니 미국이 정책 집행을 책임지지 않을 수 있었겠는가?

트루먼은 자신이 1949년 3월에 비준한 NSC-8/2 정책, 즉 한반도에서의 미군 철수를 골자로 하는 정책을 뒤집는 것으로 한국전쟁을 묵인했다. 당시 그는 더 이상 전략 가치에 대한 제언을 믿지 않았고, 더 이상 미국의 부족한 병력 수를 고려하지 않았다. 도리어 9·18 만주사변 이래 역사가 남긴 교훈을 정책 결정의 본보기로 삼았다.[20] 트루먼의 이러한 자세는 정치와

---

17 NSC-8, NSC-48/1, NSC-48/2; Joseph Collins, *War in Peacetime*; John Lewis Gaddies, *Korea in U.S. Politics* 등을 참조하기 바란다.

18 Robert K. Sawyer, *Advisors in Korea*, p.95; Robert R. Simmons, *The Strained Alliance: Peking, Pyongyang, Moscow, and the Politics of the Korean Civil War*(Free Press, 1975), p.113.

19 Joseph Collins, *War in Peacetime*, pp.42~44.

20 트루먼은 미주리에서 워싱턴으로 비행기를 타고 귀환할 당시 제2차 세계대전이 발발한 원인에 대해 만주사변, 에티오피아 침략, 라인강으로의 병력 진주 등의 사건이 일어났을 때 서방 국가가 일찍이 이에 대해 제재를 가하지 않았기 때문이라고 생각했다. 따라서 이 한국 사건은 신속하게 억제해야 한다고 보았다. *Truman Memoirs*, Vol.2, p.333; Joseph Collins, *War in Peacetime*, p.4.

역사를 연구하는 학자라면 높이 평가할 만하다. 트루먼의 이러한 정책은 그가 미주리에서 워싱턴으로 가는 비행 일정 도중에 결정된 것이다.[21] 1950년 6월 25일 밤, 블레어 하우스 회의에서 합동참모본부 의장 오마 브래들리는 한국의 지위에 대한 군부의 견해는 변하지 않았으며 NSC-8/2의 기존 방안을 유지하고자 한다고 밝혔으나, 트루먼이 불쑥 다른 말을 꺼낸 것이다. 이로 인해 미국 최고지도자인 트루먼의 생각이 이미 정해졌다는 사실을 모두 알게 되었고, 더 이상 아무도 다른 말을 하지 않게 되었다.[22]

6월 25일 밤에 블레어 하우스에서 열린 제1차 회의는 대한 정책을 변경시켰을 뿐만 아니라 또한 대타이완 정책도 바꾸게 만들었다. 당시 타이완 정세는 매우 위태로웠다. 국방장관 루이스 존슨과 합참의장 브래들리는 도쿄에서 시찰을 마치고 돌아온 이후 중국공산당은 이미 6월 15일에 타이완을 공격할 준비를 완료했다고 언급하면서, 타이완해협 맞은편에 있는 중공군은 이미 4만 명에서 15만여 명으로 증가되었으며 타이완을 공격하는 전투는 7월에 시작될 것이라고 보고했다.[23] ≪뉴욕타임스≫ 군사 분야의 저명한 기자 로버트 파월은 타이완과 펑후(澎湖)의 형세를 분석하며 상황을 매우 비관했고, 타이베이(臺北)의 미국인들은 철수를 준비했으며, 타이완은 계엄을 선포했다.[24] 더글라스 맥아더는 타이완섬은 전략적 가치가 매우 높기 때문에 미국이 보호하고 지지해야 한다고 인식했다. 맥아더의 의견에 대해 존슨과 브래들리는 모두 찬성했으며, 애치슨이 추진하려는 방안을 저지할 수 있을 것으로 보았다. 그런데 1950년 6월 25일 밤 열린 회의에서 결정된 내용을 보면 애치슨이 제기한 세 가지 항목으로 구성된

21 트루먼이 비행기에서 내릴 때 트루먼의 보좌진은 워싱턴에서 마중 나온 그들의 동료들에게 트루먼이 그들을 매섭게 징계할 것이라고 말했다. Glenn D. Paige, *The Korean Decision*(New York: The Free Press, 1968), pp.70~71.

22 같은 책, p.75.

23 같은 책, p.98; *Military Situations in the Far East*, MacArthur Hearings, p.2621; *South Morning Post of Hong Kong*(1950.4.9).

24 *New York Times*(1950.6.28).

상황별 대처 계획 가운데 제7함대를 타이완해협에 순시케 해서 방어하는 것이 바로 제2항에 열거되어 있었다.[25] 26일 국무부는 미국의 타이완 주재 총영사가 장제스 총통을 만나 이 결정을 보고하도록 명령했고, 27일 미국은 이를 정식으로 공포했다. 공포할 당시 제7함대의 병력은 항공모함 1척, 중형 구축함 8척, 경형 순양함 1척, 경형 구축함 1척에 불과했다.[26] 하지만 이들 병력은 맥아더 장군의 지휘 아래 남한에 군수를 수송했고, 북한의 항구 연안을 봉쇄했으며, 그 해 10월까지 타이완해협을 순시하면서 방어하는 임무를 맡기 시작했다. 칼 란킨 대사가 직접 서술한 바와 애치슨이 입증한 바에 따르면, 애치슨의 계획은 모두 일찍 제기되었다고 한다.[27] 존 덜레스 또한 당시 트루먼은 공화당 의회의 반대를 완화하고 양당이 외교에서 대외적으로 일치된 모습을 보여주기 위해 이러한 결정을 내린 것이라고 말했다.[28] 하지만 원인과 무관하게 타이완과 평후에서는 이로 인해 고조되던 위기가 완화되었다.

한국전쟁이 발발한 이후 미국이 한국에 대해 취한 조치는 1949년의 대한 정책과 180도 바뀌었으므로 맥아더도 의외라고 느꼈지만,[29] 사오위린 선생은 일찍이 1년 전에 이러한 미국의 의중을 알고 있었다. 사오위린 선생은 1949년 6월 28일 다시(大溪)에서 전임 총통 장제스를 만나 한중 양국의 정세에 대해 논할 때 아래와 같이 추론했다.

전략적인 관점에서 논하자면, 한국은 아시아 대륙에서 유일하게 돌출된 지역이며 돌출된 곳은 반드시 공격을 받게 되어 있습니다. 따라서 한국의 형세는 실로 험악한 상황에 이르렀습니다. 그렇지만 국제관계의 맥락에서

25   *Truman Memoirs*, Vol. 2, p.334.
26   Glenn D. Paige, *The Korean Decision*, p.157.
27   Rankin, *China Assignment*, pp.84~85; *Military Situations in the Far East*, p.1763.
28   John Foster Dulles, *American Policy toward Communist China*, p.95.
29   Glenn D. Paige, *The Korean Decision*, p.153.

논하자면, 한국은 유엔의 산아(産兒)로서 국제조직의 지지를 받고 있으므로 타이완이 현재 고립무원의 처지에 있는 것과 크게 다릅니다. 만약이라도 중공이 타이완을 먼저 공격하는 것은 우리로서는 상상하기조차 싫은 상황입니다. 만약 코민테른이 남한을 먼저 공격할 경우 곧 남한은 국제적으로 성원을 받게 될 것이며 맥아더 장군의 군대는 그 지척에 있으므로 어찌 직접 가서 돕지 않을 수 있겠습니까? 남한이 만약 원조와 구제를 받게 된다면 각국에서 공산당을 저지하려는 목소리가 높아지는 가운데 타이완은 위기가 안전으로 바뀔 가능성이 있습니다.[30]

사오위린 선생의 이러한 추단은 트루먼이 1년 후에 한국전쟁에 대해 보인 반응을 정확히 예상한 것으로, 그의 탁월한 식견은 대서특필할 만했다. 또한 합참의장 브래들리는 사오위린 선생이 장제스 총통을 만나기 1주일 전인 1949년 6월 20일에 합동참모본부회의에서 다음과 같은 방안을 제기했다. 즉, 남한이 침략을 받을 경우 미국은 유엔군을 조직하도록 유엔에 요구해야 하며, 유엔군은 맥아더가 인솔하고 제재해야 한다는 방안이었다. 이 방안은 합동참모본부 본부원들이 찬성하지 않았기 때문에 기각되고 말았다.[31] 하지만 한국 정세의 변화 추이 및 그에 따른 조치에 대해 중화민국과 미국 양국의 고위급이 1년 전부터 뜻을 함께하고 있었음을 이를 통해 확인할 수 있다.

한국전쟁이 발발한 이후 야기된 일부 문제에 대해서는 지금까지도 확실한 답을 얻지 못하고 있는데, 사오위린 선생의 회고록은 자료가 풍부해 이를 탐구하고 토론하는 데 도움이 될 것이다. 나는 여기에서 세 가지 의문에 대해 사오위린 선생으로부터 가르침을 구하고자 한다.

---

30   『使韓回憶錄』, 第3章 第1節 참조.
31   Joseph Collins, *War in Peacetime*, pp. 29~30.

의문 1_ 한국전쟁은 어떻게 발발하게 되었는가

1950년 코민테른이 극동 지역에서 발전하는 과정에서는 두 가지 주목할 만한 큰 사건이 전개될 것으로 예상되었다. 하나는 중공이 7월 중에 타이완·펑후를 공격하는 것이었고, 다른 하나는 평양이 8월 중에 남한을 '해방'시키는 것이었다. 지정학적 관점에서 보자면, 두 곳 모두 미국의 국방 경계선이 아니므로 순조롭게 성공할 가능성이 있었다. 작전 대상의 관점에서 보자면, 한국은 국제적인 지지를 받고 있으므로 타이완의 고립된 상황에 비해 더욱 복잡해 일의 선후를 결정하는 절차가 애초에 전혀 논의되지 못했다. 하지만 6월 25일 한국전쟁이 갑작스럽게 발발해 남한을 '해방'시키는 과정이 크게 바뀌었으며, 이로 인해 타이완과 한국의 현대사는 심대한 전환을 맞았다. 따라서 정치학 및 역사학 연구자들은 그 내막을 철저히 규명하기 위해 갑자기 한국전쟁이 발발하게 된 내막을 추적했는데, 한국전쟁이 모스크바의 검토와 비준을 거치지 않고 북한 측이 독자적으로 행한 것인지, 아니면 스탈린의 판단 착오로 야기된 것인지에 대해서는 의견이 분분하다. 니키타 흐루쇼프는 자신의 회고록에서 "한국전쟁을 주동한 것은 김일성이며 스탈린은 단지 동의만 했을 뿐"이라고 언급했지만, 김일성과 스탈린이 협상하는 과정에서 전쟁 발발의 구체적인 시기를 제시했는지 안 했는지, 김일성이 스탈린에게 마지막으로 지시 하달을 요청한 게 몇 년 몇 월인지는 명확하게 밝혀져 있지 않다. 이로 인해 '한국전쟁이 예정보다 빨리 발발한' 이유 또한 찾기가 어렵다.[32] 하지만 각 방면의 자료를 고증해보면 한국전쟁이 예정보다 빨리 일어날 수 있었던 것은 스탈린의 묵인을 얻었기 때문일 가능성이 높다. 스탈린이 묵인한 이유는 다른 사람이 스탈린을 잘못된 길로 이끌었기 때문인 것으로 보이는데, 스탈린은 이

---

[32]   *Khrushchev Remembers*, pp.367~372.

인물에 대해 이미 응분의 징벌을 가했다.

　1948년 남북한이 분열된 이후 남로당 당수 박헌영은 이승만에게 구속되어 체포되는 것을 피하기 위해 그해 9월 북한으로 도주했고 김일성 정부의 부총리 겸 외교부장에 임명되었다. 박헌영은 민주주의민족전선의 발기인으로, 남한 유격대의 훈련을 주관했으며 남한에 지하 세력을 보유하면서 남한 반정부 정보의 출처를 장악하고 있었다. 1949년 3월 박헌영과 김일성은 모스크바로 가서 스탈린의 접견과 예우를 받았다.[33] 그들은 비록 파벌상 마찰을 빚긴 했지만, 이승만을 제거하고 한반도 전체를 무력으로 통일하자는 데에는 서로 의견이 일치되었다. 1949년 10월 이승만은 남한에서 자신을 반대하는 반정부 세력을 대대적으로 검거했다. 이로 인해 민중의 원망이 들끓었으며, 박헌영의 지하 세력은 나날이 증가했다. 1949년 말에 박헌영과 김일성은 베이징과 모스크바에 원조를 요청했으나 성과가 없었다.[34] 1950년 6월에 발기된 개성국민대회에서는 한반도 전체에서 국회의원 재선거를 거행하고 별도로 통일 정부를 조직하며 유엔한국임시위원단이 철수하라고 요구했는데, 이는 모스크바 신문 ≪이즈베스티야≫의 성원을 얻었다.[35] 박헌영이 주장한 국민대회는 8월 초순(8월 5일에서 8월 8일까지)으로, 한반도 전체에서 실시되는 국회의원 재선거는 8월 15일로 잡혀 있었다. 평양정부는 박헌영의 주장을 6월 19일에 공표했는데, 이는 한국전쟁이 발발한 날과 단지 1주일가량 차이 날 뿐이었다. 따라서 한국전쟁의 발발이 실제로 앞당겨진 것이라면 이는 1주일 이내에 결정된 것이라 할 수 있다. 오늘날 소련과 북한의 외교 자료가 모두 공개되지 않고 있으므로 한국전쟁 발발 일정이 앞당겨진 직접적인 증거를 얻기는 어렵다. 하지만 주일 미국대사관이 작성한 비밀 정보를 보면 박헌영이 '남한의 10만 지하 군

33　Robert R. Simmons, *The Strained Alliance*, pp. 104~105.
34　*Military Situations in the Far East*, p. 3320.
35　Robert R. Simmons, *The Strained Alliance*, p. 106.

중이 명령을 기다리며 북한 진군의 호각 소리만 기다리고 있다'라고 했다는 내용이 있는데,[36] 나는 스탈린이 한국전쟁을 앞당기도록 비준한 결정적인 이유가 이 때문이라고 굳게 믿는다.

1950년에는 남한의 국내 정세가 극도로 불안정했다. 정치 면에서는 선거를 통해 새롭게 구성된 국회의원 210명 가운데 이승만 지지파가 단 47개 의석이었으며, 경제 면에서는 6월 셋째 주에 쌀값이 30%나 폭등했고 미국 1달러 지폐는 당시 한국 화폐 4200원으로 치솟았다.[37] 따라서 10만 지하 군중이 무장혁명을 준비하고 있다는 박헌영의 말이 비록 사실이 아니라 할지라도 이 소문은 남한 사람들의 마음을 크게 선동했다. 북한 주재 소련대사 테렌티 시티코프는 본래 스탈린의 최측근으로 박헌영 외교부장과는 직무상 관련이 있었다. 일정을 앞당겨 민심에 따르자는 박헌영의 요구는 시티코프 대사를 거쳐 스탈린에게 전달되었으며, 이로 인해 스탈린은 남한의 국내 정세 및 한미 관계의 내막에 대해 일찍부터 깊이 알고 있었다.[38] 이러한 정보를 얻고 스탈린은 남한의 해방 조건이 이미 성숙되었다고 여겼다. 스탈린은 평소 시티코프를 깊이 신뢰하고 김일성과 박헌영을 중시했으므로 전쟁 일정을 앞당기자는 그들의 요청에 동의했고, 스스로도 이것이 이치에 맞는다고 생각했다. 그 이후 한국의 정세가 역전되어 박헌영이 공개적으로 공격을 당할 때 시티코프도 소환을 받고 낙담해 귀국했는데, 그의 최후 종적은 찾을 길이 없다.[39] 따라서 한국전쟁 발발이 앞당겨진 이유는 스탈린이 다른 사람에 의해 잘못된 길을 걸었기 때문이라

---

36 *The North Korean Labor Party's Internal Factions*[originally published in the Japanese Monthly *Jiyu*, translated in the Selected Summaries of Japanese Magazine, U.S. Embassy, Tokyo(June 16 to July 13, 1967), p.4].

37 Robert M. Slusser, *Soviet Far Eastern Policy*, pp.114~115; Matthew Ridgway, *The Korean War* (1967), p.17.

38 Robert R. Simmons, *The Strained Alliance*, p.111.

39 Yuri A. Rvovastvo, "Red Fraud and Intrigue in the Far East," *Life*(Dec. 6, 1954), p.175; Robert R. Simmons, *The Strained Alliance*, pp.118~119.

는 답을 내놓을 수 있을 것이다.

의문 2_ 중공은 어떻게 한국전쟁에 개입했는가

미국은 남한의 보모이며, 소련은 북한의 산파다. 남한이 공격을 당하면 보모는 팔소매를 걷어붙이며 흥분했으나, 북한이 좌절하면 산파는 이를 방치하고 자신의 일로 여기지 않아 주변의 아주머니들이 대신해서 손을 써야 했다. 소련의 부도덕함과 불의로 인해 일찍이 동유럽 국가들은 모두 치를 떤 바 있다. 하지만 중공이 나서서 북한을 원조하는 것이 전적으로 소련에 이용당하는 것만은 아니었다. 중공과 북한은 1949년 봄 군사동맹인 조중상호방위조약을 체결했으나 이를 비밀로 하고 대외적으로 공표하지 않았다. 이 조약에는 "양국 중 한 국가가 제국주의(여기서는 미국, 일본을 지칭함)로부터 공격을 받을 경우 다른 한 국가는 공격을 배제하기 위한 조치를 즉각 취해야 한다"라는 항목이 명시되어 있었다. 이 조약이 체결되기 전에 김일성은 소련 측 대표인 시티코프 대사에게 북한이 남한을 소탕해 통일을 완성하기로 결의했다고 전하면서, 만약 실패하면 만주로 퇴각한 이후에 다시 기회를 살펴 일을 도모하겠다고 했다.[40] 이를 위해서는 반드시 중공과 군사동맹을 체결해 준비를 갖춰야 했다. 소련은 이 군사동맹이 북한을 통제하는 데 걸림돌이 되지 않으며 또한 소련 대신 중공이 북한을 보위하도록 만듦으로써 소련과 미국 간의 충돌을 방지한다고 보았다. 이에 소련은 조약 체결을 진행하도록 종용했고, 결국 1949년 3월 18일에 조중상호방위조약이 체결되었다. 그 당시 중화민국정부는 수도를 옮기는 중이었으므로 ≪상하이시보(上海時報)≫는 이에 대해 간략하게 보도했으나, 미국의 ≪뉴욕타임스≫는 관련 내용을 비교적 상세하게 실었다.[41] 한국전

40   ≪共同通信≫(1950.5.11).
41   ≪上海時報≫(1949.5.5), *New York Times*(1949.5.2).

쟁이 발발한 이후 7~8개월 동안 모스크바의 중국어 및 한국어 방송은 한국전쟁이 중공의 안보와 밀접한 관련이 있다거나, 소련이 단지 기술 원조만 할 수 있을 것이라거나, 중공이 자구책의 일환으로 마땅히 한반도를 구해야 한다고 보도하기도 했지만,[42] 사실 이는 모두 중공에 조중상호방위조약을 이행하도록 촉구하는 일종의 암시였을 뿐이다.

중공은 조약상의 의무를 반드시 이행해야 한다는 것을 알고 있었지만, 1950년 2월 중소우호동맹상호원조조약을 체결한 후 6개월이 지났는데도 소련 측이 문서를 교환하지 않았으며, 북한에 무기를 원조하는 것을 두고 소련이 어떻게 무기를 제공할 것인지에 대해서도 논의가 이뤄지지 못했다. 따라서 7~8개월 동안 북한을 원조하기 위한 중공의 부대는 출동하지 못하고 있었다. 9월 15일 인천이 함락되어 북한의 최전선이 궤멸됨에 따라 군사적 열세가 자명해지자 소련은 9월 30일 비로소 중소우호동맹조약에 대한 문서 교환 절차를 완료했다.[43] 중공의 린뱌오(林彪) 부대는 또한 10월 2일에서 10일 사이에 압록강을 넘어 북한 인민군 복장으로 갈아입고 북한군과 어깨를 나란히 하는 작전을 감행했다. 10월 11일, 평양의 라디오방송은 중공의 방송에 감사하는 내용을 보도했고, 10월 12일 모스크바도 북한이 장차 중공의 원조를 얻을 것이라는 방송을 내보냈다.[44] 동시에 소련은 북한에 주재하고 있던 군사고문단과 기술 인원을 모두 즉각 소환함으로써 한국전쟁에 대해 중립적인 입장을 취했다.[45] 한국전쟁 이래 미군이 소련의 국경을 위협한 것은 최소한 세 차례였다. 8월 11일 미군 폭격기가 북한의 나진을 폭격했는데, 소련과의 국경까지 불과 17마일이었다. 9월 4일 소련 전투기 한 대가 미군 전투기에 의해 남한 지역에서 격추되었다.

42   모스크바 방송(1950.8.6, 1950.8.15, 1950.8.31).
43   Robert R. Simmons, *The Strained Alliance*, p.158.
44   Allans Whiting, *China Crosses the Yalu River*, p.115; Robert R. Simmons, *The Strained Alliance*, p.160.
45   *New York Times*(1949.10.22).

10월 8일 소련의 비행기장이 미군 폭격기에 의해 크게 폭격을 당했다. 하지만 소련은 이에 대해 항의하는 것 외에 다른 보복 의사가 없었다. 소련의 자기 억제는 한국전쟁의 소용돌이에 휘말려들 수 있다는 공포심에서 비롯되었다. 중공은 중국공산당과 조선공산당 사이의 밀약인 조중상호방위조약을 이행해야 할 책임이 있었으므로 한국전쟁에 개입하기 전에 소련을 향해 '대리전쟁'을 하는 것에 대한 대가를 요구해 받아낼 수 없었다. 한편 소련은 조중상호방위조약을 미리 안배했기 때문에 결국 미국과의 양국 간 적대 관계에서 벗어날 수 있었다. 마오쩌둥은 한국전쟁에 개입함으로써 제2의 요시프 티토[46]가 될 수 있다는 혐의를 깨끗이 씻어냈지만, 북한을 원조하러 간 의용군의 희생은 그 수가 약 70만 명에 달했다. 이로 인해 중공은 소련으로부터 12년이나 제약을 받게 되었다.

의문 3_ 중화민국군의 한국 원조는 왜 받아들여지지 않았는가

유엔 안보리는 6월 27일 각 회원국에 남한을 원조해 침략에 저항하도록 요청했고, 장제스 총통은 이에 부응해 6월 28일 3개 사단, 총 3만 3000명의 군인과 공군기 20대를 한국에 보내 전쟁을 돕는 방안을 구상했다. 군대는 5일 이내에 출동할 수 있었으므로 미국 측에 함선으로 운반해줄 것과 장비를 제공해줄 것을 요청했다.[47] 이에 29일 오후 애치슨은 전화로 트루먼에게 관련 명령을 하달하도록 요구했다. 당시는 맥아더가 병력 부족으로 인해 병력 동원에 고뇌하고 있던 때였으므로 트루먼은 이 제안을 매우 적극적으로 받아들이려 했다. 하지만 애치슨은 중화민국 부대는 타이완에 남아 있는 편이 한국을 원조하는 것보다 훨씬 효과가 크며 또한 중화민국

---

46   유고슬라비아의 독립운동가 및 공산주의 혁명가로서 유고슬라비아연방의 주석 및 비동맹운동의 의장을 맡았으며, 옛 소련의 스탈린 노선을 반대한 바 있다. _옮긴이 주
47   Glenn D. Paige, *The Korean Decision*, p.241.

군은 미국이 운수 및 장비를 제공해야 하므로 이를 완곡하게 거절하는 편이 낫다고 홀로 주장했다.[48] 트루먼은 애치슨에게 이튿날 아침 9시에 열리는 군사회의에서 이 사실을 보고하도록 명령했으며, 존슨 장관 및 합동참모본부 본부원들이 공동으로 상의하고 토론하도록 했다. 그날 밤, 맥아더는 육군 2개 대대를 한국으로 파견하고 2개의 예비 사단도 별도로 비준해달라고 요청한 후 지시를 기다렸다. 트루먼은 우선 1개 전투 대대를 한국으로 파견하는 것을 승인했다.[49] 30일 오전 9시 30분, 군사회의가 시작되자 맥아더 장군은 이미 제기한 방안을 신속하게 승인해줄 것을 요청했고, 트루먼은 장제스 총통의 3개 사단을 동원해 한국을 원조하는 방안을 토론 의제로 삼았다. 애치슨은 만약 중화민국군이 한국에 개입하면 중공도 한국에 개입할지 모르며, 타이완이 스스로를 방어하는 능력이 저하될 것이라고 말했다. 아울러 일본으로 하여금 타이완에 가서 중화민국군을 싣고 한국으로 들어오도록 하는 것은 미군이 일본을 경유해 한국에 진입하는 것에 비해 수월하지도 신속하지도 못한 데다, 중화민국군은 비록 정예병이며 훌륭하지만 탱크와 대포가 부족하며 전투력 또한 남한 부대와 비슷해서 소련 장비 및 훈련을 받은 북한군 부대에는 못 미친다고 말했다. 합동참모본부 본부원들은 이 의견에 모두 찬성했다. 트루먼은 대다수 사람들의 의견이 어떤지 확인한 후 결국 타이완의 원조를 완곡하게 거절하기로 결정했다.[50] 이러한 역사적 사실로 인해 당시 한국에 대한 중화민국군의 원조가 거부되었다. 이를 방해한 자는 다름 아닌 애치슨 한 사람이었는데, 애치슨이 중화민국군의 원조를 거부한 이유는 스스로 중공 카드를 활용하겠다는 자신감에 사로잡혀 있었기 때문이다.[51] 나는 당시 실로 많이 실망했다. 오늘날 돌이켜보건대 만약 트루먼이 이 요청을 받아들여 중화

48   *Truman Memoirs*, Vol. 2, p.324; Dean Acheson, *Present at the Creation*, p.416.
49   Joseph Collins, *War in Peacetime*, p.23.
50   *Truman Memoirs*, Vol. 2, p.383.
51   梁敬錞,「卡特中國牌政策之歷史背景」, ≪傳記文學≫, 202期 참조.

민국군 3개 사단의 정예병이 한국전쟁에 참전했더라면 11월 이후 미국이 한국전쟁에 대해 세운 군사 전략, 즉 '전쟁을 하지만 승리를 추구하지는 않는다'는 제한전(limited war) 전략을 수정했을 것이다. 그랬을 경우 중화민국군 3개 사단의 정예 병력이 어떤 결말을 맞이했을지 상상하면 세상만사 새옹지마임을 느낀다. 사오위린 선생은 한국전쟁 초기에 중화민국군을 한국에 파견해 한국전쟁에서 군사적으로 도와야 한다고 확고하고도 적극적으로 주장했으나, 미국이 전략을 바꾼 이후에는 병사를 파견해 한국을 돕는다는 기존 방안을 더 이상 제기하지 않았다. 다른 한편으로 사오위린 선생은 '포위한 적군의 근거지를 공격해 포위당한 아군을 구해낸다'는 위위구조(圍魏救趙)의 전략을 썼다. 즉, 푸젠성(福建省)과 저장성(浙江省) 방면에서 제2의 전장을 개척해 병사의 공급원을 확대시키고 유격전을 강화했다.[52] 세계정세에 대한 사오위린 선생의 깊은 통찰력과 병사와 무기에 대한 훌륭한 임기응변은 이와 같은 형태로 잘 나타났다.

무릇 사오위린 선생의 성품은 확고한 충성과 따뜻한 사랑으로 가득했다. 또한 그는 뛰어난 재능과 높은 식견으로 천하를 종횡했다. 특히 국제적 협상의 지략에 정통했는데, 바로 이 책에서 이를 확실하게 살펴볼 수 있다. 그가 작성한 대일조약에 대한 조목별 진술서[53]나 한국전쟁에 참여한 반공 의사를 귀국시킨 일[54]은 사람들의 존경을 자아냈다. 사람들은 123자유일(一二三自由日)[55]이나 아시아민족반공연맹이 수립되기까지의 과정은 대부분 알고 있지만, 여기에 사오위린 선생의 헌신과 기여가 있었다는 사실은 잘 모른다. 나는 사오위린 선생이 언급한 외교 공격 발언을 특히 지적하고자 한다. 그에 따르면, 무릇 외교는 전장과 같아서 반드시 공격할 수 있어야

52   『使韓回憶錄』, 第5章 第4節 참조.
53   『使韓回憶錄』, 第6章 第3節 참조.
54   『使韓回憶錄』, 第7章 第2節 참조.
55   1954년 1월 23일 중화민국정부가 한국전쟁에서 반공포로가 석방된 것을 기념하기 위해 정한 기념일이다. 1993년에 '세계자유일(世界自由日)'로 명칭이 변경되었다. _옮긴이 주

하고, 그 이후에는 반드시 말로 지켜낼 수 있어야 하며, 반드시 먼저 세력을 가늠한 후에 세력을 이용해야 한다는 것이다. 따라서 공격을 하려면 반드시 먼저 세력을 키워야 하며, 세력을 키우려면 반드시 먼저 세력을 형성하는 방법을 알아야 한다는 것이 사오위린 선생의 주장이다. 타이완의 외교 활동을 보면 수십 년 동안 모욕을 견디어낸 이도 있고, 조심스럽게 접근한 이도 있으며, 국내 및 국내의 정세를 판단하고 인식한 이도 있다. 하지만 세력을 형성한 이는 찾아보기 어려우며, 공격을 한 이는 한 명도 없는 듯하다. 이는 외교적 식견이나 전략이 부족하기 때문만은 아니며 외교적 배짱이 부족하기 때문인 탓도 크다. 이처럼 개탄스러운 현실이 바로 이 책이 출간된 이유이자 이 책을 반드시 읽어야 하는 이유이기도 하다.

량징춘(梁敬錞)

서문

이 책은 1919년 한국의 3·1운동부터 시작해 1979년 10월 말 박정희 대통령이 암살당해 서거할 때까지를 다룬 것으로, 60년 동안의 대한민국 독립운동사와 한중 관계 근대사를 요약해 간추렸다. 물론 공식적인 기록이 아니며, 단지 내가 직접 보고 들은 것을 기록한 것으로, 나와 개인적으로 연관된 근대 한중 관계의 야사다. 내가 근거로 삼은 사료는 당시의 공적·사적 자료들이다. 여기에는 나 개인의 일기, 편지, 사진, 영화 및 공개된 보고서, 신문, 잡지, 저서, 그림 등이 포함되어 있으며, 비교적 믿을 수 있는 대화 내용 또는 전해들은 정보에서 비롯된 것도 있다. 그러나 나의 글쓰기 방법은 오직 사실을 중시하며 형식 및 세부적인 내용에 구애받지 않기 때문에 출처에 대해 일일이 주석을 달아 명시하지는 않았다. 수십 년 전의 일이라서 법률적 시효가 이미 소멸되었으므로 모든 것은 오로지 저자의 양심에 근거하는데, 이를 신뢰할 것인지 여부는 독자들이 결정할 일이다. 분량이 방대해서 집필 과정에서 다소 오류가 발생했을 수도 있는데, 이에 대한 비판과 지적을 받는다면 나로서는 환영할 일이다.

이 책의 제1장은 한국 3·1운동의 시대적 배경을 설명하고 있다. 예를 들면 미국 윌슨 대통령의 민족자결주의 선언, 러시아의 10월혁명, 특히 중국 신해혁명이 3·1운동에 미친 영향을 다루고 있다. 또한 3·1운동 때문에 한국 독립운동에 대한 중국정부 및 중국 인민의 원조가 순조로웠으며, 3·1 운동이 중국 영토에서 독립을 위한 영아, 즉 한국임시정부를 낳은 이후 한국임시정부는 위기와 난관 속에서 성장하고 힘겨운 고난 중에서 분투하며 마침내 커다란 공을 세웠음에도 이를 내세우지 않고 조용히 자유 한국으로 귀국한 경과에 대해 간략하게 기재했다. 쑨원 선생이 했던 말처럼 "중국이 강성해야 한국의 독립을 보증할 수 있으며, 한국이 자유로워야 비로소 중국의 안전을 보증할 수 있다". 이는 역사적 발전을 통해 실제로 증명된 진리라 할 수 있다.

제2장은 내가 한국의 독립운동에 참가하고 한국임시정부의 고문으로 초빙된 후 처음에는 장제스 위원장의 주한 군사대표로, 그 후에는 외교부 주한대표로 다시 파견된 과정과, 한국 주재 중화민국 초대 대사로 임명되어 한국에 대사로 부임하기까지 우여곡절을 거쳤던 과정 및 대한민국 당시의 국내외 정치 환경을 기록했다. 내가 직면했던 경험을 서술함으로써 한 국가 정부의 말단 행정직원이 일으킨 착오가 전체 정책을 실패로 돌릴 수 있다는 것, 즉 전술상의 착오가 전략상의 착오를 만들어낸다는 사실을 살펴볼 것이다.

제3장은 역사적인 한국·중화민국 양국 정상 간의 진해회담 과정과, 내가 부임하기 전에 타이완 다시에서 장제스 총재를 만나 직접 전해 받은 훈령, 그리고 부임 이후부터 한국전쟁이 발발하기까지 내가 한국에서 추진했던 각 항의 관련 당무, 교무, 정치·외교·경제·문화의 기본 업무에 대해 간략하게 서술했다. 진해회담은 한중 양국이 외교적으로 단결한 사례로서, 그 이후의 외교 활동에서는 진해회담에서 다룬 내용이 궁극적인 목표가 되었다. 전쟁이 닥치기 전 수행한 기본 업무를 서술한 부분에서는 '열전(熱戰)'의 이면인 '냉전(冷戰)'과 외교의 총체적·종합적 운용을 살펴볼 수 있을 것이다.

제4장과 제5장은 한국전쟁 발발, 유엔군 패퇴, 인천 상륙, 패배에서 승

리로의 전환, 승리를 몰아 압록강 강변까지의 진격, 중공의 참전으로 인한 서울의 함락, 그 후 일진일퇴의 근접 전투가 벌어진 한국전쟁의 태세, 평화회담 개시, 열전 위주였던 한국전쟁이 냉전으로 변해가는 모습 등을 기록했다. 이 기간 수행된 전략의 연구·판단과 검토, 수복 지구의 전지정무(戰地政務) 보고를 통해 한국전쟁 전장에서 내가 심리전과 전략을 어떻게 운용해 중화민국의 정략적인 이익을 획득했는지, 민심을 쟁취하기 위한 투쟁에서 한국에 있던 교포와 생사를 함께함으로써 중공에 대한 정치 투쟁에서 승리를 거두기 위해 얼마나 노력했는지, 그리고 한중 전시 외교 및 한국 정세가 어떻게 변화했는지에 대해 서술했다. 근대 전쟁은 군사, 정치, 문화, 경제가 심리전, 전략, 선전, 조직과 결합되어 종합적으로 운용되는 총력전인데, 이 사실은 이 책의 한국전쟁사에 관한 서술 어디에서나 입증된다.

제6장은 더글라스 맥아더 장군의 사임과 나의 사직을 주제로 맥아더 장군이 사임하게 된 세계 전략과 한국전쟁 전략상의 배경을 분석하고, 내가 말단 행정직원에 의해 희생양이 된 경과를 설명했다. 이 두 사건을 하나로 묶어 비교하기는 어렵지만, 맥아더 장군과 나는 관료 정치의 희생자라는 점에서 동일하다. 다행히 '노병은 죽지 않으며', 다만 '조금씩 사라져 갈 뿐이다'.

마지막 제7장은 주한대사 직위에서 사퇴한 이후에도 한중 양국의 우호와 한국 주재 교포의 복리, 한일 양국 간의 국교 수립, 미국·중국·일본·한국 등 동북아시아에서의 연합 반공전선 구축 등을 위해 힘쓴 사실을 소개했다. 또한 아시아 각국의 반공 조직이 연합하도록 촉구한 것, 이승만 대통령이 사망한 이후 고국에 묻힐 땅을 구해준 것, 민주·자유·법치·인권 정치를 위해 박정희 대통령에게 윤보선 전 대통령 사면을 청구했던 것 등의 노력을 설명했다. 특히 반공 투쟁과 평화 통일을 위해서는 민주·자유·법치·인권의 기치 아래 끝까지 인내해야 성과를 거둘 수 있음을 강조했는데, 이는 이 책을 저술하면서 마음속으로 깨달은 사실 중 하나이기도 하다. 핵심적인 정치인들은 민첩하게 행동하고 성실하게 실천해야 한다. 뒤집어진 마차의 전철을 밟지 말고 과거의 실패로부터 교훈을 얻어 다시는 잘못된 길을 걷지 않도록 해야 한다.

전기문학사(傳記文學社) 류사오탕(劉紹唐) 사장의 격려와 고무에 힘입어 분기마다 한 절씩 써냈는데, 이미 3년이 흘렀고 많은 인내 끝에 결국 책으로 나오게 되었다. 천리푸(陳立夫) 선생은 한국 독립운동을 돕는 일에 매우 많은 힘을 쏟았다. 항일 전쟁에서 승리한 이후 김구 선생은 장제스 위원장의 주한대표로 천리푸 선생을 파견해줄 것을 요청했는데, 천리푸 선생이 공무로 너무 바빠 도저히 틈을 낼 수 없자 내가 명령을 받들어 이를 대신하게 되었다. 또한 중화민국 사학계의 태두인 량징춘 교수께서 특별히 추천사를 집필해 이 책을 더욱 빛내주었으며, 칭찬을 너무 많이 해주어 실로 부끄럽고 감당하기 어렵다. 가장 고마운 일은 한국의 하정옥 교수가 앞서 내가 쓴『승리 전후(勝利前後)』라는 책의 한국어 번역·출판 관련 업무를 아무런 조건 없이 맡아주었는데,* ≪전기문학≫에 매호 실린 이 원고 역시 하정옥 교수가 한국어로 번역해주고 이를 서울에서 간행되는 ≪정경연구≫라는 월간지에 게재해주었다는 것이다. 지면을 빌려 이들에게 특별히 감사의 말을 전한다.

1980년 4월
미국 로스앤젤레스 교외에서
사오위린

---

* 해당 책은 국내에 다음과 같이 소개되었다. 사오위린(邵毓麟),『승리 전후(勝利前後): 항일전 승리 후의 한중 측면사』, 하정옥 옮김(민조사, 1969). _옮긴이 주

제1장

중국에서 전개된 한국 독립운동

>> 말 한 마디로 결정된 운명

나는 청년 시절부터 한국의 혁명 지사들과 알고 지냈다. 그 후 한국의 독립운동에 참가하기로 결심해 한국임시정부의 중국인 출신 고문으로 초빙되었으며, 전후에는 중화민국 초대 주한 특명전권(特命全權) 대사로 부임했다. 남북한 간의 전쟁과 뒤이은 정전으로 인해 주한대사의 임무를 사직한 이후에는 개인 자격으로 반공의사 1만 8000명을 귀국시키는 계획을 짰다. 또한 아시아민족반공연맹의 산파 역할을 했으며, 1965년 봄에는 일본과 한국을 방문해 양국의 외교 관계 수립을 위해 동분서주했다. 권좌에서 끌려 내려온 뒤에는 병환 중이던 이승만 전임 대통령의 묘지터를 물색하기도 했다. 이와 같이 실타래처럼 얽혀 있어 끊을 수 없는 관계로 인해 한국 또는 한국 친구들과의 관계가 계속 유지되었는데, 이는 장차 내가 눈을 감고 세상을 떠날 때까지 계속될 것이다. 나와 한국의 인언은 나 자신도 믿기 어려운데, 한 신문기자는 이를 운명이라 일컫기도 했다. 이것은 우연한 일일까? 결코 우연한 일이 아니다. 그렇다면 운명일까? 그렇다고 전적으로 운명도 아니다.

나와 한국 친구 간의 교류는 내가 일본 규슈제국대학에서 유학하던 시기부터 시작되었다. 당시 한국과 타이완에서 온 학우들은 중국 대륙에서 온 학생과 항상 서로 교류했다. 왜냐하면 그들은 모두 일본 제국주의자의 압박 아래에 있던 약소민족이었기 때문이다. 당시 조선은 이미 망했고, 타이완은 일찍이 할양되었으며, 중국 또한 칼날에 숨통이 끊어질 날만 기다리는 어린 양과 같아서 처한 운명이 거의 비슷했다. 동창인 데다 동병상련까지 더했으니 서로를 더욱 잘 이해했다. 일본 훈육감과 특별고등경찰(정치경찰 또는 사상경찰)의 엄격한 감시로 인해 우리는 잠깐의 충동에 내몰리면 장래에 대가를 치르게 되리라는 사실을 잘 알고 있었다. 특히 나는 대학 신문반에 가입해 대학신문의 인터뷰 편집 및 사론 작성을 담당했는데, 이를 통해 중국의 항일 활동을 지지하는 일본 학우와 연락해 일본 제국주의에 반항하는 선전 공작을 펴서 일찍이 사람들로부터 주목을 받았다. 다소 기이하게 여겨질 수도 있지만 당시에는 일본 학우 중 사상적으로 우경인 학우는 대부분 일본이 중국을 침략하는 정책에 찬성했고 좌경인 학우는 반대로 중국의 항일을 상당수 동정했다. 일본 좌경 학우와의 교류 및 항일 언행으로 인해 나는 대학 훈육 당국과 일본 경찰로부터 경고와 징계를 받았다. 이로 인해 한국과 타이완의 학우들에게 적극적인 공작을 펼 수 없었다. 다만 당시 나는 한국 학우들의 성격이 타이완 학우들보다 더욱 강하다는 인상을 받았다. 이는 아마도 지리와 정치 환경의 영향 때문인 것으로 보인다.

규슈제국대학을 졸업한 이후 다시 도쿄제국대학 대학원에 들어가 연구를 계속했다. 나는 일찍이 1934년에 쓰촨성(四川省) 청두(成都)에 있는 국립 쓰촨대학(四川大學) 교수로 취임했는데, 그때 나이가 겨우 26세였다. 나는 법학대학 경제학과에서 경제 과정을 담임했다. 당시 한국 학생 중에는 김 군이 있었는데, 그는 항상 수업이 끝난 이후 저녁 시간에 나의 숙소에 와서 나와 한담을 나누었다. 그는 자신이 조선민족혁명당 당원이라고 밝혔다. 얼마 지나지 않아 그의 소개를 통해 그 당의 당수 김규식 선생을 알게 되었는데, 그는 내가 3·1운동 및 한국임시정부와 관련해 처음으로 알게 된 한국 독립운동 지도자였다. 원래 김규식 선생은 쓰촨대학 문학대학의 영문학과에서 교편을 잡았는데, 일본 경찰의 수색과 추적을 피하기 위해 이름을 바꾸고 잠시 한국임시정부를 떠난 상태였다. 우리는 주로 일본 정세와 중일 관계, 한국 독립운동에 대해 논했다. 나는 교편을 잡은 지 겨우 1년이 되었을 뿐이어서 깊이 있는 내용까지 들어갈 수는 없었다. 그는 해방 후 귀국해 이승만 대통령 시절에 입법의원 의장으로 선발되었다. 우리는 서울에 있을 때 매우 자주 만났다. 한국전쟁이 발발한 이후 정세가 위태로워져 내가 서울을 떠나기로 한 전날 밤, 특별히 차를 타고 김규식 선생의 거주지를 방문했으나 사람들이 떠나 집은 모두 비었고 어디로 갔는지 알 수 없었다. 김규식 선생은 고향으로 내려가 피난했으나 결국 공산당의 포로가 되어 평양으로 보내졌고 북한에서 사망했다는 사실을 그 이후 알게 되었다.

대일 항전이 시작되기 이전, 조금이라도 애국심을 지닌 중국인은 모두 마음과 힘을 모아 항일 구국 운동을 벌였다. 나는 매일 신문을 통해 일본군이 한 걸음 한 걸음 진군해 들어오고 있고 동북과 화북을 잠식하고 있음을 확인했다. 대학에서 가르치는 것은 시대에 뒤처진 일이라서 시급한 문제를 해결할 수 없었으므로 이미 아무런 의의가 없었다. 나는 원래 일본에서 유학할 당시 일본 사관학교에서 훈련을 받으려 했으나 그 뜻을 이루지 못했다. 나같이 군사교육 훈련을 받지 못한 사람이 어떻게 붓을 집어던지고 군 복무를 할 수 있었겠는가? 결국 나는 일본 세력의 침략을 막고 항일전쟁을 준비하는 수단으로 외교 역량을 택하기로 마음먹었다. 내가 학생을 가르치는 신분에서 외교관의 길을 걷게 된 것은 바로 여기에 연원한다.

1935년 여름, 내가 외교부에서 맡은 첫 번째 직위는 정보사(情報司) 일소과(日蘇科) 과장이었다. 일소과는 일본 및 소련과 관계된 정보를 연구하는 작은 부서였다. 나는 일본에서 수년간 유학하면서 공부하던 시기에 마르크스·레닌주의와 코민테른의 전략 문제를 다룬 연구에 상당한 흥미를 갖고 깊게 공부한 적이 있었다. 당시 나는 중국의 잠재적인 적, 즉 일본과 소련의 국가 정세를 연구·판단하는 업무를 적임으로 여겼고 그 일이 매우 즐거웠다. 또한 당시의 경험은 향후 외교 문제에 대한 나의 기본적인 인식을 형성시켰고, 아울러 내가 외교관으로서의 길을 선택하는 데 큰 영향을 미쳤다. 업무 경험과 관련 지식을 갖추고 있었기 때문에 외교부장과 주중 일본대사가 회담할 때면 나는 항상 자리에 함께했으며, 장제스 위원장이 일본대사나 일본군 대표를 접견할 때에도 대부분 내가 전달·통역을 담당했다. 그 과정에서 나는 전쟁터에서 자웅을 겨루지 않고 외교무대에서 대일 공작을 해내는 것이 얼마나 어려운지를 조용히 관찰했다. 동시에 나는 야만적인 침략을 일삼는 일본의 행태도 매우 개탄할 일이지만, 무형의 침략을 벌이고 있는 코민테른과 소련공산당이 더욱 두렵다는 생각을 하게 되었다. 코민테른 지배 아래에 있던 각국 공산당 지부는 사실상 소련공산당이 각국을 침략하고 적화시키기 위한 제5열*과도 같은 존재였다. 중국은 당시 앞은 물론 등 뒤에서도 적과 마주한 형국이라서 정세가 매우 위태로웠다.

1936년 왕충후이(王寵惠) 선생은 외교부장 직책을 승계한 이후 나에게 일본 요코하마 주재 총영사로 부임해 당시의 주일대사 쉬스잉(許世英)을 도우라고 명령했다. 과장 신분이던 내가 총영사로서 해외로 나간다면 크게 승진해 자리를 옮기는 것이지만 대일 외교에서는 큰 성과를 내기 어려울 것으로 판단되어 나는 앞으로 소련에 대응할 수 있도록 소련대사관 3등 서기로 파견해달라고 청펑(層峯)에게 요청했다. 하지만 외교부장이 명령을 내린 데다 쉬스잉 대사가 두 차례 요청하고 한 차례 직접 만나 권고했으며 가까운 친구 왕펑성(王芃生)까지 재차 촉구한 관계로 나는 결국 1937년 봄

---

* 정규군이 진격해올 때 적국 내에서 각종 전략 활동을 벌이는 조직적인 무력 집단을 뜻한다. 1936년 에스파냐 내란 당시 4개 부대를 이끌고 마드리드를 공략한 몰라 장군이 "마드리드는 내부자로 구성된 제5부대에 의해 점령될 것이다"라고 함으로써 자기 부대 외에 협력자가 있음을 시사한 데에서 유래되었다. _옮긴이 주

요코하마 주재 총영사직을 받아들이게 되었다.

쉬스잉 대사를 도와 일본의 침략을 저지하는 외교를 펼치기에는 확실히 너무 늦었다는 사실은 요코하마 총영사로 취임한 지 6개월이 채 되지 않았을 때 증명되었다. 일본이 끝내 루거우차오(蘆溝橋) 사건(일명 7·7 사건)*을 일으켰던 것이다. 이듬해 1938년 1월 1일 일본 총리 고노에 후미마로는 "국민정부를 상대하지 않는다"라는 성명을 냈고, 나는 하는 수 없이 쉬스잉 대사를 수행해 귀국했다. 나는 수년에 걸쳐 일본 정세를 연구한 끝에 깨달은 바에 따라 외교부 업무 외에 왕펑성의 업무와도 보조를 맞추어 한커우(漢口)에서 중앙선전부에 새로 설립된 대적선전연구위원회를 주재하고 적의 심리 및 군사력 연구에 매진함으로써 일본을 상대로 하는 전쟁에서 승리를 거두는 데 공헌하기 위해 노력했다. 당시의 전쟁 상황은 아군에 불리해 베이핑(北平), 톈진(天津), 난징(南京), 상하이(上海)는 이미 함락되었고, 우한(武漢)을 보위하는 것도 겨우 6개월을 버티었을 뿐이다. 우리는 끓는 솥 속의 개미와 같이 위태로운 장소에 있었지만 끝까지 대일 항전을 하겠다는 마음은 확고부동했다.

시국이 이러한 관계로 저명한 언론인이자 ≪대공보(大公報)≫ 주필이던 장지롼(張季鸞) 선생은 내 어깨 위에 무거운 짐을 하나 더 보태었다.

때는 1938년 초여름의 어느 날 밤이었고, 장소는 한커우 대공보관에 있는 협소한 주필실이었다. 우리는 저녁식사를 한 뒤 평소대로 전쟁 정세와 국제 조류에 대해 한담을 나누었는데 장지롼 선생이 갑자기 진지하게 나에게 "자네는 우리가 대일 항전에서 승리를 거둔 이후 어떤 일을 하고 싶은가?"라고 물었다. 나는 우리가 항전에서 결국 승리할 것이라고 굳게 믿었지만, 당시는 전세가 불리해 우한에서 언제 철수해 퇴각할지 모르는 상황이었다. 그런데 장지롼 선생이 갑자기 이러한 아득하고 어려운 문제를

---

* 1937년 7월 7일 베이징 근교의 루거우차오에서 중국의 발포로 인해 행방불명자가 생겼다는 구실로 일본군이 루거우차오를 점령한 사건으로, 중일전쟁의 발단이 되었다. _옮긴이 주

제기하자 어디서부터 말해야 할지 알 수 없었다. 한동안 망설이다 내 입에서 튀어나온 대답은 이러했다. "전승국 중국의 첫 번째 주일대사가 되고 싶습니다!"

청개구리가 공기주머니를 한껏 부풀린 이후 소리를 지르듯이 수년간 축적되어온 진심을 버럭 뱉어내려면 약간의 용기가 필요했다. 이를 알고 있던 장지롼 선생은 잡고 있던 부채를 한 번 부치고 자신의 머리를 옆으로 흔들고 나서는 한 손으로는 자신의 팔자수염을 쓰다듬고 나머지 한 손으로는 책상을 치더니 "고작 자네 정도의 기백이면 억울한 일이 한두 가지가 아니겠군"이라고 말했다.

나는 의기소침해졌을 뿐만 아니라 민망해서 얼굴이 붉힌 채 "그렇다면 선생님은 제가 무슨 일을 했으면 좋겠습니까?"라고 반문했다.

그는 일어나서 꼿꼿이 서더니 나를 내려다보면서 "만약 내가 자네라면 최소한 기백을 갖고 독립국 한국의 대사가 될 것이네"라고 말했다.

장지롼 선생은 항전에서 반드시 이길 것이라고 굳게 믿었을 뿐만 아니라 승리한 이후에는 한국이 반드시 광복되고 독립할 것이라고 보았다. 장지롼 선생의 말에는 중국은 나를 통해 한국의 독립을 도와야 하며, 한국이 독립한 뒤에는 신생 독립국 한국의 주재 대사로 가는 것이 패전국 일본에 가는 것보다 훨씬 의의 있다는 뜻이 포함되어 있었다. 나는 이 말을 듣고 나서 아무런 말도 할 수가 없었다. 그날 밤 나는 "내일 다시 가르침을 주시기 바랍니다"라는 말을 남기고 대화를 마무리 지었다. 나는 숙소에 돌아온 이후 밤새 이리 뒤척이고 저리 뒤척이며 잠을 이룰 수 없었다. 내가 존경하는 위대한 신문기자가 던진 한 마디 말이 결국 나의 평생의 사업이 될 것이라고 누가 생각했겠는가?

평생 동안 장제스 총통 외에 나에게 가장 큰 영향을 미친 사람은 두 명의 신문기자였다. 한 명은 천부레이(陳布雷) 선생이고, 다른 한 명은 바로 장지롼 선생이었다. 천부레이 선생은 장제스 위원장을 통해 알게 되었는데, 항전 당시 장제스 위원장 비서실에서 근무하던 시기에 나의 직속상관이었다. 그는 비록 펜을 던지고 정계에 투신했지만 여전히 관료 근성이 전혀 없으며 기자로서의 본색에서 벗어나지 못했음을 나는 잘 알고 있었다. 또한 정계에 투신하기는 했지만 확실히 펜을 던졌다고는 할 수 없었다. 장제스 위원장의 중요한 공문은 대부분 천부레이 선생의 손에서 집필되었다. 장지롼 선생은 30여 년을 기자에 종사한 사람으로, 관료가 된 이후에도 이익을 추구하는 대신 글로써 애국하려는 신념을 갖고 있었으며, 시종일관 이 신념을 관철했다. 그들 두 사람은 개인적으로 친분이 있어 서로 잘 알고 지냈다. 아울러 공통된 기풍을 지니고 있었는데 바로 '대공무사(大公無私, 사사로움 없이 매우 공정하게 처신함을 뜻함_옮긴이)'였다. 천부레이 선생은 정계에서 수년 동안 활약했지만 처음부터 개인적으로 당파를 결성하거나 사적인 이익을 도모하지 않았으며, 파벌에 속한 적도 없었다. 이는 장지롼 선생이 쓴 기사가 모두 국가와 민족의 이익을 우선시했던 것과 일맥상통하는 것이다.

내가 장지롼 선생과 교분을 나누며 선생으로부터 총애를 받은 것은 1935년 ≪대공보≫가 톈진에서 상하이로 옮겨와 간행된 이후의 일이다. 선생이 1941년 9월 숨을 거두었으니 단 5~6년만 연분을 유지했을 뿐이다. 장지롼 선생은 됨됨이가 평화롭고 충성되고 듬직했으며, 사람을 대하는 태도가 진실하고 성실하고 적극적이었다. 특히 후진을 양성하는 데 매진했다. 나와 그는 비록 일본 제국대학 동급생이지만 그는 나보다 10여 년 나이가 많은 선배 격이었다. 과거 그의 이름을 오랫동안 흠모해왔으나 직접 만나지는 못했는데, 한번 만나자 나는 곧 그에게 마음이 끌렸다. 그는 활달하고 호탕했을 뿐만 아니라 말하는 태도가 진실해 사람들을 일깨우는 면이 많았다. 특히 가냘프고 예리한 모양의 팔자수염에다 일견 학처럼 보이는 신체와 용모를 지니고 있어 어렸을 때 돌아가신 나의 부친을 떠오르게 했다. 이 때문에 그를 볼 때마다 후배로서의 예의를 갖추는 것 외에 부친을 대하는 마음으로 그의 환심을 얻으려 했다. 전전(戰前)에는 상하이에 도착하면 항상 신문사로 먼저 가서 그에게 가르침을 얻곤 했다. 때로는 상하이 홍커우(虹口)에 위치한 63화원(六三花園)*에서 벌어진 일본인 연회석상에 그와 동석했는데, 그는 어떤 때는 귀가 붉어질 정도로 만취해 목청 높여 노래를 부르며 청년들과 어울리곤 했다. 그 또한 나를 특별히 총애했다. 그는 나를 위해 이후 나의 평생 벗이 된 왕평성을 소개해주었을 뿐만 아니라 또한 장제스 위원장에게는 과장을 섞어가면서까지 적극적으로 나를 천거해주었다. 내 기억으로는 1938년 초 일본에서 비행기를 타고 귀국해 우한에 도착한 지 얼마 안 되었을 때였다. 선생이 나에게 "장제스 선생을 만나본 적이 있는가?"라고 물었는데, 나는 아직 만난 적이 없다고 답했다. 그러자 그로부터 2~3일 지나지 않아 장제스 위원장을 알현할 수 있는 일정을 마련해주었다. 장제스 위원장과의 만남에서 나는 1시간 이상 대화를 나눴고 이를 통해 최고지도자에게 계책을 올리는 기회를 가질 수 있었다. 장제스 위원장은 직접 명령을 하달해 나를 최고정보위원회 국제조(國際組) 조장으로 파견했는데, 이는 장제스 위원장을 알현한 지 얼마 지나지 않았을 때의 일이었다. 그 이후 우한에서 충칭으로 이동해 다시 천부레이 선생의 추천으로 장제스 위원장의 비서로 장기간 있으면서 국가를 위해 헌신할 기회를 얻었다.

≪대공보≫는 원래 우다취안(吳達詮), 장지롼, 후정즈(胡政之) 세 사람이 창간한 것이다. 이 세 사람은 신문을 창간한 후 서로 정치를 하지 않기로 맹세했다. 당시 은행 책임자였던 우다취안은 자금 조달을 맡았고, 장지롼은 편집 일을, 후정즈는 사장을 맡았다. 후에 우다취안은 구이저우성(貴州省) 정부 주석 및 국민정부 문관장(文官長)으로 요직에 올랐지만 장지롼과 후정즈 두 사람은 끝까지 관직에 오르지 않았다.

---

* 일본 정원을 갖춘 일본식 요정. _옮긴이 주

장지롼 선생이 전후 중국의 초대 주한대사로 부임할 것을 제안한 지 3일째 되는 날, 나는 신문사에 가서 그의 제안을 받아들이기로 결심했다고 말했다. 또한 대일 작전에서 승리하기 위해 전력을 다하는 것 외에 따로 시간과 노력을 들여 한국 독립운동에 협조함으로써 장차 주한대사로 부임하기 위한 준비를 사전에 해두겠다고 말했다. 그는 팔자수염을 쓰다듬으면서 자주 고개를 끄덕였는데 마치 매우 안심한 듯 보였다. 아울러 서랍 속에서 한국 혁명 지도자 신규식 선생(한국임시정부 전임 총리이자 과거 중국에 파견되어 쑨원 선생을 알현했던 한국 대표)이 쓴 소책자 『한국혼(韓國魂)』을 꺼내주면서 "좋네, 이 과제에 자네가 도전해보기 바라네!"라고 정중하게 말했다. 이 절판된 소책자는 내 아내가 대륙에서 타이완으로 도망쳐올 때 가져온 짐 중 하나로, 지금까지 장지롼 선생을 추억하게 만드는 매우 귀한 기념품이다.

나는 그날 밤 숙소로 돌아와 그 소책자를 넘기면서 읽어보던 중 장지롼 선생의 옛 친구 후정즈 선생이 1923년 9월 5일 이 소책자에 쓴 서문을 발견했다. 그 글에는 다음과 같은 구절이 있었다.

나는 조선 문제가 일본 군벌이 일본 국민에게 남긴 하나의 커다란 채무라고 감히 말하는 바다. 이 채무는 늦든 빠르든 결국 청산해야 하는 것이다. 폴란드가 국가를 되찾았고, 체코슬로바키아가 새로 일어나고 있으며, 인도와 이집트도 조만간 독립할 것이다. 조선 문제라고 해서 이런 상태가 지속될 것인가? 신규식 선생은 죽었지만 그의 정신은 죽지 않았다. 이 『한국혼』은 곧 신규식 선생의 영혼 불멸의 결정체다. 한국 친구들이여, 분투하기 바란다! 일본 친구들이여, 각오하기 바란다!

나는 피눈물이 아로새겨져 있는 『한국혼』의 몇 단락을 읽고 나면 그 누구라도 후정즈 선생이 서문에서 한 말에 동의할 것이라고 믿는다. 또한 다음과 같은 한 마디를 덧붙여야 한다고 생각한다. "중국 친구들이여, 한국을 도와주자!"

다음은 『한국혼』에서 발췌한 내용이다.

백두산의 쓸쓸한 바람은 온 세상을 적시고, 푸른 파도 굽이치는 곳에 거북과 용이 일어나서 춤을 춘다. 길고 긴 어두운 밤은 밝을 줄을 모르고 모진 비바람은 어두컴컴하기만 하구나. 5000년 역사에 빛나는 이 나라는 오랑캐 일본의 식민지가 되고 3000만 백성은 떨어져 노예가 되었으니, 아아! 슬프기 그지없다. 우리나라는 망했다. 우리들은 길이길이 망국의 백성이 되고 말 것인가?

마음이 죽어버린 것보다 더 큰 슬픔이 없으니, 우리나라가 망한 것은 사람의 마음이 죽음으로 말미암음이다. 지금 기왕에 망국의 백성이 되어 참혹한 학대를 받고 있는 터이나, 아직 흐리멍덩해 깨닫지 못하고 있으니 이는 죽음 위에 또다시 죽음을 더하는 것이다. 아아! 우리나라는 끝내 망하고 말았구나.

만일 우리들의 마음이 아직 죽지 않았다면, 비록 지도가 그 빛깔을 달리하고 역사가 그 칭호를 바꾸어 우리 대한(大韓)이 망했다 하더라도 우리들의 마음속에는 스스로 하나의 대한이 있는 것이니, 우리들의 마음은 곧 대한의 혼인 것이다. 사람들의 마음이 죽지 않았다면 혼은 아직 돌아올 날이 있을 것이다. 힘쓸지어다, 우리 동포들이여! 다함께 대한의 혼을 보배로 여겨 소멸되지 않도록 할 것이며, 각기 가지고 있는 마음을 구해내어 죽지 않도록 할 것이다.

오오! 우리 동포들이여! 지금 여기에 이미 망국의 백성이 되어 다같이 노비와 말과 소와 같은 치욕을 받으며, 형세는 밖으로 긴박하고 춥고 배고픔이 몸에 절박한데도 아직 나라가 망하기 이전만을 회상해 아무렇지도 않은 척 마음속에서 움직이는 것이 없단 말인가?

옛날 오(吳)나라의 왕 부차(夫差)는 자신의 아버지가 비참하게 죽은 것을 원통히 생각해 사람을 뜰에 세워 자기가 출입할 때마다 "부차야! 너는 월(越)나라의 왕이 너의 아버지를 죽인 것을 잊었느냐?"라고 소리치도록 했고 이에 자신은 "네, 감히 잊지 않았습니다"라고 대답을 했다.

이것은 진실로 천고(千古)의 비통한 이야기이며, 그 영혼을 경계해 각성케 하기 위함이다. 또 초(楚)나라 사람들의 말에 삼호망진(三戶亡秦), 즉 "초나라가 비록 삼호(三戶)라 하더라도 진(秦)나라를 멸망시킬 자는 다름 아닌 초나라다"*라고 했는데, 이 또한 천고의 비통한 이야기로써 그 목적을 굳게 정하기 위함이다.

사람들의 마음이 죽지 않고 비통한 이야기를 듣는 것을 경종을 듣는 것과 같이 함은, 곧 오나라가 월나라를 보복한 까닭이 되고 초나라가 진나라를 전복시킨 까닭이 되지 않겠는가? 아아! 한(漢)나라가 망했어도 장자방(張子房)의 철추(鐵錐)는 남아 있고, 초나라의 수도 영(郢)이 파괴되었어도 아직 포서(包胥)의 눈물은 남아 있다. 비통한 이야기를 하는 것은 이러한 물건과 이러한 뜻에서다.

이제 내가 통언(痛言)을 쓰려고 하나, 나의 마음속에는 한없는 고통이 간직되어 있어 어디서부터 말을 시작해야 되는지 알 수가 없다. 나는 다만 내가 느끼고 생각하는 바에 따라 이를 쓰려고 하나, 또한 그것이 피인지 눈물인지 모르겠다. 바라건대, 우리 동포로서 이 글을 읽는 자는 사람마다 느끼고 받는 바의 고통을 영원히 여러 사람의 마음속에 간직했다가 망국의 치욕을 벗어난 다음 잊어버리도록 하라.

아아! 우리나라가 망하게 된 쌓이고 쌓인 원인은 법치가 문란하고, 기력이 쇠약하고, 지식을 깨우치지 못하고, 남에게 아첨하며 게으르고, 자존심과 자비심이 강하고, 당파를 맺어 사리사욕을 채웠기 때문이라고 할 수 있

* 몇 호 안 되는 약소한 세력으로 진나라를 멸망시킬 수 있다는 말로, 지금은 세력이 미미하지만 종국에는 악한 세력과 싸워 이길 수 있음을 비유하는 말이다. _옮긴이 주

으니, 이러한 모든 것이 우리나라를 망하게 한 것이다. 그러나 나는 생각하기를, 이러한 여러 가지 원인이 발생한 것은 모두 양심을 잃어버린 까닭이라 하겠다. 이렇게 양심을 잃음으로써 일종의 흐리멍덩한 건망증이 발생해 잊어버리기를 잘해, 첫째, 선조의 교화(敎化)와 그 종법(宗法)을 잊었고, 둘째, 선민(先民)의 공렬(功烈)과 그 이기(利器)를 잊었으며, 셋째, 국사(國史)를 잊었고, 넷째, 국치(國恥)를 잊었으니, 이렇게 사람들이 잊어버리기를 잘하고 보면 나라는 망하게 마련인 것이다.

아아! 위에서 말한 대로 우리가 망국의 원인은 알고 있다지만 망국에서 구하는 길은 무엇일까? 나는 감히 우리 동포들에게 고한다. 아직 죽지 않은 사람의 마음을 수습해 이전의 건망증을 뉘우치고 이제부턴 길이길이 맹세코 잊지 않는 것뿐이라고. 대무신왕(大武神王)은 구석진 조그만 땅에서 굳은 맹세로 힘을 모아 여러 나라를 통일해서 동방의 대고구려를 세웠다. 온조왕(溫祚王)은 10인 18인의 단결로 십제(十濟) 백제의 나라를 이룰 수 있었다. 하(夏)나라 소강(少康)은 10리 땅 500명의 군사로 중흥했고, 제(齊)나라 전단(田單)은 거(莒)와 랑묵(郎墨) 두 개의 성으로 나라를 되찾았다. 프러시아는 굳은 인내와 침착함으로 프랑스인의 발자취를 끊었고, 미국은 불굴의 용기로 영국군을 억눌렀다. 와신상담(臥薪嘗膽)하며 원한을 마음속 깊이 새기고 모든 대중이 한 마음이 되어 죽음을 맹세하며 구국에 나서기만 하면 우리 대한의 앞길에는 밝은 희망이 있으리라.

한국의 혁명 지도자 신규식 선생은 이미 세상을 떠났으나 그가 남긴 유작 『한국혼』은 한국인들에게 망국의 굴욕을 잊지 말 것을 가슴 아프게 권면하고 있다. 나는 인연이 닿지 않아 그를 한 번도 만나지 못했다. 장지란 선생도 1941년 9월 6일에 사망했는데 그때 나이 불과 56세였다. 당시 나는 천부레이 선생 및 친구 왕평성과 병상 옆에서 장지란 선생의 임종을 지켜보았고, 아울러 그의 유언을 들은 증인 중 한 사람이 되었다. 장지란 선생의 유언은 다음과 같았다.

> 나는 일평생 신문 사업을 유일한 직업으로 삼아왔다. ······ 또한 난폭한
> 적을 쫓아내는 것을 한시라도 생각하지 않은 때가 없었으며, 우리 민족이
> 독립과 자유를 회복하는 것을 목적으로 삼아왔다. ······

이러한 몇 마디 말만으로도 저명한 신문기자의 흉금을 살펴볼 수 있다.
그는 결국 그의 인자(仁者)의 마음으로 한국 독립에 협조하라는 무거운 짐
을 나에게 더했는데 어떻게 내가 스스로 힘쓰지 않을 수 있었겠는가? 나는
장지롼 선생이 살아계실 때 그와 약속한 바를 실천하기 위해 한국의 독립
운동 인사들과 연락을 시작했다. 하지만 애석하게도 장지롼 선생은 내가
한국 독립운동을 위해 헌신하고 한국임시정부 김구 주석의 요청으로 유일
한 중국 국적의 고문이 되는 영예를 얻으며 항전 승리 후에 중화민국 장제
스 총통의 명을 받들어 중화민국의 초대 주한대사로 부임해 한중 양국의
독립과 자유를 위해 미력이나마 최선을 다하는 모습을 직접 눈으로 보지
는 못했다. 나에게 이는 매우 유감스러운 일이다. 따라서 나는 이 책을 장
지롼 선생에게 바치고자 한다. 이를 통해 그가 구천에서 다소나마 위안을
얻을 수 있기를 바란다.

》3·1운동에 대한 추억

1934년 가을 쓰촨대학에서 교편을 잡기 시작했을 때 나는 처음으로 한
국 독립운동 지도자 김규식 박사와 서로 알고 지내게 되었다. 이 기간 동
안 소련에 거주하는 조선공산당 지도자와는 인연이 닿지 않아 만날 기회
가 없었던 반면, 중국과 미국에 거주하는 수많은 독립혁명 지도자, 예를

들면 이승만, 김구, 이시영, 김규식, 이갑성, 신익희, 김성수, 조병옥, 서재필, 이청천, 류동열, 최동오, 홍진, 원세훈, 조소앙, 이범석, 한시대, 전경무, 김홍일 등과는 교분이 있었다. 내가 정식으로 명을 받들어 한국에 대사로 부임하기 전에, 다시 말해 그들이 망명하던 시대부터 그들과는 친분이 있었던 것이다. 그들은 최소한 나보다 2~3살 많았으며 나보다 최대 23살 많은 사람도 있었다. 나는 한국어에 정통하지 못해 대개 중국어로 이야기하거나 한문으로 필담을 나누었으며, 때로는 일본어와 영어를 사용하기도 했다. 나와 그들은 한 세대나 차이 나고 언어도 유창하게 소통할 수 없었지만 우리는 서로 이심전심이었으며, 한국의 독립이라는 같은 목표를 가지고 있었다. 당시 한국임시정부는 중국 영토에 있었는데, 이곳은 한국 독립을 위해 모인 독립지사들의 본영이었다. 한국임시정부라는 영아가 탄생한 계기는 바로 3·1운동이었다.

　나와 한국 독립운동의 관계를 서술하기 위해서는 3·1운동을 언급하지 않을 수 없다. 3·1운동 당시 나는 아직 열 살 전후의 어린아이에 불과해서 혁명이나 독립을 잘 이해하지 못했지만, 이후에 내가 알게 된 한국 독립운동의 지도자들은 직접적이든 간접적이든, 많든 적든, 또는 국내에 있든 국외에 있든 모두 3·1운동과 관련이 있었고, 3·1운동을 이해하면 지도자들과 그들의 독립운동도 이해할 수 있었다. 실제로 3·1운동과 관련된 일부 역사적 사실과 감상은 내가 그들로부터 직접 전해 듣고 확인한 것이었다. 나는 3·1운동의 소산인 김구 주석의 고문으로 초빙되었기에 더더욱 3·1운동과 떼려야 뗄 수 없었다. 그리고 1949년 서울에서 나에게 중화민국 초대 주한대사 신임장을 전달한 사람이 바로 이승만 대통령이었는데, 그 역시 3·1운동으로 만들어진 상하이 임시정부의 초대 대통령이었으며, 부통령 이시영은 임시정부의 재무총장이자 법무총장이었다. 내가 서울에 있을 때 머물던 관저(경교장)는 김구 선생이 암살당하기 전의 주거지였고, 관저 중 침실은 김구 선생이 암살당해 쓰러진 바로 그 방이었다. 나는 3·1운동 당시 '독립선언'에 서명했던 장소인 명월관에서 김규식, 조소앙, 신익희, 원세훈, 홍진 등으로부터 당시의 혁명 상황을 회상하며 술회하는 이야기를 여러 차례 직접 들었다. 또한 나는 일부러 시간을 내어 '독립선언'을 선포한 곳이자 군중집회의 개최 장소로 공고된 서울 파고다공원 도처를 걸으며 3·1운동의 위대한 유적을 탐색한 바 있다. 심지어 주한대사 직무를 사직하고 한국을 떠난 지 35년 후인 1965년 봄 아내 쑨쉬닝(孫朔寧)과 함께 일본을 거쳐 다시 한국을 1주일 방문했을 당시 박정희 정부에 이승만 전 대통령의 묘지로 쓸 부지를 마련해줄 것을 대신 요청하기도 했다. 또한 당시 중화민국대사관 참사인 후쥔(胡駿)과 함께 서울 시내에 위치한 3·1운동기념관에서 거행된 김성수, 조병옥 선생의 서거 기념식에 참석해 조문하고 기념 서명을 하기도 했다.

3·1운동은 한국 근대사상의 '신해혁명'으로, 3·1운동이 없었다면 한국 임시정부도 없었을 것이며, 한국의 독립이 이뤄졌을지도 의문이다. 따라서 여기서는 3·1운동의 전후 맥락을 간략하게 다루겠다.

3·1운동이 일어난 이유는 첫째, 한국 국내의 요인 때문이었다. 다시 말해 한국 국민들이 망국의 치욕을 더 이상 참을 수 없게 된 데다, 신규식 선생이 『한국혼』에서 묘사한 것처럼 일본 통치자가 한국에 폭정과 학대, 착취와 학살을 가하고 있었기 때문이다. 전통적으로 한중 관계는 결코 이와 같지 않았다. 한국과 중국은 느슨하고 관대한 종주국과 일종의 자치령 같은 관계로, 대영제국과 자치령 사이의 유대와 매우 유사했다. 한편 한국은 중국 동북 지방의 보호막으로, 중국과 순망치한(脣亡齒寒) 관계였다. 양국은 이처럼 상호 의존하고 있었다. 쑨원 선생이 "중국이 강성해야 한국의 독립을 보증할 수 있으며, 한국이 자유로워야 비로소 중국의 안전을 보증할 수 있다"라고 말한 것도 이러한 이치 때문이다. 중일 갑오전쟁에서 청조 조정이 패전한 이후 일본은 시모노세키조약 제1조를 통해 중국으로 하여금 조선이 '독립자주' 국가임을 확인하도록 강요했는데, 이는 일본 제국

주의가 조선을 병탄하고 한국이 진정한 '독립자주'를 상실하도록 만들기 위한 첫걸음이었다.

1896년 6월 조선은 일본군 총검의 위협 아래 '독립'을 선포하도록 강제 당했으며, 이듬해 국호를 '대한(大韓)'으로 바꾸었다. 1899년 일본은 한국에 통감부를 설치해 한국의 내정과 외교를 주관하고 한국에서의 청나라 세력을 철저하게 배제했다. 이후 일본은 유일한 눈엣가시인 소련 세력을 제거하는 데 착수했다. 이를 위해 일본은 1902년 영국과 동맹을 맺고 1904년 2월 러일전쟁을 일으켜 소련을 끝내 패전시켰다. 일본은 전승국의 위치에서 소련으로 하여금 한국에서 일본의 정치·경제·군사상의 특수이익을 승인하도록 강요했을 뿐만 아니라, 소련이 중국 동북 지방에서 점유하고 있던 권익을 탈취함으로써 일본이 중국 대륙으로 침략할 수 있는 교두보를 마련했다. 한국에 남아 있던 청과 소련 세력이 일소되자 일본은 한국에 조금도 거리낄 것 없이 하고 싶은 대로 할 수 있게 되었다. 1905년 일본의 주한 통감 이토 히로부미는 한국으로 하여금 보호 조약에 강제로 조인토록 해서 한국을 일본의 보호국으로 전락시켰으며, 1910년 8월 이후에는 이른바 '한일합방조약'이라는 형식 아래 한국에 총독부를 설치했다. 이렇게 해서 한국은 멸망해 명실공히 일본 제국의 식민지가 되고 말았다. 망국의 치욕과 고통을 맛본 한국 국민은 '독립자주'의 고귀함을 통감했고 일본 통치자에 대한 저항을 전개하기 시작했다.

청일전쟁 후 얼마 되지 않아 한국 각지에서는 '반일척왜(反日斥倭)'를 구호로 동학군 운동이 일어났으나, 애석하게도 피었다가 금방 시들어버리는 우담화처럼 몇 달 못가 전멸하고 말았다. 그 후 일본의 거듭되는 한국인 박해와 명성왕후 피살로 인해 민종식, 민긍호, 유인석 등의 주도하에 각지에서 의병이 일어났고 항일운동이 끊임없이 벌어졌다. 1907년 7월 일본 주둔군 사령관 하세가와 요시미치(長谷川好道)가 고종에게 한국정부군을 해산하라고 강요하자 해산된 군대의 장병들은 적잖은 위험을 무릅쓰고 항일

의병에 가담했다. 이 의병운동은 10여 년 동안 여기저기서 계속되었으나 내부적으로 완전히 단결되지 못한 데다 강대한 일본군 때문에 소멸되고 말았다. 이에 지식인과 종교인은 방식을 바꾸어 평화적인 방법으로 일본에 계속 저항했다. 그들은 신문, 문화, 교육, 종교 각계에 투신해 자신의 몸을 위장·보호하는 한편, 암암리에 독립운동을 전개했다. 이러한 인물로는 이승만, 손병희, 서재필, 안창호, 노백린, 신규식 등을 들 수 있는데, 모두 훗날 3·1운동과 밀접한 관련이 있다. 천도교 교주 손병희는 '3·1 독립선언서'에 서명한 33인 가운데 지도자적인 위치에 있던 인물이다. 1945년 개최된 샌프란시스코회의* 때 이승만과 서재필은 나에게 3·1운동을 전후해 그들이 교육계와 종교계에서 분투했던 상황을 이야기한 적이 있다. 이승만은 특히 일본군의 무력 통치 아래에서는 도저히 공작을 수행할 방법이 없음을 깨닫고 외국으로 나가 국제적인 선전과 외교 활동을 해야만 일본인에게 압력을 가할 수 있으리라고 믿었다. 그래서 그는 한국에서 출옥한 후 곧바로 미국으로 도피했다. 일본의 항복으로 한국으로 돌아가기까지 이승만은 줄곧 미국에서 한국 독립을 위한 선전 외교와 조직 활동에 힘을 쏟았다.

3·1운동이 발발한 데에는 이 같은 내재적 요인 외에 외부 요인도 작용했는데, 크게 다음 세 가지를 들 수 있다.

우선, 1911년 중국 신해혁명이 1919년의 한국 3·1운동에 미친 영향을 특히 강조하고자 한다. 중국은 예로부터 후왕이박래(厚往而薄來), 즉 '주는 것은 후하게, 받는 것은 박하게'라는 정치철학을 지녀왔다. 이 때문에 한국인은 피비린내 나는 일본의 통치에 더욱 통한을 금치 못했고 이는 지난날의 한중 우호관계를 상기케 했다. 중국이 신해혁명을 통해 청나라의 군주제를 뒤엎고 아시아에서 처음으로 민주주의 정치체제를 이룩해 신중국(新

---

* 유엔 헌장을 채택하기 위해 미국 샌프란시스코에서 1945년 4월 25일부터 6월 26일까지 유엔 50개국이 참가해 개최한 회의. _옮긴이 주

中國)을 건국한 상황에 대해 한국인이 각별한 관심을 가졌던 것도 이 때문이다. 특히 삼민주의의 구호가 약소민족을 돕고 전 세계 각 민족의 평등과 자유를 구현하는 데 역점을 두고 있는 데다 중국과 한국은 지리적으로 인접했기 때문에 3·1운동 이전부터 수많은 한국 독립운동가들은 중국 동북 지방의 한족회(韓族會)와 상하이의 동제사(同濟社)를 거점으로 공작을 전개해나갔다. 그뿐 아니라 3·1운동의 직접적인 결과로 상하이에 한국임시정부까지 탄생했다. 1919년부터 1945년까지 꼬박 25년 동안 각지의 한국 독립운동 지도자들은 여러 나라 사람이 모여 사는 상하이로 계속해서 건너왔으며, 나중에는 중국 영토 각지에 한국 독립운동의 깃발을 세웠다. 이것만으로도 신해혁명과 3·1운동과의 밀접한 관계가 충분히 설명되지 않을까? 또한 한국 독립운동의 각 당파에 속한 인물 중 적지 않은 사람이 중국 국적을 취득했으며 중화혁명당이나 중국국민당, 또는 중국정부의 군대에 참여한 것만으로도 한중 양국 간 민족 혁명의 밀접한 관계가 증명되지 않을까?

3·1운동을 발발하게 만든 그다음 외부 요인은 바로 1917년 러시아 10월혁명으로 소련이 탄생한 것이다. 공산주의자들은 대내 및 대외적으로 '한족혁명(韓族革命)'의 구호를 이용해 '공산혁명(共産革命)'의 전략을 달성했다. 몇몇 한국 독립운동 인사는 약소민족을 돕겠다는 소련의 외침을 아주 쉽게 받아들였고, 일부 독립운동 당파의 정강이나 주장은 사회주의 색채를 띠기도 했다. 이런 이유로 인해 3·1운동을 전후해서는 한국 독립운동 단체가 소련 영내에 근거지를 두기도 했다. 예를 들면 이르쿠츠크의 애국동지원호회나 블라디보스토크의 국민회가 그것이다. 중국이 북벌 및 항일전쟁을 벌이다가 국공이 합작하는 단계에 이르렀을 당시 중국공산당은 국민당과 국민정부에 수없이 침투해 들어왔으며 중국에 있는 한국인 좌파 인사를 손아귀에 넣어 이른바 훗날 조선공산당의 연안파를 조직하는 기회를 마련했다. 또한 중국에 있는 조선무정부주의연맹, 조선민족해방동맹, 조선청년전위동맹 등의 좌경분자에게 접근해 통일전선 전략을 운용했고

될 수 있는 대로 이들을 흡수했다. 심지어는 조선민족혁명당 책임자인 김약산 같은 지도자까지도 중국공산당과 조선공산당에 이끌려 전후 북한 정부에서 일했다. 이를 통해 우리는 소련 공산혁명이 한국의 3·1운동에 끼친 영향을 확인할 수 있다.

3·1운동에 영향을 준 마지막 외부 요인은 제1차 세계대전 말기 미국 대통령 윌슨이 내세운 '민족자결' 14조 원칙이었다. 윌슨 대통령이 부르짖은 '민족자결' 구호 아래 제1차 세계대전 이후 폴란드, 체코, 아일랜드 등 13개 독립국가가 탄생했다. 일본의 침략으로 그들의 통치를 받으면서 고립무원이던 한국 국민들에게 이는 폭풍우 속 배가 등대를 본 것과도 같은 커다란 희망이 되었다. 이에 한국의 일반 백성은 물론이고 해외 각지의 혁명 지도자들도 들떠 혁명을 시도하려 했다. 당시 중국에 있던 신규식, 여운형, 김규식 등과 미국에 있던 이승만, 안창호 등은 한국 국내와의 비밀 연락을 더욱 강화·노력하는 한편, 대표를 파견해 파리평화회의에 참석하거나 윌슨 대통령을 만날 것을 주장했다.

지금 와서 돌이켜보면, 윌슨 대통령의 민족자결 주장이 비록 아시아태평양 지역의 각 제국주의 국가, 특히 일본의 식민 정책을 성공적으로 개조시키지는 못했지만, 3·1운동에 영향을 미친 이 세 가지 국제적 사건은 확실히 극동의 각 식민지 또는 반(半)식민지 국가, 특히 한국의 독립자주 운동을 자극하고 고무시켰다.

이상에서 말한 내외적 요인이 3·1운동이 발발하게 된 시대적 배경이라면, 3·1운동에 직접 불을 붙인 불씨는 바로 한국의 폐제(廢帝) 광무황제(光武皇帝), 즉 고종의 갑작스러운 죽음과 국장(國葬)이었다.

일본은 한일합병을 한 뒤 1918년 한국인에게 한일합병을 청원하는 서명운동을 벌이게 했는데, 한국인들이 자원해서 한일합방을 한 것처럼 꾸미기 위해서였다. 그런 후 고종에게 어새를 찍도록 강요했으나 끝내 거절당했다. 그 후 얼마 지나지 않은 1919년 1월 23일 고종이 돌연 사망했는데, 사인은 밝혀지지 않았다. 이로 인해 갖가지 유언비어가 퍼져나가자 각지에서 일본 당국에 의한 폭행이 만연해졌고, 이에 일본인을 공격해야 한다는 한국 독립운동 지도자들의 주장이 민중의 마음을 격동시켰다. 3월 3일이 고종의 국장일로 예정되어 있었으므로 전국 각지의 국민들은 임금의 장례식을 보기 위해 속속 서울로 모여들었다. 독립운동 지도자들은 이때에 맞춰 이틀을 앞당긴 3월 1일로 날짜를 잡았고 각 도의 대표 33인이 서울 명월관에 모여 독립선언서 서명식을 거행했다. 한용운이 선언서를 낭독하자 그곳에 모인 모든 사람이 한국 독립 만세를 소리높이 외쳤다. 동시에 독립선언서 전문을 파고다공원으로 가지고 가서 공고했다. 이 소식은 빠르게 전국 각지로 퍼져나갔으며, 각 도시에서는 청년 학생들의 선도 아래 가두시위가 벌어졌다. 이에 일본인들은 경찰과 헌병을 출동시켜 피비린내 나는 진압을 하면서 흉악한 면모를 드러냈다. 두 달 동안 각지의 한국인들은 앞에서 쓰러지면 뒤에서 일어나고 하면서 저항 시위를 계속했다. 일본 측 통계에 따르면 당시 독립 시위에 참가했던 사람은 46만여 명이었고, 사상자 수는 1400여 명에 달했다고 한다. 그러나 이는 일본 측 추산이므로 실제로는 이보다 훨씬 많았을 것으로 여겨진다.

이 독립운동 사건을 '3·1운동'이라고 부른다. 3·1운동으로 겪은 희생은 막대하고도 참담했지만, 이로 인해 한국 독립운동사상 최고의 지도 조직인 한국임시정부가 탄생했고, 한국임시정부는 일본이 패전해 한국이 독립을 획득하기까지 독립지사들을 배출했다.

3·1운동이 발발한 지 얼마 지나지 않아 전국 각 도에서 모인 대표들은 서울에서 비밀 집회를 열어 임시약법(臨時約法)을 통과시켰으며, 아울러 한성임시정부를 수립하고 각료를 선출했다. 그 명단은 다음과 같다.

- 집정관 총재 이승만   - 국무총리 이동휘
- 외무총장 박용만   - 내무총장 이동녕

- 군무총장 노백린   - 재무총장 이시영

- 법무총장 신규식   - 학무총장 김규식

- 교통총장 문창범   - 노동총장 안창호

- 참모총장 류동열

한성임시정부 요원은 각 도 대표가 선출했다. 하지만 천도교 교주 손병희 같은 지도자는 이미 일본 경찰에게 체포되어 투옥된 데다, 피선된 임시정부 각료 역시 뛰어난 독립운동 지도자임에는 틀림없으나 당시 모두 해외로 망명해버리고 국내에는 없었기 때문에 서울의 한성임시정부는 이름만 있을 뿐, 근본적으로 한국 국내에 존재할 수 없는 상황이었다. 마치 현금으로 바꿀 수 없는 한 장의 어음과도 같았다. 그러나 이 중대한 뉴스는 날개 없이도 세계 각지의 한국 교포가 모여 사는 곳으로 전파되었다.

1919년 3월 21일 소련 블라디보스토크에서는 한국 독립운동 인사들이 한데 모여 이른바 대한국민의회를 열고 한국 독립정부 각료를 선출·결의했다. 그때 선출된 대통령과 각료 명단은 다음과 같다.

- 대통령 손병희   - 부통령 박영효

- 국무총리 이승만   - 도지총장 윤현진

- 군무총장 이동휘   - 내무총장 안창호

- 산업총장 남형우   - 참모총장 류동열

- 강화대사 김규식

블라디보스토크의 한국 교포들이 각료를 선출한 대한국민의회와 한성임시정부는 3개월 후 해산을 선포하고 상하이의 한국임시정부 및 의정원으로 흡수·병합되었다.

3·1운동이 일어난 후 4월 8일 상하이의 한국 독립운동 지사들은 상하

이 프랑스 조계에 모여 회의를 열었다. 그들은 먼저 한국 독립국의 국호를 '대한민국'이라 하기로 결의·선포하고, 중앙의 민의대표 기구로 의정원을 만든 다음, 대한민국 임시정부를 영도해나갈 내각을 다시 선출했다. 그 명단은 다음과 같다.

- 국무총리(후에 대통령으로 고침) 이승만
- 내무차장 신익희
- 외무총장 김규식   - 외무차장 현순
- 재무총장 최동형   - 재무차장 이춘숙
- 교통총장 신석우   - 교통차장 선우혁
- 군무총장 이동휘   - 군무차장 조성환
- 법무총장 이시영   - 법무차장 남형우
- 국무원 비서장 조소앙

외무총장 김규식과 법무총장 이시영만 중국에 있고 그밖에는 아무도 중국에 있지 않았기 때문에 각 부처마다 차장을 두어 업무를 대리 관장케 했다. 4월 17일 드디어 대한민국 임시정부의 간판이 상하이 프랑스 조계 샤페이루(霞飛路)의 세를 얻은 집 옥상에 걸렸다. 상하이에서 처음 수립된 한국임시정부는 1935년 이후로는 중국 각지로 옮겨 다니긴 했지만, 줄곧 해외에서 전개된 한국 독립운동의 본영 역할을 했다. 이후 오랫동안 한국 임시정부 주석으로서 항일 전쟁 기간 중에는 중국의 조야 인사들과 자주 공개적으로 왕래했던 한국의 유명한 지도자 김구 선생은 3·1운동이 발발하던 그날 몰래 한국 땅을 빠져나와 중국의 동북 지방을 거쳐 상하이로 남하해 한국임시정부에 투신했다.

상하이의 한국임시정부가 수립된 후 가장 먼저 추진한 일은 그간 한국 독립정부로 세워졌던 세 개의 단체를 통합해 3·1운동을 계승한 정통 정부로서의 위치를 확립함으로써 난립을 막는 것이었다. 앞서 소개한 블라디보스토크의 대한국민의회는 상하이에 수립된 임시의정원에 흡수 및 병합되기로 동의했으며, 그들이 선출한 각료의 명단 역시 따로 내세우지 않고 상하이의 임시정부 내각을 그대로 인정하기로 동의했다. 또 3·1운동 후 서울에서 선포된 한성임시정부는 각료들이 한국 내에 한 명도 없어 일종의 섀도 캐비닛에 지나지 않았다. 그러나 서울은 3·1운동의 발원지였기 때문에 혁명 지도자의 한 사람이자 서울에서 상하이로 빠져나온 홍진이 서울의 임시정부를 대표해 모든 권한을 상하이의 한국임시정부에 넘겨주어 병합시켰다. 이로써 상하이의 임시정부는 명실공히 3·1운동의 전통을 이은 유일한 독립 정권으로 완성되었다. 홍진 선생은 훗날 항일 전쟁 때 임시 수도 충칭에서 임시의정원 의장을 맡고 있어 만나볼 기회가 자주 있었다. 내가 정식으로 주한대사로 부임했을 때 그는 직접 김포비행장으로 나를 환영 나왔는데, 그가 당시의 경과를 이야기해주어서 모든 것을 확인할 수 있었다.

3·1운동으로 잉태된 한국임시정부는 중국 상하이에서 태어났다. 1945년 11월 김구 주석이 한국임시정부의 모든 각료를 이끌고 충칭에서 다시 상하이를 거쳐 일본이 항복하고 난 '자유 한국'으로 돌아오기까지, 이 아기가 꼬박 25년에 걸쳐 성장한 과정에는 실로 고난이 많았다. 우여곡절을 겪어 독립에 이른 그 길은 결코 평탄하지 않았다. 나는 독립운동의 동지로서 그들과 동고동락했으므로 내가 한국 독립운동에 참여해서 한국에 대사로 나가기까지의 시대적 배경을 다음과 같이 구분해 개략적으로 기술하려고 한다.

- 제1단계: 상하이에 한국임시정부가 수립되었을 때부터 중국국민당의 북벌이 성공해 전국을 통일하기까지(1919~1928년)
- 제2단계: 북벌 통일부터 루거우차오 사건으로 전면적인 대일 항전에

들어가기까지(1928~1937년)

• 제3단계: 항일 전쟁 개시부터 항일 전쟁이 승리해 한국임시정부의 전 각료가 한국 본토로 귀환하기까지(1937~1945년)

» 한국임시정부의 독립 투쟁과 중국의 대한 원조

제1단계(1919~1928년)

제1단계는 1919년 한국임시정부가 상하이에서 탄생한 뒤 1928년 중국 국민당이 북벌을 완성하고 국민정부를 수립하기까지의 10년간이다. 사실 이 기간에는 중국이 갖가지 내란과 외환을 겪어 정부가 자국의 문제도 미처 돌볼 겨를이 없었기 때문에 한국 독립운동에 대해서는 마음뿐이었지 도울 힘이 없었다. 그런데 세상에 태어난 지 얼마 안 된 한국 독립의 씨앗은 채 자라지도 않아 내부의 파벌 싸움과 인사 분규라는 중병에 걸렸고, 거의 빈사 상태에 빠져 요절 위기에까지 처했다. 그래서 독립운동의 성장 과정에서는 내세울 만한 성과가 없다. 그러나 한국의 독립지사들이 외교적인 선전 활동에 기울인 노력만은 한국 독립운동사에 지울 수 없는 큰 공헌을 했다고 할 수 있다.

원래 3·1운동은 한국의 각 계층, 각 지방, 그리고 여러 문화·교육·종교 단체의 대표들이 주도해서 진행한 것으로, 이 지도자들의 복잡한 구성 역시 한국임시정부 내부의 인사 분규를 반영하고 있다. 처음에 파벌이 형성된 이유는 다분히 지역적인 동향(同鄕) 개념 때문이었다. 대표적으로 신규식, 이동녕, 여운형 같은 경기도 - 충청도 일원의 중남부 지방 출신 인사로 조성된 이른바 '기호파'와, 이동휘, 안창호, 노백린, 문창범 등 평양을 중심으로 한 북부 지방 각 도 출신 인사로 구성된 이른바 '서북 관동파' 간의 대

립 투쟁을 예로 들 수 있다. 이후 전자는 자치권을 먼저 쟁취하자고 주장
하는 온건파가 되었고, 후자는 절대 독립을 주장하는 강경파가 되었다. 이
밖에도 이른바 중국 관내파와 만주파, 또 불평파(不平派)와 간부파가 서로
고집을 굽히지 않고 싸워 파벌 싸움의 형태는 각양각색이었다. 게다가 상
하이라는 장소는 동양 사람과 서양 사람이 모두 모여 있고 사상적으로도
뒤얽혀 있는 곳이라서 러시아혁명 이후의 좌경 사상은 한국임시정부 내에
도 영향을 미쳐 좌우 양 파의 투쟁까지도 자아냈다. 세계정세와 중국 국민
혁명이 진전됨에 따라 한국임시정부 내의 각 당파는 결국 반공적인 한국
독립당과 친공적인 조선민족혁명당, 그리고 기타 무정부주의 및 공산주의
를 표방한 각양각색의 당파로 갈려 대립했다. 여기에 대해서는 뒤에 다시
거론하겠다.

여하튼 한국임시정부가 상하이에서 탄생한 초기에는 대통령 이승만이
미국에 있느라 늦게 부임했기 때문에 정권은 대부분 서북파인 이동휘가
장악하고 있었다. 이로 인해 각파의 불만이 표출되었으며 곳곳에서 분쟁
이 일어났다. 이듬해인 1920년 12월에는 이승만이 미국에서 상하이로 직
접 가서 정무를 맡았는데, 이는 원래부터 불붙어 있는 파벌 싸움에 기름을
붓는 꼴이 되고 말았다.

맨 처음 봉착한 문제는 이승만과 이동휘의 불화였다. 이동휘는 서울에
서 결성되었던 한성임시정부의 국무총리에 피선된 적이 있었기 때문에 아
주 고자세였다. 게다가 그는 친소(親蘇)를 주장하고 있어 미국에 오랫동안
체류했던 이승만과는 생각이 달랐다. 결국 이동휘는 이승만 밑으로 들어
가지 않고 소련 영토로 떠나버렸다.

이밖에 한국 독립운동 지도자 중 한 사람인 안창호는 흥사단을 이끌고
하와이를 활동 거점으로 삼고 있었다. 그는 이승만처럼 미국에 있었지만
정파가 다르고 정견도 달랐다. 두 사람은 앞서거니 뒤서거니 상하이에 와
서 임시정부에 가담했지만, 이승만이 한국의 국제 신탁통치를 주장한 데

대해 안창호가 반대해서 빚어진 오랜 감정 때문에 서로 더욱 어울릴 수가 없었다. 한국임시정부의 외무총장이던 김규식 역시 이승만의 이러한 주장에 반대했는데, 이승만은 얼마 지나지 않아 적당한 핑계로 김규식의 직책을 빼앗아버렸다. 김규식과 이승만 간의 사이는 이때부터 멀어져 30년 후인 1950년에 한국전쟁 발발로 김규식이 공산당의 포로가 되어 북한에서 사망하기까지 줄곧 지속되었다.

대한민국 개국의 최고 공로자라 할 대통령 이승만은 개성이 강하고 고집이 세어 다른 사람과 잘 어울리지 못했다. 그는 상하이에 있은 지 겨우 반 년 만에 이토록 복잡다기한 난장판을 만들어놓아 한국임시정부로서는 아주 곤란한 상황에 처했고 수습할 방법이 없었다. 그래서 이승만은 마침 미국에서 열리고 있는 워싱턴회의에 가서 장외 활동을 벌이겠다는 구실을 내세워 1921년 6월 자신의 심복 임병직 대령을 대동하고 미국으로 되돌아갔다. 임병직은 1948년에 대한민국이 정식으로 독립한 뒤 이승만 정권의 초대 외무부 장관을 지냈으며, 1976년 여름 한국반공연맹의 이사장으로 재임하던 중 병으로 사망했다.

이승만이 상하이에서 한국임시정부 초대 대통령직을 맡고 있었을 당시·나는 열두세 살밖에 안 된 소학생이었으므로 그를 전혀 알지 못했다. 1945년 봄에야 충칭에 있던 김구 주석의 소개로 미국에서 알게 되었다. 이승만은 상하이를 떠나 미국에 간 이후 그곳에서 25년을 지냈는데, 항일전에서 승리한 후인 1947년 4월 두 번째로 중국을 방문해 난징에 있던 장제스 총통을 만났다. 당시 중국정부는 전용기로 그를 귀국시켰다. 나는 난징의 내 집에서 연회를 베풀어 그를 대접했으며, 또 그와 함께 쑨원 선생의 묘를 참배하기도 했다.

얼마 후 이승만은 전후 독립된 대한민국에서 대통령으로 다시 선출되었다. 그가 맨 처음 상하이에서 대통령에 피선되었을 때에는 본국이 일본에 멸망한 상태였고 상하이의 한국임시정부가 아직 외교적 승인도 얻지 못한 망명 정권이었기 때문에 그는 '섀도 프레지던트'에 지나지 않았다. 그런데 그가 다시 대통령에 선출되었을 때의 상황은 달랐다. 일본이 패전하고 1948년 정식으로 독립한 대한민국정부는 자유 한국의 본토에 수립된 정통 정부였기 때문이다. 그러나 북위 38도선을 경계로 공산당이 북한을 장악하고 있어 국토가 동강난 상태였으므로 그가 두 번째로 맡은 대통령직 역시 실질적으로는 반 토막 대통령일 뿐이었다. 역사의 발전 과정을 볼 때 앞으로 통일 한반도의 대통령이 반드시 나올 것이라고 나는 굳게 믿는다.

한국임시정부가 탄생한 뒤 제1단계 기간에는 인사와 파벌 분규로 단결하지 못했지만, 3·1운동의 전통을 잇고 한국 독립운동의 향방에 대한 국내외 인사들의 관심을 불러일으키기 위해 몇몇 지도자가 외교적인 선전 공작에 상당한 노력을 기울였던 것은 틀림없다. 그 지도자들은 파리평화회의를 전후해 이승만에게 한국임시정부를 대표해 미국 대통령 윌슨을 만나 한국 독립을 재촉하도록 요구하려 했다. 그러나 당시 미국 국무부는 일본과의 외교 관계를 감안해야 했고 한국임시정부가 아직 어떤 나라로부터도 외교적 승인도 받지 못했다는 사실 때문에 미국 대통령을 면회할 기회를 허락하지 않았다. 그뿐만 아니라 이승만이 파리에 가서 활동하는 것도 지지해주지 않았다. 그 이후 이승만이 워싱턴회의에서 독립 투쟁을 벌일 때에도 미 국무부는 여러 측면에서 방해했다.

20여 년 후 내가 워싱턴에서 이승만과 처음 회견했을 때 그는 미국 국무부 내의 '비겁한 얼간이들(small potatos)'이 자신의 투쟁 노력에 얼마나 압력을 가했는지 모른다면서, 이를 갈며 원망을 퍼부었다. 이 점에 대해서는 얼마 후 샌프란시스코회의에 참가했을 때 자세히 확인할 수 있었다. 그때 이승만은 직접 국무부 고위 관료 앨저 히스에게 서한을 보내 회의에 참석할 수 있도록 해달라고 요청했으나 거절당했다. 중국대표단도 이승만을 지원해달라고 요청했으나 아무 소용이 없었다. 그러니 그의 억울한 심정이 어떠했을지 짐작이 간다.

한국임시정부는 또한 당시의 외무총장이던 김규식을 파리로 파견해 파리평화회의 활동을 책임지도록 했으나 김규식 역시 평화회의에 출석한 일본 대표의 압력으로 회의장 안으로 들어갈 수 없었다. 그러나 김규식은 쓰촨대학 교수로 있을 적에 나에게 이 일에 대해 "우리 한국 대표가 비록 파리평화회의에 참가하지는 못했지만, 각국 대표에게 한국인들이 한국의 독립을 위해 투쟁하고 있다는 사실을 알린 점이 가장 큰 수확이었다"라고 말한 바 있다. 내가 샌프란시스코회의에서 한국의 지도자들과 연합해 투쟁했던 경험에 비춰볼 때 나는 김규식의 이 말에 완전히 동의할 수 있었다. 당시 한국의 독립운동 지도자들은 선전 책자를 간행하고 각국 기자를 초청해 성명을 발표했으며 중국대표단의 장쥔리(張君勵)·후린(胡霖) 두 대표와 내가 여러모로 도와 민주 국가의 언론을 통해 한국의 독립 문제를 시급히 해결해야 함을 알렸는데, 이는 가장 효과적인 방법이었다.

특히 파리평화회의, 워싱턴회의, 샌프란시스코회의 등 주요 국제회의에서 각국 대표들이 한 자리에 모인 기회를 이용하는 것이 각국의 관심을 끄는 데 가장 용이한 방법이었다.

한국임시정부가 탄생했을 당시의 국제 환경을 살펴보면 프랑스 외교 당국은 국제법과 외교 관계의 장애로 인해 파리평화회의에서 한국 대표들의 활동을 돕고 싶어도 도울 수 없는 형편이었다. 다행히 프랑스는 자유와 민권을 숭상하는 나라여서 프랑스정부가 상하이의 프랑스 조계 당국에 암암리에 지시를 내렸기 때문에 한국임시정부에 대해 동정하고 자유방임하는 태도를 취했다. 그러고 보니 한 가지 생각나는 이야기가 있다. 당시 중일 관계는 이미 험악해져 당장이라도 전쟁이 발생할 상황에 대비해 나는 상하이를 떠나기로 했는데, 그에 앞서 상하이에서 이름이 높던 위차칭(虞洽卿), 두웨성(杜月笙) 두 사람을 따로 찾아가 그들의 도움을 필요로 할 때 협조해달라고 미리 부탁했다. 내가 두웨성 선생의 사무실에 찾아갔을 때 그는 마침 프랑스 조계 당국을 대신해서 프랑스 전차회사의 파업 문제를 해결하려고 노사 양측의 대표 몇몇과 담판을 짓고 있었다. 두웨성 선생은 나를 보자 "사오 선생, 여기 잠깐만 앉아 계십시오. 곧 끝납니다"라고 말했다. 내가 옆에 앉아서 보니 정말 눈 깜짝할 사이에 설득해 노동자들의 파업 문제를 해결해버렸다. 그리고는 두웨성 선생이 내게로 와서 한 말을 지금도 기억에 생생하다. "우리는 상하이에 거주하는 한국인 교포에게도 도움을 아끼지 않고 있는데, 같은 나라 사람을 어찌 돕지 않겠습니까? 걱정 마시고 일이 생기면 저를 찾으십시오."

그 후 루거우차오 사건이 일어나 내가 관할하던 지역인 일본 요코하마의 화교들을 상하이로 철수시킬 때 나는 위차칭, 두웨성 두 사람에게 전보로 도움을 청했고, 그들은 혼신의 힘을 다해 돌봐주었다. 두웨성 선생이 한국인 교포에 대해 언급했을 당시 적잖은 한국인 교포가 프랑스 전차회사의 노동자로서 검표원으로 일하고 있었다. 한국인 지사 복정일은 충칭에서 나에게 김구 선생에 관해 이야기한 적이 있는데, 김구 선생이 상하이 한국임시정부 경무국장 겸 한국교민회 회장으로 있을 당시 그 역시 두웨성 선생으로부터 적잖은 도움을 받았다고 했다. 그러니 당시 프랑스 조계 내에서의 한국 독립운동 활동은 조계 당국과 중국 지하 인사들의 비호 없이는 존재하기 어려웠음을 알 수 있다.

한국임시정부에 대한 영국의 태도는 프랑스와 전혀 달랐다. 영국과 일본 양국은 두 차례에 걸쳐 동맹을 맺었고 영국 자신부터가 식민제국이었기 때문에 한국 독립운동에 대해 지원을 하지 않은 것은 말할 것도 없고, 도리어 일본정부를 사주해 갖가지 압박을 가했다. 영국이 취했던 대한(對韓) 정책은 당시 상하이와 톈진 두 곳의 영국 조계 당국이 한국인들에게 취했던 태도만 보더라도 알 수 있다.

한국 독립운동에 관심을 보인 것은 새로 수립된 소련정부와 소련공산당뿐이었다. 그러나 그들의 진정한 관심은 조선공산당을 육성하고 한국임시정부 내의 좌파 친소분자 및 소련 영토에 거주하는 한국인 교포 가운데 과격분자인 사람들을 지원하는 데 있었다. 소련이 한국임시정부 지도자들의 정치사상과 계급성분을 확실히 알게 된 뒤, 그리고 소련과 일본의 국교가 다시 호전될 기미가 보인 뒤 피압박 민족을 도와야 한다고 외치던 자신들의 구호를 팽개쳐버리고 만 것은 이 때문이었다.

　한중 관계로 말하자면, 순망치한, 보차상의(輔車相依, 수레의 덧방나무와 바퀴처럼 서로 돕고 의지하는 관계를 뜻함_옮긴이)라는 말로 표현될 만큼 밀접하고 고락을 함께 해온 지 오래여서 중국인 가운데 한국 독립운동에 동정의 마음을 갖지 않은 사람이 없었다. 한국임시정부가 탄생하기 이전부터 한국 국내외에서는 수많은 지사가 독립을 위해 자신을 희생했다. 중국에서도 일찍부터 동맹회, 홍중회, 중화혁명당, 또는 중국국민당의 혁명 운동이 전개되고 있었다. 그러나 당시 중국 혁명의 목표는 모든 힘을 집중해 이른바 부한멸청(扶漢滅淸)함으로써 부패한 청의 전제정권을 타도하는 것이었다. 중국의 혁명 지사들은 한국의 멸망을 보고 가슴아파했지만, 도와주고 싶어도 도울 여력이 없었다. 급기야 신해혁명이 성공해 청정부가 붕괴되고 중화민국이 탄생했지만, 민족 혁명은 여전히 국력의 절반 정도만 완성되었을 뿐이었고 민주정치도 시종 실현되지 못하고 있었다. 국민당 총리 쑨원이 임시총통에 취임한 지 얼마지 않아 정권을 양도하고 재야로 물러나 있었기 때문에 기존의 위대한 구상은 무너지고 뜻하지 않게 위안스카이(袁世凱)가 정권을 빼앗아 군주제를 회복시키려 부추기기에 이르렀다. 이어서 군벌이 곳곳에 할거하고 제국주의 열강의 침략 압박까지 가중되어 중국은 내우외환으로 혼란에 빠졌다. 이처럼 중국은 국권을 제대로 유지하지 못했고 국민은 편할 날이 없어서 새로 태어난 한국임시정부에까지 손을 뻗을 수가 없었다.

　그러나 중국 각계의 지도자 중에는 개인적으로 한국 독립운동을 돕는 사람이 적지 않았다. 그중 중요한 사람으로는 쑨원 선생 외에도 천치메이(陳其美), 쑹쟈오런(宋敎仁), 랴오중카이(廖仲凱), 후한민(胡漢民), 다이지타오

(戴季陶), 쩌우루(鄒魯), 위유런(于右任), 천궈푸(陳果夫) 같은 국민당 지도자를 들 수 있다. 이들은 일찍부터 중국에 있는 한국의 독립지사들과 밀접한 관계를 맺고 있었다. 당시 국민당은 비록 집권당은 아니었지만 국민당이 내세운 이념과 정강은 중국 민족을 평등하게 대우하는 전 세계 국가들과 연합해 평등과 자유를 위해 공동 분투하자는 것이었다. 이 때문에 국민당 지도자들은 어려움 속에서도 혁명 정신으로 한국의 지사들을 동정했으며 지원을 아끼지 않았다. 국민당이 북벌을 개시하기 전 황푸군관학교(黃埔軍官學校)에서는 적잖은 한국 학생을 받아들였다. 또한 국민당 외에 탕사오이(唐紹儀), 캉유웨이(康有爲), 탕지야오(唐繼堯) 같은 군 및 정계의 인사와 장지롼, 후린(胡霖) 같은 저명한 인사도 한국 독립운동을 지지했으며 경제적으로도 도왔다. 심지어는 베이양군벌(北洋軍閥) 중에도 한국 지사들을 지원한 사람이 여럿 있었다.

한국임시정부 성립을 전후해서 중국이 한국을 원조한 방식은 이와 같았다. 즉, 1927년 국민당이 북벌로 통일을 완성하고 국민정부를 수립하기까지는 대한 원조가 개인적이고 개별적으로 이뤄졌으며 통일 정부의 정책 아래 조직적으로 이뤄지지는 않았다.

한국임시정부의 제1단계에 해당하는 시기에는 중국이 당면한 정세로 인해 중국정부가 정식으로 원조를 하지는 못했지만, 독립운동가들이 개인적인 친분을 이용해 다방면으로 노력한 결과 중국 각계각지의 사람들이 개별적으로 한국임시정부를 지원했다. 그들은 노선을 초월해서 심지어 위안스카이, 자오징쥔(趙秉鈞), 장쉰(張勳), 돤즈구이(段芝貴) 같은 베이양계(北洋系) 인사와도 연락을 취했으며, 당시 세력이 굉장했던 옌시산(閻錫山), 우페이푸(吳佩孚) 등과도 접촉을 유지했다.

여기서 반드시 지적해야 할 것은 1921년 1월 광저우(廣州)에 호법정부(護法政府)*가 수립되어 쑨원 선생이 다시 임시대총통으로 당선되었을 때의 일이다. 상하이의 한국임시정부는 이 소식을 듣고 즉시 여운형을 임시정부 대표로 광저우에 파견해 축하의 뜻을 전했다. 이어 같은 해 9월에는 김규식을 전권대사로 다시 파견해 호법정부의 외교적 승인을 획득하기 위해 광저우에서 활동하도록 했다. 사료의 기록에 따르면 당시 한국임시정부 전권대사가 쑨원 선생에게 제출한 5개 항의 청원은 다음과 같다.

① 한국임시정부와 중국 호법정부는 외교적으로 상호 승인한다.
② 중국 군사학교에서 한국 학생을 받아들인다.
③ 중국 측에서는 범태평양회의에 참석하는 대표에게 훈령을 내려 한국 측 요원들과 긴밀하게 연락을 취하고 한국의 독립을 위한 선전에 협조하도록 한다.
④ 중국 측은 한국 측에 한 지역을 조차(租借)해 한국 군대가 훈련할 수 있는 편의를 제공하고 아울러 500만 위안의 차관을 대여한다.
⑤ 한국임시정부는 대표를 파견해 광저우에 상주할 수 있으며, 그 비용은 중국 호법정부가 부담한다.

이상의 요구에 대해 쑨원 선생은 ④항은 아직 힘이 없어 받아들일 수 없지만 그 외의 항목에 대해서는 원칙적으로 찬성을 표했다고 한다. 한국임시정부의 지도자들은 쑨원 선생의 열렬한 지지에 크게 고무되었다. 한국 측이 국민혁명의 발원지인 광저우에서 쑨원 선생에게 내놓았던 요구는 호법정부가 곧 자취를 감추고 쑨원 선생 또한 얼마 뒤 서거함에 따라 금방 실현될 수는 없었으나, 쑨원 선생은 국민당 총리였고 국민당은 혁명주의 정신과 정책을 가진 정당이었으므로 쑨원 선생이 세상을 떠났다고 해서 쑨원 선생의 사상이나 정신까지 죽은 것은 아니었다. 국민당의 북벌과 국민혁명의 진전 및 성공에 따라 한국 측이 내놓았던 요구 사항은 국민당의

---

* 1917년 신해혁명 후 쑨원이 이끄는 중국국민당이 베이징 군벌정권에 대항하기 위해 광둥에 수립한 정부로, 광둥정부라고도 한다. _옮긴이 주

민족주의적인 한국 원조 정책의 일환으로서 많거나 적게, 그리고 빠르거나 늦게 그때그때 상황에 따라 실현되었다. 앞으로 나는 이 점에 대해 서술하려 한다.

또한 당시 한국임시정부가 광저우 호법정부에 파견했던 복순 선생에 대한 이야기를 덧붙이려 한다. 복순 선생의 이름은 복정일 또는 박체익이라고도 했는데, 그는 중국 국적을 취득해 중화혁명당에 가담하기도 했던 오랜 동지로서, 이후 한국임시정부에 참가해 법무총장을 맡기도 했다. 1945년 8월 일본이 패전하고 얼마 지나지 않은 11월, 중국에 있던 한국임시정부의 각료들은 모두 한국으로 돌아갔다. 그때 김구 주석은 복정일과 민석린 두 사람을 한국임시정부의 주중대표단장과 부단장으로 중국에 남겨 놓았다. 중국정부는 이를 사실상 승인해 응분의 대우를 했다. 나도 개인적으로 충칭과 난징에서 복정일과 자주 왕래했으며, 그들이 한국임시정부에서 시종일관 보인 혁명정신에 깊은 경의를 표했다. 다만 자신들의 목적을 위해 수단을 가리지 않는 복정일와 민석린의 태도로 인해 가끔 골치가 아플 때도 있었다. 복정일은 전후 얼마 되지 않아 병으로 세상을 떠났고, 그와 한 팀이던 민석린은 이승만 대통령에 의해 타이베이 주재 총영사로 임명되었다. 또한 민석린의 아들은 타이베이에 있는 한국 주중대사관의 1등 서기관으로 근무했는데, 부친과 아들이 같은 길을 걸은 이른바 혁명외교 가문이라 할 수 있다.

제2단계(1928~1937년)

제2단계는 1928년 국민당의 북벌 통일로 국민정부가 수립되었을 때부터 1937년 루거우차오 사건의 발발을 계기로 전면적인 대일 항전이 벌어지기까지 10년 동안으로, 당시 중국은 이미 대륙 통일을 완성한 상황이었고 중국에서의 한국 독립운동도 새로운 전기를 마련한 시기였다. 한국임시정부로서는 삼민주의를 표방하고 특히 약소민족을 동정하는 입장에 서 있던 신흥 국민당 정부가 새로운 희망이었다.

이 기간 중 처음 얼마 동안은 기록으로 남길 만한 한국임시정부의 대외활동이 별로 없었다. 일본은 동방회의(東方會議)를 연 후 적극적으로 대륙정책을 펼쳤는데, 그 결과 한국인을 대거 동북 지방에 이주시켜 그 수가 거의 100만 명에 이르렀다. 그중에는 물론 반일 독립지사도 적지 않았다. 일본군의 압박 아래 장쭤린(張作霖)의 지방 정권은 부득불 이들을 진압하는 태도를 취하지 않을 수 없었다.

한편 한국인 중에는 교활하고 졸렬한 사람도 적잖아 일본인의 사주를 받아 호가호위하며 중국의 양민을 기만하고 압박하는가 하면 심지어 지방 관리를 모욕하는 일도 있었다. 이 때문에 동북 지방의 한국 교포들과 중국의 관리 및 군민 간의 감정은 날로 험악해졌다. 이는 한국과 중국 두 나라 국민을 이간시키려던 일본 군벌의 악독한 계략이 맞아떨어진 것이었다. 1931년 6월 한국인들이 중국인들을 배척한 완바오산(萬寶山) 사건*은 바로 이 때문에 일어났다.

이후 일본은 동북에서 화북, 화중(華中), 화남(華南)으로 침략 행동을 발동시켜나갔으며, 이를 전후해 무슨 일에나 먼저 중국 국민과 한국 국민 또는 타이완 동포 사이의 감정을 도발시키거나 이간하는 전략을 썼다. 한 예를 들면 일본은 주중 파견군 또는 특수 기관에 고용된 통역원으로 중국 북부 지방에서는 중국어에 능통한 한국인을, 중국 남부 지방에서는 타이완 호적을 지닌 소수 동포를 채용했는데, 이들은 일본 군벌의 도구가 되어 갖가지 악행을 저질렀다. 이로 인해 중국 인민들은 엄청난 탄압을 받았고 그들에 대해 이를 갈지 않는 사람이 없었다.

---

* 중국 지린성(吉林省) 완바오산 부근에서 관개 수로 때문에 한국과 중국 농민 사이에 일어난 분쟁 사건. 일본의 책동으로 일어나 국내에서 화교를 박해하는 사건으로 발전했으며, 일본은 이를 구실로 삼아 만주사변을 일으켰다. _옮긴이 주

항일 전쟁에서 승리한 이후인 1945년 봄, 내가 중국의 주한대표 신분으로 베이징, 톈진 각지를 순시하며 중국에 사는 한국 교포들을 위안할 때 한국 교포들이 나에게 호소하던 말이 기억난다. 일본군이 항복한 후 베이징의 몇몇 음식점 문에는 "한국인은 들어오지 마시오"라는 쪽지를 붙였다는 얘기였다. 이는 화북 민중이 전전 또는 전시에 겪었던 이른바 가오리방쯔(高麗棒子)*의 악행에 대해 감정적 보복을 한 것이라 하겠다.

나는 당시 타이완의 대표적인 뉴스통신사 중앙사** 기자를 만나 담화를 발표하는 자리에서 일본 군벌이 한중 양국의 국민감정을 이간질시켜 악독한 침략 정책에 이용한 것이라고 설명하고, 전쟁이 끝난 후 우리는 이미 적이던 일본인에 대해서도 너그러이 대하는데 친구인 한국인들을 적의를 갖고 대해서는 안 된다고 강조하면서, 중국 민중에게 한국 교포에 대한 태도를 고쳐달라고 호소했다. 그뿐만 아니라 베이징 경찰국장 천쥐(陳煒)를 직접 찾아가 부하들로 하여금 시민들에게 한국인에 대한 태도를 개선할 것을 권하도록 요청했다.

만주사변으로 일본군이 동북 지방을 점령하자 중국 인민의 항일투쟁 열기는 전국으로 번졌다. 이에 상하이의 한국임시정부는 서둘러 긴급회의를 소집, 중국에 있는 모든 한국인 단체를 동원해 정국에 맞춰 각종 항일 행동과 선전 공작을 펴나가기로 결의했다. 그중 대서특필할 만한 것으로는 1932년 4월 29일 발발한 훙커우공원(虹口公園) 사건을 들 수 있다. 이 사건은 한중 양국 인사에게 공동의 적인 일본에 대한 적개심을 불러일으켰을 뿐만 아니라 한중 관계에서 매우 의미 있는 사건이었다. 또한 당시 한국임시정부 국무위원 겸 경무국장이던 김구를 일거에 유명하게 만든 사건으로, 이후 그는 중국에서 한국 독립운동의 실질적인 지도자로서의 지위

---

* 　중국인들이 한국인을 비하해서 욕하는 말이다. _옮긴이 주
** 　중앙통신사(中央通訊士, CNA)의 약칭으로 중화민국의 국영 통신사다. 1924년 4월 1일 중국국민 당에 의해 광저우에서 세워졌으며 현재 본사는 타이베이시에 위치해 있다. _옮긴이 주

를 굳혔다. 이 사건은 김구가 한국독립당 당수이자 한국임시정부 주석에 선출되는 계기로도 작용했다.

홍커우공원 사건이 일어난 시기는 9·18 만주사변에 이어 1·28 상하이 사변으로 일본군의 발굽이 동북 지역을 강점하고 강남 지역을 짓밟은 지 얼마 되지 않은 4월 29일로, 이날은 일본 '천장절(天長節)'(천황의 생일)이었다. 사건이 일어난 장소는 상하이 소재 일본 조계인 홍커우공원이었다. 주 연격인 한국 측은 김구가 이끄는 한인애국단의 단원 윤봉길 의사였고, 조 연격인 일본 측은 상하이사변의 일본 침략군 사령관이던 시라카와 요시노 리(白川義則) 대장과 제3함대 사령관 노무라 기치사부로(野村吉三郎) 중장, 제 9사단장 우에다 겐키치(植田謙吉) 중장, 상하이의 일본 주둔군 사령관 시오 자와 고이치(鹽澤幸一) 소장, 그리고 주중공사 시게미쓰 마모루(重光葵), 주 상하이 총영사 무라이(村井), 거류민단장 가와바타(河端) 등 군사·정치·외 교 각계의 우두머리였다. 윤봉길 의사가 이들 적장을 향해 던진 폭탄이 요 란한 폭음을 내며 터지자 많은 사상자를 발생했고 보무당당하던 일본군 의장대의 시범 행렬은 뿔뿔이 흩어져 경축 행사가 중단되고 말았다.

이 소식은 전 세계를 깜짝 놀라게 했다. 주인공인 윤봉길은 그 자리에 서 체포되어 희생되었으나 배후에서 이를 조종했던 김구는 도리어 이로 인해 국내외에 널리 이름이 알려졌고 한중 양국이 모두 중시하는 인물이 되었다. 나는 항일 전쟁에서 승리한 이후인 1945년 11월 5일, 상하이에서 김구 주석과 한국임시정부 요원들을 따라 홍커우공원에 가서 한국인 교포 들의 환영대회에 참가한 적이 있다. 나는 공원 가득히 한중 양국 국기가 걸려 있는 그곳에서 회장에 모인 모든 인사가 조용히 앉아 김구의 카랑카 랑하고 힘 있는 연설을 듣고 난 다음 일제히 일어나 폭발적인 환호를 보내 는 광경을 직접 목격했다. 홍커우공원 사건 당시 윤봉길 의사가 이룩한 장 거가 이미 중국의 승리와 한국의 독립을 내다보고 실행된 것이었음을 상 기하면서 더없이 깊은 감동을 느꼈다. 나도 모르게 한국인과 똑같은 흥분과 통쾌함을 맛보았던 그때의 일을 나는 지금까지도 잊을 수 없다.

이 사건이 일어나기 바로 전인 1932년 1월 8일, 한국의 또 다른 지사 이봉창이 도쿄에서 천황의 차가 사쿠라다몬을 지날 때 역시 폭탄을 던진 일이 있었다. 사쿠라다몬 사건이라고 불리는 이 사건은 애석하게도 성공을 거두지 못하고 이봉창만 체포되어 죽임을 당했다. 이봉창 의사 역시 김구가 이끌고 있던 한인애국단의 단원이었기 때문에 일본인들은 이 사건으로 인해 진작부터 김구라는 인물에 대해 주의를 기울이고 있었다.

한국임시정부에서의 김구의 지위는 국무위원이었는데 이는 다른 사람의 눈을 속이기 위한 것이었다. 또한 실제 직무는 경무국장 겸 상하이 한국교민회 회장이었는데 이 역시 그다지 높은 직책은 아니었다. 그러나 기구나 지위는 모두 허울일 뿐이었다. 아무런 실권도 없던 당시 망명정부에서 대외적으로는 일본 경찰의 추격이나 체포를 막아 독립운동가들의 안전을 보장하고 대내적으로는 한국인 교포들을 동원해서 각종 공작에 투입시켰다는 점에서 김구야말로 누구보다 강한 실권을 쥐고 있었던 인물이다.

김구는 일본의 군·정계 요원에 대한 암살 공작을 책임지는 한인애국단이라는 비밀 단체 외에 또 하나의 비밀 조직을 가지고 있었는데, 그 비밀 조직의 동지들은 국민당 중앙조직부와 협력해 대일 정보공작을 맡았다. 이 때문에 한국임시정부의 경비 및 물자 조달은 대부분 김구의 손을 거쳤고, 김구는 훗날 한국임시정부의 재무장을 맡게 되었다.

홍커우공원 사건이 일어난 후 일본 경찰은 김구 및 독립운동가에 대한 추격과 체포, 중국정부에 대한 압박을 날로 강화했다. 한국임시정부 요원들은 더 이상 상하이 프랑스 조계에 발붙이고 있을 수 없어 뿔뿔이 흩어져서는 같은 해인 1932년 5월 항저우(杭州)로 옮겨 사무를 보기에 이르렀다. 한국임시정부가 항저우로 피난 가 있을 당시 군무장 김철 일파가 김구더러 "중국이 한국에 원조한 경비를 횡령한 사건에 대한 책임을 져야 한다"라고 지적한 바 있었다. 이에 김구는 분함을 참지 못해 정부에서 탈퇴했고, 이로 인해 한국임시정부는 거의 와해될 위기에 봉착했다.

얼마 되지 않아 김철이 병사하고 김구가 중국국민당의 지지를 받아 다시 한국임시정부에 복귀했다. 이로써 국무회의 의장이라는 직책은 이동녕이 맡았으나 실권은 국무위원인 김구 일파에 의해 장악되었다. 김구는 또한 한국국민당을 조직해 한국임시정부의 실질적인 여당으로 만들었다. 이명칭은 중국국민당과의 협력을 강화하는 데에도 유리하게 작용했다. 당시 한국국민당의 임원을 보면, 김구가 이사장을 맡고, 이동녕, 송병조, 조완구, 차이석, 김붕준, 안공근, 엄항섭이 이사를 맡았으며, 이시영, 조성환, 양묵 등이 감사를 맡았다.

1933년 초 김구는 중앙조직부장 천궈푸의 추천으로 난징에서 장제스 위원장을 만났다. 이로부터 김구는 중국 최고당국의 지지를 얻어 드디어 한국임시정부 내에서 지도적인 위치를 확고히 굳혔다. 그러나 한국임시정부 요원이 항저우에서 벌이는 활동은 항저우 일본 영사관 밀정의 이목에서 벗어날 수 없었다. 결국 10월에 천궈푸의 장쑤성(江蘇省) 정부 소재지인 전장(鎭江)으로 빠져나가지 않을 수 없었고, 11월에는 중국 국민정부 소재지인 수도 난징으로 다시 이사를 했다. 그리고 루거우차오 사건으로 인해 전면적인 항일전이 시작된 후에는 한국임시정부가 중국정부의 각 기관을 따라 서쪽으로 옮겼고,* 그때부터 곳곳으로 유리되는 상황에 처했다.

이상에서 말한 기간 중 한국임시정부는 전술한 사쿠라다몬 사건과 훙커우공원 사건으로 세상 사람들을 깜짝 놀라게 하는 선전 효과를 거두었고 외교적으로는 중국의 당과 행정 당국에 한국임시정부의 지위를 드높이는 수확을 얻었다. 또한 한국 측에서는 한국 청년들에 대한 군사훈련을 실시하기 위해 다방면으로 노력했다. 본래 국민당은 북벌에 돌입하기를 전후해 황푸군관학교에 아시아 각국의 혁명 청년들을 받아들여 군사교육을

---

* 국민정부를 따라 충칭으로 옮겨간 것을 지칭한다. _옮긴이 주

시킴으로써 장차 공동 투쟁할 간부급 동지로 양성하고 있었다. 그 가운데에는 한국 청년도 수십 명이나 있었다.

황푸군관학교에서 한국 생도가 가장 많았던 시기는 제4기였다. 훗날 한국 독립운동을 수행한 양대 당파 중 하나였던 조선민족혁명당 당수 김약산도 제4기 출신이었다. 한국인 생도들은 군관학교 재학 시절 모두 한국과 중국의 이중 국적을 갖고 익명을 사용했다. 이는 외부인, 특히 일본 밀정의 감시를 피하기 위해서였다. 그리고 졸업 후에는 국민혁명군에 배속되어 하급 간부로서 북벌에 참가했다. 물론 그중에는 자기 부대를 이탈해 동북이나 한국으로 가서 비밀리에 독립운동에 종사하는 사람도 있었다.

1926년 가을에는 북벌 작전이 우한(武漢)까지 진전되어 중앙군사정치학교 우한분교에 따로 특별반을 만들어 새로 입대하려는 상당수의 한국인 학생들을 받아들이기도 했다.

만주사변이 일어나자 중국에서 활동하던 한국 청년들의 종군 열기는 더욱 고조되었다. 중국의 당과 군 당국도 비밀리에 협조를 했다. 통계에 따르면 중국 군 당국과 조선민족혁명당 김약산이 1932년 10월 난징 탕산(湯山)에서 함께 개설했던 군사위원회 군관훈련반 제6대는 바로 조선혁명간부학교로서 한국인 학생은 모두 17명이었다. 이듬해 10월에 개설한 제2기에도 17명의 한국인 학생을 받았으며, 1935년 3월에 개설한 제3기에는 44명의 한국인 학생을 받았다. 이밖에 군사위원회 별동총대장 캉쩌(康澤)는 1935년 10월 김약산과 함께 싱쯔(星子)분교에 군사위원회 정훈반(政訓班) 조선학생대를 개설, 적 후방의 정보 업무를 다루는 공작만 훈련하는 것을 목표로 모두 84명의 한국인 학생을 받았다. 이 한국인 학생들은 이후 김약산이 이끄는 조선의용대의 핵심이 되었다.

다음으로 중국국민당과 김구가 협력해 훈련한 내용을 보면, 1932년 12월 중국의 중앙육군군관학교 뤄양(洛陽)분교 군관훈련반에 제17대를 만들어 한국인 대원 92명을 받았으며, 이청천과 이범석이 각각 교관과 영관을 맡았다. 같은 해 12월 난징의 중앙육군군관학교에서는 특별반을 만들어 한국인 학생 50명을 받았다. 그 이후 1934년 8월 난징 중앙육군군관학교 제10기에는 한국인 학생이 17명이었고, 제11기에는 20명이었다. 1935년 2월에는 따로 한국독립군 특무대예비훈련소를 개설해 28명의 한국인 학생을 훈련시켰다. 이렇게 김구와 중국국민당이 협력해서 배출한 한국인 졸업생들은 대부분 훗날 한국광복군의 핵심이 되었다. 한국광복군에서는 이청천이 총사령관을 맡았고 이범석은 참모장을 맡았다. 이범석은 대한민국이 정식 독립한 후 초대 국무총리직을 맡았고 총리직에서 물러난 다음 주중대사로 전임했다.

김구는 이밖에 공군력을 양성하기 위해 몇몇 한국인 학생을 중국 항공학교에 보내 훈련을 받게 했다. 김구의 둘째 아들은 김신은 중국 항공학교 졸업생 중 하나로, 한국이 독립한 후에 공군참모총장을 역임한 바 있으며, 나중에는 그 역시 주중대사로 전임되어 여러 해 동안 대사직을 수행했다. 독립 후에 해군참모총장으로 임명된 손원일 장군 역시 중국에 망명했을 당시 상하이 중앙대학 항해과를 졸업하고 중국정부의 국비로 독일에 파견되어 공부했던 사람이다.

한국이 독립운동 가운데 진행한 이 같은 일련의 군사적 준비와 노력은 마땅히 경의를 표명하고 칭송해야 할 일이다. 하지만 애석하게도 한국인들의 정당 활동은 군사 활동에 보조를 맞추지 못했다. 당파 간에 원수처럼 대립하고 있었기 때문에 한국인의 군사 역량은 종국에는 도리어 서로의 당쟁을 위한 정치자본이 되고 말았다. 이 점은 중국도 깊이 반성해야 할 일이다.

정치적인 측면에서 보자면, 루거우차오 사건으로 전면적인 항일전에 돌입하기 전까지 중국에서 활동하던 한국 독립운동 요원들은 하나같이 당쟁에 바빴다. 황푸군관학교 제4기 출신이며 조선의열단 조직을 기반으로 하는 김약산(일명 김원봉)은 중국 황푸군관학교 동창회 및 부흥사* 몇몇 인사의 지지를 받았다. 한편 김약산은 사상적 차이와 정치적 이해관계로 인해 중국국민당의 지지를 받는 김구가 이끄는 한국임시정부와는 물과 불처럼 상극이었고, 한국대일전선통일동맹이라는 조직을 하나 더 만들어 사사건건 한국임시정부와 대결함으로써 임시정부를 곤경에 빠뜨리곤 했다.

1935년 7월 조선의열단, 한국독립당(당시 조소앙이 장악), 신한독립당, 조선혁명당(당시 이청천이 장악), 대한인독립당 등이 모여 만든 이른바 통일동맹에 속해 있던 각 당파는 다시 합병·재조직해 조선민족혁명당을 결성했으며 김약산이 총서기에 취임해 실제적인 책임을 맡았다. 동시에 김규식을 당 주석으로 추대하고 정치적으로 한국임시정부의 해산을 주장했다.

그러나 얼마 되지 않아 조소앙과 이청천은 김약산으로부터 떨어져 나와 김구와 협력했다. 하지만 한국임시정부 내 김구가 이끄는 한국국민당, 이청천의 조선혁명당, 조소앙의 한국독립당 사이의 분규는 상당한 기간 동안 지속되었다. 오랜 뒤에야 이 3개 당은 사상적으로 비교적 우익적인 반공 당파라는 공통점을 이유로 겨우 의견을 합치해 김구를 우두머리로 하는 한국독립당으로 합병되었는데, 이는 항일전의 발발로 한국임시정부 및 각 당파의 인사가 중국정부를 따라 서쪽인 충칭으로 옮겨온 뒤인 1940년 4월에야 이루어진 일이었다.

중국 입장에서 보자면, 국민당의 북벌이 성공해 국민정부가 수립된 이후 비로소 삼민주의 정강에 입각해 약소민족을 돕고 중국을 평등하게 대하는 전 세계 민족과 연합해 공동으로 투쟁한다는 기존 정책을 실천에 옮기기 시작했으며, 중국에서 활동하는 한국인들의 독립운동에 대한 원조 역시 비로소 과거의 개인적 또는 개별적 협조에서 당·정·군 당국의 조직적이고도 계획적인 정책으로 점차 이행해갈 수 있었다. 그러나 국민정부 수립 벽두부터 더 시급한 일들이 수없이 기다리고 있었을뿐더러 군벌의

＊　중화민족부흥사(中華民族復興社)의 약칭으로 1932년 3월 1일 난징에서 만들어진 중국국민당 내부의 군사조직이다. 핵심 인물은 대부분 황푸군관학교를 졸업했으며 부흥사의 사장으로는 장제스가 취임했다. _옮긴이 주

잔재가 여전히 꿈틀대고 있었다. 게다가 국공 분열 후에는 중국공산당이 날로 극렬해져 자꾸만 국토를 잠식해갔다. 또 제국주의 열강, 그중에도 일본 군벌은 특히 중국을 통일한 신생 국민정부를 눈엣가시처럼 여기고 여러 방면에서 강압과 파괴를 가해왔다. 만주사변으로 일본 군벌은 동북을 강점하고 화북으로 진격해 내우외환이 그칠 날이 없었다. 중국정부는 한국을 원조하는 원한(援韓) 정책을 이미 점차적으로 실시하고 있었는데, 일본이 한국인의 독립운동을 지원하는 중국정부에 대해 다시금 엄중하게 항의했으므로 중국의 당과 군은 비밀리에 한국 원조 작업을 진행할 수밖에 없었다.

결국 이 기간 동안 중국국민당과 국민정부는 두 가지 노선을 거쳐 세 가지 방식으로 대한 비밀 원조를 실시했다. 두 가지 노선이란 바로 당과 군을 말한다. 당은 중앙조직부가, 그리고 군은 군대 정치정보공작 요원이 연락을 책임졌다. 조직부장직을 맡았던 천궈푸·천리푸(陳立夫) 형제의 숙부이자 당과 국가의 원로인 천치메이(陳其美)는 한국 독립운동 지사들과 밀접한 왕래를 가지고 한국임시정부에 대해 공작 면에서나 사상 면에서 굳게 지지하고 있었기 때문에 자연히 원한 노선의 하나가 되었다. 이는 주자화(朱家驊) 선생이 조직부장직을 맡았을 때에도 마찬가지였다. 그리고 또 하나의 원한 노선인 군에서는 허중한(賀衷寒), 덩원이(鄧文儀), 성제(勝傑), 캉쩌, 다이리(戴立) 같은 군대의 정치공작 또는 정보공작 책임자가 조선민족혁명당 및 조선의용대 지도자인 김약산 등과 함께 황푸군관학교를 졸업한 동창이었기 때문에 개인적인 교분이 비교적 두터워 공작상으로도 밀접하게 연락했다.

이 두 가지 노선의 정책 목표는 모두 한국의 혁명 역량과 연합해 공동 투쟁함으로써 한국 민족의 독립을 완성하는 데 협조하자는 것이었다. 그러나 안타깝게도 당시에는 아직 대한 원조 업무를 전담해서 통일적으로 지휘할 기구가 없어 양자 간에 연락이 충분히 이뤄지지 못했다. 그러다 보니 일이 분산적이고 더 힘이 들 수밖에 없었다. 그러다가 전면적인 항일전을 벌이던 1942년 말에 이르러서야 비로소 한국 원조 작업의 일원화 방안이 마련되었으며 그 지도를 맡을 최고 책임자도 정해졌다.

중국의 한국 원조 작업 방식은 대략 다음 세 가지로 구분할 수 있다.

첫째, 한국 독립지사들의 항일 운동을 지원했다. 한국 독립지사들의 항일 선전과 일본의 군사·정치·외교 요원들을 암살하는 활동은 한국의 국내외 국민들의 독립운동을 격발시키는 데 적잖은 도움을 주었을 뿐만 아니라 정치적·감정적인 면에서 중국 군인과 인민의 항일 감정을 고무시키는 데에도 큰 도움이 되었다. 그러나 한편으로는 한국 독립지사들이 중국 영토 내에서 공개적인 항일 행동을 벌이자 중일 관계에 막대한 지장이 초래되기도 했다. 중국정부는 암암리에 대일 국방 준비를 증강시키면서도 표면적으로는 이를 감추고 있을 때였으므로 한국 독립지사들의 이 같은 행동을 적극적으로 장려하지는 않고 한국임시정부가 내부의 단결과 협력을 군건히 다져 후일을 도모해주기를 바랐다. 따라서 이 기간 동안 이뤄진 한국 원조 작업은 정치적으로 한국 내의 단결과 협력을 촉구하는 외에, 주로 물질적·재정적 원조를 함으로써 한국 독립지사들의 일상생활을 돌보는 방식이었다.

둘째, 한국 청년 군사간부를 비밀리에 훈련시켰다. 이는 한국의 독립지사들 역시 가장 열망하던 일이었는데, 이에 대해서는 앞에서 이미 설명했으므로 다시 언급하지는 않겠다. 한국 청년 군사간부들의 훈련과 양성에 소요되는 일체의 비용은 말할 것도 없이 중국정부가 모두 부담했다. 이러한 사실이 누설되어 중국은 여러 차례 일본정부로부터 갖가지 압력을 받았지만, 끝까지 의리를 지키고 한국인들에게 책임을 전가하지 않았음은 물론이다.

셋째, 정보공작을 펼쳤다. 일본 제국주의에 대항하는 것은 한중 양국의 공동 목표였기 때문에 쌍방 모두 대일 정보를 필요로 했다. 이 방면의 공작에 필요한 일체의 훈련 및 업무 경비는 물론 모두 중국 측이 책임졌다.

여기에는 상당히 많은 비용이 소요되었지만, 기밀에 속하는 사항이므로 정보 당국에서는 한 번도 그 금액을 밝힌 적이 없다. 그러나 이 경비가 한국 독립운동에 있어 매우 중요한 비밀 재원이었음에는 의문의 여지가 없다. 하지만 이는 한국임시정부 내부의 분쟁을 유발하는 원인이 되기도 했다. 전술한 바와 같이 군무장 김철 일파가 이 재원을 취급하던 김구에게 책임을 추궁한 것이 바로 한 예라 하겠다.

당시 중국 정보조직은 둘로 나뉘어 당 계통의 조사과는 중앙당부 조사통계국으로 발전하고 군 계통의 조사과는 군사위원회 조사통계국으로 발전했다. 이로 인해 한중 양국의 정보 협력도 자연히 두 갈래로 나뉘었다. 한국임시정부 김구는 당 측의 조사통계국과 협력하고 조선민족혁명당의 김약산은 군 측의 조사통계국과 협력했는데, 김구 측의 정보가 더욱 중요했다. 이 역시 한국 당파 간의 분규를 증가시키는 원인이 되었다. 게다가 당시 군사위원회 국제문제연구소는 대일 정보를 수집해 연구 및 분석하기 위해 한국독립당과 조선민족혁명당에 따로따로 연락을 취했다. 이는 내가 훗날 친구 왕평성의 뒤를 이어 국제문제연구소 주임을 맡으라는 명령을 받았기 때문에 비교적 소상히 알고 있다. 한편 중국공산당은 항일전 개시를 전후해 두드러지게 독자적인 노선을 취했으며, 독자적인 목적을 달성하기 위해 한국 측의 좌파 인사를 이용했다. 비밀리에 행해진 이들의 노선과 공작은 매우 복잡다단하고 뒤죽박죽이어서 이쪽 방면에 정통한 사람이더라도 제대로 알 수가 없었다.

결국 국민정부가 수립된 이후부터 전면적인 항일전에 이르기까지의 기간 동안 실시된 중국국민당과 국민정부의 한국 원조 작업은 상대를 도운 것이라지만 실은 스스로를 도운 것이었으며, 과거의 개인적·개별적 방식에서 점차 조직적·계획적 방식으로 진전되었다. 그러나 중일 관계가 완전히 깨지기 전까지는 비밀 방식을 택함으로써 일본으로부터의 압력을 경감시키는 수밖에 없었다. 루거우차오 사건으로 전면적인 항일전에 돌입하자

더 이상 이런 고려를 할 필요가 없어졌고 한국 원조 작업은 공개적으로 더욱 증강되었다. 나아가서는 일원화된 지휘 조직과 최고 책임자의 지도 아래 한국 원조 방안을 일관되게 추진할 수 있게 되었다. 진주만 사건이 발발하자 유럽에서의 전쟁과 중일전쟁은 이제 하나로 연결되어 세계대전이 되었다. 이로 인해 한국의 독립 문제도 전후 유엔의 공동 목표가 되었다.

제3단계(1937~1946년)

제3단계는 1937년 루거우차오 사건으로 전면적인 항일전에 돌입한 때로부터 1945년 항일전이 승리를 거두고 한국임시정부가 중국을 떠나 귀국할 때까지다. 전면적인 대일 항전이 개시되자 한국인들은 환희와 동시에 우려하는 마음을 갖게 되었다. 기뻐한 이유는 만약 중국이 승리하면 한국의 독립은 보장된 것이나 다름없기 때문이었고, 우려한 이유는 만에 하나 중국이 패전하면 나라를 되찾으려는 한국인의 희망과 노력은 수포로 돌아가고 말 것이기 때문이었다. 중국국민당의 북벌 성공이 한국 독립운동에 희망을 가져다주었다면, 중국 국민정부의 대일 항전 승부는 한국 독립운동의 성패에 관건이었다고 할 수 있다. 이는 한중 양국이 존망과 생사를 함께한 또 하나의 역사적 증거이기도 하다.

이 시기 한국 독립 투쟁과 중국의 대한 원조 과정은 정치 단결 활동, 건군 참전 노력, 외교 승인 쟁취 등 세 가지로 나눌 수 있다.

① 정치 단결 활동

1937년 7월 루거우차오 사건이 발발하자 한국임시정부는 8월 난징에서 중국에 소재한 한국국민당, 한국독립당, 조선혁명당과 미국에 소재한 국민회, 동지회 같은 한국 독립운동 단체를 연합해 한국광복운동단체연합회를 건립함으로써 정부 기초를 확대시켰다. 하지만 정세가 워낙 긴박했기 때문에 한국임시정부는 중국정부의 각 기관을 따라 서쪽으로 옮겨간 후 뿔뿔이 흩어져버릴 수밖에 없었다. 처음에 그들은 동년 11월 한커우에 잠시 머물러 있다가 이듬해인 1938년 2월에 창사(長沙)로 옮겨가서 후난성(湖南省) 성청(省廳)의 도움을 받았다. 전쟁으로 인한 직접적인 피해는 없었지만, 불행히도 조선혁명당 당원 이운환이 한국의 지도자 김구에게 총격을 가하는 사건이 발생했다. 김구는 상처만 입고 다행히 죽음은 면했다. 얼마 지나지 않아 7월에 한국임시정부는 다시 광저우로 옮겨가 우테청(吳鐵城) 광둥성 주석으로부터 극진한 대접을 받았다. 그러나 광둥의 정세도 급박한 상황에 이르자 10월에 다시 류저우(柳州)로 옮겼다가 그해 연말 쓰촨성 치장(綦江)으로 옮겨 앉았다.

한편 조선민족혁명당 당수 김약산 일파 역시 중국 군부를 따라 한커우로 옮겨왔는데, 1937년 12월 조선민족해방운동자동맹, 조선혁명자동맹 같은 좌익 한국인들과 결합해 한커우에서 조선민족전선연맹을 조직했고 앞에서 말한 한국임시정부의 한국광복운동단체연합회와 대결했다. 동시에 중국 군사위원회 정치부 비서장 허중한 등의 지지를 받아 1938년 쌍십절에는 한커우에서 조선의용대를 결성했다. 당시 정치부 부부장은 저우언라이(周恩來)였고 제3청장은 궈모뤄(郭沫若)였는데, 이들은 일찍부터 암암리에 김약산 일파로 침투해 다방면으로 공작을 벌이고 있었다. 그래서 조선의용대 가운데 적잖은 대원이 나중에 대오에서 이탈해 직접 옌안(延安)의 공산당 공작에 참가했다. 이들이 이른바 조선공산당의 연안파로, 전후에는 모두 북한으로 돌아갔다. 이들 좌우 양 파의 한국 독립운동 인사들은 남북의 두 길을 거쳐 결국 중국의 항일 성전 기지인 쓰촨으로 와서 회합했다.

이 시기에 전면적인 항일전이 발발함에 따라 중국정부는 더 이상 대한 원조 작업을 비밀리에 추진할 필요가 없었으므로 공개적으로 원조를 단행했다. 원조 작업을 하면서 중국정부는 우선 정치적인 면에서는 한국 독립운동 각 당파 간의 단결 합작을 요구했다. 한국임시정부 내부의 각 당파는 물론, 임시정부에 반대하는 당파라 할지라도 독립을 쟁취하기 위해서는 한데 힘을 모아 임시정부와 협력해야 했기 때문이다.

그래서 국민정부가 충칭으로 천도한 후인 1939년 1월 장제스 위원장은 김구와 김약산 두 사람을 따로따로 만나 쌍방이 힘을 합쳐 전력으로 일본에 대항해 한국 독립을 쟁취하라고 권했다. 중국 최고지도자가 이처럼 간절하게 부탁하자 한국 지도자들도 움직이지 않을 수 없었다. 같은 해 5월 김구와 김약산은 연합해 '동지·동포 제군에게 보내는 공개 통신'을 발표, 한국의 각 당파 인사에게 힘을 다해 협력해서 적 일본에 대항하자고 호소했다. 그리하여 한국의 전국연합진선협회가 같은 해 7월 성립을 선포하기에 이르렀다. 그러나 미국 각지에서 한국임시정부를 지지하던 몇몇 단체가 김약산 같은 좌익과 합류하는 데 반대했고, 이에 김약산은 결국 전국연합진선협회에서 물러나고 말았다.

김구와 그가 이끄는 한국임시정부는 각 당파를 통일시키지 못한 실패를 거울삼아 차선책으로 당과 정부를 공고히 단결시킬 방법을 먼저 강구할 수밖에 없었다. 1940년 4월 김구의 한국국민당, 조소앙의 한국독립당, 이청천의 조선혁명당 세 개 당은 스스로 해산을 선포하고 따로 새로 통일된 한국독립당을 결성, 임시정부의 여당이 되었다. 그리고 같은 해 9월 한국임시정부는 치장에서 충칭으로 옮겼으며 9월 17일에는 충칭의 자링호텔(嘉陵賓館)에서 한국광복군 결성식을 거행했다. 이는 한국임시정부가 충칭에서 최초로, 아니 중국에서 최초로 공개석상에서 자신감에 찬 면모를 보인 것이라 할 수 있다. 이 결성식에는 중국과 외국의 각계 인사가 참석했으며 나도 그 성대한 식전에 참석했다.

당시 한국임시정부 주석은 김구였고, 국무위원 중에서는 이시영이 재무부장을, 조완구가 내무부장을, 조소앙이 외무부장을, 조성환이 군무부장을 맡았으며, 박찬우, 즉 복정일은 법무부장을, 차이석은 비서장을 맡았다. 또 참모총장은 류동열이 맡았으며, 따로 송병조와 홍진을 초빙해 정부 고문으로 삼았다. 이청천은 군사 실권을 장악하는 한국광복군 총사령관에 피임되었다. 한국임시정부와 한국독립당은 명칭으로나 실질적으로 별개의 조직이었지만, 둘 다 김구가 장악하고 있었다. 이러한 상황은 항일전에서 승리한 후 중국을 떠나 한국으로 귀환할 때까지 지속되었다.

조선민족혁명당의 김규식과 김약산이 주동하던 조선민족전선연맹의 각 당파는 야당을 자처하면서 여전히 임시정부의 일에 가담하지 않았다. 그러다가 1941년 겨울 진주만 사건이 발생할 무렵 유럽 각국의 망명정부가 영국에 수립되는 것을 목격한 데다 중국 당국이 한국 측 각 당파의 지도자들에게 여러 차례 권고하고 심지어는 압력을 가하기도 한 터라 김약산은 같은 해 12월 10일 마침내 성명을 발표해 한국임시정부에 가담하겠다고 표명했다. 동시에 김규식과 장건상 두 사람을 입각시키도록 추천해 이들은 각각 선전부장과 학무부장을 맡게 되었다.

이듬해인 1942년 12월 한국임시정부는 중국에 있는 각 당파 지도자들과 함께 국론을 의논했다. 1944년 4월 임시정부 내각 중 조선민족혁명당이 4석을 차지했으며, 해방동맹이 1석을, 무정부주의자가 1석을 차지했다. 그리고 김규식은 국무회의 부주석을, 김약산은 군무부장을 맡았다. 그러나 이는 외부의 압력에 못 이겨 겉으로 드러난 상황이었을 뿐, 내부에서는 여전히 각 당파 간 분규와 모순이 끊이지 않고 있었다.

나는 항일전 당시 충칭에 있으면서 중국정부 관원의 자격으로 한국 관계 사무를 처리하는 데 참여했으며, 한국 측 각 당파 인사와 연락을 주고받으며 독립운동 공작에 협력했다. 내가 한국임시정부 고문으로 초빙되어 중국과 미국에 있는 한국의 각 당파 인사와 협조해 정식으로 한국 독립운동의 내부 공작에 참여하게 된 것은 1944년부터였다.

중국정부의 대한 원조 작업에서 역사의 한 페이지를 차지하는 중요한 일은 태평양전쟁이 일어난 후 추진되었다. 중국정부는 대한 원조 작업을 적극 강화하기 위해 여러 차례 의논한 끝에 1942년 12월 드디어 최고지도자의 재가를 얻어 '한국의 광복운동을 도울 지도방안'을 확정했다. 동시에 당시 중국국민당 중앙비서장인 우톄청과 조직부장인 주자화, 그리고 군사위원회 참모총장인 허잉친(何應欽) 세 사람을 최고 책임 지도요원으로 지정해 이 공작을 적극 실시토록 했다. 이는 한중 관계사에서 매우 중요한 문건이므로 특별히 여기에 발췌해 기록해둔다.

한국의 광복운동을 도울 지도방안

1) 총강

총리 쑨원 선생이 삼민주의에 입각해 약소민족을 도우라고 한 유교(遺敎)에 따라 동아시아의 영구평화를 이룩하고 중국에 있는 한국의 각 혁명 단체를 적극적으로 도와 그들로 하여금 나라를 되찾을 수 있는 역량을 배양해 완전한 독립국가를 재건하도록 한다.

2) 요지

① 국민당 동지들은 친밀한 정신과 열성적이고 온화한 태도로 중국에 있는 한국의 각 혁명 단체를 대해야 한다.

② 항일전 기간 동안 한국의 각 혁명 단체는 중국 측의 군사 요구에 부응해 실제의 항적 행동에 참가함으로써 일본 제국주의의 붕괴를 가속화시킨다.

③ 중국에 있는 한국의 각 혁명 단체에 대한 협의·지도는 총재가 지정한 세 사람이 주관하고, 거기에 소요되는 경비 보조는 국민당 명의로 통일해서 지급한다.

3) 방법

① 적당한 시기를 잡아 다른 나라보다 먼저 한국임시정부를 승인하고, 그 수속에서도 유리한 시기를 선택해 책임 지도요원이 총재의 지시를

받아 외교부에 넘겨서 처리한다.

② 중국에 있는 한국광복군을 잠시 군사위원회에 직속시켜 참모총장이 장악·운용하며, 아울러 광복군의 요청에 부응해 상당수의 참모와 정훈(政訓) 요원을 파견해서 그들의 계획과 작전에 협조하고, 장병의 훈련 및 문화 선전 등의 공작을 수행한다.

③ 한국임시정부 및 각 혁명 단체는 동맹국들의 작전 전략과 중국 군부에 보조를 맞춰 다음의 공작 업무에 종사한다.

　(1) 일본 군대에 침투해 한국인 사병들을 선동한다.

　(2) 한국 본부 및 해외의 한국인 교포들과 연락을 취할 수 있는 방법을 강구한다.

　(3) 뜻있는 한국인 청년들을 불러모아 훈련시킨다.

　(4) 한국 본부 및 일본 군대에 침투해 광복운동에 대한 전단을 살포한다.

　(5) 각종 정보를 수집한 뒤 중국 측에 제공해 참고토록 한다.

④ 책임 지도요원은 작전 상황과 한국 각 혁명 단체의 대한 업무 진행 현황을 정기적으로 검토하고 이와 관련 있는 기관과 협상한 후 적절하게 지도한다.

⑤ 경비 보조에 관해서는 두 가지로 구분해, 무기·탄약·군량·말먹이와 군사비용 등에 속하는 것은 군사위원회가 편제 및 규정에 따라 수속해서 지급하고, 당무나 정치문제에 속하는 비용은 요원들이 상의한 후 중앙집행위원회 비서처에 통지해 정해진 경비 내에서 사정(査定)해서 지급토록 한다.

⑥ 한국임시정부와 각 혁명 단체는 중국에 거주하는 한국 교포의 수, 직업, 주소 등을 상세히 조사해 우리 측에 항상 알려줌으로써 보호에 도움이 되고 간첩과의 혼동을 방지토록 한다.

⑦ 중국에서 활동하는 한국인 혁명 지도자들은 중국 후방이나 전투 지

역에서 공작을 진행할 때 반드시 중국의 법률을 준수해야 한다.

⑧ 이 방안은 총재의 재가를 거쳐 시행하는 것이므로 각 관계 기관은 이
방안에 근거해 각 추진 계획을 작성해 제출한 후 처리해야 한다.

② 건군 참전 노력

중일전쟁이 시작되자 중국에서 활동하는 한국 독립운동 지도자들의 관
심은 이내 한국인 무장 부대를 건립하는 데 집중되었다. 과거에 김구가 이
끌던 한인애국단과 김약산이 이끌던 조선의열단은 주요 공작 목표가 일본
요인의 암살과 대일 정보의 수집이었기 때문에 매우 비밀스럽게 활동해왔
다. 그러나 전쟁이 발발하고 나자 암살할 필요 없이 전쟁터에서 일본군과
당당히 맞서 싸울 수 있게 되었다. 전쟁 전 여러 해 동안 한중 양국의 협력
하에 훈련했던 적잖은 한국 청년 군사 간부들은 때마침 일할 곳을 찾은 것
이었다. '병사를 기르는 데는 1000일이 걸리지만 사용하는 데는 하루아침
이다(養兵千日, 用在一朝)'라는 것은 이를 두고 이르는 말일 것이다. 이리하여
한국인들의 건군 활동은 더욱 박차를 가하게 되었다.

항일전이 발발한 이듬해인 1938년 쌍십절에 조선민족혁명당의 김약산
은 한커우에서 조선의용대의 창설을 공개 선포하는 의식을 거행했다. 시
기적으로는 그 뒤에 생긴 한국광복군보다 한 걸음 앞섰던 것이다.

조선의용대의 전 대원 수는 약 300명이었다. 편제는 3개 구대(區隊)로
나누어 박효삼, 이익봉, 김세일이 각각 인솔했다. 이들은 대부분 조선민족
혁명당 당원이었다. 또한 이들은 국제지원군임을 자처하고 중국에서 활동
하던 일본인 반전 좌익인사인 가지 와타루(鹿地亘), 아오야마 가즈오(靑山知
夫) 같은 사람과 공동으로 항일하기도 했다. 그러나 실제로는 수가 너무 적
어 군사 작전에는 참가할 수 없었기 때문에 군사위원회 정치부에 예속시
켰다. 그들의 주요 임무는 대일 심리작전으로, 일본 포로를 심문하고, 정
보를 수집하며, 일본 군대 내의 한국인 사병에게 도망쳐 나와 독립운동 대

열에 합류하도록 권유하는 등 군대 정치공작을 맡았다. 나도 당시 한커우에서 선전부의 대적선전위원회 일을 맡고 있었는데, 업무 성격이 비슷한 관계로 김약산, 가지 와타루, 아오야마 가즈오 등과 자주 관계를 맺어 그들의 공작 상황을 잘 알고 있었다. 훗날 내가 명을 받아 한국에 대사로 나가고 나서 얼마 되지 않아 한국전쟁이 발발했는데, 당시 중국정부는 참전하지 않은 상태였으나 유엔군 당국의 요청에 따라 한국에 여행 중이던 중국인과 각지의 화교 청년 지식인들을 동원해 유엔군에 협조해 대(對)중공 및 대(對)조선공산당 심리작전에 종사한 바 있다. 당시 나는 포로들의 정보를 수집하고 반공 포로의 귀순을 권유하는 등의 공작을 수행했는데, 이는 선전부의 대적선전위원회에서 했던 업무와 비슷한 성격이었다. 이 일에 관해서는 뒤에 서술하고자 한다.

조선의용대는 대(對)일본군 정치공작에 확실히 적잖은 노력을 기울였으며, 그 성과도 무시할 수 없었다. 그러나 당파 간의 분규 때문에 결국 조선의용대는 조선민족혁명당과 한국임시정부 및 한국광복군이 서로 대립 투쟁하는 정치적 무대가 되었다. 한국임시정부는 이를 용인할 수 없었다. 게다가 중국의 당·정·군 각 부처도 여간 애를 먹은 것이 아니었다. 1941년 10월 장제스 군사위원장은 참모총장 허잉친에게 한국광복군과 조선의용대를 군사위원회 직할 부대로 예속시키고 참모총장이 이를 하나로 개편·통일해서 장악·운용하라고 지시했다.

중국의 당과 군부 및 한국임시정부는 따로 김약산과 몇 차례 담판을 벌여 조선의용대와 한국광복군을 합병 통일하려고 했다. 김약산은 처음에는 동의하지 않아 여러 차례 합병 제의를 받고도 조선민족혁명군을 새로 편성하기까지 했지만, 끝내는 조선의용대를 한국광복군에 합병시키는 데 동의하지 않을 수 없었다. 김약산은 자기 뜻을 굽히고 부총사령관이라는 지위에 머무름으로써 독자적으로 지휘하던 실권을 상실하고 말았다. 그는 이 때문에 분개하고 늘 불평을 늘어놓았다. 당시 그는 내가 겸임하고 있던 외교부 정보사장(情報司長) 사무실에 수차례 들러 원망을 털어놓곤 했다. 나는 누차 단결해서 나라를 되찾는 것만이 지상목표가 아니겠느냐고 위로했지만, 그의 원한과 분노의 감정은 언동이나 표정에 넘쳐흐를 정도였다. 그의 사상이 좌경해 있는 점을 미뤄볼 때 나는 그가 언젠가는 반드시 등을 돌리고 다른 길로 가리라고 느꼈다. 과연 예상대로 전후에 남북한이 갈라지자 그는 북한으로 돌아갔다.

3·1운동 후 한국임시정부가 상하이에 수립될 무렵 이청천, 이시영, 조성환, 복정일, 이범석 등 몇몇 요인은 중국 동북 지방에서 독립의 기치를 세우고 항일 유격활동을 전개했다. 김구가 실권을 장악한 후에는 항일전이 벌어지기 전인 1934년을 전후해서 한국인 학생들을 중국 중앙육군군관학교에 추천 입교시켜 훈련을 받게 했다. 그러나 한국광복군은 항일전이 개시된 후인 1940년 9월에 이르러서야 조선의용대보다 한 발 늦게 한국광복군 총사령부 건립 기념식을 거행했다.

한국광복군은 먼저 머리에 해당하는 총사령부를 만든 다음 점차 하부 조직을 발전시켜 몸통에 해당하는 4개 지대(支隊)를 구성했다. 각 지대장은 다 한국인으로 채웠으며, 최초에 창설된 총사령부의 총사령관은 이청천이 맡았다. 참모장 및 각급 부대의 대장은 중국인이 담당했으며, 부대장은 한국인이 맡았다. 이범석이 부참모장직을 맡은 이유도 그 때문이었다. 광복군의 모든 군량과 장비는 중국 군사위원회에서 발급했으며 군사위원회의 판공청 군사처가 직접 관할 감독했다.

중국 군부는 한국광복군이 머리와 몸통만 있을 뿐 손발에 해당하는 사병이 모자라고 병력을 모을 원천이 부족하므로 군사적 관점에서 보자면 어깨를 나란히 해서 합동 작전을 펼 수 있는 부대가 아니라고 판단했다. 광복군 사령부는 탁상공론식으로 이 문제에 대해 해결책을 내놓은 적이 있다. 즉, 한국 본토와 중국 동북 지방의 만주국 및 화북·화중 일대의 일본군 점령 지구로 간부들을 파견해 한국 청년들을 모집함으로써 사병을 충원한다는 것이었다. 그래서 1년 내에 3개 사단으로 확장 편성해 중국의 대일 작전에 협동하겠다는 계획이었다. 그러나 사실 이는 실행하기 매우 어려운 계획이었다. 우선 적군과 아군 양군의 전선을 넘어간다는 것이 첫째 난관이었고, 적군 점령 지역 내에 있는 관료의 엄중한 통제가 또 하나의 난관이었으며, 화북과 만주국정부 사이의 경계선을 돌파하는 것도 난관이었다. 또한 한국 본토로 통하는 해상 교통을 이용하는 것이 이미 어려운 데다가 만주와 한국 사이에는 압록강이 가로막혀 있는 상황이었으므로 대량의 군대를 모집하는 것은 거의 불가능했다. 사실 1944년 말 조선의용대와 합병한 후 한국광복군의 총인원은 600명이 넘지 않았다.

중국 군부가 당초 광복군 건립에 찬성했을 때 주요 목표를 정치공작에 둔 이유도 이 때문이었을 것이다. 광복군에 소속된 한국 청년들의 희생을 줄이기 위해 그들이 담당할 임무를 심리작전과 정치공작에 국한시키자는 것이었다. 그러나 군대는 무장 집단이어서 군정과 군령이 엄격히 통제되지 않으면 반드시 분규와 사고가 일어나기 마련이다. 이 때문에 중국 군부에서는 처음에 '한국광복군 행동규칙 9개조'를 정했다. 초기에는 이 규정이 아무런 문제가 되지 않았으나, 나중에는 한국 측 야당 인사들이 이 규정이 한국임시정부의 주권을 무시하고 국가를 욕되게 하는 것이라고 비난했다. 이로 인해 이 규정은 한국인 사이의 당쟁 도구가 되었고, 나아가 한중 양국의 우애를 저해하는 요인이 되었다.

다행히 중국 최고지도자의 관찰과 결단으로 분규의 씨앗이 된 '행동규칙 9개조'를 취소하고 대신 1945년 2월 한중 양국이 모두 동의한 '한국광복군 원조 방법'으로 이를 대치했다. 이 '원조 방법'에 따르면 군령 차원에서는 전시에 동맹국 군대의 연합작전 지휘계통 통례에 따라 중국 지역 내에 있는 한국광복군의 작전행동은 반드시 중국 최고 통수부의 지휘를 받아야 했다. 하지만 군정 차원에서는 한국광복군을 '한국임시정부 소속의 한국광복군'이라고 명시해 더 이상 중국 군사위원회에 예속시키지 않았다. 이는 중국정부가 한국임시정부를 사실상 승인했던 의의를 더욱 굳히는 것이기도 했다. 이 안이 처리될 당시 나는 장제스 위원장 비서실에 근무하고 있었기 때문에 그 과정을 자세히 알고 있다. 당시 장제스 위원장이 "행동 규칙은 당장 폐기해야 할 뿐만 아니라 명칭부터가 어리석다"라고 했던 말을 나는 지금도 기억하고 있다. 지도자의 총명함을 여기서도 엿볼 수 있었으며, 하급 요원들의 어리석은 처사가 한중 간 우애에 큰 영향을 끼쳤음을 느낄 수 있었다.

한국광복군은 중국군과 협동해 대일 심리작전 등 군대 정치공작을 담당함으로써 한국 독립운동과 중국의 대일 항전을 하나로 연결시키는 데 상당히 큰 공헌을 했다. 1942년 이후 일본은 한국에서 대량으로 징병을 실시, 한국인들을 일본군 작전에 몰아넣었다.

이듬해인 1943년 3월 11일 동맹국들이 카이로회담에서 전후 상당 시기가 지나 한국을 독립시키기로 선언한 이후에는 영국과 미국 등 동맹국들의 군사 당국에서도 한국광복군의 존재를 점차 중시하게 되었다. 영국정부와 미국정부는 외교상 한국정부를 승인하지는 않고 있었지만, 인도의 영국군 당국은 1944년 군적(軍籍)에서 빠져나온 몇몇 한국인을 초청해간 적이 있었다. 이에 초청된 한국인들은 인도로 가서 영국군에 협조해 군대 정치공작을 담당하고 일본군의 한국인 포로들을 처리하는 일을 맡았다. 또 1945년 초 미군이 일본 본토와 한국, 만주에서의 작전을 구상하고 있을 때 초청된 한국인들은 중국에 있는 한국광복군 요원들을 운용하는 방안을 모색하기 위해 중국 당국과 비공식적으로 계획을 추진하기도 했다. 이에 한국광복군 총본부에서는 한국지하군을 조직할 계획까지 세워 중국과 미국 군사 당국에 각각 제출하기도 했다. 이러한 구상과 계획은 동맹국 사이의 최고 전략 및 정략이 서로 다르고 얼마 지나지 않아 전쟁이 끝난 관계로 실현을 보지 못하고 말았다.

일본군이 항복한 후 중국 당국은 한국인 포로 5만 명을 한국광복군에 넘겼다. 이는 이전에 광복군 총본부가 계획했던 3개 사단으로 군대를 개편하고도 남을 만한 수였으나 전쟁이 끝났기에 그때는 이미 아무런 소용이 없었다. 한편 한국광복군의 역사적 임무도 일단락을 고해 드디어 해산을 선포하고 귀국길에 올랐다.

③ 외교 승인 쟁취

한국 독립운동이 최고조에 달한 시기는 1937년부터 1945년에 이르는 3단계 기간 중 외교 활동을 벌이던 때였다. 독립운동가들은 한국임시정부에 대한 각국의 외교 승인을 쟁취하기 위해 전력을 다했다. 1941년 12월 8일 일본 비행기가 진주만을 기습 폭격함으로써 미일 간에 대규모 전쟁이 일어났는데, 이는 종래의 태평양전쟁을 세계대전으로 확대시키는 결과를 낳았다.

이 소식은 그때까지만 해도 문을 닫아걸고 당쟁만 일삼고 있던 한국 독립운동 인사들에게 청천벽력과도 같았다. 이미 손을 쓸 수 없는 지경에 이른 듯한 느낌이었다. 한국임시정부는 아직 정치적으로 통일·단결되지 못한 상황이었으나 각국의 외교 승인을 얻어 한국의 독립을 보장받기 위해 이리 뛰고 저리 뛰면서 일련의 노력을 경주했다.

1941년 12월 10일 태평양전쟁이 발발한 지 사흘째 되던 날 충칭의 한국임시정부는 대일 선전 포고를 했다. 주석 김구와 외무부장 조소앙은 각각 중국의 주석과 외교부장에게 이 사실을 알리는 한편, 중국, 영국, 미국, 소련 등 동맹국에 한국이 동맹국 자격으로 참전토록 해줄 것을 요구했다. 한국임시정부의 주미 대표인 이승만 역시 대일 선전 포고서와 전권대표 위임장을 지니고 직접 국무부를 방문해 한국임시정부를 동맹국 명단에 넣어줄 것을 청했다. 그러나 국무부 내의 이른바 '비겁한 얼간이들'이라고 불리는 사람들이 미국은 아직 한국임시정부를 승인하지 않고 있기 때문에 이승만을 국가나 국민의 대표로 인정할 수 없다고 해서 번번이 받아들여지지 않았다. 1942년 2월 이승만은 다시 국무부에서 정무를 담당하는 국무 차관보 앨저 히스를 방문해, 코델 헐 국무장관과 루스벨트 대통령에게 보내는 두 통의 문서를 전달하면서 한국임시정부의 승인을 요구했으나 역시 답을 얻지 못했다. 1942년 1월 외교부장 궈타이치(郭泰祺)는 김구와 김약산을 불러 중국정부가 한국임시정부를 승인하려 하고 있음을 알려주는 한편, 한국 각 당파가 단결 협력하는 것은 한국임시정부가 국제적으로 외교 승인을 받는 것과 밀접한 관계가 있다고 말해주었다. 당시 나는 외교부 정보사장의 자격으로 이 일에 참여했다.

같은 해 한국 3·1운동 기념일에 충칭의 한국 교포대회에서는 임시정부의 계획 아래 다음과 같은 사항을 결의했다. 중국, 미국, 영국, 소련 각국의 원수에게 전보를 쳐서 한국임시정부의 승인을 요구함과 동시에 27번째 나라의 자격으로 동맹국에 가입하도록 허락해줄 것을 청하기로 한 것이다. 당시 충칭의 성리(勝利)건물에서 거행된 한국 교포대회에 마차오쥔(馬超俊), 황사오구(黃少谷), 왕평성과 함께 나도 초청을 받아 참석했다. 3월 22일에는 동방문화협회에서 개최된 공개 강연에서 중국 입법원장 쑨커(孫科)가 중국은 당장 한국임시정부를 정식 승인해야 한다는 주장을 했는데, 나는 당시 청중의 한 사람으로서 그 강연을 들었다.

1943년 5월에는 한국 독립운동 인사들이 자유한인대회를 열어 각국에 한국의 독립을 지지해줄 것을 요구하기로 결의했다. 1943년 11월에는 중국, 미국, 영국 3국의 수뇌가 모인 카이로회담에서 장제스 위원장이 정의에 입각해 발언을 했으며, 역사적인 카이로선언에서는 한국을 전후 상당 기간이 지난 후 독립시키기로 성명했다. 결국 동맹국들로부터 한국의 독립을 보장받았던 것이다. 그러나 한국을 전후에 독립시킨다는 동맹국의 보장이 당시 중국에 있던 한국임시정부를 외교적으로 승인한다는 것과 같은 의미는 결코 아니었다. 각국마다 나름의 입장이 있었기 때문에 한국임시정부는 외교 승인을 쟁취하기 위해 계속 노력해야 했다.

중국의 입장을 보자면, 중국은 당·정·군 각 방면에서 다년간 한국임시정부와 손을 잡고 투쟁해왔기 때문에 사실상 한국임시정부를 진즉에 승인한 셈이었다. 한국이 독립한 뒤 중국이 우호적인 정부를 필요로 한다면, 당시 유일하게 수년간에 걸쳐 협력해왔던 한국임시정부밖에 없다고 할 수 있었다. 이 때문에 한중 양국은 중국이 한국임시정부를 외교적으로 승인하는 일은 일종의 형식적인 문제에 지나지 않다고 생각했다. 실제로 중국정부는 일찍부터 한국임시정부를 외교 승인할 정책을 세우고 있었다. 이를 입증해주는 가장 권위 있고 구체적인 증거로는 앞서 기술한 문건을 들 수 있다. 즉, 장제스 위원장이 1942년 12월에 재가한 '한국의 광복운동을 도울 지도방안'에서 "적당한 시기를 잡아 다른 나라보다 먼저 한국임시정부를 승인하고, 그 수속에서도 유리한 시기를 선택해 책임 지도요원이 총재의 지시를 받아 외교부에 넘겨서 처리한다"라고 명시한 것이 바로 그것이다. 이를 통해 중국정부가 한국임시정부를 외교적으로 승인하기로 결정했을 뿐만 아니라 '다른 나라보다 먼저 승인'하고자 했음을 알 수 있다. 또한 중국정부는 카이로회담을 전후해서 한국의 임시정부를 승인하기 위해 다방면으로 노력을 아끼지 않았으며, 처리되는 상황을 수시로 한국 측에 알렸다.

안타까운 것은 미국정부는 전후 한국의 독립에 대해서는 찬성의 뜻을 표명했지만 중국정부가 한국임시정부를 승인하는 데 대해서는 그다지 찬성하지 않았다는 것이다. 1942년 5월 1일 미국의 주중대사 클래런스 고스는 중국 외교부에 서면으로 답변하면서 미국정부는 당장은 어떠한 한국 단체도 승인할 뜻이 없음을 나타냈다. 그 이유에 대해서는 중국에 있는 한국의 각 단체가 서로 협력하지 못하고 있으며 한국 내의 국민들로부터도 지지를 받지 못하고 있기 때문이라고 했다. 또한 미국은 자국의 한국 교포 단체와 시베리아 일대에서 소련의 지지를 받고 있는 한국인 단체도 고려해야 한다고 밝혔다. 따라서 미국 측은 중국도 한국 단체를 외교 승인하는 것에 대해 다시 한 번 고려해주기를 촉구하면서, 이로 인해 그렇지 않아도 혼란해진 정세가 더욱 악화되지 않기를 희망한다고 말했다. 또한 미국 국무부도 이 점에 대해 자신의 의사를 명백히 표명했다. 1943년 5월 국무부의 담당 직원은 중국의 주미대사 웨이다오밍(魏道明)에게 이와 관련한 문제에 대해 답변하면서, 미국정부의 당면 과제는 전후의 한국 독립 문제이므로 한국임시정부를 승인하는 일에 대해서는 잠시 덮어두고 거론하지 않는 것이 좋겠다고 했다.

또 다른 동맹국인 영국이 이 문제에 매우 소극적인 태도를 보인 것 또한 미국의 정책에 영향을 주었다. 솔직히 처칠은 전후의 한국 독립에 대해 전혀 적극적이지 않았기 때문에 카이로선언에 "상당 기간이 지나"라는 구절을 넣자고 고집했다. 독립 보장에 대해서조차 이토록 모호한 태도를 취했으므로 한국임시정부를 외교 승인하는 문제에 대해서는 소련과 폴란드 사례를 고려해볼 때 더욱 기대하기가 어려웠다. 많은 식민지를 영유하고 있는 이 노련한 제국주의 국가는 전후 자신의 식민지, 특히 아시아에 있는 인도를 생각하면 자기 앞가림도 하기 힘든 처지인데 어떻게 한국의 상황에 비분강개하고 은혜를 베풀 수 있었겠는가? 처칠이 전쟁 당시 영국 국회에서 했던 명연설, 즉 "대영제국 수상이라는 직책의 역할이 영국이 소유하고 있는 속령지를 청산하는 데 있는 것만은 결코 아니다"라는 말만 보더라도 몰락해가는 대영제국의 고민과 안간힘을 충분히 엿볼 수 있다.

소련은 또 어떠했는가? 중국정부는 한국임시정부를 승인하는 문제 때문에 소련 주재 중국대사 푸빙창(傅秉常)에게 소련정부의 태도를 알아보라고 훈령한 바 있다. 이에 대해 소련 측은 아무런 답변도 하지 않았다. 사실 소련은 일찍부터 암암리에 시베리아의 한국 교포들을 훈련시켜 전후에 한국에 공산 정권을 수립하려는 계획을 추진하고 있었으므로 답변하기가 곤란했던 것이다. 소련이 먼 앞날까지 심사숙고해 계략을 꾸미고 있었음을 감안하면 동맹국인 미국이나 영국이 얼마나 천진난만했는지 알 수 있다. 소련은 중국, 미국, 영국 3국의 카이로회담에도 참가하지 않았고, 한국의 독립을 보장한다는 카이로선언에도 서명하지 않았으며, 중국 국민정부가 지지하는 한국임시정부를 승인할 의향은 더더욱 없었다. 중국은 당시에 이미 이와 같이 상황을 파악하고 있었다. 중국국민당 당사위원회(黨史委員會)의 문서 기록을 보더라도 알겠지만, 나는 1944년 3월 27일 중앙당부 비서처가 소집한 한국 문제 회의에서 한국임시정부의 승인 문제에 대해 토론할 때 다음과 같은 주장을 한 바 있다. "영국은 이 문제에 관심을 갖고 싶어 하지 않습니다. 소련은 이 문제에 머리를 싸매고 다른 계획을 세우고 있습니다. 지금 소련 지역 내에는 한국 교포가 20만 명이나 있는데 소련은 전쟁이 끝나자마자 한국에 먼저 손을 댈 가능성이 짙습니다. 미국은 작년(1943년) 태평양학회 회의에 한국 대표를 초청해 참석케 했던 것으로 보아 한국에 관심을 가지고 있음에는 틀림없으나 여기에 많은 정력을 쏟고 싶어 하지는 않습니다."

1944년 6월 한국임시정부 주석 김구는 카이로회담 후 국제 정세가 불리해짐에 따라 다시 한 번 중국 외교부 및 국민당 중앙집행위원회 제12차 전체회의에 중국 단독으로라도 먼저 한국임시정부를 외교 승인해줄 것을 요구했다. 그러나 외교부는, 소련이 아직 태평양전쟁에 가담하지 않고 일본에 대해 중립을 지키고 있기 때문에 만약 소련을 제쳐놓고 중국, 미국, 영국 등이 먼저 외교 승인을 하면 오해를 면치 못할 것이라서 미국, 영국 같은 동맹국이 적극적인 행동을 하지 않고 있다고 판단했다. 한편 카이로선언에서 중국, 미국, 영국 3국은 이미 "전후 상당 기간이 지나 한국을 자주독립케 한다"라는 결정을 내렸기 때문에 중국정부 역시 마음대로 단독행동을 취하기가 어려웠다. 게다가 한국인의 단결 문제가 아직 해결되지 않고 분규 상태에 있었기 때문에 외교부에서도 한국임시정부의 외교 승인 문제를 잠시 늦춰 적당한 시기를 기다리자고 주장했다.

사실 이는 어디까지나 한중 양국의 주관적인 관점이었을 뿐, 객관적인 형세는 벌써부터 변하고 있었다. 1943년 봄, 소련은 코민테른을 해산한 후 공산당 조직 전략을 전환했고, 중국공산당은 정책을 크게 바꾸었으며, 미국 조야에서는 공산당원 및 동조자들이 합심해 중국과 미국의 관계를 이간질시키는 공작을 펼쳤다. 이로 인해 중국은 국제적으로 점차 고립되고 자꾸만 비탈길을 내려가 날로 불리한 입장에 놓이게 되었다. 진흙 보살이 강을 건너듯 제 자신도 보전하기 힘겨워진 마당에 중국은 국제사회에서 한국 문제에 대해 발언할 힘은 점점 약해졌고, 한국임시정부의 처지 역시 그만큼 더 어려워졌다.

마침내 1944년 9월 영국정부와 미국정부는 서로 협의하에 '한국 문제 연구 요강 초안'을 중국정부에 송부했다. 이 초안은 한국 본토를 군사적으로 점령한 후 임시 국제감독기구를 만들자는 건의를 담고 있었다. 이로써 영국과 미국이 사전 협의해 소련을 대일 전쟁에 참전시키는 조건으로 한국의 전후 독립을 희생시키려 한다는 사실이 판명되었다. 또한 처칠이 카이로선언에서 한국 독립 문제에 대해 "상당 기간이 지나"라는 구절을 삽입하자고 고집한 의도가 어디 있었는지도 밝혀졌다.

중국 자신까지 희생되고 난 반 년 후인 1945년 2월, 얄타회담에서 동맹국인 영국과 미국은 결국 한국을 소련에 팔아넘기기로 결정했는데, 이는 생각지도 못했던 일이다. 그러나 중화문화에서는 친구를 팔아넘기는 것을 가장 꺼려왔다. 따라서 당시 중국정부가 비록 한국임시정부의 승인을 적극적으로 주장할 수는 없었지만 한국 독립을 돕기로 정한 정책에는 변함이 없었다.

1944년 9월 말 미국 국무부는 중화민국 측에 다시 다음과 같이 통고해 왔다. "미국의 대한 정책은 전후 미국, 영국, 중국, 소련 4대 강국이 한국에 먼저 국제 신탁통치 기구를 설치하는 것이다. 영국과 소련은 이미 이에 동의했다"라는 내용이었다. 장제스 위원장은 영국과 미국의 건의를 자세히 살펴본 다음, 같은 해 10월 27일 마침 워싱턴과 런던을 방문 중이던 쑹쯔원(宋子文) 외교부장에게 훈령을 내렸다. 중화민국이 한국의 조기 독립을 위해 돕기로 한 정책은 바꿀 수 없으며, 전후 한국을 국제적으로 공동 관리하는 방법에는 더욱 동의할 수 없다는 것이었다. 그러나 1945년 12월 열린 모스크바 3국 외상회의에서 영국, 미국, 소련 3국은 미국, 영국, 중국, 소련 4개국이 한국을 5년 동안 공동 관리한다고 결정한 후 중국에 이를 통지했다. 중국정부의 처지는 그야말로 꿀 먹은 벙어리가 냉가슴 앓는 꼴이었다. 하지만 중국 조야에서는 한국의 독립지사들과 합동으로 이에 굳건히 반대하고 계속 투쟁했다. 1945년 초에는 태평양학회 국제회의와 샌프란시스코회의가 열렸는데, 한중 양국은 샌프란시스코회의에서 공동 투쟁을 벌였다. 이때의 투쟁 경과에 대해서는 다음 장에 서술하겠다.

나중에 미국과 소련은 비밀협정을 맺어 북위 38도선을 경계로 미국과 소련 양국 군대가 나누어 한국을 점령하기로 정했다. 원래 4개국이 한국을 공동 관리하기로 했던 방법도 변경되어 흔적조차 없어졌다. 이로써 국제 문제는 단지 힘에 의해 정해지는 것이지, 정의나 약속 같은 것은 아무짝에도 소용없음이 다시 한 번 증명되었다.

한국임시정부는 3·1운동을 주류로 한 한국 독립운동의 보루로서 우방 중국의 국토 위에 뿌리를 내렸다. 중국국민당 및 그 정부가 어려움 속에서도 처음에는 개별적으로 비밀리에, 나중에는 공개적이고도 조직적으로 원조해 꽃을 피웠으며, 장제스 위원장이 정의에 입각해 카이로회담에서 발언함으로써 열매를 맺었다. 하지만 한국임시정부는 자신들의 조건이 제대로 갖춰지지 않은 데다 기타 동맹국의 이해관계로 인해 여러 차례 투쟁했음에도 끝내 동맹국으로부터 승인을 받지 못했는데, 이는 못내 유감스러운 일이다. 하지만 한국 국민의 눈은 더없이 밝았다. 한국임시정부 주석 및 여러 지도자들은 1945년 11월 개인 자격으로 겨우 귀국했는데도 한국 국민들은 그들을 진심으로 존경했으며 또 열렬히 환영했다. 그러한 감동과 감격은 확실히 역사상 전례가 없었다.

제2장

한국임시정부 고문에서
주한대사로 부임하기까지

» 김구 주석의 고문으로 영입되다

1919년 3·1운동으로 한국임시정부가 상하이에 수립되어 한국 독립운동의 사령탑이 된 이후 기나긴 세월을 거치는 가운데 나는 한국임시정부 인사들과 인연이 닿은 적이 몇 번 있다. 1934년 청두의 쓰촨대학에서 교편을 잡고 있을 당시 한국 독립운동 지도자의 한 사람인 김규식 박사와 알게 되었으며, 1938년에는 한커우에서 조선민족혁명당 당수이자 조선의용대 대장인 김약산과 접촉한 바 있다. 하지만 내가 정식으로 한국 독립운동 업무에 참여하게 된 것은 1939년 장제스 위원장의 추천으로 외교부 주임위원장의 비서실 비서로 전임한 이후의 일이었다.

장지롼 선생이 생전에 한커우에서 나에게 지운 짐, 곧 한국의 독립을 위해 투쟁하고 전후에는 독립된 한국의 초대 중국대사가 되어 한중 우호관계를 위해 노력하라고 한 막중한 책임을 나는 한 순간도 잊은 적이 없다. 비서실에 들어가 일하게 되고서야 나는 비로소 이 일에 착수할 기회를 가졌다.

위원장 비서실은 장제스 위원장 개인의 막료기구였다. 장 위원장은 당·정·군의 최고지도자였기 때문에 국민당, 정부, 군부의 각 부문은 무슨 일이든 그에게 보고하거나 결재를 받아야 했고, 그러한 서류는 반드시 비서실을 거쳐 일차적으로 처리하도록 되어 있었다. 내가 맡았던 업무와 내 개인의 흥미는 한국 독립운동을 포함한 국제 외교 문제였다. 한국 독립 문제에 관해서는 군사위원회 조사통계국과 중앙당부 조사통계국 및 국제문제연구소·외교부 등이 조사연구 기구로부터 보고를 받았다. 이 외에 조선의용대 한국광복군의 군사공작에 대해서는 군사위원회 참모총장 판공청에서 보고를 받았고, 한국임시정부 및 각 당파의 활동에 대해서는 중앙당부 비서처와 중앙조직부에서 보고를 받았으며, 한국임시정부의 대외 활동에 대해서는 외교부 등의 부처에서 처리해 결재를 올렸다. 우리 비서들은 직위가 높은 것은 결코 아니었지만, 이러한 서류들을 먼저 살펴보고 의견을 건의할 수 있는 기회를 가지고 있었기 때문에 최고위층에서 결정되는 여러 가지 정책에 대해 영향력을 발휘할 수 있었다.

전쟁 당시 충칭에서 비서실 업무를 맡았을 때에는 주로 문서를 통해 한국 독립운동의 전모를 파악했다. 한국임시정부 요원들과 직접 접촉하고 원한 정책의 집행에 정식으로 참여한 것은 그보다 뒤인 1940년 비서실 비서 자격으로 외교부 정보사장을 겸임하게 되면서부터였다.

외교부에는 각 지역을 담당하는 사(司), 예를 들면 구주사(歐洲司), 미주사(美洲司), 아주사(亞洲司) 같은 주관사가 있어 해당 지역 내의 나라 가운데 중화민국과 국교를 맺은 나라와의 교섭사항을 각각 나누어 처리했다. 해당 지역 주관사의 관원들은 그 국가에서 중국으로 파견 나와 있는 대사관 또는 공사관의 외교관들과 업무상으로나 개인적으로 왕래가 잦았다. 그러나 유독 충칭의 한국임시정부만 외교 승인을 얻지 못하고 있었기 때문에 한국임시정부와 관계된 국제 업무나 접촉은 대부분 외교부 정보사가 나서서 비공식적으로 처리하는 형편이었다. 그래서 중앙당부가 원한 정책 업무를 논의하기 위해 회의를 소집할 때면 내가 으레 단위 주관 부서를 대표해 참석하곤 했다.

이 때문에 점차 나를 한국 문제 전문가로 보는 사람이 많아졌고, 중국에 오래 체류해 중국 실정을 잘 알고 있는 한국 독립운동의 각파 인사들도 내가 대한 문제에 상당한 발언권을 가지고 있다는 사실을 벌써부터 알아차리고 있었다. 실제로 나는 당시 내가 주관하던 외교부 기관지 ≪영문자유서보(英文自由西報, National Herald)≫, ≪대공보(大公報)≫, 그리고 중앙통신(中央通信)을 통해 한국 독립운동을 지원하는 기사를 자주 공개적으로 발표했다. 이 때문에 한국 측 좌우 당파의 인사들은 정보사장 사무실을 자주 방문해 나와 한담을 나누곤 했다.

나는 정보사 직원인 차오한즈(喬漢治)를 파견해 한국임시정부 및 한국독립당과의 연락을 전담시킨 일을 지금도 기억하고 있다. 이밖에 외사훈련반(外事訓練班) 졸업생을 조선의용대 본부에서 복무하도록 위촉했으며, 훗날 내가 주한대사로 부임했을 때 육군 부무관(副武官)을 지낸 왕지셴(王繼賢)에게는 조선민족혁명당과의 연락을 전담하도록 했다. 우리 정보사가 수집한 한국 독립운동 각 당파의 활동에 관한 정보와 연구보고는 수시로 관계기관에 보내 참고토록 했는데, 외교부와 중앙당사위원회에는 우리가 당시 다루었던 보고서와 서류들이 지금도 그대로 보존되어 있다.

내가 외교부 정보사장을 겸임하는 동안 일본과 한국에 대해 공개적으로 주장했던 내용 가운데 국제적으로, 특히 한국 측의 주의를 끈 것은 1943년 1월 3일 ≪대공보≫에 발표한 주간 논문 「일본 사건을 어떻게 해결할 것인가?」였다. 이 글이 발표된 것은 그해 11월 카이로회담이 열리기 이전이었다. 나는 이 글에서 전후 한국은 독립되어야 하며, 이는 동맹국이 세우는 대일 작전의 공동 목표 가운데 하나가 되어야 한다고 주장했다. 또한 중국은 원래의 중국을 회복해야 하므로 본래 중국의 땅이던 동북, 류큐, 타이완, 펑후는 중국에 귀환되어야 한다고도 주장했다. 원문의 내용을 발췌하면 다음과 같다.

…… 한국의 독립은 필연적인 결론이다. 한국은 일본 대륙 침략의 발판

이 되었는데, 그 독립이 침략당한 것은 갑오년의 청일전쟁을 기점으로 하며, 이는 러일전쟁을 유발시켰을 뿐만 아니라 이번 태평양전쟁의 원인이 되기도 했다. 고로 한국이 다시 독립해야 한다는 것은 현 중일전쟁의 마땅한 귀결이 되어야 하며, 실질적으로 이미 동맹국 합동 작전의 또 하나의 공동 목표이기도 하다. …… 일본인들이 점거한 중국의 타이완, 펑후, 류큐 및 동북 각 성은 모두 중국으로 되돌아가야 할 것이다. …… 고로 일본 사건의 종결은 '일본은 일본인의 일본', 그리고 '중국은 중국인의 중국'이 되도록 하는 데 있다.

중국인의 입장에서 이러한 주장은 조금도 이상할 것이 없다. 이 논문은 개인 명의로 발표되었지만, 사람들은 내가 외교부 정보사장이기 때문에 이를 곧 중국정부의 견해라고 여겼다. 나중에 미국 국무부에서 발표한 중미 관계 문서에 따르면 당시 미국의 주중대사관에서는 내 논문의 전문을 워싱턴에 전보로 보고했으며, 중국정부의 견해로서 중시할 만한 가치가 있는 것으로 취급했다고 한다.

한국임시정부 측도 이 논문을 매우 중시했는데, 중국정부의 외교 발언자로서 전후에 한국을 독립시켜야 한다고 공개적으로 주장한 것은 처음이었기 때문이다. 외무부장 조소앙이 이튿날 나를 찾아와 이 일에 관해 이야기를 나누었다. 나는 그에게 중국 지도자와 중국국민당, 그리고 중국정부가 과거 수년 동안은 물론 현재도 한국임시정부와 그 독립운동을 지원하는 까닭은 바로 한국의 독립을 위해서이고 앞으로도 이를 위해 계속 노력할 것이라고 말했다. 장제스 위원장이 그해 겨울 카이로회담에서 정의에 입각해 발언을 하고 동맹국들이 전후 한국의 독립을 공동 보장할 것을 촉구함으로써 흥멸계절(興滅繼絶, 망했던 나라를 다시 일으켜주고 끊어졌던 대를 다시 이어줌을 뜻함_옮긴이)이라는 중국 고유의 숭고한 이념을 완성했다. 당시 중국에 있던 한국인들은 이 소식을 듣고 매우 좋아했다.

한국 독립운동의 첫째 목표, 즉 동맹국들이 전후 한국 독립을 공동 보장하는 데에는 비록 성공했지만, 둘째 목표인 한국임시정부를 외교 승인받는 것은 카이로회담을 전후해 한중 양국이 여러 차례 연합 투쟁했으나끝내 실현되지 못했다. 그 경과에 대해서는 앞에서 밝혔으므로 여기서는약간만 보충하려 한다.

1943년 여름, 나는 외교부장의 직무를 대리하던 정무차장 우궈전(吳國楨)의 관료적인 자세에 불만을 품고 정보사장직을 사임해버렸다. 한 예로,그는 내가 앞에서 말한 ≪대공보≫의 주간 논문에서 일본과 한국 문제에대해 주장한 내용을 꼬집어 쑹쯔원 부장에게 나를 모함했다. 또한 내가 기자회견 석상의 답변에서 미국 상원의원 해피 챈들러가 제창한 유럽 제일주의 전략에 대해 하나하나 이유를 들어 반박하면서 동맹국은 마땅히 일본을 먼저 격멸시켜야 한다고 주장한 데 대해서도 내가 미국 상원의원을비난하지 않았어야 했다고 비난했다. 한편 외교부 부무회의(部務會議) 때는주호주영사 차오원옌(曹文彦)이 영국의 대인도 정책을 비난해 호주정부의불만을 샀다는 이유로 중국 외교부가 그를 경질시킨 일은 잘못된 처사라고 지적했다가 그의 노여움을 사기도 했다. 그는 또 얼마 후 정보사의 간부들을 인사 이동시키면서 사전에 나에게 단 한 마디도 알리지 않았다. 심지어는 내 수족이나 다름없는 정보사 부책임자 황차오친(黃朝琴)까지 인사이동시켰는데도 말이다.

나는 사태를 간파하고 먼저 병가 수속을 밟은 다음 사직서를 제출했다.그는 헤어지는 마당에도 내게 앙심을 품고 장 위원장에게 내가 "사직서가수리되기도 전에 마음대로 직무를 이탈했다"라고 보고했다. 당시 장 위원장은 "사오 동지는 사직원이 수리되기 전에 마음대로 직무를 이탈해서는안 된다. 만약 이것이 사실이라면 부당한 일이므로 즉시 경위를 밝혀 보고토록 하라"라고 지시했던 것으로 기억된다. 이 때문에 나는 휴가가 아직끝나지 않았는데도 휴가 신청 서류를 증거로 제출해야 했다. 이 때문에 위원장 비서실 실장 천부레이 선생도 매우 난처한 입장에 처했다. 얼마 후 장 위원장은 나의 외교부 정보사장 겸직 사임만 수리하고 원래의 비서실 비서직은 그대로 두었다. 하지만 이러한 사건은 이후 나의 외교 연구와 한국 독립운동에 협조하는 노력에 손톱만큼도 영향을 미치지 않았다.

한국 독립운동 동지들은 중국의 당·정·군 각 분야에 걸쳐 진행되는 대한 문제 관련 인사 및 업무 내용에 상당히 신경을 쓰고 있었으며, 그 소식 또한 상당히 정확하고 빨랐다. 중국정부 내에서의 내 직위가 결코 높다고 할 수는 없었지만 한국과 관련된 정책 연구나 실제 집행 면에서는 나만큼 중요한 위치를 있는 사람도 그렇게 많지 않다는 것을 그들은 알고 있었다. 그뿐만 아니라 한국 동지들은 당파에 상관없이 나와 자주 왕래를 가졌기에 그들은 점차 내가 한국 독립 문제에 참여하는 의도를 이해하게 되었다. 그들은 나를 단지 중국정부 내에서 한국 관련 업무를 맡고 있는 사람이라고 여기지 않고 한국의 독립을 위해 분투하는 동지 가운데 하나라고 여겼다. 따라서 우리의 교분은 날로 깊어졌고 내가 외교부 직무에서 물러난 뒤에도 왕래를 지속했다.

1944년 1월 중순, 복정일과 민석린 두 명의 한국 친구가 함께 충칭 쩡자옌(曾家岩)에 있는 비서실로 나를 방문했다. 그들은 한국임시정부의 몇몇 문제를 언급한 후에, 김구 주석이 나에게 도움을 청하려 한다면서 내가 시간과 장소를 정해주면 직접 찾아올 것이라고 말했다. 나와 김구는 전에 몇 차례 만나본 적은 있지만 모두 공식석상에서 잠시 이야기를 나누었을 뿐 단독으로 오랜 시간 담화한 적은 없었다.

김구는 혁명가로서의 명망이나 경력으로 보나 중국 조야의 귀빈이라는 점으로 보나 마땅히 내가 먼저 찾아뵙고 가르침을 받아야 했다. 그래서 나는 오는 일요일 오전 10시경에 김구 주석을 직접 찾아뵙겠다고 한사코 고집했다. 나는 김구가 의사를 충분히 전달할 만큼 중국어 실력이 뛰어나지 않음을 알고 있었기 때문에 그 두 사람에게 통역을 맡아달라고 간청했다.

그들은 나중에 전화로 김구 주석이 수차 사양하다가 결국 시내 렌화츠(蓮花池)에 위치한 한국임시정부 사무실에서 나를 기다리기로 했다는 말을 전했다. 이로써 나와 김구는 처음으로 따로 만나게 되었다.

약속 당일, 내가 한국임시정부 사무실 문을 들어서자 생각했던 것보다 많은 사람이 나를 맞이했다. 원래 김구와 복정일, 민석린만 있을 것이라고 알고 있었는데, 재무부장 이시영과 외무부장 조소앙, 그리고 내무부장 조완구도 그곳에 함께 있었다. 우리는 서로 인사를 나눈 다음 짙은 청색 면직물로 덮은 긴 테이블 양쪽에 앉았다. 김구가 가운데 자리에 앉고 내가 그와 대좌하자 나머지 사람들이 그 양쪽으로 앉았다. 나는 웃으면서 "보아하니 오늘 주석께서는 국무회의를 소집해놓고 저더러 와서 방청하라고 하신 것 같습니다" 하고 말했다.

내가 맨 처음 김구를 만난 것은 1940년 9월 한국임시정부가 충칭에 있는 자링호텔에서 한국광복군 창설 축하연을 베풀 때였다. 그때는 넓은 뜰에 축하객이 많았기 때문에 악수를 나누고 경황없이 한두 마디 인사말을 교환했을 따름이었다. 그때 느낀 최초의 인상은 그가 시골 영감 같다는 것이었다. 그런데 이날 자세히 보니 그는 꾸밈이 없고 말이 적었으며 또한 지도자로서 갖춰야 할 강직하고 굽힘 없는 일면도 지니고 있었다.

그는 먼저 나에게 내가 여러 해 동안 한국 독립운동에 협조해준 데 대해 감사하다는 인사를 전했다. 그런 다음 한중 관계에 관해 생각나는 대로 의견을 말해주기 바란다고 말했다. 그 뒤에는 복정일·민석린 두 사람이 대신 말했다. '대신 말했다'라고 표현한 것은 순수한 통역이 아니었기 때문이다. 예를 들어 그날 우리는 김약산 문제도 이야기했는데, 그 같은 몇몇 문제에 대해서는 김구 자신은 전혀 언급하지 않았다. 김구는 다만 조용히 앉아서 내가 발언하는 내용을 들으며 나의 표정을 자세히 살피기만 했다. 당시 내가 짐작했던 대로 김구는 원래 마의상법(麻衣相法)[*]을 깊이 연구한 사람이라서 관상을 잘 보았다.

이시영·조완구 두 사람은 아무 말 없이 앉아 있고 조소앙이 여러 차례 외교 문제에 관해 내게 물었다. 당시 상황은 마치 박사학위 구술 시험장 같았다. 그날 내 이야기를 종합하면, 장차 독립된 한국에 초대 중국대사로 나가고 싶다는 말까지는 하지 않았지만, 쑨원 선생의 삼민주의, 그중에도 특히 민족주의를 깊이 신봉하고 있으며 나의 선배인 장지롼 선생이 나에게 한국 독립을 위해 분투하도록 독려했던 경과를 들려줌으로써 그 자리의 한국임시정부 지도자들에게 간단히 내 소개를 했다. 그리고서는 한국임시정부가 당면하고 있는 가장 중요한 두 가지 문제에 대해 언급했다. 바로 첫째, 전후에 한국을 독립시키겠다고 한 국제적 보장이 변질되지 않도록 하는 문제와, 둘째, 한국임시정부가 각국의 외교 승인을 획득하는 문제였다.

나는 첫째 문제에 대해 비록 카이로선언에서 전후에 한국을 독립시키기로 보장하긴 했지만 처칠이 그 문안에 "상당 기간이 지나"라는 문구를 추가한 것은 매우 큰 의미를 지니며 밤이 길면 꿈도 많듯 기간이 길어지면 이 보장도 변질될 우려가 많다고 말했다. 중국 측의 한국 독립에 대한 기대는 원래부터 아주 순수했다. 하지만 영국과 미국, 그중에도 특히 영국은 국제간 세력 균형을 따지는 나라이고 처칠은 노련하고 간교한 사람이기 때문에 그들은 한국 독립 문제에 대해 다른 계산을 하고 있거나 필요하다면 한국 문제를 소련과의 흥정에 사용할 가능성이 농후했다. 당시 중국정부는 전후 상당 기간 동안 몇몇 국가가 한국을 국제적으로 공동 관리하는 방법을 채택하려 한다는 정보를 가지고 있었다. 따라서 한중 양국은 반드시 연합해서 이 역류를 저지해야 했다.

둘째 문제는 한국을 전후에 독립시키겠다고 보장한 것이 한국임시정부를 외교 승인하는 것과는 다르다는 점이었다. 중국정부는 한국임시정부와의 다년간의 관계로 인해 사실상 이미 한국임시정부를 승인했을뿐더러,

---

* 구전으로 전해지던 송나라 마의의 관상학을 제자 진박이 체계적으로 저술한 책. _옮긴이 주

장 위원장은 중국은 다른 나라보다 먼저 한국임시정부를 외교 승인해야 한다고 지시한 바 있었다. 그러므로 문제는 중국이 아니라 영국정부와 미국정부가 승인을 지연시키려는 요인을 어떻게 제거하느냐 하는 것이었다. 이를 위해 한국은 미국에 가 있는 한국 독립운동 인사들을 동원해 공동 노력하에 미국의 지지를 쟁취해야 했으며, 한국임시정부는 당면한 이 과제를 급선무로 수행해야 했다.

나는 또한 외교와 내정 간의 관계에 대해서도 언급했다. 외교는 내정의 연장이라 할 수 있다. 한국임시정부가 전후의 독립을 확보하고 외교 승인을 쟁취하기 위해 벌이는 외교 공작은 한국임시정부 안팎의 각 당파를 단결시키려는 내정 공작과 불가분의 관계였다. 임시정부 밖의 일은 김 주석과 여러 지도자가 있기 때문에 안심할 수 있지만, 임시정부 안의 일은 중국이 사적인 친구 입장에서 권유하는 형식을 취해야 했다. 친구의 자격으로 나는 김규식과 김약산에게도 그들이 더욱 단결 협력해야 한다는 의견을 피력했고 그들 역시 전에 비해 훨씬 누그러졌다. 그러므로 한국임시정부의 책임자들이 너그러이 마음을 먹고 두 손을 벌려 반대파를 받아들여 협력하기만 하면 되었다. 한국 동지들이 단결 협력하지 못한다면 어떻게 국제간의 무심함을 탓할 수 있겠는가.

끝으로 우리의 대화는 사상 문제까지 이르렀다. 나는 조소앙에게 다음과 같이 말했다. "귀하는 외교가이자 정치가일 뿐만 아니라 한국독립당의 삼균주의(三均主義)를 손수 만든 이론가이기도 하다는 얘기를 오래 전부터 듣고 저는 깊은 경의를 표해 마지않았습니다. 그러나 참외 장사는 자기네 참외가 더 달다고 말하고 팔은 안으로 굽듯, 저는 우리 아시아인에게는 다른 어떠한 주의보다 삼민주의가 더 적합하다고 여깁니다. 김 주석이 전에 한국국민당을 창당할 적에도 삼민주의를 채택하지 않았던가요? 제 솔직한 말을 용서해주신다면, 제 생각에 삼균주의 가운데 '정치균등'은 삼민주의의 민권주의에 매우 가깝고, '경제균등'은 민주주의와 유사한데, 단지 삼균주의의 '교육균등'만은 삼민주의의 민족주의와 전혀 다르게 되어 있습니다. 한국이 오늘날 투쟁하는 목표는 중국과 마찬가지로 민족의 독립을 쟁취하고 장래에도 이 민족의 독립을 계속 옹호 유지하는 데 있습니다. 저는 주의나 사상은 종교나 의약과 같이 국경이 없다고 생각합니다. 삼민주의가 만약 한국에 적합하다면 한국도 이를 채택해 쓸 수 있는 것이지, 우리가 전매권을 주장할 성질의 것이 아닙니다. 사실 여기 계신 복 선생도 우리 중화혁명당의 옛 동지입니다."

모두들 나의 마지막 말 한 마디에 웃음을 터뜨려 긴장되고 엄숙하던 분위기가 가볍고 친밀하게 풀렸다. 그날 내가 한 얘기는 시의에 맞았고 태도 또한 솔직·성실했던 데다가, 한중 협력을 위해 노력하려는 나의 열의가 느껴져 김구 주석과 한국 동지들에게 매우 깊은 인상을 준 모양이었다. 두 시간의 회담 동안 김구 본인은 별로 말을 하지 않았지만, 그의 강인하고 굳건한 태도나 남의 말을 경청할 줄 아는 지도자다운 풍모는 나에게 잊을 수 없는 인상을 주었다. 그리고 뜻밖에도 그때의 회담으로 인해 우리 두 사람은 이후 끊을 수 없는 인연을 맺게 되었다.

김구는 본명이 김창수로, 1876년 황해도에서 태어났다. 청년 시절에 일본군 장교 쓰치다(土田) 중위를 죽이고 체포되었다가 도망쳐 나와 이름을 김구로 바꾸었으며 또 백범(白凡)이라고도 불렸다. 그의 집안은 원래 한국 유수의 가문이었으나, 그의 조상 중에 역모죄로 멸문지화를 당한 사람이 있어 그 후대는 은둔해버렸고 집안의 경제 상황도 쇠락했다. 김구는 과거에 응시했으나 떨어지고 동학당에 들어가 공부했다. 그는 거기서 대도주 최해월을 만나고 손응구를 알게 되었다. 손응구는 바로 의암 손병희로, 대도주 최해월의 계승자였다. 그가 훗날 3·1운동 지도자 가운데 한 사람이 되었다는 것은 이미 앞에서 말한 바 있다.

김구는 또 의병을 조직했다가 실패하고 진사 안태훈 밑에 들어가 많은 공훈을 세우기도 했는데, 안 진사의 장남 안중근은 이토 히로부미(伊藤博文)

를 죽인 의사로서 이름이 내외에 널리 알려진 사람이다. 안중근의 셋째 동생 안공근은 훗날 중국에서 줄곧 김구의 뒤를 따라다니며 독립운동에 가담했다. 또한 안중근은 김구에게 안 씨 집안의 딸을 맏며느리로 맞아들이도록 해 김·안 양가의 관계는 더욱 가까워졌다. 당시 안 진사 측근 중 고산림이라는·사람이 있었는데, 그는 김구에게 "중국은 갑오년의 청일전쟁에서 패전해 반드시 일본에 복수하려 하고 있으므로 한국의 주요 인물들은 중국으로 들어가 중국인과 손잡고 서서히 재기를 도모해야 할 것이다"라고 말했다. 김구가 자신의 자서전 『백범일지』에서 "나는 고 선생의 말씀에 감동되어 더욱 중국으로 건너가려 했다"라고 밝히고 있다.

김구는 언젠가 압록강을 건너 중국으로 가려 했으나 성공하지 못했고, 두 번째로 1919년 3·1운동 당일 다시 압록강을 건넜다. 신의주에서 안동(安東)으로 온 그는 안동에서 영국 배를 타고 직접 상하이로 건너갔다. 이때부터 중국으로 망명해 일생 동안 전심전력으로 한국 독립운동을 추진한 그의 새 생활이 시작되었다.

김구가 상하이에 도착했을 당시 나는 겨우 11살이었다. 김구가 이후 오랫동안 사귄 중국 당·정·군 각계의 많은 요인 중 나처럼 어린 꼬마까지 끼게 되리라고는 전혀 생각지 못했다. 내가 충칭에서 김구와 알게 되었을 당시 그는 이미 60여 세였고 나는 겨우 30여 세에 지나지 않았다. 하지만 김구는 처음 만났을 때부터 나에게 각별한 애정을 보였고, 많은 중국인 가운데 굳이 나를 한국임시정부의 유일한 중국인 고문으로 초빙해주었다. 이것이야말로 연분이 아니고 무엇이겠는가?

1944년 3월의 어느 주말, 당시 나는 마침 중앙훈련단 당정고급반에서 교육을 받고 있었기 때문에 매번 주말이나 되어서야 겨우 비서실로 돌아올 수 있었다. 복정일·민석린 두 한국 친구는 다시 함께 비서실로 나를 찾아와서는 내가 당장 가부간의 결정을 표명할 수 없는 제안을 했다. 바로 한국임시정부 주석 김구가 나를 고문으로 초빙한다는 정식 문서를 가지고 온 것이었다. 그들은 이 문서를 정중히 다루면서 나에게 축하를 전했고, 나 역시 이러한 은총을 받은 것이 놀랍고 매우 흥분되었다. 초빙 문서의 지장이나 인쇄만 보아도 당시 전시 중인 충칭의 사정으로는 상당히 정교하고 애쓴 흔적이 엿보였다. 비서실 소장급 비서의 임명장보다도 훨씬 나았다. 앞면에는 예서체로 "사오위린 선생을 한국임시정부 고문으로 초빙합니다(敬聘邵毓麟先生爲韓國臨時政府顧問, 此聘)"라고 크게 쓰여 있었고 "단기 4277년 3월……"이라고 되어 있었다. 그리고 전서로 새긴 '대한민국 임시정부의 인(大韓民國臨時政府之印)'이라는 큰 도장과 함께 한국임시정부 주석 김구의 이름 밑에 작은 관장이 찍혀 있었다.

나는 한참 동안 그 문서를 들여다보며 감개무량해했다. 나의 뇌리에 맨 먼저 떠오른 것은 조선이 멸망했다는 사실(史實)과 장지롼 선생이 내게 준, 신규식 지사의 저서 『한국혼』이었다. 그다음으로는 한국임시정부의 고난에 찬 투쟁이 떠올랐고, 잠시 후에는 전후 독립된 한국의 환영이 부각되었다. 한국 독립운동과 관계된 천만 중국인 가운데 내가 임시정부의 고문으로 뽑혀 초빙되었다는 것은 진정 더없는 영광이었다. 그러나 동시에 이 중대한 짐을 내가 맡아낼 수 있을지 걱정이었다. 게다가 나는 중국정부의 현직 공무원이었기 때문에 상사의 재가를 얻어야만 결정을 할 수 있었다. 그래서 나는 복정일·민석린 두 사람에게, 김구 주석과 한국임시정부의 두터운 사랑에 진정 감사하며 개인적으로 이 영광을 꼭 받아들이고 싶으나 학문과 재주가 모자라 이 일을 맡아내기 어려울 것 같고 또 공무원의 몸이라서 나 혼자 승낙하기가 곤란하므로 우선은 이 초빙 문서를 도로 가지고 가고 상부의 재가를 받은 후 다시 받들겠다고 설명했다.

한국임시정부는 내가 비서실의 상사나 중앙당부에 이 일을 보고하기도 전에 이미 중앙당부에 서한을 보내 정식으로 중국인 고문을 초빙하는 문제를 거론했다. 사후에 안 일이지만 중앙당부에서는 같은 해 4월 13일 회의를 소집해 '한국 문제 처리 원칙'을 토론할 때 다음과 같이 결의한 바 있었다.

한국임시정부의 고문 파견 요청에 대해 고문을 파견키로 결의한다. 중앙당부는 본당 간부 중에서 요원을 선발 파견해 한국임시정부가 광복운동을 전개하는 데 협조토록 한다.

열흘이 채 못 되어 민석린에게서 다시 전화가 걸려왔다. 이번에는 김구 주석이 몸소 나를 만나러 오겠다는 것이었다. 나는 감히 그럴 수는 없다고 정중히 사양한 끝에 4월 마지막 일요일 정오, 쩡자옌에 있는 비서실 부근의 국제레스토랑에서 내가 점심을 대접하기로 결정했다. 그날 김구 주석은 복정일·민석린 두 사람만 대동하고 간편한 양복을 입고 있어 남의 이목을 전혀 끌지 않았다. 또 그 음식점은 손님이 많지 않아 조용했기에 대화 장소로는 안성맞춤이었다. 우리는 양식을 먹으면서 이야기했다. 김구 주석은 나를 고문으로 초빙하는 문제를 다시 꺼냈는데, 그가 이야기한 내용은 대략 다음과 같았다. "이는 임시정부 모두의 의사이지, 나 김구 한 사람만의 뜻이 아닙니다. 우리는 과거에도 많은 일로 당신을 괴롭혀왔지만, 앞으로도 신세를 져야 할 일이 많습니다. 여기 초빙 문서와 아주 적은 액수지만 매월 드릴 거마비를 직접 가지고 왔습니다. 이는 조그만 성의나마 표하는 것이므로 다시는 거절하는 말씀을 마십시오. 아직 귀당과 귀국 정부에 상신(上申)하지 않았다고 했는데, 만일 상부에서 허락하지 않을 경우 그때 가서 이 문서를 돌려주어도 늦지 않을 것이고, 설령 그렇더라도 우리는 절대로 당신을 탓하지 않을 것입니다."

나는 김구 주석의 이 간곡한 뜻에 부끄러움을 감출 길 없었고 과도한 사양은 오히려 공손하지 않다고 느껴 "재가를 얻어 최후 결정키로 한다"는 구두 조건을 붙여 고문 초빙 문서를 받아들이기로 했다. 그러나 거마비가 들어 있는 작은 봉투만은 절대 받을 수 없다고 거절했다. 중국이 한국의 독립을 돕는 것은 우리 자신을 돕는 것이나 다름없으므로 마땅히 해야 할 의무이며, 중국정부가 재정적으로 한국을 충분히 지원해주지 못해 심히 유감스러운 터인데 어떻게 임시정부의 거마비까지 받을 수 있느냐고 말했다. 게다가 나는 공무원이기 때문에 일을 겸임했다고 해서 봉급까지 이중으로 받을 수는 없으며, 이는 법률상 용인할 수 없는 일일 뿐만 아니라 양심이 더욱 허락하지 않는다고 덧붙였다. 이렇게 내가 또박또박 이유를 대며 사양하자 김구 주석도 내 입장을 양해하고 더 이상 고집하지 않았다.

이튿날 나는 그간의 경과를 직속상관인 천부레이 선생에게 말씀드렸다. 천 선생은 나의 처리가 마땅했다고 여기고 장난스러운 말투로 "중국정부가 아직 한국임시정부를 정식 승인하지 않았기 때문에 당신이 받은 그 고문 초빙 문서를 정식으로 승인할 수는 없겠군. 그러나 내가 적당한 시기를 보아 위원장님께 잘 말씀드려보지"라고 말했다. 다시 며칠이 지나 마침 중앙당부 비서장 우톄청 선생을 만날 기회가 있어 이 일을 말씀드렸다. 우 비서장은 나에게 매우 잘된 일이라고 하면서, 한국 측에서 이미 그에게도 그 일을 일러왔으므로 총재에게 보고할 테니 나에게 한중 양국의 우호를 위해 많은 노력을 기울여주기 바란다고 말했다.

나는 중국정부의 공무원 신분이었기 때문에 천부레이 선생이 우스개로 한 말처럼 한국임시정부 고문에 초빙되고도 중국정부의 정식 승인을 받지는 못했지만, 중국인, 게다가 중국국민당 당원으로서 한국임시정부의 고문으로 초빙된 것은 내가 처음이자 마지막이었다. 이는 내 개인의 일생에 특기할 만한 사실일뿐더러 한중 관계사에서도 한 번쯤은 짚어볼 만한 가치가 있는 일이다.

이 때문에 아내는 이 초빙 문서를 특별히 소중하게 보관했다. 항일 전쟁에서 승리한 이후 공산 적화를 피해 타이완으로 옮겨올 때 아내는 이 문서도 함께 타이베이로 가져왔다. 1947년 7월 내가 주한 중화민국대사로 부임할 때에도 아내는 이 문서를 중요한 서류함에 넣어 함께 서울로 가져왔다. 그러나 1950년 6월 25일 북한이 남침해 한국전쟁이 발발해서 대사관이 서울에서 긴급 철수할 때 나는 암호책 하나만 몸에 지니고 나머지 중요한 문서와 서류는 다 태워버리도록 했다. 그중에는 한국임시정부 고문 초빙 문서도 들어 있었다. 나중에야 한없이 아까워하고 후회했지만 내 명령으로 다 태워버렸으니 후회해도 소용없는 일이었다.

항일 전쟁 승리를 전후해서 중국 또는 미국에서 활동하던 한국의 독립운동 각 당파 인사와는 한국임시정부 고문이라는 나의 직함 때문에 서로 밀접한 관계를 가졌다. 그러나 아마도 한국의 젊은 세대는 이 사실을 모를 것이다. 사실 중국에서도 나는 이 사실을 별로 알리지 않았다. 오늘날 타이완에서는 당시 중앙당부 비서처 기밀부서 주임이던 장서우셴(張壽賢) 한 사람만 그 경과를 상세히 알고 있을 것이다.

다행히 후춘후이(胡春惠) 박사가 중앙당사위원회의 한국 관련 서류 가운데 김구 주석이 1944년 12월 9일 중앙당부 비서장 우톄청 선생에게 보낸 편지 한 통을 찾아내어 이 사실을 증명해주었다. 이 편지는 내가 실제로 고문 초빙 문서를 받은 때보다 시기적으로는 좀 늦었지만, 중앙당부가 사후 이 일을 서류상 보완할 수 있도록 한국 측이 중국에 보낸 일종의 문서라 할 수 있을 것이다. 여기에 그 편지 전문을 소개한다.

우톄청 비서장 귀하
귀국에서 최근 태평양학회에 참석했던 사오위린 선생은 학문이 깊고 열성이 대단한 사람입니다. 그리고 한국임시정부에 대해 많은 협조를 아끼지 않은 데 대해 충심으로 감복해 마지않습니다. 청컨대 그분을 저의 명예고문으로 모셔 그 힘을 빌리고자 하오니 저의 간절한 뜻을 전하시어 사오 선생으로 하여금 이를 물리치지 않도록 해주시기 바랍니다. 그럼 부탁드리며 모든 정무가 뜻대로 되기를 빕니다.

12월 9일
아우 김구

›› 한국의 독립을 위한 한중 연합 노력

김구 주석이 나를 고문으로 초빙한 것이 1944년 봄의 일이었고, 나는 이 일을 천부레이와 우톄청 두 사람에게 보고했다. 나는 또한 한국 측에 구두로 한 가지 조건을 붙여 김구 주석의 초빙서를 받아들였다. 그러므로 앞에 소개한 편지, 즉 1944년 12월 9일 자로 김구 주석이 우톄청 비서장에게 보내어 나를 고문으로 초빙하도록 도와달라고 정식으로 요청한 것은 이 문제를 다시 한 번 거론한 데 지나지 않는 것이었지, 수속 절차를 위해 한국 측이 중국국민당에 보낸 문서는 아니었다. 그 편지를 보낸 주요 목적은 내가 그해 12월 하순 미국으로 건너가 태평양학회 회의에 참석하고 또 이듬해 4월에 샌프란시스코에서 열릴 샌프란시스코회의에 참가하기로 되어 있었기 때문이다.

한국임시정부는 당시 대외적으로는 국제적인 외교 승인을 획득해야 했고 대내적으로는 미국에서 활동하는 한국 각 당파 인사들로부터 임시정부에 대한 지지를 얻어야 했다. 이를 위해서는 중국 국적을 보유한 고문인 내가 도움을 주어야 할 일이 수없이 많았다. 사실 김구 주석은 미국에 도착한 후 해야 할 몇 가지 문제에 대해 이미 두 차례나 나하고 의논한 바 있었고, 아울러 미국에 있는 한국 각파 인사에게 따로 편지를 보내 나의 고문 지위와 임무에 대해 설명해두겠다고 했다. 따라서 그가 우 비서장에게 편지를 보낸 까닭은 우 비서장과 국민당 당국이 내가 미국에서 펼칠 갖가지 대한 공작에 대해 지지·협조해주기를 희망했기 때문이다. 당시 우 비서장은 이 공작을 수행하기 위해 나하고 긴밀한 연락을 가진 바 있었으며, 또 주미대사관에 타전해 나에게 적잖은 지원을 해주었다.

내가 미국에 파견되어 태평양학회 회의와 샌프란시스코회의에 참석한 경과와 자세한 상황은 전기문학사에서 출판된『승리 전후』에 기록되어 있다. 이 책은 한국과 일본에서도 번역본이 출간되었기 때문에 여기서는 가능한 한 중복을 피하고 이 두 차례의 국제회의를 통해 우리가 어떻게 미국에 있는 한국 각파 지도자들과 연합해 한국의 독립을 확보하고 외교 승인을 획득하기 위해 공동 투쟁했는지 그 경과만 간단히 서술하고자 한다.

태평양학회 회의

태평양학회 국제회의는 원래 각국의 태평양 및 극동 문제 전문 학자들이 모여 몇 년마다 한 번씩 거행하는 일종의 국제학술 회의였다. 그런데 제9차 국제회의가 개최되던 시기는 마침 각국이 전쟁의 승리가 임박했음을 감지하고 있던 때였기에 회의 주제를 '전후 일본 처리 문제'로 정했다. 그뿐만 아니라 각국 대표단에는 정부 관서에 재직하고 있는 극동·태평양 문제 전문가 또는 주관 관료들도 적잖이 끼어 있었다. 이 때문에 당시 회의는 실질적으로 각국 정부 간의 반관반민(半官半民)식 전문가 회의로 바뀌었다고 할 수 있다.

이 밖에 반드시 지적하고 넘어가야 할 것은, 이 학회에 공산당이 침투해 당시 태평양학회 국제사무국과 미국 분회는 이미 코민테른과 그 동조자들이 완전히 장악했고 그들의 통전선전 거점이 되어 있었다는 점이다. 그런데도 중국 분회와 중국대표단은 이를 전혀 알아차리지 못하고 있는 것 같았다.

사실 1953년 5월 이래 스탈린은 소련의 대독 작전이 곤경에 빠지자 영국과 미국의 적극적인 지지를 얻기 위해 정치 전략상 코민테른의 조직을 개조하는 전략을 썼다. 즉, 표면적으로는 코민테른과 코민테른의 각국 지부 조직을 해체하고 코민테른 정보국, 즉 코민포름을 따로 결성했다. 이로써 세계혁명을 추진하려는 코민테른의 정치 목표와 정치 조직을 다 없애버리고 단지 공산 국가들 사이의 정보 교환 및 문화 교류를 위한 기구만 남겨둔 것처럼 가장해 영국과 미국의 지원을 확실히 얻으려는 작전을 썼던 것이다. 동시에 각국 공산당원의 상당수도 정계에서 물러나 문화, 교육, 학술, 언론계로 들어갔고, 신분이 이미 폭로된 사람들은 지하로 숨어들었다. 이로 인해 세계를 공산혁명하자는 구호는 잠시 수그러들었으며 분위기도 잠잠히 식어갔다. 이렇게 함으로써 그들은 소련에 대한 영국과 미국의 의심을 불식시켰다.

이는 한 걸음 물러섬으로써 두 걸음 나아가는 조직 결합 전략의 변형일 뿐, 실제로 세계혁명이라는 코민테른의 궁극적인 목표는 조금도 바뀌지 않았다. 이 때문에 반(反)공산·반(反)집권을 표방하는 수많은 각국 지도자와 국민들은 이를 방비하는 데 소홀해 결국 크게 속은 것이라 하겠다. 제2차 세계대전이 끝날 무렵에는 이미 각국 공산당원들과 그 동조자들이 그 나라의 문화, 선전, 학술 및 언론에 침투해 이를 확실히 장악하기에 이르렀다. 중국뿐 아니라 미국, 일본 및 기타 많은 나라가 다 이러했다.

태평양학회 국제사무처와 미국 분회에 공산당이 침투한 과정은 코민테른의 이러한 대전략 아래 이뤄진 조그만 변화에 지나지 않았다. 훗날 미국 상원의원 팻 매캐런이 이끄는 '사법위원회 국내안전분과위원회'와 상원의원 매카시가 이끄는 '반미활동 조사위원회'가 그 내막을 폭로하지 않았더라면 미국과 세계 각국은 지금까지도 그들 장단에 놀아나고 있을지도 모를 일이다.

바로 이러한 이유로 당시 태평양학회 회의에 참석한 미국대표단 가운데에는 저명한 좌경 인사가 적잖이 포함되어 있었다. 예를 들어 당시의 국무부 중국부장 존 빈센트, 전시정보국 태평양지역 책임자 오언 래티모어를 비롯해 로런스 로신저 같은 이들이다. 심지어 당시에 '진보적인 인사'라고 자칭했던 하원의원이자 이후 장기간 상원 외교분과위원회 위원장을 맡은 제임스 풀브라이트도 끼어 있었다.

나는 회의가 시작된 지 얼마 되지 않아 사람들이 어느새 코민테른 및 그 동조자들에게 물들어 제9차 회의의 주제인 '전후 일본 처리 문제'는 온

데간데없어지고 코민테른의 전후 정책을 선전하고 중국 국민정부를 공격하는 정치성을 띤 회의로 변모해버렸음을 알게 되었다. 나중에야 안 일이지만, 태평양학회 국제사무국이 한일 문제에 관해 내가 발언한 기록을 본인인 나의 허락도 없이 멋대로 첨삭·개조한 것만 보더라도 이를 확실히 알 수 있다.

태평양학회 제9차 회의는 1945년 1월 6일부터 17일까지 미국 버지니아주 핫스프링의 홈스테드호텔에서 거행되었다. 중국대표단 대표들은 국내와 국외 두 길로 나누어서 뉴욕에서 집합했다. 수석대표는 장멍린(蔣夢麟)이고, 대표는 장쥔리(張君勱), 후스(胡適), 저우겅성(周鯁生), 샤진린(夏晉麟), 리줘민(李卓敏), 장중푸(張忠紱), 예궁차오(葉公超), 첸돤성(錢端升), 우원짜오(吳文藻), 푸쉐펑(浦薛鳳), 리간(李榦), 양원주(楊雲竹), 그리고 나였다. 그중 저우겅성, 첸돤성, 우원짜오 세 사람은 후에 중국으로 갔고, 일본 및 한국 업무와 관련 있던 사람은 양원주와 나 둘 뿐이었다. 당시 나는 이미 외교부 정보사장 직무에서 떠났기 때문에 발언하기에 비교적 자유로웠지만, 양원주는 현직 아주사장(亞洲司長)이었기 때문에 발언을 매우 아꼈다.

나와 장멍린, 장쥔리 선생은 1944년 12월 같은 비행기로 충칭을 출발해 인도, 북아프리카, 대서양을 거쳐 크리스마스 전날 뉴욕에 도착했다. 뉴욕에 머무는 동안 태평양학회 국제사무국과 미국 분회 책임자가 각국 대표들을 안내해 국제사무국과 분회의 건물을 참관시키고 출판물을 보여주었다. 나는 중국 관련 출판물들을 주의 깊게 보았는데, 대부분 중국국민당이 주도하는 정부에 불리한 중국공산당의 선전물이었다. 이는 이후 본회의 석상에서 내가 발언한 노선과 일치하는 것이었다.

우리는 회의가 개막되기 하루 전날 버지니아주 핫스프링스의 회의장으로 갔다. 내게 가장 좋았던 기억은 그날 밤 한국대표단의 대표 세 명이 나를 찾아와 함께 만찬을 나눈 것이다. 원래 그들은 충칭의 한국임시정부로부터 이미 소식을 들어 나와 임시정부의 관계를 알았으므로 내게 특히 친절하게 대해주었다. 그들 중 정경한이라는 사람은 이승만이 이끄는 한국 대표공서의 비서장이었고, 다른 한 사람은 이승만과 대립 관계에 있는 한 시대가 이끄는 재미한족연합위원회의 책임자로서 이름은 전경무라고 했다. 그리고 나머지 한 사람은 뉴욕에 오랫동안 살고 있으며 양쪽 파 사이에서 중립 입장을 취하는 한국경제학사의 책임자 유일한이었다.

우리는 처음 만났을 때부터 마치 한 집안 식구처럼 대했으며 밤이 깊도록 이야기를 나누었다. 나는 한국임시정부가 중국에서 분투하고 있는 상황을 전하면서, 당장 해야 할 일은 전후 한국 독립을 보장받고 한국임시정부에 대한 외교 승인을 확보하는 것임을 그들에게 간단히 설명했다. 그런 다음 이를 위해 한국인들이 일치단결해야만 한다고 권했다. 또한 나 자신은 물론 전체 중국대표단이 전력을 다해 한국을 지지하고 있으며 이는 중국정부의 일관된 정책이라는 말도 전했다. 이튿날 나는 양원주를 그들에게 인사시켰다. 우리는 회의 기간 동안 수시로 의견을 교환하면서 공동 투쟁을 펴기로 약속했다.

회의 주제가 '전후 일본 처리 문제'였으므로 한국 독립 문제는 자연히 중요한 의제 가운데 하나였다. 회의 중 특히 나의 주의를 끈 것은 영국대표단과 미국대표단이 전후 한국의 독립 문제에 대해 발언한 내용이었다. 그들은 카이로선언을 통해 중국, 영국, 미국의 3개국 수뇌가 전후 한국의 독립을 보장하긴 했지만 한국의 독립은 일정한 기간이 지난 후에 실현시키도록 요구했음을 강조했다. 이는 영국 수상 처칠의 주장으로 삽입된 '상당한 기간(in due course)'이라는 표현을 두고 이르는 말이었다. 즉, 한국은 동맹국(영국, 미국, 중국, 소련) 공동의 국제 신탁통치를 5년간 받고 나서 독립되어야 한다는 것이었다. 영국대표단과 미국대표단이 회의 중 공개적으로 설명한 이유를 들어보면, 첫째, 한국은 망한 지 이미 오래되어 행정관리 간부가 수적으로 모자라기 때문에 일시에 유효한 정부를 수립할 길이 없으며, 둘째, 한국인은 단결 협력할 수 없어서 단기간 내에 하나의 통일된 독립국가를 건립하기 어렵다는 것이었다. 이 때문에 동맹국이 5년간 신탁 통치함으로써 먼저 한국인들을 교육·훈련시켜야만 한다는 것이었다.

영국대표단과 미국대표단의 이러한 관점은, 1944년 9월 영국·미국 양국 정부가 중국정부에 제출한 '한국 문제 연구 요강 초안'에서 전후 한국을 군사적으로 점령한 후 먼저 임시 국제감시기구를 건립하도록 건의한 내용과 대체로 유사했다.

나는 전후 한국을 잠시 동안 국제 신탁에 맡기자는 영미 양국의 주장은 두 나라 사이에 일찍부터 결정된 정책이라고 믿었다. 소련의 눈치를 살피던 그들은 진작부터 한국을 교환 조건으로 내걸고 소련을 대일 작전에 참가토록 하려 했다. 실제로 루스벨트 미국 대통령과 앤서니 이든 영국 외교 장관은 카이로회담보다 앞선 1944년 3월 회담을 갖고 전후에 한국을 국제 신탁통치하도록 해서 대소 교섭의 외교 도구로 삼으려는 의도를 이미 드러낸 바 있었다. 이는 물론 영국의 책략이었다.

1943년 6월 장제스 위원장의 부인이 워싱턴에서 루스벨트 대통령과 회담한 후 장 위원장에게 타전 보고한 글을 보면, 장 위원장의 부인은 루스벨트 대통령이 이미 동의했던 원래의 주장을 바꾸어 한국을 공동으로 국제 신탁통치하려는 뜻이 있음을 간파했다.

이 해 겨울 카이로회담이 끝나고 중국, 영국, 미국 3국의 고위 막료는 카이로선언 초안에 대해 토의했는데, 영국에서는 이든 외교장관과 알렉산더 캐도건 외교차관이 참석했고, 미국에서는 윌리엄 해리먼 주소련대사가 참석했으며, 중국에서는 왕충후이(王寵惠) 국방최고위원회 비서장이 참가했다. 당시 영국 측은 수정안을 제출해, 카이로선언 원안의 "한국을 하나의 자유·독립의 국가가 되도록 한다"라는 구절을 "한국을 일본의 통치로부터 벗어나게 한다"로 고치자고 주장했다. 중국의 왕 비서장은 즉각 반대의 뜻을 표명하면서 다음과 같이 역설했다. "한국은 원래 일본의 침략으로 병탄되었고 일본의 대륙 정책은 조선을 병탄하는 데서 시작되었다. '일본의 통치로부터 벗어나게 한다'라고만 언급하면 장래에 중대한 문제로 남으므로 이는 바람직한 처사가 아니다. 그러므로 아예 이 기회에 한국을 자유·독립케 한다고 그 지위를 확정해야 마땅하다."

왕 비서장은 또 "중국 및 아시아 입장에서는 카이로선언 가운데 바로 이 부분이 매우 중요하다"라고 못 박아 말했다. 이에 대해 영국 외교차관 캐도건은 "영국 내각에서는 아직 한국 문제를 토의해본 적이 없다. 영국은 내각책임제이기 때문에 내각의 의결을 거치지 않고 이러한 결정을 내릴 수는 없다. 또한 이 문제에 대한 소련의 태도와 반응 역시 사전에 접촉하지 않았기 때문에 잘 알 수 없다. 그러므로 영국 측의 수정안대로 고칠 수 없다면 아예 전부 삭제해버리는 것이 좋겠다"라고 응수했다. 영국은 자신의 이익을 위해, 특히 인도의 독립 문제 때문에 중국, 영국, 미국 3국의 수뇌가 이미 동의해서 결정한 한국 독립이라는 중대한 약속까지 뒤집어엎으려 했음을 알 수 있었다.

다행히 당시 미국 측의 해리먼 주소련대사가 "루스벨트 대통령의 의견에 따르면 이 문제는 소련과 아무런 관계가 없는 것 같으므로 소련과 연관해서 생각할 필요는 없다"라고 해서 원래의 초안대로 두기로 결의했다. 그러나 그 후 3국 수뇌가 카이로선언 문안을 마지막으로 확정할 때 영국 수상 처칠이 "상당한 기간이 지나"라는 문구를 삽입하자고 제안했다. 이렇게 해서 영국과 미국의 바람대로 전후 한국을 독립시키기 전에 먼저 국제 신탁통치하자는 논의가 재가 다시 타듯 되살아났던 것이다. 실리를 중시하는 서방 외교에 무슨 도의를 기대할 수 있겠는가? 당시 장제스 위원장이 카이로회담을 마친 후 쓴 일기에는 다음과 같은 글이 있다.

카이로회담의 경험으로 영국은 남을 구제하기 위해 손톱만큼의 이익도 희생하려 하지 않는다는 것을 알았다. 그들은 미국에 대한 주장까지도 결코 양보하지 않았다. 그것이 영국을 구해준 미국에 대한 보답이었다. 그러니 그들에게 중국의 생사·존망은 일고의 가치조차 없었던 것이다.

이런 점에서 영국이 한국의 독립 여부를 마음 한구석에나마 둔 적이 없었음을 확신하게 된다. 또한 중국과 영국 간에 드러난 외교 정책상의 의견 차이는 전쟁 말기와 전후에 영국이 중국을 희생시킴으로써 소련에 영합하고 미국을 조종해 중국 대륙을 함락당하게 만든 원인 중 하나이기도 하다.

1945년 1월 열린 태평양학회 회의에서 영국대표단과 미국대표단이 한국을 국제 신탁통치하자는 의견을 제출한 것은 사실 여기서부터 유래했다. 이는 물론 중화민국의 조야가 진정으로 한국 독립을 도우려 한 일관된 정책에 위배될 뿐 아니라 그럴 경우 맨 먼저 한국 국민들이 희생된다는 것은 말할 필요도 없었다. 나와 세 명의 한국 대표는 약속이라도 한 듯 일치단결해 분과위원회에서 영미 대표의 이러한 황당한 주장에 맹공격을 가했다.

우리는 이렇게 주장했다. 첫째, 이는 동맹국의 공동 작전 목표 및 카이로선언에서 전후 한국의 독립을 보장하기로 한 정신에 위배된다. 둘째, 한국을 국제 신탁통치한다는 것은 곧 한국을 일본 제국주의자의 단독 통치에서 몇몇 강대국의 공동 통치로 바꾸는 데 지나지 않는다. 셋째, 3000만 한국인 가운데에서 2000~3000명의 행정 간부조차 찾아낼 수 없다고는 아무도 확신할 수 없으며, 이러한 말은 한국인의 재간과 지혜를 모욕하는 일이다. 그리고 한국인이 단결 협력하지 못하는 결과를 낳은 주요 원인 또한 제국주의 통치자들의 이간질 때문이므로 결코 그 원인과 결과를 전도해서 말할 수는 없다. 근세에 민족주의자, 공산주의자 및 제국주의에 빌붙은 한국인 앞잡이 사이에 벌어진 내분은 각국이 목전에 아니면 차후에 감당해야 할 보편적인 추세일 따름이지, 결코 한국에만 있는 현상은 아니다.

한국 대표들과 중국인 고문이던 나의 공동 투쟁은 각국 대표들에게 깊은 인상을 주었다. 그러나 내가 우려했던 일, 즉 중국이 영국과 미국에 속을지도 모른다는 걱정이 태평양학회 회의 한 달 뒤인 1945년 2월 영국, 미국, 소련 3국의 수뇌가 얄타에서 가진 비밀회담에서 불행히도 적중해버렸다. 나는 그로부터 1년 전인 1944년 1월 당국에 제출한 연구보고서에서 소련이 전후에 무슨 짓을 저지를지 모르고 중국이 동맹국에 속을 가능성도 있으므로 중국이 주도해 소련과 다음 사항을 직접 교섭 협상해야 한다고 건의했다. 즉, ① 중국과 소련 간의 20년간 상호불가침조약 체결, ② 전후 한국의 독립 문제에 대한 보증, ③ 외몽골 문제, ④ 동북 문제 등에 대한 소련의 태도를 탐색하자고 건의했던 것이다. 당시 중국이 소련과 적절한 시기에 교섭을 벌였더라면 최소한 얄타회담에서와 같은 참혹한 꼴은 당하지 않았을지 모르며, 동맹국에 희생되면서도 이를 사전에 전혀 알아차리지 못하는 결과를 낳지도 않았을 것이다.

영국과 미국이 한국 독립을 미루고 한국을 국제 신탁통치하자는 주장은, 태평양학회 회의 기간 및 그 이후에 한중 양국의 반대에 다소 영향을 받기는 했으나, 원칙적으로는 여전히 아무런 변화가 없었다. 도리어 얄타회담에서는 중국의 이익을 희생시키는 외에 북위 38도선을 경계로 미국과 소련이 군사적으로 남북한을 분할 점령하고 점령 후에는 국제감독기구를 만들어 한국을 공동 관리하기로 비밀리에 결정해버렸다. 이러한 계획은 1945년 말 소련 수도에서 거행된 모스크바외상회의에서 영국, 미국, 소련 3국이 한국은 5년간 신탁통치를 받은 후에야 독립하는 것으로 결의하면서 확정되었다. 그리고 영국, 미국, 소련 3국은 회의가 끝난 뒤에야 그 사실을 중국에 통지했다.

다행히 전후 미국이 점령한 남한의 전 국민과 세계 각지의 한국 교포들이 국제 신탁통치에 굳건히 반대했으며 중국 조야 역시 한국 국민의 입장에 서서 이를 힘껏 지지했다. 유엔에서 중국 대표는 한국에서 보통선거를 실시해 한국을 즉시 독립시켜야 한다고 수차례 주장했으며, 장 위원장도 1946년 11월 4일 한국이 즉각 독립해야 한다고 다시금 천명했다. 장 위원장은 심지어 "한국이 완전한 독립, 자유, 평등을 이루지 못한다면 중국 또한 완전한 독립, 자유, 평등을 완성하지 못할 것이다"라고까지 말했다. 이에 미국정부는 1948년 결국 유엔총회의 결의를 거쳐 유엔 감독하에 보통선거를 실시했고, 먼저 남한에서는 대한민국 민주독립 정부가 정식으로 수립되었다. 그러나 북한에서는 끝내 소련군의 도움하에 공산정권이 수립되었다.

한국대표단과 중국대표단은 태평양학회 회의에서 더할 수 없이 어려운 고난을 당했다. 하지만 한중 양국 대표단이 협력 투쟁하는 과정은 더할 수 없이 마음이 맞고 유쾌했다. 이로 인해 한중 양국 대표단 간의 우애가 더욱 두터워졌다. 나는 태평양학회 회의가 끝난 후 4월에 열리는 샌프란시스코회의에 참석하기 이전까지 몇 달 동안 워싱턴에 머물면서 정경한, 전경무와 자주 만났다. 또 정경한의 주선으로 이승만을 만나고, 전경무의 주선으로 한시대와도 만났다. 나는 당시 한국 측 각파가 서로 협조하도록 만들기 위해 노력했다. 샌프란시스코에 가서도 우리는 다시 만나 한국 독립을 위해 또다시 협력 투쟁했다.

샌프란시스코회의

1945년 4월 25일 유엔창립회의가 샌프란시스코에서 거행되었는데, 이를 보통 샌프란시스코회의라고 한다. 영국, 미국, 중국, 소련 4국은 공동 발기국가 명의로 기타 국가를 선택 초청해 참가토록 했다. 당시 한국은 아직 독립되지 않았고 충칭의 한국임시정부 역시 각국의 외교 승인을 획득하지 못한 처지여서 이 회합에 초청받지 못했다. 이에 대해서는 중국정부 또한 어찌할 도리가 없었다. 하지만 한국임시정부를 격려해 옵서버 명의로라도 대표단을 파견해 참석하라고 권고했다. 한국임시정부는 국무회의 부주석 김규식과 외무부장 조소앙 및 정항범, 임의탁 등을 지명해서 미국으로 보냈고, 주미 대표 이승만 등과 합류해서 한국대표단을 조직한 뒤 샌프란시스코에서 활동하도록 했다.

중국정부에서는 한국 측이 파견하는 대표에 대해 중국 외교관에 준하는 대우를 했다. 거액의 달러를 지급해서 복장 구입비, 교통비, 활동비로 쓰게 하는 외에, 중국 외교부가 정식으로 미국의 주중대사관에 통첩해 이들이 미국으로 건너갈 수 있도록 편의를 봐주었으며 여권과 비자를 내주도록 요청했다. 미국 측에서는 중국정부의 체면을 생각해 이를 정면으로 거절하지는 않았다. 하지만 런던에 있는 폴란드 망명정부와 바르샤바에 있는 폴란드 임시정부 간의 분규를 핑계 삼아, 만약 한국을 도와주면 이를 전례 삼아 폴란드에서도 같은 요구를 할 것이라면서 한국대표단의 미국 입국 비자를 자꾸만 미루었다. 샌프란시스코회의가 폐막을 고하고 사람들이 다 떠난 뒤까지도 아무런 소식이 없었다.

　　미국에 이미 가 있는 각파 한국인들은 한국대표공서를 위시해서 샌프란시스코회의에 더없이 큰 기대를 걸고 있었다. 이승만은 4월 초 워싱턴에서 나에게 말하기를, 미국 국무부에 편지를 보내 한국 대표의 참석을 허락해달라고 요청했으나 아직 회답을 받지 못했다고 했다. 4월 중순 내가 샌프란시스코로 떠나기 바로 전 이승만은 나에게 "이번 전쟁의 승리는 반독재·반추축(反樞軸)에 앞장선 세계 각국 국민의 것이지, 미국만 독점할 수 있는 것이 아닙니다. 나는 비록 초청을 받지는 못했지만 샌프란시스코로 가서 계속 투쟁할 것입니다"라고 말하면서, 샌프란시스코에 도착하면 중국 영사관에 전화해 나를 찾기로 했다.

　　한국 동지들의 이러한 투쟁 정신은 비단 이승만 한 사람에 국한되지 않았다. 한시대, 전경무, 서재필, 한길수, 김호 등 미국 각지에 있는 지도자들도 약속이라도 한 듯 회의가 개막되기 며칠 전 샌프란시스코에 도착했고, 또 나하고 연락을 가졌다.

　　샌프란시스코회의가 개최되는 기간은 중국의 입장에서는 승리 전야였다고 할 수 있다. 얄타 비밀회담에서 중국을 팔아먹은 사실이 아직 폭로되기 전이었고 당시 중국은 표면상으로는 4대 강국의 하나였기 때문에 대표단은 100여 명에 달했고 구성 또한 실로 대단했다. 중국의 수석대표는 외교부장 쑹쯔원이었고, 이 밖에 대표가 9명이었는데, 주영대사 구웨이쥔(顧維鈞), 국방최고위원회 비서장 왕충후이, 주미대사 웨이다오밍 외에, 국민참정회 참정원 후스, 우이팡(吳貽芳), 후린(胡霖) 3명, 그리고 참정원 리황(李璜), 장쥔리, 둥비우(董必武) 3명이 있었는데 각각 청년당, 민사당, 중국공산당의 대표였다. 이처럼 각계를 총망라한 전국적인 대표단을 구성했다. 리웨이궈(李惟果)와 나 두 사람은 경력으로 볼 때 외교계의 예우에 따르면 마땅히 고문 자격으로 파견되었어야 하지만, 당시의 외무부장 직무대리 우궈전이 우리 둘에 대한 선입견을 갖고 있었기 때문에 우리를 전문위원으로 격하시켜 임명했다. 하지만 우리는 그다지 개의치 않았다.

샌프란시스코회의에 참가할 당시 나의 임무는 첫째, 구웨이쥔 대사, 류카이(劉鎧) 공사, 그리고 나 이렇게 세 명이 신탁통치이사회 회의에 참석하는 것, 둘째, 미국에 있는 한국의 각 당파 지도자와 연락하는 것이었다. 이두 가지 공작은 서로 밀접한 관계가 있었으며, 민족주의*의 외교 임무이기도 했다. 첫째 임무는 중국대표단이 신탁통치이사회의 최종 목표는 신탁통치를 받는 약소민족을 도와 '독립'을 획득하게 하는 것이지 '자치'에만 그치게 하는 것이 아님을 유엔 헌장에 규정토록 촉구하기 위함이었고, 둘째 임무는 한국의 독립을 위해 한중 양국이 다시 한 번 한국에 대한 국제 신탁통치를 반대하는 연합 투쟁을 전개하기 위함이었다.

내가 특별히 지적하고 싶은 것은 한중 양국의 협력을 위해 샌프란시스코회의에서 중국 대표 장쥔리와 후린 두 사람이 많은 힘을 썼다는 점이다. 이 두 사람은 과거에도 변함없는 열성으로 한국 독립운동을 지원했으며, 이 때문에 한중 양국의 문제와 관련된 회담에는 늘 참가하곤 했다.

이승만, 한시대, 서재필 등 한국 지도자들은 충칭의 한국임시정부와 마

---

* 여기서 말하는 민족주의는 쑨원의 삼민주의 가운데 하나를 지칭한다. _옮긴이 주

찬가지로 한국 측이 파견하는 대표단이 샌프란시스코회의에 참석할 수 있도록 중국 측이 도와달라고 요청했다. 그러나 미국정부는 이승만이 먼저 보낸 요청에 답변하지 않았고, 미국의 주중대사관 역시 한국대표단에 미국 입국 비자를 발급해주지 않았다. 이 때문에 한중 양측은 중국대표단 사무실에서 여러 차례 의논했으며, 그 결과 차선책으로 미국에서 활동하는 한국 지도자들을 옵서버 자격으로 회의에 참석시키는 방안을 도출했다. 이에 이승만은 샌프란시스코회의의 사무총장이던 앨저 히스에게 정식으로 편지를 보내 한국을 옵서버 신분으로 회의에 참석시켜줄 것을 요구했다. 한편 중국대표단 단장 후스쩌(胡世澤) 또한 히스에게 똑같은 내용을 표명하기로 결정했다. 히스는 이승만에게는 답변을 하지 않았으나 후스쩌 단장에게만 어떠한 자격으로도 한국인의 회의 참석을 거절한다고 분명히 밝혔다. 히스는 훗날 미국 상원에서 공산당 동조자로 드러난 사람이므로 그가 한국 독립운동 지도자들의 참석을 또 다시 거절한 것은 전혀 이상한 일이 아니었다.

한중 양측이 두 번째로 협의한 사항은 한국이 옵서버 자격으로도 회의에 참석할 수 없다면 회의 기간 동안 중국 측의 협조 아래 한국 측 각파 인사들이 나서서 국제 선전을 강화하고 국제 신탁통치를 반대함으로써 카이로선언에서 보장한 한국 독립의 실현을 확보하는 것이었다.

한국 측에서는 충칭 한국임시정부와 워싱턴 한국대표공서 및 재미한족연합위원회, 그리고 기타 한국 지도자 몇몇이 주로 활동했다. 그들은 한국 독립 및 국제 신탁통치 반대를 주장하는 선전용 소책자를 들고 각국 대표단을 방문하거나 각국 기자를 초청하는 방식으로 선전공작을 확대시켰다. 중국대표단 역시 외교적인 지위를 이용해 한국 측을 도와 각종 선전용 문건이나 성명을 분담해 공표하고는 했다. 이러한 한중 양측의 노력으로 한국 독립 문제에 대한 각국의 관심과 주의를 끌어낼 수 있었다.

하지만 샌프란시스코회의에 참석한 각국 및 세계 각지로부터 가장 큰 주목을 끈 사건은 따로 있었다. 샌프란시스코회의가 진행되던 5월 중순 어느 날 아침, 이승만은 나에게 전화를 걸어 매우 중대한 뉴스가 있다면서 나더러 중국대표단에 이를 전해달라고 했다. 그 뉴스란 바로 미국, 영국, 중국 3국 수뇌가 2월에 개최한 얄타 비밀회담에서 이미 중국 동부 3성의 주권과 한국의 국가 이익을 팔아넘겼다는 것이었다. 나는 그에게 좀 더 상세한 내막을 말해달라고 했으나 그는 석간신문이 나온 다음 다시 이야기하자고 했다.

이승만이 알려준 내용은 그날 미국의 몇몇 석간과 뉴스 방송을 통해 보도되었다. 비록 내용은 아주 간단했으나 내 기억에 이는 아마도 얄타 비밀회담에서 중국과 한국이 희생되었음을 폭로한 최초의 보도였을 것이다. 솔직히 말해 중국대표단에서는 쑹쯔원 외교부장과 웨이다오밍 주미대사를 제외하고는 이 같은 극비 뉴스를 접할 수 있는 사람이 극히 적어서 이승만의 폭로를 듣자 대표단 단원들은 경악을 금치 못하고 서로 내막을 물었으며, 각국 대표단과 기자들도 수없이 중국대표단에 전화를 걸어 실정을 물었다. 나는 이승만에게 다시 한 번 이 내용에 대해 알아보았다. 그 역시 자세한 내용은 알지 못했는데 미국 군부에 있는 한 친구가 몰래 그에게 알려준 것이라고 나에게 솔직히 말해주었다. 그는 오랫동안 워싱턴에 거주하고 있어서 미국 친구들이 적지 않았지만, 당시 미국, 영국, 소련 3국 수뇌가 철통같이 비밀을 지키고 있는 상황이었으므로 그 밖의 소식을 알아낸다는 것은 쉽지 않았다.

이 뉴스가 알려진 이후 국제사회에서 중국대표단의 명망은 날로 떨어져갔다. 중국은 세계 4강 중 하나로서 제4위의 지위를 누려왔으나, 샌프란시스코회의 동안 영국과 미국이 프랑스를 적극 지지하고 나서고 프랑스가 인민전선을 통해 통일전선을 구축하자 프랑스는 힘 들이지 않고 5강의 하나로 등장했다. 결과적으로 중국의 지위는 5강 중 하나인 제5위로 밀려나게 되었다. 중국은 한국 독립을 지지한 가장 오래되고 가장 강력한 국가였으므로 중국의 국제적 지위 하락은 한국 독립운동의 앞길에도 매우 큰 영향을 미쳤다. 그해 8월 일본이 무조건 항복해 중국 국민은 전쟁의 승리에 도취되었으나, 실은 얄타회담을 통해 미국과 영국이 중국 동북 지방과 외몽골의 주권을 이미 코민테른에 팔아넘긴 상태였으며 이로 인해 중국 대륙이 적화되어가는 징조가 점차 드러나기 시작했다.

그해 말에는 미국, 영국, 소련 3국의 외교장관이 모스크바회의를 개최해 한국을 군사적으로 점령하고 동맹국이 5년간 국제 신탁통치한 후 독립시키기로 한다는 결의를 해버렸다. 그리고 3국의 외교장관은 이 결의를 한이후에야 중국에 이 사실을 통지해주었다. 오동잎 하나가 떨어지는 것을 보고 가을이 온 것을 느끼듯, 이 사실만 보더라도 세계적인 대세 속에서 중국정부의 국제적 지위가 어떻게 변해가고 있는지 짐작할 수 있었다. 또한 이는 한중 양국이 순망치한의 관계여서 생사를 함께하는 운명임을 실증해주었다.

이승만과의 교류

내가 대한민국의 초대 지도자 이승만 박사와 처음 만난 것은 1945년 1월 중순의 일이었다. 이는 1919년 3·1운동으로 상하이에 한국임시정부가 수립되고 그가 초대 대통령에 선출된 이후 25년이 지난 뒤이기도 했다. 당시 내 나이는 37세였고, 이 박사는 이미 70세의 노인이었다. 그때부터 그가 90세의 나이로 서거하기까지 20년의 세월을 두고 우리 둘의 사이는 좋아졌다 나빠졌다 하면서 소설과도 같은 우여곡절을 겪었다.

우리는 이승만이 실의 속에서 망명 생활을 하고 있을 때 서로 알게 되었고, 한국 독립이라는 한 가지 공동 목표를 위해 손을 잡고 투쟁했다. 그러나 무슨 일을 저지르고야 말 것 같은 그의 성격 때문이었는지, 아니면 김구 주석의 말 없고 소박한 기질과 비교되어서 그랬는지는 알 수 없으나 완고한 풍모를 지닌 그에 대한 나의 최초의 인상은 그다지 좋지 않았다.

일본이 항복한 후 그는 미국에서 한국으로 돌아가 정치 활동을 벌였다. 그런데 남한에 주재하던 미국 점령군 사령관인 존 하지 중장과 사이가 나빴던 이승만은 워싱턴으로 되돌아가 미국정부에 하지를 좋지 않게 말했다. 이 때문에 하지는 이 박사가 군용기에 탑승하는 것을 금지시키라고 명령했다. 당시에는 아직 민간 항공기가 없어 한국에 가려면 군용기를 이용하는 방법밖에 없었으므로 이는 그의 귀로를 끊어버린 것이나 다름없었다. 이 박사는 하는 수 없이 주미 중국대사관을 찾아 자신이 중국을 방문할 수 있도록 주선해달라고 요청했다. 또한 그는 직접 국민정부 장제스 주석을 만나 도움을 요청하려 했다. 그때 나는 난징에 있으면서 장 주석에게 이 박사의 중국 방문을 허락해주고 또 전용기를 내주어 그가 한국에 돌아가 선거운동을 벌일 수 있도록 하자고 건의했다.

1948년 남한이 독립한 후 이 박사는 정식으로 대한민국 초대 대통령에 선출되었고, 나는 중화민국정부에 의해 초대 주한대사에 특임되었다. 그러나 그는 국제관례를 깨고 나의 대사 임명에 대한 아그레망*을 6개월씩이나 미루었다. 어쨌든 이 박사가 집권하고 내가 한국에 대사로 있는 동안 한국전쟁이 발발해 중화민국과 미국, 한국은 생사를 함께하게 되었고 3국의 관계는 더없이 밀접하고 중요해졌다. 그런데도 이 박사는 여전히 평소와 전혀 달라진 것 없이 행동했고 여간 매서운 게 아니었다. 1952년 그는 화가 나서 미국정부에 당시 미국의 초대 대사였던 존 무초를 소환하고 새 대사를 임명해줄 것을 요구했다. 중화민국대사였던 나도 만약 스스로 사임하고 한 발 앞서 떠나오지 않았더라면 아마도 그의 발길에 채여 쫓겨났을 것이다. 그 증거로 내가 주한대사직을 사임한 지 2년째인 1953년 가을 이 대통령이 타이베이를 방문했을 당시 그가 장제스 총통 면전에서 나를

---

* 특정한 인물을 외교 사절로 임명하기 전 상대 접수국에 이의가 있는지 여부를 조회하는 국제관례상의 제도를 말한다. _옮긴이 주

좋지 않게 말했던 것을 들 수 있다. 그때 나는 미국 출장 중이어서 나중에야 그 사실을 알았다. 그러나 나는 여전히 한국과 중국의 우호 관계를 위해 그에게 끊임없이 서신을 올려 문안했고, 반공 포로의 귀국 문제와 아시아민족반공연맹 문제에 대해 공동으로 노력했다. 또한 내가 터키대사로 나가 있는 동안에도 한국의 외교 이익을 위해 그에게 여러 가지 건의를 했다. 이러한 나의 노력은 1960년 한국에 정변이 발생해 그가 더 이상 지탱하지 못하고 하야하기까지 계속되었다.

1965년 1월 터키대사 임무를 마치고 미국을 거쳐 귀국할 당시 나는 아내와 함께 하와이에 있는 마우나라니 요양원으로 장 총통을 대신해 이 박사의 병세를 살피러 갔다. 나는 하와이 주재 총영사 후스쉰(胡世勳)을 대동했는데, 이미 이 박사의 병세는 매우 위독한 상태였다. 그때 이승만의 부인은 그의 병상 곁에서 나에게 이런 부탁을 했다. 한국정부에 이 박사의 환국을 허락받아 고국에서 여생을 마치고 고국 땅에 묻힐 수 있도록 청해달라는 것이었다. 나는 곧 도쿄를 경유해 서울에 가서 그 뜻을 전했다. 그 결과 박정희 대통령과 정일권 국무총리로부터 반승낙을 받았다. 즉, 이승만의 생전에는 귀국을 허락할 수 없고 사후에 국장의 예로 그의 뼈를 고국 땅에 묻을 수 있도록 하겠다는 것이었다. 반 년 후 이 박사는 90세의 고령으로 서거했고, 그의 뼈는 한국 땅에 묻혔다. 이 모든 파란곡절을 앞으로 시대순으로 하나하나 밝힐 예정인데, 여기서는 나와 이 박사가 가진 초기의 왕래에 대해서만 소개하려 한다.

태평양학회 회의가 끝난 지 얼마 되지 않은 1945년 1월 중순 어느 날, 나는 약속대로 차를 몰고 워싱턴 16번가에 있는 이 박사의 집을 방문했다. 16번가는 시내의 한적한 곳에 자리 잡은 고급 주택가로, 겨울에도 고목이 하늘에 닿게 뻗어 있어 아름답기 짝이 없고 노년에 은퇴해서 머무르기에 안성맞춤인 아주 조용한 곳이었다. 하지만 고희의 나이인 이 박사는 그토록 연로했는데도 원대한 포부를 품고 있었는데, 당시 그가 품었던 뜻은 이후 20년에 걸쳐 거의 순조롭게 이뤄졌다.

그를 방문하던 날, 그의 비서실장인 정경한 외에 임병직 대령이 함께 나를 맞이했다. 임 대령은 '무관'이라고 소개되었는데, 면모는 어딘지 희극적인 데가 있었으나 사람 됨됨이는 매우 원만하고 후덕했다. 훗날 내가 정식으로 대사로 임명되어 대한민국에 나가 있을 때 이승만 대통령은 이미 임 대령을 외무부 장관에 임명한 상태여서 우리는 가까이 사귀며 협조할 수 있었다. 개인적으로 아주 친해지자 그는 이런 말도 들려주었다. 즉, 그는 원래 군인이 아니고 대령 계급 같은 것은 받아본 적도 없는데 당시 이 박사가 대외적인 체면 때문에 그런 호칭을 붙였고 그 역시 그저 따랐을 뿐이라는 것이었다. 임병직은 이후 유엔에 파견되어 옵서버로 일했으며, 인도에서는 총영사직을 맡기도 했다. 일선에서 물러난 후에는 아시아민족반공연맹 분회장을 맡기도 했던 그는 1976년 9월 세상을 떠났다.

처음 이 박사와 만나던 날 나는 그에게 먼저 김구 주석의 소개장을 건네었다. 이 박사 역시 김 주석에게서 상세한 편지를 받아 내가 지금까지 한국 독립운동과 어떠한 관계에 있었으며 또 이번 방미 임무가 무엇인지 잘 알고 있다고 말했다. 미국인들은 상당수가 한국의 독립을 지지하나 국무부 관리들이 갖가지로 이를 방해하고 있으므로 중국 측에서 좀 더 적극적으로 미국정부에 영향력을 행사해주기 바란다고도 했다. 정경한 비서실장은 태평양학회 회의 당시의 방중 협력 상황을 이야기했다. 그래서 화제는 한중 관계와 앞으로의 협력 계획으로 옮겨가 한 시간 반가량 이야기를 나누었다.

우리의 대화는 영어로 진행되었으나 나는 이 박사가 한학에 대한 소양이 매우 깊다는 사실을 알고 있었기 때문에 우선 종이에 한자로 다음과 같이 몇 구절을 썼다. "일찍부터 존함은 익히 들어 왔습니다만, 오늘 이렇게 뵙게 되니 더없는 영광입니다(久仰大名, 如雷灌耳, 今日得見, 三生有幸)." 그랬더니 이 박사는 큰 소리로 웃으며 같은 종이에 "황송해서 어찌할 바를 모르겠습니다(豈敢, 豈敢)"라고 썼다.

　나는 당시 이 박사가 3·1운동을 전후해서 한국 독립을 위해 투쟁한 여러 가지 전설과 기록을 상기하고 그를 직접 만나볼 수 있는 기회를 갖게 된 데 대해 크게 흥분했으며 진심으로 그에게 깊은 경의를 표했다. 그런데 그는 미국 국무부 관리들을 "비겁한 얼간이들"이라고 매도했을 뿐만 아니라, 충칭의 한국임시정부 독립운동가들의 오랜 노력에 대해서도 높이 평가하지 않았다. 게다가 중국 조야가 시종일관 한국의 독립운동을 지지해준 데 대해서도 별로 거론하지 않았다. 도리어 그는 이야기 도중 여러 차례 내가 김구 주석에게 받은 인상을 묻고 그에 대한 평을 듣고 싶어 했다. 김구 주석에 대한 나의 감정은 매우 좋았기 때문에 나의 평은 하나같이 예찬뿐이었다. 내 입장에서 이는 마땅한 일이었고 또 공평한 일이었다. 그러나 내가 김 주석의 고문에 초빙된 점과 독립을 위한 김 주석의 노력을 예찬한 점, 이 두 가지가 훗날 나와 이 박사 사이의 교의에 장애가 될 줄은 정말 예상하지 못했다. 외교와 내정에서의 인간관계가 이토록 미묘하다는 사실을 나는 다시 한 번 깨달았다.

　그렇기는 하지만, 처음 왕래하던 당시에는 나는 이 박사에게 예의를 다하고 아주 공손했으며 그 역시 나에게 예의를 잃지 않았다. 예를 들어 당시 나는 주미 중국 해군장교 류톈푸(劉田甫) 집에 묵고 있었는데 이승만은 내가 방문한 이튿날 직접 답례 방문을 와서 명함을 들여보냈다. 그리고 내가 워싱턴에 머무르는 3개월 동안 나를 주빈으로 하는 만찬과 칵테일파티를 각각 두 차례나 베풀어 접대해주었다. 이 박사가 마련한 피로연은 모두 오스트리아 국적을 가진 그의 유대인 부인이 손수 준비한 것이었다.

　이 박사가 내게 직접 들려준 말에 따르면, 그와 오스트리아 국적인 부인 프란체스카 도너 리(Francesca Donner Rhee)*는 만주사변이 터져 그가 미

＊　한국 이름으로는 이금순 또는 이부란 등으로 불렸다. _옮긴이 주

국에서 제네바로 건너가 국제연맹회의에서 한국 독립을 위해 활동을 전개한 후 헝가리를 거쳤을 당시 부다페스트 공원에서 만나 결혼에까지 이르렀다고 한다.

그의 부인은 1965년 여름 이 박사가 하와이에서 병으로 서거하기 반 년 전 그가 고국에서 여생을 마칠 수 있도록 힘써달라고 나에게 부탁할 때까지 내가 이 박사를 찾아가 만날 때면 언제나 그림자처럼 이 박사를 따라다니며 돌보았다. 기밀 사항이라서 정식으로 단독 밀담을 했던 때 몇 차례를 제외하고는 회담을 할 때나 함께 식사를 할 때나 항상 그의 곁에 있었다. 그들 부부는 금슬이 매우 좋았다. 이 박사는 어떤 사람의 말도 잘 듣지 않는 사람이었으나 부인의 말만은 고분고분 잘 들었다. 그가 대통령이 되기까지 이처럼 부인의 말을 잘 따른 것은 그에게 확실히 도움이 되었다. 그는 자신의 건강이나 집안의 자질구레한 일을 모두 아내에게 맡겼다. 유럽 대륙, 특히 독일이나 오스트리아 부녀자는 가사를 돌보는 재능이 중화민국 부녀자 못지않았다. 그러나 1948년 이 박사가 대한민국 대통령이, 그의 부인이 퍼스트레이디가 되고 나서부터는 부인의 말에 따르는 것이 이로울 때보다 해로울 때가 더 많았다. 이 때문에 나중에 그녀는 한국 정계의 뭇 인사들로부터 집중적으로 화살을 맞기도 했다.

나는 이 박사 부부가 나를 위해 베풀어준 연회에 초청된 손님들을 특별한 관심을 갖고 살펴보았다. 그들은 대략 미국 군부 인사, 종교·교육계 인사, 언론인, 외교관, 네 부류로 나눌 수 있었다. 군부 인사는 대부분 영관급 장교로서 소속이 정보 계통에 편중되어 있었는데, 이는 이 박사가 나에게 말한 적후(敵後) 공작 계획과 관계가 있다 하겠다. 이 박사는 종교·교육계 출신이어서 미국의 종교·교육계 인사들과 상당히 왕래가 잦았다. 그리고 한국이 아직 광복운동 단계에 있었기 때문에 미국 언론계 인사들의 선전과 지지가 필요한 처지였다. 따라서 그들과의 접촉에도 많은 배려를 했다. 그런데 유독 외교관만 매우 적었다. 나는 그의 집에서 미국 국무부 관리를 단 한 사람도 만나지 못했을뿐더러, 미국에 주재하는 각국의 외교 사절 가운데 주미 태국공사 세니 쁘라못밖에 보지 못했다. 나는 세니 쁘라못과 태평양학회 회의 때에도 만난 적이 있는데, 전후에 그는 태국 총리가 되었다. 이밖에는 중국대사관 공사 류카이(劉鎧) 같은 중국 외교관 정도가 전부였다. 이를 통해 이 박사가 미국 국무부나 외교계와는 아직 친분을 트지 못했음을 알 수 있었다. 한국이 그때까지도 각국의 외교 승인을 획득하지 못한 처지라는 것을 감안할 때 이해할 수 없는 바는 아니었다.

그러나 가장 이해할 수 없는 일은 정경한, 임병직 두 사람을 제외하고는 이 박사가 베푼 연회에서 한국인을 만난 적이 거의 없었다는 것이다. 그러니 미국에 있던 각파 한국인 지도자들을 거기서 만날 수 없었던 것은 더 말할 나위도 없다. 이 점에서 나는 이 박사와 미국의 각파 한국인들 간의 인간관계가 어떠한지를 어느 정도 눈치 챌 수 있었다.

미국의 한국 교포들은 처음엔 대부분 하와이에 있다가 이후 샌프란시스코, 로스앤젤레스, 뉴욕 등 미국 본토의 서부 또는 동부 각지로 차츰 진출해갔다. 한국이 일본에 합병된 지 여러 해가 지나자 워싱턴에 거주하는 한국 교포는 정치 운동에 종사하는 사람을 제외하면 그 수가 아주 적어졌다. 그리고 화교가 중국 혁명의 어머니가 되었던 것과 마찬가지로, 미국과 중국에 건너가 살고 있던 한국 교포 대다수 또한 한국 독립운동을 지지하고 있었으며, 설사 자신이 직접 독립 공작에 종사하지는 않을지라도 독립 공작에 필요한 경비의 일부는 자신들의 헌금으로 충당했다. 그들은 미국에 있는 한국 독립운동 지도자들에게뿐만 아니라 중국의 한국임시정부에도 매달 정기적으로 헌금했다.

미국에서의 한국 독립운동은 처음에 하와이를 근거지로 해서 안창호, 박용만 등이 주도하는 대한인국민회를 독립운동 총본부로 삼았으며 안창호 선생이 따로 설립한 흥사단이 핵심 조직이었다. 안창호, 박용만 등은 피는 피로써 갚는다는 주의 아래 폭력과 무력으로 일본 통치자에 대항해야 한다고 주장해 하와이에서 소규모의 한인 군사훈련 기구를 비밀리에 설립한 적이 있었다. 그러나 당시 미국정부의 대한 정책은 중국 조야가 적극적으로 한국 독립운동을 지지하던 것과는 전혀 달랐기 때문에 안창호, 박용만은 더 이상 적극적으로 군사훈련 기구를 이끌 수 없었다.

그런데 워싱턴대 학사이자 하버드대 석사이며 프린스턴대 박사일 뿐만 아니라 한국 종교계·교육계에서 독립운동에 종사했던 이승만 박사가 특출한 재능을 드러내자 결국 그가 하와이에서는 물론 미국 전역에 걸쳐 한국 독립운동의 주도권을 쥐게 되었다. 이 박사는 동시에 동지회를 설립해 이를 핵심 단체로 삼았다. 전후 한국이 정식으로 독립한 뒤 이 대통령이 한국의 초대 주미대사로 임명했던 의사 양유찬도 바로 이 동지회 회원의 한 사람이었는데, 그는 이 박사가 망명해 있는 동안 가장 중요한 경제적 지원자였다. 이 박사의 한국 독립운동 방안은 주로 외교, 선전, 종교, 교육에 역점을 두고 있었는데, 이는 당시 미국의 정책에 비춰 확실히 지리적 이점을 잘 활용한 방법이었다. 이 방법은 안창호, 박용만 등 폭력과 무력으로 일본 제국주의 통치자에 대항하자고 한 강경파의 주장과는 굉장한 차이가 있었다. 그래서 3·1운동으로 상하이에 한국임시정부가 탄생되었을 당시 이승만, 안창호, 박용만 등도 모두 임시정부에 가담했으나 그들 사이의 투쟁은 중국은 물론 미국에서도 계속되었으며, 대일 독립 공작 전략에서는 이승만 박사와 김구 주석의 정견이 판이하게 달랐다.

나중에 안창호 선생은 일본 경찰에 체포되어 옥중에서 사망했으며, 이 박사는 상하이에서 다시 미국으로 돌아온 후 하와이의 근거지를 미국 정치의 중심지인 수도 워싱턴으로 옮겨 한국대표공서를 세웠고 이를 재미 한국 독립운동의 총본부로 삼았다. 이로써 중국에 있는 김구 주석의 한국 임시정부와 멀리서 마주하게 되었다.

나는 여기에 '멀리서 마주하게 되었다'라는 표현을 사용했는데, 이는 이 두 거점 및 두 조직이 아직 손발이 맞지 않아 멀리서도 서로 뜻이 통하는 단계에 이르지 못했음을 의미한다. 이 박사는 1921년 여름 상하이에서 미묘한 입장이 되어 임시정부에서 물러났고 미국으로 되돌아왔다. 그 이후 그는 더 이상 '대통령'이 아니게 되었다. 한편 당시 중국에 위치해 있던 한국임시정부에서는 여러 차례 '주석' 직위를 놓고 선거가 진행되었고 결국 김구 선생이 한국임시정부를 이끌게 되었다.

이치를 따지자면 내 생각에는 이 박사가 워싱턴에 설립한 한국대표공서는 중국정부의 주미대사관과 같이 마땅히 '한국임시정부 주미대표공서'라고 이름 붙이고 양자 간에 예속 관계를 지녔어야 했다. 그런데 이 박사는 김구 주석과 임시정부에서 일하는 혁명 후배들을 거들떠보지도 않았다. 이는 부하의 세력이 커져 지도자가 자유롭게 일하지 못하는 형국과 같았으며, 때로는 지도자의 명령을 받아들이지 않는 경우도 있었다.

김구 주석은 나에게 이런 말을 한 적이 있다. 한국임시정부가 공작에 필요한 경비를 모아 한국대표공서로 보낸 적도 있기는 하지만, 한국대표공서의 경비는 대부분 이 박사가 직접 미국에 있는 한국 교포들로부터 기부금을 받아 사용했으며 어떤 때는 얼마 안 되기는 하지만 그 일부를 한국임시정부에 보내주기도 했다는 것이다. 김구 주석으로서는 실로 벙어리냉가슴 앓는 일이 아닐 수 없었을 것이다.

언젠가 나는 아주 완곡하게 왜 한국대표공서라는 명칭을 사용하느냐고 이 박사에게 물은 적이 있다. 그랬더니 그는 한국임시정부는 아직 각국의 승인을 받지 못했으나 한국대표공서는 대외적으로 중국에 있는 한국임시정부를 대표하며 이 조직이야말로 전 한국 전 세계의 모든 한국인을 대표하기 때문이라고 대답했다.

내가 두 조직을 두고 '마주했다(相對)'라고만 표현하고 '맞섰다(對立)'라고 표현하지 않은 것은, 이 박사가 미국에 있는 한국 교포 가운데 자신에게 반대하는 파에 대해 때로는 한국임시정부의 간판을 내세우기도 했기 때문이다. 그러므로 워싱턴에 있는 이 박사의 한국대표공서와 충칭에 있는 김 주석의 한국임시정부는 겉으로는 친한 척하면서도 속으로는 미워하고 또 한자리에 자면서도 서로 다른 꿈을 꾸는 사이라고 할 수 있었다.

원래 하와이에서 이 박사의 가장 큰 정적이던 안창호가 죽고 또 다른 정적이던 박용만은 상하이로 가버리자 미국에 남아 있던 안창호, 박용만의 옛 친구들은 이 박사와 합류하지 않았다. 그러자 이 박사는 워싱턴으로 옮겨갔다. 이로써 자신의 옛 친구들이자 원래 펜실베이니아주 일대에서 독립운동에 종사하던 한국 종교계 지도자 서재필 및 또 다른 한국인 지도자 김규식 박사와도 결별했다.

이 박사는 캘리포니아주 샌프란시스코나 로스앤젤레스 일대에 사는 한국 교포들과도 사이가 좋지 않았던 듯하다. 사람마다 서로 다른 파벌을 형성할 정도로 정치에 관심이 많은 한국 교포들은 차차 삼삼오오 무리를 지어 연합해 재미한족연합위원회라는 조직을 만들어 이 박사의 한국대표공서와 대립했다. 이 재미한족연합위원회의 배후 조종자는 바로 캘리포니아주의 한국인 부농인 한시대였다. 캘리포니아주의 많은 농장은 원래 일본 교민 또는 일본계 미국인들의 소유였는데, 진주만 사건의 발발로 미국과 일본이 선전포고를 함에 따라 일본 교민들은 감금당하게 되었다. 그래서 일본인들의 적잖은 농장을 한국 교포들에게 헐값으로 팔았고, 한시대는 이를 사들여 한국의 부농으로 손꼽히게 되었다.

나는 샌프란시스코와 로스앤젤레스에서 여러 차례 한시대와 만나 이야기를 나눈 적이 있다. 그는 검소하고 꾸밈없는 태도와 순박하면서도 강인한 마음을 지니고 있어 나는 퍽 좋은 인상을 받았다. 한국 독립운동에 대한 그의 지원은 절대적이었다. 그는 스스로 돈을 내기도 했고, 미국 서부의 한국 교포들로부터 모금해 중국에 있는 한국임시정부를 지원하기도 했다. 그러나 그는 재미한족연합위원회를 이끌면서 이 박사를 극력 반대한 지도자 중 한 사람이기도 했다.

한시대는 영어가 서툴러서 우리의 대화는 언제나 전경무나 다른 한국인 친구의 통역으로 이뤄졌다. 전경무는 태평양학회 회의에서 알게 되어 나하고 각별히 가까웠던 한국인 친구다. 한시대는 또 이 박사의 태도를 비난하곤 했다. 한시대는 일본인에 대해서도 강경 수단을 써야 한다고 주장했으므로 그의 입장은 김구와 안창호에 가까웠다고 할 수 있다.

한시대의 말에 따르면, 미국에 있는 한국인 대다수가 원래는 충칭의 한국임시정부를 다 같이 지원해왔으나 이 박사에 대한 불만 때문에 임시정부를 위한 한국 교포들의 모금이 점차 줄어들었다는 것이다. 한시대는 심지어 나에게 도대체 이 박사와 김구, 나아가서는 한국대표공서와 한국임시정부의 관계가 진정 어떠한지를 묻기도 했다. 한시대는 중국에 가본 적은 없으나 평소 중국에 대해 마음을 쏟고 또 좋은 인상을 갖고 있었으며, 캘리포니아주 일대에 적잖은 중국인 친구들을 두고 있기도 했다.

내가 1945년 4월 샌프란시스코회의에 참석할 당시, 그곳 화교 각계는 성대한 파티를 열어 중국대표단 단원들을 환영했다. 나는 샌프란시스코회의가 끝나고 난 후 일부 대표단 단원을 따라 로스앤젤레스를 방문했는데, 그곳의 화교 각계 또한 파티를 베풀어 우리를 환영해주었다. 두 차례 열린 화교들의 파티에는 그 고장에 사는 한국 교포들이 적잖이 참석해 한중 교포들의 연합 환영연이라고 할 정도였다. 이는 교포 역사상 전례가 없는 일로서 굉장한 성황을 이루었는데, 배후에서 한국 교포들을 동원해 화교 파티에 참석케 하고 중국대표단을 연합해 환영하게 한 사람이 바로 한시대였다. 중국에 대한 그의 깊은 우의는 그가 미국 서부의 한국 교포들을 그렇게 모은 것만 보더라도 충분히 알 수 있었다.

전후에 미군이 남한에 진주해 군정을 실시했을 당시 미국 점령군 총사령관 하지 장군은 한시대에게 귀국해서 공직을 맡도록 권유했다. 이에 한시대는 전경무와 함께 귀국했으나, 한시대의 말로는 자신은 정치에 뜻이 없어 곧 미국으로 돌아가버리고 전경무만 당시 한국 외교부장에 임명하도록 추천했다고 한다. 실정이 어떠했는지 멋대로 단정할 수는 없으나, 나는 당시 외신에 전경무가 한국 외교부장으로 곧 임명될 것이라는 기사가 보도되었던 것만은 확실히 기억한다. 그러나 애석하게도 전경무는 1946년 귀국한 후 얼마 지나지 않아 싱가포르를 거쳐 다시 미국에 돌아가던 도중 군용기 사고로 고인이 되고 말았다.

1945년 1월부터 4월까지 워싱턴에서 나는 이승만 박사 외에 전경무와도 자주 만나 회담했다. 전경무는 한시대 회사의 대표로서 워싱턴에서 재미한족연합위원회 사무처 일을 맡고 있었다. 한시대는 캘리포니아주에서 농장을 경영하느라 항상 바빴기 때문에 대외적인 발언이나 연락은 모두 전경무를 통해 처리되었다. 전경무는 컬럼비아대를 졸업한 학자 타입으로 영어 변론에 아주 능했다. 태평양학회 회의 때 나는 그가 말을 잘하고 논리적인 투사라는 사실을 파악했다.

워싱턴에서 전경무와 몇 차례 만나 대화하는 사이에 나는 그가 재미 한국인 및 이 박사에 반대하는 각파를 총대변하는 인물이라는 사실을 알게 되었다. 한국 독립운동에 대한 그의 정견을 종합해보면 대략 다음 몇 가지로 나누어볼 수 있었다.

① 미국에 있는 각파 한국인들은 모두 충칭의 한국임시정부를 옹호한다. 그 이유는 임시정부가 3·1운동의 역사적 산물일 뿐만 아니라 세계 각지의 한국 독립운동 지도자 및 인재들이 가장 많이 모여 있는 하나의 지도적 조직이며, 김구 주석 또한 누구나 존경하는 사람이기 때문이다.
② 이승만 박사는 독립운동의 선배라는 점에서 개인적으로는 깊은 경의를 표하나, 한국대표공서라는 조직이 정경한과 임병직을 제외하면 한국의 전체를 대표하는 기구라고 보기 어렵다. 이 박사는 개인의 성망에 힘입어 한국의 독립을 갈망하는 일부 인사를 포섭하긴 했지만 군중의 지지를 얻지는 못하고 있다. 한국임시정부는 다른 당파를 다 받아들이는데, 왜 이 박사의 한국대표공서는 다른 당파를 받아들이지 못하는

지 이해할 수 없다.

③ 한국대표공서는 자칭 한국 독립운동을 이끄는 조직이라고 하지만, 내부에 일을 분담해 맡을 전문적인 인재가 없고 공작 상황도 전혀 보고되지 않는다. 심지어 미국의 한국 교포 농민들에게서 모금한 피땀 어린 돈을 어떻게 사용하는지 한 번도 공개적으로 발표하지 않았다. 이러한 조직과 지도자가 어떻게 사람들의 신임을 받을 수 있겠는가?

④ 이 박사는 이미 한국임시정부 대통령이 아닌데도 여전히 대통령이라는 명의를 사용하고 있으며 임시정부 김구 주석에 대해서도 공개적으로 비난해 미국의 한국인들은 누구를 따라야 할지 모르게 되었다. 따라서 한국대표공서라는 조직은 마땅히 없어져야 할 것이다.

나는 전경무의 이러한 의견에 대해 어느 면에서는 찬동했다. 그러나 미국에서의 독립운동은 반드시 통일된 지도 아래 중국에서의 독립운동과 밀접한 관련을 가져야 한다고 여겼다. 그리고 한국대표공서의 지도체제는 협상을 통해 개조해야 마땅하다고 생각했지만 이 박사가 독립운동에서 지닌 지도자로서의 지위는 그간의 역사로 보나 당시 정치 인맥으로 보나 존중해주어야 한다고 생각했다.

수차에 걸쳐 나는 이에 대한 이 박사와 전경무 양측의 의견을 살폈다. 그런데 전경무는 한국임시정부의 고문이라는 나의 입장을 꽤 존중하는 편이었지만, 이 박사는 한국대표공서를 개조해 각파 인사들이 연합해 조직하는 '위원회' 방식으로 바꾸자는 제안을 번번이 반대했다. 나는 여러 차례에 걸쳐 위원회의 최고지도급 인사를 이승만 박사의 수하가 아닌 사람들로 내세우면 우선 형식 면에서 각파를 망라할 수 있을 것이고, 그때까지 반대파가 이 박사를 비난하던 갖가지 구실을 없앨 수 있을 것이며, 그렇게 하면 임시정부가 반드시 이 박사의 영도를 지지할 것이라고 완곡하게 설명했다. 이 박사는 결국 나의 권유를 받아들여 먼저 임시정부와 원칙을 의논한 다음 다시 구체적인 계획을 세워도 좋다고 말했다.

이 박사는 전경무를 좌익이라고 지적하며 비난한 적이 있었다. 그러나 실제로 전경무의 사상이나 사람 됨됨이는 아주 자유롭고 민주적인 신사 같았다. 나뿐만 아니라 어떤 사람이라도 그와 즐겁게 교제했다. 이 박사는 한길수를 공산당이라고 지적한 적도 있었다. 한길수의 직함은 한중민중동맹단의 워싱턴 주재 대표였다. 들리는 말로는 한길수가 시베리아에서 미국으로 이주해온 것이 분명하다고도 했다. 그러나 그는 이미 미국에 귀화해 다년간 미국 전략정보국에서 일하고 있었으므로 미국 정보 조직이 그 정도도 파악하지 못하고 그를 고용했을 리는 없다고 여겨진다.

나는 한길수와도 몇 차례 만남을 가졌는데, 그에게서 공산당원 또는 공산당 협조자라는 기미를 전혀 느끼지 못했다. 오히려 그는 나에게 소련공산당 당국이 소련에 있는 한국 교포들을 조직·훈련시키고 있다는 내막을 알려주었다. 그는 미국에 있는 한국인 각파의 정치 소용돌이에 말려들지 않고 혼자 행동했지만 미국 기자들과 친밀한 관계를 맺고 있어 워싱턴의 한국인 저명인사로 알려져 있었다. 미국 신문지상에서는 한길수가 일본과 한국에 대해 발표한 칼럼을 자주 볼 수 있었는데, 거기서도 친공적인 경향은 전혀 보이지 않았다.

1945년 7월 어느 날 주말, 나는 워싱턴CBS의 〈국민에 대한 보고(Report to the Nation)〉라는 라디오 프로그램에서 장장 15분에 걸쳐 방송을 한 바 있는데, 이는 한길수가 나를 위해 주선해준 것이었다.

만약 〈전국을 향한 보고〉라는 프로그램이 방송국 자체의 기획이 아니고 미국정부가 선전을 위해 시간을 산 것이었다면 아마도 상당히 많은 돈을 치러야 했을 것이다. 나는 이 방송에서 일본의 정세와 이에 중국이 공헌한 내용, 전후 동맹국의 일본 문제 처리 방안 등을 연관시켜 말했다. 이 방송을 통해 당시 전시였던 중국으로서는 한 푼의 비용도 들이지 않고 파격적인 선전 기록을 세운 셈이었다. 내가 방송을 하고 난 다음 일요일 밤이라고 기억되는데, 중국대사관 관저가 있던 워싱턴 트윈 옥스에서 열리는 파티에 갔을 때 웨이다오밍 대사도 내가 한 방송을 들었다면서 나를 대대적으로 추켜세우고 크게 칭찬했다. 이는 바로 한길수의 주선으로 이뤄진 것이었으므로 나는 그가 공산당이라고는 믿지 않는다.

나는 태평양학회 회의와 샌프란시스코회의 기간 동안 워싱턴에서 분주히 다니며 재미 한국인 각파와 협조하고 미국 측과 상담한 결과를 내 나름대로 결론 내린 후 중국국민당 비서장 우톄청 선생에게 암호로 전보를 쳐서 보고·건의했다. 아마도 우 비서장은 나의 보고 내용을 완곡한 표현의 서한으로 김구 주석에게 알려주었고, 김 주석은 다시 그에 대한 답장을 우 비서장에게 보냈던 모양이다. 당시의 암호 전보와 김 주석의 답장 원고 복사본은 지금도 국민당 당사위원회에 남아 있다. 그 전문은 다음과 같다.

내가 우 비서장에게 보낸 보고

[기밀] 우톄청 비서장에게

한국의 독립 문제는 미국 국무장관대리 및 국무부 극동국장과의 비공식 회담에서 의견을 교환한 결과, 미국은 현재 한국임시정부를 승인하려 하지 않는다는 것을 알았습니다. 그리고 한국인들이 일치단결해 대일 작전을 펴는 문제는 고려해볼 만한 일인데, 본인이 개인 자격으로 그들 각 당파의 협력을 촉구토록 하는 것을 허락해주기 바랍니다.

본인은 한국인 각파 대표들과 의견을 교환한 결과, 모두 주미 대표 이승만 박사가 완고해 단결을 저해하는 요인이 된다고 생각하며 재미한족연합위원회도 이 때문에 매월 임시정부에 기부하던 거액의 자금 지원을 중단하려 한다는 것을 알았습니다. 한국대표공서가 조직을 위원회로 개편해 각 당파를 집합시킬 수만 있다면 본인이 전력을 다해 임시정부를 지원하겠습니다.

본인이 국무부 부원들과 이승만 박사 주변의 인사들을 만난 결과, 역시 이 박사의 태도에 대해 불만을 갖는 사람이 적지 않으며 이 박사가 한길수

등을 공산당이라고 공격하지만 사실과는 맞지 않음을 알았습니다. 3대 강국 회의에서 폴란드 문제를 처리한 전례를 감안할 때, 재미 한국인들을 하루 속히 단결토록 하고 그들 스스로 충칭 임시정부를 지지케 함으로써 점차 실질적인 지원을 받을 수 있도록 해야 하며, 중국과 미국도 보조를 같이 해 소련에 대처해야 할 것 같습니다. 한편 한국임시정부는 소련에 있는 한국인들에게도 협력을 호소할 수 있는지 살펴보아야 하며, 중국정부는 외교 경로를 통해 소련에 의사를 전달할 방안을 강구함으로써 의혹을 해소하고 한국이 폴란드의 전철을 밟지 않도록 도와주어야 합니다.

그리고 김구 주석과 의논해 이승만 박사와 본인에게 각각 타전해서 한국대표공서 조직을 위원회로 개편하는 협상을 해주기 바랍니다. 위원은 잠정적으로 우선 일곱 사람을 뽑아 각파 지도자가 총무, 재정, 군사, 교섭, 교무, 선전, 기획을 분담해서 맡고 이 박사가 주석을 맡아 일상적인 사항은 위원회 표결로 정하고 중대 사항은 충칭 임시장부의 지시를 받는 것이 좋겠습니다. 이상 보고 드리며, 본인의 의견이 총재의 재가를 얻어 시행되도록 해주기 바랍니다.

1945년 2월 24일 워싱턴에서

사오위린

김구 주석이 우 비서장에게 보낸 답장

우톄청 비서장 귀하. 전번에 주신 편지 잘 받았습니다. 사오위린 선생이 개인 자격으로 재미 한국 교포들의 통일 단결을 위해 협조해주신 데 대해 깊이 감복하고 있습니다. 저희 임시정부에서 선거를 통해 선발된 재미 위원회 위원은 모두 재미 한국 교포 각 단체의 지도자들로서 각파 인물을 망라하고 있으며 통일 단결의 뜻을 가지고 있으므로 이는 사오 선생이 말씀하신 의견과 완전히 일치했습니다. 그 의견에 다시 한 번 심심한 찬동을 표합니다.

그리고 저희는 재미 각 단체에 타전해 일치단결해서 함께 국난에 처하도록 지시하는 외에 따로 임시정부 주미 대표 이승만 박사에게 사오 선생과 의논하라고 타전했습니다. 오늘 이 박사로부터 전보를 받았는데, 모든 위원이 이미 선출되어 취임했고 사오 선생과도 만나 상의하고 있다고 하여 이렇게 알려드리며, 감사를 표합니다.

3월 26일 김구

답장 가운데 '이 박사로부터 전보를 받았다'고 했는데, 이는 문장을 부연 설명한 데 지나지 않은 것으로, 실제로는 전혀 그런 일이 없었던 것 같다. 앞에서 서술했던 바와 같이 4월 하순 샌프란시스코회의가 개막되었을 당시 재미 한국인 각파 지도자들이 모두 샌프란시스코에 모여 한국의 독립 및 국제 신탁통치 반대를 주장하기 위해 중국대표단과 긴밀한 협력 아래 공동 투쟁한 적은 있지만 한국 각파 지도자 사이의 인사 분규는 여전했기 때문이다.

그간 장췬리, 후정즈(胡政之), 내가 번갈아가며 적극적으로 중간에서 조정을 했으나 이 박사의 완고한 성격 때문에 끝내 원만한 결과를 얻지 못했다. 회의 기간 중에 장췬리, 후정즈, 나 세 사람은 중국대표단 쑹쯔원 단장에게 공동으로 건의해 단장 명의로 연회를 베풀어 한국 각파의 지도자들을 초청하도록 했다. 이 박사는 처음에 이 연회에 참석하겠다고 연락해왔으나 나중에 다른 파의 인사들도 초청되었다는 말을 듣고 갑작스레 불참하겠다며 거절했고 이로 인해 다른 사람들의 참석도 흐지부지되고 만 적도 있다.

샌프란시스코회의를 마치고 나는 워싱턴으로 다시 돌아갔다. 당시 독일은 이미 항복하고 일본만 남아 있는 상태였다. 나는 워싱턴에서 주미 중국 군사대표단 단장 상전(商震) 장군을 돕는 일로 바빴는데, 주요 업무는 미국 측과 협상해 미국·영국 합동참모회의에 참가해서 되도록 빨리 일본을 격파할 방안을 강구하는 것이었다.

8월 초 나는 보고차 귀국하기에 앞서 워싱턴에서 이 박사에게 작별 인사를 했다. 그때도 그는 나에게 미국과 협력해 한국이 적후 공작을 추진하는 문제를 이야기했다. 그로부터 2주도 못 되어 일본이 항복해왔다. 나는 이때 이 박사와 헤어지고는 1946년 5월 그가 중국정부의 장제스 주석에게 도움을 청하러 난징에 왔을 적에야 그를 다시 만날 수 있었다. 난징에서의 상황은 뒤에 소개하고자 한다.

주한 군사대표로 임명되었다가 취소되기까지

1945년 8월 15일은 잊을 수 없는 날이다. 바로 일본이 무조건 항복을 정식으로 선포한 날이기 때문이다. 내가 워싱턴에서 미국 군용기에 탑승하고 서둘러 충칭으로 돌아온 것은 항일 전쟁에서 승리한 이튿날인 8월 16일이었다. 충칭 시내는 승리와 평화의 분위기가 가득했으나 중국의 정세는 급변하고 있었다.

승리가 예상 밖으로 빨리 오자 중국의 당, 정부, 군부는 어찌할 바를 몰랐으며 어디서부터 손을 대야 할지도 몰랐다. 운이 트이면 막히는 데도 있기 마련이듯, 불운도 함께 소리 없이 다가오고 있었다. 이 해는 우리의 대일 작전이 최후의 승리를 거둔 해이자 또한 대공 투쟁이 실패하기 시작한 해이기 때문이다. 나는 『승리 전후』에 다음과 같이 썼다. "1945년 한 해는 승리의 해인 동시에 실패의 해이기도 하다. 길운이 불운으로 바뀌고 승리가 패배로 바뀐 해로, 우리 모두 마음 깊이 새겨두고 반성해야 할 해인 것이다."

이 한 해 동안의 경과를 상세히 말할 필요는 없을 것이다. 오늘날 누구나 알다시피 대륙이 공산당의 손아귀에 들어가기까지 국가의 운명이나 개인의 운명은 줄곧 비탈길을 걸어 내려왔던 것이다.

한중 양국은 그간 재앙과 복을 같이 겪었고 기쁨과 근심도 함께해왔다. 항일 전쟁에서 승리한 후 대륙이 넘어가기 얼마 전 어렵사리 탄생된 반 토막 '독립 한국' 역시 벌써부터 적화의 어두운 구름에 둘러싸여 있었다. 북한의 남침으로 한국전쟁이 발발해 외과수술을 실시한 후에야 남한은 겨우 죽음에서 살아나 날로 건강해질 수 있었다. 타이완으로 물러났던 중화민국도 그 덕택에 위험에서 벗어나 점차 안정을 되찾았다고 할 수 있다.

나는 처음에는 군사위원회 장제스 위원장의 주한 연락원으로 임명되었다가 나중에 위원장의 주한대표로 바뀌었고, 군사대표라는 직함이 외교대표라는 직함으로 다시 바뀌어 파견되려 했다. 그런데 부임하기도 전에 특별한 이유도 없이 파견이 취소되었다. 그러다가 대륙이 중국공산당에 넘어가기 바로 직전 다시 주한대사에 임명되었으나 그때도 결국 부임하지는 못했다. 이토록 갖은 기복과 우여곡절을 겪었으나 결국에는 사명을 달성했다. 내가 '독립국가 한국'에 도달하기까지의 길은 결코 넓고 평평한 탄탄대로가 아니었다.

나는 미국에서 돌아온 후 처음 3개월 동안 국가의 여러 가지 일에 주야로 분주히 쫓아다니다가 11월 3일에 이르러 장제스 총재로부터 한국에 파견 나가라는 명을 받았다. 그때야 비로소 내가 다년간 꿈꿔온 뜻이 이뤄졌다고 생각했다. 나는 먼저 바쁘게 지낸 이 3개월 동안의 일정을 간단히 열거한 다음, 한국과 관계되는 일들을 다시 뽑아 서술하고자 한다.

― 1945년 8월 16일: 미국에서 승전한 중화민국 임시수도 충칭으로 돌아오다.

― 8월 17일: 장 위원장을 만나 미국에서의 공작 경과를 보고하고 지시를 구하다. 일본의 군사적 항복을 접수하는 허잉친 총사령관의 공작을 도와 측면에서 정치 임무를 맡으라는 명령을 그 자리에서 받고 이날 밤 허 총사령관을 만나 일체의 준비에 착수하다.

— 8월 18일: 충칭 난안구(南岸區) 탄쯔스(彈子石)에 위치한 한국임시정부 사무실에서 김구 주석을 만나 미국에 있는 동안 한국인 각 당파와 협조하고 연합 투쟁한 경과를 보고한 다음 향후 계획을 논의하다.

— 8월 19일: 허 총사령관을 수행해 비행기로 즈장(芷江)에 가서 육군 총사령부 고위급 참모를 겸임하며 전국적으로 일본의 군사적 항복을 접수하는 계획 입안에 참여하다.

— 8월 27일: 육군 총사령부 전진지휘소(前進指揮所) 렁신(冷欣) 주임과 함께 난징으로 가서 일본군 총사령관 오카무라 야스지(岡村寧次) 및 일본 대사 다니 마사유키(谷正之)와 항복 접수 문제를 상담하다.

— 8월 31일: 비행기로 즈장으로 되돌아와 그간의 상황을 허 총사령관에게 보고한 뒤, 충칭의 장 위원장에게 가서 대신 보고하고 지시를 받아오라는 명령을 받다.

— 9월 1일: 비행기로 충칭에 가서 장 위원장에게 그간의 상황을 보고하고 지시를 구하다.

— 9월 4일: 비행기로 즈장에 가서 매일 각 전시구역 사령관의 군사 항복 접수회의에 참가하라는 명령을 받다.

— 9월 8일: 허 총사령관을 수행해 비행기로 난징에 가다.

— 9월 9일: 일본군 총사령관의 항복문서 조인식에 참석하고, 난징 행정·경제 방면의 항복 접수 상황을 시찰하다.

— 9월 12일: 상하이에 가서 상하이 행정·경제 방면의 항복 접수 상황을 시찰하다.

— 9월 23일: 비행기로 충칭으로 돌아가 이튿날 장 위원장을 만나 항복 접수 경과를 보고하는 외에, 정치·경제 방면의 항복 접수에서 발발하는 부패 상황을 보고하면서 "이런 식으로 가다가는 영토는 수복하더라도 민심을 잃고 말 것입니다"라는 가슴 아픈 진술을 하다.

— 9월 25일: 장 위원장이 "전국적인 항복 접수 문제는 위페이펑(兪飛鵬)

부장과 사오위린 동지가 맡아 책임지고 처리하라"라는 명령을 내리다.
나는 따로 난징·상하이 지구의 간첩 처리 및 치안에 협조하고 정보기
관을 독려하는 문제를 책임지라는 장 위원장의 지시를 받다.

— 10월 2일: 비행기로 난징과 상하이에 가서 간첩 처리 및 치안에 협조
하고 정보기관을 독려하는 회의를 여는 한편, 중국과 일본의 전문가들
과 함께 중국정부에서 발행한 화폐와 중국공산당이 발행한 화폐 간 태
환 비율 문제를 연구하다.

— 10월 12일: 충칭으로 돌아가 보고하고 지시를 구하는 한편, 행정원
웡원하오(翁文灝) 부원장이 계획 중인 전국적인 항복 접수 문제에 협조
하다. 그러나 행정원의 '전국성사업접수위원회(全國性事業接收委員會) 부
주임 위원'이라는 직책은 한사코 사양하고 다만 '위원'이라는 직책만 받
아들이다.

— 10월 16일: 장 위원장으로부터 직접 터키 주재 대사로 나가라는 명
령을 받다(터키대사 명령을 받은 것은 이때가 처음이며, 1956년에 두 번째로 명을 받
았다).

— 10월 20일: 웡 부원장의 명에 따라 비행기로 상하이에 동행해 시찰
하고 항복 접수 문제를 연구하다.

— 10월 24일: 타이완 행정장관 천이(陳儀)의 요청으로 상하이에서 함께
비행기로 타이베이로 가서 항복 접수 행사에 참석하고 앞으로의 타이
완 통치 방침을 계획하다.

— 10월 29일: 상하이를 거쳐 난징으로 돌아가 허 총사령관에게 타이완
의 항복 접수 상황을 보고함으로써 참모 직무를 마치다.

— 11월 3일: 장 총재가 나를 '군사위원회 위원장의 주한 연락원'에 임
명하고 5일까지 상하이로 가서 김구 주석의 일행을 수행해 한국에 부
임하라고 명했음을 중앙당부로부터 급전으로 받다.

— 11월 5일: 상하이 비행장에서 김구 주석 일행을 영접하고 상하이에

거주하는 한국인들이 마련한 '김구 선생 환영대회'에 참가하다. 임시정부 인사들은 상하이시의 주선으로 원동호텔에 묵고 김구 주석 일가는 특별히 내가 마련한 위우안로(愚園路)의 국제문제연구소 영빈관에 머무르며 한국에 귀국한 후의 계획을 의논하다.

— 11월 9일: 김구 주석이 장 주석에게 고별 전보를 보내다. 나는 이날 비행기로 먼저 충칭으로 돌아가서 마치지 못한 사무를 마무리 짓고 곧 한국에 부임할 준비를 하겠다고 청하다.

— 11월 18일: 행정원 쑹쯔원 원장에게 타이완 통치 방침 및 타이완 화폐의 처리 문제에 관한 보고서를 올리다. 이 보고서에서 중국에 거주하는 한국인 문제에 대해서도 언급하다.

— 11월 19일: 장 주석을 만나 그간의 상황을 보고하고 지시를 구하다.

— 11월 23일: 김구 주석과 임시정부 인사들이 개인 자격으로 한국에 귀환해 전 국민의 환영을 받다.

— 12월 5일: 장 주석이 나의 직책을 '군사위원회 위원장의 중장대우 한국 대표'로 고쳐 임명했다는 전보를 받고 곧 부임 준비에 착수하다.

지금까지 열거한 일정만 보더라도 당시 급변하는 정세와 내가 얼마나 이리 뛰고 저리 뛰며 바쁜 나날을 보냈는지를 상상할 수 있을 것이다.

나는 미국에서 충칭으로 돌아온 지 사흘째 되는 날 충칭 난안구 탄쯔스에 있는 김구 주석을 방문했는데, 그 자리에는 복정일·민영린 두 명의 옛 친구도 동석해 있었다. 우리는 미국에 있는 한국인 각 당파의 상황에 대해 이야기하고 태평양학회 회의와 샌프란시스코회의에서 한중 양측이 연합 투쟁한 과정을 검토하기도 했다.

나는 김구 주석에게 "일본은 이미 항복했고 포츠담회담의 결과 미국과 소련 양국 군대가 이미 남한과 북한을 분할 점령했습니다. 미국은 곧 남한에서 군정을 실시할 것이라고 하니, 이제는 우리가 미국과 소련의 군사 점령을 뒤집어엎을 수도 없게 되었습니다. 그러니 빨리 현실을 간파하고 임시정부가 오랫동안 추진해온 독립운동의 주도권을 하루 속히 한국 본토로 옮겨가야 할 것입니다. 소련과는 협조하기 어려울 것이므로 미국 점령군 및 군정청과의 협조를 통해 임시정부의 역량을 강화한 후 한국 국민들을 이끌어 국제 신탁통치를 굳건히 반대하고 계속해서 완전한 독립을 위해 분투해야 합니다"라고 말했다.

이 말의 요지는 어느 나라든 독립된 정권이 본국의 영토 및 국민과 떨어져 있어서는 안 된다는 것이었다. 그래서 나는 김구 주석에게 서둘러 환국할 것을 다시 한 번 청했다. 김구 주석도 원칙적으로는 찬동을 표했지만, 여전히 임시정부의 외교 승인에 미련을 버리지 못해 며칠 후 위로연을 열어 향후 계획을 상세히 의논한 뒤 떠나겠다고 했다.

나는 김구 주석에게 내가 이미 특수 임무를 띠고 있어 그날로 충칭을 떠나 각지로 다녀도 명령을 다 수행해낼 수 있을는지 모르겠다고 했다. 그러자 그럼 내가 충칭으로 돌아온 후 다시 의논하자고 약속했다. 하지만 이후 매우 바쁜 와중에 몇 차례 충칭으로 돌아온 적이 있으나 그를 찾아가 만날 시간은 없었다. 11월 5일 한국임시정부 요원들이 상하이를 거쳐 한국으로 돌아갈 때에 이르러서야 상하이에서 그와 만나 며칠 밤을 함께 이야기 나눌 수 있었다.

내가 충칭을 떠나 각지로 분주히 다니는 동안 한국임시정부는 먼저 동맹국의 외교 승인을 받아 정부를 조직할 수 있는 자격을 갖춘 후 한국에 돌아가기 위해 다방면으로 활동을 벌였다. 중화민국의 당 및 정부기관의 문서 기록에 따르면, 김구 주석은 8월 22일 우톄청 비서장을 방문해 임시정부에 대한 동맹국들의 외교 승인 문제를 거론했다. 우 비서장은 이 문제에 대해 다음과 같이 완곡하게 말했다. "물론 중국정부는 한국임시정부가 조국으로 돌아가 한국 국민들의 선거를 통해 정식으로 민선 정부로 탄생하도록 도울 것입니다. 그러나 만약 이 방법이 실현될 수 없을 것 같으면 동맹국들의 협조 아래 한국 독립운동에 관련된 각 기구가 공동으로 임시정부를 조직한 후 선거를 실시해서 민선 정부를 탄생시키기를 희망합니다."

중앙조직부장 천리푸도 9월에 김구 주석은 동맹국들이 먼저 한국임시정부를 외교 승인해줄 것을 희망한다는 비망록을 장 총재에게 올린 바 있다. 외교부가 10월에 서명해서 장 총재에게 제출한 결과보고서에 따르면, "미국의 주중대사관에 조회한 결과, '미국정부는 한국의 국외에 있는 어떠한 정치 단체와도 절대 협조하지 않을 방침이다. 다만 한국의 제반 상황을 감안할 때 능력을 보유한 개인이 군정 범위 내에서 활동하기를 원할 경우 한국으로 입국하도록 장려할 것이며, 좌석이 있으면 미군이 관리하는 비행기를 이용하도록 허락할 수도 있다'라고 밝혔다. …… 미국, 소련, 영국 3국이 이미 한국을 잠시 동안 국제 신탁통치하기로 협의한 현 상황에서는 중국만 한국임시정부를 먼저 승인하자고 동맹국들에 단독 건의하기 어려울 것 같다'라고 했다.

김구 주석과 임시정부 요원들은 이 같은 상황을 알고서야 비로소 개인 자격으로라도 신속히 한국에 돌아갈 것을 결심하고 적극적으로 준비에 들어갔다.

나는 이런 상황하에 11월 3일 돌연 난징에서 장 총재가 중앙당부를 통해 보낸 소환 명령 전보를 받았다. 그 전보문의 내용은 다음과 같았다.

사오위린 동지에게
김구 주석 및 임시정부 인사들은 11월 5일 비행기로 상하이에 갔다가 거기서 비행기를 바꿔 타고 한국에 돌아가기로 결정했습니다. 이에 총재께서 사오 동지를 군사위원회 위원장의 주한 군정청 연락원으로 임명했고, 김구 주석을 수행해서 한국에 부임하라고 명했습니다. 그 임무는, 대외적으로는 한국에서 중국과 미국의 공동관계를 증진시키는 것이고 김구 주석에 대해서는 중국국민당을 대표해 한국독립당과 관련을 맺는 동시에 여타의 당파와도 연락을 유지함으로써 한중 우의를 높이는 것입니다. 그리고 직위는 공사(公使)대우임을 알려드립니다. 또한 상하이까지는 장서우셴(張壽賢) 동지가 김구 주석을 수행키로 했으니 장 동지를 만나 일체를 알아보면 됩니다. 사오 동지는 상하이에 가서 김구 주석을 영접하고 한국으로 갈 비행기를 기다려 부임하기 바랍니다.

중앙집행위원회 비서처

나는 전보문을 읽고 나서 굉장히 흥분했다. '군사위원회 위원장의 주한 연락원'이라는 직함은 내가 한국에 사절로 가면서 처음 얻게 된 직함이었기 때문이다. 이제 더 이상 전국 각지를 다닐 필요 없이 오직 대한 공작에만 종사할 수 있게 되었다. 그러나 우리 앞에는 한국에서 군사적 점령과 국제 신탁통치를 철폐해야 하는 험난하고도 요원한 길이 놓여 있었다.

승전한 후 얼마 지나지 않은 9월 24일, 장 주석이 발표한 역사적인 글 가운데에서 "국민혁명의 가장 중대한 목표와 가장 절박한 공작은 첫째, 동부 3성의 영토·주권·행정을 맨 먼저 회복하는 것이고, 둘째, 타이완과 평후의 잃어버린 토지를 회복하는 것이며, 셋째, 한국의 독립·자유를 회복하는 것이다"라는 문구가 있는데, 이 세 가지 '가장 중대한 목표와 가장 절박한 공작'에 대해 논하자면, 나는 운 좋게도 우연한 기회에 타이완의 광복 행사에 참석했고, 타이완에 대한 통치 방침을 계획하는 데 참여하기도 했다. 게다가 한국의 독립과 자유를 회복하는 일과 관련해서는, 여러 해 동안 혁명 선배의 뒤를 이어 미력이나마 공헌해오다가 이제는 직접 현장으로 가서 이를 협력·완성하라는 명을 받았으니 어찌 근심과 기쁨이 함께 일어나지 않을 수 있었겠는가. 터키대사로 임명되었던 일은 이미 뇌리에서 사라져버리고 한국에 가서 국가적으로나 개인적으로나 중대한 역사적 임무를 수행하리라 결심했다.

이튿날 밤 나는 야간 급행열차를 타고 상하이에 갔다. 먼저 홍차오(虹

橋)비행장으로 가서 김구 주석과 기타 인사들을 영접했다. 비행장에서 만난 중앙당부의 장서우셴은 나에게 다음과 같이 설명했다. "11월 1일 장 주석이 충칭에서 김구 주석과 기타 지도자들을 위한 환송연을 베풀었을 때 김구 주석이 한국 측을 대표해 장 주석과 중국의 당·정·군 각 방면의 적극적인 원조에 정중히 감사드렸습니다. 이제는 일본이 패전했고 카이로선언에서도 한국의 독립을 보장했지만 한국은 미국과 소련이 분할 점령하에 놓여 계속 노력할 수밖에 없는 실정이므로 한반도를 통일해 진정한 독립을 이룰 수 있도록 장 주석께서 끝까지 원조해주기 바란다고도 말했습니다. 그리고는 천리푸와 사오위린의 이름을 대면서 장 주석께 이들을 주한 대표로 파견해 한국에 함께 가서 협력토록 해달라고 요청했습니다. 그런데 천리푸 선생은 조직부 공작을 도맡고 있기 때문에 현재로서는 자리를 떠날 수 없는 형편이라 장 주석은 당신이 이 일을 맡도록 정했고 중앙비서처가 이를 알리라는 명령을 받아 전보를 쳤던 것입니다." 장 주석과 김구 주석이 나를 얼마나 신뢰하는지 깨닫자 마음속의 책임감이 더욱 커졌다.

이날 오후 김구 주석과 임시정부 인사들은 일본 조계였던 홍커우공원으로 가서 상하이 한국인들이 마련한 군중 환영대회에 참석했는데 나도 함께 따라갔다. 공원에는 한국과 중국 양국의 국기가 가득 걸려 있었고 김구 주석이 단상에 올라가 한 마디 한 마디 힘 있는 연설을 할 적마다 한국인 군중은 우레와 같은 환호를 보냈다. 10여 년 전 김구 주석이 주도한 홍커우공원 사건으로 일본군 대장이 숨진 것을 돌이켜볼 때, 오늘날 살아 있는 일본군과 일본 교포들이 섬돌 앞에 꿇어 엎드린 죄수인 듯한 느낌이 들었다.

상하이는 1919년 3·1운동 후 한국임시정부가 탄생했던 곳이다. 그런데 25년이 지난 시점에서 같은 곳에서 한국인들이 공개 집회를 갖고 그들의 독립운동 지도자들을 둘러싸고 한국 국기를 흔들면서 독립의 구호를 높이 외치고 미친 듯이 기뻐하는 모습을 보자 그곳에 있던 중국인 친구들, 특히 나 자신은 저도 모르게 손발이 덩실덩실 춤을 추었으며 끝없는 감격에 빠져들었다. 환영대회는 황혼 후에야 비로소 막을 내렸다.

한국임시정부 인사들의 숙소는 상하이 시내 쓰마로(四馬路)에 있는 원동호텔로 주선해놓았다. 그곳은 호텔 시설이 나쁘지는 않았지만 너무 번잡한 지역이었다. 나는 김구 주석의 안전을 기하고 그에 대한 예의를 갖추기위해 부인과 맏며느리 및 수족들까지 일가를 전에 내가 묵은 적 있는 국제문제연구소의 영빈관에 머물게 했다. 영빈관은 넓고 조용했으며, 접객을위한 직원과 조리사가 준비되어 있고 따로 자동차도 있어 매우 편리했다.

이후 며칠 동안 나는 낮에는 사무를 본 후 원동호텔에 가서 김규식, 이시영, 조소앙 등 기타 임시정부 인사들을 돌보았으며, 밤에는 반드시 김구주석과 오랜 시간 이야기를 나누곤 했다. 당시 몇 가지 중요한 문제를 논의했는데, 예를 들면 다음과 같은 문제였다.

① 한국임시정부의 주중 대표 인선 문제: 김 주석더러 신속히 대표를지명하는 것이 좋겠다고 했고, 그는 복정일과 민석린을 정·부대표로임명할 예정이라고 했다.

② 주한 미 군정청 문제: 내가 미국에 갔을 때 전지정무학교를 두 차례시찰해서 군정 제도에 대해 알게 된 바를 간략히 설명했다. 이를 근거로 되도록 미군 총사령관 하지 장군 및 군정청과 협력하는 동시에 임시정부와 한국독립당 인사들이 군정청에 많이 들어가 공작해야 할 것이며, 소련과는 끝내 협조하지 못할 것이라고 조언했다.

③ 당파 문제: 한국독립당은 반드시 한국 영토 내의 군중을 기초로 해야 하므로 앞으로 치를 선거에 대비해 당을 새로 조직함으로써 일거에정권을 잡도록 힘써야 할 것이라고 말했다.

④ 국제 신탁통치 문제: 중국은 장 주석부터 일반 국민에 이르기까지모든 사람이 신탁통치를 반대하며 반드시 한국과 협력해 공동 투쟁을벌일 것이라고 말했다. 비록 소련이 북한을 점령하고는 있지만 미국과

영국은 소련이 남한을 공격해오는 것을 결코 용납하지 않을 것이고 미군이 남한을 점령한 것은 일시적이고 과도적인 처사에 불과하므로 국제간의 이해관계를 이용한다면 국제 신탁통치를 앞당겨 취소할 수 있을 것이라고 했다.

그러나 이 모든 것은 김 주석이 어떻게 한국독립당을 이끌고 어떻게 전체 한국인을 일으켜 투쟁하느냐에 달려 있다는 말도 빠뜨리지 않았다. 김구 주석도 내 의견에 대해 원칙적으로 찬동의 뜻을 나타냈다.

상하이에 머무른 마지막 날 밤, 나는 김구 주석에게 이승만 박사의 문제에 대해 이야기했다. 이 박사는 혁명의 선배로서 오랫동안 미국에 거주하면서 각계에 널리 손을 뻗치고 있었으나 중국 조야에서는 그에 대해 잘 모르고 있었다. 내가 미국에 갔을 때 이승만 박사는 일본이 패전하면 그 직후 한국에 돌아갈 것이라고 나에게 직접 말했다. 나는 김 주석에게 앞으로 이승만 박사와 어떻게 협력할 것이며 또 그를 어떻게 보고 있는지 물었다. 이에 대해 김구 주석은 조금도 주저하지 않고 다음과 같이 답변했다. "우리는 모두 다 합심 협력해야 합니다. 필요하다면 그 분이 대한민국 전체를 이끌어도 좋습니다. 가장 중요한 것은 국사(國事)이며 한국의 완전한 독립을 획득하는 일이기 때문입니다."

겸손하고 넓은 마음을 지닌 김구 주석과 집권욕이 강한 이승만 박사는 삼국시대의 유비와 조조에 비교할 만했다. 나는 당시 이미 김구 주석은 장차 최고지도자의 위치에서 물러날 것이라는 예감이 들었다.

그날 밤 김구 주석은 다시 한 번 나에게 동행해서 한국에 부임하기를 청했다. 나는 되도록 빨리 한국에 부임할 예정이지만 먼저 충칭에 돌아가 모든 지시를 받아야 하며 떠나기에 앞서 수행원 안배, 경비 확정 등 준비해야 할 일들이 있다며 양해를 구했다. 이는 장기적인 준비를 요하는 일이라서 혼자 경솔하게 떠날 수 없으며 임시정부에 대한 국제적인 인식 역시 좋지 않아 함께 가는 것이 불리하므로 같은 비행기로 김 주석을 모시고 갈 수 없음을 용서해달라고 했다. 김구 주석은 내가 곧 한국에 부임할 것임을 확신하고 오히려 나에게 완곡한 말로 위로까지 했다. 즉, 내가 그동안 한국을 도운 공로는 영원히 남을 것이며, 특히 터키대사라는 영예로운 직위를 희생하면서까지 한국에 와서 한국의 독립을 달성하기 위해 한국인들과 함께 노력하려는 나에게 장차 훈장이라도 주어 공적을 표해야겠다고 말이다. 그의 말은 너무도 진지해서 나는 더없는 감동을 느꼈다. 그러나 나는 그 뒤로 여러 차례 좌절을 겪어 한국에 가겠다고 한 약속을 김구 주석의 생전에는 실천할 수 없었다. 상하이에서의 이별이 영결이 되고 마리라고는 더욱 생각지 못했다. 이승만 박사가 집권한 후 한국에 대사로 부임하기는 했지만 그것은 김구 주석이 암살된 뒤의 일이니 아쉬움을 감출 길이 없다.

11월 9일 나는 김구 주석 및 임시정부의 벗들에게 작별을 고하고 그들보다 앞서 비행기로 충칭으로 돌아갔다. 김구 주석 일행은 예정보다 늦은 11월 23일에야 비로소 주한 미 군정청의 주선으로 상하이를 떠나 귀국했다. 나는 비서실에 가서 보고하고 충칭으로 돌아오던 날 김구 주석이 장 주석에게 보낸 고별 전보를 보았다. 전보 내용은 다음과 같았다.

장제스 주석께

11월 5일 상하이에 도착해서 교민들의 애국 열정을 보고 더없이 기뻤습니다. 저희 정부가 이번에 귀국할 수 있게 된 것은 전적으로 귀국의 도움과 각하의 분에 넘친 후의에 힘입은 바였음을 특별히 감사드립니다. 금후의 일은 사오위린 선생이 충칭에 돌아가는 길에 이미 일체를 말씀드렸으니 많은 지도를 해주기 바랍니다. 이제 곧 저희는 귀국할 텐데, 사오 선생도 속히 돌아와 저희와 동행할 수 있기를 바랍니다.

11월 9일
한국임시정부 주석 김구

이튿날 나는 장 주석을 찾아가 상하이에서 김구 주석과 회담한 결과를 보고하고 중국의 대한 정책과 한국에서의 나의 임무에 대해 나눈 의견을 직접 전했다. 장 주석도 나의 의견에 원칙적으로 동의하고, 처음에 '주한 연락원'이라고 임명했던 나의 직책을 주한대표로 바꾸기로 했으므로 준비가 완료되는 대로 되도록 빨리 부임하라고 했다. 또한 장 주석은 12월 5일 중국정부로 하여금 중앙당부와 외교부에 다음과 같은 내용의 전문을 치도록 했다.

중앙비서처 우톄청 비서장에게

중국의 대한 정책은 현재의 정세에 맞춰 시급히 추진해야 할 것입니다. 현재 미국과 소련 양군이 한국의 남북을 분할 점거한 상황 아래, 국제적으로 우리는 미국과 밀접하게 협조해야 하지만 주한 미·소 군사 당국에 대해서는 동등한 관계에서 외교상 객관적인 입장을 유지하면서 미국과 소련을 연결하는 교량 역할을 하고 나아가서는 이 양자의 관계를 적절히 운용해야 할 것입니다.

한편 한국에 대해서는 점차 친중파 인사를 양성하고, 한국의 각 당파를 단결시키되 되도록 한국임시정부 인사를 원조하며, 현재 중국 동북, 화중, 타이완에 있는 300만 한국 교포들을 장악해 향후 대한 외교 자본으로 삼아야 할 것입니다.

그러므로 중국의 대한 정책은 반드시 내정과 외교를 통일 운용하는 가운데 하나하나 추진해나가야 할 것입니다. 따라서 우선 사오위린 동지를 군사위원회 위원장의 중장대우 대표로 임명해 수행원을 이끌고 조선에 가서 미국과 소련의 군사 당국과 연락을 갖고 한국 실정을 살피면서 한국에 있는 화교들도 돌보게 할 예정입니다. 동시에 향후 중국이 대한 정책을 실시해나가기 편하도록 한국에서 우리가 차지해야 하는 권익을 확보할 방안을 강구하고 수복 지구 한국인 교포들을 관찰해야 할 것입니다.

다음으로는 외교부에는 미국과 소련 양국 정부에 동의를 구하고 사오 동지가 건의한 대로 한국인 교포 사무를 통일해서 처리할 기구를 설립하도록 명합니다. 중국에서 적으로 분류되는 한국인 교포들의 재산을 처분해 한국광복군을 확대시키고 중국에 사는 가난한 한국인 교포들을 구제·호송할 경비로 삼는 방법을 여기 첨부해 보내니 적절하게 처리해 보고하기 바랍니다.

12월 5일 장제스

〈중국에 있는 한국인 교포 사무를 통일해서 처리할 기구〉

행정원 산하에 전국한교사무국(全國韓僑事務局)을 설치하고 그 임무를 다음과 같이 정한다.

① 전국 각지의 한국인 교포 사무를 통일해서 처리한다.

② 수복 지구 한국인 교포 재산의 처리 업무를 맡는다.

③ 수복 지구 한국인 교포의 조사·선발·조직·훈련 업무를 맡는다.

④ 수복 지구 한국인 교포의 구제 호송 업무를 맡는대전국한교사무국의 경비는 국고 지출을 증가시키지 않는다는 것을 원칙으로 해서 적으로 분류되는 한국인 교포의 재산을 처분해 충당한다).

'군사위원회 위원장의 주한대표'라는 직함은 내가 한국의 사절로 임명되면서 얻은 두 번째 직함이었다. 나는 정식 명령을 받은 후 곧 대표단을 편성해 재가를 받았다. 인원은 수행원 7명과 부관 1명 및 통신원 2명이었다. 수행원 중에는 육군 총사령부에서 파견된 리치(李琦) 참모도 있었는데, 그는 일본사관학교를 나와 미국의 군사훈련학교인 사관학교를 졸업한 사람이었다. 공군 총사령부에서는 특별히 전용기를 차출해 아무 때라도 중국대표단이 출발할 수 있도록 대기했다.

그러나 세상일은 변화무쌍하고 인간의 화와 복은 아침저녁으로 바뀌는

법이다. 내가 만반의 준비를 서두르고 있을 때 외교부 왕스제(王世杰) 부장으로부터 나를 부르는 전화가 걸려왔다. 왕 부장은 나에게 '군사위원회 위원장의 주한대표'라는 직함을 '외교부 주한대표'로 바꾸고 대사대우를 해주겠다고 했다. 당시 나는 한국은 군사 점령하에 있고 아직 정식으로 독립정부가 수립되지 않아 주한 군사대표는 주일 군사대표와 마찬가지로 실제로는 외교부의 지휘를 받으므로 군사대표라는 명칭이 외교대표라는 명칭보다 타당할 것 같다는 의견을 밝힌 후, 왕 부장이 위원장의 재가를 얻어주면 명령에 따르겠다고 말했다. 이렇게 나의 의견을 전한 뒤 조용히 하답을 기다리고 있었는데, 며칠 후인 12월 14일 갑자기 상전 장군이 나를 만나자고 해서 가보았더니 장 주석의 명령서를 보여주었다. 거기에는 "사오위린은 오만불손하므로 그의 한국 부임을 즉각 취소함. 장제스"라고 쓰여 있었다.

나는 명령서를 보고 이해할 수 없었다. 상전 장군은 나에게 절대 화내지 말고 앞으로의 변화를 조용히 기다리라고 권했다. 하지만 나는 이 일이 너무나 중요하기 때문에 해명해야만 한다고 말했다. 그래서 곧 탄원서를 작성해 그에게 건네주었다. 내용은 대략 다음과 같았다.

명령서를 받고 당황스러움을 금할 길이 없습니다. 저처럼 어리석은 사람으로서는 거듭 반성해보았으나 그 이유를 알 수가 없습니다. 빈 골짜기에서 불어오는 바람에도 반드시 원인이 있다고 사료되는데, 저는 한국에 사절로 나가라는 명령을 받은 이래 공작 계획을 세우고 인원을 편성하느라고 꼬박 1주일 동안 문 밖에도 나가지 못했습니다. 다만 일전에 외교부장으로부터 군사위원회 대표라는 직함을 외교부 대표로 바꾸라는 얘기를 듣고 저는 한국이 군사 점령하에 있고 아직 완전히 독립하지 못했으므로 군사대표라는 명칭이 외교대표라는 명칭보다 더 타당할 것이라고 답변하고 각하의 결정에 따라 모든 것을 행하겠다고 밝혔습니다. 왕 부장께서 혹시 이 때문에 오해해서 이미 명령을 받은 한국 부임 임무를 취소시킨 것이 아닌지 궁금합니다.

상전 장군은 이 탄원서를 훑어보더니 어투가 너무 과격하다고 여겼는지 이 탄원서가 장 주석의 심기를 건드려 오히려 문제를 확대하지 않을지 걱정스럽다고 했다. 그래서 처음에는 이 탄원서를 전달하지 않으려 했으나 나의 집요한 고집에 못 이겨 결국 장 주석에게 올렸다. 다행히 장 주석은 별 얘기 없이 읽어봤다는 뜻의 서명인 '열(閱)' 자를 써서 넘겼다. 상전 장군은 그제야 비로소 안도의 한숨을 내쉬었다고 한다.

그러나 나의 마음은 여전히 무겁기만 하고 어떻게 해야 좋을지 몰랐다. 오랫동안 숙원이던 일이 이렇게 끝나버리고 김구 주석에게 곧 따라 한국에 부임해 공동 노력하기로 했던 약속을 실천에 옮길 수 없게 되자 나는 매우 상심했다.

주한대표로 임명되었다가 취소되기까지

항일 전쟁에서 승리한 지 몇 달 지나지 않아 중국공산당의 음모가 점차 드러나기 시작했다. 1945년 12월부터 이듬해 2월까지 중국공산당은 쿤밍(昆明) 학생 시위를 선동해 참살 사건을 벌였고, 미 국무장관 마셜이 중국에 파견되어 국공 조정을 위한 정치 협상 회의를 진행하는 틈을 타 각지에서는 공산당이 날로 더욱 창궐했다. 한편 미국, 소련, 영국 3국이 개최한 모스크바 외상회의에서는 중국을 제쳐놓고 한국을 5년간 국제 신탁통치하기로 협의했다. 또한 소련은 중국 동북 지방에서 군사 점령 기간을 연장해 중국공산당을 적극적으로 원조했고 신장성(新疆省)에서 이닝(伊寧) 사건을 책동했으며 동투르키스탄 공화국 등 도처에서 문제를 일으켰다.

중국 내 정세는 이처럼 변화무쌍했으며 날로 상황이 어려워졌다. 나는 비서실에서 근무했기 때문에 국민정부에서 활동했으나 당시는 터키대사 취임이 무산되고 주한 군사대표 파견도 취소된 상태였다. 게다가 가족마저 충칭을 떠나 고향으로 돌아가고 없었다. 마치 상갓집 개처럼 혼자 외롭게 남은 나는 그토록 나라가 어려운 시기에 석 달 동안이나 할 일 없이 실업자로 지냈다. 종일 코딱지만 한 방에 틀어박혀 우울하게 지내며 세밑을 맞았다.

1946년 1월 11일 국민정부 문관장이 외교부에 보낸 통지는 다음과 같은 내용을 담고 있었다. "장 주석이 건네준 한국임시정부 주중 대표 복정일의 1월 4일자 서한에 따르면 중국 외교부장에게 이달에 소집되는 모스크바 외상회의에서 한국에 대한 5년간의 국제 신탁통치안을 취소해달라고 요청하는 동시에 사오위린 대표를 즉시 한국에 부임시켜주기 바란다고 했다. 주석의 명에 따라 이를 외교부에 알린다." 이 통지에 따르면 한국 측에서는 나의 한국 부임이 취소된 내막을 아직 모르고 있었다. 그러나 장제스 주석이 서한을 넘겨준 것을 보면 외교부에 무언가를 암시하고 있음도 알 수 있었다.

이 일은 2월 중순에 이르러 드디어 전기를 맞았다. 당시는 마침 타이완 행정장관 천이가 중앙에서 개최되는 회의에 참석하기 위해 충칭에 와 있었다. 그는 타이완 행정장관 비서장의 건강이 좋지 못해 많은 일을 감당해 내지 못한다면서, 나에게 타이완에 와서 비서장 업무를 맡아달라고 여러 차례 청했다. 이 요청에 대해 나는 "저의 운명은 동남이 아니라 동북으로 가도록 정해져 있는 것 같습니다. 하지만 주석께 한번 여쭤보고 주석의 뜻이 어떤지 알아봐도 상관은 없습니다만……"이라고 말했다. 그 후 천 장관은 장 주석에게 물어보았더니 장 주석이 "사오 동지는 한국에 보내려 하고 있으므로 타이완에는 갈 수 없소"라고 분명히 말했다고 나에게 전했다.

2월 하순에 이르러서야 외교부 왕스제 부장은 미국 측이 조속히 대표를 한국에 파견해 중국의 권익 및 화교와 관련된 사무를 처리토록 하라고 독촉해왔다면서 "외교부에서 주한대표를 한 명 파견코자 하니 주석께서 대표를 인선해주기 바랍니다"라는 품의를 올렸다. 장 주석은 품의서 원본에 "사오위린은 어떠한가?"라고 써서 내려 보냈다. 상전 장군이 이 서류를 나에게 몰래 보여주면서 자신이 다 알아서 처리할 테니 나는 아무 말 말고 있으라고 했다. 나는 같은 꼴을 다시 겪고 싶지 않다고 했으나 그는 그래서는 안 된다고 고집했다.

3월 2일 왕 부장은 "사오위린을 외교부 주한대표로 파견코자 하니 결재해주기 바랍니다"라고 품의했다. 3월 21일 외교부는 장 주석의 최종 결재를 받았고 3월 24일자 정식 부령(部令)으로 나를 외교부의 대사대우 주한대표에 임명한다고 발표했다.

'주한 군사대표'라는 직함은 이렇게 해서 '외교대표'로 바뀌었다. '외교부 주한대표'라는 직함은 내가 한국의 사절로 임명되면서 얻은 세 번째 직함이었다. 국제 정세, 특히 한국의 정치 상황이 급변하고 있는데도 중국내에서는 대표의 직함을 바꾸는 데에만 무려 4개월이나 허비한 것이다. 외교부가 이 점을 감안해 출국 수속이나마 적절히 처리해주었다면 얼마나 좋았겠는가? 어쨌든 이번에는 외교부 부령에 의거했을 뿐만 아니라 외교부 또한 미국정부의 통지에 근거해 내린 결정이기 때문에 별일 없이 한국에 부임할 것이라고 생각했다. 그래서 이튿날 바로 '주한대표 공작계획 요강'을 제출하고 왕스제 부장의 결재를 기다렸다. 대표단 인원은 고문에 쓰투더(司徒德), 비서 3명, 전문요원 3명, 수행원 2명, 사무원 5명으로 구성했으며, 내가 해당 인물을 제청하거나 아니면 외교부가 지명토록 했다. 동시에 나는 왕 부장에게 "모든 수속이 끝나는 대로 곧 출발하겠습니다마는, 그동안 여가를 이용해 난징, 상하이, 베이징, 톈진 각지에 가서 한국 교포사무의 처리 상황을 시찰하고자 합니다"라고 품의했다. 내가 제출한 공작계획 요강은 다음과 같았다.

외교부 주한대표 공작계획 요강[기밀]

(갑) 임무

(1) 미국·소련 양국과 긴밀한 관계를 유지하면서 한국에서의 양국의 동향을 주시하고 그들의 국제 신탁통치 계획에 대해 한국 측과 수시로 연락해 보고서 및 의견서를 제출한다.

(2) 한국 내 각 당파와 긴밀한 관계를 유지하면서 각 당파의 정치 동향을 살펴 보고서 및 의견서를 수시로 제출한다.

(3) 중국이 한국에서 마땅히 누려야 할 다음과 같은 권익을 보호·유지할 방법을 강구한다.

(A) 일본이 한국에 남겨놓은 재산과 그 변동 상황을 조사해 중국 배상 문제를 처리하는 데 참고토록 한다.

(B) 화교들이 한국에서 받은 손실을 조사해 적절히 구제한다.

(C) 중국공산당 조직하의 영사관 요원을 색출하고 한국 각지에서 중국 영사관 공작을 회복한다.

(D) 한국의 경제 상황을 조사해 향후 대한 무역 정책에 도움이 되도록 한다.

(E) 한국 국민에게 중국의 문화를 알림으로써 한중의 우호 관계를 회복·증강시킨다.

(F) 미국과 소련 양국이 점령 지역 내에서 조치한 각종 정보를 수집한다.

국민정부는 5월 난징으로 천도했는데, 나는 그 전인 3월 말에 충칭을 떠나 난징, 상하이로 가서 한국 교포들의 상황을 시찰했다. 상하이의 한국 교포들은 나를 위해 환영 좌담회를 열어 한국 교포 문제를 의논했고, 이후 나 스스로도 상하이에서 여러 차례 회의를 개최한 바 있다. 그리고 틈틈이 톈진과 베이징으로 가서 한국 교포들을 시찰하고 위로한 후 4월에 난징으로 돌아갔다.

그때 외교부는 이미 난징에 옮겨와 있었기 때문에 나는 난징 외교부에 '난징, 상하이, 베이징, 톈진 일대 한국 교포 시찰 보고 및 건의서'를 제출했다. 당시 중국에 있던 한국 교포들의 상황을 이해하는 데 도움이 될 수 있도록 그 내용을 간추려본다.

본인은 대한 문제에서 내정과 외교를 통일해서 운용해야만 목적을 달성할 수 있다고 사료되어, 외교부가 한국에서의 본인의 공작 계획을 심사하고 제반 수속을 밟는 기간을 이용해 국내 각지의 한국 교포 및 포로를 조사·위로함으로써 대한 공작의 사전 업무로 삼고자 했습니다. 이에 각지의 상황을 간략히 보고합니다.

① 난징: 3월 말부터 4월 초까지 조사한 바에 따르면 한국인 포로를 우선적으로 다 돌려보냈고 지금 남아 있는 한국 교포는 8가구 25명과 광복군 대원 약 200명입니다.

② 상하이: 4월 초 조사한 바에 따르면 한국인 포로는 이미 다 돌려보냈고 한국 교포 약 5000명과 광복군 대원 약 30명이 남아 있습니다. 상하이에 있을 당시 한국의 미 군정청이 파견한 주상하이 연락관 휘트먼 대령과 한국 교포 처리 문제에 대해 토론한 바 있는데, 본인은 한국을 하나의 잠재적인 동맹국으로 봐야 한다고 말했고, 그 역시 이에 동의를 표했습니다. 4월 12일 자 신문지상의 기사를 보면, 허잉친 총사령관이 중국의 한국 교포들에게 4월 15일 이전에 집단 귀국하라고 명령해서 화북 일대의 한국 교포들은 매우 당황하고 있다고 합니다. 본인이 허 총사령관에게 전화로 그 이유를 물었더니 미국 측이 4월 15일 이후에는 한국 교포를 수송해서 귀국시킬 배를 보내지 않을 것이라고 알려왔기 때문이라고 했습니다. 본인 생각에 한국 교포 가운데 불량분자도 많으나 선량하고 합법적인 거주자도 적지 않으므로 이들을 일률적으로 다 돌려보내는 것은 타당치 못하다고 여겨집니

다. 또한 중국정부도 '적으로 분류되는 한국 교포'와 '선량한 한국 교포'를 구분해서 처리하는 원칙을 세우고 있으므로 이를 허 총사령관에게 설명했습니다. 그러자 허 총사령관은 본인에게 베이징, 톈진에 가거든 리(李) 주임과 쑨(孫) 장관에게도 이런 설명을 해달라고 부탁했습니다. 그 후 본인은 시간이 촉박해 13일에 비행기로 베이징에 갔습니다.

③화북 및 베이징·톈진 일대: 이곳의 한국 교포들을 살펴본 결과, 전전과 전시에 아편 판매에 종사한 사람이 적지 않고 중공의 공작에 협조해 민간 재산을 강점하고 중국인을 학대한 일이 많았기 때문에 한국 교포에 대한 중국 인민들의 인식은 매우 나빴고 이로 인해 한국 교포들은 곤경에 처해 있었습니다. 예를 들어 음식점 문 앞에 한국인의 출입을 거절한다고 써 붙임으로써 일본군 점령 시 한국인이 중국인을 학대·압박한 데 대해 보복을 하기도 했습니다. 양국 민중 사이에 이처럼 큰 거리감이 형성된 것은 일본이 한중 양국인을 이간시키려는 전략을 추진했기 때문입니다. 게다가 공산당이 뒤에서 선동했던 영향 역시 적지 않았습니다. 이는 한국을 원조하는 중국정부의 일관된 한중 우호 정책에도 배치되는 일입니다. 본인은 베이징에 도착한 후 곧 리 주임, 쑨 장관, 슝(熊) 시장 및 한국의 미 군정청 주베이징 연락관 로스웰 중위를 만나 이 문제를 의논하고 개선 방안을 강구토록 노력했습니다. 또한 한국 교포를 대할 때 절대 불법 또는 월권행위를 해서는 안 된다고 당부했습니다. 한편 본인은 베이징, 톈진 두 지역에서 미군 연락관과 함께 직접 한국인 포로 관리소 및 검사소를 찾아 상황을 살피고 한국 교포와 포로들을 위로했습니다. 그뿐 아니라 한국임시정부 선무단(宣撫團), 광복군, 한교회(韓僑會) 및 한국 기자들을 여러 차례 소집해 차근차근 설명했으며, 한국 측의 요청에 따라 본인은 한국 교포들에 대한 대우를 개선해 한중 양국의 국민감정을 융화시킴으로써 중국의 대한 정책에 부응해주기 바란다고 중국 언론에 호소했습니다.

이로 인해 현재 베이징, 톈진의 관계 당국과 주민들의 한국 교포에 대한

대우는 이미 개선되었습니다. 광복군을 제외하면 이미 군비(軍費)를 우대해서 제공해왔으며 육군 총사령부는 광복군의 이청천 사령관 및 이범석 참모장과 협의해 모든 대원을 계속해서 한국에 귀국시키기로 결정했습니다. 이밖에 행정원과 외교부에 관련된 사항은 다음과 같이 건의합니다.

(A) 한교 교포의 거취 문제: 화북·화중 수복 지구에는 선량한 한국 교포가 적지 않은데, 육군 총사령부는 관계 기관이 회동해서 이들을 정확하게 조사하고 만약 선량한 한국 교포임이 증명되면 거류를 허가하는 동시에 합법적으로 보호하도록 각 전시구역에 전보로 명령해주기를 요청합니다.

(B) 한국 교포 재산의 처리 문제: 행정원은 행정원의 전국성사업접수위원회와 외교부가 협의 결정한 처리 방법을 신속하게 소속 기관에 하달해 따르도록 하고 위법 행동이 발생하지 않도록 제청합니다.

(C) 한국임시정부 주중대표단 소속 선무단의 거취 문제: 선무단이 자신들의 조직을 마음대로 확대시켜 '적으로 분류되는 한국인', 나아가서는 '적으로 분류되는 재산'까지도 수용하고 있다는 보고가 있는데, 한국임시정부 주중대표단이 중국의 주권을 옹호한다면 수시로 외교부의 승인을 얻어 인원을 파견해 단기적으로 한국 교포를 시찰·위로하고 선무단을 상주케 함으로써 이 같은 폐해가 발생하지 않도록 해야 합니다.

이상 보고·건의 드립니다.

1946년 4월 30일
주한대표 사오위린

나는 이 시찰 보고 및 건의서를 제출함과 동시에 외교부에 나를 주한대표로 파견하는 수속의 처리 경과를 문의했다. 그 결과 내가 달포 전에 제출한 '공작계획 요강'을 왕 부장이 4월 29일에야 결재하고 "늦어도 5월 10일 이전에 출발해서 한국에 부임하라"라고 지시했음을 알았다. 그러나 외교부는 5월 13일에야 겨우 공문을 나에게 송부했다. 이로 인해 5월 10일 이전에 주한 외교대표로 부임할 수 없었다. 그 이후로도 왕 부장이 외교부를 책임졌던 기간에는 줄곧 마찬가지였다. 이처럼 아무런 이유도 없이 또다시 한국 부임은 실현되지 못하고 말았다.

그간의 실제 경과는 이러했다. '외교부 주한대표'라는 명의는 3월 24일 외교부 부령으로 정식 발표되었다. 일반 외교 업무 및 국제관계에 따르면 외교부는 이를 즉시 관계 국가 정부 또는 그 나라의 주중대사관에 통지해야 하는데, 마땅히 거쳐야 할 이 절차를 미루고 하지 않았다. 기다리다 못한 미국의 주중대사관이 5월 7일 중국 외교부에 "국무부 부령에 따라 주한 미군 사령부가 관계국 정부에 각국의 재산 및 권익에 관한 사항을 처리할 대표를 서울로 파견해달라고 요청한 것과 관련해, 귀국에서 파견할 대표와 수행 인원의 명단을 본 대사관에 송부하면 국무부에 통보하고자 한다"라며 재촉하기에 이르렀다.

중국 외교부는 주한 군사대표를 외교대표로 바꾼 지 6개월이 지나고, 외교부 부령으로 주한대표를 발표한 지 거의 2개월이 지나고, 부장이 "늦어도 5월 10일 이전에 출발해서 한국에 부임하라"라고 지시한 마감일의 다음날인 5월 11일에야 비로소 미국과 소련의 주중대사관에 "본국에서는 사오위린이 외교부 주한대표로 대표단을 인솔해 떠나고자 하니 귀국의 주한 군사 당국에 통보해주기 바란다"라고 통지했다. 5월 13일 외교부는 중국의 주미대사관, 주소련대사관 및 주일대표단에 각각 전보를 쳐서 "외교부가 사오위린 대표를 한국에 파견한다는 사실을 각 주재국 정부 및 군사 당국에 알려달라"라고 통보했다.

나는 이번에는 반드시 부임할 수 있으리라고 생각해 주한대표단의 모든 동지를 소집해 5월 28일 충칭에서 한국으로 떠나기로 결정했다. 그러나 또 다른 문제가 생겨 일이 복잡해질 줄 누가 알았겠는가?

5월 17일 오랜 벗 왕평성 동지가 갑자기 난징에서 심장병으로 세상을 떠났다. 나는 이튿날 아침 장제스 주석의 부름을 받고 갔다가 왕 동지가 병서했다는 소식을 들었다. 이에 장 주석은 나에게 일단 왕 동지가 남겨놓은 군사위원회·국제문제연구소 주임 직무를 맡아달라고 했다. 이 직무를 대리할 사람을 따로 물색하는 동안 연구소 업무를 정리하다가 한국에 부임하라는 것이었다. 나는 재삼 간곡히 사양했으나 끝내 동의를 얻지 못했다. 심지어 나는 이 일로 다시 한 번 왕 부장에게 미움을 사게 될 것이라고까지 말했으나 주석은 "그건 내가 설명해주겠소"라고 답할 뿐이었다.

그래서 나는 국제문제연구소 업무를 정리하면서 한국에 부임할 시기를 기다려야 했다. 그런데 5월 22일 주일대표단의 선진딩(沈覲鼎) 고문이 외교부에 알려온 전문에 따르면 "맥아더 사령부에 중국의 주한대표 파견 문제를 알아본 결과 국무부로부터 통지를 아직 받지 못했다고 하니 사오 대표의 출발을 잠시 늦춰주기 바란다"라고 했다.

5월 30일 외교부는 주미대사관 웨이다오밍 대사에게 "중국의 주한대표 파견 문제를 빨리 처리해달라고 국무부에 독촉해주기 바란다"라는 전문을 보냈다. 이에 6월 2일 웨이 대사가 외교부에 전문을 보내왔는데, "미국 국무부가 전화로 통지하기를, 사오 대표의 한국 파견 문제를 맥아더 장군이 있는 사령부에서 알아서 처리하라고 이미 넘겼다"라는 것이었다.

6월 15일 외교부는 주미대사관 탄사오화(譚紹華) 공사에게 전보를 쳐서 "중국의 주한대표 파견 문제에서 미국 측이 곤란해 하는 점이 무언인지 알아보라"라는 지시를 내렸다. 이에 6월 22일 탄 공사가 외교부에 전문을 보내왔는데, "국무부의 답변에 따르면 이 문제를 맥아더 사령부와 계속 협의 중인데, 미국 측은 중국, 영국, 소련이 군사적인 직함을 가진 사람을 파견하는 것은 바라지 않고 총영사 또는 그에 상당한 직위를 가진 인물을 파견하는 것이 가장 이상적이라고 여기고 있다"라고 했다.

7월 15일 외교부는 구웨이쥔 대사에게 전보를 쳐서 "사오 대표의 한국 부임을 미국이 지연시키는 이유를 밝혀 보고하라"라고 지시했다. 이에 8

월 1일 구 대사는 "미국 측이 한국에 파견한 사람이 총영사이기 때문에 다른 나라도 그와 같이 해주기를 희망하고 있다"라고 답전했다. 8월 17일 외교부는 다시 구 대사에게 "중국 외교부가 서울에 총영사를 파견키로 결정했는데 미국 측 의견이 어떠한지 알아본 후 보고하기 바란다"라고 전보를 쳤다. 8월 27일 구 대사는 "국무부의 구두 답변에 따르면 중국이 서울에 총영사를 파견하려는 데 대해 동의를 표명했다"라는 답전을 외교부에 보내왔다.

9월 17일, 미국의 주중대사관은 주한 미 군정청과 미국정부는 평상시 우방국이 남한에 영사관을 설치하는 데 대해 동의한다고 중국 외교부에 알려왔다.

그러다 결국 9월 24일 "주한대표 파견이 연기되었으므로 대표단 단원은 전부 부임할 필요가 없다"라는 외교부 부령이 내려 주한대표 부임은 끝내 실현되지 못하고 말았다.

그리고 10월 7일에는 왕 부장이 직접 "한국에 총영사 겸 연락원 성격의 사람을 파견하려 하니 주관 부서에서는 이를 속히 추진하라"라는 명령을 내렸다. 나는 이러한 전후 사실을 다 알고 난 다음 10월 15일 왕 부장에게 다음과 같이 품의했다. 즉, 그간 나와 한국 간 관계와 나 자신의 숙원을 설명하고 지위가 낮아져도 상관없으니 총영사 명의로라도 한국에 부임해 사명을 완수할 수 있도록 해달라고 했다. 그러나 왕 부장은 다시 나를 부르지 않았고 아무런 지시도 내리지 않았다. 11월 4일 왕 부장은 류위완(劉馭萬)을 주한 총영사에 임명하고 주중대사관에도 이 사실을 알렸다. 류위완은 외교 경력이 전혀 없었으나 왕 부장의 고향 친척이어서 왕 부장의 신임을 받고 있었다. 그러나 이후 그는 이 때문에 인사 관계에 잡음을 일으켜 국교상 많은 영향을 끼치기도 했다.

이상에서 알 수 있듯, 외교부는 주한대표 파견 문제로 교섭하는 데 거의 1년을 소비했으나 갈수록 일이 얽히기만 했다. 미국이 아무런 정견을 내놓지 않자 중국은 이리저리 흔들리며 한 마디 항변도 하지 못했다. 결국 미국을 탓하기는 어려우니까 칼을 안으로 돌려 수술을 가했던 것이다.

나와 왕 부장은 원래 특별한 개인적 친분이 없었다. 다만 그가 군사위원회 참사실(參事室) 주임으로 있을 적에 장제스 위원장이 매주 주재하는 참사 보고회에서 자주 만났으나 깊은 이야기를 나눌 만한 시간은 없었다. 우리는 서로 은혜를 베푼 일도 또 원한을 산 일도 없었으므로 좋아하거나 싫어하는 감정도 있을 리 없었다. 나는 그의 사람 됨됨이나 하는 일에 대해서도 아는 바가 전혀 없었는데, 훗날 왕 부장의 오랜 동료였던 장중푸(張忠紱)가 『미망록(迷惘錄)』이라는 책에서 그를 "성한 데가 없는" 사람이라고 비난한 것을 보고야 그를 약간 인식하게 되었다.

국민정부가 환도한 후 나라가 어지러울 때 아직 세상을 뜨기 전이던 천부레이 선생은 어느 날 난징에서 내가 여러 차례 공격을 당한 사실을 동정하면서 "왕 부장이 자네를 달갑지 않게 대하는 데 대해 나도 생각해보았는데, 나에 대한 좋지 않은 감정이 자네에게 영향을 미친 것 같아 여간 미안한 게 아니네"라고 털어놓았다. 내가 무엇 때문이냐고 묻자 그는 "비서실에서 일하는 사람들은, 특히 나처럼 자신을 돌보지 않는 사람일수록 남의 미움을 사게 마련이야. 그러니 자네도 운수가 나빴다고 치고 말게나"라고 말했다. 사실 나로서도 운이 나빴다고 치는 방법 외에 무슨 특별한 수가 있겠는가?

다행히 나는 옛 친구 왕핑성의 장례를 치르고 군사위원회 국제문제연구소 업무를 정리하느라 할 일이 조금 있었으므로 완전한 실업 상태는 아니었다. 그런데 국민정부가 군사위원회 전체 조직을 폐합해 국방부로 개편한다고 밝혔고, 이에 국제문제연구소의 존폐 문제가 대두되었다. 나는 이 연구소의 처리 방안을 세 가지로 장 주석에게 품의했다. 첫째, 국제문제연구소를 외교부에 예속시켜 외교부의 연구 기관으로 만드는 것, 둘째, 중앙연구원에 예속시켜 순수한 학술연구 기구로 개편하는 것, 셋째, 조직을 해산하는 것이었다. 이에 대해 주석은 "외교부 예속안이 어떨지 왕 부장과 먼저 의논해보라"라고 지시했다. 그러나 왕 부장은 나를 접견한 자리에서 "외교부에는 예산이 없어 이 조직을 접수하기 어렵다"라고 말했다. 이로 인해 국제문제연구소도 결국 해산의 운명에 놓이게 되었다.

주한대표단을 해산하는 일을 마무리 짓자마자 나는 곧이어 국제문제연구소를 해산하는 작업을 마무리 지어야 했다. 이 두 가지 일은 더없이 가슴 아팠다.

내가 외교부에서 쫓겨난 후에는 왕스제 부장과의 거리가 더욱 멀어져 만나는 일이 매우 드물었다. 1년 후인 1947년 12월에 나를 외교부 고문으로 추대한다는 왕 부장의 초빙서를 받았으나, 그 자신은 얼마 되지 않아 개각 때 외교부를 떠나고 말았다. 1948년 8월 대한민국이 정식 독립하자 나는 이듬해 초 다시 총통으로부터 초대 주한대사로 임명받았는데, 그 해 여름 왕스제도 장 총통을 수행해서 내한해 진해회담에 참석했다. 1952년 가을 나는 주한대사직을 그만두고 총통부 국책고문 겸 정책연구실 주임으로 발령받아 갔는데, 이 정책연구실의 대외 명칭은 국제관계연구실로, 현 국제관계연구소의 전신이다. 당시 왕스제는 총통부 비서장이었기 때문에 장 총통이 주재하는 외교선전 보고회에서 자주 만났다.

1953년 2월 25일 각 신문에서는 아이젠하워 대통령이 미국 의회에서 얄타 비밀협정의 존재를 정식으로 부인했다는 기사가 실렸다. 나는 그날 오전 장 총통을 만나 다음과 같이 말했다. "중국이 유엔총회에 제출한 '소련 징계안'에 대해 유엔은 소련이 중소우호동맹조약을 준수하지 않았다고 해서 징계할 수는 없다고 결의했습니다. 사실 소련은 미국, 소련, 영국의 얄타 비밀협정을 이용해 우리에게 강압적으로 중소조약에 조인토록 했고 또 이 조약에 따라 동북 지방을 점령해 중공의 협조하에 중국 대륙을 자신들 손아귀에 넣었습니다. 지난날에는 미국과의 관계를 고려해서 아무런 행동도 취하지 않았으나 오늘날 미국 대통령이 공개적으로 얄타 비밀협정을 부인한 이상 우리는 당장 중소우호동맹조약을 폐기하고 이를 국내의 인사들에게 널리 알려야 합니다."

장 총통은 이 말에 대해 연거푸 "옳은 말이오. 지금 곧 왕 비서장에게 가서 보고하고 처리해주시오"하고 말했다. 나는 왕 비서장 사무실에 가서 총통의 지시를 받은 사실을 설명했다. 왕 비서장은 설명을 듣고 곧 웃는 낯으로 매우 겸손하게 대해주었다. 그가 나에게 이런 태도를 보인 것은 그때가 처음이었던 것 같다. 그도 그럴 것이 그는 바로 중소조약을 조인한 장본인이었고 이로 인해 조야 각계 인사로부터 많은 질책을 받아왔는데, 나의 이 주장은 적어도 그의 허물을 일시에 씻어버리는 일인 셈이기 때문이었다. 그는 "뜻밖이군요, 뜻밖이야"라고 말하면서 외교부 예(葉) 부장에게 전화해 곧 와서 회의를 열자고 했다. 이렇게 해서 이날 오후 외교부는 중소우호동맹조약을 정식 폐기한다는 성명을 발표했다.

그 해 가을 제1차 유엔총회에 참석해 교포들을 위문하러 나가 있을 당시 나는 타이베이에서 발행된 신문지상에 "왕 비서장이 잘못을 저질러 장 총통은 비서장 관직을 박탈하고 그를 취조하라고 명령했다"라는 기사가 실린 것을 보았다. 나는 당시 말할 수 없이 묘한 느낌이 들었다. 그 후 그는 오랫동안 모습을 드러내지 않다가 장웨쥔(張岳軍) 비서장 시대에 다시 재기를 기도했다. 당시 경위는 신문에도 보도된 바가 없고 외부인이 알 수 있는 일도 아니므로 역사가들이 밝히도록 둘 수밖에 없다.

각설하고 중국 외교 당국이 1년의 시간을 허비하며 주한대표 문제를 태평스럽게 해결하고 있는 동안 한국의 정세는 굉장한 속도로 변화하고 있었다. 나는 수차 한국 부임이 좌절되어 한국에 가지는 못했으나 한국의 정세는 계속 주시하고 있었다. 북한은 소련이 점령한 철의 장막 속에서 전혀 다른 세계로 바뀌어갔는데, 이 점에 대해서는 잠시 덮어두기로 하자. 남한에는 원래 주중 미군 사령관인 앨버트 웨드마이어 장군이 진주한다는 말이 있었으나, 안타깝게도 당시 웨드마이어 장군은 맡고 있는 일이 너무 많아 겸직할 수가 없었다. 그래서 오키나와를 점령한 미국 제6군 사령관인 존 하지 장군이 남한 점령의 책임을 맡기로 했다.

하지 장군은 작전의 명장이기는 하지만, 정치적인 감각이나 수완은 상당히 뒤떨어졌던 것 같다. 그는 1945년 9월 9일 서울에 진주하기 전에 한국인들의 감정은 전혀 아랑곳하지 않은 채 먼저 일본의 육군 장교 아베(阿部) 총독에게 전보를 쳐서 당분간 한국을 통치해달라고 해서 처음부터 한국인들로부터 원성을 샀다. 또한 그는 미 군정을 선포하고 미국과 소련 군대가 남한과 북한을 분할 점거해서 군사적으로만 처리하면 정치적·경제적인 측면은 자연히 해결될 것이라고 여겼다.

그래서 하지 장군은 여러 대의 기차에 쌀을 싣고 북한에 가지고 가서 북한의 연탄과 바꾸려 했다. 그러나 소련군이 쌀은 물론 기차까지 압류해버릴 줄 어찌 알았겠는가? 그제야 비로소 그는 소련인의 악독함을 깨달았다. 하지 장군은 주일 점령군인 맥아더 장군에 대해서도 호랑이 수염을 건드리는 잘못을 범했다. 하지 장군이 일본과 한국은 같은 전시구역이 아니므로 주한 미군은 마땅히 워싱턴의 펜타곤으로부터 직접 지휘를 받아야한다고 주장했던 것이다. 이에 맥아더 사령부는 한국에 보내던 군용·민용의 물품 보급을 단절함으로써 하지 장군을 궁지에 몰아넣었다. 게다가 정치 면에서도 친소 좌파인 여운형 등이 전횡을 일삼도록 방임하다가 결국 여운형의 주도로 전국인민대표대회가 개최되고 조선인민공화국이 수립되고 말았다. 나중에야 미 군정청이 조선인민공화국에 대해 해산 명령을 내렸다.

미 군정 통치하의 한국 정계는 친미, 친중, 친일의 3개 주요 파벌로 나눌 수 있었다. 그러나 한국인, 특히 독립운동 지도자들은 애국심이 매우 높았으므로 근본적으로 그들에게 친(親)이니 불친(不親)이니 하는 말을 붙이는 것은 적절하지 못하다. 단지 이 지도자들이 외국에 망명했을 때 미국과 중국에 상주했기 때문에 편의상 친미, 친중이라고 표현했을 따름이다.

이승만 박사는 1945년 10월 김구 선생보다 앞서 미국에서 귀국했다. 이 박사는 오랫동안 미국에 살았기 때문에 자연 미군 당국과 비교적 밀접한 관계였으나 이 박사와 하지 장군은 서로 개성이 너무 강해 물과 불처럼 서로 상극이었다. 이 때문에 미국에 있던 한국 독립운동 지도자들, 즉 서재필, 한시대, 전경무, 김호 등이 미 군정청의 요청에 따라 계속 귀국했다. 그 중 서재필은 군정청의 고문이 되었고, 전경무는 외무장관에 피임될 것이라는 설이 있었으나 불행히도 비행기 사고로 숨졌다. 그리고 한시대는 관직에 나가기를 원치 않아 로스앤젤레스의 농장으로 되돌아가버렸다.

김구 선생과 충칭의 한국임시정부 요인들은 미국 측의 결정 때문에 모두 개인 자격으로 귀국했지만, 20~30년 동안 한국임시정부가 중국에서 영도해온 독립운동의 유구한 역사와 장기간의 항일 투쟁, 사쿠라다몬 사건, 김구 개인의 성망으로 인해 한국 민중으로부터 열렬한 지지를 받았다. 그 때문에 이승만 박사도 귀국 초기에는 혁명의 원로로서 명망이 높던 김구 선생과 애써 접촉을 가지며 미 군정청의 압력에 대응하고 친일파와 좌파의 활동을 막지 않을 수 없었다.

1945년 12월 모스크바 3국 외상회의에서 동맹국들이 한국을 5년간 신탁통치하기로 결정하자, 이 박사와 김구 두 사람은 동맹국의 신탁통치에 반대하기 위해 힘을 합쳐 민중 동원에 나섰다. 그리고 3월 중순에는 두 사람과 기타 당파가 협의해 남조선대한국민대표민주의원을 구성하기로 했다. 미군 사령관 하지도 처음에는 이에 동의했는데, 나중에 좌파가 이 조직에서 탈퇴하자 고문 성격의 조직인 임시의회를 만들어 민선한 45명 외에 미 군정청에서 따로 45명을 지명했다. 이승만 박사는 김구 선생과 약속해 이 조직에의 참가를 공동 거절하기로 했다.

이 일로 인해 이승만 박사는 다시 하지 장군에게 미움을 샀고 둘의 사이는 도저히 풀릴 수 없는 지경에 이르렀다. 이 박사는 다시 미국에 돌아가 국무부와 펜타곤에 하지 장군이 전횡을 일삼고 있다고 알렸다. 이는 불에 기름을 끼얹은 것이나 다름없는 일이었다. 하지는 노발대발해 이 박사가 미국 군용기를 타고 한국에 돌아오는 것을 저지하라는 명령을 내렸다. 이 박사의 옛 친구인 로버트 올리버가 쓴 『이승만전(Syngman Rhee)』*에 따르면, 이는 국무부의 극동국장이자 공산당 동조자인 빈센트가 꾸민 일 같은데 상세한 내막은 알 수가 없다고 했다. 이러한 정세 아래 김구 선생은 큰 역할을 할 수 있었으나 한국임시정부가 내부적으로 단결하지 못해 힘을 발휘하지 못했다. 부주석인 김규식은 임시정부의 야당인 조선민족혁명당 당수라서 정견이 서로 달랐고, 심지어 김구 선생 자신이 당수였던 한국독립당조차도 귀국 후 개편해서 재건하는 데 실패해 국내의 정치적 격랑에 아무런 영향력을 미치지 못한 채 분열되고 말았다. 무엇보다 김구 선생이 힘을 발휘하지 못한 가장 중요한 원인은 그의 정치 전략이 실패했기 때문이다.

남한 전체 국민의 신탁통치 반대운동이 성공한 후 미국 국무장관 마셜은 1947년 8월 중국, 영국, 소련 3국에 서한을 보내어 신탁통치 제도를 대신하는 새로운 방안을 논의하자고 요구했다. 그때 소련은 모스크바 3국 외상회의의 결의안을 고집하며 미국의 요구를 거부했다. 이에 미국은 9월 17일 유엔총회에 건의해 유엔의 감시하에 한국 전역에서 총선거를 실시해 독립정부를 수립하자고 제안했다. 11월 14일 유엔총회는 43 대 0으로 이 제안을 통과시켰으며, 따로 유엔한국위원회를 구성해 이 일을 맡기기로 결의했다.

유엔한국위원회는 중국, 프랑스, 오스트레일리아, 캐나다, 인도, 필리핀, 시리아, 엘살바도르, 우크라이나 등 9개국 대표로 구성되었으며, 중국 대표는 주한 류위완 총영사가 겸임하는 외에 중국정부가 추천한 유엔사무총장 후스쩌로 하여금 특별히 한국에 가서 돕도록 했다. 유엔한국위원회

---

*   Robert Oliver, *Syngman Rhee: The man behind the myth* (New York: Dodd Mead, 1954). _옮긴이 주

는 1948년 1월 12일 서울에서 제1차 회의를 가졌고, 곧 북한에도 들어가 한국 전역에 걸친 총선거 실시 방안을 협의해서 준비하려 했다. 그러나 북한이 한사코 선거를 반대할 뿐만 아니라 유엔한국위원회 대표가 북한에 입성하는 것까지도 막아 유엔의 결의를 실행할 수 없었다. 그래서 유엔한국위원회는 선거를 실시할 수 있는 지역, 즉 남한에서만 선거를 실시하되 남북한 인구 비례에 따라 먼저 200석의 의원을 뽑고 나머지 100석은 비워 두었다가 북한에서 유엔 감시하에 선거를 치른 후 채우기로 결의했다.

이러한 결과는 일본의 패전 후 한국 국민이 일치단결해서 국제 신탁통치에 반대해 획득한 한국 독립의 중대한 승리이자 김구 선생과 이승만 박사 두 사람이 협력해서 이끈 결과로 얻은 중대한 성과라 할 수 있다. 그런데 이승만 박사는 이러한 성과를 확보한 후 이를 더욱 확대시켜 정치 면에서 착착 진전을 보았으나, 김구 선생은 하나의 정치 전략이 실패함으로 인해 그의 명성에 큰 타격을 받았다. 원래 김구 선생의 정치 이상과 신념은 전체 한국의 통일된 독립이지 남북한이 분단된 상태로 독립하는 것이 아니었다. 이는 신성하고도 숭고한 신념이며 조금도 잘못된 생각이 아니었다. 다만 문제는 북한에 있었다.

북한은 소련공산당의 점령하에 완전히 빨갛게 물들어 있어 미국과 소련 양국의 점령군 당국이 오랫동안 여러 차례 접촉을 가졌으나 끝내 의견의 합치를 보지 못했다. 소련은 심지어 유엔의 결의조차 상대하지 않아 유엔한국위원회의 북한 입성까지도 거절했다. 이를 통해 남북한의 분단은 군사적인 분단인 동시에 정치적인 분단이기도 함을 알 수 있다. 그러니 통일은 논의하기도 어려웠으며 또 단시일 내에 실현 가능한 일도 아니었다. 다시 말해 전체 한국의 통일은 반드시 소련과 북한의 동의를 얻은 뒤라야 가능했다. 그 길 말고는 남한만 먼저 독립시키는 수밖에 없었다. 그 때문에 미국과 유엔은 남한을 먼저 독립시키기로 결정했다. 게다가 이미 40년 동안 망국의 고통에 지친 남한 국민들은 더 이상 기다릴 수 없을 만큼 마음이 다급한 상태였다.

이러한 형편이었는데도 김구 선생은 끝내 남한 단독의 선거를 반대하고 남북한 정당 대표가 먼저 정치 협상 회의를 개최하자고 주장했다. 안 될 줄 알면서도 그렇게 한 것은 혁명을 위해 희생도 불사하겠다는 굳은 신념에 기초를 둔 것이었지만, 이는 당시 정치전략 면에서 받아들여지기 어려웠음은 말할 것도 없고 도리어 반대파에 이용당하기 쉬웠다. 내가 당시 주한대표로 그곳에 부임해 있었다면, 마셜이 강압적으로 국공 조정을 단행한 탓에 중국정부가 정치 협상 회의를 개최했다가 이미 치명상을 입었던 사실을 거울삼아 기필코 그를 막았을 것이다. 그러나 김구 선생은 마침내 1948년 2월 조선독립동맹의 주석인 김두봉에게 서한을 보내 남북한 정당 대표가 협상 회의를 열자고 주장했다. 이는 소련공산당과 북한 공산괴수 김일성의 생각과 딱 들어맞았기 때문에 북한은 4월 하순 평양에서 회의를 개최하자고 곧 동의해왔다. 이에 따라 김구 선생은 김규식 등을 대동하고 북상해 회의에 참가했다. 그 결과 그는 예상과 달리 죽지 꺾인 새처럼 기가 죽어 돌아왔고, 이러한 김구의 정치 행각은 그에게 돌이킬 수 없이 큰 좌절을 안겨주었다.

1948년 5월 10일 남한은 유엔한국위원회 각국 대표들의 감시 아래 선거를 실시해 제헌국회를 구성했다. 이승만 박사는 의장으로 선출되었으며, 김구 선생은 비록 남한만의 단독 선거를 반대하고 있었으나 김규식과 함께 부의장으로 선출되었다. 같은 해 7월 19일에 국회에서 헌법이 통과되었다. 이승만 박사는 순조롭게 대한민국 초대 대통령에 당선되었고 이시영 선생은 부통령에 당선되었다. 국무총리는 처음에는 이윤영을 지명했으나 국회의 인준을 받지 못해 김구의 한국임시정부에서 한국광복군 참모장을 맡았던 이범석을 재지명해서 8월 15일 드디어 남한의 독립된 새 정부가 정식으로 수립되었다.

8월 18일 미국 주한 점령군 사령관 하지 장군은 짐을 꾸려 자신이 거처하던 곳을 이 대통령에게 관저로 넘겨주었다. 당시 이승만 대통령은 이곳을 '경무대'라고 명명했는데, 훗날 박정희 대통령이 '청와대'로 개명한 바로 그곳이다.

12월 1일 유엔총회에서는 48 대 1로 대한민국을 한국의 정식 합법정부로 승인하는 안이 통과되었다. 이어 중국, 미국, 영국, 프랑스 등이 정식 승인하고 국교를 맺었다. 한편 김구 선생은 김규식에게 새로 맡게 될 국회의 장직을 양보하고 자신은 서울의 경교장을 빌려 피살될 때까지 재야에서 소박하게 생애를 보냈다.

초대 주한대사로 간신히 부임하기까지

일본이 항복한 후 1948년 8월 15일 대한민국이 독립 정부로 정식 수립되기까지 꼬박 3년 동안 남한의 정세는 혼란과 분쟁 그 자체였다. 당시 이승만 박사와 김구 선생은 전국의 민중을 연합해서 함께 국제 신탁통치와 미국 군정에 반대하는 한편, 친소파와 친일파의 활동을 배제하는 데 노력했다. 하지만 김구 선생의 정치 전략이 실패하자 이승만 박사의 명망이 더욱 높아져 정계를 거의 독점하며 부상했다. 사실 이승만 박사와 김구 선생 두 사람의 동향은 이 시기 한국 정계의 주류라 할 수 있다.

이 박사는 이름 높은 3·1운동의 원로로서 상하이 한국임시정부 대통령에 추대된 경력을 가지고 있었다. 이 때문에 나중에야 한국임시정부를 이끈 김구 주석 일파를 안중에도 두지 않았다. 이 박사는 미국에 망명해 있을 당시 나에게 주미 한국대표공서는 한국임시정부를 대표할 뿐만 아니라 전체 한국인을 대표하는 기구라고 이야기한 적이 있다. 그렇게 말하는 그의 눈빛에서도 그러한 인식을 엿볼 수 있었다.

그러나 전후 남한에 돌아온 뒤 자신의 명망은 높긴 하지만 시대에 다소 뒤떨어졌다는 것을 깨달았고 김구 선생 일파가 득세하자 두려움마저 느꼈다. 그래서 김구 선생에게 적극적으로 손을 뻗쳐 그와 관계를 맺었다. 이로써 한국 독립을 위한 두 사람의 노력은 일치되었다. 그러나 정권 쟁취면에서는 동상이몽을 꾸고 있었기 때문에 그들의 관계는 전우인 동시에 정적이었다. 나는 전시에 미국과 중국에서 그 두 사람과 자주 왕래했기에 두 사람의 대조적인 개성을 잘 알고 있었다. 이승만을 과거 삼국시대의 조조에 비유한다면 김구는 유비에 해당하는데, 이는 나 개인의 체험을 기반으로 자의적인 판단하에 하는 말이 아니다. 만약 이 두 사람에다 송진우가 피살된 후의 김성수를 손권에 비유한다면, 곧 전후 이 시기 한국 정계의 상황을 짐작할 수 있을 것이다.

이승만 박사가 그토록 고령인데도 정계를 독보할 수 있었던 것은 그의 능력 외에 첫째, 운이 아주 좋았고, 둘째, 권모술수가 남달리 뛰어났기 때문이다. 그 한 예로 장제스 주석이 김구 주석에게 20만 달러를 지원한 이야기를 들어보자.

1945년 11월 1일, 장 주석은 충칭에서 김구 주석을 위한 송별회를 열고 한국임시정부 요원들을 환송할 때 국민당 중앙당부 우체청 비서장을 시켜 김구 주석에게 귀국 후의 비용에 보태도록 미화 20만 달러를 지원한 적이 있었다. 중국정부 및 국민당이 한국임시정부에 원조한 자금은 20여 년의 오랜 역사를 가지고 있을 뿐만 아니라 금액도 100만~1000만 달러 수준이 아니었다. 그러니 20만 달러라는 돈은 하찮은 금액에 지나지 않았다. 그러나 전후 한국의 정계는 혼란스러웠고 정치하는 사람들은 무슨 일에나 돈이 필요했다. 당시 중국 신문지상에 보도되지는 않았지만 한국임시정부에 관련된 사람이 적지 않아 이 일은 금방 알려졌다. 그러자 한국의 정객들도 하나같이 이 돈을 받고 싶어 했으나 중국의 지도자나 당·정 당국과 직접적인 연고가 없어 입을 열지 못하고 있었다. 그런데 이 박사는 달랐다. 그가 남조선대한국민대표민주의원 주석으로 선출된 바로 이튿날 그는 서울에서 곧장 장 주석에게 전보를 쳐서 그 돈을 청구했다. 이를 믿지 못하는 독자에게는 그때 이승만 박사가 보내온 전문이 증거가 될 것이다.

1946년 2월 15일 이승만 박사가 영어로 작성해 보낸 전보 번역문

충칭의 장 주석 각하. 웨이다오밍 주미대사에게 20만 달러를 미국안전신탁회사에 예금케 해서 이를 임병직 대령이 본인을 대신해서 인도할 수 있도록 해주시기 바랍니다. 본인은 미국에서 이 돈이 급히 필요합니다. 각하께서 베풀어주신 애정을 한국인들은 영원히 잊지 않을 것입니다. 하지 장군은 어제 서울에서 거행한 장엄한 의식을 통해 남조선대한국민대표민주의원을 승인했습니다. 이 민주의원은 본인이 주석을 맡고, 김규식과 김구가 부주석을 맡고 있습니다.

이 박사의 이 같은 당돌한 전보를 받고 중국 당국도 퍽 입장이 곤란했다. 게다가 나의 주한대표 부임도 취소되어 서울에는 이 문제로 접촉을 가질 만한 사람도 없었다. 할 수 없이 중앙당부 비서처에 넘겨 잠시 보류해두었다. 사실 20만 달러는 김구 주석이 귀국할 때 가지고 가지 않아 그때까지 중국 국고에 들어 있었다.

1947년 6월에 이르러 중국 당국은 주한 류위완 총영사가 부임한 이튿날 전보를 받았는데, 김구 선생의 요청에 따라 그중 10만 달러는 한국임시정부 주중 대표 복정일에게 넘겨 공무에 쓰게 하고, 나머지 10만 달러는 류 총영사가 김구 선생의 차남 김신에게 주었다는 내용이었다. 김신에게 준 비용은 어떤 용도였는지 주한 중국 총영사관이나 이후의 중국대사관에도 서류가 남아 있지 않아 나로서도 함부로 추측할 수 없는 일이다. 어찌 되었든 당시 이승만 박사의 전보는 그의 권모술수가 얼마나 뛰어났는지를 보여주는 좋은 예라고 할 수 있다.

이 박사의 운이 아주 좋았다는 사실은 그가 1947년 4월에 중국을 방문한 일로 설명할 수 있을 것이다. 이 박사는 한국에서 미국 점령군 사령관

하지 장군과 성격이나 정견이 맞지 않아 일찍부터 사이가 여간 나쁜 것이 아니었다. 그래서 1946년 12월 그는 미국에 가서 국무부와 펜타곤에 하지를 좋지 않게 보고했다. 하지는 원래 이 박사의 미국 방문을 바라지 않았으나 이를 막을 수는 없었다. 하지만 이 박사의 발언으로 인해 이듬해 3월 워싱턴에 소환되어 업무 보고를 하라는 명령까지 받을 줄은 미처 알지 못했다. 이 때문에 하지는 화가 나서 3월 말로 예정된 이 박사의 귀국을 방해하기에 이르렀다. 장기간 한국에 돌아가지 못했으면 이 박사는 한국 정계에 나설 길이 막혔을 것이며, 그랬으면 김구 선생의 정치적 전도가 매우 밝았을 것이다. 하지만 이 박사의 운은 언제나 좋아서 귀신조차 그를 돕는 성싶었다. 이때 그를 곁에서 가장 크게 도운 것이 바로 중국이었다.

미군이 남한을 점령하고 있을 당시에는 한미 간에 아직 민간 항공 여객기가 운항되고 있지 않았기 때문에 미군기를 이용할 수밖에 없었는데, 이 미군기 탑승객은 반드시 주한 미군 당국이나 국무부·국방부의 허가를 받아야만 했다. 이 박사는 원래 미국 국방부의 허가를 이미 받았으나 3월 하순에 갑자기 취소되었다는 전화를 받았다. 이에 이 박사는 돌아갈 방법을 잃고 매우 조급해했다. 생각하던 끝에 그는 워싱턴의 중국대사관에 가서 도움을 청하기로 했다. 구웨이쥔 대사더러 장제스 주석에게 급히 전보를 쳐서 자신이 난징에 가서 장 주석을 만나뵙기를 희망한다고 알려달라고 부탁했다.

장 주석은 이 박사를 만나본 적이 없고 그에 대해 잘 몰랐기 때문에 구 대사의 전문에 "사오위린 동지와 의논해 정할 것"이라고 적어서 내려 보냈다. 나는 당시 주한대표 직무가 외교부로부터 취소되고 군사위원회 국제문제연구소 주임으로서 연구소의 마무리 작업을 하고 있었다. 그리고 그때 나도 이 박사로부터 머지않아 중국을 방문할 것이라는 개인 전보를 받은 상태였다. 나는 이 박사에 대해 알아보라는 장 주석의 명령을 받고 한국의 정치 상황과 이 박사의 약력을 간단히 소개하는 외에 그가 한국 대통령에 출마할 것이라고 보고하면서 그의 중국 방문에 환영을 표하고 비공식적으로나마 잘 접대해서 서로 관계를 맺는 것이 좋겠다고 건의했다. 이 건의는 장 주석의 비준을 받았고, 결국 장 주석이 이 박사를 크게 도운 셈이 되었다.

이렇게 해서 이승만 박사는 장제스 주석의 초청을 받고 중국을 방문한다는 명목으로 장기영 비서(훗날 이승만 정부의 교통부 장관 역임)를 대동하고 노스웨스트 여객기에 탑승했다. 그는 먼저 도쿄에 들러 맥아더 장군을 만나보고, 4월 9일 상하이에 내려 그곳에서 차를 타고 난징으로 왔다. 당시 장 주석은 난징에 있었기 때문에 먼저 나와 이청천, 복정일, 민석린, 쓰투더 등이 그를 안내해 쑨원 선생의 묘소인 중산릉을 참배하고 당·정 당국을 역방했는데 우리 측에서는 그때그때 맞춰 그를 접대했다.

나는 나의 집에서 그를 위한 연회를 베풀어 회포를 풀 기회를 가졌다. 그런데 그때 이 박사가 좌석에 앉기에 앞서 나더러 긴히 할 말이 있다고 해서 별실로 갔더니 20만 달러에 관해 묻는 것이었다. 나는 그 돈에 대해 자세히 알지 못한다고 완곡히 대답해 이야기는 곧 끝났다. 내가 베푼 연회에는 이 박사와 한국 측의 가까운 친구들 외에 타오시성(陶希聖), 천보성(陳博生), 샤오퉁쯔(蕭同玆) 등의 여러 친구가 참석했다. 이 박사는 이밖에 우테청, 주자화, 왕스제 선생이 베푼 연회에도 참석하고 13일 상하이의 관저로 가서 장 주석 내외를 만났다.

이승만 박사는 장 주석에게 그간 한국 독립을 위해 도와준 데 대해 감사를 표하고 앞으로도 계속해서 한중 양국의 협력을 바란다고 말했다. 그리고 작별할 때에는 한국과 중국 사이에 아직 민간 여객기가 운항되지 않고 있으므로 자신이 한국으로 돌아갈 수 있는 길을 주석이 마련해주기 바란다는 말도 빠뜨리지 않았다. 장 주석은 그 자리에서 자신의 전용기를 서울까지 다녀오도록 파견하겠다고 했다. 이렇게 해서 이 박사는 미국 측이 그의 귀로를 막은 곤경에서 빠져나올 수 있었다. 이로 인해 그는 아주 가벼운 마음으로 쑤저우와 항저우 등지를 관광하면서 휘호와 시를 남기고 각지에서 성명을 발표함으로써 자신의 천재적인 선전 능력을 마음껏 발휘했다. 이 박사가 상하이시 21개 단체 연합의 환영회 석상에서 연설한 내용과 중국 조야에 대한 고별사에서는 그 일면을 엿볼 수 있다.

이승만 박사의 상하이시 연합 환영회 연설(4월 9일)

…… 본인의 이번 귀국 방문은 정치적 목적이 전혀 없는, 순수한 개인 방문입니다. 한중 양국은 예로부터 형제의 나라로 과거에 우리는 중국으로부터 적잖은 도움을 받아왔습니다만, 앞으로도 장 주석께서는 잊지 말고 더욱 긴밀히 협조해주기를 바랍니다. …… 본인은 장 주석을 예방해 한국이 민주의 길을 걸어가도록 도와주신 그분의 협조에 깊은 감사의 뜻을 표했습니다.

본인이 1945년에 귀국해 분주히 뛰어다니며 노력했으나 아직 민주정부를 건립하려는 바람을 이룩하지 못한 것이 부끄럽기 짝이 없습니다. 그런데 이번에 미국정부로부터 정신적 지지와 아울러 6억 달러의 차관도 제공받기로 했으므로 본인은 전력을 다해 한국의 독립과 평등을 쟁취하는 데 헌신하고자 합니다.

끝으로 본인은 한국정부가 수립되면 한중 양국이 어느 나라보다 먼저 대사를 파견하고 통상을 회복해 정치적으로나 경제적으로나 밀접히 협력하게 되기를 바랍니다. 중국은 우리 맏형에 해당하는 나라로서 서로 돕고 의지하는 사이이므로 지도와 협조를 아끼지 말기 바랍니다.

이승만 박사의 중국 조야에 대한 고별사(4월 13일)

수천 년 동안 한중 양국이 한 집안과 같은 우의를 유지해온 사실은 많은 서적을 통해 전해지고 있습니다. 우리 한국이 일본에 침략당한 이후에는 중국국민당 총리 쑨원 선생과 현재의 주석 장제스 선생께서 한국의 독립을 위해 성의를 다해 협조해주었습니다. 특히 한국임시정부가 충칭에 있을 때 받은 조력과 카이로회담 때 장 주석께서 정의를 주장하며 맨 먼저 한국의 독립을 보장하자고 말씀하신 두텁고 높은 정에 한국 민중은 충심으로 감격해 마지않습니다.

본인이 이번에 귀국한 것은 오로지 감사의 뜻을 전하기 위함이었습니다. 그런데 다시 장 주석의 후의와 각계 인사들의 열정에 넘친 대접을 받으니 기쁘고 감사한 마음 한량이 없습니다. 지금 심정은 필설로는 만분의 일도 나타낼 수 없을 것 같습니다. 이제 한국에 돌아가면 한국의 독립운동에 종사하는 외에 동아시아 및 세계 평화를 위할 것이며, 한중의 전통적 우의가 더욱 공고해지고 영원히 지속되도록 적극 노력할 것입니다.

이승만 박사는 4월 21일 상하이의 장완(江灣)공항에서 장 주석이 보내준 전용기 자강호(自强號)에 탑승해 서울로 돌아갔다. 이때 이청천, 백낙준 등이 동행했다. 떠나기에 앞서 이 박사는 '한국 문제 해결 방법'을 발표했는데, 그 내용은 대략 다음과 같았다.

1. 남한에 임시정부를 수립해야 한다. 그 임무는 남북한이 다시 합칠 때까지 계속되며 그때 보궐선거를 실시해야 한다.
2. 이 임시정부는 미국과 소련이 한국 문제에 대해 직접 협상하는 것을 방해하지 않는다는 원칙 아래 군사 점령에서 파생되는 문제 및 기타 미결 문제를 소련, 미국 양국과 직접 상의할 수 있도록 허락되어야 한다.
3. 일본에 대한 한국의 배상 요구가 좀 더 빨리 이루어져 한국의 부흥에 도움이 되어야 한다.
4. 한국은 모든 나라가 무역권을 평등하게 누리도록 허용해야 한다는 원칙하에 어느 나라에도 특혜를 주어서는 안 된다.
5. 한국의 통화를 안정시킴과 동시에 국제 환율을 규정해야 한다.

6. 미군은 미국과 소련 점령군이 동시에 철수할 때까지 계속 남한에 잔류해야 한다.

이상 각 항의 성명은 하나같이 무게가 있고 지도자적 풍모가 넘쳤다. 이승만이 당시 중국 방문에서 얻은 외교 및 내정상의 수확은 지대했다. 특히 그의 방문으로 중국 조야는 한국에 김구 외에 이승만이라는 사람도 있다는 사실을 알게 되었고, 그가 장 주석의 초청을 받고 중국에 와서 장 주석의 지지를 받았으며 심지어 장 주석이 전용기까지 내어주었다는 이야기가 퍼졌다. 이 박사 자신은 비록 이 방문에 정치적 목적이 전혀 없다고 설명했지만, 사실은 앞으로 남한에서 있을 선거 활동과 무관하지 않았다. 또한 상하이에서 했던 연설 가운데 "미국정부가 이미 6억 달러의 차관을 제공하기로 했다"라는 내용도 알아본 결과 사실과는 달랐다. 그런데도 그런 말을 한 이유는 미국을 내세워 중국의 지지를 얻음으로써 국내 정치 활동을 펼치는 과정에서 자신이 기도한 바를 쉽게 달성하기 위한 의도였던 것으로 여겨진다. 여기에 이 박사가 한국에 돌아간 후 그 해 쌍십절에 장 주석에게 보내온 서한 전문을 소개한다.

1947년 10월 10일 서울에서 보내온 이승만 박사의 서한
장 주석 각하. 지난번에 귀국을 방문해 각하 부부로부터 융숭한 환대를 받았던 일은 말할 수 없이 감사하게 여기고 있습니다. 각하의 인자하고 이웃을 사랑하는 덕성에 힘입어 귀국의 관민들 또한 하나같이 저를 예우해주었습니다. 한국 국민들은 각하께서 지난날 한국을 도와주고 또 이번에 본인에게 베푼 은혜를 알고 모두들 깊이 감사하고 있습니다. 다만 온 세계에 이름 높은 중국의 민주 지도자인 각하 부부와 함께 기념 촬영을 하지 못한 것이 후회스럽기 짝이 없습니다. 각하의 두터운 사랑을 오늘 이 시각까지도 잊지 않고 있으며 훗날 그 성덕의 만분의 일이나마 갚을 수 있기를 제 아내

와 함께 기약해봅니다. 만약 소련군이 철수하고 나서 각하 부부를 초청해 금강산의 아름다운 경치를 보여드린다면 얼마나 기쁠까 생각해봅니다.

본인이 한국에 돌아온 후 여러 차례 이곳 정세의 변화를 적어 글월로 올리고자 했으나 시행치 못했습니다. 외부와의 소식이 끊겨 일본 통치 시대보다 중국과의 단절이 더욱 심하며 강제 고립의 압박 속에서 하루도 분투하지 않는 날이 없었습니다. 우리는 지금 자신의 정부를 가지고 있지 않아 진전되는 상황이 매우 미약합니다만, 현재 남한에서는 선거운동을 추진하고 있습니다. 여기 비망록을 함께 부쳐드리니 참고가 되기 바랍니다.

또한 특별히 말씀드리고 싶은 것은, 지금 미국에서 일고 있는 여론, 즉 남한에 독립정부를 세우는 것을 반대하는 여론에 반선전을 하기 위해 재미 활동 경비가 시급하다는 점입니다. 미국의 여론을 잠재운다면 한국뿐만 아니라 중국에도 보탬이 되리라고 생각합니다. 각하께서 현 상황의 중요성을 통찰해 이 기회에 미국정부의 고위층이 이미 정한 정책을 비밀리에 반대하는 소수의 음모자를 방치하지 않기를 바랄 따름입니다.

전에 각하께서 경제적인 협조를 하기로 약속한 바 있는데, 각하가 전에 말씀하신 액수의 반이면 이 중대한 난관을 넘기는 데 충분하겠습니다. 만약 귀국의 주미대사관 비서가 이 자금을 워싱턴의 미국안전신탁회사에 직접 예금하는 것이 비밀 유지에 곤란하다고 여긴다면 중국대사관 직원을 한국대표공서 주석 임병직 대령에게 보내면 됩니다. 당장 어려운 점은 우리가 미국에서 돈을 써야 하는데, 우리 돈을 미화로 태환할 길이 없다는 점입니다. 이 때문에 각하의 도움을 청하는 것이니 양찰해주기 바랍니다.

그럼 존체 평안하고 국운이 창성하기를 바라오며, 아울러 사모님께 안부를 전합니다.

1947년 10월 10일
서울에서 이승만

장 주석은 이 박사의 이 편지에서 퍽 깊은 인상을 받은 것 같았다. 2년 후 장 총재가 이승만 대통령과 진해회담을 거행하기 얼마 전 타이완의 다시에서 나에게 "금강산 경치가 어떠한가? 이 대통령과의 회담을 금강산에서 가질 수 없을까?"라고 물었던 것으로 보아 짐작할 수 있다.

그런데 이 박사가 편지에서 특별히 지적해서 요청한 "각하가 전에 말씀하신 액수의 반"이란 장 주석이 김구 주석에게 지원한 20만 달러의 반을 가리키는 말인 듯하다. 중국 측에서 이 일을 어떻게 처리했는지는 내가 관여하지 않았기 때문에 알 수 없고 또 내가 멋대로 단정할 만한 성질의 일이 못 된다. 하여튼 이승만 박사의 중국 방문은 금전적 목적보다 정치적 목적이 더 컸고 수확 또한 컸던 것만은 틀림없다.

하지 장군은 이로 인해 이 박사를 달리 보고 존경하지 않을 수 없게 되었으며, 이 박사에 대한 한국 국민들의 인식이나 감정도 자연 달라졌다. 이 박사의 정치적 인기는 날로 상승했다. 무엇보다 이 박사에게 가장 큰 행운을 안겨준 것은 김구 선생의 실책이었다. 김구 선생은 유엔이 결의한 남한의 단독 선거에 반대해 북한에 가서 남북한 정당 대표의 정치 협상 회의를 거행키로 했다가 실패했던 것이다. 당시 한국 정세로 보아 김구 선생의 실패는 상대적으로 이승만 박사의 성공에 해당했다. 북한에서 공산당의 조선민주주의인민공화국이 수립되었다는 소식이 전해지자 1948년 8월 이승만 박사는 남한에서 순풍에 돛단 듯 처음에는 국회의장에 선출되었으며 이어서는 독립국인 대한민국의 초대 대통령에 추대되었다.

나는 미군의 점령하에 남한이 정치적 분쟁을 계속했던 이 기간 동안 한국에 사절로 나가라는 명령을 여러 차례 받았고 직함도 세 차례나 바뀌었으나 끝내 한국에 부임하지는 못했다. 이로 인해 아웃사이더로서 중립을 지키며 한국의 정세 변화를 조용히 지켜보았을 뿐 한국 정치의 소용돌이에 말려들지는 않았다. '새옹이 말을 잃은 것이 꼭 나쁜 일인지는 알 수 없다(賽翁失馬焉知非福)'는 고사가 이를 두고 한 말인지도 모른다.

그러나 중국의 정세가 날로 절박해지던 당시 혼자만 상황을 도외시할 수 있었겠는가? 중국은 당·정 당국이 모두 실패를 거듭하고 군사적으로도 불리해져 대한민국 독립 정부가 탄생될 무렵 중국 대륙은 완전히 양상이 바뀌어 있었다. 수도 난징은 공산군의 압력을 받아 민심이 흉흉해져 조용한 날이 없었다. 1949년 1월 1일에 장 총통은 "전쟁이냐, 평화냐(戰乎和乎)"라는 글로 최후의 호소를 했다. 그리고 이튿날 중국정부는 대한민국정부를 정식 승인하고 외교 관계를 맺는다는 성명을 냈다. 그러나 급변하는 정국에 책임을 지고 장 총통은 같은 달 21일 어쩔 수 없이 하야를 선포했고 리쫑런(李宗仁) 부총통이 직무를 대행하게 되었다. 이토록 시국이 어지럽고 국가와 민족이 위태로워진 상황 아래 정월 3일 뜻밖에도 나는 쑨커 내각의 행정원 부원장 겸 외교부장인 우톄청 선생으로부터 만나자는 전화를 받았다. 그는 나와 만난 자리에서 정부가 나를 초대 주대한민국대사에 임명하려고 하는데 내 의향은 어떤지 물었다. 나는 즉석에서 정부의 요청을 받아들이고 한중 양국의 국교를 위해 계속 노력하고 싶다는 뜻을 나타냈다.

'중국 특명전권 주한대사'라는 이 직함은 내가 한국의 사절로 임명되면서 얻은 네 번째 직함이었다. 외교부는 국제관례에 따라 한국의 주중 대표 정항범에게 한국정부에 우리가 파견하려는 사절에 대한 아그레망을 정식으로 요청해달라고 부탁했다. 일반 외교관례에 따르면 대사 파견에 따른 아그레망 수속은 통상 빠르면 1주일, 늦어도 2주일이면 처리되기 마련이다. 너무 늦는 것은 예의에 어긋나고 국교에 장애를 주며 해당 대사가 '기피 인물(Persona non grata)'로 여겨지는 것으로 인식되기 때문이다. 한중 양국의 역사적인 우호 관계로 보나 다년간 한국 독립운동에 협력한 내 개인의 경력으로 보나 한국정부는 즉각 환영의 뜻을 표하는 것이 마땅했다.

그러나 중국의 정국이 급변했다. 정부는 공산군의 압박을 받아 처음에 난징에서 광저우로 철수했다가 다시 난징으로 옮겨왔으며 나중에는 또 다시 광저우로 철수해갔다. 내각은 쑨커에서 허잉친에게, 그리고 다시 옌시산에게로 넘어갔으며, 외교부장도 우톄청에서 푸빙창(博秉常)으로, 그리고 예궁차오 부장대리로 바뀌었다. 이러한 상황 아래 한국정부에 아그레망을 요청했던 초대 주한대사 수속은 자꾸만 연기되어 6개월가량이나 끌었다. 마지막에는 내가 직접 이 대통령에게 전보를 보내 겨우 해결되었다. 이는 국제 외교상의 관례나 기록을 깬 것으로, 한중 외교사 또는 중화민국 외교 행정사에서 지적해둘 만한 역사적 사실이었다.

이는 앞에서 말한 것처럼 국내외 정세가 급변했기 때문이기도 했지만 한중 간의 문제와 떠도는 소문 때문이기도 했다. 예를 들어 외교 업무의 혼란, 인사 배치의 비합리성 및 이를 둘러싼 분규, 한국과 중국의 정치적 인물을 둘러싼 소문 등을 들 수 있다. 나는 한중 양국의 우호 관계를 보호·유지하기 위해 세 차례나 책임지고 사퇴해 모든 것을 깨끗이 정리해버리려 했다. 당시 명암이 시시각각 바뀌었던 것을 돌이켜보면 '산이 막히고 물이 끊어져 막다른 길에 이르렀나 싶으면, 버들이 무성해 그윽이 어둡고 꽃이 활짝 피어 아름다운 마을이 나타난다(山窮水盡疑無路, 柳暗花明又一村)'라는 시구가 꼭 들어맞는 것 같다.

나는 이 시기의 복잡한 경과를 일기로 상세하게 기록해 아직도 가지고 있다. 이 일기를 순서에 따라 발췌 소개함으로써 당시의 사실을 대신 서술하고자 한다.

1949년 일기 발췌

1월 1일

금년은 중국 역사상 가장 중요한 해이며, 40세가 된 내 개인의 역사에서도 가장 중요한 한 해가 될 것이다. 오늘 장 총통께서는 "전쟁이냐, 평화냐"라는 담화문을 발표했는데, 전 세계 중국인 각자에게 관계되는 매우 중요한 내용이었다. 그러나 내 생각에, 평화는 이미 깨어지고 전쟁도 아직 끝나지 않은 현재의 상황에서는 담판하든 싸우든 모든 것이 전력(戰力)에 달렸다. 세계정세를 보면 지금 북대서양조약기구는 이미 결성 단계에 있으나 미국과 지중해, 중근동 및 극동은 아직 관계를 맺지 못하고 있다. 이는 미국이 유럽을 중시하고 아시아를 가볍게 여겼기 때문이다. 군비가 아직 정비되지 않아 민중 역시 아직 전쟁할 마음의 준비가 되어 있지 않으므로 올해 안에 미국이 전쟁을 벌일 수는 없어 반드시 전쟁은 피할 것이다. 따라서 미국은 다음과 같은 대외 정책을 펼 것이다.

① 유럽 우선 정책을 계속 펴서 북대서양조약기구를 조속히 결성시킨 다음, 지중해, 중근동 지역과의 연결에 적극 착수할 것이다.

② 극동 및 태평양 지역에서는 일본, 오키나와, 괌에서 필리핀에 이르는 전략 방어상의 지위를 강화할 것이다. 만약 영국, 프랑스, 네덜란드가 주창하는 동남아집단기구가 결성된다면, 남태평양에서부터 베트남까지를 제1군사 방어선으로 삼을 것인데, 이는 워싱턴의 영미 합동참모본부와 도쿄의 영미 연합군사회의가 계획한 전략인 것 같다. 그리고 남한과 중국에 대해서는 군사 원조를 함으로써 전쟁에 말려드는 것을 피하고 주로 경제적 또는 외교적 원조에 치중하려 할 것이다.

소련은 마셜 플랜에 대응해 먼저 유럽과 아시아 대륙을 제어할 방안을 강구해야 할 텐데, 소련의 지리 및 생산 조건으로 보아 유럽을 주요 전선으로 하고 아시아를 그다음으로 미룰 수밖에 없을 것이다. 그러나 유럽에서는 자유 진영의 세력이 더 강력하며, 프랑스공산당 및 이탈리아공산당의 실패, 유고슬라비아 티토의 전향, 베를린 공수 작전의 성공 등으로 인해 이 세력은 날로 더 공고해지고 있다. 다만 극동아시아 지역에서는 식민주의 정치를 겪은 자유 진영 국가들의 약점을 이용해 중공·북한 및 기타 아시아 각국에서 공산당의 무력 혁명이 진전되고 있으며, 이 때문에 소련의 지위가 미국보다 훨씬 우월해지고 있다. 그래서 소련은

① 유럽에서는 필요하다면 프랑스공산당과 이탈리아공산당을 적극 충동질

해 북대서양조약기구를 돌파하도록 꾀할 것이다.

② 이스라엘을 지지해 미국과 영국의 중근동 집단 계획을 파괴할 것이다.

③ 중국과 관련해서는 중국공산당을 지원해 중국을 군사적으로 통일하거
나, 아니면 중국공산당으로 하여금 중국을 정치적으로 통일케 해서 중국 대
륙이 미국의 대소 공격 기지가 되지 못하도록 하는 데 힘쓸 것이다.

④ 한국에서는 정치 공세를 발동해 남한에서의 미군 철수를 요구하고 그다
음에 북한 군대로 하여금 남한을 침공케 할 가능성이 짙다. 그렇지 않으면
정치적으로 전 한국을 통일시켜 한국이 미국의 대소 공격 기지가 되지 못하
도록 할 것이다.

소련은 중국공산당이 군사적으로 전국을 통일하는 것이 쉽지 않다는 판단
하에 코민테른의 대중 전략 가운데 하나로 중국공산당이 중심이 되는 연합
정부를 세우고자 할 가능성이 많다. 그러므로 국공, 즉 국민당과 공산당이
담판을 하든 싸우든 모든 것은 군사력과 민심에 달렸을 따름이다.

1월 3일

오후에 우톄청 부장이 불러서 찾아뵈었더니 나를 주한대사에 임명하려 하
는데, 총통의 결재만 받으면 된다고 했다. 나는 이번이 세 번째 임명이라고
하면서, 물론 한중 양국의 우호관계를 위해 계속 노력하고 싶다고 말했다.

1월 14일

한국 정세의 국제적 배경을 감안해 대한 외교 공작 계획을 다음과 같이 제
안했다.

① 소련: 북한은 소련과 북한공산당(또는 중공)이 관할하는 지역이지만 지리
적·전략적으로 볼 때 미국의 대소 거점에서 가장 가까운 곳이다. 미군이 완
전히 철수하기 전까지는 남북한의 충돌이 미국과 소련의 직접 충돌을 야기
할 위험이 매우 높다. 이 때문에 소련은 시치코프 장군을 주북한대사로 파

견했으나 역시 남한에 대한 전쟁은 피하고 정치적 침투만 꾀하고 있다.

② 미국: 중국의 동북·화북 지방이 공산당에 넘어가고 화중 지방에서도 공산당이 우세해진 이후로는 공산당에 대항할 곳이 남한밖에 남지 않았다. 따라서 미국은 철군을 계속하면서도 남한 군대의 훈련을 강화함으로써 대한 군사 부담을 경감시키고 전쟁에 말려드는 위험을 피하는 한편, 정치적으로 유엔 결의로 남한정부를 승인하고 한국위원회를 운용해 남한의 지위를 제고시키는 정책을 펴고 있다. 미국도 소련과 마찬가지로 남북한 사이에 당장 전쟁이 일어나는 것을 바라지 않고 있다.

③ 한국: 앞에서 언급한 미국과 소련의 입장 때문에 38선상에서 벌어지는 소규모 충돌이 당장 남북한의 전면전으로 번지기는 어렵다. 그러므로 북한은 남한에 정치적으로 침투하는 외에 남한의 후방에서 가끔씩 폭동을 일으켜 정치적 영향을 확대시킬 가능성이 짙다. 이 기간 동안 이승만 박사와 김구 선생의 적극적인 협력은 더없이 중요하다.

〈유엔한국위원회 중국 대표와 주한대사의 겸임 문제에 관해〉
① 겸직을 하더라도 봉급은 한 직책에 대해서만 받고 기타 비용은 그때그때 상황에 따라 마련해야 할 것이다.
② 두 직책의 성격이 다르지만 과거 1년 동안 이를 겸임한 전례가 있다.
③ 한국의 국제 및 정치·군사 정세가 특수하므로 이를 일관되게 운영하려면 반드시 겸직해서 두 직무 사이의 협조를 저해하지 않아야 한다.
④ 유엔한국위원회는 여타의 위원회와 달리 주한대사관 같은 지역에 주재하는 기구다.
⑤ 대사는 한국위원회 대표직을 겸함으로써 대한·대미·대소 관계를 더욱 유력하고 유효하게 운영해야 한다.

1월 16일

구모싼(顧墨三) 참모총장의 초청으로 오찬을 함께하며 향후 전략에 관한 의
견을 나누었다. 나는 양쯔강을 지켜야 평화적 회담이 가능하며 안전할 것이
라고 말했다. 그렇지 못하면 대륙 전체가 적의 손에 넘어가고 우리는 바다
를 사이에 두고 타이완을 거점으로 해서 장기적인 방어 태세에 들어가야 할
는지도 모른다.

1월 17일

오늘 아침 외교부의 예 선생과 류(劉) 선생으로부터 전화를 받았다. 그들에
따르면, 우 부장이 나를 초대 특명전권 주한대사로 파견하겠다고 총통에게
상신해 이미 결재가 났으며, 오늘 오후 한국의 주중 대표 정항범을 외교부
로 불러 한국정부에 아그레망을 요청하기로 했다고 한다. 다만 유엔한국위
원회 중국 대표 직무는 류위완이 맡도록 정부가 결정했다는데, 이로 인해
앞으로 많은 문제가 생길 것 같다.

1월 21일

한국의 대사대우 주중 대표인 정항범이 낮에 내방하면서 김홍일 장군의 편
지를 가지고 왔는데, 김 장군은 육군사관학교 교장으로 있다고 한다. 한국
참사가 어제 천헝리(陳衡力)에게 전한 말에 따르면, 한국 측은 아직 암호로
전보를 보낼 준비가 되어 있지 않아 나의 아그레망을 요청하는 전보를 여태
치지 못했다고 한다. 그래서인지 오늘 정 대사는 이 일을 얼버무리며 다음
주에 한국에 돌아가 이 대통령에게 직접 말씀드려 답전하겠다고만 했다. 내
입장에서 이 문제를 적극적으로 거론하기는 쑥스러워 더 이상 말하지 않았
다. 한국은 신생국이므로 건국 규모가 단번에 갖춰질 수는 없을 것이다. 얼
마 되지 않아 정 대사는 작별인사를 하고 떠났으며, 나는 이 대통령 부부와
이범석 국무총리에게 안부를 전해달라고 부탁했다.

1월 22일

각 신문에 장제스 총통이 하야하고 리쭝런 부총통이 총통직을 대리하게 되었다는 기사가 대서특필되었다.

2월 26일

〈우톄청 외교부장에게 올리는 품의서〉

본인은 주한대사로 부임하라는 명을 받았으며 이에 외교부가 1월 17일 난징에서 한국 대표 정항범을 통해 정식으로 한국정부에 아그레망을 요청했습니다. 그러나 1개월 이상 지난 지금까지 아무런 회답이 없습니다. 정 대표가 1월 24일 한국에 돌아갔다가 2월 13일 상하이로 돌아왔는데 곧장 홍콩으로 가버리고 아직 광저우에는 돌아오지 않고 있어 한국 측이 이 문제를 고의로 지연시키고 있는 것이 아닌가 여겨집니다.

쉬사오창(許紹昌) 주한 총영사는 2월 17일자 편지에서 다음과 같이 말했습니다. "정 대표의 말로 추측컨대 이승만 대통령이 회답을 늦추는 이유가 두 가지인 듯합니다. 첫째는 중국의 정세가 불안정하므로 잠시 관망하는 것도 무방하겠다는 계산이고, 둘째는 류위완이 이미 서울에 와 있으므로 급히 서두를 필요가 없겠다는 생각 때문입니다. …… 이 대통령의 처사는 관례에 매우 어긋나는데, 그에게 직접 묻기 전에는 결론이 나지 않을지도 모르겠습니다. 우리가 최소한의 체면이라도 세우려면 외교부가 류위완에게 명해 이 대통령에게 직접 질의해 독촉하고, 그래도 이를 지연시키면 대사를 파견할 필요가 없을 뿐 아니라 류위완도 소환해야 한다고 사료됩니다. ……"

또 국방부의 주한 요원으로 주한대사관 부무관으로 내정되어 있는 왕지셴의 2월 3일 및 11일 자 보고 내용은 대략 다음과 같습니다. "정 대표는 이 대통령의 의중에 대해, 중국정부가 마침 이전 중이고 한국 입장에서도 최근에 외무부 조직을 개편해 아직 정리가 되지 않은 터이므로 양측의 정세가 좀 안정되기를 기다려 사오 대사의 아그레망 문제에 회답하려는 것이라 합니다. 또한 쉬사오창 총영사의 추측에 따르면, 한국 측이 답변을 지체하는 까닭은 아마도 미국대사가 먼저 부임하기를 기다리기 때문이라고 합니다. 게다가 이범석 국무총리는 이 대통령이 류위완 대표의 체면 때문에 결정을 내리지 못하고 주저하고 있다고 전했습니다." 그리고 왕지셴의 형 왕지성(王繼聖)이 본인에게 직접 알려준 바에 따르면 "제가 한국에서 돌아오기 전 제 동생으로부터 다음 내용을 구두 보고해달라는 부탁을 받았습니다. 신헌민(이후 초대 주중대사에 임명된 신석우)이 비밀리에 말해주었는데, 류위완이 사오 대사의 한국 파견을 매우 불쾌해하며 사오위린은 김구 선생 지지자이고 일국의 주한대사보다 지위가 높은 유엔 대표였는데 왜 부임하려 하느냐고 말하더랍니다"라고 했습니다.

마지막에 한국인이 말했다는 말은 믿을 수 없겠으나, 이상의 말을 종합해서 한국 측이 회답을 지연시키는 것은 사실 중국의 복잡한 주한 외교 인사에 근본적인 이유가 있다고 할 수 있습니다. 유엔한국위원회 중국 대표, 주한 총영사, 아직 사임 수리가 안 된 주한 외교대표, 그리고 아직 부임 전인 주한대사, 이렇게 서울 한 곳에 무려 네 명의 독립된 책임자를 배치했으니 자연히 혼란에 빠지고 분규를 면하기 어렵습니다. 지금도 이러하니 앞으로는 더 복잡해질 것입니다. ……

본인 생각에 현 상황하에서는 유엔한국위원회 대표와 주한대사 두 직책은 역할이 비슷하고 또 선례도 있으므로 한 사람이 겸임해서 운영하는 것이 좋다고 여겨집니다. 그렇게 하면 한국 측이 주한대사 아그레망 문제를 더 이상 미루지 않을 것입니다. 그렇지 않으면 쉬 총영사의 의견대로 당장 류위완 대표에게 타전해 업무 보고차 귀국하는 형식으로 그를 소환해야 할 형편에 이를 것 같습니다. 본인의 의견과 같이 두 직책을 겸임시켰는데도 한국이 다시 아그레망 문제를 지연시킨다면 쉬 총영사의 건의대로 류 대표를 소환 귀국시키는 한편 대사 파견도 늦추는 방법 역시 고려해볼 만합니다. 참고로 쉬 총영사의 편지를 별첨합니다.

이상은 본인의 지위 때문에 품의하는 것이 결코 아니니 양찰해서 결정해주기 바랍니다.

3월 4일

낮에 예 차장과 오찬을 함께했는데, 내가 우 부장에게 올린 품의서를 이미 상신했으나 아직 아무런 지시가 없다고 했다. 또 그는 류위완이 자신은 회의 기간 동안에만 월 600달러를 받았을 뿐인데 왜 자신이 겸직해야 하냐고 항의하면서 이 문제는 나중에 다시 이야기하자고 말했다고 전했다. 그의 말속에는 다분히 류 대표를 두둔하는 뜻이 들어 있었다. 우 부장은 정부의 큰 일들로 바빠 일반 행정 업무는 거의 상관하지 않고 있으니 어찌해야 할까?

3월 5일

외교부 총무사(總務司)의 펑(馮) 사장은 예 차장의 명을 받고 광저우 외교부에서 보내온 전문을 가지고 왔다. 이 전문은 쉬 총영사가 부장과 차장에게 올린 건의에 대한 회답이었다. 그 내용은 대략 다음과 같았다. "정부가 사절을 상호 파견키로 결정한 것은 한중 양국의 우의를 증진시키자는 것이 목적이었는데, 만약 쉬 총영사의 건의대로 류 대표를 소환하면 한중 우의를 악화시키는 결과가 될 것이고, 또한 류위완은 아직도 유엔한국위원회 대표 임무를 맡고 있으므로 그 자리를 떠날 수 없다. …… 사오 대사 문제로 너무 독촉하지 말고 잠시 기다렸다가 다시 거론하는 것이 어떻겠는가?"

외교부의 주관자가 이 따위 잠꼬대 같은 말을 하다니! 일국의 외국 주재 대사가 부임하기도 전부터 외교부 내의 인사에 대해 지지조차 받을 수 없다면 이는 모욕이 아닐 수 없다. 차라리 집어치우는 것이 낫다. 나는 사표를 내기로 결심했다.

3월 7일

오후에 예 차장을 찾아가 사표를 제출했다. 사표 내용은 다음과 같았다.

국가가 위기에 처하고 공산당이 창궐하며 정부의 위신과 지위가 날로 떨어지는 데에는 이유가 많겠습니다만, 공무원이 국가의 일을 자신의 일처럼 생각하지 않고 사리만 도모하는 것도 주된 원인 중 하나일 것입니다. 중국정부의 주한 사절 파견 문제가 지금까지 2개월이나 지연된 점만 보아도 한국 측의 처리가 불합리한 면이 없지 않으나, 중국의 주한 인사들이 사리만 생각하고 국가의 체면은 돌보지 않아서 스스로 모욕을 산 면도 있다고 하겠습니다.

…… 정부가 주한대사를 인선한다는 소식을 들은 서울의 류위완이 예 차장에게 타전해 "당초에 왕 부장이 나를 주한대표로 파견하면서 앞으로 서울에 주한대사관을 설치하게 되면 나를 대사에 임명하겠다는 뜻을 밝힌 바 있는데, 어째서 우 부장은 이제 와 이를 변경하려는 것입니까?"라고 묻자 예 차장이 "왕 부장의 말은 정부가 대사관 설치를 결정하기 이전에 개인 의사를 표시한 것이었을 뿐, 외교부 내에는 아무런 근거 서류도 없습니다. 이 때문에 신임 우 부장이 사오위린을 대사로 파견하겠다고 총통에게 상신한 것이고, 류 형은 유엔한국위원회 중국 대표 임무를 계속 맡도록 한 것입니다"라는 내용의 회답을 보냈습니다. 주고받은 전문 내용은 예 차장이 보여준 것이니 대조해보시기 바랍니다.

…… 지난 1월 4일 중국정부가 주한 외교대표공서를 주한대사관으로 승격시킨다고 정식 공포한 이상 원래의 직책인 류위완의 중국 주한대표직은 벌써 없앴어야 마땅합니다. 최근 서울발 중앙통신에서는 "중국 소식에 정통한 인사들의 말에 따르면, 이 대통령은 중국 주한대표 류위완이 사임하기 이전에는 어느 누구도 주한 중국대사로 받아들이지 않을 것이라고 했으며, 한편 류 대표는 이미 6주 전에 중국 주한대표직에 대한 사직원을 제출했는데 중

국정부에서 아직 수리하지 않고 있다고 한다"라는 뉴스가 보도되었습니다. 이 뉴스는 분명 서울에 있는 중국 측 인사들이 고의로 퍼뜨렸을 것입니다. ...... 이는 한중 외교사상 일대 불행한 일이 아닐 수 없습니다.

이상에서 든 전문과 쉬 총영사의 건의 및 중앙통신 보도 등을 종합해볼 때, 이 문제의 주된 원인은 한국 측이 주한 사절 파견 문제를 무리하게 지연시키는 것 외에 중국 측 인사 분규 자체에 있음이 불을 보듯 명확합니다. 이에 본인은 다음과 같이 상신하오니 재가해주기 바랍니다.

① 쉬 총영사의 건의를 받아들이고, 전 주한대표 류위완의 사표를 조속히 수리하는 한편 그를 소환해 업무 보고토록 해주시기 바랍니다.

② 본인은 10여 년 동안 한국 독립 공작에 협력해왔고 대한 정책 집행에 참여했으나, 3년 동안이나 참고 기다렸던 이번 한국 부임이 부임 직전에 다시 불발된 데 대해 책임을 느껴 주한대사 직무를 사임합니다. 이로 인해 국가 영예가 손상되거나 양국 국교에 장애가 되는 일이 없기를 바라며, 앞으로 개인 신분으로 한중 두 나라의 우의를 위해 계속 노력하고자 합니다. 삼가 이 내용을 신속하게 확인하고 우 부장에게 전해주기 바랍니다.

1949년 3월 6일
사오위린

예(葉) 차장은 나에게 우 부장과 자신이 이를 모두 받아들일 수는 없지만 쉬 총영사의 건의에 따라 일을 처리하는 것은 고려해볼 수 있다고 말했다.

3월 8일

행정원 쑨커 원장이 내각 총사퇴를 선포했다.

3월 21일

허잉친 신임 행정원장이 오늘 내각 명단을 발표했는데, 외교부장은 주소련

대사 푸빙창으로 정해졌다.

오늘 아침 외교부로부터 광저우 외교부 우톄청 부장 명의의 전보 한 통이 전해졌다. 상무차장이 보낸 것인데, 그 전보를 보고 나는 분개하지 않을 수 없었다. 그 전문에는 "외교부의 재정이 어렵고 귀하의 한국 부임이 잠시 중단되었으므로 전에 수령한 주한대사관 경비 일체를 반환해주기 바랍니다"라고 되어 있었다. 나는 곧 다음과 같이 회신 전보를 쳤다. "전보 잘 받았습니다. 미화로 지급받은 주한대사관 경비는 조금도 사용하지 않았으므로 명한 대로 곧 반환하겠습니다. 수일 내에 상하이에 가서 돈을 인출해 외교부 상하이 주재 사무처에 대사관 인장 및 외교 여권 등과 함께 반환하겠습니다. 그리고 한국정부가 중국의 대사 파견에 대해 상호간의 불미스러운 일 때문에 결정을 내리지 못하고 지연시키고 있는데, 한국 측이 아그레망 요청에 응답하려면 앞으로도 상당한 어려움이 있을 것으로 예견됩니다. 이는 모두 국운이 기울고 본인의 덕이 모자란 탓이라 여겨지니 부디 사정을 통찰하여 전에 상신한 바와 같이 본인의 주한대사 업무와 외교부 고문 명의를 조속히 해면해주기 바랍니다. 자유로운 몸으로 국가를 위해, 나아가 한중 양국의 우의를 위해 노력할 수 있도록 해주기 바라며 답신에 갈음합니다."

3월 24일

저녁에 예 부장대리의 전화를 받았는데, 내가 넘겨준 전문을 잠시 보류 중이며, 오늘 아침 허잉친 내각이 처음 가진 정무회의에서 류위완의 소환이 결정되었고 그의 대표직 교체를 한국에 곧 알리려고 하니 나에게 조금만 더 기다려달라고 했다.

4월 2일

아침 8시 30분에 차를 타고 상하이에 도착했다.

4월 3일

오전에 주한대사관이라는 글자가 크게 새겨진 관장, 미국 달러 수표 및 여권 등을 휴대하고 외교부 주상하이 판사처 정(鄭) 주임을 방문해 경과를 설명하고 돈을 확인한 후 외교부로 전송해달라고 요청했다. 정 주임은 명령을 받은 바가 없다면서 이를 받아들이려 하지 않았으며, 상부의 지시를 받은 이후 처리하겠다고 했다.

4월 5일

아침에 정 주임으로부터 전화를 받았는데, 예 부장대리의 지시를 받지 못했으므로 수리할 수 없다면서, 저녁 10시에 난징에 있는 예 부장대리와 통화해볼 것을 촉구했다. 예 부장대리 또한 같은 말을 했다.

4월 23일

난징에서 철수가 시작되었으며 상하이는 위기에 처해 있다.

4월 28일

예 부장대리 및 외교부 동료 등 11명이 전용기에 탑승하고 상하이를 떠나 광저우로 갔다. 마음이 무척 무거웠으며, 내 생애에서 가장 유쾌하지 못한 날이었다. 항일 전쟁 초기의 수많은 후퇴와 비교하더라도 가장 최악의 기분이었다. 처자식과 헤어지고 홀몸으로 유랑하고 있는데 언제쯤 가족들과 다시 만날지 누가 알겠는가?

5월 10일

저녁에 나는 위(余) 과장의 보고를 받았는데, 류위완은 주한대표직을 사직해 비준된 것으로 발표되었고 또한 소환 명령의 전보를 받고 귀국했으나 다시 유엔한국위원회 중국 대표의 신분으로 이미 광저우를 떠나 홍콩에 도착했으며 13일에 비행기로 한국에 도착한다는 얘기가 있다고 했다. 전화로 예 부장에게 문의했는데, 예 부장이 모호하게 말하는 것으로 미뤄보건대 분명 이미 동의한 것으로 여겨진다. 위 과장은 류위완을 소환·귀국시킨 것은 원래 서울의 정세를 파악하면서 한국 측의 확실한 답을 기다리기 위함이었는데 이미 류위완이 한국에 돌아가도록 비준했다는 것은 외교부가 대사 파견을 포기했다는 의미이므로 나의 사표를 수리하는 것은 큰 이득이 되지 못하며 한중 관계의 진전을 좀 더 기다리는 게 나을 것이라고 말했다.

5월 29일

외교부는 오늘 전보를 공포했는데, 이 안건을 총결하는 전보로 볼 수 있다. 그 전문의 내용은 다음과 같았다. "주서울 쉬사오창 총영사에게[기밀]. 한중 양국이 사절을 상호 교환하는 일은 현재의 정세와 상호간의 입장으로 인해 신속하게 해결되지 못하고 오랫동안 현안이 되어왔다. 하지만 양국의 우호 관계를 유지하고 상호 협력을 강화하려면 신속하게 사절을 상호 교환할 필요가 있다. 중국 측은 일전에 이러한 입장을 관철해 사오위린을 주한대사로 부임시키도록 제안하고 동의를 구한 바 있는데, 한국정부가 조속히 회답해 주기를 요청한다. 희망컨대 이러한 의사가 한국 측에 잘 전달되기를 바라며 아울러 잘 처리된 이후 경과 사항을 중국 외교부에 타전해주기를 바란다." 쉬 총영사는 이 전보를 비밀번호로 전해 받아 해독한 이후 다시 원고지에 옮겨 한국 외교부에 보냈다. 그 이후 중국 외교부는 다시 한 번 총통부에 지시를 내려달라고 요청했는데, 별다른 일이 없더라도 최소한 2주일이 지나야 회답을 받을 수 있었다. 이로 인해 나는 별도로 비상수단을 취해야 할 필요성을 크게 느꼈다. 즉, 내가 직접 이승만 대통령에게 전보를 보내기로 한 것이다. 성사된다면 좋고, 설령 성사되지 않더라도 명확하게 결정될 수 있을 것이었다.

5월 30일

"대한민국 서울 이승만 대통령 각하. 한중 우의 및 공동 입장을 위해 본인이 주한대사로 부임하는 사안에 대해 신속하게 중국 총영사를 거쳐 답신을 주기를 요청합니다. 저는 각하에 대한 전력 지지와 협력을 보장할 수 있으며, 아울러 안부 인사를 여쭙습니다. 사오위린."

5월 31일

비상시에는 오직 비상 방법이 있을 뿐이다. 오늘 아침 이승만에게 보내는 전보를 발송했으며, 만약 2주일 이내에 회신이 없을 경우 깨끗하게 은퇴하겠다.

6월 3일

타이베이의 총재에게 전보를 한 건 보냈는데 외교부 기밀 부서 딩(丁) 주임에게 당일 발송하도록 요청했다. 전문의 내용은 다음과 같다. "총재 각하. 올해 초 주한대사로 부임하라는 명을 받든 것은 원래 한중이 공동으로 반공 분투하기 위함이었습니다. 하지만 제가 한국정부에 동의해줄 것을 정식으로 제청한 지 5개월이 넘었음에도 아직 답신을 받지 못하고 있습니다. 만약 각하께서 지금 한국에 부임할 필요가 없다고 여긴다면 사직할 수 있도록 비준하셔서 제가 각하를 곁에서 모시며 진력할 수 있도록 해주기 바랍니다. 재가를 내려주기 바랍니다."

6월 7일

오늘 아침 타이베이의 저우훙타오(周宏濤) 형으로부터 전보를 받았는데, "자네의 전보는 이미 전해 받아 열람했으며, 총재의 뜻을 받들어 희망컨대 한국 측의 답신을 조용히 기다려주었으면 한다"라고 되어 있었으므로 다시 기다리는 수밖에 없게 되었다.

6월 8일

아침에 한국정부가 7일 서울에서 영어로 작성해 발송한 회신 전보를 받았다. 그 내용은 다음과 같다. "광저우 외교부 사오위린 박사에게. 총통의 뜻을 받들어 전보를 보내준 것에 삼가 감사드립니다. 며칠만 기다리면 곧 성명을 발표할 것입니다."

6월 12일

한국에 있는 친구 최달하, 왕융성이 함께 서울에서 다음과 같은 내용의 전보를 보냈다. "신문에 선생이 새로운 명령을 받아 부임하게 되었다는 사실이 게재되었습니다. 한중 국교가 갈수록 친선을 더해감에 삼가 전문을 보내어 정중하게 축하드립니다."

6월 14일

외교부는 쉬 총영사가 정식으로 보낸 전보를 전해 받았는데, 그 내용은 한국정부가 이미 중국 측에 조회를 요청하며 신임 대사의 부임을 환영했다는 것이었다. 예 부장대리는 전화로 곧 행정원을 거쳐 이를 발표할 것이라고 말했다.

6월 20일

행정원은 어제 정무회의에서 사오위린을 중국 특명전권 주한대사로 특임하는 내용을 통과시켰다. 전체 사안은 이로써 성공리에 일단락되었다.

파란만장한 과정 속에 거의 무산될 뻔했던 초대 주한대사의 자리는 6개월이라는 긴 시간을 거친 후 비로소 정식 임명 절차를 완수했으나, 이는 외교사에서 전례 없는 기록을 세웠다. 한편 내가 부임하기 위해 분주히 준비하는 동안 서울로부터 비보를 전해 들었는데, 김구 선생이 6월 26일에 암살당해 사망했다는 것이었다. 나는 이 소식을 듣자마자 경악했고 비통하기 이를 데 없었다. 나와 한국의 양대 지도자인 이승만과 김구의 관계는 실로 호사다마라고 할 수 있었다. 이는 결국 좋은 인연으로 끝날까, 아니면 악연으로 끝날까?

제3장

주한대사 부임과 고난의 투쟁

» 부임 전 장제스 총재와의 면담

1949년 6월 8일, 나는 서울에서 온 한국 대통령의 영문 회신을 받고서야 안도의 긴 한숨을 내쉬었다. 여러 차례 난산을 거듭해 거의 사산할 것 같던 중화민국 초대 주한대사라는 이름의 이 어린아이는 마침내 출생하게 되었다. 이는 개인적으로나 국가적으로나 축하하고 기뻐할 만한 일이었다. 그러나 냉정하게 보자면 내가 군사대표에서 외교대표로 임명되기까지 수년이 지난 후 초대 주한대사라는 자격을 얻었고 그 후에도 반년이나 기다려 한국정부의 동의를 받았으니, 갖가지 파란과 곡절을 돌이켜볼 때 나 개인의 향후 업무뿐 아니라 중국의 내정 및 외교의 앞길이나 한중 양국 국교의 장래는 살얼음판과 같다고 할 수 있었다. 근심과 기쁨이 뒤얽혀 온갖 감회가 교차했다.

하지만 불운은 으레 겹쳐서 닥치기 마련이다. 한국으로부터 회신을 받기 얼마 전인 5월 21일, 나의 불운은 절정에 달한 셈이었다. 나는 소매치기를 당해 공금인 약 2만 달러짜리 수표와 그간 내가 저축해온 현금 3700달러를 몽땅 잃어버렸다. 나는 곧 외교부와 치안 당국 및 은행에 알려 수표 지불을 정지해줄 것을 청구했다. 그런데 며칠 후 뜻밖에도 이 소매치기는 나에게 수표를 우송해 돌려보내면서 "미화 수표는 모두 돌려드리고 현금만 잠시 빌려 피난 여비로 삼고자 합니다. 대단히 미안합니다"라는 메모까지 보냈다. 다행히 정부의 공금은 되찾았으나, 내가 수년 동안 저금한 돈은 한 푼도 남김없이 사라지고 말았다. 그리고 며칠 뒤 정부가 나의 주한대사직 임명을 공표하자 한 신문기자가 "사오 대사, 재산 잃고 벼슬 얻다(邵大使破財得官)"라는 제목으로 대서특필해 나를 울 수도 웃을 수도 없게 만들었다.

6월 11일, 나는 먼저 광저우 시내 중화북로에 있는 영빈관으로 리더린(李德鄰) 총통대리를 찾아 '전시 반공 외교 전략 강령과 실시 절차'라는 제목의 건의서를 직접 제출한 후 약 2시간 동안 의논했다.

리 총통대리는 내가 제시한 원칙과 방법에 완전히 동의한다고 표명하면서, 내가 일본으로 가서 일했으면 하는 뜻을 비쳤다. 나는 한국정부가 나의 아그레망 요청에 정식 동의해왔으므로 곧장 서울에 가서 다년간의 숙원이던 주한대사 임무를 먼저 수행한 다음 훗날 다시 기회를 봐서 일본으로 갔으면 한다고 그 자리에서 말했다.

이튿날인 12일에는 또 둥산동원(東山東園)으로 행정원장 옌바이촨(閻百川) 선생을 찾아가 장시간 회담하고 전술한 '전시 반공 외교 전략 강령과 실시 절차' 사본도 전했다. 옌바이촨 행정원장도 내가 작성한 건의서의 내용에 매우 찬성했다. 이를 장제스 총재에게 보고해 실시 방안을 강구해야겠다면서, 이 문제를 놓고 조만간 다시 논의하자고 약속했다. 나는 리 총통대리와 옌 행정원장 모두 내가 작성한 외교 전략을 원칙적으로 받아들인 것이 여간 기쁘지 않았다. 이 외교 전략의 요점은 간단히 말해 아시아의 반공국가들이 반공연맹을 조직해 미국의 지지를 쟁취하는 한편, 한일 양국에 대해 비상 대책을 실시해야 한다는 것이었다. 얼마 후 나는 이 건의 내용이 총재의 기본 구상과 같다는 사실을 알게 되었다. 의논한 것도 아닌데 약속이라도 한 듯 의견이 완전히 일치했으며, 이후 이는 타이완으로 옮겨온 후 중화민국정부의 기본 외교 정책이 되었다.

행정원이 나의 주한대사 임명을 정식으로 발표한 이후 나는 매일 부임 준비에 매우 바빴다. 외교부는 경비를 절약하기 위해 주한 총영사관 직원들에게 주한대사관 직원을 겸임케 했다. 따라서 주한대사관 전임비서로 미리 발표된 천헝리 한 사람만으로 어떻게 일을 해낼는지 걱정이었다. 대사관 수행원으로 예정되었던 성빙안(盛秉安) 군은 가정 문제로 나의 대사 임명을 오래 기다릴 수 없어 이미 외교부에 사직원을 냈는데, 한번 사직한 후에는 복직이 여간 까다로운 게 아니어서 오랜 시간이 지나서야 겨우 복직되었다. 천헝리와 성빙안 군은 내가 외교부 정보사장으로 있을 때부터 수족처럼 함께 일해온 사이로, 둘 중 하나가 빠지면 마치 다리 하나가 없는 것처럼 절름발이가 되었다. 다행히 천 비서가 능력이 있고 일을 잘해주어 우리 두 사람만으로도 우선은 그럭저럭 일을 처리해낼 수 있었다.

이렇게 1주일 이상을 바삐 돌아가고 있을 때 서울에서 돌연 전보가 날아들었다. 한국의 지도자 김구 선생이 6월 26일 피살되었다는 내용이었다. 피살 원인은 갖가지로 전해져 종잡을 수가 없었는데 당시 나의 놀라움은 이루 형언할 수가 없었다. 지난날 김구 선생과 함께한 기억이 주마등처럼 머리를 스쳐갔다. 그는 중국에서 한국임시정부 주석 명의로 나를 고문에 초빙해 서로 의기투합했고 한국의 독립을 위해 함께 노력했다. 항일전이 승리를 거두고 일본이 항복한 후 장제스 주석은 한국임시정부 요원들의 귀국을 축하해 송별연을 열었는데, 그 자리에서 김구 선생은 천리푸 선생 또는 나를 장 주석의 주한대표로 선임 파견해 한국의 독립을 완성하는 데 협조해달라고 요청하기도 했다. 그래서 나는 군사대표에서 외교대표로, 그리고 다시 주한대사로 임명되어 이제 막 이승만 대통령의 동의를 얻어 부임하려던 참이었다. 한국에 부임하면 한국 조야의 양대 지도자인 이승만 박사 및 김구 선생과 협력해 아시아 각국의 반공 연합을 구축하기 위해 노력하려 했는데, 김구 선생이 흉탄에 쓰러졌다고 하니 나의 감회가 남다른 것은 당연한 일이었다.

나는 이 사건의 진상을 좀 더 자세히 알아보려던 차에 나를 타이베이로 소환하는 장제스 총재의 전보를 받았다. 6월 28일 비행기로 타이베이에 가서 먼저 옛 친구인 예수(葉曙) 교수 집에 기거하고 있던 나의 가족과 오랜 만에 만난 후, 이튿날인 6월 29일과 7월 1일 두 차례에 걸쳐 총재 사무실에서 보내온 차를 타고 다시행관(大溪行館)으로 가서 총재를 만났다.

총재는 먼저 시국에 대한 내 개인의 견해를 물었다. 이에 나는 나의 의견을 대략 다음과 같이 말했다.

현재 우리 국가와 민족의 처지는 중국 역사상 가장 어렵고 위험한 암흑의 단계에 놓여 있습니다. 대륙에서는 총통께서 이임한 후 전국이 지도력의 중심을 잃어 민심이 이산되고 군대는 패퇴했으며, 이 때문에 국가의 기강이 흔들리고 있습니다. 이제 전체 대륙이 함락 당하는 것은 시간문제입니다. 그리고 타이완에 대해 말씀드리면 밖으로는 강적이 억누르고 군대가 바다를 끼고 있으며, 안으로는 중공의 간첩들이 침투해 인심이 흉흉합니다. 또한 국제적으로 우리의 가장 기본적인 우방이라 할 미국이 이 중요한 시기에 우리를 저버렸습니다. 이웃나라 필리핀은 자기네 문제를 해결하는 데도 힘이 모자라고, 일본과 오키나와는 미국의 점령하에 있으며, 미국정부는 또한 타이완과 펑후섬 및 남한이 미국의 방위선 내에 들어가지 않는다고 거듭 밝혔습니다. 이는 코민테른을 타이완과 남한에 불러들이는 것이나 다름없습니다.

한국의 경우 전략적 형세를 볼 때 중국의 동북과 대륙의 연해 지방이 모두 공산당에 점령된 관계로 아시아 대륙에서 유일한 돌출 지구로 남은 만큼 매우 험악한 상황입니다. 그러나 국제관계 면에서는 한국이 우리보다 훨씬 나은 편입니다. 대한민국은 유엔의 결의와 총선 감시하에 탄생되어 국제조직의 지원을 받고 있는데, 우리는 현재 대륙에서 당면한 군사 정세로 보나 몇몇 국가가 벌써 중국공산당을 승인하려는 국제 정세로 보나 국제적으로 고립무원인 상태입니다. 다만 중국공산당이 대륙을 함락하고 곧 장 타이완을 공격한다면 우리는 대항할 방도가 없을 것입니다. 그런데 남 한도 코민테른의 정치적 침투와 무장 유격대의 협공을 받아 조만간 전쟁이 일어날 것이 틀림없습니다. 하지만 만약 공산당이 남한을 먼저 공격할 것 같으면 남한은 이미 국제적인 성원을 받고 있고 또 맥아더 사령부가 지척 에 있으므로 이를 좌시하고 있을 리 없습니다. 따라서 남한은 구출될 것이 며, 각국이 남한의 공산 침략을 제지하면 우리도 일말의 희망을 갖고 안심 할 수 있을 것입니다. 이로써 우리는 공산당이 착오를 범했음을 알게 될 것 입니다.

장 총재는 또 남북한의 최근 정세에 대해서도 물었다. 나는 다음과 같 이 대답했다. "남한은 유일한 돌출 지구라고 말씀드렸는데, 돌출한 곳이 맨 먼저 공격을 받기 마련이어서 남북한의 정세는 벌써부터 폭발 직전에 있습니다. 미군이 철수한 이후 만약 정치적으로나 군사적으로 한두 가지 요인만 가해지면 남북한의 정세는 언제라도 큰 변화가 발생할 수 있습니 다."

장 총재는 매우 침통하고 엄숙하게 다음과 같이 지시했다. "우리는 우 리 자신만 믿고 분투합시다. 상황이 심각해지긴 했으나 끝까지 굳건히 분 투하면 반드시 희망이 있을 것이오."

총재는 이어서 나에게 극동 반공 연맹의 구상을 어떻게 보느냐고 물었 다. 나는 이 기회를 이용해 내가 광저우에서 리더린 총통대리와 옌바이찬 행정원장에게 제출했던 '전시 반공 외교 전략 강령과 실시 절차'라는 건의 서의 요점을 총재에게 간략히 설명했다. 또한 총재의 원대한 구상은 매우 정확하고 내가 연구한 내용도 대략 같지만, 이 연맹의 결성은 단시일 내에 완성할 수 있는 일이 아니라고 말했다. 그러므로 우리는 외교 면에서 극동 반공 연맹을 결성하도록 노력하는 한편, 비상수단으로 정략을 써서 정세를 우리에게 유리하도록 이끌어가야 한다고 조목조목 예를 들어가며 건의했다. 총재는 그저 조용히 귀 기울여 듣기만 하고 나의 의견에 대해 가타부타 구체적인 발언은 전혀 하지 않았다.

얼마 후 장 총재는 조만간 필리핀과 한국을 방문할 것이라고 나에게 밝혔다. 이로써 총재가 이미 오래 전부터 극동 반공 연맹을 적극적으로 추진하기로 마음먹었음을 알 수 있었다. 총재는 한국의 이 대통령과 회담할 장소를 얘기하면서 자신이 국민당 총재의 신분으로 가는 것이기 때문에 서울이 아닌 산천이 수려한 조용한 곳으로 정했으면 좋겠다고 했다. 총재는 1947년에 이승만 박사가 자신을 금강산으로 초청하고 싶다고 한 서한을 기억하고 금강산이 어떻겠느냐고 나에게 물었다. 나는 금강산이 북위 38도선 이북의 북한 지역에 있기 때문에 사실상 불가능하다고 말했다. 결국 총재는 나더러 이 대통령과 직접 상의해서 전보로 알려달라고 했다.

장 총재가 가장 마음 아파한 것은 김구 선생의 피살 사건이었다. 그는 사건의 경위와 진상을 다시 묻고 나더러 대신 제단에 헌화하도록 했다. 솔직히 말해 그때 나는 이 사건의 내막에 대해 별로 아는 바가 없었으므로 그 이면에 정치적 음모가 숨겨 있으리라 짐작하면서도 함부로 입을 열 수가 없었다. 나는 다만 한국의 정세가 매우 복잡하므로 부임 후 자세히 살펴본 다음 보고하기로 하고 대신 제단에 헌화하는 일은 틀림없이 수행하겠다고 약속했다.

그 후 얼마 지나지 않아 나는 한국에 부임했는데, 공교롭게도 서울에서 내가 지낸 대사관저가 바로 김구 선생이 생전에 빌렸던 그 넓은 집이었다. 나는 김구 선생이 피살되었던 서재를 내 침실로 고쳐 쓰면서 그의 혼령이 꿈속에라도 나타나 서로 만나게 되기를 바랐다. 김구 선생의 피살 내막에 대해서는 한국의 옛 친구들과 유족을 만나 다방면으로 물어보고 살펴보았으나 결국 자세히 알 방법이 없다는 결론을 내렸다. 이는 비단 나에게만 국한된 상황이 아니었다. 심지어 이승만 박사가 하야하고 박정희 대통령

정부가 들어선 후 한국 국회가 조사위원회를 만들어 진상을 조사하기로 결의했으나 결과는 마찬가지였다. 이 사건은 아직까지 결말을 내리지 못하고 미결된 채로 남아 있다. 그러나 한국 내외의 인사들은 구체적인 물증은 없지만 마음속으로는 다 똑같은 추론을 내리는 것 같았다.

마지막으로 총재는 나더러 언제 출발해 한국에 부임하겠느냐고 물었다. 나는 우선 광저우에 돌아가 외교부와 행정원의 지시를 받고 출국 수속을 밟으려면 아무래도 2~3주 후라야 출발할 수 있을 것이라고 대답했다. 총재는 나에게 되도록 빨리 광저우로 돌아갔다가 빠른 시일 내에 부임해 이 대통령과 일정을 협의하라고 말했다. 그리고 그 결정을 전보로 전달해 필리핀 방문 계획에 시기를 맞출 수 있도록 하라고 지시했다.

내가 작별인사를 하고 물러서려 할 때 총재는 다시 주한대사관의 경비 문제를 물었다. 나는 총재의 측근으로부터 당시 총재의 경제 사정이 넉넉지 못하다고 들어왔던 터라 대사관 경비는 충분하므로 걱정하지 말라고 말씀드렸다. 총재는 자리에서 일어나 미소로 나를 전송하며 "그럼 한국에서 만납시다"라고 말했다. 이튿날 총재는 사람을 시켜 미화 한 다발을 보내와 나의 기밀비로 쓰라고 했다.

나는 다시 가족와 작별하고 비행기로 광저우로 돌아갔다. 광저우에서 출국 수속을 서두르고 있을 때 신문에 7월 10일 장제스 총재가 바기오에 가서 필리핀 대통령 엘피디오 키리노와 바기오회담이라고 알려진 회의를 개최해 아시아 반공 연맹 결성의 제1보를 내딛게 되었다는 기사가 났다. 총재는 바기오에 있는 동안 한국의 굳은 반공 입장을 감안해 필리핀 대통령의 양해를 얻어 이 대통령에게 전보를 쳐서 논의 중인 극동 반공 연맹에 참가해달라고 요청했다.

7월 17일 한국정부 당국은 중국 측에 장 총재를 한국에 초청했음을 정식으로 통고해왔다. 또한 7월 19일에는 이승만 대통령이 손수 장 총재에게 답전을 보내 반공 연맹에 참가하고 싶다는 뜻을 표하고, 아울러 장 총재의 방한을 다시 한 번 정식으로 요청했다. 나는 이렇게 긴박한 상황 아래 소란과 불안에 싸인 광저우의 각 정부기관을 바쁘게 뛰어다녔고 7월 21일에야 가까스로 출국 수속을 마쳤다.

7월 24일 나는 천헝리 비서를 대동하고 홍콩을 거쳐 우선 마닐라로 갔다. 당시 주필리핀 대사 천즈핑(陳質平)과 연락이 되어 그곳에서 바기오회담의 상세한 상황을 들을 수 있었다. 그때 필리핀 대통령은 이미 필리핀의 유엔 주재 대표 카를로스 로물로를 불러들여 중국 - 필리핀 양국의 바기오회담 공동성명의 결의에 따라 극동 연맹에 참가하고자 하는 국가들이 전권대표를 파견하도록 각 국가에 초청장을 보냈으며, 예비회담을 열어 이 연맹의 구체적인 조직을 결정하는 공작을 주재하라고 지시했다.

나는 진주만 사건 후 얼마 지나지 않아 외교부 정보사장으로 재직할 당시 미군 기자로 종군한 로물로를 충칭에서 만난 적이 있으며, 그 후 1945년 봄 태평양학회 국제회의와 샌프란시스코회의에서도 그를 만났다. 게다가 이번 그의 공작은 중국과도 밀접한 관계가 있을 뿐만 아니라 마침 그가 나와 같은 마닐라호텔에 묵고 있었기 때문에 나는 천 대사와 함께 그를 방문했다. 로물로는 이야기 도중 이 대통령이 마음대로 중국과 필리핀 양국의 지도자를 한국에 초청해 회담을 열자고 공개 선언한 데 대해 불만을 표시했다. 나는 로물로의 지위가 중요하다는 사실을 알고 있어 천 대사에게 각별히 주의하라고 이르고 즉시 정부에도 전보로 알렸다.

훗날 이는 로물로의 태도로 증명되었다. 로물로는 모든 것이 필리핀 대통령의 지시에 따라 처리된 것이라고 발언했으나 얼마 지나지 않아 그가 외무부 장관으로 승진되고 유엔총회 의장에 선출되자 자칭 중립을 표방하기 시작했다. 반공을 목적으로 한 극동 반공 연맹의 성격도 바기오회담 이후 경제·문화 협력만 내세우는 것으로 변질되어버렸다. 시간이 한참 지난 이듬해 5월에야 한중 양국이 참가하지 않은 가운데 예비회담이 한 번 열리고는 별다른 이유도 없이 모임이 흐지부지되고 만 것은 전적으로 그의 책임이었다. 로물로는 관운이 좋아 20년 후 다시 외무부 장관으로 임명되었는데, 아시아태평양이사회 각료회의에서도 기회주의적인 태도를 취해 아시아태평양 지역의 집단 안전과 정치적 반공에 대해 모호한 입장을 취했다. 이후 심지어 필리핀이 소련과 국교를 맺고 중공을 승인하며 타이완과 단교한 것도 모두 로물로가 꾸민 수작이었다.

7월 25일 나는 마닐라에서 노스웨스트항공 편으로 부임지인 서울에 도착했다. 비행기가 동해(동중국해)와 황해(서해)를 거쳐 한반도 남부의 한국 영공으로 들어서자 만감이 뒤얽혔다. 나는 재주가 없고 학문이 얕아 시를 배운 적도 지어본 적도 없지만, 불현듯 넘치는 마음을 시로 표현하고 싶어졌다. 여기저기에서 가져온 문장을 맞춰보니 장난스러운 시가 만들어졌다. 내 평생 처음으로 지은 유일한 시 원고를 나는 지금까지도 나의 자료 속에 가지고 있다. 시 같지도 않은 부끄러운 작품이지만 당시의 내 심경을 다소나마 대변한다고 여겨 창피함을 무릅쓰고 여기 소개하고자 한다.

一機凌空氣	비행기가 하늘을 뚫고 올라
孤雲挾雨飛	외로운 구름에 비를 끼고 난다
中原赤焰舞	중원에 붉은 화염이 춤추는데
三韓綸音宜	삼한 땅에 사신의 명을 받다
詔使從天降	사신이 하늘에서 내려와
禍福應同當	화와 복을 함께하고
百年敦邦交	백년의 두터운 국교에
忠精在日邊	충성된 정성을 태양 앞에 맹세한다

비행기가 서울 김포공항에 내리자 공항 안은 운집한 사람들로 가득했다. 화교 군중과 화교 중학교 및 소학교 학생들이 도열해 환영하는 외에 한국정부에서는 관례를 깨고 특별히 임병직 외무부 장관과 의장대를 파견

해 환영했다. 이밖에 적잖은 한국의 옛 친구들이 정해진 행렬을 깨고 앞으로 벌떼같이 나왔다. 천 비서가 찍은 당시 기록영화를 보면 지난날 중국에서 가까이 지내며 한국 독립운동에 투신해온 많은 옛 동지들이 나와 악수를 나누며 반가워하는 것을 볼 수 있다. 그들 중에는 국회의장 김규식, 부의장 신익희, 육군사관학교 교장 김홍일, 헌병사령관 장진, 수도경비사령관 송호, 전 한국 임시의정원 의장 홍진, 전 외교부장 조소앙, 전 광복군 총사령관 이청천 등의 얼굴도 보였다. 우리는 오랜만에 만났기 때문에 매우 흥분해 공항 안은 여간 혼란스럽지 않았다.

마침 대사관 참사 겸 총영사 쉬사오창과 유엔한국위원회 중국 부대표 쓰투더 두 사람이 의전을 맡아주어 다행이었다. 그들은 먼저 임병직 외무부 장관과 나를 악수시킨 후 곧이어 의장대가 중국과 한국 국가를 연주하는 가운데 임 장관과 나에게 화교 학생들의 행렬을 사열케 한 다음, 한국의 옛 친구들과 일일이 악수하며 인사하게 했다. 공항에서의 행사가 끝난 후 나는 임 장관, 쉬 참사와 함께 차를 타고 서울에서 가장 큰 호텔인 조선호텔로 갔다. 호텔로 가는 도중에 공항에서 만난 사람들 가운데 유엔한국위원회 중국 대표 류위완과 김구 선생의 차남 김신 두 사람의 얼굴이 보이지 않았던 사실을 깨달았고 마음이 매우 괴로웠다. 그들이 나오지 못한 이유는 나중에 쉬 참사에게서 듣고 알았다.

외무부 장관 임병직과 나는 오랜 친구였다. 그는 장관 신분인데도 국제 관례를 깨고 몸소 나를 마중 나왔으며 또한 호텔 방에까지 와서 나를 접대해주었다. 형식적인 인사말 같은 것은 조금도 없었으며 사람됨이 무척 성실했다. 우리는 이후 한국전쟁을 전후해 생사고락을 같이하면서 막역한 친구가 되었다.

이튿날 나는 임 장관의 사무실을 처음으로 방문했다. 임 장관은 나에게 신임장을 제정(提呈)하기 전에 미리 이 대통령을 비공식 예방하는 것이 어떻겠느냐고 물었다. 나는 이 대통령의 동의 전보를 기다린 지도 거의 반년이나 되었고 대사가 신임장을 제정하기 전에는 원칙적으로 전권대표 자격을 얻는 정식 임명 수속을 끝마쳤다고 할 수 없으므로 하루나 이틀 차이를 가지고 조급해할 필요가 없다고 생각했다. 그래서 그에게 대통령 관저에 전화로 연락해서 이틀 후인 7월 28일 신임장 제정식을 거행할 수 있도록 준비시켜달라고 특별히 부탁했다.

한편 나는 임 장관에게 장제스 총재가 이미 이 대통령의 초청을 받고 머지않아 한국을 방문하기로 결정했다고 전했다. 임 장관 역시 한국정부는 진심으로 그를 환영하며 벌써부터 이 대통령의 지시를 받들어 갖가지 준비를 서두르고 있다면서, 다만 회담 장소와 날짜에 관해서는 28일 신임장을 제정한 후 이 대통령과 직접 상의해 결정하라고 했다.

나와 임 장관의 대화가 아직 끝나지 않았을 때 돌연 한국의 국무총리이자 중국에서부터 친구였던 철기(鐵驥) 이범석 장군이 사람을 보내와 나를 만나고 싶으니 곧 총리실로 와달라고 했다. 나는 원래 신임장을 제정한 후 그를 만날 예정이었으나 그가 이렇게 빨리 만나고 싶다 하고 또 임 장관도 나를 안내할 테니 함께 가자고 고집해 바로 그를 찾아가보지 않을 수 없었다. 갔더니 이 총리는 아주 겸손한 태도로 이튿날인 27일 대사관으로 답례 방문을 하겠다고 약속했다. 나는 일기에 다음과 같이 적었다.

이범석 총리가 오늘 아침 대사관으로 답례 방문을 했다. 그는 중국에 있을 적에 시안 한국광복군의 지대장으로 있다가 왕일서(현재 한국 육군사관학교 교장 김홍일)의 뒤를 이어 광복군 참모장이 되었다. 1945년 겨울 내가 군사위원회 위원장의 중장대우 한국 대표로 임명된 후 이청천 총사령관(현재 한국 국회 외교국방위원회 위원장)은 이범석을 충칭의 상칭사(上淸寺) 국민외교협회 다이닝룸에서 나에게 소개시켜주었다. 그때 나는 이범석의 사람됨이 섬세하면서도 강인하다는 인상을 받았다. 그 후 얼마 지나지 않아 그는 귀국해 중국 중앙훈련단의 훈련 방법을 남한에 도입해 민족청년단을 조직해서 남한 청년들에게 널리 훈련을 실시했다. 그는 시안에 있을 때 미국 전략정보국(OSS)과 협력한 적이 있었기 때문에 주한 미군 당국의 협조를 얻어 훈련을 성공적으로 마쳤다. 작년 8월 15일 한국이 독립을 선포하고 이승만 박사가 대통령에 당선된 후 처음에는 이윤영을 총리로 지명했으나 국회의 인준을 받지 못했고, 다시 지명한 이범석이 총리 겸 국방장관으로 통과되었다. 그는 명성이 대단했으나 이 때문에 받는 피해도 적지 않았다. 얼마 후 민족청년단은 여타의 청년 조직과 합병해 대한청년단으로 재조직되었다. 이 단체는 이승만 대통령이 단장을 겸했으며 국방부 장관을 겸직하던 신성모에게 장관직을 물려주었다. …… 이범석은 중국에 오랫동안 있었고 한중 관계를 잘 파악하고 있었기 때문에 일반 한국인들이 그를 통해 중국을 이해하도록 하는 것 역시 매우 중요했다.

이로써 당시 이 총리가 처한 상황을 대략 알 수 있다. 이범석은 장 총재가 곧 방한할 것이라는 이야기가 나왔을 때 한국 독립운동과 깊은 관계를 갖고 있는 우톄청, 허잉친, 주자화, 천궈푸, 천리푸 등 여러 사람이 총재를 수행해 함께 방한해줄 것을 희망한다는 뜻을 나타냈다. 그 결과 우톄청은 나의 주선으로 이듬해 4월 주스밍(朱世明) 장군과 함께 방한했고, 허잉친은 내가 주선해놓았으나 방한하지 못했다. 그리고 주자화는 내가 이임한 후에야 방한했고, 천궈푸는 일찍 병서했으며, 천리푸는 여러 해 해외에 나가 있어 기회를 얻지 못했다.

총리실에서 나왔을 때는 날이 이미 저물었으나 쉬 참사에게 고집을 부려 대사관에 가서 한 차례 순시했다. 그리고 전 대사 관원에게 내일 아침부터 내가 대사관에 나와 집무를 개시하겠다고 알렸다.

주한 중국대사관 건물의 첫인상은 잊을 수가 없다. 대사관 위치는 서울 명동의 가장 번화한 곳이고, 면적은 6400여 평이나 되었다. 건물이 처음 세워진 것은 청나라 광서(光緒) 9년인 1883년 천수탕(陳樹棠)이 초대 조선상무위원으로 있던 때였으며, 이후 위안스카이(袁世凱)가 상무독판(商務督辦)으로 있을 때 확장했다. 옛날 관아의 문과 같이 주홍색 대문 양쪽에 출입문이 있었으나 '조용하시오[肅靜]', '돌아가시오[回避]'라고 쓴 팻말은 세워놓지 않았다.

중간에 자리 잡은 2층 양옥 벽돌 건물이 주 건물로 쓰이고 있었다. 아래층은 중국식으로 꾸민 크고 작은 응접실과 연회장이었다. 이 연회장은 내가 살 관저가 아직 정해지기 전 이 대통령과 이 총리 부부를 위한 정식 연회를 베풀기 위해 한 번 사용했으며, 이후의 연회는 언제나 대사관저인 경교장에서 가졌다. 이 건물 2층은 대사와 참사, 비서들의 사무실이었다.

건물 앞에는 왼쪽으로 양식 단층 건물이 한 줄로 늘어서 있었는데, 이곳은 영사부로, 영사, 부영사, 수습 영사, 주사, 사무원 및 번역원 등의 사무실이 다 여기에 있었다. 주 건물 바로 왼쪽으로는 위안스카이 시대부터 내려온 목조 서재가 있었고 그 앞은 작은 화원이었다. 위안스카이는 시간이 날 때마다 여기서 독서를 하고 화원을 거닐었다고 한다. 우리는 이 목조 건물을 그대로 보존시켜 회의실로 사용했다.

한국전쟁이 발발하던 날 나는 각지의 화교 지도자를 소집해 전한화교교무회의(全韓華僑僑務會議)를 열었는데, 이 회의도 바로 이 목조 건물에서 개최되었다. 그리고 주 건물 좌우 양쪽에는 대사관 직원 및 운전사들의 가족 숙사가 있었다.

초기 주한대사관의 가장 큰 특색은 각 화교단체의 여러 기구가 한 담장 안에 혼재해 있었던 것이다. 예를 들어 대사관 담장 안 왼쪽은 한성화교중학교 교사(校舍)와 기숙사 및 한성화교소학교 교사와 대운동장이고 오른쪽은 화교자치총구 사무소와 상회 및 화교 교회의 연합사무실이었으며, 화교 신문인 ≪중화일보(中華日報)≫의 사무실과 편집실도 그 안에 있었다. 무관처(武官處)가 대사관 밖에 따로 사무실을 갖고 있는 외에 이처럼 모든 관민 기구가 한 담장 안에 모여 있어 마치 커다란 울타리 안에 있는 하나의 대가정과도 같았다.

대사관과 교포들이 밀접하게 연락하고 단결을 유지할 수 있었던 이유 가운데 하나는 밤낮으로 서로 만날 수 있어 한 가족과 같았기 때문이다.

그러나 훗날 량쉬자오(梁序昭) 대사가 대사관 건물을 다시 지을 때는 교포들과 대사관 사이에 적잖은 오해와 분규가 생기기도 했다. 다행히 새 건물은 제5대 주한대사 탕쭝(唐縱)[제1대 사오위린, 제2대 왕둥위안(王東元), 제3대 류위완, 제4대 량쉬자오]의 임기 때 완성될 수 있었다.

나의 취임식이 거행된 1949년 7월 28일은 나 개인뿐만 아니라 한중 관계에서도 매우 의의가 큰 날이었다. 중국은 갑오년의 청일전쟁 때 청나라 조정이 시모노세키조약에 조인하고 한국에서 철수한 이후 일본이 한국을 합병하자 굴욕을 참고 총영사를 서울에 파견하는 한편 일본이 패전 항복하기까지 중국에서 한국 독립운동을 도운 역사를 지니고 있다. 그런데 대한민국정부가 수립됨에 따라 중국정부가 1949년 1월 이를 외교 승인하고 중국의 초대 주한대사가 한국의 초대 대통령에게 신임장을 제정해 정식으로 취임한 날이기 때문이다. 또한 나 개인적으로는 대일 항전 기간 중 장지란 선생의 가르침을 받들어 한국의 독립을 위해 협조하고 독립 한국 주재 초대 대사가 되리라는 뜻을 세운 끝에 한국임시정부의 고문으로 초빙되었고 장제스 위원장에게 한국으로 출사하라는 명령을 받아 결국 신임장을 제정하고 정식으로 주한대사에 취임했기에 더없이 의미 깊은 날이었다.

한국 외무부와 중국대사관이 합의한 일정 및 절차에 따라 신임장 제정식은 7월 28일 오전 10시 경무대에서 거행하기로 했다. 중국 측 참석 예정자는 참사 겸 총영사 쉬사오창, 류예자오(劉業昭) 대령, 2등 서기관 겸 영사 쑤멍궁(宿夢公), 3등 서기관 겸 부영사 천헝리, 수행원 겸 수습영사 예쥔카이(葉俊愷)로서 모두 아침 9시 이전에 예복 차림으로 집합했다. 나는 정장에 훈장을 모조리 달고 출발을 기다리고 있었다. 한국정부는 이 행사에 매우 높은 비중을 두고 의장기마대를 동원했으며 특별히 외무부 차관 조정환을 보내 중국대사인 나를 안내하도록 했다.

9시 반에 차에 올라 경무대로 향할 때 연도에 시민들이 서 있었고 말발굽 소리가 경쾌하게 울려 행렬이 아주 거창했다. 경무대 앞에 이르자 육군의장대가 늘어서 있었다. 나는 조 차관의 안내로 걸어서 의장대를 사열하고 경무대 정문으로 들어섰다.

이때 깜짝 놀랄 만큼 감격스러운 광경이 펼쳐졌다. 당시의 한국 부통령인 이시영 선생이 혼자 경무대 정문 앞에 서서 나를 환영한 것이었다. 이부통령은 다년간 중국에 망명해 한국임시정부의 내무부장, 재무부장을 역임한 분으로, 연세가 여든에 가까워 나보다 거의 배나 많았다. 예부터 아는 사이라고는 하지만 그가 이렇게 직접 마중 나온 것은 나에게 감당할 수 없을 만큼 큰 영광이었다. 그는 일이 있어 비행장에 나가지 못해 이날 경무대 문전에서 나를 영접하게 되었다면서, 서울에서 나와 다시 만나게 되어 아주 기쁘다고 말했다.

나의 신임장 제정식 기록영화에는 이 모습이 담겨져 있어 지금도 나는 그 일을 잊을 수 없다. 그런데 이 부통령은 한국임시정부의 김구 일파에 속해 이승만 대통령과 정견이 맞지 않았다. 나중에는 뒤에서 언급할 '거창사건'과 이승만 박사의 독재적인 태도에 불만을 품고 부통령직을 사임해 정치적 풍파를 일으켰다.

경무대 내에서 거행된 신임장 제정식은 일반적인 국제관례와 비슷했다. 먼저 나는 대사관원들을 인솔해 앞뒤로 나란히 서서 송사를 하고 앞으로 3보 전진해 이승만 대통령에게 신임장을 올린 다음 다시 3보 후진해 원래의 자리에 섰다.

이 대통령은 신임장을 받아 임 외무부 장관에게 넘긴 다음 나에게 답사를 했다. 답사가 끝나자 쌍방이 악수로 환영하며 샴페인을 터뜨려 경축했다. 한국에서 치러진 의식에서 중국과 다른 점은 이 대통령 외에 부통령,

국무총리, 국무위원 전원이 식전에 참석한 것이었다. 중국에서는 총통과 총통부 비서장 및 외교부장 등만 참석하고 행정원장이나 행정원 각 부처의 장은 참석하지 않는다.

이밖에 또 하나 기억나는 것은, 내가 대사관원들을 인솔해 앞뒤로 나란히 설 때 이 대통령 얼굴에 나를 매우 오랜만에 만난 데 대한 특별한 감회가 감돌았으며 나에 대한 아그레망을 거의 반년이나 지연시켰던 일로 인해 미안해하는 빛이 완연했다는 것이다.

행사를 마치자 이승만 대통령은 앞으로 나와 손을 내밀며 치하하고 한국 외무부의 처리가 늦어진 점에 대해 유감의 뜻을 표했다. 나는 부드러운 말투로 과거의 일은 개의치 않아도 되지만 긴장된 현 시국에 대해서만은 잠시도 소홀히 할 수 없다고 말했다. 또한 내가 급명을 받아 장제스 총재와 중국정부를 대신해서 이 대통령과 의논해서 처리해야 할 일이 많다고도 전했다.

이 대통령은 곧 나를 이끌고 대통령 집무실로 들어갔다. 부통령, 국무총리 및 전체 국무위원과 중국대사관 관원들은 그 자리에 남아 잔을 교환하며 환담을 나누도록 하고 우리 두 사람만 들어가 문을 잠그고서 밀담을 나누었다.

우리가 나눈 이야기는 물론 아시아 정세와 당시 한중 양국의 지도자가 곧 개최하려는 회의에 관한 내용이었다. 나는 이 대통령과 그 자리에서 한중 영수회담의 장소를 한국의 진해로 합의했다.

시기는 8월 6일부터 8일까지로 정했다. 이로써 한중 관계사 및 아시아 각국의 반공 투쟁사에서 중요한 한 페이지를 차지하는 이른바 진해회담의 개최가 결정되었다.

» 역사적인 한중 진해회담 개최

진해회담은 과거 한중 양국의 연합 항일이 연합 반공으로 발전한 것으로, 두 민족의 연합 투쟁사상 한 획을 그은 중요한 회담이었다. 나는 주한 대사 자격으로 이 회담을 준비했는데 시간이 너무나 촉박했다.

1949년 7월 28일 오전 나는 서울의 경무대에서 이 대통령에게 정식으로 신임장을 제정했고, 제정식이 끝난 후 이 대통령과 장시간 이야기를 나눴다. 거기서 나는 장제스 총재의 밀서를 직접 전하고 중국과 필리핀 간의 바기오회담 경과와 국제 정세를 설명했으며, 장 총재가 내한해 회의를 개최하려는 구상에 대해 설명했다. 이 대통령은 장 총재의 내한에 대해 다시 한 번 환영의 뜻을 표하면서 극동 반공 연맹을 한국과 중국·필리핀, 그중에서도 특히 한중 양국이 핵심이 되어 구성하려는 장 총재의 구상에 대해 완전히 찬동했으며, 태도 역시 매우 굳건했다.

장 총재와 이 대통령이 회의를 개최할 장소로 한국 측은 이미 서울에서 제일 큰 조선호텔을 전부 빌려 총재와 수행원들을 위한 영빈관으로 사용할 준비를 하고 있었다. 그러나 다시에서 장 총재는 서울은 피해달라고 나에게 당부했기 때문에 나는 이승만 대통령과 의논할 때 "서울은 38도선에서 너무 가까워 비행기로 몇 분이면 날아옵니다. 또한 조선호텔은 서울의 중심가에 자리 잡고 있어 주위가 너무 번잡하므로 절대적인 안전을 기하기 어렵다고 들었습니다. 장 총재가 비행기나 군함을 타고 올 예정이므로 한반도의 남단인 제주도에서 회담을 갖는 것이 어떻겠습니까?"라고 개인적인 생각을 전했다. 이 대통령은 제주도에는 아직까지 비행장 설비가 안되어 있고 군함이 정박할 만한 항구 설비가 없을뿐더러 회의를 개최하거나 숙박할 만한 장소도 마땅치 않아서 다른 곳을 강구해야 할 것이라고 말했다.

그러면서 이 대통령은 회담 장소로 진해를 추천했다. 진해는 한반도 남부의 군항으로서 명나라 만력(萬曆) 연간에 조선 수군통제사 이순신 장군이 자신이 발명한 철갑 거북선으로 왜군을 대패시킨 곳으로, 한국의 반침략사에서 아주 유명하다. 이 대통령은 진해에 있는 해군 참모총장과 회의를 열고 회의에 참석하는 인원이 숙박할 만한 장소가 있음을 확인했다. 이 대통령은 진해는 시설이 편안하지는 않지만 풍경이 매우 아름답다고 했다. 또한 그는 한가할 때면 부인과 함께 늘 진해에 가서 낚시를 즐기곤 하는데, 안전은 절대 보장할 수 있으며 비행장도 아주 가까이 있어 진해보다 나은 장소를 찾기는 어려울 것이라고 했다. 이 대통령이 이야기한 진해의 여러 가지 여건은 장 총재의 희망에 부합했다. 게다가 내가 원래 태어난 곳이 저장성(浙江省) 닝보부(寧波府)에 있는 전하이(鎭海)인 까닭에 한국의 동일 지명인 진해(鎭海)에 대해 듣자 향수에 젖기도 했다. 그래서 나는 이 장소에 우선 동의하고 전보를 보내 장 총재로부터 최후의 허가를 받았다.

총재의 방한 시기에 관해서는 역시 전보로 지시를 받고 한국 측의 동의를 얻어 8월 6일부터 8일까지로 결정했다. 나는 쉬사오창 참사(후에 외교부 차장과 이탈리아 및 베트남 대사를 역임)를 파견, 8월 3일 몇몇 대사관원과 함께 먼저 진해에 가서 한국 측 인사들과 만나 모든 것을 준비해놓도록 당부했다. 나는 한국정부 및 타이베이의 총재 사무실과 연락을 취해 일정을 짜야 했기 때문에 마지막까지 서울에 남아 있다가 떠날 수밖에 없었다.

8월 3일 나는 주한 미국대사 존 무초를 방문했다. 미국대사 무초는 예전에 중국의 쿤밍 주재 영사로 근무한 적이 있어 중국에 대한 태도가 우호적인 편이었다. 이야기 도중 그는 나에게 장 총재의 방한 문제가 어느 정도 진척되고 있는지 물었고 나는 회담 장소를 이미 진해로 정했다고 말했다. 무초는 곧 공군 장교를 불러 진해비행장의 상황에 대해 물었다. 차라리 묻지 않았더라면 좋았을 것을 묻는 바람에 돌연 큰 난관에 봉착했다. 이 미국 공군 장교는 전문가의 입장에서 진해비행장은 활주로가 너무 짧아 비교적 큰 비행기는 착륙할 수 없을 것이라고 말했던 것이다. 나는 한국 측으로부터 C-46이나 C-47 수송기가 진해비행장에 착륙하는 데 아무런 문제도 없다고 전해 들었다. 그러나 그의 말에 따르면 안전을 보증할 수 없다는 것이었다.

나는 다급해지지 않을 수 없었다. 활주로의 길이와 미국 장교의 말을 급히 중국 공군 당국에 알려 장 총재의 비행기가 안전하게 이착륙할 수 있는지 알아봐야 했다. 총재 방한의 안전 문제는 말할 것도 없이 주한대사인 나의 책임이다. 만약 위험하다면 어떻게 할 것인가? 이착륙에 정말 어려움이 있으면 무슨 수를 써서라도 방법을 강구해야 했다. 총재에게 위험을 무릅쓰게 할 수는 없었다. 다행히 우리 공군은 훈련이 잘 되어 있어 활주로 길이가 안전하게 이착륙하기에 충분하다고 했다. 그러나 확실히 하기 위해 총재가 출발하기 전날 왕(王) 대위를 파견, C-46 수송기에 몇몇 경호원이 타고 와서 먼저 시험비행을 하도록 했다.

8월 5일 정오가 가깝도록 나는 이범석 국무총리 및 임병직 외무부 장관과 미국 국무부가 발표한 '미중 관계 백서' 문제를 토론하고 있었다. 한중 쌍방은 양국의 운명이 불가분의 밀접한 관계이며 얄타 비밀협정에 의해 이미 한중 양국이 희생되었음을 알고 있었다. 미국정부는 두 나라의 수뇌가 양국, 나아가 아시아가 당면한 위기를 해소하기 위해 회담을 개최해서 공동 투쟁하려는 이때를 택해 하필이면 백서를 발표해 공공연하게 중화민국정부를 공격했으며 대륙 적화의 책임을 송두리째 중화민국에 돌렸다. 하지만 이는 한중 양국에 경각심을 불러일으키는 역할을 하는 데 그쳤다. 우리가 일치단결해 철저히 투쟁하는 외에 다른 길이 있겠는가? 우리의 심경은 침통하기 짝이 없었고 마음은 비분으로 가득 찼다. 우리는 한중 양국의 수뇌와 국민들도 같은 심경일 것이라고 생각했다.

내가 총리실에서 대사관으로 돌아오자 중국 공군의 왕 대위가 이미 서울에 도착해 나를 기다리고 있었다. 그는 총재가 나에게 보내는 친필 서한을 가지고 왔다. 나는 진해비행장에 문제가 있으면 지금이라도 총재에게 알려야 하기 때문에 왕 대위에게 이 점에 대해 물었다. 그는 서울에 오는 도중 진해비행장에 착륙해봤는데, 전혀 문제가 없었다고 말했다. 나는 미국 장교의 말을 들은 뒤라 반신반의해서 나를 태우고 다시 한 번 시험비행 해보자고 그에게 말했다.

점심을 먹고 왕 대위가 조종하는 비행기는 나를 태우고 진해로 떠났다. 진해 상공에 이르렀을 때 나는 긴장한 가운데 착륙 상황을 주의해서 살펴보았다. 비행기는 아주 편안히 바다 쪽에서 활주로로 진입했으며 착륙하고도 상당히 길게 활주로가 남았다. 나는 우리 공군의 대위까지도 이토록 뛰어난 조종 능력을 지니고 있으니 총재의 비행기를 조종할 이푸언(衣復恩) 대령에게는 아무 문제없을 것이라고 판단했다. 미국 공군 대령의 발언은 중국 공군에 대한 나의 경의와 믿음을 더욱 두텁게 해주었고, 나는 안심이 되는 한편 자랑스러운 마음마저 부풀어 올랐다. 나는 회의 및 숙박을 할 각종 시설을 둘러보고 하루 먼저 해군본부에 내려와 있는 이 대통령을 쉬 참사와 함께 찾아가 마지막 접촉을 가진 후, 다시 왕 대위에게 청해 서울로 돌아와서 총재에게 마지막으로 아무 문제없다는 연락을 취했다.

8월 6일 오전 10시, 나는 서울의 김포공항에서 이범석 총리, 신익희 의장(중국에 오랫동안 있었으며, 후에 대통령에 출마했다가 급병으로 서거함), 임병직 외무부 장관, 허정 교통부 장관(후에 과도정부 내각수반을 지냄), 윤보선 상공부 장관(후에 대통령이 됨), 장기영 체신부 장관, 김도연 재무부 장관 등을 기다렸다가 그들과 함께 왕 대위가 조종하는 전용기 편으로 진해로 출발했다.

진해비행장 상공은 맑게 개어 비행하기에는 더없이 좋은 날씨였다. 우리는 총재와 수행원들이 정오를 조금 지나 도착할 것으로 알고 비행장에서 이 총리, 신 의장 및 한국의 고위 관료들과 함께 한담을 나누며 기다렸다. 오후 1시가 되자 천웅호(天雄號)가 총재의 고문 왕둥위안(王東元), 우궈전과 제4조 부주임 선창환(沈昌煥) 및 기타 수행원을 태우고 먼저 도착했다. 조금 뒤에는 이 대통령 부부가 비행장에 도착했다. 2시 가까이 되자 드디어 총재가 탄 미령호(美齡號)가 이푸언 대령의 조종으로 안전하게 착륙했다. 총재 고문 왕스제, 장치원(張其昀), 황사오구(黃少谷)과 비서 저우훙타오(周宏濤), 차오성펀(曹聖芬), 그리고 경호실장 위지스(兪濟時)와 경호실 비서 샤궁취안(夏功權) 등이 총재의 뒤를 따라 비행기에서 내렸다.

이 대통령은 1947년 난징과 상하이를 방문해 총재를 만난 적이 있었다. 비행기가 완전히 멎자 이 대통령은 부인과 함께 비행기 문으로 가서 총재를 환영했다. 총재는 진노랑색의 엷은 중산복을 입었고 눈빛이 유난히 빛났다. 비행기에서 내릴 때 우레와 같은 박수소리가 울려 퍼졌는데, 한국인들이 중국어로 "장 위원장!", "장 위원장!" 외치는 함성이 섞여 있었다. 이어서 한국 해군악대가 한중 양국의 국가를 연주하고 총재에게 해군 의장대의 사열을 청했다. 이 대통령은 한문에는 뛰어났으나 중국말은 하지 못했기 때문에 이범석 총리가 중국말로 각료 및 기타 고위 관료들을 총재에게 소개시켰다. 총재는 일일이 악수를 나누면서 "하오 하오(好好, 좋습니다, 좋아요)"를 연발했다. 그리고는 이 대통령 부부와 한 차에 동승해 영빈관으로 떠났다. 총재는 차 안에서 이 대통령과 다음과 같은 담소를 나누었다고 한다.

> 장 총재: 35년 전에 제가 귀국에 온 적이 있지요. 이번에 다시 와서 귀국이 이미 자유 독립을 획득하고 이 대통령의 정신이나 건강이 예전과 다름 없는 것을 보니 기쁜 마음을 무어라 형용할지 모르겠습니다.
>
> 이 대통령: 한국의 독립은 장 총재의 협조에 힘입은 바 컸기 때문에 기뻐하는 마음을 충분히 이해할 수 있습니다. 더욱 기쁜 것은 장 총재의 기력이나 체격이 3년 전 상하이에서 뵈었을 때보다 더 나아졌다는 겁니다. 민주 국가가 어려움을 당하고 있는 이때 장 총재의 건강은 실로 우리 모두의 행운이라 하겠습니다. …… 장 총재의 이번 왕림으로 한국민 전체가 흥분하고 있습니다. 본래 전국 각지에서 장 총재를 성대히 환영할

계획이었으나 굳이 사양하셔서 이렇게 진해로 모셨습니다. 시설이 좋
지 못한 것을 양해바랍니다.

장 총재: 한중 양국은 형제의 나라입니다. 대접이 소홀하다 하더라도 각별
한 친근감을 느낍니다.

총재를 위한 영빈관은 진해 해군 참모총장의 관사로 비행장에서 4km
가량 떨어진 바닷가 송림 사이에 자리 잡고 있으며 아주 조용한 곳이었다.
총재는 영빈관에 도착해 잠시 휴식을 취한 다음 왕스제 선생과 나를 불러
이미 준비한 성명서를 발표케 했다. 나는 총재의 중문·영문 성명서 원고
를 가지고 불과 수십 걸음 떨어진 이 대통령의 별장으로 갔다. 이 대통령
은 한번 읽어본 다음, 그 자리에서 이를 한국의 공보실장에게 전달해 자신
의 성명서와 함께 발표하도록 일렀다.

장제스 총재의 한국 도착 서명(1949년 8월 6일)

본인이 이번에 특별히 한국을 방문해 우리 이웃나라의 국토에 영광스러
운 독립이 실현되었음을 보게 된 것은 본인의 평생에 가장 기쁘고 안심되
는 일이라 하겠습니다. 이는 한국의 독립이 귀국 국민의 분투 목표였으며
중국 국민과 본인의 간절한 희망이었기 때문입니다. 오늘 귀국 국민의 현
명한 지도자 이승만 대통령의 초청을 받고 본인이 귀국의 옛 친구들과 다
시 만나 옛정을 펴게 된 것 또한 본인 평생의 가장 유쾌한 일 가운데 하나
로 느끼는 바입니다. 이승만 대통령과 본인은 제2차 세계대전이 발발하기
이전과 제2차 세계대전 기간을 통해 긴밀히 합작해 공동 분투한 혁명 동지
이기 때문입니다. 한중 양 민족은 3천년 이래로 순치상의하는 형제의 나라
인데 이번에 불행히도 공산주의 침략의 위협을 같이 받고 있어 환난을 같
이하고 폭풍우 속에 한 배를 타는 우의가 더욱 깊어지고 있습니다. 본인은
이번 방문 기회를 이용해 이 대통령과 충분히 의견을 교환하고 한중 양국

의 당면 문제를 협의할 뿐만 아니라 극동 각국이 조직하려는 반공 연맹 문제에 대해 토의할 것입니다. 한중 양국 인사는 과거에 장기간 밀접하게 합작한 경험이 있는 만큼 향후 양국의 민주자유와 세계평화를 보장하고자 공동 분투하고 최후의 성공을 거둘 것을 믿어 의심치 않습니다.

이승만 대통령의 성명(1949년 8월 6일)

대한민국정부와 국민은 장제스 총통과 그 일행이 우리를 심방한 데 대해 거국적으로 열렬히 환영을 표하고자 했으나, 이 귀빈들이 정식 초청 형식이 아닌, 친우 자격의 비공식적 방문을 원한다고 하여 모든 형식을 벗어나 단순한 절차로 접대하고 조용히 담화할 수 있는 진해로 자리를 정하고 준비를 했습니다. 숙소나 절차에 불편한 점이 있더라도 많은 양해 바랍니다. 우리 민간단체와 정부 관원들은 이번 기회를 통해 중국과의 오랜 우의와 장 총재에 대해 경의를 표하고 싶어 했지만, 총통과 그 일행의 요청을 이해하고 이 기간 동안 어떠한 접대 활동도 준비하지 않았습니다. 이 비공식 회담 중에는 어떤 성질의 문제라도 논의할 수 있습니다. 특히 현재 논의되고 있는 태평양동맹에 대해서는 확실히 의견을 교환할 것으로 추측하는바, 만일 이 문제를 토의한다면 어디까지나 유엔 헌장에 채택되었고 최근 유엔 회원국 사이에서 체결된 지역적 조약에 의해 재확인되고 적용된 기본적인 평화 원칙을 토의할 것이라고 믿습니다.

중국과 필리핀 양국이 먼저 열었던 바기오회담이 끝난 후 장제스 총재와 필리핀의 키리노 대통령은 7월 11일 공동성명을 발표했는데, 그중에는 다음과 같은 부분이 있었다.

…… 우리는 또한 극동 여러 국가의 부흥과 안전 보장을 확보하기 위해 이 국가들을 충분히 발전시켜야 한다는 과제에 관해서도 토의한 바 있다.

한편 극동 국가 간의 밀접한 협조가 결핍되고 오늘날 극동 국가들의 자유와 독립을 위태롭게 하는 공산 세력의 위협이 증대하는 현실에 비춰볼 때, 극동 국가들은 공동의 위협에 견제하고 대항하기 위해 상호 협조해야 하며 또한 안전을 도모하기 위해 즉시 동맹을 결성하지 않으면 안 된다. 우리는 이 동맹 결성의 구체적인 방도를 강구하기 위해 극동 연맹의 결성과 동맹의 참가를 희망하는 국가들이 전권 대표를 파견해 예비회의를 소집할 것을 제창하는 바다. 우리는 아시아 및 태평양 지역의 국가들이 이러한 동맹 체결의 목적에 호응할 것을 희망한다.

이 때문에 장 총재는 진해에 도착해 이 대통령과 한중 양국의 당면 문제를 협의할 뿐만 아니라 극동 각국이 조직하려는 반공 연맹 문제를 토의하고자 했다. 한편 이 대통령 역시 바기오회담 이후 이 제안에 이미 공개적으로 응했으며 장 총재에게 극동 연맹의 결성에 찬성하는 전보를 치면서 장 총재의 방한도 동시에 요청해 논의되고 있는 태평양 동맹에 대해 토의하고자 했다. 이 대통령은 마음속으로 북대서양조약기구를 극동 반공 연맹의 표본으로 여기고 있는 것이 분명했다. 한중 양국은 태도가 분명하고 입장이 확고해 바로 하루 전에 미국 국무부가 발표한 '미중 관계 백서'에는 개의치 않고 더욱 앞으로 매진했다.

그날 밤 이 대통령 부부는 별장에 있는 화원 잔디밭에서 장 총재와 그의 고문들을 환대하는 연회를 베풀었다. 양측에서 연회에 참석한 사람은 모두 열두 명뿐이었다. 정식으로 인사를 나누기도 전에 자유로운 대화가 오갔으며 모두 매우 유쾌한 표정이었다. 이 대통령 부인은 장 총재가 부인과 함께 오지 못한 것을 섭섭하게 여겼다. 만찬을 마친 다음에는 달빛이 은은히 비추는 가운데 모두 보트에 올라타 군항의 야경을 보며 흥을 돋우었다.

이튿날인 8월 7일 오전 9시에 장 총재는 이 대통령 부부를 방문했다. 9

시 반에 이 대통령의 안내로 한국 해병대의 분열식을 열병하고 10시부터 장 총재 영빈관 회의실에서 한중 양국 수뇌의 선언으로 정식 회담이 열렸다. 한국 측 회의 참석자는 이범석 총리 겸 국방부 장관과 임병직 외무부 장관을 비롯해 재무부, 상공부, 교통부, 체신부 등 각 부 장관이었다. 중국 측에서는 총재고문 왕스제, 장치원, 황사오구, 왕둥위안, 오귀전과 내가 참석했으며, 선창환이 통역을, 저우홍타오, 차오성펀이 기록을 맡았다. 회의는 2시간 45분 동안 진행되었다.

쌍방의 입장이 같았기 때문에 어느 안건이나 순조롭게 합의가 이뤄졌다. 모든 권한을 필리핀 대통령에게 맡겨 되도록 빠른 시일 내에 바기오에서 예비회담을 소집해 연맹 결성과 관련된 각종 구체적인 방안을 모색하고 이를 추진해 하루 속히 연맹을 결성하자고 결의했다. 한중 양측은 공동성명서 작성자를 지정한 뒤 산회했다. 그런데 한중 수뇌가 필리핀 대통령에게 표면에 나서서 일체를 주관할 것을 특별히 청하기로 결의한 이유는 너무도 명백했으나 이를 결정하기까지는 고심도 많았다. 오찬을 마치고 총재의 몇몇 고문은 공동성명서와 필리핀 대통령에게 보낼 전문을 작성해 각기 장 총재와 이 대통령에게 결재를 받느라 바빴다. 또한 장 총재는 리더린 총통대리와 옌바이촨 행정원장에게 전보를 쳐서 회담의 결과를 설명했다.

오후 6시부터 한국 해군 참모총장 손원일 장군[중국에서 오랫동안 있었으며 우쑹상선학교(吳淞商船學校)를 졸업한 후 중국정부의 원조로 독일에서 유학한 바 있다]이 집주인 자격으로 총재의 영빈관 화원에서 총재를 위한 칵테일파티를 베풀었는데, 참석한 한중 양국의 내빈이 100여 명이나 되었다. 총재는 정색 비단 저고리에 흰 모시 장포를 입고 깨끗하고 단아한 모습으로 연회에 참석했다. 그는 이 대통령 부부와 환담하고 때때로 한국 고위 관리들과 악수를 나누면서 "하오 하오"를 연발하는 등 무척 유쾌한 시간을 보냈다. 특히 이 총리를 가까이 불러 한참 동안 이야기를 주고받았다. 한국 관리 가운데 장 총재와 악수를 나눈 사람들은 오래도록 영광스러워했는데, 그중 이범석, 신익희, 이청천, 김홍일, 최용덕, 김신처럼 중국에 오래 있었던 사람들은 가끔 중국말로 중국 내빈들과 환담하기도 했다. 곳곳에서 웃음이 터져 나왔으며 마치 한 가족이 오랫동안 떨어져 있다가 다시 모인 것처럼 화기애애했다. 한국의 궁중 무용은 연회의 흥을 더욱 돋우었다.

밤 8시가 되자 이번에는 이 대통령 부부가 초대하는 성대한 연회가 시작되었다. 함께 초청된 한중 양국의 관리는 40여 명이었다. 연회가 한창 무르익을 무렵 이 대통령이 열정에 찬 어조로 환영사를 했다.

위대한 중국의 위대한 영도자 장 총재가 이번에 우리나라를 찾아준 것은 매우 영광스러운 일이 아닐 수 없습니다. 우리는 손중산 선생을 계승해 중국민을 이끌면서 일본 침략에 저항하고 공산주의에 대항하는 장 총재를 진심으로 환영하는 바입니다.

공산주의는 허위이며 폭도입니다. 나는 장 총재가 공산주의에 굳건히 대항해 반드시 승리를 거둘 것임을 믿고 있습니다. 공산주의에 대한 장 총재의 굳은 저항은 중국의 독립과 자유를 보장하기 위한 것일 뿐만 아니라 평화를 사랑하는 전 아시아인을 위한 노력입니다.

장 총재는 지난번 필리핀에 가서도 이미 위대한 성과를 거두었습니다. 즉, 키리노 대통령과 함께 극동 국가들의 반공 연맹을 결성해 우리를 위협하는 공산당에 대처할 것을 함께 주장했습니다. 오늘 오전에 한중 양국은 회담을 개최해 극동 국가들의 독립과 자유 문제에 대해 성과 있는 논의를 진행했으며, 내일이면 공동성명서를 발표할 것입니다. 이 성명은 세계 구석구석의 공산당에 압력이 될 것이며 인류의 고통을 해소시키는 복음이 될 것임을 믿어 의심치 않습니다.

장 총재는 일생에 성공하지 못한 사업이 없기 때문에 공산주의를 박멸코자 하는 사업 역시 반드시 성공하리라고 나는 믿고 있습니다. 우리는 끝까지 장 총재를 옹호해야 합니다. 장 총재와 나는 진리와 평등을 위해 노력하고 있는 반면 공산당이 드러내고 있는 것은 기만과 압박입니다. 우리는 선을 대표하는 반면 공산당은 악을 대표합니다. 이러한 공산당의 기만과 압박은 결코 성공할 수 없습니다.

이어서 장제스 총재가 답사를 했다.

귀국의 대통령은 본인이 평생 지극히 앙모하던 친구입니다. 회고컨대 1919년 귀국의 3·1운동 이후 상하이에 임시정부를 수립하고 당시 이 대통령이 임시대통령에 당선된 후 수십 년간 분투한 결과 혁명 사업이 성공하게 되었습니다. 본인은 이제 귀국 대통령의 옛 친구 자격으로 귀국을 방문하고 악수·환담케 된 이 기회를 빌려 이 대통령과 귀국 국민에게 축하와 흠모의 뜻을 표하며, 이 대통령이 귀국의 건국 사업과 극동 각국 간의 밀접한 합작에 탁월하고 위대한 공적을 남길 것임을 깊이 믿는 바입니다.

귀국은 동양의 신흥 국가입니다. 또한 유구한 역사와 문화를 가진 나라입니다. 최근 수십 년 이래로 귀국의 광복과 중국의 혁명은 실로 불가분의 관계를 가지고 있었습니다. 중국 혁명의 목적 가운데 하나는 바로 귀국의 독립 실현에 협조하는 것이었으며, 귀국이 독립과 통일을 달성해야만 중국 혁명도 성공을 보장할 수 있었습니다.

양국의 뜻있는 사람들은 양국의 상황이 수족과 같다는 점을 잘 이해해야 합니다. 제1차 세계대전 이후부터 중국은 줄곧 귀국 혁명운동의 후방기지였으며 광복 사업의 본영이었습니다. 제2차 세계대전 시기에는 귀국 군대가 중국의 전선에서 우리 국민혁명군과 공동 작전을 벌여 승리를 쟁취했습니다.

우리들은 이런 고귀한 우의를 몸소 경험했음을 영원히 망각할 수 없습니다. 현재 우리 쌍방은 건국하는 시기에 처해 있어 여러 어려움과 장애에 봉착해 있으므로 모름지기 일치단결해 매진하는 것이 당면 임무입니다. 옛 정을 회고하며 영구히 우호 관계를 잃지 말아야 할 뿐만 아니라 건국 대업을 위해 공동으로 노력해야 합니다.

지리적 환경으로 말하면 귀국은 대륙과 해양 사이의 중요한 위치에 있으므로 극동 국가에 매우 중요한 교량 역할을 하고 있습니다. 그러므로 한중 양국은 합치면 쌍방에 도움이 될 것이고 멀어지면 서로 다치는 형세가 될 것입니다.

역사적으로 한국이 침략에 대항할 때마다 중국은 국력을 동원해 한국을 지원했습니다. 지난 7세기와 16세기에 한중 양국은 두 차례나 연합군을 조직해 해류의 외래 침략에 저항했고 적에게 승리를 거두었습니다. 19세기 말엽에는 청일전쟁에서 중국이 패전한 결과 한국의 독립도 파괴되었으며, 극동도 끊임없는 재해를 입게 되었습니다.

문화적 연원으로 말하면 우리 양국은 동방 문화의 선진국입니다. 이 문화는 오직 평화를 숭상하는 문화입니다. 그러므로 우리는 반드시 민주정치를 발양해 극동 평화에 대한 정신적 보루로 삼아야 합니다.

중국의 항일 전쟁이 승리한 이후 여러 가지 어려움을 극복하고 헌정을 시작했는데, 귀국도 우리와 같은 단계입니다. 현재 여러 가지 저항을 받고 있지만 민주정치에 대한 우리의 신념은 결코 동요하지 않을 것입니다. 민주정치의 진정한 의의는 사상 자유와 민권을 보장하고 관용정신을 발휘하는 데 있습니다. 공산당의 극단적인 사상과 독재의 이론, 청산, 학살, 폭력, 공포와 침략주의 정책은 민주정치가 근본적으로 용납하지 않는 것입니다. 한중 양국의 건국 이상은 모두 민주정치의 실현을 목표로 하므로 이후 더욱 상호 합작해 이 숭고한 이상을 위해 끊임없이 분투할 것입니다.

경제관계에서는 양국의 통상에 대한 역사를 보면, 중국의 남해와 북해에는 한중 교역의 중요한 항구가 있습니다. 또한 역대로 항구에서부터 수도에 이르기까지 고려인을 영접하는 기구가 설치되어 있었습니다. 현재 양국에 거주하고 있는 많은 교민은 양국 경제협력의 기초를 충분히 추진할 수 있을 것입니다. 앞으로 자원 방면에서의 조정을 강화하고 공업 기술 방면에서 서로 보조하며 해운과 항공 방면에서 비약적인 발전을 강구해 육상 교통의 부족을 보충하기 위해서는 양국 국민의 생활수준을 증진하는 것이 선결조건입니다. 우리 두 나라는 모두 대양을 마주하고 있으므로 태평양 전역의 번영을 도모하려면 반드시 먼저 극동 국가들의 일체 단결을 촉구해야 합니다. 목전의 상황으로 볼 때 특히 중국·한국·필리핀 3국이 극동 경제발전의 핵심을 이뤄야 있습니다. 생산, 소비, 분배, 운수 등 여러 문제에 정밀히 대처하고 국제경제 관계를 원만히 조정해 민주정치에 대한 이상을 발휘한다면 극동의 평화를 보장하기 위한 충분한 실력을 지닐 수 있을 것입니다.

앞서 제가 필리핀을 방문해 키리노 대통령과 바기오회담을 가진 결과, 극동 국가연맹에 대한 윤곽이 잡혔습니다. 이번 한국 방문에서는 이 대통령과 같은 마음으로 연맹의 내용에 대해 깊이 토론했습니다. 시간은 비록 짧았지만 수확은 많았습니다. 이번 기회에 저는 한중 관계에 대한 몇 가지 의견을 이 대통령과 한국 국민들 앞에 내놓을 수 있어 참으로 기쁘고 흥분됩니다.

중국 고대에 '세상에 뜻이 통하는 벗이 있으면 저 먼 하늘의 끝도 이웃과 같다(海內存知己, 天涯若比鄰)'라는 말이 있습니다. 여러 방면으로 어려움이 많은 세계에서 한중 양국은 그야말로 지기의 벗이라고 할 수 있습니다. 우리들은 바다를 사이에 두고 서로 바라보면서 한 마음 한 뜻으로 반드시 동일한 목표를 향해 의기양양하게 전진해야 할 것입니다.

총재의 이 답사는 원래 '한국 국민에게 고하는 글'이라는 제목으로 준비했던 원고를 답사 형식으로 바꾸어 발표했던 것으로, 그 자리에 있는 사람들로부터 열렬한 박수갈채를 받았다. 이 답사는 이튿날 한국의 여러 신문에도 전문이 게재되었다.

만찬이 끝난 다음에는 다시 이 대통령 부부의 안내를 받아 달빛 아래 배를 타고 바다로 나가 유람했다.

사흘째인 8월 8일 아침 9시 장 총재는 이 대통령 부부를 방문해 작별을 고했다. 그리고 9시 반부터는 영빈관에서 개별적으로 신임 주중 주한대사 신석우와 중국에서의 오랜 지인인 한국 국회의장 신익희(중국 이름은 왕해공), 국회 외교국방위원회 위원장 지대형(중국 이름은 이청천), 한국 육군사관학교 교장 김홍일(중국 이름은 왕일서, 후에 주중대사로 임명됨), 한국 국방부 차관 최용덕(중국 이름은 최창석, 바오딩비행학교 출신, 후에 주중대사로 임명됨), 해군 참모총장 손원일, 공군 참모총장 이영무(중국 육군대학 및 공군 출신)와 김구 선생의 차남인 김신(중국 공군 출신, 후에 주중대사로 임명됨) 등을 접견해 그들을 일일이 격려했다. 특히 김구 선생의 불행한 피살에 대해서는 김신에게 직접 조의를 표했다.

나는 나중에 김구 선생의 묘지에 가서 총재를 대리해 헌화했다. 총재는 옛 친구들을 끔찍이 생각했는데 한국의 친구들은 오늘까지도 이를 잊지 못하고 있다.

10시 반에 총재는 이 대통령과 함께 공동으로 한국 및 각국 기자단과 회견했다. 한국 기자단은 특별히 기자 한 명을 선발해 한국 국민을 대신해서 총재에게 경의를 표했다.

장 총재가 이번에 한국을 찾은 것은 한국 국민에게 더없는 영광입니다. 장 총재는 한국의 독립과 자유에 대해 깊은 관심을 가지고 있고 이를 실현하기 위해 온힘을 다해 협조했습니다. 카이로회담에서 장 총재가 주도한 덕분에 한국이 독립할 수 있게 된 데 대해 한국 국민들은 무한한 감사를 드립니다. 오늘날 한국에는 불행히도 여전히 38선이 존재해 통일을 이루지 못하고 있지만, 장 총재와 중국, 그리고 여러 선진 민주 국가가 한국을 도와

주시리라고 믿고 있습니다.

이에 대해 총재는 간단히 답사했다. "한국과 중국은 형제의 나라이므로 일치단결해 자유 독립, 통일이라는 큰 목표를 향해 매진해가리라고 믿습니다."

이어서 장 총재와 이 대통령은 공동성명서에 함께 서명하고 이를 발표했다. 그 전문은 다음과 같다.

이승만 대통령과 장제스 총재의 공동성명(1945년 8월 8일)

우리는 진해에서 이틀간 회담하고 아시아 또는 태평양 제국의 연맹 결성에 관해 충분히 견해를 교환했다. 우리는 이 회담에서 다음과 같은 합의에 이르렀다.

우리는 인간의 자유와 국가적 독립에 배치되는 국제공산주의의 위협이 소멸되어야 한다는 것을 인정하며, 이 공통된 위협에 대항하기 위해 개별적인 동시에 집단적으로 투쟁해야 함을 확인한다. 안전보장은 오직 단결을 통해서만 강화할 수 있다. 우리는 태평양 각국, 특히 극동 각국이 세계 다른 어느 지역보다도 국제공산주의의 막대한 위협에 더 크게 직면해 있음을 절실히 느끼고 있다. 따라서 이러한 나라들의 단결과 협조가 긴박히 요청된다. 만약 아시아가 유린당한다면 세계 어떤 나라도 이 위협에서 자유로울 수 없을 것이며, 인류의 절반은 자유인으로, 나머지 절반은 노예로 나뉠 것이다. 이에 우리는 1949년 7월 12일 바기오에서 키리노 대통령과 장제스 총재가 발표한 공동성명에서 제안한 연맹을 결성하자는 주장에 완전히 동의한다.

우리는 필리핀 대통령이 제안한 연맹을 탄생시키는 데 필요한 일체의 방책을 취하도록 요청하는 데 동의한다. 이를 위해 우리는 키리노 대통령이 가장 빠른 시일 내에 바기오에서 예비회의를 소집하고 연맹에 관한 각 항의 구체적인 방법을 제정하기를 촉구하는 바다.

장제스 총재는 이 성명에 포함된 견해가 중화민국정부의 충분한 지지를 받고 있음을 표명해주기를 바란다.

한중 양국 수뇌는 필리핀 대통령에게 전문을 보내기로 했는데, 한국은 아직 필리핀에 외교 기구가 없는 관계로 한국의 중화민국대사관이 필리핀 주재 중화민국대사관을 통해 보냈다. 총재와 각 고문 및 수행원들은 이 대통령 부부와 한국 고위 관리들의 환송을 받으며 미령호와 천웅호에 나누어 타고 오전 11시에 진해를 이륙했다. 다른 한 대의 수송기는 중화민국대사관과 한국정부의 관원들을 싣고 서울에 왔다가 총재의 비행기가 타이베이에 안착했다는 소식을 받고서야 타이완으로 돌아갔다.

나는 이날 밤 리더린 총통대리와 옌바이촨 행정원장에게 다음과 같은 전보를 보냈다. "본인이 부임한 지 겨우 일주일이 되어 일손이 모자라 준비가 부족했는데 이 대통령을 비롯해 옛 친구들이 함께 도와주서서 사전 교섭이 순조롭게 이뤄지고 회의 또한 원만히 진행되었으니 감사의 인사를 전합니다."

8월 10일 나는 또한 한국의 각 당 및 신문의 뜨거운 반응을 다음과 같이 간추려 전보로 보고했다.

광저우 외교부 당국이 장 총재와 리 총통대리 및 옌 원장에게 따로 보고할 것을 요청해 이에 보고합니다.

① 총재의 방한 소식이 전해진 뒤 한국 전 지역은 흥분에 휩싸였습니다. 원래 각지에서 성대한 군중 환영식을 거행하려 했으나 이를 사양했습니다. 각 신문의 사설에서는 총재를 아시아의 위인이며 반공의 선봉이라고 칭하면서 진심으로 환영의 뜻을 표했습니다. 그리고 총재가 한국의 독립에 협조한 경과와 한중 협력 및 공산주의에 대한 공동 방어를 강조

함으로써 태평양동맹의 조기 실현을 촉구하고 있음을 열거했습니다. 또 몇몇 신문은 총재를 한국의 은인이라고까지 칭했습니다.

② 각 신문은 진해회담의 상세한 내용과 사진을 특집으로 꾸며 보도했습니다. 각 신문은 6일 총재의 성명과, 7일 진행된 연회에서의 이 대통령 환영사 및 총재의 답사, 그리고 8일의 공동성명에 대해 전문을 수록했습니다. 특히 기자단을 회견할 때 장 총통이 "하오 하오"를 연발했다고 묘사해 독자들에게 깊은 인상을 주었습니다.

③ 어제와 오늘 한국의 정당 및 정치단체는 다음과 같이 논평했습니다.

　㉠ 민주국민당: 한중 양국의 우의는 순치(脣齒)와 같으며, 양국은 똑같이 공산 세력의 침략을 받고 있다. 이 난관을 돌파하고 극동의 평화를 유지하기 위해 양국은 반드시 공동 분투해야 한다. 우리는 장 총통이 이번에 내한한 결과 실질적으로 태평양 연맹의 체결이 촉성되고 극동 각국이 집단 방공의 기초를 이룩했다고 믿는 바다.

　㉡ 대한청년단: 이·장 공동성명은 실로 공산 악마를 축출하기 위해 극동에 찬란히 세워진 반공 금자탑이다. 태평양 연맹이 조속히 실현되어 집단 안전보장이 이뤄지기를 간절히 바라는 바다.

　㉢ 조선민주당: 공산당의 위협을 배제하기 위해 세계의 각 민주주의 국가는 반드시 일치단결해야 한다. 이번의 이·장 회담 결과, 태평양 연맹이 결성된 것은 다행스러운 일이 아닐 수 없다.

　㉣ 대한노동당: 장제스는 한국 독립의 은인이다. 우리는 이·장 두 거두의 공동성명을 전적으로 지지하며 그 성명이 조속하게 실현되기를 기대한다.

④ 주요 신문사에 실린 사설의 요점은 다음과 같습니다.

　㉠ ≪동아일보≫: 이·장의 진해회담은 아시아의 방공 기초를 강화했다. 공산당은 유럽에서는 사상을 침략하고 있으며 아시아에서는 이미 군사적인 행동을 취하고 있다. 형식상으로는 각국이 내전을 벌이

고 있지만, 사실상 공산당의 집단행동인 것이다. 따라서 반드시 집단 방위로 이에 대응해야 한다.

ⓛ ≪조선일보≫: 진해회담의 의의는 태평양 반공 연맹의 결성을 추진하는 것이다. 이를 위해서는 미국의 참여가 더없이 중요하다. 이·장은 이미 필리핀 대통령에게 회의 소집의 권한을 일임했으며, 현재 필리핀 대통령이 미국에서 하는 활동은 대단한 주의를 끌고 있다.

이상 보고합니다.

진해회담은 한중 양국 수뇌의 군건한 영도하에 양국 국민의 열렬한 지지를 받으며 원만히 끝났으나 이후 역사는 냉혹하게 전개되었다. 영국 정책의 영향하에 있던 미국정부는 바기오회담 후 얼마 지나지 않아 "다수의 아시아 국가들은 아직 태평양 동맹을 체결할 시기에 도달하지 못했다"라고 표명했다. 또 필리핀 대통령이 방미 길에 오르고 한중 진해회담이 거행되기 바로 전날 미국은 '미중 관계 백서'를 발표해 한국·중국·필리핀 3국에 일격을 가했다.

만약 이 세 극동 국가가 일격을 받고도 불굴의 의지로 함께 손을 맞잡아 미국의 각성과 지지를 얻어냈더라면 바기오회담과 진해회담 후의 아시아태평양 역사는 다시 쓰였을 것이다. 중국 대륙이 송두리째 함락되지는 않았을 것이고, 남한 국민들은 생명에 위협을 느끼지 않았을 것이며, 미국도 한국전쟁과 베트남전쟁에서 100만 명에 가까운 사상자를 내거나 수백억 달러의 손실을 보지 않았을 것이다.

더욱 유감스러운 것은 한국·중국·필리핀 3각의 주요한 측이 변하기 시작했다는 것이다. 필리핀 대통령 키리노는 미국을 방문하기 얼마 전에 "극동 연맹의 주된 임무는 정치·경제·문화이지, 군사가 아니다"라고 표명했다. 또한 8월 9일 진해회담이 끝난 이튿날에는 미국 상하 양원에서 연설하면서 더욱 명백하게 다음과 같이 말했다. "아시아는 공산당의 확장을 방지해야 한다. 그러나 미국은 이 계획에 참가할 경우 발생될 의무가 너무 무거워 받아들이기를 원하지 않는다. 나는 이를 이해한다. …… 아시아 각국은 반드시 밀접히 합작해 정치·경제·문화 방면에서의 공동 이익을 추구해야 하지만, 군사적인 계획은 아직 필요하지 않다."

그리고 8월 12일 미국·필리핀 양국 대통령의 공동성명에서는 "우리는 국민의 생계가 안정되어야 자유를 충분히 누릴 수 있고 외세에 대한 항거도 최대의 효과를 거둘 수 있다는 데 합의했다. …… 미국 대통령은 아시아인이 경제 협력을 이뤄 자치 정신을 발휘하고 자유를 보장할 수 있도록 미국이 계속 지원할 것임을 다시 한 번 약속했다"라고만 밝혔다. 극동 연맹에 대한 언급은 없었으며 방공에 대해서도 아무런 말이 없었다.

한편 예비회의의 소집 책임을 지고 있던 필리핀의 유엔 주재 대표 로물로는 유엔총회 의장 경선에 출마한 관계로 친공 국가, 심지어 공산 국가에까지 비위를 맞추는 입장이었다. 게다가 총회 기간 동안에 중공 괴뢰 정권이 수립되고 아시아 국가 중에서도 인도, 파키스탄, 버마, 인도네시아 등이 연이어 중공을 승인함에 따라 극동 연맹에 참가할 국가 구성에 문제가 생겼다. 또한 필리핀은 마침 총선 기간에 접어들어 자신들이 책임지고 소집하기로 했던 극동 연맹 예비회의 작업이 지지부진했다. 그뿐만 아니라 연맹의 성격까지도 바기오회담과 진해회담의 결의에 따르지 않고 점차 변질되기 시작했다.

한국의 이 대통령은 이 점에 대해 공개적으로 불만을 표명했으며, 장총통 역시 1950년 4월 20일 필리핀 대통령에게 다음과 같은 내용의 서한을 보냈다. "만약 앞으로의 회의가 바기오회담에서 아시아 각국이 단결해 공산주의의 위협에 저항하자고 했던 본래 의도와 달라진다면 중화민국정부는 입장을 다시 고려할 수밖에 없다."

결국 5월 26일 필리핀 대통령은 로물로의 주재하에 바기오 예비회의를 소집했다. 하지만 경제·문화와 관련된 사항을 주제로 삼고 군사 문제는 포함시키지 않았을뿐더러 반공 단결의 뜻은 비치지도 않았다. 참가국은 인도네시아(필리핀 주재 대사), 태국, 인도, 파키스탄(세 국가는 공사), 오스트레일리아(외무부 서기관), 스리랑카와 주최국까지 모두 7개 국가였다. 중화민국은 참가하지 않았으며, 한국의 이 대통령도 장 총통과 행동을 함께하기로 하고 공개 성명을 통해 "이 회담은 원래의 반공 목적에 위배되며, 참가국에는 공산당과 타협하고 있는 나라까지 포함되어 있기 때문에 참가하지 않는다"라고 밝혔다. 반공적 성격에서 경제·문화 협력만 논의하는 것으로 변질된 바기오 예비회의는 이후 저절로 소멸하고 말았다. 기회주의적인 로물로가 주재하던 필리핀의 외교는 시종 원칙이 없었다. 이후 아시아태평양이사회 각료회의에서도 로물로는 공산 국가에 추파를 던지는 태도를 취했고, 끝내는 소련과 중공을 승인하고 중화민국과는 단교하기까지 이르렀다.

원래 한국·중국·필리핀을 주축으로 하는 형태로 구상되었던 극동 국가정부 간의 반공 연맹 계획은 이렇게 해서 실현되지 못했다. 하지만 한중 양국이 진해회담에서 다짐한 동맹 정신은 비록 연맹 형식은 아니지만 계속 양국을 단결 분투하게 했다. 한국전쟁이 발발하자 중화민국정부가 바로 육군 3개 사단과 공군기 20대를 파견해 한국을 돕겠다고 제의한 것만 보더라도 이를 증명할 수 있다. 사실상 한국 진해는 이후 한중 양국이 공동 발기한 아시아민족반공연맹의 후방기지로서 진해회담의 정신을 계속 발양했으며, 이 조직은 아시아에서 세계로 확대되어 세계반공연맹의 탄생을 가져왔다.

» 한국전쟁 직전의 폭풍 전야

진해회담을 마치고 얼마 지나지 않아 나는 장제스 총재의 위로 전보와 엔바이촨 행정원장의 격려 전보를 받았다. 당시 해결하기 어려웠던 관저 문제도 아무 문제없이 순조롭게 해결되었다.

사관의 관저는 한 개인의 집에 그치지 않고 외교 활동의 장소이기도 하다. 접객, 연회 등 관저에서 거행되지 않는 일이 없다. 이치로 따지면 전 중국 주한 외교대표 류위완이 거처했던 관저를 신임 주한대사에게 넘겨주어야 했다. 그런데 내가 부임했을 때 류 대표는 이미 그 집을 자기 마음대로 김구 선생의 차남인 김신에게 양도해버린 뒤였다. 나는 문제를 일으키고 싶지 않아 잠시 호텔에 묵으면서 거처할 다른 집을 찾아보기로 했다.

8월 초, 김구 선생이 원래 거처했던 집의 주인인 최창학 씨가 돌연 나를 찾아왔다. 최 씨는 유명한 금광 왕으로 한국 굴지의 부호였다. 그는 서울에 두 채의 집을 가지고 있었는데, 하나는 정부 소유로, 전에 일본 아베 총독이 관저로 쓰던 것을 미군 총사령관 하지 장군이 쓰다가 나중에 이승만 박사에게 넘겨주어 대통령 관저가 되었다. 이 대통령은 이곳을 '경무대'라 명명했으며 그 후 박정희 대통령이 '청와대'로 개명했다. 나머지 하나는 '경교장'이라 부르던 최 씨 소유의 개인 집이었다. 경교장은 화원이 매우 크고 집도 굉장히 넓었다. 최 씨는 이 집을 김구 선생에게 빌려주어 그 곳에 거처하면서 한국독립당 총사령부로 쓰게 했는데, 김구 선생이 피살된 것도 바로 이 집에서였다.

한국인들은 이 집을 흉가라 여겨 간이 작은 사람은 들어가 살려고 하지 않았다. 이 때문에 최 씨는 이 집을 되돌려 받았는데, 자신이 들어가 거처할 생각은 없고 관청에 징발될 가능성도 없지 않아 특별히 나를 찾아왔던 것이다. 그는 "중화민국대사가 다년간 한국 독립운동에 협조해준 것을 오래전부터 알고 숭앙해왔으며, 또한 이 집은 전에 독립운동 지도자 김구 선생에게 아무런 조건 없이 빌려주었던 터라 이번에는 특별히 중화민국대사에게 이 집을 빌려드려 거처케 하고 싶습니다"라고 말했다. 나는 우선 그의 아름다운 뜻에 감사를 드리고 몸소 경교장에 가서 살펴봤더니 더없이 만족스러웠다. 나는 당장 직원을 최 씨에게 보내 임대 조건을 의논토록 했다. 최 씨는 한사코 임대료를 받지 않으려 하면서, 다만 입주하기 전에 집수리비 5000달러만 부담해달라고 했다. 그리고 이 집을 무료로 사용하는 특권은 사오 대사 본인의 임기에 한하고 후임 대사에게는 적용되지 않는다고 말했다. 나는 최 씨의 성의를 물리치기도 어려웠지만 얻기 어려운 기회이기도 해서 그의 뜻에 따르기로 했다. 그래서 나는 수리비를 부담하는 외에 때때로 선물을 보내 대신 답례했다. 내가 이 집에 들어가 산 지 10개월 후 한국전쟁이 발발하자 최 씨는 나에게 타이완으로 피난할 길을 마련해달라고 부탁했고, 나는 그를 타이베이의 내 집에서 지내도록 하면서 몇 달 동안 숙식을 제공했다. 내가 그를 타이베이로 피난시켜준 것과 내 아내가 성의를 다해 극진히 대접한 것으로 치러야 할 집세와 그의 후의에 대한 보답이 되었을 것이라 여겨진다.

경교장은 서울의 양대 명가 중 하나이자 김구 선생이 피살된 곳이어서 내가 경교장으로 옮겨오고 특히 김구 선생이 피격된 방을 침실로 사용하는 것은 한국인들에게 화젯거리였다. 또한 '사오' 대사가 '소' 대사가 되었다는 우스갯소리도 이내 널리 퍼졌다. 이야기인즉슨, 한국어로는 '사오(邵)'와 '소(牛)'의 발음이 같고 또 한국인들 중에는 미신을 믿는 사람이 많아 김구 선생이 피살된 곳에서 밤늦게 잠들 수 있는 사람은 틀림없이 만용을 부리는 소와 같은 사람이리라는 것이었다. 실제로 몇몇 한국인 친구는 나에게 김구 선생이 돌아가신 곳에서 밤늦게 자려면 무섭지 않느냐고 묻기까지 했다. 그럴 때면 "나는 김구 선생의 고문으로 다년간의 친구였고 내가 한국에 한 발 늦게 도착해 그 분과 재회하지 못한 것이 한스럽기 짝이 없는 터이므로 오히려 밤중에 그분이 나와서 나하고 이야기를 나눌 수 있기를 바랄 정도인데 무엇이 무섭겠습니까?"라고 대답했다. 명가에 이런 일화까지 더해 내가 이 관저에서 연회를 베풀 때면 한국 친구들은 물론 각국의 친지도 다투어 빠짐없이 참석했다. 그중에는 내 침실을 구경케 해달라고 청하는 사람들도 적지 않았다.

진해회담이 끝난 후 한국 각 신문사에서는 내게 이 회담에 대해 논평해 달라고 요청해왔다. 나는 "진해회담이 세계 반공 역사상 중요한 한 페이지를 차지할 것임은 의심의 여지가 없다. 이제 회담은 원만히 끝났지만 결의된 사항을 실천에 옮기는 것은 지금부터 시작이니만큼 한중 양국은 정치, 경제, 문화 각 방면에서 밀접한 관계를 갖고 한마음으로 협력해 반공 민주혁명의 목표를 달성하도록 힘써야 할 것이다"라고 말했다.

관저 문제가 만족스럽게 해결되었으니 이제 내가 해야 할 일은 진해회담의 결의에 착수해 한중 정치, 경제, 문화 각 방면에서 합작을 추진하는 것이었다. 특히 가장 기본적인 임무는 하루 속히 주한국 당무와 교무를 혁신해 안팎이 함께 발전할 수 있는 터전을 마련하는 것이었다. 그런데 대륙의 정세가 날로 악화되는 가운데 상급 기관인 외교부의 주한대사관 인사 및 경비 처리 문제로 우리는 공작 수행에 큰 어려움을 겪었다. 우리가 받은 외교부 부령에 따르면 당시의 상황은 대략 다음과 같았다.

첫째, 9월부터 주한 총영사관을 폐쇄하고 이제까지 총영사관에서 담당해왔던 일체의 교민 업무 및 영사 사무를 주한대사관에서 이관 처리토록 했다.

둘째, 주한대사관 인원에 대해 대사 외에 3등비서 천헝리 한 사람만 추가 발표했으며, 대사관 참사는 쉬사오창 총영사가 겸임하고 2등비서는 쑤명궁 영사가 겸임하며 대사관 수행원은 예췬카이 수습영사가 겸임토록 했다. 성빙안은 아직 수행원으로 복직되지 않아 보조직원의 신분이었다. 게다가 총영사관이 폐쇄된 후 쑤명궁 영사와 예췬카이 수습영사가 전임 명령을 받고 한국을 떠나버려 주한대사관에는 대사, 참사, 비서, 이렇게 세 사람밖에 남지 않아 이만저만 손이 딸리는 것이 아니었다. 나는 공작을 수행하기 위해 원래의 인원만이라도 유지하도록 허락해달라고 외교부에 요청했으나, 외교부는 정부의 재정난 때문에 감원은 어쩔 수 없는 조치이며,

어느 한 곳에만 예외적인 조치를 취하기는 어렵다고 회답했다. 이에 나는 다시 전보를 쳐서 "한국과 일본은 인접해 있는데, 내가 주일대표단의 일원으로 일했던 요코하마, 오사카, 후쿠오카 같은 일본 각지의 영사관 인원은 왜 감원하지 않고 그대로 두는가? 주일대표단은 직원이 100명이나 되는데, 주한대사관은 두세 사람으로 어떻게 일하라는 것인가?"라고 물었더니 외교부에서도 솔직하게 잘못을 시인하지 않을 수 없었다.

셋째, 경비 문제에서 받는 타격은 더 심했다. 총영사관이 폐쇄됨에 따라 원래의 총영사관 예산은 자연 취소되었다. 그리고 주한대사관의 경비는 대사관을 개관한 지 두 달도 안 된 9월부터 반으로 삭감되었다. 그나마 나머지 반밖에 안 되는 경비와 직원 및 보조직원의 월급조차 정부의 재정난 때문에 다섯 달 동안이나 밀린 상태였다. 날로 긴장도가 높아가는 남북한 정세와 주한대사관의 특수 환경을 고려해 약간의 비상경비를 보내어 만일에 대비하게 해달라고 여러 차례 요청했으나, 외교부에서는 이 문제는 전면적인 계획에 따라 처리한다는 관료적인 답변뿐, 아무런 소식이 없었다. 당시 대사관 동지들의 굳건한 투쟁 정신과 장제스 총재가 나에게 준 기밀비로 아쉬운 대로 급한 경비를 메워나가지 않았더라면 주한대사관은 더 이상 지탱하지 못하고 문을 닫아야 했을지도 모른다.

이러한 곤경은 도저히 극복할 수 없을 것 같았다. 더욱이 우리 외교관들은 국가와 개인의 체면을 가장 중히 여겨야 할 입장이 아닌가? 우리는 결국 충칭 시절 대일 항전하던 정신으로 난관을 극복하며 매진해나갈 수밖에 없었다. 당시 우리가 해야 할 가장 기본적인 작업은 물론 당무와 교민 업무였다. 어떠한 건물이든 기초 공사가 튼튼하지 못하면 쓰러지기 마련이다.

먼저 당무부터 이야기해보자면, 내가 맨 처음 정부로부터 한국에 부임하라는 임무를 받았을 때 국민당 중앙당부에서는 나를 한국지구 당무지도원으로 임명했다. 나는 국민당 장제스 총재의 방한 정신과 영향에 힘입어 재한 화교 사이에 당 조직을 다시 한 번 세우는 일에 착수하려 했다. 그러나 대륙의 정세가 날로 불리해져 정부가 타이완으로 철수할 무렵에는 국민당 중앙당부 자체를 철저히 개조해야 하는 입장이었다. 국민당 중앙개조위원회는 이듬해인 1950년 8월에 이르러서야 비로소 타이베이에서 성립되었다. 나는 진작부터 당중앙에 실제 업무를 담당할 서기급 직원을 한 명 파견해달라고 요청했으나 실현되지 않았다. 당시는 전면적인 개조를 주장해 국민당의 간판을 내리고 새로 시작해야 한다고 말하는 사람까지 있는 상황이었기 때문에 당중앙의 개조 방침이 정해지기 전까지는 아무런 업무에 착수할 수 없었다.

나는 한반도 당내에서 책임이나 간부직을 맡아본 적이 없으며 당의 간판을 내세워 속임수를 일삼는 당원을 가장 반대해온 터였다. 그래서 국민당 당중앙에 서한을 보내 대륙이 함락된 책임을 남에게 전가시켜서는 안 되며 국민당 간판을 내리고 이름을 바꾼다고 해서 일이 끝나는 것은 절대 아니라고 말했다. 모든 실패에 대한 책임을 지고 죄과를 솔직히 인정하며 과거의 태도를 철저히 개혁해 새로운 마음가짐과 자세로 더 많은 공을 세움으로써 속죄해야만 비로소 국민을 대할 면목이 설 터였다.

대사관원, 화교 지도자, 교사 등과 만난 자리에서 나는 여러 차례 "우리는 이제 더 이상 잃을 것이 없고 물러서려야 물러설 수도 없다. 살 길은 오직 전진밖에 없다. 특히 국민당 당원들은 단단히 결심해 공을 세움으로써 속죄해야 할 것이며, 각자 현재의 위치에서 지도자적 역량을 한껏 발휘하는 것만이 화교들에 대한 올바른 태도다. 다른 사람을 위한 업무를 수행하기에 앞서 당의 간판을 내세우지 말고 묵묵히 업무부터 수행해놓고 나서 자신이 국민당원임을 밝혀라. 이렇게 해서, 아니 이렇게 해야만 비로소 국민당의 신망을 점차 회복할 수 있을 것이다"라고 지시했다. 그리하여 나는 실질적인 면에 중점을 두고 당원 각자의 위치에서 먼저 국민당의 개조 정신을 관철해나가도록 했다. 그러나 이른바 '중국국민당 여한직속구(旅韓直

屬區)'의 당무를 개조하는 작업은 중앙개조위원회가 수립되고 한국전쟁이 휴전된 이후에 이르러서야 진행되었다.

다음으로는, 교민 업무를 적극적으로 추진하는 작업도 같은 정신 아래 착수했다. 나는 교민 업무에 대해서는 나름대로 자신 있었다. 항일전 이전과 항일전이 발발한 직후 일본 요코하마 주재 총영사로 있으면서 일본에 있는 화교들과 고난을 같이한 경험이 있으며, 이 방면에 대한 이론도 밑받침되어 있었기 때문이다. 항일전 당시 중앙훈련단 당정고급반에서 작성한 내 졸업 논문의 주제는 '외교 개조 방안'이었는데, 여기서 나는 삼민주의 외교를 실시하자고 주장했다. 그중 교민 업무와 관련된 측면에서는 장제스 총재가 제정한 새로운 지역 제도에 관교양위(管敎養衛) 및 보갑제(保甲制)*를 적용해야 한다고 주장했다.

보갑제는 한국의 교민 업무를 맡았던 총영사관이 이미 시험한 바 있었다. 나는 부임 후 보갑제를 더욱 강화하는 한편, 관교양위를 적용해 화교 조직과 화교자치체를 더욱 조직화·민주화했다. 우리는 남한 각지의 화교 거주지구를 한성 화교자치구, 인천 화교자치구, 부산 화교자치구 등으로 나누고 서울에 화교자치총구를 설립했다. 그리고 구 아래 보갑(保甲)을 두고 10가(家)를 1갑(甲), 10갑을 1보(保), 10보 이상을 1구(區)로 정해 화교를 관리·조직·훈련하는 기층 조직으로 삼았다. 이것이 이른바 관교양위에서 '관(管)'을 가리키는 것이었다. 이밖에 '교(敎)'는 화교의 교육을 말하고, '양(養)'은 화교의 경제와 상업을 말하며, '위(衛)'는 화교의 보호를 말한다. 이러한 관교양위 업무는 초기에는 교무위원회, 외교부, 중앙당부 제3조 또는 해외공작 부문 및 해외 공관이 책임졌다. 이들의 최종 목표는 화교단체와 화교사회의 민주자치적인 헌정을 실현하는 것이었다.

관교양위에 대해 좀 더 자세히 살펴보면 다음과 같다.

---

* 명나라 때 실시된 제도로, 10가(家)를 1리(里)로 조직해 연대 책임으로 도적을 막고 향촌 질서를 유지하도록 했다. _옮긴이 주

첫째 '관(管)'은 화교들의 관리로, 자관(自管)을 이루는 것이 목표였다. 우리는 한국 각지의 화교자치구 구장, 보장, 갑장을 모두 화교들이 자체적으로 뽑도록 했으며, 각 구장이 다시 1명의 총구장을 선출하도록 했다. 나의 대사 임기 중 선출된 총구장은 왕궁원(王公溫)이었는데, 후에 그는 화교에서 뽑힌 국민대회 대표로 일하기도 했다. 그리고 총구사무소는 대사관 구내에 설치되어 있어 서로 매우 밀접하게 연락하고 협력했다.

둘째, '교(敎)'는 화교들의 교육으로, 자교(自敎)를 이루는 것이 목표였다. 서울에는 중화교교위원회(中華僑敎委員會)가 있었는데 각지에 분회를 설치해 한성 화교 중학교와 각지의 화교 소학교 및 화교 학생들의 본국 진학 사무를 총괄 관리했으며, 이 모임의 회장, 위원 및 교장은 모두 화교 스스로 선출하거나 초빙하도록 했다. 당시 서울에서 발행되던 ≪중화일보(中華日報)≫는 화교들 스스로 발행한 신문으로 일종의 문화 사업이었는데, 교포 신문인 동시에 교육의 임무도 지고 있었다.

셋째, '양(養)'은 화교들의 지원 문제로, 자양(自養)을 이루는 것이 목표였다. 각지에 중화상회(中華商會) 및 서울에 중화상회연합회(中華商會聯合會)를 두어 회장과 위원은 다 화교 스스로 선출토록 했다.

넷째로 '위(衛)'는 화교들의 보호 문제로, 자위(自衛)를 이루는 것이 목표였다. 각 해외 공관은 화교들을 보호할 책임을 지고 있었는데, 화교 집단은 평시에는 국민 외교에 참여하고 전시에는 화교 의용대가 조직에 참여함으로써 자신들의 자위를 표현했다.

화교단체와 화교사회는 상술한 관교양위 공작 및 기층 보갑조직의 기초 위에 외교와 당무 교무를 결합해서 운용해야만 쑨원 선생의 '5항 건설(五項建設)' 지침을 따를 수 있었다. 이를 통해 외교 면에서는 정부 시책에 맞춰 국민 외교를 펴고, 국내 정치 면에서는 공산당의 침투를 막으며, 경제 면에서는 공산당의 경제 제재와 경제 작전에 대처하고, 문화 면에서는 화교와 화교 거주지의 국민 간 문화 교류를 강화하며, 군사 면에서는 본국

정부 또는 거주지 정부에 협력해 공산당을 방어하는 데 참가할 수 있었다. 2만 명에 가까운 재한 화교가 대륙 함락을 전후로 자강불식한 이유와, 한국전쟁 발발 당시 겨우 외교관 두세 명의 지도하에 서로 도와 난관을 돌파하고 포화 속에서도 성장 발전할 수 있었던 이유는 간단하다. 바로 조직과 민주 의식 때문이었다.

한국에서 이룬 교민 업무의 기본 성과는 한국전쟁 이전 두 차례에 걸쳐 한국 전역에서 열린 교무회의에서 엿볼 수 있다. 제1차 교무회의는 1949년 12월 10~11일에 거행되었고, 제2차 교무회의는 한국전쟁이 발발하던 바로 그날 개회되었다. 12월 11일 중앙통신 서울특파원은 제1차 회의를 다음과 같이 보도했다.

어젯밤 내내 눈이 내려 서울은 이미 은색의 세계가 되었다. 한국 전역의 화교단체들은 오늘 아침 9시 우리나라 주한대사관에서 교무회의를 열었다. 내빈으로는 한국의 이범석 국무총리와 신익희 국회의장 및 내무부 장관 등을 비롯해 많은 명사가 참석했다. 사오위린 주한대사는 개회사에서 전체 재한 화교들에게 모든 의지와 역량을 반공 작전에 집중시킬 것을 호소했다. 대회장에는 반공 정서가 아주 드높았고, 이 회의에서 많은 결의안이 통과되었는데, 그중에는 다음과 같은 안이 포함되어 있었다. ① 장제스 총재의 총통 복귀를 지지한다. ② 전선의 장병들에게 위문 전보를 보낸다. ③ 필리핀 대통령에게 극동 반공 연맹 회의를 조속히 소집할 것을 요구한다. ④ 주한화교 애국공채모집위원회를 만들어 애국공채를 적극적으로 모집한다. ⑤ 주한화교 절약기부위원회를 만들어 화교들의 절약 생활을 장려하고 빈한한 화교들을 구제한다. ⑥ 한국의 비행기 헌납 운동에 호응해 한국 국방에 협조한다. 그리고 한국의 이 총리와 신 의장도 치사를 통해 한중 양국의 반공 합작을 강조했다.

이 회의에서는 또 서울 및 인천의 화교자치구 사무소가 제안한 '화교공약'을 통과시켜 교포 상호 간의 정신적 제약으로 삼았다. 이 '화교공약'은 모두 6개조였다.

① 정부의 항소멸공 정책을 절대 지지해 돈이 있는 사람은 돈을 내고 힘이 있는 사람은 힘을 제공한다.
② 대사관과 총영사관의 영도에 복종해 국민으로서의 임무를 다한다.
③ 세금 포탈, 위법, 사기 행위를 하지 않는다.
④ 공산당과 상행위를 하지 않는다.
⑤ 절약구국에 힘써 신생활을 실천한다.
⑥ 중국의 대한 우호 정책에 따라 친선 국민 외교에 적극 노력한다.
만약 공약을 어길 경우 여론과 법률의 제재를 감수한다.

재한 화교 가운데 십중팔구는 자신들이 정한 '화교공약'을 스스로 이행해 어디에 내놓아도 부끄럽지 않았으며 세계 어느 곳의 화교와도 비교가 되지 않았다. 일반 교포조차도 이처럼 애쓰고 있었으니 원수와 국가를 대표하는 주외 사절이던 나는 나라와 국민을 위해 임무를 다하고자 얼마나 전전긍긍했겠는가?

나는 부임 후 얼마 지나지 않아 매주 두 차례씩 교포를 접견하기로 정했다. 우선 월요일 오전에는 일반 교포들을 접견했는데, 대사관 영사부나 총영사관에서 발급한 화교 등록증을 소지한 사람이면 누구나 규정된 시간 안에 차례에 따라 대사를 만나 담화할 수 있었다. 이때 나는 영사나 부영사도 배석토록 해서 화교들이 묻는 문제에 즉각 대답해주었다. 이는 마치 의사가 환자를 일일이 진찰하고 처방해주는 것과도 같았다. 예외적인 일도 더러 있었다. 한번은 인천에서 한 노인이 찾아왔기에 내가 도와드릴 일이 무엇인가 물었더니, 한참 동안 나를 쳐다보다가 "아니요, 아무 일도 없습니다. 난 단지 대사를 한번 만나보고 싶어서 왔을 따름입니다"라고 말하는 것이었다. 나는 웃으면서 "이렇게 와주셔서 감사합니다. 천천히 계시다 가세요"라고 말할 수밖에 없었다. 사실 일반 교포라면 일생에 한 번 대사를 만나 이야기하는 것도 쉽지 않은 일일 것이다.

매주 금요일에는 화교 지도자들을 접견했는데, 이때는 반드시 사전에 시간을 예약하고 문제의 요점을 제출토록 했다. 화교 지도자들과는 사교상 만날 기회가 비교적 많았으며, 때로는 내가 주도적으로 이들을 초청해 문제를 논의하기도 했다. 화교 중에 내게 편지를 보내오는 사람이 있으면 나는 반드시 회답했다. 그 가운데 보편적인 문제는 ≪중화일보≫ 지면을 빌려 공개 답변함으로써 다른 화교들도 참고할 수 있도록 했다.

이런 일들이 좀 고생스럽기는 했지만 이는 나의 임무일뿐더러 개인적인 측면에서 정신적인 대가도 얻을 수 있었다. 한국의 화교는 2만 명이 채 되지 않았는데, 거의 산둥성(山東省) 사람들로 고생을 참으면서 근검하게 산 사람들이었다. 나와 그들은 한국전쟁 전에는 고락을 함께하고 한국전쟁 기간에는 생사를 같이해 끊을 수 없는 인연을 맺었다. 내가 주한대사직에서 사임해 귀국한 후에도 타이완의 산둥동향회는 나를 명예회원으로 위촉했다. 나 자신도 재한 화교들과 밀접한 관계를 계속 유지하면서 한국에 있는 화교 청년의 귀국 진학이나 타이완에 있는 한국 화교 출신의 난민 구제 등을 위해 노력했다.

한국을 떠난 지 15년 후인 1965년 1월에는 터키대사 임무를 마치고 아내와 함께 유럽, 미국, 일본을 거쳐 서울을 방문해 재한 화교들과 다시 만났다. 이것이 나와 재한 화교, 특히 산둥 향우와의 특별한 인연이 아니고 무엇이겠는가?

나는 국민당원의 한 사람으로서 주외 사절의 위치에서 묵묵히 책임을 다했으며, 중화민국이 중공과 전쟁을 벌일 당시 중앙의 정치적 분규를 주시하며 발언의 의무를 포기하지 않았다. 충칭이 함락되고 얼마 되지 않아 리쭝런 총통대리는 12월 5일 신병 치료를 이유로 직책을 버리고 미국으로 건너갔다. 국가가 존망의 위기에 처해 있을 때 국가와 국민을 지도해야 할 총통대리가 모든 걸 버리고 외국으로 도망하면서 정식으로 사직도 하지 않자 아무도 그를 믿을 수 없게 되었다.

그를 비난하는 중국 내 여론이 들끓었다. 나는 반공의 최전선인 한국에서 초조하지 않을 수 없었다. 이에 1950년 1월 15일 일요일 오전 시간을 꼬박 들여 개인 명의로 리쭝런 총통대리에게 편지를 썼다. 나는 그에게 부총통직에서 물러나고 장제스 총재의 총통직 복귀를 지지할 것과 전국적인 항소멸공을 추진하는 데 협력할 것을 권했다. 편지의 전문을 소개하면 다음과 같다.

리쭝런 총통대리 각하

각하 곁을 떠난 지 어느덧 반년이 되었습니다. 공산당의 창궐로 산하가 변하고 이제는 물러서려야 물러설 데가 없는 민족 존망의 최후 관두에 와 있습니다. 모든 책임을 맡은 각하께서 병환으로 미국에 가 계시니 국내는 마치 한 무리의 용이 우두머리를 잃고 방황하는 것과 같습니다. 본인은 우방에 사절로 나와 있으면서 국내의 불안한 상황을 볼 때마다 각하와 조국에 대한 걱정을 하지 않을 수 없습니다. 이에 몇 말씀 올립니다.

첫째, 타이완은 현재 우리나라 최후의 반공 기지인 동시에 일본, 한국, 필리핀 등 극동 각국의 앞날과도 관련이 깊은 곳입니다. 각계의 여론을 들어보면, 각하께서 멀리 외국에 나가 계서 국내에 지도자가 없기 때문에 모두 장 총재께서 다시 나오기를 바라고 있습니다. 이는 비단 국내인의 희망만이 아닙니다. 만약 각하께서 미국에서 전보를 쳐서 장 총재의 총통직 복귀를 요청하고 장 총재가 항소멸공을 영도하도록 지지하는 성명을 내준다면 모두 단결해 난국을 타개해나갈 수 있을뿐더러 각하의 넓은 도량에 세인들이 감복해 각하를 숭앙해 마지않을 것입니다.

둘째, 각하께서 병환이 회복되는 대로 미국 각 주를 다니면서 중국에 대한 원조를 호소하고 장 총재가 이끄는 정부를 지지하도록 유세한다면 각하의 덕망에 힘입어 반드시 미국의 여론이 호전되고 미국정부도 반성할 것입니다.

셋째, 그런 다음 각하께서 타이완에 돌아와 장 총재를 도와 정치를 혁신하고 공동 분투한다면 안으로는 국민들의 사기가 다시 오를 것이고 밖으로는 전장에서 당한 굴욕을 씻어 각하 뜻에 따라 국가의 부흥이 결정될 것입니다.

이상 세 가지는 국가와 각하에 대한 충성에서 우러난 것이니 부디 이 뜻을 살펴주시기 바랍니다.

1950년 1월 15일 서울에서 사오위린

이 편지는 이튿날 항공우편으로 뉴욕 주재 총영사 장핑취안(張平羣)에게 보내 리 총통대리에게 전하도록 했다. 나는 리 총통대리를 만난 적이 두 번밖에 없다. 한번은 1946년 4월 주한 외교대표 명의로 베이징과 톈진에서 한국 교포와 관련된 사무를 처리하고 있을 때 당시 군사위원회 베이핑행영(北平行營) 주임이던 그를 방문했다. 그때 그는 한국 문제 외에 자신의 직권 문제를 이야기하면서 암암리에 장 주석에 대한 불만을 드러내어 나는 오래 앉아 있지 못하고 곧 나와버렸다. 또 한 번은 1949년 6월 광저우 시내 중화북로의 영빈관으로 총통대리인 그에게 출국 보고차 갔을 때였다. 거기서 외교 전략 문제를 이야기하자 그는 나의 건의에 대해 찬동을 표하며 내가 직접 일본에 가주기를 청하기까지 했다.

그를 두 번 만나 이야기한 데서 얻은 인상은, 그는 퍽 단순한 듯하며 식견이나 교양이 존경할 만한 수준이 못 된다는 것이었다. 그에게 감히 물러날 것을 권하는 편지를 쓴 것은 순전히 대의를 위한 충정에서 나온 행동으로 이 일을 다른 사람에게는 말한 적이 없다. 아마도 주외 사절 가운데 나

만큼 주제넘은 바보는 별로 많지 않았을 것이다. 그로부터 얼마 지나지 않아 리 총통대리는 감찰원의 탄핵을 받았고 빗발치는 전국의 여론과 비난으로 결국 정계에서 물러나지 않을 수 없었다. 결국 1950년 3월 1일 장 총통이 복귀해 드디어 국가의 지도력이 중심을 찾게 되었다.

외교상 중공 괴뢰정권을 승인하는 나라가 점차 증가하고는 있었으나 타이완 정세 또한 한국전쟁의 발발로 인해 하룻밤 사이에 뒤바뀌었다. 타이완도 더 이상 안전한 곳이 아니었으므로 소극적인 방어 태세에서 적극적인 방어 태세로 전환하지 않으면 안 되었다. 이후 중화민국은 타이완의 부흥 기지를 굳게 다져 정치 안정과 경제 번영을 이룩하고 날로 중흥의 기상을 높였다. 그러나 한국전쟁이 발발하기 이전 얼마 동안 주한대사관은 상술한 당무, 교무의 기본 공작 이외에 한중 관계를 강화하기 위해 정치, 경제, 문화, 군사 각 방면에 걸쳐 많은 노력을 기울였다. 이에 관해 간단히 서술하려 한다.

우선, 한중 정치외교는 진해회담 이후 한중 양국 지도자들에 의해 굳건히 기초가 다져졌다. 광저우, 충칭이 넘어가고 대륙이 송두리째 함락되었으나 한중 관계는 조금도 동요되지 않았다. 1949년 12월 7일 중화민국정부는 타이베이로 천도했음을 정식으로 각국에 통고했으며, 나는 이범석 총리와 임병직 외무부 장관에게 알려 이미 광저우에서 철수해 홍콩에서 명령을 기다리고 있는 대한민국 주중대사 신석우에게 곧 타이완에 가서 중화민국정부와 연락하도록 훈령하게 했다. 한국의 주중대사관은 12월 22일 제일 먼저 타이베이로 옮겨왔다.

각국의 대사관이나 영사관이 아직 옮겨오기 전, 타이완에서는 한국대사의 일거수일투족이 보도기관의 뉴스거리가 되었고, 한국대사관에 대한 외교부의 특별대우는 빈틈이 없었다. 심지어 한국의 신석우 대사가 타이베이 위안산호텔(圓山飯店)에서 베푼 각종 연회비용까지도 중화민국 외교부가 지불했으니 외교적으로 놀라운 일이 아닐 수 없었다. 예우하는 것은 좋지만 너무 과하면 도리어 실례가 된다.

외교부가 주한대사관 경비에 대해 그토록 인색했던 것을 생각하면 하늘과 땅 차이였다. 어떻게 남에게는 그토록 후하면서 우리에게는 그토록 박했는지 이해가 가지 않았다.

소문에 따르면, 이후 신석우 대사에 관한 갖가지 나쁜 소문이 타이베이에 있는 미국대사관에서 서울의 미국대사관으로 전해지고 이는 다시 한국 대통령 관저로 알려져 이승만 대통령은 신 대사의 직위를 해제하고 다시는 타이베이로 돌아가지 못하게 했다고 한다.

그러나 표면으로 드러난 한중 양국의 외교 정치는 여전히 밀접하고 환난을 함께하는 처지였다. 한 예로 1950년 1월 7일 영국이 중공 괴뢰 정권을 승인한 일에 대해 이 대통령은 영국의 행위가 북대서양조약기구의 정신에 위배되며 세계의 지도자 국가로서의 자격이 없다고 질책하는 성명을 공개 발표했다. 1월 13일에는 임병직 외무부 장관을 나의 관저로 직접 보내 영국정부가 중공을 승인한 것과 관련해 장제스 총재를 위문하는 전보를 전해주었다. 이로써 한중 양국은 고락을 함께하고 입장이 일치함을 더욱 여실히 확인할 수 있었다.

당시 임 장관이 나에게 비밀리에 들려준 말에 따르면, 영국은 처음에 대한민국을 승인할 때 문서에 북위 38도선 이남에 한정한다는 설명을 붙여 중국이나 미국의 태도와는 달랐다고 한다. 이 때문에 이 대통령의 신경이 곤두섰으나 밖으로 내색할 수 없었고 당시 한국 국민들에게 이를 그대로 공표할 수도 없었다고 했다.

영국에 대한 이승만 대통령의 원한은 실상 여기서부터 비롯되었다. 이후 한국전쟁 때 영국이 맥아더 장군의 북진을 저지하는 제한전을 하자고 주장한 것 역시 여기서부터 유래된 것이었다.

다음으로, 경제 협력에서는 한중 소통 문제를 먼저 해결해야 했다. 당시만 해도 양국 간의 우편물, 전신 및 해공 운수 등이 모두 일본을 거쳐야 했기 때문이다. 다행히 당시 중국 측 교통부장 허중한과 한국 측 체신부 장관 장기영 모두 나의 오랜 친구여서 이내 의견의 합치를 볼 수 있었다. 그러나 기술적·행정적 문제로 인해 1950년 5월 1일에 이르러서야 비로소 타이베이 전신총국에서 정식으로 통화식을 거행했다. 이 식전은 ① 허중한 교통부장과 장기영 체신부 장관 간의 통화, ② 샤오위린 대사와 타이베이 주재 민석린 총영사(신석우 대사는 귀국해 부재중이었음) 간의 통화, ③ 샤오위린 대사와 부인 간의 통화, ④ 샤오위린 대사와 중앙사 샤오퉁쯔(蕭同玆) 사장 및 천보성(陳博生) 편집장 간의 통화, ⑤ 서울의 한국일보사 사장과 타이베이의 중앙일보사 사장 간의 통화, ⑥ 한국 외무부 조정환 차관과 마침 타이베이를 방문 중이던 외무부 정무국장 간의 통화로 진행되었다. 이 역사적인 한중 통화식을 보도한 기사 가운데에는 나에 대한 가십도 하나 작게 실렸다. 내가 아내와 통화할 때 아내가 나에게 편지를 자주 보내지 않는다고 책망하면서 전화를 자주 걸어달라고 하자 내가 무선전화로는 비밀 유지가 되지 않는다는 핑계를 대면서 한중 간에 항공 노선이 개통된 후 편지를 자주 써서 보내겠다는 발뺌을 하더라는 내용이었다.

한국과 중국 사이의 직통 항공노선을 개설하기 위해 허중한 교통부장은 1949년 9월 23일 교통부 우위안차오(吳元超) 참사와 중국항공공사 류징이(劉敬宜) 사장을 파견했다. 그들은 C-46 전용기에 탑승하고 서울에 와서 한국정부와 서울 - 타이베이 노선을 개설하는 문제를 논의했다. 26일 협의가 원활히 이뤄지고 28일에는 부산으로 가서 시찰한 다음 타이베이로 돌아갔다.

이렇게 서울 - 타이베이 노선 개설을 적극적으로 추진하던 중 뜻밖에도 중국항공공사 류징이 사장과 중앙항공공사 천(陳) 사장이 12월 중순 란저우(蘭州) 부근에서 비행기 추락사고로 사망하고 말았다. 홍콩에 머무르고 있던 이 두 회사의 비행기들도 영국이 중공을 승인함으로 인해 차압되고 말았다. 그 후 미국인 클레어 첸놀트 장군이 중국민항공사(CAT)를 설립해

서울에서 다시 한 번 서울 - 타이베이 노선을 개설하는 문제를 교섭했으나, 결국 한국전쟁 발발로 인해 민간 항공은 전쟁이 끝난 이후에야 운항될 수 있었다.

한편 해운 노선에서는 한국과 타이완 간 여객선을 운행하는 것이 사실상 불가능하다는 사실을 알고 있었다. 다만 한국 - 타이완 간 무역과 경제 관계의 발전에 따라 차차 화물선을 운행할 수 있을 것으로 기대되었다.

그래서 우리는 무역을 추진하는 데 전력을 기울였다. 당시 타이완에서 한국으로 실어다 팔 수 있는 생산품은 소금, 석탄, 설탕, 장뇌, 차, 청과물 등이었다. 그중에서도 석탄은 수송해오는 데 톤당 50센트씩 손해를 봐야 했다. 그래서 제일 처음 30만 톤의 석탄을 한국에 실어왔을 때에는 눈을 뻔히 뜨고서 15만 달러나 손해를 보았다. 당시 15만 달러는 적은 돈이 아니었지만, 본전 잘라먹는 장사밖에 못하는 외교 사절인 나는 한중 해운 교통을 개설하기 위한 정치적 고려에서 이를 계속 고집했고, 마침내 타이완 성 장관 천청(陳誠)으로부터 간신히 동의를 받아냈다.

1950년 1월 타이완 행정 당국은 최초의 무역 방문단을 한국에 파견했는데, 방문단원 중에는 물자조절위원회, 석탄조정위원회, 염무관리위원회 등의 대표들도 있었다. 그 해 4월에는 한국의 한 무역시찰단이 타이베이에 도착했다. 5월 1일 한중 양국은 무역 예비회담을 열었는데 중화민국 측에서는 정다오루(鄭道儒) 경제부장이, 한국 측에서는 외무부 정무국장이 회의를 주재했다.

비록 정해진 무역액은 크지 않았으나 이것이 하나의 시작이라는 점에서 의의를 찾을 수 있었다. 무역을 하면 해운은 자연히 따라오기 마련이라서 중화민국의 국기를 단 화물선이 한국의 인천, 부산 등지의 항구에 차차 모습을 드러냈다.

한국과의 무역에서는 고려인삼을 거론하지 않을 수 없다. 고려인삼은 중국인이 꼭 필요로 하는 귀중한 약재라서 한국정부는 전매기구를 설치해 고려인삼을 수매 수출하면서 외화 획득의 주종으로 삼고 있었다. 그런데 1950년 봄 한국정부가 돌연 고려인삼의 수출 가격을 대폭 인상하자 타이완의 약재상과 소비자들의 부담이 격증했다. 이에 몇몇 상인이 주한대사관에 편지를 보내 이를 다시 교섭해줄 것을 요청해왔다.

한국의 인삼 가격은 대통령이 최종 결재를 했기 때문에 이 대통령에게 직접 말하지 않으면 안 되었다. 마침 그 무렵 나는 이 대통령을 만날 기회가 있어 인삼 가격 문제를 얘기했다. 고려인삼 가격이 폭등해서 타이완의 약재상들이 홍콩을 통해 지린(吉林)인삼을 사들일 움직임이 보이고 있는데, 이는 한중 양국에 불리한 일이라고 말했다. 특히 고려인삼은 중국인 한의사들만 사용하고 있어 유일한 고객인 동시에 판로이므로 한국 측에서 특별히 수출 가격을 인하함으로써 지린인삼과의 경쟁에 대처해야 할 것이라고 말했다.

이 대통령은 내 말을 타당하게 여기고 곧 인삼 가격을 인하하도록 지시했다. 그 후 한국전쟁이 발발해 북한군이 38선 부근의 개성 인삼 산지를 점령하고 대량의 인삼을 노획해서 홍콩을 통해 중공에 수출하자 남한정부는 많은 손실을 입었다.

한중 무역은 이처럼 진전된 면도 있었지만 후퇴한 면도 없지 않았다. 1949년 말에서 1950년 초, 서울과 인천의 일부 화교 무역상에게 차압을 단행한 사건을 예로 들 수 있다. 당시 한국과 홍콩 간 무역은 대부분 화교 상인(화상)에 의해 이뤄졌는데, 그중에는 악덕업자도 적잖이 끼어 있어 한국 측의 하급 관리들과 짜고 불법 밀수를 했던 것이다. 이에 한국의 사법 당국은 화상들의 창고 30여 군데를 수색했고, 이로 인해 물품을 차압당한 곳이 대여섯 집이나 되었다. 그런데 이를 실시하는 과정에서 과도하거나 부당한 처리도 없지 않아 중화민국대사관이 한국정부에 수차 교섭하고 항의했다. 하지만 이 사건이 시간을 오래 끄는 바람에 화상들에게 적잖은 손해를 끼쳤고, 결국 한국전쟁이 발발하고 나서야 모든 것이 수습되었다.

끝으로 한중 문화 관계를 살펴보면, 한국은 예로부터 중화 문화의 영향을 크게 받아 15세기에 한글이 발명되었음에도 유학이 유입되어 곳곳에 서원이 생겼고, 한문 사용이 보편화되어 있었으며, 학제 역시 명나라, 청나라를 따르는 경우가 많았다. 그러다가 일본이 한국을 병합한 후에는 학제를 바꾸고 한글 사용을 금지하며 일문과 일어를 '국문', '국어'라고 칭했다. 일문은 일본 자모 외에 약 1800자의 한자를 사용하므로 한문의 사용을 금지시킬 수는 없었다.

일본이 패전하고 한국이 독립하자 한국정부는 곧바로 일문, 일어의 사용을 금했다. 한국어와 일본어는 구조가 비슷해서 원래 한국어에서도 한글 외에 천수백 자의 한자를 사용하고 있었다. 한자는 어휘가 간단하면서도 뜻이 명확해 동음이자(同音異字)로 인한 어려움은 크게 없었다.

그런데 이승만 박사는 초대 대통령에 취임한 지 얼마 되지 않아 행정명령을 내려 전국적으로 한자를 사용하지 못하게 했다. 이로 인해 모든 상점의 간판과 거리의 표지판, 관공서 문서, 학교 교과서 등에서는 한글만 사용하고 한자를 혼용할 수 없게 되었다. 표면적으로는 아동들의 한자 학습 시간을 줄여주기 위한 것이라고 설명했지만, 편협한 민족주의가 초래한 처사임을 부인하기는 어려웠다. 이는 적과 우방을 불문하고 한국에 대한 중일 양국의 영향을 배제하려는 것이었다. 사실 적인 일본의 글을 금한 것은 마땅하지만 우방의 글인 한문을 금한 것은 이해하기 어려웠다. 그러나 이는 한국의 내정이었으므로 나로서는 간여할 수 없었으며 정식으로 외교적 행동을 취하기도 어려웠다. 이승만 대통령은 한학에 대한 수양이 매우 깊고 시사에 뛰어나며 한문 글씨도 아주 잘 쓰는 사람이기 때문에 언젠가 이 처사가 잘못되었음을 틀림없이 깨닫게 될 것이라고 믿었다.

어느 날 오후 다른 문제로 이 대통령의 부름을 받고 찾아간 자리에서 이야기가 끝난 다음 차를 마시면서 한자 폐지 문제에 관한 이야기를 꺼냈다. 나는 먼저 한 옛 친구가 내방했을 때 일어난 일화를 예로 들어 설명했다. 친구가 명함을 전했는데 명함이 한글로만 쓰여 있어 모르는 사람으로 잘못 알고 접견을 사절했더니, 이튿날 화가 난 친구로부터 전화가 걸려왔고 그제야 비로소 옛 친구였음을 알게 되었던 일이다. 그리고 한국의 정부 관원들에게 들은 바에 따르면, 공문서에 전혀 한자를 사용하지 않아 자주 오해가 생기며, 특히 법원의 판결문은 더욱 곤란을 느낀다고 했다.

나는 '대통령(大統領)'이라는 세 글자를 가지고 한자의 상형(象形), 회의(會意), 형성(形聲)의 미묘함을 설명하면서 과거 한중 양국의 역사와 문화 및 목전의 정치 관계를 감안해 한자 폐지 문제를 다시 한 번 고려해달라고 청했다. 이 대통령은 원래 고집도 있지만 국가원수로서 이미 시달한 내용을 다시 이랬다 저랬다 할 수 없는 일이라 아주 난처한 표정이었다.

그러나 다행히 한국인들은 대부분 한자를 다시 사용해야 한다고 느끼고 있어 몇 달 후 이 내용이 국회에 의안으로 제출되었고, 결국 다시 한자를 사용하기로 통과되었다. 따라서 이 대통령도 국회의 결의에 따라 처리할 수밖에 없었다. 그 후 박정희 대통령이 취임한 이후에도 한자의 폐지를 시험 삼아 진행한 바 있다고 들었는데, 이는 한중 문화 교류에 커다란 장애가 되므로 한국정부 당국에서는 깊이 고민하고 추진해야 할 일이다.

이상에서 살펴본 한중 간의 정치, 경제, 문화 각 방면에 걸친 협력은 모두 진해회담 때 양국의 지도자가 결의하고 지시한 데 근거했을 따름이다. 그러나 사람들이 가장 주목한 것은 정치, 경제, 문화 방면이 아닌 한중 양국의 군사 협력 문제였다. 이 때문에 우톄청 장군의 방한은 적잖은 바람을 일으켰다.

》 급변하는 남북한 정세와 우톄청의 방한

소련 당국과 북한 괴뢰가 전국적인 선거를 실시하기로 한 유엔의 결의에 반대하자 유엔은 우선 남한에서만 선거를 실시하기로 결정했다. 이에 의회가 수립되어 대한민국 헌법이 통과되었고, 이승만 박사가 대통령으로, 이시영 선생이 부통령으로 선출되었으며, 1948년 말 유엔총회를 거쳐 대한민국정부가 정식으로 승인되었다. 한편 소련의 조종하에 있던 북한 괴뢰 정권은 같은 해 8월 유엔 대표의 감시에 반대해 문을 꼭꼭 닫아걸고서 비밀선거를 실시해 9월에 김일성을 수상으로 하는 조선인민민주주의공화국을 탄생시켰다. 10월 10일 소련정부가 맨 먼저 이를 승인했고, 이어 소련의 공산 위성국가들도 동일하게 행동했다. 이듬해 10월 1일 중공 괴뢰 정권이 베이징에 수립되자 북한 공산정권과 중공정권은 드디어 상호 승인했다.

이렇게 해서 북위 38도선을 경계로 공산 북한의 조선인민민주주의공화국과 반공 남한의 대한민국이 들어섰는데, 그들 사이의 대립 투쟁은 날로 격화되고 첨예해졌다. 지리적인 환경으로 보아 남한의 경우는 타이완해협을 사이에 두고 중공과 대치하고 있는 중화민국정부보다 훨씬 위험했다. 나는 1949년 설날에 쓴 일기에서 이와 같은 견해를 밝힌 바 있다. 같은 해 6월 타이완의 다시로 장제스 총재를 찾아뵈었을 때에도 나는 다음과 같이 말했다.

남한은 아시아 대륙의 반도에서 유일하게 돌출된 지역입니다. 이러한 돌출 지역은 반드시 먼저 공격을 받게 마련입니다. 남북한 정세는 폭발 직전에 처한 지 이미 오래되었고, 미군이 철수한 후 정치·군사상의 한두 가지 요인만 더해져도 남북한 정세는 아무 때나 변화가 생길 가능성이 있습니다.

1948년 가을 조선인민민주주의공화국이 수립된 지 얼마 되지 않아 소련은 북한에서 소련군을 철수하겠다고 선포했다. 실제로 연말까지 소련군은 전부 철수하고 소련 군사고문단만 남아 있었다. 소련 당국과 북한 괴뢰는 계속 선전 공세를 펴며 남한에서의 미군 철수도 요구했다. 미국 대통령 트루먼의 자서전에 따르면 당시 미국 국가안전보장회의는 그에게 다음 3개항을 제시하면서 선택하도록 했다고 한다. ① 미국은 한국을 포기한다. ② 미국은 계속해서 한국의 군사 및 정치를 책임진다. ③ 주한 미군을 철수시키되 한국정부에 군사를 원조해 한국군을 훈련시키고 광범위한 경제 원조를 제공함으로써 이 신생 국가의 붕괴를 막는다.

미국 국가안전보장회의는 마지막 ③을 채택하도록 건의했고 트루먼 자신도 이 안을 비준했다고 한다. 이 때문에 주한 미군 5만 명은 1949년 6월 말 이전에 전부 남한에서 철수하기로 결정되었다.

미국과 소련 양측의 주둔군 철수는 표면적으로는 같아 보이지만 이 결정이 남한과 북한의 실력에 미치는 영향에는 현격한 차이가 있었다. 첫째, 소련과 한국은 영토가 연접되어 있어 소련군은 언제든지 즉각 북한을 지원할 수 있었다. 반면 맥아더 장군이 이끄는 미군은 비록 일본에 주둔하고는 있었지만 미국 본토에서는 남한과 수천 마일 떨어져 있었다. 둘째, 소련군이 남긴 북한의 공산 무장 부대는 소련공산당의 엄격한 훈련을 받고 훌륭한 장비를 갖춘 부대로서, 그 가운데에는 스탈린그라드 방어전에 참가했던 북한 공산 장병 5000명도 포함되어 있었다. 또한 중국 대륙에서 북한으로 돌아온 공산 부대가 약 3만 6000명이었는데, 그들 역시 작전 경험이 매우 풍부했다. 이밖에 미국과 한국 측에서 조사한 바에 따르면, 당시 북한 지역의 군대는 약 13만 5000명으로, 7개 보병사단에 240대의 전차와 200대의 장갑차를 보유하고 있었다. 중무기는 120mm 로켓포가 156문, 82mm 박격포가 약 1000문, 76mm 야포가 약 650문 있었다. 공군은 1개 비행사단으로 야그 전투기와 수송기, 훈련기 등 약 200대를 보유하고 있었으며, 폭격기는 아직 없었다. 또한 해군은 크고 작은 함정 30여 척을 보유하고 있었다. 이렇게 해서 전체 병력은 20만 명에 이르렀다.

이에 비해 남한은 총 병력이 약 14만 명에 지나지 않았는데, 그중 육군

8개 사단이 9만여 명이었고, 보병의 무기는 모두 제2차 세계대전 때 쓰던 구식 경무기로 전차는 물론 전투기도 없었다. 겨우 27대의 장갑차와 50문의 105mm 로켓포, 그리고 10여 대의 AT-16형 훈련 비행기를 보유했을 뿐이었고, 해군 역시 소형 함정 20~30척밖에 없어 연안 순시용으로만 쓸 수 있었다. 전체 남한 부대의 실전 경험이 북한에 미치지 못하는 것은 말할 필요도 없었다. 게다가 미국정부는 1949년 6월 철군 이전에 제출한 한국 원조 법안의 예산 1억 5000만 달러를 의회가 반년이나 미루다가 비준했을 뿐만 아니라 한국 군사 원조를 순전히 방어용으로만 실시해 공격용 무기는 아무것도 제공하지 않았다. 남북한 양측의 군력을 대비하면 남한은 방어력마저도 형편없었다.

이 때문에 미군의 완전 철수는 남북한의 군사력 균형에서 남한에 결정적으로 불리한 영향을 미쳤다. 북한공산당은 남한의 정치 분열을 책동하고 후방에 게릴라를 침투시키는 외에 일찍부터 무력으로 정치 목표를 달성할 계획을 세워 남한을 군사적으로 이른바 해방시켜야만 비로소 전국적인 정치 통일을 이룰 수 있다고 조작했다. 이것이 바로 국제 공산당의 비밀 정책이었으나 그 속셈을 감춘 채 밖에 알려지지 않도록 했다.

이와는 정반대로 한국과 미국 수뇌는 도리어 때와 장소를 가리지 않고 공공연하게 북한을 자극했다. 남한의 이 대통령과 고위 관리들은 계속해서 '북진'과 '멸공통일'을 공개적으로 외쳤다. 이는 남한 국민들의 사기를 높이는 데에는 도움이 되었을지 모르지만, 북한 정권에는 군사적 남침 정책을 합리화시키기에 더없이 좋은 구실을 만들어준 셈이다. 더욱 이해할 수 없는 것은 미국 지도급 인사들의 발언이었다. 1949년 봄 미국 국방장관 루이스 존슨은 "미국의 태평양 방어선은 알류샨열도에서 일본을 거쳐 필리핀에 이르도록 되어 있다"라고 말했고, 1950년 1월 국무장관 애치슨은 "남한과 타이완은 미국 국방선 내에 포함되지 않는다"라며 맞장구를 쳤다. 심지어 같은 해 5월에는 미국 상원 외교위원장 코넬리 의원이 "남한은 별로 중요하지 않기 때문에 설사 소련이 남한을 강점한다고 할지라도 미국은 간섭하지 않을 것이다"라는 터무니없는 말을 했다. 결국 이는 국제 공산당이 아무 때라도 남한과 타이완을 침공하도록 미국정부와 의회의 국방 및 외교 책임자들이 수차에 걸쳐 공개적으로 불러들인 격이었으며 공산당이 침공하더라도 미국은 절대 간섭하지 않겠다고 보증하는 꼴이 되어버렸다. 김일성의 입장에서는 미국 '친구'들의 격려가 소련 '동지'들로부터 받는 도움보다 훨씬 중요했을 것이다.

이러한 국제적 배경 아래 한국과 중국은 자위와 생존을 위해 양국의 대사를 교환해 부임시킨 직후 양국 수뇌가 모여 진해회담을 거행했던 것이다. 진해회담의 목적은 아시아태평양 각국의 반공 연맹을 결성해 소련공산당의 손아귀 아래 있는 중공과 북한의 위협을 막는 것이었다. 따라서 아시아 반공 연맹은 정치적·경제적·문화적 성격과 동시에 반드시 군사적 성격도 갖춰야 했다. 이 때문에 이 대통령은 북대서양조약기구를 본받아 이 연맹을 '태평양조약동맹'으로 만들어야 한다고 주장했고, 장 총재 역시 "한중 양국은 합치면 쌍방에 도움이 될 것이고 멀어지면 서로 다치는 형세가 될 것이다"라고 누차 언급했다. 후에 필리핀이 극동 연맹 예비회담을 소집했을 때 장 총재가 "아시아 각국이 단결해 공산주의 위협에 대항하고자 한 바기오회담의 원래 의도에 위배된다"라면서 한국의 이 대통령과 보조를 맞춰 참가를 거부했던 것은 이 때문이다.

한중 양국의 반공 입장이 너무나 굳건해서 당시 미국과 필리핀은 군사 동맹을 적극적으로 추진할 뜻이 없음을 공개적으로 표명했다. 그러나 사람들은 한국과 중국이 군사 동맹을 체결하려 한다는 소식이 알려지자 양국의 움직임에 지대한 관심을 갖고 이를 주시했다. 나는 주한대사라는 직책상 진해회담의 결의에 따라 한중 양국의 군사 동맹을 체결하는 작업을 묵묵히 추진해나갔다.

1949년 12월 10일 주한 중화민국대사관은 전한화교교무회의를 소집했

다. 이 회의에서는 한국의 비행기 헌납 운동을 통과시키는 한편 한국 국방
에 협조하고 대표단을 파견해 한국 전선의 장병들을 위문하기로 결정했
다. 이는 화교들이 한중 양국의 국방에 대해 "합치면 쌍방에 도움이 될 것
이고 멀어지면 서로 다치는 형세가 될 것이다"라고 한 말을 이미 인식하고
있었음을 보여준다.

1950년 1월 26일 나는 주한 중화민국대사 자격으로 혹한을 무릅쓰고
대표단을 이끌고 전선 위문을 갔다. 그때 인솔해간 사람들은 대사관 무관,
영사 및 화교 대표로서 한성 화교자치구 총구장 왕궁원, 인천 중화상회 회
장 왕사오난(王少楠), 교령 스환장(史煥章) 등이었다. 우리는 위문품을 준비
해 38도선 부근의 개성에 가서 한국 장병들을 격려하고 부상당한 군인들
을 위문하는 한편, 그곳 화교 소학교에 들러 화교와 학생들을 둘러보고 밤
이 깊어서야 서울에 돌아왔다. 이에 한국 국방부 장관 신성모가 1월 28일
나에게 감사장을 보내 "한중 양국이 향후 더욱 밀접한 관련을 갖고 38선을
무너뜨려 한국의 통일을 이룩하기 바란다"라고 전했다. 이 소식은 한중 양
국의 모든 신문에 기사화되었다.

1950년 2월 11일, 진해회담이 있은 지 약 반년 만에 나는 처음으로 정
무 보고차 귀국했다. 원래부터 나는 아시아 반공 연맹의 결성은 맥아더 장
군의 영향력에 힘입어 미국정부의 지지를 얻어야만 성공 가능성이 있다고
생각해왔다. 그래서 나는 정무 보고차 귀국하는 길에 도쿄에 들러 맥아더
장군을 회견하기로 마음먹었다. 맥아더 장군과 나는 이전에도 한 번 만난
적이 있었다. 1949년 여름 전 행정원장 장췬(張群) 선생이 일본을 방문할
때 고문 명의로 수행했는데, 그때 도쿄에서 맥아더 장군 부부가 베푼 연회
에 초대되어 여러 문제에 대해 의견을 나눈 바 있었다.

이번 맥아더 장군과의 회견은 2월 15일 밤으로 약속되었는데, 중화민
국 주일대표단 주스밍 단장과 함께 방문해 장시간 이야기했다. 이 자리에
서 나는 아시아 반공 연맹을 결성해야 하는 필요성과 바기오회담·진해회

담의 경과를 설명하고, 이승만 대통령과 장제스 총재가 이를 위해 노력해 왔으며 또 맥아더 장군의 적극적인 협력을 바라고 있다고 말했다. 또한 그가 나서서 미국으로 하여금 이 점을 인식케 하고 미국의 지도하에 미국, 한국, 중국, 필리핀, 일본 등 아시아태평양 지역의 반공 연합 전선을 구축해야만 적화의 물결을 막을 수 있다고 말했다. 그리고 내가 한국을 떠나기에 앞서 이 대통령이 사전에 나에게 부탁한 사항이 있어, 우선 한일 협력이 이뤄지도록 해야 한다고 맥아더 장군에게 건의했다.

나와 맥아더 장군 사이에 오간 상세한 이야기와 그가 파직된 후인 1953년 가을 뉴욕에서 다시 그를 만났을 때 나눈 이야기는 뒤에 따로 다루기로 하고 여기서는 더 이상 상술하지 않겠다. 다만 2월 20일 타이베이의 ≪중앙일보≫가 나와 그의 담화를 머리기사로 보도했다는 점을 상기하면 당시 이에 대한 관심이 어느 정도였는지를 알 수 있다. 당시 기사 제목은 특호 활자로 "태평양 반공 연맹에 관해 맥아더 장군 전력 지지키로, 사오 주한 대사 어제 귀국 보고에서 금년 5~6월 결성될 것이라고 발표"였다. 이 기사로 미뤄볼 때 사람들이 태평양 연맹과 한국의 정세를 얼마나 중시하고 있었는지 알 수 있다.

같은 해 2월 27일 나는 한국의 주타이베이 신석우 대사를 청해 후롄(胡璉) 사령관이 동승한 전용기 천웅호를 타고 진먼다오(金門島)에 갔다. 얼마 전 중화민국대사가 38선 근처의 전선을 방문한 데 이어 이번에는 한국대사가 진먼다오를 방문해 중국의 전선 장병들을 격려·위로했으며, 중화민국대사는 전체 한국 화교를 대표해 한국대사와 함께 전선의 장병들에게 경의를 표했다. 당시의 신문 보도에 따르면 "전선 장병들을 격려하는 한중 양국 대사들의 연설을 듣고 용감무쌍한 병사들은 자기도 모르게 큰 소리로 '한중 양국이 연합해 적색 제국주의를 타도하자!'라고 외쳤다"라고 했다. 이는 한중 국민들이 양국이 동맹해 공동의 적에 항거하라고 요구한 것이었다. 당시 타이베이에 도착한 각국 외교대표 가운데 유일하게 전선을 방문한 한국대사의 활동은 후방인 타이베이의 민심을 상당히 크게 고무시킨 듯했다.

3월 1일 장제스 총통이 복귀하고 난 얼마 후 나는 총통의 부름을 받아 찾아뵙고 한중 정치, 경제, 문화 각 방면의 협력 상황과 맥아더 장군과의 회담 경과를 직접 전했다. 총통은 필리핀은 중도에 돌변했지만 한국과 중국은 군사적으로 밀접한 협력 관계를 이어가야 한다고 말했다. 또한 한중 군사협력은 국제 환경을 고려해 형식에 얽매일 것 없이 실질적으로 추진해나가면 되므로 나에게 진해회담의 결의를 집행하도록 노력하라고 당부했다.

내가 귀국해 있던 짧은 기간 가운데 어느 날 총통부 우톄청 선생이 나에게 자신의 방한을 비공식적으로 주선해달라고 요청했다. 나는 그에게 "선생께서 한국 독립운동과 맺어온 역사적 관계로 볼 때 마땅히 신흥 한국에 가봐야 할 것이므로 이 대통령과 의논해 이 대통령이 직접 초청토록 하겠습니다. 다만 방한 시기를 저에게 맡겨준다면 적절한 시기를 살펴서 알려드리겠습니다"라고 말했다. 이에 그 역시 "물론 그래야지요. 전보로 연락해오기를 기다리겠습니다"라고 말했다.

나와 우톄청 선생의 인연은 한국이 독립 운동하는 역사적인 과정에서 맺어졌다. 그가 국민당 중앙당부 비서장으로 있을 때 장 총재는 그를 대한 정책 결정자 중 한 사람으로 정했다. 나 역시 그때 위원장 비서실 비서 겸 외교부 정보사장 자격으로 대한 정책의 연구 및 집행에 참여하곤 했다. 나중에 항일전 승리를 전후해서 내가 한국임시정부 고문에 초빙되자 우 비서장과의 왕래가 더욱 빈번해졌다. 내가 초대 주한대사에 정식 임명된 것도 그가 행정원 부원장 겸 외교부장으로 재임하던 기간에 있었던 일이다. 그가 한국 독립운동에 공헌한 바는 한국의 동지들이 다 알고 있으며, 1947년에 이승만 박사가 중국을 방문했을 때에도 우 비서장은 난징에서 그를 초대해 대접한 적이 있었다.

4월 초 타이베이에서 서울에 돌아와 한중 양국의 관계와 남북한의 정세를 가만히 살펴보니 한중 군사 협력은 아직 구체적으로 진전되지 못한 반면, 남북한 대립의 정세는 날로 긴장되고 있음을 알 수 있었다. 이러한 시기에 우톄청 선생이 방한한다면 구체적인 방안은 없더라도 최소한 양국 간의 협력 분위기를 촉진시켜 북한과 중공의 준동을 막고 위협하는 역할은 할 수 있을 성 싶었다. 한국과 중국은 손을 맞잡고 전진해야 했으며 맥아더 장군 점령하에 있는 일본과도 힘을 합해 미·중·한·일 연합전선을 구축해야 했다. 비록 필리핀이 이미 동요해 되돌릴 수 없는 상태에 이르렀지만 반공전선에서 멀어지게 할 수는 없었다.

그래서 나는 이 대통령의 동의를 얻어 우톄청 선생에게 4월 19일부터 4일간 서울을 방문해줄 것을 요청하는 전보를 쳤다. 동시에 도쿄에도 전화해 주일 군사대표단 주스밍 단장을 초청해 우톄청 선생과 그의 비서 왕궁지(汪公紀) 선생이 방한할 때 그들과 동행해달라고 했다.

우톄청 선생의 방한은 비공식적인 개인 자격의 방문이었으나 대단한 주목을 끌었다. 한국 조야의 지도자들은 그와 우의가 두터웠다. 특히 그가 지난날 한국 독립운동을 도운 일과 현재 중국 정계에서 그가 차지한 위치를 중시했다. 한국에 있는 화교들 또한 평소 교무 공작에 대한 우톄청 선생의 열성적인 지도를 숭앙해 마지않았다. 거기다 남북한 정세의 긴장과 진해회담 후 아시아 반공에서의 한중 관계의 중요성이 작용해 우톄청 선생의 방한 소식과 일정은 외국 국무총리의 정식 방문보다 더 관심을 끄는 듯했다. 특히 각국 기자들과 아시아 각국 정부(우방 또는 공산 국가를 막론하고)의 많은 주목을 끌었다.

우톄청 선생과 주스밍 단장 및 왕궁지 선생 일행이 4월 19일 오전 도쿄에서 서울 김포공항에 도착했을 때 비행장에는 이 대통령이 정식으로 환영하기 위해 내보낸 임병직 외무부 장관 외에 지난 날 중국에서 독립운동에 참가했던 많은 동료들이 마중 나왔다. 그중에는 이시영 부통령, 이범석 국무총리, 신익희 국회의장, 김규식 전 조선민족혁명당 당수, 이청천 전 한국광복군 총사령관, 조소앙 전 한국임시정부 외무부 장관, 김홍일 육군사관학교 교장, 송호 수도경비사령관, 장흥 헌병사령관 등등 조야의 지도급 인사들이 거의 다 있었다.

그날 밤 나는 우테청 선생을 위한 성대한 환영 연회를 열었다. 그 자리에는 초청자 명단을 더욱 확대해 중국에서 독립 운동을 했던 지도자들 외에도 각 부 장관, 주요 국회의원, 외교 사절단의 각국 대사, 공사와 신문기자, 그리고 각지에서 온 재한 화교 대표까지 망라되었다. 이 때문에 중화민국대사관 관저인 경교장이 꽉 들어차 즐거운 비명을 질렀다.

우테청 선생이 가장 흐뭇해했던 일정은 재한 화교의 교단(僑團)과 학교, 신문 및 국민당 직속 구당부(區黨部)를 방문한 것과, 이들 단체가 공동으로 베푼 대환영 연회였다. 우 선생은 원래 어느 곳엘 가도 그곳 화교들의 우두머리와 같았다. 화교가 있는 곳에는 그가 갔고 그가 이른 곳에는 화교가 따랐다. 내가 주한대사직을 사임한 지 14년이 지난 1965년 초 아내와 함께 다시 한국을 찾았을 때 서울 화교들의 각 교단은 성연을 베풀어주었는데, 그 자리에서도 그들은 우 선생이 방한했을 당시의 이야기로 꽃을 피웠다.

이밖에도 우 선생에게 깊은 감명을 준 모임이 두 차례 있었다. 하나는 내가 충칭의 한국임시정부와 관련 있는 한국 동료들을 초청해 뷔페 형식의 연회를 열었던 것이고, 또 하나는 이범석 총리와 신익희 의장이 공동으로 초청한 한국식 연회였다. 두 차례 다 참석한 사람은 40~50명에 지나지 않았으나 모두 중국에 오래 있었고 한국 독립운동에 참여했던 사람들이므로 이야기가 유달리 친근감을 자아내고 의의가 깊었다. 특히 이범석 총리와 신익희 의장 두 사람이 베푼 한국식 연회에는 한국 기생들이 자리를 같이해 흥을 돋우었다. 그러나 손님이나 주인이나 김구 선생이 돌아가신 이야기가 나올 때에는 침통한 마음을 금하지 못했다. 한국의 내정에 대해서는 서로 관계가 미묘하고 만나는 사람마다 정견이 다 달라 어떤 사람은 말을 하고 싶어도 하지 못하고 그저 웃을 따름이었다.

우 선생은 한국 육군사관학교 장병들을 사열하고 그들에게 강연할 때 가장 큰 흥분을 느꼈다고 나에게 말했다. 당시 육군사관학교 교장은 김홍일 장군이었다. 김홍일 장군은 중국에 있을 적에 왕일서라고 이름을 바꾸어 중국 청년군 훈련처장과 한국광복군 참모장을 지냈는데, 항일전 승리 후 한국에 돌아와 육군사관학교 교장직을 맡았다. 한국의 젊은 명장 가운데에는 그의 문하에서 배출된 사람이 적지 않다. 그 후 그는 주중대사로도 여러 해 동안 재직했다.

우 선생은 외국 친구들이 통상 '우 장군'이라고 불렀기 때문에 장군의 입장에서 독립된 한국의 장병들에게 강연한다는 것이 더욱 흥분되었을 것이다. 그는 장병들에게 격앙된 어조로 중국국민당과 정부가 지난 날 한국의 무장혁명 동지들을 지원했던 이야기와, 한국광복군과 조선의용대가 대일 항전에 참가했던 이야기를 해주면서 한중 양국의 군사력을 합해 한국과 중국이 잃어버린 국토를 회복하기 위해 공산주의를 타도하는 공동 작전을 다시 한 번 펴자고 힘주어 외쳤다. 그의 이 힘찬 호소는 육군사관학교 전체 장병들로부터 우레와 같은 박수갈채를 받았으며 한국 국민들의 특별한 주목을 끌었다.

물론 반공 연합과 관련해 우톄청 선생의 방한에서 가장 의의 있었던 일은 4일간의 방한 기간 중 세 차례에 걸쳐 이승만 대통령과 가진 회견이었다. 첫 번째 회견은 내가 우톄청 선생과 주스밍 단장을 모시고 한국 대통령의 관저인 경무대로 이 대통령을 예방한 것이었다. 두 번째 회견은 이 대통령이 우리를 다과회에 초대해 두 시간 동안 회담한 것이었다. 그리고 세 번째 회견은 이 대통령이 비공식적으로 초대한 만찬회에서 더욱 오랫동안 이야기를 나눈 것이었다.

두 번째와 세 번째 회담에서는 우리 측에서 우톄청 선생, 주스밍 단장, 내가 참석하고 한국 측에서 이 대통령, 임병직 외무부 장관, 신성모 국방부 장관이 참석해 모두 6명뿐이었다. 우리는 즐거운 분위기 속에 개인적으로 사소한 일에서부터 한국 독립운동, 나아가 한중 양국이 향후 세계의 반공적 동향에 어떤 방법으로 공동 협력할 것인가 하는 문제에 이르기까지 다양한 주제를 놓고 이야기했다. 이 때문에 한국정부가 보도기관에 제공해 발표한 뉴스도 다음과 같이 아주 간단했다. "우톄청 장군은 중국 주일 군사대표단장 주스밍 장군과 주한 중화민국대사 사오위린을 대동하고 이 대통령을 예방했으며 구체적인 반공 정세에 대해 의견을 교환했다."

그러나 앞에서 말한 바와 같이 진해회담 이후 한중 관계 및 남북한 정세는 이미 국제적으로 매우 중요하고도 미묘한 위치를 차지하고 있었다. 한국과 외국의 기자들은 우톄청 장군이 주스밍 장군을 이끌고 방한한다는 소식을 들었을 때부터 벌써 신경이 날카로워져 있었다. 더욱이 짧은 방문 기간에 세 차례나 이 대통령과 회담하고 회담의 자세한 내용도 밝히지 않은 데다가 국방부 장관과 외무부 장관도 참석했기 때문이다.

기자들은 진상이 밝혀지지 않자 백방으로 뛰어다녔다. 중화민국대사관에서 물으면 대한민국 공보부에 가서 알아보라고 하고, 공보부에서 가서 물으면 "이미 발표된 것 외에는 알려줄 것이 없다"라고 해서 억측 끝에 뉴스가 조작되기도 했다.

몇몇 외국 기자는 다음과 같이 깜짝 놀랄 뉴스를 만들어내기도 했다. 즉, "우톄청·주스밍 두 장군의 한국 방문은 중대한 군사적 사명을 띠고 있다. 우 장군의 임무는 한중 최고 수뇌가 진해회담에서 합의한 협정 원칙에 따라 한중 군사협력 문제를 더욱 구체적으로 논의하고 비밀리에 반공 군사 동맹을 맺는 것이다"라는 내용이었다.

한 외국 통신사에서는 우 선생이 한국을 떠난 이튿날 서울발 통신으로 심지어 다음과 같이 타전하기도 했다. "한중 양국은 이미 군사 상호협정을 비밀리에 체결했으며, 한국정부는 제주도를 중국 측에 조차해 앞으로 화북·동북에서 소련의 빈해성에 이르는 지역을 폭격하기 위한 공군 기지로 사용할 것을 허가했다." 이러한 헛소문은 온 세계에 전해져 세상을 들끓게 했다. 우 선생이 도쿄에서 성명을 발표해 이를 부인했지만 기자들은 믿으려 들지 않았고 이 유언비어는 더욱 널리 퍼지기만 했다.

군사 비밀협약 운운한 것이 비록 낭설이기는 했지만 이는 공산 국가를 포함한 당시의 세계 각국이 우테청 선생의 방한을 얼마나 중시하고 있었는지 여실히 반영해주었다. 또한 한중 양국의 군사상 반공 연합은 양국 조야의 공통된 희망이자 필수적인 사항이기도 했다. 그러나 한중 양국의 밀접한 연대 관계와 양국이 국제 정세 가운데 처한 특수한 환경 때문에 어느 한쪽에 예기치 않은 사태가 벌어지면 곧 다른 한쪽에 영향을 미쳤다. 그뿐 아니라 형식적인 동맹이나 조약 없이도 상호 협력하는 처지였다. 우 선생이 한국을 다녀간 지 두 달 후인 6월 25일 북한의 남침으로 한국전쟁이 발발했을 때만 해도 한중 양국은 아무런 군사협정도 맺지 않은 상태였다. 하지만 남한이 피침되자마자 중화민국정부가 즉각 성명을 발표해 육군 3개 사단과 공군기 20대를 1차로 파병해 한국을 군사 원조하겠다고 밝힌 것도 이 때문이었다. 이는 한중 양국의 특수한 연대 관계를 입증해준다.

우테청 선생의 방한으로 한중 군사 비밀협약에 대한 뜬소문이 퍼지는 바람에 한국전쟁이 발발한 것은 아니지만, 이는 상당한 긴장 상태에 있던 남북한 정세에 적잖은 충격을 주었다. 당시 이 대통령은 이 소문으로 인해 오해를 받지 않을까 걱정했다. 그는 영국과 미국 통신이 한중 군사동맹과 제주도를 중국에 조차한다는 내용에 대해 보도한 것을 보고 나를 대통령 관저로 불러 면담하고 우리 측이 이를 바로잡아줄 것을 요구했다.

나는 이 모든 뉴스가 AP, UP, 로이터 등 영국과 미국 통신사들이 날조한 것이며 중국의 중앙사는 아직 서울 주재 특파원이 없어 이러한 뉴스를 발신할 길이 없었으므로 중국정부가 이를 책임지기는 어렵다고 전제했다. 그리고 요구대로 이를 바로잡기는 하겠으나 이것이 오히려 더 큰 오해를 낳을지도 모른다고 말했다. 그러나 이승만 대통령은 이를 반드시 바로잡아야 한다고 고집해서 부득이 대한민국정부와 중화민국대사관 명의로 똑같은 성명을 발표해 한중 군사동맹 체결과 공군 기지 조차를 부인하자는 데 동의했다. 하지만 이를 부인할수록 기자들은 더욱 이 사실을 믿으려고 들지 않았다.

사실 북한공산당 당국으로서는 한중 양국이 비밀조약 체결을 인정하든 부정하든 아무 상관없었다. 그들은 이미 오래 전부터 남한을 '해방'시켜 전 한국을 통일시킬 마음을 먹고 있었다. 이렇게 해서 전 한국을 적화하려는 그들의 의도는 국제 공산당의 극동 정책과도 부합되었다. 김일성은 벌써부터 스탈린의 양해를 얻어두었을 뿐만 아니라 스탈린 또한 마오쩌둥에게 남한 해방에 협조할 것을 요청해놓았다.

우리가 1949년 진해회담을 가진 후 소련공산당의 영도하에 북한과 중공의 수뇌들도 모스크바에 모여 비밀리에 회담을 거행했다. 민주 국가의 바기오회담이나 진해회담, 또는 우톄청 선생의 방한은 어디까지나 자위를 위한 정정당당한 행동이었기 때문에 조금도 숨길 필요가 없었으나 대외 침략 및 대내 탈권하려는 국제 공산당의 음모는 공개적으로 진행할 수 없었다. 만일 흐루쇼프가 한국전쟁이 발발한 지 20여 년 후 발표한 회고록에서 당시 공산당 괴수들이 한국전쟁을 일으키려 꾸몄던 음모를 자백하지 않았더라면 우리는 한국전쟁을 일으킨 책임이 공산당에 있었다는 사실을 어떻게 증명할 수 있었겠는가?

흐루쇼프 회고록(발췌)

1949년 말경 내가 우크라이나에서 모스크바로 옮겨왔을 때 김일성이 대표단을 이끌고 모스크바에 와서 스탈린과 협의했다. 당시 김일성은 첫 단계로 한국에서 일련의 내부 폭발을 일으켜 인민의 위력을 드러내려 하는데 이 위력은 곧 북한을 통치하는 힘이라고 말했다. 스탈린은 물론 이러한 김일성의 생각에 반대할 수 없었다. 이는 사람들로 하여금 한국 내부의 분쟁을 한국인들 스스로 해결할 수 있다고 믿게 만들고 북한이 이승만의 유린을 받고 있는 동포들에게 원조의 손을 뻗쳐야 한다고 이해하도록 만들었다. 스탈린은 김일성에게 한 번 더 잘 생각해보고 구체적인 계획을 세워 다시 의논하자고 권했다.

김일성은 북한으로 돌아가 일체의 준비를 마친 다음 다시 모스크바에 왔다. 그는 스탈린에게 틀림없이 성공할 것으로 믿는다고 말했다. 나는 당시 스탈린이 이에 대해 회의를 나타냈던 것으로 기억된다. 그는 미국이 개입하지 않을까 걱정했다. 그러나 우리는 전쟁이 빨리 진행될 수만 있다면 미국의 개입을 피할 수 있을 것이라고 여겼다. 또한 김일성도 아주 빨리 승리를 거둘 수 있을 것이라고 확신했다. 그러나 스탈린은 김일성의 건의에 대해 마오쩌둥의 의견을 알아보기로 결정했다.

우리는 한국전쟁을 일으킨 것이 스탈린의 뜻이 아니라 김일성의 주장이었음을 알아야 한다. 김일성이 전쟁의 주동자였다. 그러나 스탈린 역시 그를 저지하려 하지는 않았다. 진정한 공산주의자라면 김일성이 이승만과 미국 반동세력으로부터 한국을 해방시키려는 절박한 희망을 누구도 저지시킬 수 없었다고 나는 생각한다.

이는 공산주의의 세계관과 모순된다. 이런 점에서 나는 스탈린이 김일성의 행위를 조장한 것을 탓하지 않는다. 반대로 내가 그였더라도 아마 똑같은 결정을 내렸을 것이다.

마오쩌둥 역시 긍정적인 회답을 보내왔다. 그는 김일성의 건의에 찬성했을 뿐만 아니라 이는 한국 인민이 스스로 결정해야 할 내정 문제이므로 미국이 개입할 리 없다고 예측했다.

당시 스탈린 별장에서 열린 만찬석상에서 김일성은 남북한이 통일되고 나면 전 한국에 이점이 많을 것이라고 했는데 그 말이 지금도 기억난다. …… 우리는 그의 뜻대로 이뤄지기를 바라면서 북한의 모든 지도자를 위해 건배했고, 그들의 투쟁이 승리를 거두는 날이 하루빨리 도래하기를 바랐다.

이상에서 한국전쟁의 도발은 일찍부터 국제 공산당의 계획하에 진행되었음을 알 수 있다. 소련공산당은 세계 전략의 관점에서 1948년과 1949년 사이에도 서유럽에서 성동격서(聲東擊西)식으로 베를린 공수 작전을 펼쳐 동독 괴뢰 정권을 수립했고 군비를 재정비해 동서 쌍방의 긴장을 조장했다. 한편 아시아에서는 마오쩌둥과 김일성을 자립하도록 도와 북한이 남한을 군사 침략할 수 있는 기반을 마련해주었다. 진해회담 이후 소련공산당의 지도 아래 북한과 중공은 이미 연합작전 계획을 세웠으며, 1950년 4월 우테청 방한을 전후해서는 병력을 배치하고 남한 후방에서의 공산당 유격 활동과 정치적 침투를 더욱 강화해 시기가 무르익기를 기다렸다.

나는 당시 남한의 군사·정치 정세를 요약해서 자주 비밀 전보를 보내 중화민국정부가 참고토록 했다. 그 전보 가운데 몇 개만 뽑아 소개한다.

1950년 4월 17일 전보

북한 공산군 약 1만 명이 지난주 돌연 남하해 38도선 연선에 집결했으며 1000명가량이 오대산 지구로 침투해 남한 전국은 긴장 상태입니다.

1950년 5월 10일 전보

한국은 지금 정세가 매우 걱정스럽습니다.

① 재정 면에서 270억 원 예산 가운데 수입은 70여억 원밖에 되지 않고 그중 군비가 차지하는 예산이 10분의 6이나 됩니다. 미국대사의 말에 따르면, 원래 경제 건설용으로 들어온 경제원조 물자를 이미 다 유용해버렸기 때문에 통화가 팽창되고 물가가 앙등한다고 합니다.

② 정치 면에서 야당인 민주국민당이 제출한 내각책임제 안이 찬성 79표, 반대 33표, 기권 66표로 3분의 2의 지지를 얻지 못해 부결되었습니다. 또 국회는 원래 5월에 총선거를 실시하기로 정했으나 이승만 대통령은 여당의 준비가 아직 끝나지 않았다는 이유로 이를 연기했습니다. 그러자 미국

정부가 정식으로 한국 측에 통화 팽창을 제지하고 정해진 시기에 선거를 실시할 것을 요구했으며, 만약 이를 어기면 대한 원조 정책을 수정할 것이라고 했습니다. 이에 이 대통령은 부득이 5월 말에 총선거를 실시하기로 다시 공포하는 한편, 이범석 국무총리의 사임을 발표함으로써 미국과 야당의 요구에 응했습니다.

이범석 총리가 오랫동안 허정 교통부 장관과 신성모 국방부 장관의 배척을 받아온 관계로 이승만 대통령은 이윤영 사회부 장관을 후임 국무총리로 지명했으나 국회의 인준을 받지 못했습니다. 한편 국회의원 109명이 연명추천한 민주국민당 조병옥은 이 대통령이 받아들이지 않았습니다. 이에 이 대통령은 신성모 국방부 장관을 잠시 국무총리대리로 지명했으나 국회는 다시 이를 되돌려 보냈습니다.

예산은 통과되었으나 정부와 국회 간의 대립은 늘었으면 늘었지 줄어들 줄 몰랐고 정정은 혼란해졌습니다. 총선이 가까워오자 국민들 사이에는 정부의 선거 간섭에 대한 소문이 끊이지 않고 있으며, 유엔한국위원회에서 선거를 감독할 것이라고 합니다.

③군사 면에서 남북한 변경에는 표면상 아무런 변화가 없으나, 북한은 군사 이동이 매우 잦고 북한 유격대와 지하공작원이 끊임없이 남한 후방에 침투되고 있습니다. 보도에 따르면 북한 정치보위부는 이미 남한의 공산당원들에게 명령해 남한·미국과 중국 간 관계를 적극적으로 이간시키고 외교 사절을 암살하거나 주택을 방화해 남한정부를 고립시키고 선거를 파괴할 것을 지시했다고 합니다.

남한은 현재 재정 경제가 매우 어렵고 정치가 혼란해지고 있으며 군사 상황도 날로 긴장이 고조되고 있습니다.

1950년 5월 23일 전보

①북한은 평양에서 신의주까지 연결된 복선 철로를 뜯어 단선화하고

시베리아로 연결하는 새로운 철로를 놓고 있습니다.

②평양과 베이징 간에 운행되는 객화차가 매일 증가되고 있습니다.

③중국 동북 지방에서 북한으로 돌아오는 공산 군대가 점차 늘어나고 있습니다.

④남한의 제주도 부근 바다에서 소련의 잠수함이 발견되었습니다.

6월 초에 이르러 북한 공산군은 비밀리에 38선 근처의 전투 위치로 계속 이동했는데 공개적으로 전략과 선전을 펼침으로써 군사 준비를 엄폐하고 있었다. 먼저 평양방송은 당시 북한에 있던 민족주의자 조만식 선생과 남한정부가 구속하고 있는 북한의 거물 간첩 2명을 교환하자고 남한정부에 제의하는 한편 통일민주주의전선위원회의 평화호소를 통해 8월 5~8일 남북한 총선거를 실시해 통일국회를 성립시키자고 제안했다. 그리고는 6월 15~17일 이전에 각 민주 정당 및 사회단체가 개성에 모여 회의를 열고 이상에서 제의한 내용을 토론하자고 했다. 6월 20일에는 북한이 38선 일대에 배치했던 변경경비대와 보안부대를 제2선으로 철수시키겠다고 공포했다. 그러나 이는 보여주기식 연출이었을 뿐, 실제로는 암암리에 정규 북한 인민군을 접경으로 이동시키고 있었다.

평화를 가장한 일련의 전략·선전 아래 북한공산당은 결국 일체의 준비를 마쳤다. 마지막 남은 미군이 철수하고 남한 당국의 경각심이 느슨해지기를 기다려 1950년 6월 25일 번개같이 한국전쟁을 일으켰던 것이다.

제4장

죽음의 문턱을 넘나든 한국전쟁

》 서울에서 철수하기까지 길고 길었던 이틀간의 낮과 밤

1950년 6월 25일의 여명, 마침내 한국전쟁이 발발했다.

내가 광저우에서 한국으로 출발하기 전 기자들이 내게 심정이 어떤지 물었을 당시 나는 다음과 같이 대답했다. "한국으로 가는 느낌은 전장으로 떠나는 군인의 심정과 다를 것이 없군요."

이 인터뷰는 애석하게도 현실이 되고 말았다. 한국에 부임한 지 1년이 다 되어가는 때에 남북한은 북위 38도선을 경계로 해서 많은 부대가 대치 중이었으며, 하루가 멀다 하고 교전이 벌어지고 있었다. 이로 인해 나는 긴장된 나날을 보낼 수밖에 없었다. 게다가 6월 25일이 다가옴에 따라 북한은 돌연 평화적인 제스처를 취하는 등 온갖 정치적인 활동과 선전 공세를 펼쳤다. 이에 따라 미국과 한국의 관계는 다시 좌절되었고, 중화민국과 한국의 우호적인 관계도 남한정부가 화교 창고 사건을 덮어버리는 바람에 상처를 입었다. 하지만 우리가 입수한 비밀 정보는 북한 공산군의 병력이 집결하고 있음을 여러 차례 강조하고 있었다. 나는 줄곧 이러한 활동의 배후에 반드시 공산당의 음모가 있으리라고 생각했다. 그러나 애석하게도 조사를 해도 확실한 근거를 찾을 길이 없었다. 하지만 북한공산당이 전면적인 전쟁을 일으키리라는 것을 누가 알았겠는가!

6월 25일은 일요일이었다. 대사관은 2주 전에 편지로 남한 각지의 화교 자치구장, 상회회장, 화교학교 교장 등 40여 명을 불러 모아 25, 26일 이틀 동안 화교회의를 열기로 했다. 25일 아침 9시 정각 대사관에서 나는 2차 전국 화교회의를 개최했다. 나는 한국 국내외 상황을 분석한 후 남한 각지의 화교들에게 언제든지 위험에 대비할 수 있도록 준비하라고 지시했다. 그 누구도 폭풍우가 그날 아침에 닥칠 것이라고는 전혀 생각하지 못했다. 10시 전후에 우리는 남북한 국경에서 충돌이 발생했다는 소식을 들었다. 38선에서는 매월 몇 차례씩 크고 작은 충돌이 있어왔기 때문에 모두들 그 소식에 무덤덤했다. 나는 무관 및 부무관에게 미군 고문단 및 한국 국방부와 긴밀히 연락 체계를 유지하도록 지시한 후 회의를 계속 진행했다. 11시 반이 되자 서울 하늘에 북한의 정찰기가 비행하는 것을 볼 수 있었는데, 이는 그전에는 없던 일이었다. 그러자 상황이 심상치 않다는 것을 느꼈다. 주한미군 고문단 및 한국 국방부에서도 북한군이 그날 새벽 전면적인 남침을 감행했고, 지상군뿐만 아니라 해군과 공군도 동시에 출격했다는 사실을 발표했다. 전면적인 한국전쟁이 개전된 것이었다.

회의는 12시까지 속행하다가 도중에 폐회했다. 나는 각지의 화교 대표들에게 가능한 한 빨리 본거지로 돌아가라고 지시한 후, 남한의 각 핵심 지역에 있는 동포들에게 전황에 따라 부산 쪽으로 먼저 피난하라고 지시했다. 대사관은 부산에 사무처를 만들고 그곳에서 화교 업무를 대신하도록 했다. 각지의 화교 대표들은 대사관에서 황망히 점심을 먹고 돌아갔다. 나도 점심식사 후 긴급히 전체 담당자를 소집해 긴급 대책 회의를 열고 다음과 같은 몇 가지 지시를 하달했다.

① 지금부터 전체 관원과 공무원은 대사관의 허락 없이 독단적으로 대사관을 떠날 수 없다.
② 참사관 쉬사오창을 한국 외교부와 미국대사관에 보내고, 무관 왕우

(王武)와 부무관 왕지셴을 각각 한국 국방부와 주한 미군고문단으로 파견해 수시로 연락이 닿도록 한다. 이들은 전황과 군 정보 및 한국정부의 상태에 대한 정보를 수집하고 대사관에 보고한다.

③ 대사관 직원 외에 각각의 행정부 계열 및 국민당 요원, 그리고 군 정보기관 책임자, 서울 화교단체의 책임자는 26일 오전 9시와 11시에 차례로 대사관으로 출두해 이후의 대책과 조치를 논의한다.

④ 기타 관원은 각자 문건과 서류를 정리하고 명령을 받으면 소각한다.

⑤ 전체 관원은 가족이 집에서 대기하다가 명령을 받으면 철수할 수 있도록 준비시킨다.

⑥ 무관처는 대사관이 원래 소유하던 무기와 탄약을 책임진다(과거 랴오둥반도의 청두에서 철수한 7군단의 일부 병력이 한국으로 입국했고, 이들이 소지한 권총 및 칼빈소총 등의 화기는 외교협정을 통해 한국해관이 아닌 원 관리자가 소유하도록 조정되었다). 대사관 직원이 먼저 나눠서 자기 호신용으로 사용하고, 한국 경찰호위대와 협동해 대사관 경호를 강화한다.

이후 나는 직원들을 통솔하는 한편 전황을 점검했다. 우리가 주한미군 고문단으로부터 접수한 첩보 가운데 낙관적인 내용은 없었다.

주한미군 고문단 단장인 로버츠 준장은 얼마 안 가 인사 이동으로 한국을 떠났다. 그후 그 자리를 참모장 라이트 대령이 대신했는데, 그마저도 도쿄로 출장을 가더니 돌아오지 않았다. 게다가 주말이어서 남한 군인들도 휴가 중이거나 부대를 잠시 떠나 있었다. 북한의 기습은 남한과 미군 모두에 손 쓸 새도 없이 갑작스러웠다. 서울 시내의 남한 군인들은 그날 오전과 오후 곳곳에서 경적을 울려대면서 사병들을 부대에 돌아오게 했다. 남한이 이렇게 허둥대고 있는 동안 북한군은 빠르게 개성, 춘천 등 요지를 점령했다. 북한군이 서울과 불과 25리밖에 떨어져 있지 않은 의정부까지 이르자 남한의 제2사단과 제7사단 2개 사단이 조직적인 방어를 실시했다.

남한군은 원래 8개 사단, 지상군 약 9만 명의 병력뿐이었으며 공군은 훈련용 정찰기 10여 대만 보유하고 있었다. 전차도 없고 대전차포도 없었다. 북한의 남침에 최전선 부대는 대전차 방어에서 그야말로 속수무책이었다. 내가 기억하기로 한국전쟁이 발발하기 얼마 전이던 5월 말 어느 정오에 나는 한국 참모총장 채병덕 장군에게 중화민국대사관 관저에서 함께 식사하자고 요청해 남북한 군 상황에 대해 검토했다. 그때 총장은 북한 전차부대가 전선에 집결해 있다면서 남한군은 단 한 발의 대전차포도 없는 난감한 현실을 실토했다. 이는 당연히 미국정부가 책임을 져야 하는 것이었다. 나는 1932년 1·28상하이전쟁* 당시 중국군의 대일 작전과 관련된 이야기를 채병덕 총장에게 들려주었다. 그때 중국군은 열세의 장비로 절대 우세였던 일본군에 대항했다. 당시 중국군 역시 일본 탱크에 맞설 대전차포가 없었다. 하지만 중국 군인들은 술병에 휘발유를 담아 죽음을 무릅쓰고 전차의 사각지대로 침투해 전차 위로 던져 일본군을 불타게 했다. 이렇게 해서 가까스로 일본군 전차의 공격을 이겨낼 수 있었다.

전방의 전황이 갈수록 불리해져 남한군은 계속해서 후퇴했는데, 기적이 일어나지 않는다면 서울이 함락되는 것은 시간 문제였다. 남한군은 한반도 남부 지역에서 꽤 오랜 시간 동안 저항하면서 우방의 증원군이 도착하길 기다리고 있는 것처럼 보였다.

저녁 즈음 쉬 참사가 전화로 보고했다. "한국 내각이 긴급회의를 했는데, 북한의 남침을 공포하고 전 세계 각국에 한국정부가 전면 항전하기로 결심했음을 성명하기로 했습니다. 유엔이 서울에 한국위원회를 파견하고 긴급회의를 열어 남북한에 정전을 제안했으나 논쟁이 분분해 결과가 어떻게 되었는지 상세한 내용은 알 수 없습니다."

---

*   상하이사변 또는 1·28 사건이라고도 불린다. 1932년 1월 28일 상하이 공동 조계 주변에서 중국과 일본 간에 군사적 충돌이 발생한 사건이다. _옮긴이 주

중국은 한국위원회에 류위완을 대표로, 쓰투더를 부대표로 보냈다. 류위안은 주한대사를 맡고 싶었으나 뜻대로 되지 않자 그때부터 대사관을 상대도 하지 않고 있었다. 이에 쓰투더 부대표가 전화로 위원회의 경과를 보고했다. 나는 중국 대표가 어떤 제안을 했는지 물었다. 그는 외교부로부터 어떤 지시도 없었기 때문에 아무 제안도 하지 않았다고 했다. 나는 북한의 남침이 모든 사람이 지켜보는 가운데 일어났고 남한정부 또한 공개적으로 북한의 침략을 공포한 마당이므로 외교부의 지시 유무에 관계없이 중국 대표는 적극적으로 침략을 비난해야 하며 모든 북한군이 즉각 원래 전선으로 물러나도록 요구해야 한다고 말했다. 쓰투더는 나의 의견을 류 대표에게 전했다. 그러나 안타깝게도 응답이 없었을 뿐 아니라, 다음날 26일 아침 유엔한국위원회가 중국을 포함해 각국 대표에게 서울에서 떠나라고 권해 일본 후쿠오카로 가버렸다. 27일 저녁 나와 쉬사오창 참사관, 왕지셴 부무관, 성빙안 수행원이 마지막으로 서울을 떠날 때 그제야 류위완과 쓰투더가 알리지도 않고 하루 일찍 떠난 것을 알았다.

　　나와 쉬 참사, 쓰투더 부대표가 전화로 연락한 지 오래지 않은 저녁 6시 즈음 갑자기 러시아제 야크9 전투기 4대가 습격했다. 나는 2층 사무실에서 적기가 발포하는 소리를 듣고 재빨리 바닥에 엎드려 위험은 면할 수 있었다. 상황이 종료된 후 나가서 사무실 벽을 보니 적지 않은 탄흔이 남아 있었다. 15년 후인 1965년 봄 부부 동반으로 전에 지내던 곳을 다시 가보았을 때, 나는 아내에게 그 벽의 탄흔을 보여주었다. 북한군은 오전에 남한의 정찰기 10여 대를 모두 격추시킨 데 이어 미군기 2대와 북미항공의 민용기 1대도 요격했다. 적기는 영등포역 근처에서 일반 시민에게도 발포했는데, 나중에 조사해보니 다행히 화교 동포 중에는 사상자가 없었다.

　　한국전쟁이 발발한 첫날 저녁으로 대사관의 요리사 조 씨는 러우쓰몐과 야채만두, 고기만두를 충분히 준비해 대사부터 직원들까지 모두 배부르게 먹도록 했다. 대사관으로 끊임없이 찾아와 소식을 문의하고 지시 사항의 하달을 요청하는 주한 당·정·군 각 기관 관련자들과 화교 지도자 및 교사들, 심지어 중국에서 오래 거주했던 한국인 친구들도 만두를 집어 먹으며 함께 이야기했다.

저녁을 먹고 난 후 나는 주한 정보기관의 몇몇 책임자와 개별적으로 이야기를 나누었다. 그들로부터 얻은 사실에 따르면 중화민국의 첩보요원은 대부분 평소에 행동이 신중치 못해 신분이 노출되었다고 한다. 이로 인해 그들에게서 적들의 배후 정보를 얻기는 힘들었다. 이러한 긴급한 시기에 대사관이 첩보요원들의 협조도 얻지 못하고 그들의 후퇴와 타이완 복귀를 전담하게 되고 만 것이다. 적지 않은 첩보요원 가운데 국방부 정보국의 한 명의 요원만 여러 조건에 맞아떨어졌다. 그 역시 자진해서 적들의 배후에 남기로 결심했으며 조국을 위해 목숨을 다하고자 했다. 이 요원의 부모는 공비에게 참혹히 살해되었다. 그는 평상시에 말수가 적었고 신분을 들키지 않았다. 하지만 속으로는 복수심에 타올라 있었고 국가를 위해 희생하고자 하는 마음이 뛰어난, 충과 효를 겸비한 열혈분자였다.

그날 저녁 나는 그의 동의를 얻은 후 즉각 그에게 800달러와 상당한 금액의 한화를 빌려주었다. 또 그를 위해 이름을 바꾼 화교 신분증을 하나 준비해주었고 충성스러운 2~3명의 화교 동포 연락처와 주소를 주었다. 서울이 함락된 이후를 대비한 사전 조치였다. 후에 서울이 함락되고 대사관이 부산으로 후퇴했을 때 이 요원이 적의 배후에서 보내온 전보는 중화민국과 한미 당국에 중요한 정보원이 되었다. 그가 공헌한 바가 매우 커서 나는 정보국의 마오런펑(毛人鳳) 국장에게 특별히 그에 대한 포상을 추천했다.

새벽부터 저녁까지 정신없이 바빠 밤 10시가 되어서야 겨우 타이베이 외교부와 총통에게 첫 번째 전보를 보낼 수 있었다. 나는 한국전쟁이 발발하고 적의 육·해·공군이 침범한 상황을 보고했다. 10시 반에 두 번째 전보를 보냈는데, 전쟁 상황 및 대사관 긴급회의, 밤새 긴급 대응 상황 등을 후속 보고했다. 성빙안 수행원에게 전문(電文) 원고를 보내라고 넘긴 뒤 잠깐의 틈을 타 달이 밝게 뜬 화원을 홀로 천천히 걸었다. 정신을 못 차리게 바쁘던 순간에서 잠시 벗어나자 갑자기 중일 갑오전쟁, 러일전쟁, 한일합병으로 인한 한국의 식민지화, 3·1만세운동과 상하이 한국임시정부 등 한국이 겪은 일련의 역사가 주마등처럼 지나갔다. 한국의 독립지사들이 중국에서 힘겹게 투쟁하던 때 나는 임시정부의 고문으로 초빙되었다. 제2차 세계대전이 끝난 후 미국과 소련이 한반도 남북을 분할해 남한에는 대한민국이, 북한에는 공산 국가가 건국되었다. 이때는 한국에 외교 사절로 파견되는 일이 좌절되었다가 마침내 난관을 뚫고 부임하게 되었다. 연이어 가진 한중 양국 지도자의 진해회담과 우톄청 장군의 방한은 북한공산당 지도자 김일성의 방소 및 중공·소련·북한 3국 최고지도자 간의 비밀 협의에 영향을 미쳤고, 오늘 새벽 북한이 전면적으로 남한을 진격하는 데까지 발전해 한국전쟁이 발발한 것이다! 마치 영화처럼 한 장면 한 장면 눈앞에 펼쳐지면서 만감이 교차했다.

기뻤던 것은, 공산당이라는 암세포가 점점 퍼져 결국 죽을지도 모를 운명이었던 한국이 다시 살아날 희망을 갖게 되었다는 사실이었다. 오늘 아침 공산당이 남한을 침입해 큰 전쟁을 야기하고 남한이 전국적으로 항전하는 것은 암세포에 대해 대대적인 외과수술을 하는 것과 같았다. 한국전쟁은 중화민국에 있어 100가지 면에서 이로운 반면 폐해는 단 하나도 없었다. 중국공산당의 군사적 위협 및 우방인 미국의 외면, 중공을 승인하는 외교적 위기는 한국전쟁이 발발함으로써 크게 변했고 하나의 전기를 맞았다. 중화민국과 한국은 같은 처지였기 때문에 이후 한국전쟁이 남한에 유리하게 전개되면 이는 중화민국에도 반드시 도움이 될 터였다. 만약 한국전쟁이 미국과 소련의 세계 대전으로 확대되면 남북한이 통일될 뿐 아니라 중화민국도 압록강 너머 동북 지방까지 다시 얻을 수 있을 터였다. 반면 한국전쟁이 불행히도 남한에 불리하게 전개되면 미국과 자유주의 국가들은 경각심을 가지고 한국을 더 원조할 것이며, 코민테른 조직도 타이완을 침공할 수 없을 터였다.

걱정되는 것은, 남한이 독립한 지 얼마 되지 않아 국내 정치가 안정되지 못하고 이 대통령도 정치적인 사안을 거의 단독으로 처리하고 있다는 사실이었다. 이 대통령은 각 당 지도자들의 협력은 물론 일반 시민들의 지지도 얻지 못하고 있는 실정이다. 특히 군사력이 너무나 약해서 외국의 도움을 신속히 받지 못하면 서울은 말할 것도 없고 모든 남한 반도가 2주 내에 북한군의 손에 들어가 망국의 길을 걷게 될 것이었다.

나는 그때 남한에는 반드시 외국의 원조가 필요하다는 결론을 내렸다. 게다가 원조는 신속히 이뤄져야 했다. 그렇지 않으면 도움이 되지 못한다. 외국의 원조 중 첫 번째로 가능한 국가는 역시 미국이다. 그다음은 가까운 중화민국이었다. 그 당시 내 머릿속은 중요하고도 갈등되는 문제로 가득 차 있었다. 어떻게 하면 원조를 촉진시키고 신속하게 미국정부와 중화민국정부로부터 남한 원조를 끌어낼 수 있을까? 어떻게 하면 안전하게 대사관 소속 가족과 각 기관의 주한 직원들, 나아가 화교 동포들을 후퇴시킬 수 있을까?

자정에 가까웠을 때 나는 미국대사 무초의 전화를 받았다. 그는 지금의 전쟁 상황을 매우 우려하고 있었고 국무부의 전보를 받지 못했기 때문에 향후 미국이 어떤 조치를 취할지 구체적으로 알려줄 수 없다고 말했다. 그러나 그는 중화민국대사관 관원과 가족이 철수하도록 필요할 때 교통수단을 제공할 수 있다는 뜻을 내비쳤다. 나는 또한 이범석 국무총리, 임병직 외무부 장관과도 직접 통화했다. 그들은 상황을 비관적으로 판단하면서 나에게 중미 양국이 한국에 군사 원조를 해줄 수 있느냐고 물었다. 나는 상투적인 위로 외에는 구체적인 답변을 할 수 없었다. 자정이 넘어 나는 전보 세 건을 타이베이에 보내 한국정부 및 미 대사관과의 연락 상황을 보고하고 한국에 대한 원조를 요청했다. 아울러 한국은 항공 운수가 없고 철로가 수시로 끊기므로 필요할 경우 대사관이 고속도로를 이용해 부산으로 철수할 계획을 마련하고 이와 관련해 상부의 지시를 요청했다. 동시에 전쟁 이후 외교부가 본관에 처음으로 보낸 전보를 해독했다.

유엔 미국 대표에 따르면 북한이 이미 대거 남침한 사안에 대해 미국정부가 안전보장이사회에 이의를 제기할 것이라고 합니다. 또한 한국의 민석린 총영사는 이를 감안해 중화민국에 원조를 요청해왔으므로 특별히 전보를 쳐서 한국 측에 중화민국정부의 관심을 전해주기 바랍니다. 아울러 상황의 변화에 따라 전보해주십시오. 외교부

나는 전보를 다 읽은 뒤 너무나 피곤해하는 관원들을 먼저 집으로 보내고 전보 업무를 담당하는 직원들만 대사관에 남도록 했다. 하지만 그 시간에 갑자기 미국대사관에서 긴급 공지가 올 줄 누가 알았겠는가? 긴급 공지는 대사관 직원 가족들은 세 시간 이내에, 즉 새벽 3시 전에 인천 항구로 가서 미국대사관 가족들을 따라 미국 선함을 타고 도쿄로 피난하라는 내용이었다. 당시 우리 대사관에서는 타이베이 현장을 지키느라 부인과 함께 한국에 오지 않았던 나와 당시 노총각이던 수행비서관 외에, 쉬사오창 참사, 왕우 무관, 왕지센 부무관, 쑤멍궁 영사, 천헝리 비서 등은 모두 가족이 서울에 있었다. 나는 공지를 받은 뒤 모든 직원에게 즉시 가족을 배에 오르도록 지시한 후 다음 날 아침 8시 전까지 대사관에 보고하도록 했다. 다른 관원들이 가족 일로 바쁠 때 나는 수행비서관과 함께 장제스 총통이 이 대통령에게 보낸 전보를 번역했다. 전문은 다음과 같았다.

이 대통령 각하. 북한정부가 대규모로 남침했다는 소식을 들었습니다. 이는 소련의 음모가 발현한 것입니다. 각하와 저는 반공에 대한 입장이 같기 때문에 그 소식에 매우 깊은 안타까움을 표합니다. 귀국의 군과 인민은 그 의미를 매우 잘 알고 있습니다. 각하의 현명한 지도 아래 최후의 승리로

이끌 수 있으리라 확신합니다. 이미 전보로 중화민국 유엔 대표에게 안전

보장이사회의 소집을 촉구하라고 지시했습니다. 또 이 사안을 수리하고 다

른 국가와 적절한 조치를 상의하도록 했습니다. 먼저 전보를 보냅니다.

6월 25일 장제스

전보에서 말하는 '다른 국가와 적절한 조치를 상의'하는 것은 바로 '한

국 원조 조치'를 의미했다. 이는 중화민국정부가 한국에 원조하겠다는 표

현이라고 볼 수 있었다. 나는 이 비밀전보를 빨리 이 대통령에게 전하는

한편, 수행원을 시켜 외교부에 네 번째 전보를 전송토록 했다. 전보 내용

은 현재 전황과 대사관 가족이 미국의 협조를 받아 도쿄로 철수한다는 것

이었다.

　나와 수행원은 새벽녘에 업무를 일단락 지은 후 사무실 소파에 누워 잠

시 눈을 붙였다. 수행원인 동료 따추(大丘)와 얼추(二丘) 형제는 한마디 원망

도 않고 옆 사무실에서 휴식을 취하며 분부에 따랐다. 아침 7시가 되자 전

화벨 소리가 끊임없이 이어져 잠을 깰 수밖에 없었다. 나는 바로 한국전쟁

발발 이튿날의 업무를 시작했다. 10시 반 전후로 서울 경비총사령부 송호

중 장군이 황급히 나를 찾아왔다. 송 장군은 어렸을 때부터 중국을 떠돌다

가 군인이 되어 북벌에 참가하고 중국군 88사단 부사단장(준장)을 역임했

다. 그는 전황이 불리하다고 보고하면서 서울이 하루 이틀 사이에 함락될

것이라며, 내게 빨리 준비하라고 했다. 서울이 함락된다는 것은 생각지도

못한 일이었다. 그는 피난 속도가 느리기 때문에 운이 나쁘면 포로가 될

수도 있고, 나중에는 공산군의 강압에 못 이겨 굴욕적인 성명을 방송을 통

해 발표하게 될지도 모른다고 했다. 이어서 전 국회의장 김규식, 전 임시

정부 외교부장 조소앙이 순서대로 찾아와 소식을 물었다. 이승만 정부에

대한 원망 섞인 말들도 많았다. 다음날 나는 김규식의 집을 살피러 갔는

데, 전 가족이 피난을 간 후였다. 나중에 북한 방송으로 들으니 김규식과

조소앙 두 사람 모두 서울이 함락되고 난 이후 포로로 잡혀 북한에서 병사했다고 한다.

8시가 되자 직원들이 가족의 피난 상황을 보고했다. 9시 정각에는 각 정보기관의 주한대표 회의를 주최했다. 이는 단지 어제 저녁에 내린 결론을 공식화하기 위한 회의였다. 나는 우선 왕지셴 부무관에게 인천항에 정박해 있는 중국석유공사의 화물선 영송륜(永淞輪)의 선장과 교섭해 각 기관 대표 및 화교 지도자들이 피난할 수 있도록 하루를 더 기다리게 하라고 지시했다. 그다음으로 피난하기를 원하는 사람들은 27일 오전 10시 이전에 배에 탑승해 이동하도록 했다. 이 배는 7월 2일 가오슝(高雄)에 도착했다고 한다. 너무 바쁜 나머지 나는 중요한 짐 상자를 그 배에 실어 타이베이 집으로 보내는 것을 깜빡했다. 그런데 개인적으로 보면 영송륜에 개인 화물을 전혀 싣지 않은 것은 다행이기도 했다. 나중에 중국석유공사는 영송륜이 화교 철수를 도와준 대가로 주한대사였던 나를 상대로 외교부에 2만 달러를 청구했기 때문이다. 이 사실은 이 배에 올라타 타이완으로 피난한 각 기관 대표 및 화교 지도자들의 공분을 샀다. 그들은 나를 대신해 불만을 표했고 나 스스로도 양심에 거리낄 것이 없어 떳떳했다. 외교부는 중국석유공사의 요구가 합당치 못하다는 것을 알고 있는 듯 중간에서 일을 흐지부지 처리했다. 그러나 중화민국정부의 주관 부서가 한국전쟁에서 철수한 화교에 대해 보인 관료주의적 태도와 무책임한 행태는 나쁜 선례를 남겼고, 이로 인해 그로부터 20년 후 발생하는 베트남전쟁에서 화교들이 철수할 때에도 같은 문제를 겪었다.

오전 11시에 나는 연달아 서울과 인천의 화교 지도자들 및 교육자들을 만났다. 그들 가운데 평상시 반공을 소리 높여 주장해 도저히 서울에 남아 있을 수 없는 이들에게는 배를 타고 타이완으로 돌아가라고 했다. 나머지 적지 않은 교민사회 지도자들은 재산과 사업 문제 때문에 서울과 인천에서 모험을 걸고 남아 있으려 했다. 당시에 외교부 화교위원회는 교민을 피난시킬 계획이 없었으며, 대사관 또한 피난 교민들이 필요로 하는 경비와 물질적인 편익을 제공하지 않았다. 그래서 나도 그들을 강제할 수 없었다. 나는 중앙상회 회장 리헝롄(李恒連), 화교 교육위원회 상무위원 처팅지(車廷績), 장다오춘(張道春) 등의 교민 지도자들에게 그들이 남기로 결심한다면 부탁할 일이 있을 것이라는 말을 남겼다. 나는 화교 중학교 교직원들과 화교 소학교 교장 천궈량(陳國樑)에게 지시해 최대한 빨리 화교 학생들을 인솔해 부산에 집합하게 했다. 그러나 화교 학생들 중 적지 않은 수는 가장인 아버지의 의견을 따라야 했기 때문에 나는 다음 날인 27일 특별 소집해 서울에 남기로 결정한 초중학교 학생과 교사에게 작별의 인사를 나누고 수십 봉의 밀가루를 나눠주어 마음의 성의를 표했다.

점심식사 때 쉬 참사가 오후 4시에 이 대통령을 만나기로 약속이 되었다는 말을 전했다. 쉬 참사는 한국 외교부가 전한 사실을 근거로 유엔 안전보장이사회가 뉴욕 시간 6월 25일 오전 2시, 한국 시간 6월 26일 새벽 3시에 긴급회의를 소집하기로 했다고 전했다. 소련 대표 야코프 말리크가 출석하지 않아 9표 찬성, 1표 기권(유고슬라비아)으로 미국의 제안이 통과되었다. 미국의 제안이란, 북한이 평화를 파괴하고 있으므로 공산군은 즉각 정전을 하고 원래의 지역으로 철수하며 유엔한국위원회가 정전 및 철수 상황에 대한 현지 시찰을 하고 계속해서 전개되는 상황을 보고하도록 하는 것이었다. 이 외에 각 회원국이 이 방안을 실시하도록 도와줄 것과 북한에 대해 원조를 제공하지 말 것을 요구했다. 나는 이러한 결의를 듣고 어떠한 기대도 할 수 없었다. 북한의 눈에는 근본적으로 유엔이 존재하지 않는 것이나 마찬가지였다. 유엔군이 남침을 억제할 수 있는 방법은 그저 힘인데, 힘이 어디서 나온단 말인가? 미국 대통령 트루먼은 성명을 통해 유엔 안전보장이사회의 이러한 결의를 지지한다고 밝혔지만 그의 성명에서는 줄곧 소련이 북한 남침의 주동자라고 명백히 밝히지 않았으며 지원군을 한국으로 파견한다는 말도 없었다. 미국대사관과 고문단도 아무 말이 없었다. 하지만 최전선의 전쟁 상황은 순간순간 악화되고 있었다.

오후 4시, 나는 경무대로 가서 이승만 대통령을 만나 장제스 총통이 이 대통령에게 보낸 전보를 직접 전달했다. 이 대통령은 중화민국정부와 민간의 지지에 대해 감사를 밝혔으나 현재 전황은 통제가 가능하다고 했다. 그러나 걱정하는 속마음을 숨길 수는 없었다. 특히 북한은 스탈린형 장갑차를 사용하므로 화력이 센데 남한 전선에는 이에 대응하는 전차포가 없어서 속수무책으로 당하고 있으며 실질적으로 전투가 불가능하다는 대화에 이르자 이 대통령은 나에게 무슨 방법이 있느냐고 물어왔다. 나는 몇달 전 채병덕 참모총장에게 말해준 방법, 즉 휘발유병을 전차 꼭대기나 창에 던지는 방법을 다시 알려주었다. 나는 우선 생각나는 대로 말한 것이었는데도 그는 매우 진지하게 경청했다. 나중에 채병덕 참모총장은 전선에 있는 군인들에게 그렇게 하라고 명령했다고 한다. 나와 이 대통령은 40여 분 동안 대화를 나누었다. 대사관으로 돌아온 후 나는 타이베이로 보낼 다섯 번째 전보의 초고를 썼다. 이 대통령을 알현한 것, 장 총통의 비밀전보를 전달한 것 및 대화 내용 등을 보고했다.

저녁식사 즈음 한국 국방부는 의정부가 이미 함락되었다는 소식을 전했다. 의정부는 서울에서 20여 리 거리인데, 적군의 공격력과 남한군의 저지 작전을 감안하면 24시간 후 서울의 안전을 보장할 수 없는 지경에 이르렀다. 내가 5시 이전에 대통령 관저에서 떠날 때 이 대통령은 상황을 통제 가능하다고 말했는데, 당시 그에게서는 서울을 떠날 듯한 기미가 조금도 느껴지지 않았다. 일반적인 국제관례에 따르면 전시에 외교대표의 행방은 주재국 정부 및 지도자의 행적을 규칙으로 한다. 주재국 정부가 전쟁으로 인해 수도를 떠나야 한다면 사전에 우방국 사절에게 알리고 각 대사관을 위해 교통수단을 준비해야 한다. 그런데 한국정부가 각국 대사에게 말도 하지 않고 그날 밤 서울을 떠날 줄 누가 알았겠는가! 게다가 각국 사절에게 피난 수단도 통지해주지 않았다. 이는 사실상 한국정부가 우방국 대사들을 포기한 것과 같았으며, 국제 외교에서 역사상 전례가 없는 일이었다. 한국이 독립한 지 얼마 되지 않았으므로 정상 참작할 여지는 있었다.

당시 각국의 주한 외교 사절은 수가 많지 않았으며, 그중 어떤 국가는 차라리 한국정부를 포기하는 게 낫기도 했다. 예를 들어 그날 밤 나와 영국 주한공사 비비안 홀트는 전화 통화를 했는데, 그는 영국정부로부터 서울이 함락되어도 서울에 남으라는 훈령을 받았다고 했다. 한편 바티칸 로마 교황청의 주한 공사급 대표이자 미국 국적인 총주교 번즈는 교황청의 훈령이 아직 없지만 피난하지 않을 것이라고 말했다. 프랑스대사관의 외교대표 겸 영사 베르시는 중국에 몇 년 체류한 관계로 나와 아주 사이가 좋았는데, 그 또한 정부로부터 피난하라는 훈령을 받지 못했으므로 서울에 남을 것이라고 했다. 나중에 알게 되었는데, 영국, 프랑스, 교황청의 이 외교대표 세 명은 서울이 함락된 후에도 계속 서울에 남았으나 북한 공산군은 그들을 외교관으로 대하지 않아 그들의 재산을 약탈하고 강제로 그들을 길거리에 끌고 다닌 후 평양까지 걷게 했으며, 후에는 압록강 남쪽 수용소에 구금했다고 한다. 교황청 대표와 영국공사 두 명은 수용소에서 잇따라 병사했으며, 프랑스 대표는 체포되었다가 3년 후에 석방되었다고 한다. 내가 1954년 1월 각국의 정황을 조사하라는 명을 받아 파리에 잠시 들렀을 때 베르시를 방문했는데 그는 석방되고 귀국한 지 얼마 되지 않아 매우 말라 있었고 요양 중이었다. 그는 포로로 잡힌 경과를 나에게 직접 들려주었다.

밤 11시 전후가 되자 한국전쟁 발발 이틀째인 서울의 밤거리에서는 산발적으로 총성이 들려왔다. 왕우 무관이 돌아와 보고하길, 밖에서는 이미 북한의 유격대가 시내에 잠입해 들어왔다는 둥, 김포공항이 점령되었다는 둥의 소문이 자자하다고 했다. 우리는 모두 총을 지니고 있었고 대사관 앞뒤 문에도 무장한 군인과 한국 경위병이 경비를 서고 있었지만 직원들의 불안감은 점점 고조되었다. 얼마 지나지 않아 자정이 되자 쉬 참사는 미국

대사관의 일부 직원이 피난을 떠났으나 미국대사는 여전히 서울에 있다고 보고했다. 왕 무관은 이 기회를 틈타 주한 중화민국대사관도 피난을 가야 한다면서, 피난을 가지 않으면 내가 직원의 생명과 안전을 보장할 수 있겠느냐고 물어왔다. 나는 왕 무관의 말과 태도에 매우 기분이 좋지 않았으나 감정을 최대한 누르며 말했다. "중화민국정부는 우리와 한국정부의 행동이 일치하길 바란다. 언제 어느 상황에 피난이 가능한지, 피난을 가야 하는지, 이런 판단은 마땅히 내가 책임질 것이다. 이 명령 역시 나에게만 권한이 있다. 방금 왕 무관이 전한 소식처럼 정말로 김포공항이 북한 유격대에 점령되었다면 우리는 빨리 피난을 가야할 것이고, 그렇지 않다면 서울에 있어야 할 것이다. 한국정부는 다시 결정을 내릴 것이다. 나는 먼저 왕 부무관을 공항에 보내 둘러보게 하고 싶다. 모두들 어찌 생각하는가?"

부무관과 함께 가겠다는 사람도 있었고, 긴급 결정을 할 수 있도록 내가 인솔해서 가야 한다는 주장도 있었다. 그래서 나와 쉬 참사, 왕 무관 등 몇몇 직원이 함께 갔다. 이미 밤이 깊었는데도 세상은 조용하지 않았다. 서울 시내에는 군용차량이 빈번하게 보였고, 일반 시민들은 대부분 잠든 것 같았다. 이미 피난 간 시민들도 더러 있었다. 혼란스러운 상황은 발생하지 않았다. 우리 차는 공항 근처에 도착해 유격대가 점령했다는 등의 소식을 확인했는데, 이는 사실무근이었다. 우리는 즉각 대사관으로 돌아왔다. 대사관 직원은 방금 전에 타이베이에서 한국전쟁 발발 후 처음으로 국제전화가 왔다고 보고했는데, 하필 내가 외출 중이어서 받지 못했다. 나는 바로 전체 동료를 집합시켜 다음과 같은 지시를 내렸다. 첫째, 중화민국대사관은 한국정부의 통지에 따라 일치되게 행동한다. 둘째, 중화민국대사관의 직원들은 먼저 긴급히 부산으로 내려가 지시에 따르기를 바란다. 셋째, 중화민국대사관의 정식 직원 중 먼저 부산으로 피난하려는 자는 앞으로 나와 함께 책임지고 사무처를 세우고, 나머지 인원은 나를 따라 여기서 마지막 순간까지 업무를 다하도록 한다.

이에 대사관 직원들은 두 부류로 나뉘었다. 피난하려는 부류는 무관 왕우, 언어군관 탕상웨이(唐上尉), 영사 쑤밍궁, 이등비서 천헝리였다. 탕상웨이와 쑤밍궁 영사는 이미 타이베이로 돌아오라는 명을 받아 먼저 피난가기 위해 준비하고 있었다. 천헝리 비서는 먼저 가려고 해서 나는 그를 부산 사무처로 보낸다는 지시를 내렸다. 다른 부류인 참사 쉬사오창, 부무관 왕지셴, 수행원 예췬카이와 성빙안 네 명은 나와 행동을 함께하고자 했다. 하지만 나는 예췬카이의 요구는 들어주지 않았다. 원래 예 수행원은 3개월 전에 급성 위궤양으로 피를 많이 흘려 생명이 매우 위태로웠다. 큰 수술을 할 때 나는 500cc의 O형 피를 수혈해주었고 그의 병세는 호전되었다. 예 수행원은 감격한 나머지 병중의 몸이었음에도 나와 동행하는 모험을 하려 했다. 나는 전세가 긴급한데 병들어 허약한 사람을 데리고 다니는 것은 그에게도 좋지 않고 단체에도 번거롭기 때문에 겨우 그를 설득해 쉬사오창, 왕지셴, 성빙안 세 사람과 대사관에 머물며 마지막까지 업무를 이어가기로 했다. 먼저 부산으로 피난 간 일행은 부산에 도착해 국방부와 외교부에 전보를 보냈는데, 뜻밖에도 그들은 국방부와 외교부로부터 표창을 받았고 마지막까지 서울에 남았던 우리 일행은 후에 외교부장과 행정원장으로부터 질책을 받았다. 이는 시비가 불분명하고 상과 벌이 제대로 주어지지 않은 것이다. 전선의 최전방에서 모험을 하며 어려움을 온 몸으로 겪었던 이들은 매우 큰 정신적 충격을 받았다. 여기에 대해서는 마지막 단락에서 보충 설명하겠다.

우리는 6월 27일까지 무척 바빴다. 한국전쟁 발발 후 3일째 새벽이 되기 전, 대사관에서 일을 모두 마무리 짓고 없애야 할 서류를 모두 소각했다. 그때 한국임시정부 김구 주석이 나에게 고문직을 요청한 역사적인 초빙 문서도 직원의 실수로 함께 소각되고 말았는데, 나는 그것이 안타깝기 그지없다. 나와 성빙안 수행원은 함께 대사관저의 경교장으로 가서 남녀 직원을 불러 모아 작별 인사를 했다. 응급 철수 비용을 두둑하게 주는 한편, 직원들이 대사관에서 피난 간 이후 공산군이 서울로 쳐들어오기 전 관저의 장식용품과 용구, 내 개인적인 짐과 옷을 직원들이 각기 나눠 갖도록 해서 공비들이 가져가지 못하게 했다. 관저를 경호하는 두 명의 한국 경찰에게는 상당한 금액의 한국 돈을 주어 사례를 표했다. 그들에게 나를 따라 후퇴하자는 요구를 할 수는 없었다. 관저 정원에서 침울하게 한참을 서 있다가 대사관으로 다시 돌아오니 그때는 하늘이 이미 밝아 있었다.

아침 7시 전후로 나는 쉬 참사에게 외교부에 가서 임 장관 또는 조 차관을 만나 한국정부의 동정을 물으라고 분부했다. 쉬 참사가 황급히 돌아와 "한국정부가 입주해 있는 건물과 외무부 안팎에는 단지 종이 쪼가리만 한 가득 뿌려져 있으며, 직원은 한국정부가 이미 자정에 떠났고 어디로 갔는지 모른다고 했다"라고 보고했다. 이 소식에 깜짝 놀라 얼른 미군에 전화해서 미국대사에게 물었다. 그는 되레 나더러 왜 아직 후퇴하지 않았냐고 물었다. 그는 이 대통령과 내각 각료들이 새벽 2시에 차를 타고 남쪽으로 떠난 것으로 알고 있다고 말했다. 그러나 그 역시 어디로 갔는지는 모른다고 했다. 그는 각국 외교관들이 후퇴하길 바라므로 미국이 교통수단을 제공해줄 수도 있다고 했다. 도쿄의 맥아더 장군 총사령부는 그날 오후 비행기를 보내 미국 기관의 직원들과 외교대표를 맞이할 예정이었다. 모든 대사관에 비행기의 두 자리를 내어줄 수 있으며 나머지는 각 대사관이 알아서 할 수밖에 없으니 먼저 차를 타고 남쪽으로 후퇴하라고 했다. 내가 우리는 네 자리가 필요하니 특별히 신경 써달라고 하자 도쿄의 총사령부는 마지못해 받아들였고, 우리에게 12시 전에 미국대사관으로 오라고 했다.

나는 쉬사오창 참사, 왕지셴 부무관, 성빙안 수행원에게 11시 전에 나머지 일을 모두 마무리하라고 지시했다. 9시 전에 성 수행원은 사무원과 직원들에게 응급 해산 비용의 분배를 마쳤다. 이 경비는 장제스 총통이 나에게 기밀비용으로 준 것이었다. 나는 이어 충성스러운 화교 지도자들, 즉 리형롄, 처팅지, 장다오춘 등을 만난 자리에서 그들에게 '주한 중화민국대사관 재산보관위원회'를 설립해달라고 부탁했다. 또한 대사관의 재산 목록을 정리해두고 우리가 대사관에서 철수한 후 공산당이 쳐들어와서 접수하기까지의 기간 동안 이 재산을 잠시 보관해달라고 요청했다. 한편 그들에게 영수증에 사인을 해달라고 했는데, 대사관이 정부에 복명했다는 규정의 수속을 밟는 것이었다. 당시 서울 중화상회 회장 리헝롄은 화교사회가 선출한 감찰위원을 담당하고 있었다. 국민당이 나의 이름을 지명하기 전, 중앙안전기구는 나에게 리헝롄을 통해 서울 함락 후의 활동 상황을 알아보라고 지시했다. 이에 늘 내가 그를 대신해 모든 것을 증명해야 비로소 통과되었다.

10시 반이 되어 대사관 사무실 앞에서 국기를 내리고 화교 지도자와 동포, 학생 및 대사관 직원들이 모였다. 나는 모두에게 눈물로 작별인사를 했다. 국기를 내린 후 간단히 후퇴 의식을 거행했다. 나는 항일 전쟁 때 주일 요코하마 총영사에 재임하면서 국기를 내리고 해산해본 경험이 있다. 다시 그러한 지경에 이르자 슬픈 감정이 북받쳐 올랐다. 나는 모두에게 오랜 시간 함께 해주고 노력해준 데 감사를 표하고, 원하는 이는 빨리 남쪽으로 피난해 부산에 집합할 수 있게 했다. 갈 수 없는 사람은 상황에 대처해 그저 몸을 잘 챙기는 수밖에 없었다. 마지막으로 "공산당은 결국에는 실패할 것입니다. 저는 다시 서울로 돌아와 여러분 모두와 다시 모일 것입니다"라고 위로와 격려의 말을 했다. 그중 충심 어린 한 동포는 눈물 섞인 소리로 내게 "대사님, 언제 서울로 돌아오십니까?"라고 물었다. 나는 생각도 않고 바로 "석 달 후 반드시 돌아오겠습니다!"라고 대답했다. 내가 말한 석 달은 그저 위로의 말이었고, 결코 장담할 수 없었다. 그런데 6월 27일 서울을 떠나고 꼭 3개월 후인 9월 27일 맥아더 장군이 인천상륙작전에 성공해 다시 서울로 돌아올 수 있었다. 내가 기억하기론 그날 나는 미국의 지프차에 청천백일만지홍기(靑天白日滿地紅旗)*를 걸고 시내의 화교 집합지에 위문을 갔다. 그런데 이는 화교사회에 급속하게 전해졌고 사오 대사가

3개월 후에 반드시 돌아올 것이라는 말이 적중했다는 사실이 일종의 신화처럼 만방에 퍼졌다. 이는 교포들의 나에 대한 신뢰와 존경심을 제고시켜주었다. 물론 이는 나중에 일어난 일이다.

감정에 복받쳐 이별의 인사를 마치고 난 후 나는 쉬 참사와 왕 부무관, 성 수행원과 함께 차 두 대에 나눠 타고 1년도 채 되지 않은 주한대사관을 떠났다. 손목시계를 보니 딱 11시였다.

미국대사관 앞에 도착하니 승용차들이 보였다. 한 줄로 길게 늘어선 것이 100대는 되어 보였는데, 모두 출발을 기다리고 있었다. 정오가 지나고 얼마 되지 않아 배가 고파져 꼬르륵 소리가 났다. 중국 식당에 가서 무어라도 한 그릇 먹고 싶다고 생각하고 있을 때 확성기에서 미국 총영사 스트롱의 명령이 흘러나왔다. 모두 공항으로 가기 위해 즉시 차에 탑승하라는 것이었다. 스트롱 총영사는 이번 후퇴의 임시지휘관으로 파견되었다. 모두 그의 지시에 따라야 했으므로 나도 공복으로 차에 올랐다. 차가 천천히 김포공항으로 달리자 나와 함께 탄 성빙안 수행원은 나에게 이틀 동안 잠한숨 못 잤으니 눈 좀 붙이라고 하면서 도착하면 깨워준다고 말했다. 나는 매우 감개무량하고 흥분된 데다 허기까지 진 상태였으니 어떻게 정신을 차분하게 유지할 수 있었겠는가? 게다가 30분 정도 차를 타고 달리자 갑자기 적기가 공중 습격을 가해왔다. 소련제 야크9 전투 정찰기 두 대가 차량 행렬 위에서 돌고 있다가 기관총을 발사했던 것이다. 우리는 모두 급히 차에서 도망쳐 길의 하수구나 전봇대 뒤에 숨었다. 다행히도 적기의 공격에 차량 한 대만 고장 났다. 나머지 차들은 천천히 갈 수 있었다. 20분이 지나자 멀리서 적기가 다시 날아왔다. 그래서 또 차에서 내려 숨었다. 원래는 서울 중심에서 김포공항까지 50분이면 도착했는데 당시에는 2시간 반이 걸렸다. 오후 3시가 되기 조금 전에 공항에 도착했다. 공항에는 몇 대의 군

* 중화민국 국기의 명칭이다. _옮긴이 주

용기와 민항기의 잔해가 널려 있어 보기만 해도 가슴이 아팠다. 이때 지휘관이 갑자기 확성기로 훈령을 들으라고 했다. 맥아더 총사령부가 군 수송기를 다섯 대 보내왔으나 승객이 300명을 초과해서 비행기마다 평균 60명 넘게 탈 것이라고 했다. 그는 조용하면서도 단호하게 허락했던 휴대품과 개인용 짐을 버리라고 요구했다. 모두들 그대로 따랐다. 나는 손가방 안의 세안용품과 비밀전보 2개만 주머니로 옮겼다. 쉬 참사는 부인에게 매일 편지를 쓰던 영문 휴대용 타자기를 대합실에 두고 올 수밖에 없었다.

우리는 훈령을 듣고 한 시간을 기다렸다. 그러는 중에 또 적기의 공격을 받았다. 모두 거미처럼 흩어져 여러 형태로 몸을 숨기고 전신주 뒤로 숨었다. 오후 4시가 되자 미군 군수기 다섯 대가 구름을 뚫고 꼬리를 물고 내려왔다. 전투기가 엄호하지 않았기 때문에 각 비행기는 착륙하고 난 후에도 엔진이 켜져 있었다. 60명이 꽉 차자 비행기는 바로 이륙했다. 나와 쉬 참사, 왕 부무관, 성 수행원 세 사람은 모두를 따라 비행기에 올라탔고 비행기가 안정권에 이르자 어디로 갈지 추측하기 시작했다. 나중에 조종사가 방송을 하고 나서야 목적지가 일본 규슈 후쿠오카현의 이타쓰케공항이라는 것을 알게 되었다. 대부분의 사람은 부산일 거라 추측했는데 아니었던 것이다. 나는 당시 행선지를 듣고 나서 매우 놀랐다. 하지만 그 전용기는 미국정부가 보낸 것이지 중화민국정부나 한국정부가 보낸 것이 아니었으므로 비행기가 어느 곳을 향해 날아가든 우리도 그곳에 함께 가는 수밖에 없었다.

〉〉 장제스 총재의 한국 원조 결정과 유엔의 한국 원조 결의

한국전쟁이 일어난 후 우리는 서울에 고립되었으나 원조는 받지 못했다. 길고 긴 이틀사흘 밤을 버텼다. 다행히도 3일째 저녁 미국 군수기에 몸을 실어 위험 지역에서 벗어날 수 있었다.

비행기를 타고 약 1시간 반 후 일본 후쿠오카의 이타쓰케공항에 도착했다. 차를 타고 주일 미군 제24사단에 도착하니 시간은 거의 해질 무렵이었다. 스트롱 총영사는 나와 우리 대사관 직원 세 명을 제24사단 윌리엄 딘 소장에게 소개했다. 소장은 매우 예의바른 부관이었다. 우리에게 좋은 침대 방을 배정해주고 사단 본부의 장교클럽에서 식사하도록 청했다. 우리는 거기서 중국 류위완 대표와 쓰투더 부대표를 비롯한 유엔한국위원회 각국 대표를 만났다. 그들은 전날 오후에 그곳에 도착해 하루를 쉬었다고 했다. 우리는 여전히 많이 긴장해 있었고 매우 피곤한 상태였다. 식사 후 사단 영내를 산책하고 뜨거운 물로 씻은 뒤 푹 자고 싶었다. 우리는 캠프를 둘러보다가 미국 군인들이 짐을 정리하고 이불을 개는 것을 보았다. 나는 두 명을 붙잡고 물어보았다. 그들은 비록 목적지를 명확하게 밝히지는 않았으나 "우리는 돌아갈 겁니다"라고 말했다. 당시 한국전쟁 전황을 보면 북한의 남침 부대가 아주 쉽게, 마치 사람이 없는 곳인 양 남한으로 쳐들어왔다. 남한은 미국의 전설적인 해군·공군으로부터도 원조를 얻을 수 있었으나 육상부대가 긴급 참전하지 않으면 공세를 막기 어려운 상황이었다. 그렇게 되면 남한의 운명은 풍전등화와도 같았다. 미군 제24단은 원래 주일 미군의 한 부대로 남한 점령 임무를 담당한 적이 있는데, 후에 한국이 독립하자 일본으로 철수하라는 명을 받고 후쿠오카로 돌아갔다. 지금 이 부대의 사병이 짐을 정리한다는 것은 '다시 돌아가는 것'을 의미하니, 이는 실로 복잡한 사연이라 하지 않을 수 있겠는가! 나는 화들짝 놀라 그들에게 "미국으로 돌아가는 것이오?"라고 물었다. 그들은 고개를 저으며 아니라고 했다. 그래서 다시 "그러면 한국으로 돌아가 여자 친구를 만나는 것이오?"라고 물었다. 그들은 곧바로 대답했다. "와! 어찌 아셨습니까? 맞습니다!" 이 미국 군인들과의 대화에서 미국정부의 중요한 결정을 알 수 있었다. 즉, 해군, 공군 외에 지상부대의 한국전쟁 투입도 이미 결정되었던 것이다. 군인들이 짐을 정리하는 것은 '돌아가는 것'이고, 이는 이 부대가 한국으로 가라는 명을 받았다는 의미다. 이보다 중요한 일이 어디 있단 말인가! 나는 동료들과 참사에게 잠을 청하라고 한 뒤 홀로 사단장 사무실로 가서 딘 소장을 만났다. 문을 열자마자 그에게 물었다. "중미 양국은 함께 행동하는 동맹국입니다. 현재도 우호국이고 반공국가입니다. 당신의 형제들이 방금 나에게 한국으로 다시 돌아갈 준비를 하라는 명령을 받았다고 했는데, 장군이 사실을 증명해줄 수 있습니까?"

이 성실한 지휘관은 매우 곤혹스러운 듯 말했다. "대사관님, 이는 극비 사항입니다. 사단의 행동을 대외적으로 공포하는 것은 금지되어 있습니다. 죄송합니다. 저는 각하께 거짓을 고할 수 없으며 사실 증명을 할 수도 없습니다. 맥아더 총사령부에 묻는 것이 어떻습니까?"

그는 최선을 다해 답을 피하려 했으나 그의 태도와 말투에서 내가 물었던 중요한 기밀 사항에 대해 확인할 수 있었다. 나는 매우 난감한 문제를 꺼내서 미안하다고 했다. 나는 급히 도쿄로 가서 동맹국 총사령부와 중화민국정부를 연결시켜주고 싶었다. 딘 소장에게 최대한 빨리 도쿄로 가는 군용기를 배정해달라고 하자 그는 다음날 새벽 군용기 한 대를 허락하고 나를 위한 자리 하나를 특별히 남겨주었다. 다음날 새벽 6시 딘 소장은 소령 한 명을 보내 나를 도쿄까지 태워주었다. 하루가 더 지나서야 나는 간신히 도쿄에 있는 중국 주일대표단에 집결할 수 있었다. 딘 소장이 관할하던 제24사단의 사병들은 역시나 조를 나누어 비행기로 한국전쟁에 투입될 준비를 하고 있었다. 적의 공격에 대한 저지 작전 임무를 담당하고 있던 나와 딘 소장은 일주일 후인 7월 5일 대전 전선에서 다시 만나게 되었다. 그 후 그가 7월 20일 대전에서 물러날 때까지 며칠 동안 계속 접촉했다. 딘 소장은 직접 반전 차포를 끌고 사병들의 작전을 지휘했으나 불행하게도 북한 공산군에 포로로 잡혀 작전을 멈출 수밖에 없었다.

한국전쟁이 발발한 지 4일째 되던 6월 28일 아침 9시 전후 나는 중화민국 주일대표단 단장 사무실로 가서 허스리(何世禮) 장군을 만났다. 나는 주일대표단이 중화민국 주한대사관의 가족들을 수용하도록 협조해준 데 감사를 표했다. 이후 모든 어려움은 동료애를 바탕으로 극복하면서 서로를 돌보았다. 허 단장이 서울이 이미 27일 밤에 함락되었다고 전한 것 외에는 다른 중요한 소식이 없었다.

사후의 보고에 따르면 서울이 함락된 과정은 다음과 같았다. 우리가 비행기를 타고 김포공항을 벗어난 지 얼마 지나지 않아 서울시 전체가 혼란에 빠졌고, 전방에서 후퇴해 내려오면서 뿔뿔이 흩어진 군인들이 온 거리에 가득했다. 북한 공산군의 발포 소리가 점점 가까워지는 위기의 상황에서 서울에서 강을 건너 남쪽으로 피난하려는 난민들이 한강의 네 개 대교를 가득 메웠다. 미국이 전한 바에 따르면 당시 별명이 '뚱보'였던 남한 육군 참모총장 채병덕 장군은 뚱뚱한 만큼 대담하진 못해서 상황이 심상치 않자 강을 건너 도망가려 했다. 이에 미군 고문단 단장인 라이트 대령이 그를 서울로 데려와 그날 자정까지 데리고 있었다. 다리를 건넌 후에는 다리를 폭파시키라는 명령을 내렸다. 이로 인해 네 개의 대교 위 또는 근방에 있던 난민과 군인들은 폭파로 인해 죽거나 한강에서 익사했는데, 그 수가 1000명이 넘었고, 다리가 끊어져서 피난하지 못한 사람들은 수를 헤아릴 수 없다. 나는 육군 참모총장인 채병덕을 전쟁이 발발하기 전에 만날 기회가 자주 있었다. 마흔 살 전후의 그는 피부가 좋고 뚱뚱해서 배가 튀어나온 갑부 같았다. 그는 일본 육군사관학교를 졸업했으나 용맹하고 기세 있는 군인은 아니었다. 남의 눈치를 잘 살피고 방책을 잘 꾀해 이 대통령의 관심을 받았다. 중국에서 오래 살았던 한국 친구가 은밀히 말해주었는데, 김구 선생이 당한 것은 채병덕과 연관이 있다고 한다. 한국전쟁이 발발하고 난 후 채병덕 총장은 마산 전선에서 적의 정황을 살폈다. 정부측 발표로는 적군이 저격해 채 총장이 전사했다고 했으나 어떤 이는 뒤에서 날아온 총알에 맞은 것이라고도 했다. 그가 김구 사건과 관계가 있기 때문에 그 비밀을 막기 위해 그를 죽였다는 것이다. 소문은 무척 많았으나 이를 증명할 방법은 없었다.

　나와 허 단장의 이야기가 끝나고 난 후 곧이어 주일 한국 대표 김용식 공사와 전화 연결되었다. 그는 육군 참모차장인 정일권 소장도 도쿄에 있는데 둘이 급히 나를 보러 오겠다고 했다. 나는 주일 중국대표단 응접실에서 그들과 긴 담화를 나누었다. 1949년 7월 내가 광저우에서 홍콩을 거쳐 한국으로 왔을 당시 김용식 공사는 홍콩에서 총영사를 맡고 있었다. 그는 한국에서 제일가는 걸출한 외교 인재였다. 풍채와 언변이 뛰어났고 총명하기까지 했다. 그 후 그는 유엔과 미국으로 보직을 옮겼고 대사와 외무부 장관으로 승진했다. 정일권 소장은 용모가 뛰어나고 총명하며 유능한 청년 지도자였다. 일본 사관학교를 졸업한 후 만주국 군관학교를 수료했다. 그는 이 대통령의 환심을 사서 진급이 매우 빨랐다. 한국전쟁 기간 동안, 그리고 종전 후 육군 소장 참모차장에서 육군 중장 참모총장으로 진급하고, 다시 육군 상장 참모연석회의 의장으로 승진했다. 1959년 그는 정계에 진입해 한국에서 처음으로 터키대사로 임명되었다. 그때 나 역시 터키대사로 재직 중이어서 우리는 터키 수도 앙카라에서 3년을 함께 일했다. 우리는 자주 만나며 사이좋게 지냈다. 뒤이어 그는 주프랑스·주영국·주미국 대사를 지냈고, 이승만 정권이 전복될 때까지 외교관으로 계속 활동했다. 그가 만주국 군관학교를 수료했을 때 박정희 대통령이 동급생이었다. 내가 한국전쟁이 발발하기 전에 들은 비밀보고에 따르면 박정희 대령은 당시 군 내에서 비밀 혁명 조직을 꾸리고 있었다고 한다. 정일권도 그 조직에 참가했는데, 1961년 박정희가 혁명을 일으킨 후 이승만의 뒤를 이어 다시 정일권을 주미대사로 임명했다. 그 후 정일권은 외무부 장관으로 승진하고 국무총리를 역임하는 등 일이 잘 풀렸다. 1965년 초 나는 터키대사를 사임하고 아내와 함께 서구 각국과 일본을 직무 하나 없이 가벼운 마음으로 여행했는데, 정일권 총리가 런던에 처칠 수상의 장례식차 온 후 함께 도쿄를 경유해서 갔다. 우리는 그때 도쿄에서 긴 이야기를 나누었다. 그는 한편으로는 우리 부부에게 서울을 다시 방문해줄 것을 간곡하게 요청하면서, 다른 한편으로는 그를 대신해 한일 양국 간의 국교 정상화 교섭을 주선해줄 것과 한일 국교 정상화에 반대하는 한국 야당을 누그러뜨릴 수 있는 방안을 조언해달라고 요청했다. 이는 한국전쟁이 발발하고 15년 후의 일이므로, 뒤에 다시 기술하겠다. 나와 정일권 소장, 그리고 김용식 공사가 한국전쟁 발발 4일 후 도쿄에서 나눈 담화의 주제는 어떤 방법으로 한국을 위기에서 구해내고 승리할지에 관한 중요한 군사·외교 문제였다. 정 참모총장은 당시 미국 해군·공군의 도움에 의지해야 하며 지상부대가 참전하지 않고는 북한 공산군의 남침을 막을 방법이 없다고 주장했다. 이 때문에 중화민국정부의 신속한 지원 및 파견이 미국의 원조와 합해져야 한다고 강조했다. 나는 반드시 그럴 것이라고 대답했다. 또한 곧바로 중화민국정부와 장제스 총통에게 요청해 한국 지원병을 출병시킬 수 있다고 했다. 그러나 미국정부가 동의하지 않을 경우 부대의 운수와 보급이 가장 큰 문제였다. 양방은 수시로 소식을 교환하기로 하고 헤어졌다.

점심 즈음 마침내 타이베이에 있는 외교부 예 부장과 국제전화가 연결되었다. 나는 우리가 서울에서 후퇴한 과정, 한국전쟁의 전황, 해군·공군뿐 아니라 지상부대도 파견한다는 미국정부의 결정, 그리고 중화민국정부에 대한 한국정부의 원조 요청 등 중요한 문제를 원칙적으로 보고한 후 원조를 요청했다. 그런데 뜻밖에도 예 부장은 다른 이들이 떠드는 이상한 말을 믿고 있었다. 전화의 첫머리에 그는 다음과 같이 말했다. "형님, 사람들이 그러는데 형님이 담대하지 못하게 전쟁이 일어나자 서울을 떠나 도망갔다고 하더군요. 우리는 형님이 이승만 대통령과 한국정부와 함께 행동했으면 합니다. 연락도 계속 하시고요. 형님처럼 독단적으로 행동해서 도쿄로 가버린 데 대해 상부에서 조사할 경우 형님에게 불리할까 걱정됩니다."

나는 너무나도 억울했으나 풀 데가 없었다. 나는 주한대사관 직원들 앞에서 죽기를 결심하고 행동했으며, 모두들 너무나도 어렵고 위험한 상황을 겪고 있는데, 외교부장이 일의 시비도 따지지 않고 위로의 말 한 마디 없이 나를 비난하니 도저히 참을 수 없었다. 나는 부끄러운 바가 없었고 언제든지 관직을 그만둘 수 있었다. 하지만 이처럼 중요한 시기에는 외부로부터의 압력을 이겨내고 일을 중시해야 했다. 나는 전화로는 명확히 말하지 않았으나 타이완으로 돌아가는 것이 낫겠다 싶어 완곡하게 타이완으로 돌아가겠다고 요청했다. 그러나 생각지 못하게 이 요구는 퇴짜를 맞았다. 나는 어쩔 수 없이 예 부장이 한국 원조 문제에 대한 지시를 내리길 바랄 수밖에 없었다. 그러나 예 부장은 정부가 지금 고려 중이므로 결정되면 전보로 알리겠다고 했다. 그러면서 원칙이나 관련된 내용은 언급하지 않았다. 마지막으로 나는 전쟁 발발 이후 돈을 많이 지출했기 때문에 응급 경비를 향후 신속하게 지급해달라고 요청했다. 그는 이 또한 타당하지 않은 요구라고 간주했고 단지 회계처에 해당 내용을 확인하라고 지시하겠다고 말했다. 그러면서 나에게 빨리 한국으로 돌아가라고 권하고는 전화를 끊었다. 나는 말이 나오지 않을 정도로 화가 났으나 상대방은 이미 전화를 끊어버린 후였다. 나는 외국에 주재하는 대사 사절이 외교부장의 지지를 얻을 수 없다면 이는 이미 곤경에 빠진 것이라고 생각했다. 그런데 이렇게 중요한 시기에 책무를 다하지 못하도록 신경을 건드리니 정말 더 이상 직책에 연연하고 싶지 않았고 그냥 떠나버리고 싶다는 생각이 싹텄다. 하지만 이를 견뎌냈다.

나는 6월 30일 도쿄에서 외교부로 전보를 보내면서 서울에서 피난한 과정을 자세히 분석하고 설명했다. 7월 20일에는 한국 대구 전선에서 외교부로 장문의 보고를 보냈는데, 당시의 한국 군사, 정치, 경제 및 국제정세를 분석하는 한편, 우리 대사관이 서울을 떠나게 된 실정을 자세히 설명했다. 나는 수차례에 걸쳐 서신과 전보로 설명하면 내가 소심해서 위기가 닥치자 줄행랑을 쳤다는 헛소문은 곧 말끔하게 사라질 것이라고 보았다. 하지만 얼마 지나지 않아 타이베이의 친구가 편지로 나에게 말해주길, 예부장이 말한 구설이 행정원 천츠수(陳辭修) 원장의 귀에까지 이미 들어갔다는 것이다. 천 원장 역시 양명산 혁명실천연구원의 기념 강연에서 어느 대사가 소심해서 일이 닥치면 도망 다닌다고 말했다는 것이다. 이름은 밝히지 않았지만 사오모 씨라고 해서 강의를 듣는 중앙 각급 국민당 소속 공무원들과 민의 대표들은 다들 그가 누구인지 알게 되었다. 어떤 이는 이 일에 대해 나 대신 억울해했으며, 어떤 이는 재빨리 편지로 알려주었다. 나는 한국의 전쟁터에서 타이베이에 떠도는 나에 관한 근거 없는 모함을 듣고선 화가 나서 계속해서 발을 구르고 책상을 내리쳤다. 혼자 있을 때는 눈물을 훔치기도 했다.

나와 행정원장 천츠수 선생은 중국 대륙에 있을 때 단 한 번도 만난 적이 없다. 타이완에 온 후 천 선생은 동남군정장관, 타이완성 주석 및 행정장관을 역임했다. 나는 그와 공적인 업무 관계로는 접촉했으나 사적인 교류는 없었다. 만약 사적 교류가 있었다면 그가 대중 집회 장소에서 나를 공개적으로 질책하지 않았을 것이다. 그래서 나는 모함을 받고도 천 원장에게 명백히 알고 일을 처리해달라는 말 한 마디 못하고 내심 억울해하기만 했다. 1953년 나는 총통부 국책고문직에 있을 때 총통의 명을 받아 대표 자격으로 미얀마 변경의 불모지로 가서 온갖 위험을 무릅쓰며 중화민국 유격부대와 관련된 일을 처리했는데, 그제야 천 원장은 나의 사람 됨됨이와 업무 처리 능력을 비로소 인식하게 되었다. 그는 총통이 주관하는 연석회의에서 나의 주장을 매우 지지했을 뿐 아니라 직접 나를 태국대사로 임명하기도 했다. 유감스럽게도 내게 다른 임무가 있어 완곡히 면직하자 원래 계획대로 항리우(杭立武) 선생을 그 자리로 보냈다.

1962년 여름 내가 주터키대사로 있을 때 천 부총통은 또 다시 총통에게 나를 국민당의 걸출한 외교 인재로 추천했다. 이러한 과찬을 감당할 수는 없었으나, 내가 한국전쟁 발발 후 뒤집어썼던 억울한 누명을 10년이 지난 후에는 말끔히 씻어낼 수 있었다. 나는 1963년 1월 19일 터키 수도 앙카라에서 천 부총통에게 장문의 편지 한 통을 보냈는데, 특별히 그간의 경과를 피력하며 감사를 표했다.

다시 본래 이야기로 돌아가겠다. 나는 당시 예 부장에게 완곡하게 거절당하자 기분이 매우 나빴지만 낙담하지는 않았다. 나는 개인적인 일은 2차적인 문제라 생각했다. 가장 시급한 것은 어떻게 한국을 위기 상황에서 구해낼 수 있을까 하는 것이었다. 한국을 구하는 것은 곧 중화민국을 구하는 것이었다. 그래서 장 총통에서 직접 지시를 내려달라고 청하기로 마음 먹었다.

샌드위치와 커피를 먹으면서 타이베이 국제전화를 기다렸다. 오후 1시 반 즈음 타이베이 전신국의 연결 담당 직원이 나에게 "어느 번호로 연결해드릴까요?" 하며 물어왔다. 나는 번호는 모른다면서 중국 주한 사오 대사인데 양명산에 있는 장제스 총통 관저로 연결해달라고 요청했다. 교환 여직원은 매우 놀란 듯했으나 바로 연결해주었다. 전화를 받은 것은 총통 관저의 부관 장샤오전(蔣孝鎭)이었다. 그는 공손한 말투로 나에게 말했다. "사오 대사님, 라오(老) 선생(장 총통에 대해 존경의 의미를 갖추면서도 격식을 차리지 않은 명칭)께서 방금 낮잠을 주무시러 갔는데, 지금 전화 연결해드리면 난감하시겠죠?"

나는 내가 방금 서울에서 도쿄로 피난 왔고 라오 선생에게 요청 겸 보고할 일이 있으니 보고를 부탁드린다고 했다. 전화를 기다리면서 항전 기간 동안 비서를 맡았을 때 위원장의 특별 허가로 긴급 사항인 전화는 바로 위원장에게 보고했던 일이 생각났다. 얼마 지나지 않아 총통의 목소리가 전화로 전해져 왔다. 낮잠에서 깨어 불쾌한 말투가 아니었을 뿐만 아니라 전화를 받자마자 나를 위로하고 격려했다. "사오 대사이시오? 고생이 많소. 상황은 어떠하오?" 나는 듣자마자 정신이 번쩍 들어 매우 간단하게 보고했다. 서울 피난 과정, 정일권 참모차장과 김용식 공사의 중화민국정부에 대한 요구 및 미군 제24사단의 참전 가능성, 중화민국의 즉각 출병 원조 필요성 등 세 가지 사항이었다. 총통에게 지시를 부탁하면서 마지막에 한마디를 덧붙였다. 만약 필요하다면 내가 바로 타이베이로 돌아가 모든 것을 소상히 고하겠다는 말이었다.

총통은 나의 보고를 조용히 듣고 난 후 간단하고도 힘 있게 지시했다. "건의 내용을 잘 알겠소. 이 대통령에게 즉시 말하시오. 중화민국은 반드시 파병해 한국을 도울 것이오. 그러나 안보 기밀을 위해 전화상으로 상세히 지시할 수는 없소. 나는 비밀전보를 당신께 부치겠소. 도쿄에서 나의 지시를 기다리시오. 지금은 긴급 상황이니 비밀전보를 받은 후 바로 한국으로 돌아가 이 대통령에게 직접 알리시오. 지금 타이완으로 돌아올 필요는 없소. 최선에 최선을 다하시오. 건강 챙기고 또 봅시다."

나는 총통의 전화 지시를 듣고 만감이 교차했고 매우 흥분되었다. 특히 감개무량했던 것은 라오 선생의 방첩과 기밀 보안에 대한 경각심이 우리보다 백배는 높았다는 것이다. 그가 던진 한두 마디의 위로와 격려는 한없이 사람을 북돋아주었다. 나와 허스리 단장은 비밀 담화를 가졌는데 총통의 전보 지시를 받은 후 행동하기로 정했다. 나는 미국정부와 중화민국정부가 공식적으로 한국 원조 출병이라는 결정을 선포하지 않았음을 확실히 파악하고 있다는 사실에 매우 만족했다. 이로부터 2시간 후 미국 대통령은 전 세계를 향해 중대 성명을 내고 유엔 안전보장이사회가 중요한 결의를 했는데, 나는 그보다 먼저 중화민국 총통과 중국 인민을 대신해 중대 선포를 했다.

6월 28일 오후 4시 전후로 중국 중앙사의 도쿄 주재 특파원 쩡언보(曾恩波)가 영국 로이터 기자와 함께 방문했다. 나는 먼저 쩡언보 형님과 몇 분 동안 얘기를 나누었다. 전 세계 민주 국가가 한국에 대한 군사 원조를 제공함으로써 공산당의 침략을 저지하자는 국제 여론을 신속하게 형성시키

기 위해, 절망 속에 있는 한국 군인과 국민들에게 하루라도 빨리 심리적·
정신적 안정을 주기 위해, 중화민국의 장 총통과 인민이 공산당의 침략에
맞서는 형제 국가임을 전 세계에 보여주기 위해 나는 중화민국의 주한대
사 신분으로 로이터 기자와 인터뷰를 하겠다고 했다. 대략적인 내용은 이
러했다.

　　남한이 만약 멸망한다면 공산국들의 다음 목표는 일본이 될 것이며, 전
　　아시아가 적화될 것이다. 유엔과 전 세계 민주 국가는 현재 위급한 상황하
　　에서 신속하게 한국에 대한 군사 원조를 결정해야 할 것이며, 원조가 늦어
　　지면 기회를 잃을 소지가 다분하다. 한국과 중화민국은 우애가 깊고 목표
　　가 일치하므로 장 총통과 중화민국정부가 군사를 포함한 범위에서 한국 원
　　조를 채택할 것이라 믿어 의심치 않는다.

나는 이 비공식적인 인터뷰가 그날 저녁 8시 BBC 국제 뉴스를 통해 전
세계 각지로 방송될 것이라고는 생각지도 못했다. 이로 인해 나는 각국으
로부터 특별한 관심을 받았다. 쩡 형은 그날 저녁 전화로 축하해왔다. 그
러고 나서 며칠 후인 7월 5일 비행기로 한국 대전으로 가자 몇몇 한국 내
각 국회의원이 BBC 방송을 통해서 본 원조 인터뷰를 이야기하면서 내게
감사를 표했다. 이 이야기로부터 볼 때 최소한 이미 확실히 설중송탄(雪中
送炭, 눈 속에 있는 사람에게 땔감을 보내준다는 것으로, 급히 필요할 때 필요한 도움을 줌
을 뜻함_옮긴이)의 효과를 거두었음을 확인할 수 있었다.
　　몇 시간 후인 6월 28일 깊은 밤, 상황을 급변시키는 중대한 소식을 듣게
되었다. 첫째는 미국 대통령 트루먼이 선포한 결정으로 그 내용은 다음과
같다.

　　①미국은 해군·공군을 파견해 한국을 돕기로 결정했다.

② 미국의 7함대가 중국공산당이 타이완을 공격하는 것을 막는 대신, 타이완의 중화민국정부는 대륙을 향한 모든 해공 공격을 멈춘다.

③ 타이완의 미래는 태평양 안보가 회복되길 기다린 후 대일 평화협정에서 결정될 것이다.

④ 미군은 필리핀의 방어 및 군사 원조를 증강시킬 것이다.

⑤ 베트남의 프랑스 군사 원조를 강화할 것이다.

다음은 유엔 안전보장이사회의 한국 원조 결정이었다. 트루먼 대통령이 선포한 미국의 결정에 유엔의 미국 대표가 성명한 후 유엔 안전보장이사회가 이어서 주요 결의안을 통과시켰다. "유엔한국위원회의 보고를 확인했다. 북한이 현재의 적대 행위를 멈추지 않거나 38도선 이북으로 부대를 후퇴하지 않으면 긴급 군사 조치를 채택할 것이다. 또한 대한민국이 유엔에 긴급하고 실효성 있는 조치를 취해줄 것을 요구했으므로 안전보장이사회는 이 지역에 국제적인 평화와 안정을 재건하기 위해 각 회원국에 대한민국이 필요로 하는 원조를 지원하도록 건의할 것이다."

안전보장이사회의 중요한 결정이 내려진 후 미국 대통령이 공식적으로 선포한 해군·공군의 한국 원조 외에 육군 원조도 공식적으로 보강되었다. 즉, 전면적인 군사 원조였던 셈이다. 또한 이러한 결정으로 인해 유엔의 민주 회원국들, 특히 미국은 전쟁에 참여할 합법적인 근거를 얻었으며 유엔의 기치 아래 무력으로 침략에 대항하고 평화를 보호할 수 있게 되었다.

공산 침략자들에게 막대한 피해를 입힐 이러한 결의가 어떻게 유엔 안전보장이사회 상임이사국 소련의 부결권을 피해 통과할 수 있었을까? 이야말로 한중 양국이 동고동락하고 운명을 함께한 사례라 할 수 있다. 안전보장이사회의 당시 규정은 11개 국가가 참가하는 것이었는데, 1950년 1월 상임이사국 소련 대표 야코프 말리크는 중화민국이 안전보장이사회에 대표권을 갖고 출석하는 데 반대해 회의장에서 퇴장함으로써 중화민국을 저지했고 그때까지 복귀하지 않고 있었다. 그래서 한국전쟁이 발발한 6월 25일 밤, 소련 대표가 불참한 상태에서 유고슬라비아가 기권해 안전보장이사회의 긴급회의는 찬성 9표, 반대 0표, 기권 1표로 북한에의 정전 요구가 통과되었다. 1차 결의는 부대를 38선 이북으로 후퇴시키는 것이었다.

상술한 28일 밤 안전보장이사회의 2차 결의는 유엔 회원국들이 한국에 대한 파병안을 상정하도록 건의한 것으로, 이 역시 소련이 불참했으나 가결되었다. 중국, 미국, 영국, 프랑스, 쿠바, 노르웨이, 에콰도르 7개 나라가 찬성하고, 유고슬라비아, 인도, 이집트 3국의 기권으로 통과되었던 것이다. 안전보장이사회 소련 대표가 여전히 불참한 7월 7일 회의에서는 같은 투표 결과로 한국에 유엔군 총사령부를 설립하는 안이 통과되어 미국이 총사령부를 파견하기로 했다. 그해 8월은 소련이 안전보장이사회의 의장을 맡을 차례였는데 소련 대표는 늦게 와서는 회의 참가를 거부했다. 소련 대표가 불참한 회의에서 진행된 투표와 그 결과는 불법이자 무효라고 일방적으로 선포했다. 소련의 이러한 행동은 국제법과 관례에 위반되므로 유엔은 이미 내려진 결정에 따라 한국에서 '눈에는 눈, 이에는 이' 작전으로 무력으로 무력 침입을 막기로 했다.

국제 공산당에 의한 북한의 남침은 이미 오래 전에 계획되었기 때문에 한 번에 남한을 점령했다. 위기에 처했던 남한이 유엔의 전면적인 군사 원조를 통해 극적으로 회생할 수 있었던 가장 큰 이유는, 공산 국가의 당수인 소련 대표가 중화민국의 대표권을 저지하기 위해 회의에 불참하는 바람에 부결권을 행사할 수 없었기 때문이다. 이것이야말로 중화민국으로 인해 한국이 하늘의 도움을 받은 것이 아니라면 무엇이란 말인가? 한국전쟁은 중화민국을 구했고 중화민국은 한국을 구했다고 할 수 있다. 우리는 한국전쟁 발발 후 처음 3일간은 매우 놀랍고 절망적인 상황을 맞았으나 사흘째 되던 날 한 줄기 빛이 보이기 시작했던 것이다. 남한의 전면적인 항전 상황은 지옥에서 벗어난 듯했고, 유엔의 원조 결의는 남한의 생존과 최후의 승리를 보장했을 뿐 아니라 오늘날 남한의 강대함과 번영의 기반을 다졌다. 대륙에서 몰락하고 타이완으로 쫓겨온 중화민국은 국제사회에서 우방으로부터 버림받고 고립되어 원조도 받지 못했다. 중국공산당이 타이완에 설치한 대만공작위원회가 펼친 전복 활동 및 대륙 연안에 집중된 엄청난 군사력을 감안할 때 만약 스탈린과 마오쩌둥이 당시 타이완 공격을 결심했다면 타이완의 안전은 장담하기 어려웠을 것이다. 지금 국제 공산당의 지도부가 귀신이 머리를 만지듯 방침을 바꾸어 급하게 일정을 앞당겨 전쟁을 개시하는 바람에 한국은 유엔의 전면적인 원조를 받게 되었던 것이다. 타이완의 중화민국은 이로 인해 숨 고를 기회가 생겼을 뿐만 아니라 여력으로 형제국가를 도울 수도 있었으며 아울러 오늘날 중화민국의 번영과 안정을 위한 초석을 다질 수 있었으니, 어찌 이를 구사일생의 대전환이라 하지 않을 수 있겠는가?

도쿄에 도착한 첫날이자 한국전쟁 발발 후 4일째 되던 날에는 종일 너무 바쁘게 다닌 나머지 피곤해서 밤에 아주 달게 잤다. 다음날 새벽 신문에서는 상술한 미국 대통령의 성명과 유엔 안전보장이사회의 한국 파병 결의 및 로이터통신이 보도한 장제스의 한국 파병 지원 결심 등 중요한 소식을 확인할 수 있었다. 며칠 동안의 피로가 갑자기 풀리는 듯했다. 또한 상황이 급변하는 것을 보자 매우 흥이 나서 분발하게 되었다.

쉬사오창 참사, 왕지셴 부무관, 성빙안 수행원도 후쿠오카에서 기차를 타고 도쿄 중화민국 주일대표단 접대소로 와서 내게 보고했다. 중화민국 대사관 직원들의 가족은 미국 측의 협조로 도쿄로 후퇴해 잠시 대표단 숙소에 묵었다. 미국대사관이 서울을 떠날 때 탔던 전용기에는 나 같은 주한대사와 직원들도 탔기 때문에 이리저리 뒤섞여 도쿄로 오게 되었다. 다행히도 주일대표단의 동료들은 모두 우리의 어려움과 고난을 동정해주었고, 이른바 '외교관 난민'들과 가족이 쉴 수 있는 장소를 마련해주었다. 주한대사관 직원은 몇 명 되지 않았으나 얼마 지나 무관 왕우 대령이 부무관 왕지센 소령을 축출하는 바람에 왕지센 소령이 사직을 당했으며, 수행원 예 쥔카이는 미국에 치료받으러 가고자 해서 사직을 허락해주었다. 나는 수 행원 성빙안을 도쿄에 머물게 하고 한국 전선의 본관과 주일대표단 및 외 교부와 연락하는 역할을 맡겼으며, 전신과 경비, 서류, 물품 등을 전달·보 급하는 업무도 담당하게 했다. 남은 사람은 나와 쉬 참사였는데, 나는 쉬 참사와 그의 아내에게 언제든지 명령이 떨어지면 나와 함께 한국 전선으 로 돌아가자고 했다. 그의 아내와 딸은 샌프란시스코의 친정으로 돌아가 고 쉬 참사는 나와 동행하기로 했다. 우리는 전쟁 시에는 목숨을 보장할 수 없을 거라 생각했다. 그 당시 정부에는 공무원의 공무로 인한 순직이나 상해에 대해 아무런 보험 제도도 없었다. 쉬 참사가 각자 배우자 명의로 20년 만기 1만 달러의 생명보험에 들자고 했고 나는 이 건의에 동의했다. 어찌되었든 가족에게 약간의 성의를 보이자는 것이었다. 그날 저녁 주일 대표단의 몇몇 동료가 서울에서 피난 온 우리를 위해 저녁 만찬을 열어주 었다. 그들은 나와 쉬 참사가 곧 한국 전선으로 돌아갈 것이라는 소리를 듣고 카키색 전투복을 두 벌씩 주었다. 또 다른 동료는 자신이 아끼던 38 구경의 리볼버 권총을 총알 열 발과 함께 기념으로 주었다. 보호용으로 가 지고 다니라는 것이었다. 나는 그 자리에서 참석자들에게 호기 있게 말했 다. "이 열 발의 총알 중 아홉 발은 적에게 쏘고 나머지 한 발은 나 자신을 지키기 위해 쏘겠습니다." 다행히도 그 이후 한국전쟁에서 적에게 쏠 기회 는 없었다. 터키대사로 재임하게 되었을 때 한가해서 그 총으로 토끼를 잡 아보긴 했다. 퇴직하고 타이완으로 돌아온 후에는 정부에 총을 반납했다.

6월 30일 새벽, 허스리 단장은 총통이 우리에게 보낸 전보를 한 부 복사 해서 주었다. "주일대표단 허 단장, 주한대사관 사오 대사, 기밀입니다. 한 중은 형제지간이므로 침입을 당한 한국을 위기에서 구해야 합니다. 중화 민국정부는 육군 3개 사단을 먼저 20대의 공군기로 보내 한국을 도울 것입 니다. 모든 인력에 대기하도록 명령했으며, 장 대표에게는 유엔 사무총장에게 이 건의를 제기하라고 명령했습니다. 맥아더 장군과 이승만 대통령에게 각각 이 소식을 알리고 상황 처리에 대해 신속히 보고해주기 바랍니다. 장제스."

나는 총통의 전보를 읽고 나서 바로 허 단장과 이야기를 나누었다. 맥아더 장관에게는 허 단장이 연락하고, 한국정부에는 내가 연락을 맡기로 했다. 나는 바로 전화로 한국 대표 김용식 공사에게 방문을 요청했다. 김 공사를 만나 장 총통의 전보 내용을 알리고 이를 다시 이승만 대통령에게 알리라고 했다. 또한 나와 쉬 참사는 바로 한국 전선으로 돌아갈 것이라고 한국정부에 통지해달라고 요청했다.

이 기간에 나는 또 다시 외교부의 전화를 받았다. 우리더러 바로 한국으로 돌아가라는 것이었다. 나는 그전에도 한국으로 돌아갈 비행기 좌석을 확보하도록 맥아더 총사령부와 교섭해달라고 중화민국대표단에 몇 차례 요청했으나, 전시에는 민항기가 없고 군용기 또한 총사령부의 안배에 따라야 했으므로 며칠을 기다려야 했다. 우리는 모두 초조해졌다. 또한 타이베이에서 실제 상황을 제대로 파악하지 못하고 내가 담대하지 못해 도망 다닌다고 할까 봐 크게 우려되었다. 7월 4일에 주일대표단은 맥아더 총사령부가 나와 허참사의 비행 안전을 책임지지 않는 조건으로 5일 새벽 비행기를 타고 한국으로 돌아가는 것을 허락했다고 통보했다. 이에 나도 타이베이 외교부에 전보를 쳐서 5일 한국으로 돌아간다고 보고했다. 일본에 피신 온 지 일주일 만에 그렇게 다시 한국행이 결정되었다.

≫ 대전 전선에서 재회한 중미 사절단

한국전쟁이 발발한 후 7월 5일 새벽 2시, 자명종 소리에 잠에서 깼다. 자리에서 일어난 나는 카키색 전투복을 입고 어깨에는 중국어 및 영어로

'중화민국대사관'이라는 글자가 인쇄된 휘장을 둘렀다. 허리에는 탄약이 든 리볼버 권총을 차고, 왼손에는 소형 휴대용 라디오를, 오른손에는 일용 가방을 하나 들었다. 쉬 참사도 같은 전투복이었는데, 다른 점은 그는 왼손에 소형 타자기를 들고 있었다는 것이다. 우리 둘은 주일대표단의 동료 한 명과 함께 도쿄 시외의 미 공군 기지로 갔다. 수송기는 4시에 이륙했다가 후쿠오카의 이타쓰케공항에 8시경 착륙했고, 이타쓰케공항에서는 10시 반경 한국으로 출발했다.

이 수송기는 무장되지 않았고 기체 정중앙에 50갤런 용량의 연료탱크 네 개가 장착되어 있었다. 대공 또는 공대공 사격 시 무방비로 격추되기 알맞았다. 기내에는 나와 쉬 참사 외에 두세 명의 미군 초급장교가 있었다. 우리는 운명을 하늘에 맡긴 채 눈을 감고 조용히 있었다. 수송기 조종사는 적 전투기의 내습에 대비해 한국에 들어서자 저고도로 산을 따라 곡선을 그리며 비행했다. 기내에서 나는 대사로서 대한 파병 건이라는 극비의 임무를 부여받았으니 차후 어떻게 전략을 구사할지 고민했다. 펜타곤 및 한국 국방부와 협조해 중국군의 군사·정치 작전에 참여하고, 중국군 부대가 남한에서 북한으로, 그리고 북한을 거쳐 중국 동북 지방으로 진입해 대륙으로 다시 돌아가도록 학교의 교사와 학생 및 화교들을 동원해 협조해야 한다고 계획을 구상했다. 생각에 생각이 꼬리를 물다 보니 어느새 대전 상공이었다. 미군 전투기의 에스코트로 안전하게 공항에 착륙했다. 시간은 현지 시각으로 오후 2시 반 정도였다.

우리는 한국정부의 임시 판공실이 어느 곳에 있는지 확인하지 못했고 한국정부의 인솔자도 없었다. 쉬 참사는 공항 입구에서 미군이 운전하는 지프카를 한 대 잡아서 미국대사가 있는 곳으로 우리를 안내해달라고 요청했다. 미국 무초 대사와 참사 에버릿 드럼라이트는 임시 대사관저의 정문에서 우리를 맞이했는데, 전장에서 다시 만나니 대단히 친밀한 감정이 솟구쳤다. 특히 드럼라이트는 제2차 세계대전 시 충칭의 미국대사관에서

2등비서관으로 재임 중일 때 알게 된 오래된 친구였다. 그들은 대사관 내의 영빈실로 우리를 안내한 뒤 이렇게 말했다. "전투기가 상공에 떠 있어 귀인이 오는가 했더니, 역시나 그러했군요." 그러고 나서 그들이 어떻게 서울에서 대전으로 피난했으며, 이 대통령과 부통령인 이시영이 어떻게 허둥대며 군산과 목포로 철수해왔는지, 한국 내각 각료위원과 국회의원들이 대전으로 언제 이전했는지 등을 상세하게 브리핑했으며, 개전 후 유엔 안전보장이사회의 두 번의 원조 결의와 미국정부의 전면적인 참전, 미 제24사단 딘 단장의 지휘에 따라 북한군의 남하를 저지하기 위해 항공으로 수송된 지상군 부대가 현재 천천히 북상하고 있다는 사실도 알려주었다. 나도 우리가 서울에서 후쿠오카를 거쳐 도쿄로 간 것, 중화민국정부와 연락이 닿은 것, 장 총통의 훈령을 받은 것, 한국 파병 원조를 결정한 것 등을 무초 대사와 드럼라이트에게 설명했다. 그래서인지 무초 대사는 위스키를 꺼낸 뒤 중미 양국 사절이 한국에서의 전시구역과 관련해 어떠한 방식으로 협력할 것인지를 논의하자고 했다. 앞에서 밝혔던 것처럼 주한 각국 사절, 즉 영국, 프랑스, 교황청 등의 공사는 서울이 함락되고 한국정부가 이전할 때 동행하지 않았다. 유엔한국위원회 각국 대표는 당시 서울에서 후쿠오카로, 다시 후쿠오카에서 부산을 거쳐 멀리 떨어진 후방 지역으로 날아갔는데, 당시 한국 대전의 최전선에는 중화민국과 미국 양국 대사만 주재하고 있었을 뿐이었다. 이러한 한국정부의 외교적 참상은 국공내전에서 패배한 중화민국의 상황과도 비슷했다. 그나마 한국이 중화민국보다 양호했는데, 왜냐하면 당시 타이베이에 주재하는 대사는 한국대사 하나뿐이었기 때문이다.

무초 대사는 나에게 이승만 대통령, 이미 사임한 신성모의 계승자이지만 국회의 동의를 얻지 못하고 있던 전 국무총리 이범석, 그리고 실질적으로 야당 민주당의 당수이자 현임 국회의장 신익희 등 세 명을 단결시켜 전시의 한국정부를 운영해나가도록 하자고 했다. 무초는 우리처럼 군인이 아닌 사람들이 군사 문제를 논의하기는 쉽지 않으며, 이 세 명의 한국 지도자가 정치적으로 일치단결해 전 국민이 북한에 대항하도록 지도하는 것이 매우 중요하다고 보았다. 그럼에도 불구하고 무초는 이 세 명의 인물이 업무 수행에서 상호 불신과 비협조로 일관하고 있다고 했다. 또한 무초는 이 총리와 신 의장 모두 중국에서 활동하다가 귀국한 경력이 있으니 중화민국대사가 앞장서서 그들을 설득할 책임이 있다고 했다. 나는 내심 그의 의견에 동의했으나 그러한 행동은 내정 간섭이 될 소지가 있으므로 겉으로는 조금 더 고려해야 한다고 말했다. 무엇보다도 그러한 내용을 강력하게 전달할 것인지 은유적으로 전달할 것인지도 판단해야 한다고 했다. 그러한 문제를 이미 생각했는지 무초는 다음과 같이 답변했다. "한국의 생사 존망이 경각에 달려 있고 우리도 너무 많은 것을 고려할 수 없으므로 한국의 내정 영역에 간여할 수밖에 없습니다."

사실 한국에 대한 미국의 내정 간섭은 그때가 처음이 아니었다. 미군이 남한을 군정 통치하던 시기는 차치하더라도 대한민국이 건국된 시점부터 이 대통령이 집정하던 시기까지 미국대사는 알게 모르게 한국의 내정에 대해 종종 발언해왔다. 그러나 미국대사가 대사 신분으로 중화민국대사의 면전에서 이러한 계획을 분담하자고 협조를 요청한 것은 처음 있는 일이었다. 사실 무초 대사는 자신의 현재 위치와 나와 한국정부의 상황 등을 비교적 정확히 통찰하고 있었다. 내가 이 대통령과 빈번히 면담했다는 것 외에 대통령, 총리, 의장 세 사람과의 교류가 상당히 깊다는 것도 인지하고 있었다. 하지만 무초 대사 본인은 한국의 총리나 국회의장과의 개인적인 교류가 나보다 깊지 못했다. 게다가 드럼라이트 참사는 충칭에서 재임 중일 당시 내가 주중 한국 독립 인사들과 어떻게 관계를 형성했는지 잘 알고 있었다. 나는 미국대사의 견해에 동의했으나, 이 대통령의 고집스럽고 변덕스러운 성격에 맞추는 것이 사실 어려웠다. 더욱이 그 당시 중화민국 정부가 한국정부에 대해 갖는 외교적 발언력은 미국과 비교하기에 무리였다. 따라서 나는 무초 대사에게 이렇게 답변했다. "좋습니다. 그럼 이 대통령은 미국에서 활동했으니 미국대사가 책임을 지는 게 맞겠네요."

고집스러운 이 대통령을 설득하는 책임은 이 같은 자연스러운 대화를 통해 무초 대사에게로 환원되었다. 훗날 이 아일랜드계 외교관은 이 대통령과의 감정적 골이 깊어졌고, 1952년 한국정부는 그에 대해 '페르소나 논 그라타(Persona non grata, 외교상 기피 인물)'를 선언했다. 이러한 사례는 한미 양국 외교사에 불행한 표본이 되었다. 다행스럽게도 나의 경우 후술할 사정으로 인해 1951년 여름 휴전협정이 시작될 즈음 후임자와 임무를 교대했다. 그 이듬해 무초 대사가 이승만 대통령에게 페르소나 논 그라타를 조치받았다는 소식을 듣고 나는 타이베이에서 나에게 선견지명이 있었다고 자평했다. 그런데 뜻밖에도 1953년 가을 장 총통에 대한 답례차 타이베이로 방중한 이 대통령이 총통의 면전에서 나를 한껏 욕했다고 한다. 그때 나는 총통부 국책고문으로 재임하고 있었는데 마침 유엔총회에 참석 중이었다. 당시 나는 각 국가의 외교 사절에 대한 의전 업무와 화교사회에 산적한 과제를 해결할 요량으로 해외에 체류하고 있었는데, 얼마 후 복귀해 총통에게 귀국보고를 하는 자리에서 그러한 일이 있었다는 사실을 알게 되었다. 그러나 그 당시 나는 신중을 기하는 차원에서 즉시 소명하지 않았다. 이후 1965년 1월, 터키를 경유해 와병 중인 이 대통령을 찾아갔을 때 나에 대한 이 대통령의 원한은 내가 서울과 도쿄를 막후에서 들락거리며 한일 수교를 체결하도록 지원하고 귀국해서 이를 장 총통에게 보고하는 과정에서 쌓였음을 확인할 수 있었다. 이는 이 책의 뒷부분에서 다시 설명할 것이다.

나와 쉬 참사는 미국 무초 대사와 드럼라이트 참사와의 만남을 뒤로하고 한국정부의 이범석 총리, 신익희 의장과 모임을 가졌다. 나는 그들에게 중화민국의 장 총통이 조만간 파병하기로 결정했다는 사실과 유엔 안전보장이사회에서의 원조 승인과 미국의 전면적인 참전 경과를 설명한 뒤, 향후 한국의 전황이 매우 긍정적이라는 의견을 전달했다. 그리고 이러한 상황을 유지하기 위해서는 두 사람이 이승만 대통령과 어긋나는 의견은 배제하고 함께 국민을 지도해 전쟁을 이끌어나가야 한다고 권했다. 이러한 전반적인 국면을 수긍한 두 사람은 최선을 다해 이 대통령을 지원할 것이며 필요시 중화민국 측과 상호 정보를 공유하기로 약속했다. 총리에 임명된 이범석은 우리에게 대전에서 125킬로미터 떨어진 무주공산의 온천여관에서 여독을 풀게 하는 한편, 본인의 대리로 내각 총무처장 전규굉과 내무부 장관으로 갓 임명된 조병옥을 수행 보냈다. 우리는 온천욕과 푸짐한 석식, 그리고 이른 취침으로 피로를 씻어내고 싶었으나 북한 유격대의 야간 활동으로 전규굉 처장과 조병옥 장관이 긴장을 늦추지 말라고 당부하는 바람에 그날 밤 편안하게 잠을 잘 수 없었다.

　전시에 남한의 임시수도였던 대전은 비록 규모는 작아도 군사적으로는 아주 중요했다. 전라도와 경상도에서 서울로 북상하기 위한 두 갈래 철도 모두 대전을 경유하기 때문이다. 수원 부근에서 일어난 산발적인 전투를 제외하면 수원과 대전 간에는 병력이 없었고, 이로 인해 대전은 실질적인 최전선이 되었다. 대전 시가지에는 큰 건물이 없어 당시 한국정부의 행정은 3층 규모의 대전지방법원에 집중되어 있었다. 3층은 내각, 2층은 국회가 사용했으며, 1층은 아주 혼잡했다. 사람들은 각 층으로 오르락내리락하며 분주히 업무를 수행했는데, 마치 중국의 전통시장을 방불케 했다. 그러한 와중에 내각 총무처장은 2층에 위치한 한국 외교부의 방 하나를 중화민국대사관 임시 사무실로 배정해주었다. 나와 쉬 참사는 8첩 크기도 안 되는 다다미방에서 며칠 동안 일했다. 그래도 사무실이 있어 숙식을 해결할 수 있었다. 우리 두 명은 다행히 한국 곳곳에 자리 잡은 중국 음식점에서 숙식을 해결했는데, 그중 군ㅇ각이 기억에 남는다. 그곳이 우리에게 깊은 인상을 준 이유는, 첫째, 군ㅇ각 사장이 매우 친절했고, 둘째, 빈대와 벼룩이 무시무시하게 많아 무참하게 공격을 당했기 때문이다. 사장은 우리에게 숙식을 꼭 무료로 제공하고 싶다고 했는데, 우리는 식비는 지불하겠다며 사장을 간신히 설득했다. 저녁에는 식당의 다다미방에 누워 잠을 자면 되었다. 마침 무더운 여름이라서 이불 등의 침구는 필요 없었기 때문에 우리는 숙소 비용을 면제하겠다는 사장의 제안을 못이기는 척 받아들였다. 하지만 빈대와 벼룩이 저녁 내내 공격해왔기 때문에 우리가 벼룩에게 지불한 살점은 우리가 계산해야 했던 숙식비보다 더 많았을 것이다. 이러한 고생을 어찌 사장에게 세세히 늘어놓으랴. 그러다가 전선이 악화되어 다시 이동하는 바람에 그러한 불편은 자연스레 해결되었다.

이는 7월 5일 대전에 도착해 7월 10일 대전을 떠나기까지 5일간의 상황이다. 나와 쉬 참사는 7월 6일부터 대전지방법원 2층의 사무실에 '주한 중화민국대사관' 현판을 달아놓고 공무를 처리했다. 그와는 업무를 분담했는데, 쉬 참사는 미국대사관과 접촉해 미군을 통해 전황을 점검했고 나는 한국정부 및 국방부를 통해 연락 업무를 전담했다. 또한 쉬 참사를 통해 부산으로 피난을 간 뒤 아직 대사관으로 복귀하지 않은 왕우 무관에게 복귀 명령을 하달했으며, 천헝리 비서에게는 부산에 대사관 사무처를 설립해 화교난민 처리 문제를 일임하도록 했다. 이렇게 대사관 조직 구성을 개편한 뒤, 나는 몇 걸음 떨어진 옆 사무실의 외무장관 임병직을 방문했다. 그를 수행하는 사람은 조정환 차관 한 명뿐이었다. 나는 그들을 보자 희비가 교차했다. 기쁜 것은 서울을 벗어난 전선에서 이들을 무사히 재회했기 때문이고, 유감인 것은 서울이 함락되어 한국정부가 이전할 때 외무부가 국제관례에 어긋나게 공문을 발송하지 않았던 사실이 떠올랐기 때문이다. 나는 임 장관에게 중화민국정부가 보병 3개 사단과 공군기 20대를 파병하기로 결정했으니 이 사실을 이 대통령에게 전달하라고 하면서, 서울이 함락될 당시 한국정부가 우리 대사관에 범한 결례에 대해 구두로 항의했다. 임 장관은 중화민국정부의 파병 안에 깊은 감사를 표했고, 구두 항의에 대해서는 시인하고 사과하면서 이 시간 이후부터는 그러한 실수가 없을 것이라고 보장했다. 사실 임 장관과 나는 오랜 벗이라서, 서울이 함락될 당시 한국정부가 각국 대사관에 통보하지 않은 것은 고의가 아닌 경험 미숙 때문이었으리라고 생각한다. 내가 항의를 표한 것은 외교적 레토릭에 지나지 않았으며, 그 자체로 의미가 있었다.

나는 도쿄에서 로이터통신 기자와 인터뷰할 때 중화민국정부가 가장 먼저 파병할 것이고 각국에 원조를 호소할 것이라 했는데, 문교부 장관인 백낙준은 마침 그날 저녁 한국 방송사가 BBC발 뉴스를 근거로 그 소식을 방송을 통해 보도했다고 알려주었다. 또한 내가 서둘러 전선으로 복귀하자 한국 야당은 중화민국정부를 자연스럽게 생사고락을 함께하는 동맹국으로 인식하게 되었다.

당시 한국 내각의 각료는 모두 대전에 도착했는데 나의 벗 가운데 김규식, 조소앙 등은 서울에 잔류했다는 소식 때문에 나는 다소 우울했다. 나는 2층 국회 사무실을 돌아보다가 일부 내각의원과 국회의원이 삼삼오오 모여 수군대는 것을 보았는데, 그들은 전황에만 관심이 있을 뿐 본연의 업무는 제쳐두고 있었다. 그들은 중화민국대사인 나를 슬쩍 보고는 천천히 다가왔다. 모두 자연스레 한 곳에 모여 전반적인 상황을 이야기했다. 한국전쟁에서 중일전쟁으로 이야기가 흘러가자 나는 흡사 형님 행세를 하는 것처럼 중국군이 초반 연속해서 일본군에 패배하다가 최종적으로 승리했던 경험을 얘기해주었다. 입이 많으면 위로와 격려가 되듯 정치적 동맹국인 한국의 사기를 북돋우기 위해 내가 겪은 일들을 한 보따리 풀어놓았다. 나는 중화민국은 길고 험난했던 항전 기간 동안 외로이 투쟁을 했으나 지금 한국은 많은 사람들의 지지와 도움을 받고 있으므로 곧 유엔군의 원조를 얻어 승리를 거둘 가능성이 높을 뿐 아니라 그 여세를 몰아 통일 뒤 통일한국을 자주적이고 근대화된 국가로 이끌어나갈 수 있을 것이라고 격려했다. 그러자 모두들 흥미롭게 경청했고 간간히 박수도 쳐주었다. 나는 또한 중화민국정부가 대일 항전 시 지구전 방침을 결정한 뒤 후방의 충칭을 항전 수도로 삼아 정부와 국회를 최전선에서 이격시킨 다음 계획과 실행을 내실 있게 추진한 사실도 설명했다. 또한 장기전을 통해 점진적으로 항전 정책을 실시한 경과를 설명한 뒤 현재의 대전은 전선에서 너무 가깝다고 우려하면서, 군 지휘부와 직접적으로 군사 업무에 종사하는 소수의 관련 인원 외에는 행정부가 당장 부산으로 이전해야 한다고 주장했다. 국회와 관련해서는 작전과 관련된 소수의 책임자 외에는 행정 수장과 함께 한 곳에 머물러야 하며, 이를 통해 행정 수장이 언제든지 연석회의를 주관할 수 있도록 제도를 정착시킬 필요가 있다고 주장하기도 했다. 모든 국회의 기능이 전선과 떨어져야 정부와 함께 배를 탈 수 있으며 이러한 조치가 내각과 국회의 단결을 강화시킨다고 설명했다. 이런 설명은 모두의 공감과 심금을 울리는 결과를 불러일으켰다. 그러나 나의 이러한 건의는 대구에서 이승만 대통령과 독대하고 난 후에야 실행되었다.

대전의 화교 규모는 원래 그렇게 많지 않았는데 이 지역의 선(申) 구역장이 보고한 바에 따르면, 군ㅇ각의 사장과 직원 등 몇 명 외에 나머지는 대다수 대구, 부산 등의 지역으로 이미 철수했다고 한다. 선 구역장은 또 기밀 보고를 했는데, 지난 며칠 동안 중국공산당으로 의심되는 두 명이 대사관의 행적을 탐지하고 다녔으므로 나더러 특히 조심해야 한다고 했다. 나는 그의 호의적인 보고에 감사했다. 그 당시 나는 쉬 참사 같은 백면서생이 업무를 보조해주는 것 외에는 경호원도 없는 처량한 신세였다. 단지 운명을 하늘에 맡긴 채 그저 좀 더 조심하는 것 외에는 방법이 없었다. 서울의 화교자치구 총지역장 왕궁원은 이미 대전으로 도망 와 있었는데, 그도 황급히 도망쳐온 터라 수중에 여비가 부족했다. 나는 그에게 한국 돈 5만 원을 빌려주면서 부산발 타이베이행 선박에 탑승할 노잣돈으로 쓰라고 했다. 그는 훗날 타이완에 도착한 뒤 계속해서 한국으로 가는 화교들의 업무를 보조했다. 최초의 화교 대표인 왕싱시(王興西)가 타이완에서 숙환으로 세상을 떠난 뒤 당에서 지명하고 화교사회에서 선발된 왕궁원이 왕싱시의 후임으로 업무를 전담했다.

내가 대전에 도착한 지 3일째 되던 날 주중 한국대사인 신석우가 돌연 중화민국대사관으로 찾아왔다. 그는 내가 쉬 참사와 같은 사무실에서 업무 중인 것을 보고 말을 더듬으면서 곤란해 하기에 나는 그에게 점심을 제공할 요량으로 군0각으로 이끌었다. 그는 먼저 과거 국공내전 시 중화민국정부가 이전할 때 한국대사를 예를 갖춰 응대한 사실을 환기하면서 서울 함락 때 한국 외무부가 저지른 외교적 참상에 대해 분노했다. 그런 다음 나를 방문한 목적을 이야기했는데, 바로 나더러 이 대통령에게 자신의 과오를 소명해달라는 것이었다. 신 대사는 타이베이에서 자금 업무를 전담했는데 이를 투명하게 처리하지 못한 것 같았다. 주타이완 미국대사관이 신 대사의 각종 불법 사례와 관련 정보를 주한 미국대사관으로 발송하자 무초 대사가 이를 이 대통령에게 전달했는데 이를 확인한 이 대통령은 격노했고 한국전쟁이 발발하기 얼마 전 본국으로 신 대사를 소환해 면전에서 질책한 뒤 공식적인 직책을 거두어들였다고 한다.

내가 무엇을 해줄 수 있단 말인가? 마음은 있어도 힘이 없었다. 그저 완곡한 말로 위로와 격려만 해줄 뿐이었다. 그러나 신 대사는 이 대통령에 대한 원망의 감정을 숨기지 않았고 심지어 이 대통령 부인과 관련된 업무를 수행하는 말단 직원에게 3000달러를 상납했다는 등 듣기 민망한 사실을 떠벌렸다. 나는 임무상 며칠 후 대구에서 이 대통령을 면담했는데, 그 자리에서 주중 한국대사의 귀임 시기에 대해 명확한 답변을 요구했다. 이 대통령은 묵묵부답하다가 당분간은 신 대사를 귀임시키지 않겠다고 했고, 나는 이러한 답변을 신 대사를 파면했음을 우회적으로 표현한 것으로 간주했다. 이로써 신 대사의 일은 다시 묻지 않았다. 얼마 후 신 대사가 대구로 나를 찾아왔을 때 이 대통령과 나눈 대화를 가감 없이 말해주었고, 그이후 그가 방문을 중단하는 것으로 나와 신 대사의 인연은 마무리되었다. 이후 후임 주중대사로 왜 이범석이 임명되었는지, 그리고 내가 그 과정에 어떻게 연관되었는지는 뒤에 서술하겠다.

　나는 대전에서 중앙사 도쿄 주재 특파원을 우연히 만났다. 나는 리자(李嘉) 형님과 죽마고우였는데, 특히 그와 함께한 시간은 기록으로 남겨야 한다. 나와 리자 형님은 대전지방법원 앞길에서 우연히 만났는데, 그는 어깨에 완장을 차고 전투복을 착용해 종군기자 복장을 하고 있었다. 그는 개전 후 내가 전선에서 확인한 첫 번째 중화민국 종군기자였다. 점심때가 되어 나는 리자 형님과 동행한 ≪크리스천 사이언스 모니터≫의 미국 기자(백발이었는데 이름은 기억나지 않음) 한 명을 데리고 군ㅇ각에 가서 식사를 제공했는데, 이들은 마파람에 게 눈 감추듯 식사를 마치고 황급히 수원 전선으로 이동했다. 그러나 그날 저녁 리자 형님이 짝 잃은 기러기 꼴로 군ㅇ각으로 돌아올 줄 누가 알았겠는가? 그가 말하길, 그들은 용케 항공편으로 수원공항에 착륙했지만 마침 적기가 요격을 가해 자신만 구사일생으로 살아남았고 운 좋게 대전으로 귀환할 수 있었다고 했다. 나는 사망한 미국 종군기자의 소식을 접한 뒤 그들에 대한 경외심을 느끼게 되었고, 그러한 마음을 표현하는 유일한 방법은 그를 위해 기도를 올리는 것뿐이었다. 그 뒤 리자 형님에게 꼭 살아남으라고 당부했다. 이후 리자 형님은 실시간 전황과 중국군의 참전 준비 상황 및 화교들의 전시 생활상을 취재하기 위해 나와 함께 대전, 대구, 부산으로 함께하는 등 시간을 같이 보냈다. 서울을 처음 수복하자 도쿄에 있던 그는 서울로 재입국한 뒤 동료 종군기자 없이 유엔군 진영에 머물렀고 유엔군이 북진할 때에는 북한을 종주해 압록강 강변까지 진출하기도 했다. 얼마 후 중공군의 참전으로 미군과 함께 서울로 퇴각했지만, 그는 이 전쟁에서 영웅적인 활동을 펼쳐 국제 종군기자단에 중화민국 종군기자의 용감무쌍한 정신을 똑똑히 보여주었다. 훗날 나는 한국전쟁 지역의 최전선을 취재하기 위해 방한한 중앙사 기자 쩡언보와 ≪중화일보≫ 기자 루관췬(盧冠群) 두 형님에게 리자 형님이 고국의 위상을 떨쳤으므로 중화민국정부가 그를 표창하도록 힘써달라고 부탁했다.

나는 중화민국정부의 대한 원조 결정과 관련된 안건을 이 대통령에게 직접 보고하기 위해 대전에 며칠 체류했다. 7월 11일 나와 쉬 참사는 각 직책 명의로 대전에서의 업무 경과를 보고하는 전보를 타이베이 외교부로 발송했다. 전보를 발송하고 나서 얼마 뒤 옆 사무실의 임병직 외무부 장관이 중화민국대사관으로 와서 이 대통령이 이미 부산에서 대구로 이동한 사실을 통보해주었는데, 그는 잠시만 대구에 머무를 뿐 대전으로 오지는 않는다고 알려주었다. 나는 중화민국의 대한 원조 정책과 관련된 세부 내용을 이 대통령에게 직접 브리핑한 뒤 여러 문제를 논의할 요량이었으므로 도쿄의 김용식 공사와 대전의 임병직 장관에게 이 사안을 전달해달라고 부탁했다. 추가적으로 한국의 화교가 부산에 집중된 상황을 천헝리 비서가 단독으로 담당하고 있었으므로 그를 격려하고 현안 문제를 처리해주어야 했다. 따라서 그날 저녁 나는 중앙사 리자 기자와 귀홍판(郭鴻範) 사무원과 함께 기차를 타고 대구를 경유해 부산으로 출발했고, 쉬사오창 참사와 왕우 무관에게는 7월 15일 이전에 대전에서 다시 합류한다는 지침을 내렸다.

하지만 전시에는 어느 나라건 기차가 일정대로 운행되지 않는다. 평시에는 기차로 대전에서 대구까지 3시간이면 충분했으나, 그날 저녁 우리가 탑승한 기차는 저녁 7시에 출발해 새벽 1시 반에 도착했다. 평소보다 두 배의 시간이 소요된 것이다. 우리는 생전 처음 대구에 도착했으나 계엄이 선포되어 등화관제된 길거리에는 사람의 그림자도 찾을 수 없었다. 할 수 없이 기차역 인근에 있는 동양여관이라는 여관을 찾았으나 주인이 이미 만석이라 해서 발걸음을 돌리려는데 한국어에 능통한 귀홍판이 주인에게 중화민국대사관에서 나왔다고 말해 어렵사리 방 하나를 배정받을 수 있었다. 우리들은 그곳에서 겨우 아침까지 눈을 붙일 수 있었다.

다음날 아침 10시에 임시 경무대를 방문하고 싶다는 의사가 가까스로 전달되었고, 이 대통령 내외의 환영 속에 이 대통령과 한 시간가량 여러 가지 사안을 논의했다. 이 자리에서의 요점은 7월 11일 외교부로 발송한 아래 내용과 같았다.

　　총통 각하 및 외무장관, 그리고 외교부장 귀하. 7월 11일 중앙사 기자 리자와 저는 대전에서 대구로 이동해 이 대통령을 방문했습니다. 이 자리에서 리자는 장 총통께서 허 단장 및 예 부장을 통해 이 대통령에게 보낸 메시지를 전달했습니다. 이 대통령의 답변은 다음과 같습니다. 첫째, 장 총통께서 한국에 파병을 제안해주신 데 대해 마음속에서 우러나온 감사를 표했습니다. 그러나 현재의 정치적 상황은 유엔의 맥아더 장군이 주관하는 격퇴전이 되었습니다. 따라서 모든 군권은 맥아더 장군이 결재하고 있습니다. 둘째, 유엔군은 현재 사실상의 38도선을 폐기했으며 설사 시기가 무르익어 유엔군이 북진하지 않는다고 하더라도 한국군은 반드시 압록강까지 북진해 총선거를 실시할 것이며, 동시에 현재 100여 명이 결원된 국회의원도 충원할 것입니다. 셋째, 한국군은 야포와 전차, 전투기가 많이 부족한 실정합니다. 만약 유엔군이나 미군이 북한으로 북진하지 않는다면 적절한 시기에 중국군이 도와주었으면 합니다. 넷째, 처음 계획으로는 대전으로 이동하려 했지만 미국의 조언으로 잠시 대구에서 대기 중입니다. 추가로 제가 대전에서 무초 대사와 면담하면서 확인한 바로는, 미국은 우리가 참전할 경우 이에 대응해 중공이 참전할 것인지에 대해 우려하고 있는 듯했습니다. 이에 대해 저는 이미 린뱌오 휘하의 조선족 부대가 조선공산당원인 이홍광의 지휘하에 참전하고 있다고 답변했습니다. 저는 12일 저녁에 부산에 도착해 화교의 철수 업무를 지시하고 1~2일 내로 대전으로 돌아갈 예정입니다. 화교들의 구제 업무를 점검하고 있는데 긴급 구호와 피난 화교 구제 비용에 대한 긴급 예산을 처리해주기를 바랍니다.

미국정부가 전면적인 참전을 결정하고 유엔의 대한 원조 결의안이 채택되자 이 대통령은 한국전쟁 발발 후 나와 두 번째 가진 만남에서는 첫 번째 만남보다 비교적 여유가 있었다. 그는 입으로는 한국을 돕기 위한 중화민국의 파병안에 환영하고 감사한다고 했으나, 실제로는 이미 영국과 미국이 중화민국의 파병안에 반대한다는 사실을 들었기 때문인지 태도가 많이 변했고 우리 제안에 소극적이었다. 그 때문인지 몰라도 그는 이렇게 말했다. "만약 미군이나 유엔군이 북진을 실시하지 않는다면 그 시기에 중화민국군이 도와주셨으면 합니다." 이는 곧 미군이나 유엔군이 북진을 실시한다면 중화민국군의 원조는 필요 없다는 뜻이었다. 이러한 복선을 고려해서인지 그는 이어서 다음과 같이 완곡하게 말했다. "한국의 군사력이 충족되어서 야포와 전투기, 전차가 필요할 뿐입니다."

실제로 조금 있다가 이 대통령은 미국은 일본의 경찰 및 자위대를 무장시키는 데 반대한다고 말했다. 하지만 한국을 돕기 위한 중화민국의 파병을 반기지 않는다는 본심을 암암리에 표출했던 것이다. 이는 미국이 한국군에 무기를 제공하는 데 영향을 미치지 않도록 하기 위한 일종의 포석이었는데, 훗날 이승만 대통령은 이러한 사안을 공개적으로 발언해 한중 간에 외교적 마찰을 일으켰다. 이 내용은 후술하도록 하겠다.

나는 한국 행정부 및 국회와 관련해 이 대통령에게 비공식적으로 다음과 같은 얘기를 해준 적이 있다. "제2차 세계대전 당시의 중국과 마찬가지로 계획적으로 신속히 부산으로 천도하고 일부 전시 관련 부서 책임자만 전방에 상주해 전황을 점검케 하는 등 전시 행정 효율을 극대화해야 합니다."

이 대통령은 고개를 끄덕이며 경청한 다음 8월경에 내가 조언한 내용의 일부를 선별해 실행했다. 그는 정부에 대한 부가적인 부담을 없애기 위해 국회의원을 신속하게 전선에서 소개해야 한다는 의견에는 동의했다. 하지만 중화민국대사관에서 예상했던 바와 같이, 내가 조언한 행정부 및 국회와의 단결과 협력 문제에 대해서는 끝내 아무런 조치도 취하지 않았다. 따라서 나는 이 문제를 무초 대사에게 책임지우기로 결정했다. 나와의 회담이 끝나고 중앙사 리자 기자와 이 대통령은 단독 인터뷰를 했는데 인터뷰 말미에 라자 기자는 주중 한국대사의 귀임 시기를 넌지시 문의했다. 이 대통령은 신 대사에 대한 악감정이 상당했으나 구두로는 신 대사가 일정 기간 동안 본국에서 업무를 수행할 것이라고 말했다. 하지만 그의 표정이나 종합적인 상황을 고려할 때 신 대사의 직책은 끝났다는 판단이 들었다.

우리는 이 대통령 내외와 작별한 후 곧장 대구역으로 이동해 부산행 기차를 수배했고, 우여곡절 끝에 오후 4시경 난민 화물 열차에 탑승했다. 그 열차장의 호의로 객실 차량 제일 끝에 마련된 협소한 차장실을 배정받은 덕분에 난민들 사이에 파묻히지 않았다. 이 난민 화물 열차는 족히 8시간은 흔들거리며 서다 가다를 반복한 끝에 겨우 부산의 관문인 부산진역에 도착했다. 차장이 우리에게 말했다. "부산역의 차량 정체로 이 열차는 더 이상 진입이 불가합니다. 시간도 이미 늦었으니 죄송합니다만 대사님은 택시를 이용하는 것이 좋을 듯합니다."

우리는 차장의 말을 듣고 나서야 손목시계로 방금 전에 자정이 넘었음을 확인했다. 우리는 모두 이미 몹시 허기가 져서 온몸에 기력이 없었으며 또한 계엄이 내려져 있어 심야에 택시를 잡을 수도 없었다. '대사 각하'라고 불리는 나와 리자, 궈훙판은 걸어서 이동하는 수밖에 없었다. 그러던 중 포장마차를 발견하고 개떼처럼 몰려가 허기를 채웠다. 그 뒤 부산에서 가장 큰 중화요리 식당인 봉래각을 찾았는데 다행히도 그곳에서 숙식을 제공해주었다. 중화민국대사 일행의 큰 특권 중 하나는 중화요리집으로부터 숙식을 제공받는 것이라 할 만하다. 하지만 나 역시 그 식당이 임시수도 부산에서 중화민국대사관 기능을 수행하게 될 줄은 미처 예상하지 못했다.

다음날 아침, 나는 먼저 천헝리 비서를 불러 지시를 하달했다. 천 비서는 대사관에서 첫 번째로 부산으로 후퇴한 일행이다. 1940년 외교부 정보사 사장의 직함을 가지고 있을 때 나는 기자였던 그를 외교계로 전입시킨 바 있다. 전쟁이 발발하기 1년 전 마침 내가 한국으로 그를 호출해 같이 일하고 있었으니 천 비서는 나에게 오래된 친구 같은 존재였다. 풍부한 경륜과 능숙한 영어로 훗날 미국, 일본 담당 직책으로 영전했으며 마지막에는 주미대사관 참사를 역임한 뒤 정년퇴임했다. 천 비서는 서울에서 근무할 당시 한국의 정치 정보 수집과 대사관 홍보 업무를 담당하다가 개전 후 부산으로 후퇴했는데, 마침 쉬 참사는 나를 수행해야 했으므로 천 비서가 쉬 참사를 대신해 화교 업무를 담당했다.

화교 업무는 중화민국대사관 임무 중 가장 우선순위가 높은 업무 중 하나다. 특히 개전 이후의 비상 시기에는 업무가 더욱 복잡해져 나는 예하 조직에 전문 사절을 증원해 상세한 정황을 기록하도록 했다. 부산에서의 상황을 좀 더 구체적으로 설명하자면 당시 정황은 다음과 같았다. 1일차에는 천 비서가 2주간 부산에서 처리한 일을 보고받고 추가적인 화교 업무에 대한 교육을 실시했다. 2일차에는 천 비서에게 지시해 부산 현지의 화교자치구 지역장 및 상인회장, 그리고 화교학교 교장과 한국의 각지에서 피난온 화교 지도자들을 소집시킨 후 의장 자격으로 화교 업무 보고회의를 주최했다. 3일차에는 천 비서와 함께 도지사와 시장을 만나러 가서 그들에게 화교 업무에 협조해줄 것을 부탁했다. 또 우리를 대신해 대사관 건물을 물색해줄 것을 부탁했는데, 이는 중화민국대사관이 한반도에서 배수진을 칠 최후의 거점 장소가 될 예정이었다. 그다음으로는 차량으로 부산의 항구와 공항, 그리고 주변 배후지에 대한 일차적인 환경·지형 조사를 실시했으며, 이와 동시에 이 지역에 거주하는 화교의 분포 상황까지 포괄적으로 연구했다.

3일째인 7월 13일 오후에도 북상하는 기차는 없었으며 대전 – 부산 간 전보와 전화 또한 먹통이었던 관계로 쉬 참사와 접선할 길이 없었다. 다행스럽게도 천 비서가 미군의 협조를 받아냈다. 이에 따라 궈훙콴은 부산에 잔류해 천 비서를 보조하기로 하고, 나와 리자 두 명은 14일 오전 5시까지 미군 적십자 차량에 탑승한 뒤 8시 30분 대전으로 출발하기로 했다. 오후 4시경 차가 대구에 도착했을 때 한국인 역장과 미군 역장(한국전쟁 초기에는 한국군과 미군이 공용으로 사용하는 차량과 열차를 대부분 미군 선임자가 통제했음)으로부터 한국 정부기관과 외교관들은 13일에 이미 대전을 떠났다는 사실을 듣게 되었다. 어디로 향했느냐고 묻자 대구로 갔다는 둥 광주로 갔다는 둥 저마다 달리 말하는 통에 누구를 믿어야 할지 난감했다.

이에 내가 리자 기자에게 말했다. "형님, 대전은 이미 함락된 것 같으니 북상하는 것은 포기해요. 한국정부는 대구로 간 것 같으니 쉬사오창 참사와 왕우 무관더러 대구에서 임무를 수행하라고 합시다. 우리가 다시 대구로 이동할 필요는 없어요. 그리고 만약 한국정부가 광주로 이동했다면 광주는 서남쪽에 위치했기 때문에 기차는 제한될 겁니다. 다른 교통편을 확보해야 해요. 지금 여기에서는 이동하지 말고 모든 것이 확실해지면 그때 이동합시다." 하지만 리자는 내게 대원칙을 제기하며 말했다. "대사는 대구로 가십시오. 대사는 중화민국을 대표해야 하는 과업이 있으니까요. 대구로 가서 한국정부와 동행하십시오. 나는 신문기자로서 전황을 취재해야 합니다. 대전에 갈 수 없다면 김천까지라도 북상해 취재하겠습니다."

우리는 10여 분 동안 갑론을박하다가 결국 기차의 경적소리가 울리고 나서야 그가 열차에 오르는 것으로 상황이 마무리되었다. 나는 본국에 전문을 송신하기 위해 발걸음을 돌렸고 리자 기자는 종군기자로서 전황을 취재하기 위해 발걸음을 내딛었다. 하지만 불과 얼마 전 우리 둘이 수원에서 천신만고 끝에 살아난 기억 때문에 계속 안심이 되지 못했다. 쓸쓸히 역에서 걸어 나오자마자 쉬 참사, 왕 무관과 우연히 마주쳤다. 나는 그들을 통해 한국정부와 관료들, 국회의원, 심지어 국방부 참모단과 외신기자들까지 대구로 후퇴한 사실을 알게 되었다. 이후 나는 곧바로 쉬 참사와 왕 무관에게 대구역의 책임자와 부책임자를 만나 '중화민국대사의 긴급 협조 요청'임을 알리고 가용한 통신 수단을 활용해 관련자에게 연락한 뒤 "미군 적십자 객차에 탑승한 중화민국 종군기자 리자의 신변을 확보해 신속히 대구로 복귀하라는 명령을 전달할 것"을 지시했다. 다음날 리자 기자가 대구에 도착해 나에게 보고하길 3시간을 열차에서 허비하고 겨우 김천에 도착해 보니 역에 피난민이 가득했는데 마침 한국 군인이 검문을 하고 있어 중화민국 종군기자임을 밝혔다고 했다. 그때 대구역장이 유선을 통해 중화민국대사가 중화민국 종군기자를 급히 찾는다는 연락을 전했고 차량은 더 이상 북상하지 않아 신속히 대구로 돌아왔다고 했다. 마침 그 군인을 통해 대전은 이미 함락되었고 그 주변의 피난민들은 모두 대전에서 남하한 것을 확인했다고 한다. 그 군인의 안내로 인근 미군 부대를 방문해 약간의 전황을 수집하고 관련자 인터뷰를 실시했으며, 그가 마지막에는 남하하는 객차에 탑승시켜주었다고 했다. 리자 기자는 그 이튿날 새벽 3시 30분에 겨우 대구에 도착했는데, 중화민국의 종군기자로서 위험을 마다하지 않고 직책을 수행했던 것이다. 이러한 전문가 정신은 마땅히 우러러볼 만하다.

우리는 대구에 머물면서 또 다른 한국전쟁 생활을 시작했다.

» 전시 대구에서의 소소한 다반사

전쟁이 발발한 이후 우리는 서울에서 이틀, 대전에서 일주일, 대구에서 7월 14일부터 8월 18일까지 약 한 달 정도 생활했다. 전황이 급박한 관계로 이 기간 동안 후퇴 소식을 여러 번 접해 생활이 안정될 수 없었다. 급기야 8월 18일 새벽, 대구 시내에 포탄 세례가 떨어지자 황급히 대구를 떠나 한국정부의 최후 거점인 부산으로 향했다.

중화민국대사관은 한국정부가 황망했던 관계로 대전에서는 1개 사무실을 빌려서 사용했으나, 대구에서는 한국 변호사 소유의 일본식 주택에서 방 3개를 임대해 사용했다. 차츰 생활이 개선되었다고 할 수 있다. 8첩 다다미 방 2개에 6첩 다다미 방 1개였는데, 8첩 다다미 방 중 하나는 내가 대사관 사무실 겸 침실로 사용했고, 다른 하나는 쉬 참사와 왕 무관 두 명이 공용 사무실과 침실로 사용했다. 6첩 다다미 방은 식당으로 사용하거나 한국정부 각료를 위한 접대실로 사용했다. 리자는 가끔 대구에 올 때면 이 방에서 며칠 동안 기거하기도 했다. 이 중화민국대사관 겸 관저는 미국대사관에 비해서도 뒤떨어지지 않았으며 미국대사 무초도 우리처럼 어려운 시간을 감내했다. 한국정부가 우리와 미국대사관에 대구여자사범학교의 큰 교실을 하나씩 분배해주었지만 사용하지는 않았다. 한치 앞도 볼 수 없었기 때문에 임시적인 조치에 불과한 쓸데없는 일은 하고 싶지 않았다. 유엔한국위원회의 각국 대표는 이미 부산으로 이전을 완료해 사무실과 생활여건 등을 갖추었다. 중국 대표 류위완과 수행원들은 연이어 대구에 왔다고 하는데 그들이 대사관을 방문하거나 연락한 적은 없었다. 각국의 대표는 대사급 특혜와 대우를 제공받았고 업무 또한 꽤나 한가해 책임질 상황도 없었다. 게다가 위원회는 전용기를 보유하고 있어 부산과 대구를 비행하며 양주와 식료품 등을 사서 직원들에게 나누어주기도 했다. 중미 양국 대사관 직원들이 그들을 동경하는 눈빛을 볼 때면 마음이 편치 않았다.

나는 대사관 겸 관저를 배정한 후 즉시 업무를 시작했다. 7월 20일 외교부 예 부장에게 긴 서한을 보내 당시 한국의 군사·정치·경제 상황 및 중화민국정부의 파병 시 주의사항 등을 보고했다. 그 내용은 다음과 같다.

예 부장 귀하. 6월 25일 새벽에 북한 적군이 남한으로 전면적인 공격을 실시했는데, 그 기세가 파죽지세와 같았습니다. 본 대사관 일동은 적 공습의 위험이 있는 곳에서 불철주야 업무를 처리하면서 26일 오후 4시 총통의 메시지를 이 대통령에게 직접 전달했습니다. 26일 당일 저녁에는 왕 무관과 천 비서를 부산으로 파견했고 쉬 참사, 왕 부무관, 성 수행원 4명만 서울에 잔류했습니다. 27일 오전에는 주한 당, 정부, 군사 업무를 전담하는 직원들과 일부 화교 직원들에게 부산발 타이베이행 선박인 영송륜을 타고 귀국하도록 지시를 내렸으며, 저와 쉬 참사, 왕 부무관, 성 수행원 4명은 27일 오후 4시에 미군의 마지막 수송기 편으로 일본 후쿠오카로 이동했습니다. 한국의 이승만 대통령은 27일 당일 새벽 2시에 본 대사관에는 통보하지도 않은 채 서울을 떠나 파악할 수 없는 지역으로 향했습니다. 우리는 후쿠오카에서 도쿄로 이동했다가 타이베이의 지시를 받아 7월 5일부로 대전 전선으로 복귀한 다음 한국의 이 대통령과 총리, 그리고 외무장관에게 중화민국정부의 파병 결정을 전달했습니다. 현재 한국정부와 미국대사관이 이미 대구로 후퇴한 관계로 본 대사관도 잠시 대구에 머물면서 한국정부와 지속적으로 접촉하고 있습니다. 아래는 군사, 정치, 경제 등의 항목별로 간략하게 요약한 내용이니 참조 바랍니다.

① 군사: 처음에 남한군은 8개 사단으로 편성된 총 9만 명의 병력을 보유하고 있었고 포병 자산으로는 기타 중화기를 제외한 105mm, 75mm 견인포를 운용했습니다. 그러나 지속적인 전투로 인해 현재 한국군은 제1, 2, 6, 8사단 등 4개의 사단만 부대 편제를 유지하고 있으며 실병력은 채 2만 명이 되지 않습니다. 중화기는 이미 소실되었고 M1 보병소총과 기타의 기관총만 운용 중입니다. 제1, 2사단을 통솔하는 1군단장은 한국 육군사관학교 교장 김홍일 소장인데 그는 중국군에서도 활동한 인물로, 과거 중국국민혁명군 참모총장을 역임한 실전 경험의 소유자이며 중국 군사학교에서의 성적도 우수한 인물입니다. 중국에서 활동할 때에는 왕이수라는 이름을 사용했습니다. 제6, 8사단을 통솔하는 2군단장은 김석원 준장으로, 그는 과거 일본군에서 대좌계급까지 진급한 인물로 중국의 타이위안(太原)에서 작전을 실시한 경험이 있습니다. 이상의 각 부대는 현재 경상도 동북의 상주, 예천, 영주 일대에서 재편성 중이며, 추가적으로 부산 일대에서 4개의

신병 사단이 전선에 투입되기 위해 준비 중입니다. 그러나 이 사단들은 충분한 훈련을 받지 못했고 장비와 탄약도 미군의 지원이 있어야 사용 가능한 상태입니다. 미 8군 사령관인 월턴 워커 중장은 현재 참전자를 모집 중이며, 휘하의 제24, 25사단과 주일 미군에서 배속된 제1기병사단이 며칠 전에 동해안의 포항 항구에 상륙했습니다. 그러나 미 본토 태평양사령부 예하의 해병대 약 7000명이 한국에 도착하는 시기는 아마도 이번 달 말로 늦춰질 듯합니다. 현재 미 지상군은 전쟁을 수행하기에 약 3개 사단이 부족한 실정입니다. 미군의 평시 사단의 편제는 대략 1만 명이고 현재 3만 명의 병력을 유지 중입니다. 여기에 한국군의 병력 2만을 더하면 총 5만여 명의 병력이 가용합니다. 남한의 전력으로는 경찰 5만여 명 중 3만여 명이 M1 보병소총과 일본제 99식 소총을 장비하고 있으나 전투 중 대부분 망실되어 작전에는 큰 도움을 주지 못합니다. 미군은 전차 1개 중대인 10량을 보유 중이나 북한군의 소련식 T-34전차와 대적하기에는 무리가 있습니다. 현재 유엔군이 절대 우위에 있는 군종은 해군과 공군입니다. 북한군은 전투서열 상 제1, 2, 3, 4, 5, 6, 7, 15, 18사단 등 9개 사단이 전선사령부의 통제 아래 현재 전선에 투입된 것으로 확인되었습니다. 전 사단은 3개 보병연대와 1개 포병단으로 편성되어 있으며 사단의 정원은 약 1만 8000명입니다. 입수된 첩보에 따르면 북한의 제6, 7사단 2개의 사단이 린뱌오의 지휘하에 있으며 중국공산당은 조선공산당 계열의 이홍광 부대(조선의용군 1지대를 뜻함_옮긴이)를 북한군으로 편입시켰다고 합니다. 제15사단은 중국공산당 정규 부대로서 북한으로 소속이 변경되었는데, 현재 서울에 있다고 합니다. 북한 당국은 화교들이 서울에서 팔로군(八路軍)을 환영하는 집회를 열었다고 선전했으나 간접적인 증거만 확인된 상태입니다. 전체적으로 볼 때 북한군은 대략 15만~16만 명의 병력을 보유하고 있으며 전차는 165량을 보유한 것으로 판단됩니다. 또한 그들이 점령한 계선은 동해안의 영덕 이북 20킬로미터부터 서해안 벽산항까지입니다. 현재 1개의 사단이 논산을 점령 중이고, 2개의 사단이 대전을 공격 중이며, 2개의 사단이 예천과 상주 일대로 기동 중입니다. 이들은 공군을 통한 공중 차단 능력이 부재한 관계로 대부분 야간전 위주의 작전을 구사하고 있는데, 주력 부대는 목표 지점을 점령하고 있으며 후속 부대는 후방 지역 작전을 통한 방첩 활동을 실시하고 있습니다. 이에 대응해 미군은 제24사단은 김천과 대전을, 제25사단은 의성 일대를 방어하도록 명령을 하달한 상태입니다. 미군은 해군·공군의 화력으로 일정 시간 동안은 적의 남진 속도를 조절할 수 있을지 모르지만 추가적으로 5~6개 사단을 증원하지 않으면 종국적으로는 적을 격퇴하기 힘들 것 같습니다. 현재를 기준으로 2~3주 이내에 상당한 증원군이 상륙하지 않는다면 포항, 대구, 진주 등의 도시도 함락되어 종국에는 남한의 마지막 동남쪽 귀퉁이인 부산만 남을 것입니다.

　②정치: 남한은 독립한 지 얼마 되지 않아서인지 시간이 지나도 정치가 깨끗해지지 않고 오히려 갈수록 부정부패가 횡행하고 있습니다. 그래서인지 국민들은 정치에 거의 관심을 가지고 있지 않습니다. …… 정부와 행정부는 평시의 내정 경험은 다소 있으나 전시인 현재에는 체계적인 통치를 실시하지 못하고 있습니다. 서울과 38선의 거리는 50리밖에 이격되지 않았지만 전선에서는 그 어떤 행동지침이 없습니다. 정부는 후퇴할 당시 각국 대사관에 통보조차 하지 않았으나, 본 대사관의 경우 다행히 미국대사관의 도움으로 직원들이 위험에서 벗어날 수 있었습니다. 영국, 프랑스, 교황청 대사는 서울에 잔류하고 있다가 포로로 잡혔으며, 심지어 한국정부에 불만이 있던 일부 국회의원과 교통수단이 마땅히 않던 일부 사람은 자진해서 서울에 잔류했습니다. 서울에서 도피한 약 110명(정수 220명)의 국회의원은 이승만 정부에 대한 불만이 상당합니다. 그래서 저는 7월 5일 항공기편으로 대전으로 복귀해 개인 자격으로 미국대사에게 한국정부와 국회가 서로 단결하고 협력할 수 있도록 도와달라는 부탁을 했습니다. …… 대전에서 전선까지의 거리는 30~40리이며 이 대통령은 대구에 위치하고 있습니다.

대전에 구성된 임시 내각의 요원들은 하루 종일 바쁘기만 하고 행정 체계
도 회복하지 못한 오합지졸일 뿐입니다. …… 얼마 전, 저와 미국대사가 합
동으로 이 대통령에게 어떤 건의를 했는데 이 건의가 얼마간 도움이 된 것
같습니다. 부통령인 이시영은 현재 전주로 내려간 것으로 확인되었으나 그
곳에는 방어 병력이 전혀 없습니다. 이로 인해 한국정부는 적에게 포획될
것을 우려한 나머지 이 부통령에게 신속히 대구나 부산으로 오라고 권고한
상황입니다. 현재 국회의장 신익현과 전 국무총리 이범석은 모두 이곳에
있고 최선을 다해 이 대통령을 지지하고 있습니다.

③ 경제: 남한의 경제는 원래 미국의 원조로 유지되었으나 서울이 함락
될 때 한국정부는 화폐의 인쇄 동판을 파기하지 않아 북한군이 그 동판을
원형 그대로 노획했습니다. 그래서 한국정부는 화폐를 발행할 수 없었고
오히려 북한군이 쓸데없이 한국 지폐를 남용하게 되어 물자가 암거래되는
상황이 발생했습니다. 이러한 상황을 타개하기 위해 한국정부가 신형 인쇄
기로 신지폐를 발행하기로 결정했으나 식량의 시세는 매우 상승한 상황입
니다. 다행히 아직 식량 기근은 발생하지 않았지만 미국의 경제협력청은
이미 태국산 쌀을 구매한다는 계획을 세워놓고 있습니다. 그러나 경제 동
원에서는 아직 구체적인 언급이 없는 상태입니다.

④ 국제: 전체적인 국면을 통찰한 결과 국방과 행정, 경제의 각 부분에
서 국방 현안이 주요 의제가 되고 있으며 국방에서는 미군의 도움이 절실
한 상태입니다. 미군 지상부대가 병력의 규모 면에서는 그리 크지 않은데
중국군이 참전하는 데 대해서는 신속한 답변이 없는 상황입니다. 미국이
전략 구상에서 영국의 영향을 받는다는 것은 한국전쟁을 국지전으로 제한
하려는 의도이며, 이는 소련의 전략으로 제3차 세계대전으로 확전되는 것
을 방지하기 위한 방안입니다. 중국공산당 또는 중국공산당의 통제를 받는
조선공산당이 이미 참전한 상황에서 …… 대다수의 한국인은 우리 중국군
이 신속히 참전하기를 기다리고 있습니다. 이에 따라 본 대사관은 참전 결

정에 대한 긴급한 조치와 대처가 선행되어야 한다고 판단하며, 부족한 소견을 피력하면 다음과 같습니다.

1) 작전, 정보, 군수, 정치공작 분야 등에서 우수한 인재를 선발대로 파견해 중국군의 전방지휘소를 사전에 개설해야 합니다. 미국이 동의한다면 즉각 한국에 신설해야 합니다.

2) 우리 군의 해상 기동은 적에 요격을 방지하기 위해 반드시 미 7함대가 호위해야 합니다.

3) 우리 군이 한국에 도착하는 시점에서는 병참과 통신 등의 세부 사항이 사전에 맥아더 총사령부와 협조 완료된 상태여야 합니다.

4) 사전에 영어, 한국어, 일본어에 능숙한 연락장교 및 정치장교를 선발 및 조직하고 훈련시켜야 합니다.

5) 통신부대는 반드시 선발대로 한국으로 출발시켜야 합니다.

6) 제2차 세계대전에서의 경험과 교훈을 바탕으로 우리 군대가 헛되이 희생되는 것을 막기 위해 작전계획의 연구와 결정, 그리고 입안 절차를 반드시 병행해야 합니다.

이상으로 저의 조잡한 소견과 보고를 올립니다.

7월 20일 대구에서 사오위린

이 보고서를 통해 독자들은 당시 한국의 군사·정치·경제·외교 개황을 확인할 수 있을 것이다. 동시에 내가 중국공산당의 참전 문제를 어떠한 시각으로 바라보았는지 평가할 수 있을 것이다. 솔직히 말해 중화민국정부가 한국전쟁에 참전할지 여부는 미국정부의 지지를 얻어낼 수 있는지와 관련되어 있었는데, 이는 중화민국정부의 국제적 지위가 걸린 중요한 문제였다. 한국전쟁의 발발은 타이완을 침몰 위기에서 구해주었는데, 중화민국의 참전 여부는 중공정권의 수립으로 인해 나락으로 떨어진 중화민국의 국제적 지위를 제고시킬 수 있을지와 큰 연관이 있었다. 중화민국 외교관이 화교 주재국에서 차지하는 지위는 본국의 지위에 따라 높아지기도 하고 낮아지기도 한다. 과거 카이로선언에서 장제스 총통이 루스벨트, 처칠과 함께 세 명의 지도자에 포함되자 전 세계 화교사회 중에서도 특히 한국의 화교들이 가장 짜릿한 카타르시스를 맛보았다. 들리는 소식에 따르면 중국이 제2차 세계대전의 종전 소식을 승전국 자격으로 방송하자 한국의 한 화교는 자신의 명함에 '대중화민국(大中華民國) 국민'이라는 호칭을 음각으로 새겨 넣었다고 한다. 또한 한국전쟁에서는 북한이 남침하자 중화민국정부가 한국정부에 먼저 파병을 제의했다. 이러한 이유로 중화민국 외교관들과 일반 화교, 심지어 한국의 야당도 최초로 한국으로 파병될 전사와 비행기를 목 빠지게 기다리고 있었다. 전장인 한국에서 생활하는 모든 중국인은 하루하루 타이베이의 방송에 귀를 기울였는데, 그들이 가장 흥분한 사건은 유엔군 최고사령관인 맥아더 장군이 7월 31일 타이완을 방문한 것이었다. 하지만 사람들의 기대는 다음날인 8월 1일 실망으로 바뀌었다. 타이베이TV가 중앙사 소식을 인용해 방송한 내용에 따르면, 전날 입국한 맥아더 장군은 8월 1일 오전 11시 15분에 타이완을 떠났기 때문이었다. 더구나 그는 출국 전에 이런 인터뷰를 했다.

내가 타이완을 방문한 가장 큰 목적은 타이완이 외부의 공격을 방어할 능력이 있는지 직접 확인하기 위해서다. 펑후섬을 포함한 타이완령의 섬들에 대해서는 현재의 국제적인 상황에서 긴장을 조성할 수 있는 모든 활동을 금지한다는 지침을 이미 하달했다. 결정된 이 지침을 실시하는 것은 본관의 책임 사항이다.

내가 타이완에서 전 직원과 실시한 회의는 매우 진지하고 화기애애했다. 중화민국정부가 유엔의 깃발 아래 한국에 파병하는 문제와 시기 등이 회의의 주된 토론 내용이었다. 현재 그러한 사항과 관련된 문서를 공식적으로 발효하는 것은 타이완의 방비를 위해 옳은 조치가 아니며 그러한 행동은 심각한 위협을 초래할 수 있다.

　본관을 총사령관으로 하는 미군은 중국군과 효율적인 소통을 성공적으로 수행하고 있으며 만일 적대 세력이 공격을 가해온다면 즉각적이고 효율적으로 대응할 것이다.

　본관은 제2차 세계대전 당시 동맹사령관이던 장제스 총통을 만나서 매우 반가웠다. 나는 그가 공산당의 압제에 저항하고자 하는 흔들리지 않는 결심을 지닌 데 더욱 탄복했다. 장 총통의 결심은 미국과의 공동 이익과 그 목적에 완전히 부합한다. 미국의 목적이란 태평양 각 지역의 민족이 자유를 누리고 노예가 되지 않도록 하는 것이다.

　물론 맥아더 장군은 성명에서 중화민국이 파병해 참전하는 것에 대해 "타이완의 방어에 심각한 위협이 발생하지 않도록 하기 위해 관련국이 지금 이때 행동을 채택하는 것은 시기적으로 옳지 않다고 믿고 있다"라고 표명했다. 이는 미국정부의 긴급 정책을 공개적으로 선포한 것이다. 미국정부는 중화민국의 참전 파병이 중공의 참전을 촉진시키고 한국전쟁을 국제전쟁으로 확대시킬 것이라 우려하고 있었다. 미국정부의 이러한 생각은 영국이 중국공산당을 방임하는 한편 유럽을 중시하고 아시아를 경시하는 데서 영향을 받은 결과다. 맥아더 장군은 최고위 군사지휘관이었으나 자신도 미국정부의 정략 결정을 따를 수밖에 없었다. 훗날 1953년 겨울 맥아더 장군의 경질이 결정된 후 뉴욕 월가의 맥아더 장군 아파트에서 그와 점심을 함께하면서 오랜 대화를 나눌 때 그는 내게 이러한 내막을 토로했다. 그는 당시 미국정부의 이러한 결정에 대해 개인적으로 불만을 표했다고 한다. 8월 1일 맥아더 장군이 타이완을 떠나며 발표한 성명 가운데 "지금 이때 행동을 채택하는 것은 시기적으로 옳지 않다"라는 표현에서 "지금 이때"라는 두 마디를 삽입함으로써 그의 개인적인 주장을 드러냈다고 볼 수 있다. 또한 맥아더 장군은 중공이 한국전쟁에 참전할 경우 중화민국 군대를 징발해서 활용하자고 주장했는데, 이로써 맥아더 장군이 중화민국의 참전 가능성을 열어두었다는 것이 증명된다. 이에 대해서는 뒤에서 논하 도록 하겠다.

　결론적으로 말해, 중화민국의 원조 파병은 국제관계의 얽히고설킨 견 제로 인해 실현될 수 없었다. 이로 인해 가장 실망한 사람은 앞에 밝힌 것 처럼 한국에 있는 화교와 외교관이었으며, 타이완에 있는 야당 인사들도 예외는 아니었다. 특히 한국전쟁 참전을 위해 파견을 준비하던 군 사령관 과 군인들도 '한국을 돕는 성전'이라는 역사적 임무를 듣고 매우 영광스러 워했는데, 국제정치상의 이유로 파병이 좌절되자 매우 낙담했다. 그 일이 있은 후 한국전쟁에 파병되기로 내정되었던 중화민국 67군 사령관 류롄이 (劉廉一) 장군이 나에게 말해준 바에 따르면, 한국전쟁 원조 파견군은 처음 에는 1개 군단이었다고 한다. 201사단, 67사단, 80사단 등 3개 작전 사단 이 조직되었고, 또 다른 장갑병 1개 여단, 전투기 20대가 파병을 준비하고 있었다. 파병군 사령관으로는 류롄이가 내정되었고, 군의 정치부 주임으 로는 당시 중화민국 국방부의 총정치부 부주임이던 후웨이커(胡偉克) 장군 이 내정되어 있었다. 류 장군과 나는 항전 승리 후 내가 대륙 군 총사령부 에서 재임할 때부터 알던 사이였다. 그는 그때 허잉친 총사령관의 수행 참 모원이었는데, 그 후 허 총사령관을 따라 유엔안전보장이사회 참모단으로 가서 중화민국대표단의 업무를 담당했다. 국제 군사 경험이 풍부했던 그 는 신뎬(新店)에 거주했는데 우리 집과 가까워 자주 왕래했다. 후웨이커 장 군은 나와 바둑도 자주 두었다. 두 장군은 한국전을 지휘하라는 명을 받았 는데, 이는 매우 적합한 인사 지명이어서 나는 주한대사로서 그들과 잘 협 력할 수 있으리라 여겼다. 이처럼 전군이 준비를 마친 후 출병 명령을 기 다리고 있었는데 안타깝게도 국제정치에 변화가 생겼던 것이다. 그야말로 '모든 것이 준비되었는데, 동풍만 불지 않고 있는' 셈이었다. 결국 한국전 에서 중화민국정부는 파병할 기회를 얻지 못하고 말았다. 중국군은 한국전쟁의 군사작전에는 참가하지 못했으나 심리전에서는 다른 나라보다 먼저 전략을 세웠고 실제로 책임도 졌다고 생각한다. 심리전 또한 총력전의 일부이므로 중화민국은 사실 또 다른 방식으로 한국전쟁에 참가한 것이나 마찬가지였다. 이는 다른 절에서 상세히 서술하겠다.

중국이 한국에 군사를 파병하기로 결정하면서 '성전 참여'라고 표현한 것을 보면 순치지국(脣齒之國)이라는 한중의 특수한 역사적 관계로 인해 중국은 한국에 대한 원조를 일종의 신성한 의무라고 여기고 있음을 알 수 있다. 이는 한국인이 자국의 안보와 자유 독립을 위해 전쟁하는 것이 신성한 의무라고 여기는 것과 마찬가지다. 우리는 대구에 있을 때 성전이라는 두 글자를 자주 사용했다.

나와 한국 국회의장 신익현, 기타 두세 명의 의원은 대구 시내의 작은 식당에서 담소를 나누면서 대련(對聯) 짓기를 한 적이 있다. 신익현 의장이 먼저 앞 구절을 읊었다. "야인이 경치를 구경하며 야외에서 식사를 하는구나(野人野趣呑野餐)." 그리고선 내가 다음 구절을 읊었다. "성지에서 성전을 치르며 성스러운 노래를 부른다(聖地聖戰唱聖歌)."

그로부터 며칠 지나 노신사인 옥(鈺) 선생이 나의 집에 와서 시 한 수를 주고 갔는데, 시에 '성전'이라는 단어가 들어 있었다. "중원과 우리 동쪽이 서로 바라보니 우애의 형제지간으로서 양국의 흥망이 하나와 같으며, 역사가들은 오래된 언어로 서로 통하도다. 지금 성전에서 서로 만나 성 안의 수양버들과 강한 바람이 인사하니, 맑은 강물과 바다는 그 때를 알아 오로지 현명한 이가 미공(美功)을 세우길 기다리는구나(瞻彼中原與我東, 由來友誼弟兄同, 兩國興亡如一轍, 史家千古語窮通. 是日逢迎聖戰中, 達城垂柳揖高風, 河淸海晏知何日, 惟待賢明樹美功)."

이제 중화민국은 '성전'에 참가할 기회가 없어졌으니 한국 친구들의 기대에 부합해 '미공'을 세울 길도 없어졌다. 개인적으로는 그날 저녁 맥아더 장군의 성명을 방송으로 들은 후 감개무량했다. 나는 대사관에 둘러앉아 참사, 무관, 그리고 중국 기자들에게 다음과 같은 타유시(打油詩)를 읊었던 것을 아직도 기억한다. "참사는 참관할 일이 없고, 무관은 무력을 쓸 곳이 없다. 지금부터 대사는 소사(小使)로 바뀌고, 기자는 더 이상 진기한 것이 없다(參事既無事可參, 武官亦無用武地, 從此大使變小使, 記者亦已不稀奇)."

이 타유시는 모두를 안절부절못하게 했는데, 이 시는 당시 우리 심정이 어떠했는지를 보여주는 것이라 할 수 있다.

대구는 분지라서 사면이 산으로 둘러싸여 있다. 우리가 대구를 떠날 때는 마침 가장 무더운 시기였다. 나는 쉬 참사와 왕 무관에게 매일 분담해서 한국군 및 미국군과 연락해 전쟁 소식을 알아내라고 지시했다. 개인적으로는 이 대통령 및 각 부의 지도자급, 미국대사관과 자주 연락을 취했다. 중화민국의 파병 원조가 실현될 수 없어지자 우리의 지혜와 경험에 근거해 정신적 지원을 할 수밖에 없었다. 나는 한국 내각의원이나 국회의원과 개별적으로 또는 삼삼오오로 모일 기회가 자주 있었다. 다행히도 개인적으로 항전 시기와 반란을 평정한 시기에 중국 총사령부의 직속 부서에서 업무한 경험이 있어 그들에게 도움을 줄 수 있었다.

나는 한국 국회에서 전체 의원을 대상으로 연설할 기회가 있었는데, 바로 7월 17일 전시 대구에서 제헌기념일에 거행된 행사에서였다. 그날 국회 연설에서는 신 국회의장 외에 이 대통령, 미국대사, 중화민국대사인 내가 참석했다. 내가 중국어로 연설하면 통역원이 한국어로 통역했다. 나는 과거부터 현재까지 동고동락해온 한중의 관계를 설명했으며, '항전필승 건국필성(抗戰必勝 建國必成)'의 오랜 구호를 들어 한국 의원들의 용기를 북돋워주었다. 나는 중화민국의 파병 결정을 다시금 설명하면서, 국제정치상의 압력으로 적시에 실현되지 못함을 통탄스러워했고, 마지막에 미국 국무부의 '미중 관계 백서'에 나오는 "일을 일단락시키자(Let's the dust settles)"라는 말을 인용했다. 이는 특별히 영어로 다시 한 번 말했다. 코민테른이 남한을 침략한 전쟁은 이미 발발했고 '일은 이미 일단락되었다'고 할 수 있었다. 미국과 유럽의 민주 국가들은 한국전쟁 및 공산당에 맞서 싸우면서 평화 통일과 자유를 회복하길 바라는 다른 아시아 반공 자유국가들을 지원해주기 바란다고 말하자 전 의원의 열렬한 박수가 쏟아졌다. 미국대사가 주시하는 가운데 나의 연설은 그렇게 끝이 났다.

나는 한국 대중 앞에서 강연할 기회가 많지 않았다. 특히 전시에는 더욱 그랬다. 그런데 지금까지 잊을 수 없을 정도로 인상 깊은 강연이 있는데, 7월 30일 대구 제1교당에서 열린 간증예배에 참석했을 때였다. 중국 대륙에서 백 씨 성의 한국 목사가 오랫동안 나를 전도했는데, 그가 내게 예배에 한 번 출석해달라고 요청한 적이 있다. 백 목사와 그의 신도이자 국회의원인 황성수는 대중이 전쟁으로 고통을 받고 있고 전쟁 상황이 갈수록 악화되고 있으며 미래에 대한 희망 없이 방황하고 비관적인 분위기가 팽배하므로 민중을 위로하기 위한 간증 연설을 나에게 요청했다. 하지만 나는 기독교 신자도 아니고 간증에 대해서는 문외한이었기 때문에 계속 미루며 승낙하지 않았다. 그러나 백 목사와 황성수 의원의 끊임없는 요청에 용기를 내어 마침내 예배에 참가했다. 그날 제1교당에는 하얀 옷을 입은 2000여 명의 신도가 가득 들어차 바닥에 앉아 있었다. 그들의 표정과 태도에는 전쟁이 안겨준 고통과 피로가 만연했다. 그들에게 희망과 앞날에 대한 비전은 온전히 신의 계시에 달려 있었다. 나는 이 신의 계시를 대신해 간증을 선포해야 했다. 나는 내 임무가 막중하고 엄숙하다는 사실을 새삼 깨달았다. 예배와 의식을 치르고 난 뒤 백 목사는 신도들에게 이전에 한국 독립에 협조한 바 있는 중화민국대사라고 나를 소개했다. 백 목사가 나의 한국어 통역을 맡았다. 기독교 신자가 아니라 외교관이었던 나는 가끔씩 성경을 뒤적거리면서 중국 전쟁의 혼란에 이어 한국전쟁의 혼란까지 한중 양국 국민이 공동의 운명이며 한국이 정의의 편에 서 있으므로 도우려는 사람이 많다고 말했다. 아울러 국제 원조의 추세, 중화민국의 한국 원조 결정 및 전쟁 필승 전망 등을 진중한 어조로 이야기했다. 한국의 전

몰장병과 희생된 난민을 위해 기도를 올린 후 마지막에는 이런 말로 끝을 맺었다. "하느님도 반드시 한국을 보우할 것입니다. 대구를 보우할 것입니다. 여러분을 보우할 것입니다. 붉은 마귀를 몰아내고 마지막에는 승리와 평화를 얻을 것입니다. 아멘!"

백 목사와 황성수 의원은 후에 나의 간증 강연을 매우 칭찬했다. 그날 예배에 참여한 2000여 명의 신도가 아주 크게 감동받았다고 했다. 게다가 결론적으로 한국전쟁에서 대구 지역은 마지막까지 적의 손에 함락되지 않았다. 정말 이는 하늘만이 알 일이다. 하느님만이 알 일이다.

대구에는 전쟁 전까지 은신하고 있던 조선공산당 인원이 적지 않았다. 이로 인해 '한국의 모스크바'라고 불리기도 했다. 개전 후에는 북한의 공비 스파이 가운데 난민으로 위장해 전시 상황하의 서울로 잠입해 들어온 사람도 적지 않았다. 어느 날 나와 내무부 장관 조병옥, 미국대사는 대구 공비와 사복 군인 문제를 어떻게 해결할지 토론했다. 나는 보갑제도를 예로 들면서 보갑제에서는 호구를 어떻게 조직·조사하고 어떻게 감찰하는지 설명했다. 그러면서 조병옥 장관에게 한밤의 계엄 시간 동안 몇 차례 돌격을 실시하면 소기의 성과가 있을 것이라고 조언했다. 일주일이 지나고 어느 깊은 밤, 우리 대사관 직원이 단잠에 빠져 있을 때 갑자기 어둠 속에서 반짝 하는 불빛이 비추더니 시끌벅적한 소리에 깼다. 모두들 무슨 일이 일어났나 궁금해했다. 이유를 물어보니, 한국 내무부 소속 치안 기관이 나의 건의를 받아들여 감찰을 실시했다는 것이었다. 이로 인해 우리는 한밤중에 편안히 잘 수 없게 되었으니 실로 자업자득이다. 그러나 이 방법은 확실히 소득이 있었다고 한다.

지금까지 열거한 것은 사실 생색내기에 불과하다. 이는 파병 원조를 하지 않는 중화민국의 대사로서 내가 전시 한국을 격려했던 몇몇 사례에 불과할 뿐이다.

대구 주변의 전시 상황은 느슨해졌다가 긴장되었다가 했다. 시내에서는 적군과 아군의 발포소리를 자주 들을 수 있었다. 저녁이면 술에 취한 미국 군인이 길에서 마음대로 총을 쏘곤 했다. 어느 날 저녁 적의 전투기가 몰래 대구를 습격했는데, 우리가 묵던 곳에서 몇 백 마일 떨어진 지점에 폭탄을 몇 발 터뜨렸다. 이러한 상황은 익숙해져 예사가 되었다. 이렇게 일상적이면서도 긴장으로 가득한 전쟁터에서의 생활로 인해 모두들 술 몇 잔으로 긴장을 풀고 싶어 했다. 하지만 안타깝게도 술값이 너무 비싸 위스키는 거의 구경할 수 없었고 맥주마저도 한 병에 60~70센트씩 하곤 했다. 나는 미국과 한국의 친구들을 초청해서 식사할 때면 화교 식당에서 사온 중국 고량주를 내놓곤 했다. 모두 술을 마시면서 방공등의 어두운 등불 아래에서 둘러앉아 웃는 것이 고난 속의 하나의 행복이었다. 이는 또 다른 특별한 맛이 있었다.

어느 날 저녁 한국 국회의장 신익현, 부의장 장택상 및 조봉암, 법제위원회 위원장 윤중길, 외무위원회 위원 황성수 등에게 나의 집으로 와서 술을 마시자고 권했다. 중앙사 리자 기자도 자리에 있었다. 부의장 장택상은 그전에 외교부 장관을 단기 재임한 적이 있었으며 한국전쟁의 정전 회담 때에는 잠시 국무총리를 지내기도 했다. 그의 중국인 사위 양줴용(楊覺勇)은 외교부 동료이자 후배였다. 장택상은 하와이대학교에서 오랫동안 교직 생활을 했다. 내가 한국 업무를 그만두고 15년 후인 1965년 초 다시 한국을 방문했을 때 이미 퇴직한 장택상과 차를 마시며 옛 이야기를 나눈 적이 있다. 한국전쟁 당시 국회 부의장이던 조봉암은 그때 한국 남로당 당수였다. 그로부터 2년 후 당 지도자 자리를 내놓고 이승만과 대통령 선거에서 경쟁했는데, 득표수가 적지 않았다. 그러나 이 대통령에 의해 공비와 내통한다는 죄목으로 사형에 처해졌다. 그때는 내가 사임한 이후였으므로 상황이 어찌되었는지 알지 못한다. 그의 아들 조길용*은 당시 타이완대학

---

* 조봉암의 아들 이름은 조길용이 아니라 조규호다. _옮긴이 주

에서 학문 연구에 힘쓰고 있었는데, 나의 아들 사오쯔핑(邵子苹)*과는 동
창생이었다. 그런데 사오쯔핑은 제멋대로 돈을 가져가 조길용이 미국으로
가는 것을 돕기도 했다. 조길용은 후에 미국의 한 대학에서 교수로 일해
내가 뉴욕에 있을 때 만나기도 했다.

술이 한 바퀴 돌자 리자가 문제 하나를 꺼내들었다. "왜 한국 사람들은
남녀노소 모두 더울 때나 추울 때나 흰 옷을 입나요? 소문대로 기자(箕子)
씨를 위해 상복을 입는 것이 지금까지 전해져 내려온 것인가요?"

중국 사적(史籍)에 따르면 주(周)나라 무왕이 기자를 조선 왕으로 책봉하
면서 이른바 '기씨(箕氏) 조선'이라고 했다는데, 민족적 자존심으로 인해 적
지 않은 한국 친구들이 이를 이야깃거리로 삼고 싶어 하지 않는다. 사실
기자가 고조선을 건국한 이후 랴오둥에서 강을 건너 남하해서 한반도로
갔으며, 대동강에서 한강에 이르기까지 한민족의 건국을 도왔다는 이야기
는 중국의 고서에 많이 기재되어 있다. 평양의 기자릉도 800년 전 고려 숙
종이 중건한 것이다. 하지만 남한 친구들의 정서 또한 이해할 만하다.

신익현 의장이 먼저 기자조선의 상복설에 반대하며 말했다. "한국인이
흰 옷을 입는 기원은 신라시대에 귀족은 남색 옷을 입고 평민은 흰 옷만
입는 데서 유래한 것입니다. 그 후 귀족이 사라지자 백의는 일반 민중의
복장이 된 것이지요."

장택상 부의장은 외교부 장관을 역임한 적이 있기 때문에 외교적 언사
로 대답했다. "백색은 평화를 상징하는데, 한국인이 평화를 사랑하기 때문
에 흰 옷을 즐겨 입는 겁니다."

황성수 의원도 이어서 흰 옷의 기원은 왕이 붕어했을 때 백성들이 상복
을 입은 데서 비롯되었는데 그 국왕이 누구인지는 자신도 기억이 잘 나지
않는다고 말했다. 이 사람이 한 마디, 저 사람이 한 마디 하면서 꽤 열띤

---

* 사오위린의 아들로 1936년 출생했다. 1958년 타이완대학 법학원을 졸업한 이후 독일에서 박사
  학위를 취득했다. _옮긴이 주

토론이 이어졌다. 결국 모두 주인의 생각을 물어왔고 내가 말했다. "한국인은 지혜가 풍부합니다. 한국의 선조는 오늘날 이 같은 원자폭탄의 시대를 예측했을 것입니다. 자고로 국민들을 교도하기 위해 흰 옷을 입었을 것입니다. 히로시마, 나가사키의 경험에 비춰보았을 때 흰 옷은 원자폭탄을 막는 가장 간단하고도 효과적인 방법입니다. 이는 과학적 근거가 있습니다. 믿든 믿지 않든 당신네 선조에게 물어보면 알 것입니다." 한국 친구들은 이 말을 듣고 포복절도했다.

전장에서의 생활 중 가장 긴장된 것은 적이 대구를 포격한 이틀이었다. 만일 야간 폭격과 공중 공격 중 하나를 반드시 선택해야 한다면 나는 공중 공격을 선택하겠다. 폭격은 매우 싫었다. 폭격은 사전에 어떤 경고도 없었기 때문이다. 또한 포탄은 한두 발로 끝나는 것이 아니었다. 공중 공격은 적기가 오기 전 윙윙 소리를 내므로 폭격과는 달랐다. 머리 위를 지나가면 안심할 수 있었다. 8월 초에는 유엔군의 병력이 매우 약해졌다. 각 전선이 재정 곤란에 빠져 헤어나지 못하고 있었다. 8월 9일에는 적군이 의원회관 남쪽 낙동강을 건너 대구에서 불과 몇 리 떨어져 있었다. 그날 저녁 북한군은 대구를 폭격해 시 중심의 기차역을 쐈는데, 기차 앞부분이 훼손되고 4명이 사망했다. 유엔군 제8군 총사령부의 언론 담당자는 너무 긴장한 나머지 기자들의 비밀회의에서 각국 기자에게 철수를 준비하고 있다가 명령이 떨어지면 한 시간 내에 후퇴하라고 했을 정도였다. 이 소식은 매우 빨리 퍼져 바로 각 부문에 전달되었고 이로 인해 민심이 흉흉해졌다. 결국에는 전쟁 상황이 변화해 대구에서는 철수하지 않았고, 이로 인해 그 언론 담당자는 파직되었다. 8월 14일에는 다시 근거 없는 후퇴 소식이 떠돌았으나 8월 15일이 대한민국 건립 2주년 기념일이었기 때문에 우리는 한국 정부가 대구문화극장에서 거행한 기념의식에 참석해야 했다. 한편 전시에 정부, 국회, 외교단을 모두 전선에 있도록 한 것은 군사·정치적으로 매우 불합리한 조치였다. 하루하루가 다르게 상황이 긴박했으므로 이 대통령은

7월 초 내가 대구에서 그를 방문했을 때 했던 건의를 받아들여 내각의원 중 작전과 직접 관련 있는 부서 및 필요 인원을 제외하고는 모든 정부와 기타 부서 및 국회를 부산으로 이전하기로 8월 15일 결정했다.

17일 밤 9시, 한국 외무장관 임병직은 서울에서 철수할 때 우리에게 통고하지 않았던 것을 의식해 이번에는 정부를 대표해 특별히 직접 우리에게 알려왔다. 나는 임병직 장관을 마중한 후 쉬 참사와 왕 무관에게 일찍 잠자리에 들고 내일 새벽 일찍 행동하라고 분부했다. 하지만 그날 밤 11시를 전후로 적이 또 다시 대구 시내에 폭격을 가할지 누가 알았겠는가? 폭탄은 우리 옥상으로 날아왔고 셍 하는 소리와 작렬하는 폭탄 소리가 뚜렷이 들려왔다. 포탄이 떨어진 지점을 판단해보니 거리가 너무나도 가까웠다. 모두들 황급히 일어났으나 한밤중에 도망갈 곳도 없었으므로 제멋대로 의자를 꺼내어 서늘하게 죽음을 기다릴 뿐이었다. 폭탄은 연달아 일곱 발이 날아왔다. 다행히도 죽음의 신은 우리를 비켜갔다. 그러나 당시에는 그저 앉아서 죽음을 기다리는 것 말고는 방법이 없었는데, 이 또한 내키지 않아 우리 모두는 한 소리로 "빌어먹을!"이라고 욕을 했다. 그러고는 눕자마자 잠이 들었다. 다음날 18일 오전 나는 타이베이에 중화민국대사관이 부산으로 이전할 것이라는 내용의 전보를 보냈다. 이어 쉬 참사, 왕 무관, 그리고 돤청(耑程)을 호송한 한국 외교부 조정환 차관이 지프차 두 대에 우리를 태웠고 미국대사 및 그 수행원들과 거의 동시에 출발했다. 난민들이 매우 많아 도로는 꽉 막혔다. 이렇게 해서 위험한 대구를 벗어나 부산으로 향했다.

>> 배수진을 친 최후의 거점지 부산

우리는 덜컹대는 지프차를 타고 7시간에 걸쳐 대구에서 부산 해운대해 수욕장까지 갔다. 이미 하늘은 어둑해지고 있었다. 모두 먼지를 뒤집어 쓴 채 피곤이 역력한 몰골이었다. 해운대에서 잠시 쉬기로 하고 온천에서 샤워를 한 뒤 다음날 아침 일찍 부산 시내로 진입했다.

부산은 대한민국 반도의 최남단 거점이다. 또한 주둔한 유엔군이 유일하게 사용할 수 있는 군용 항구였다. 유엔군은 이미 부산을 기점으로 활 모양의 방어선을 구축해놓은 상태였다. 서쪽으로는 마산이 대구와 낙동강으로 이어져 있고, 동쪽 연안으로는 포항과 기찻길로 이어져 있었다. 이 방어선은 7월 20일 예 부장에게 보고할 때 언급한 적이 있다. 유엔군의 현재 병력은 진주, 대구, 포항까지 물러나 방어만 하고 있을 뿐이었다. 진주는 이미 함락되었고 포항도 이미 몇 번 함락당한 상태였다. 이제 남은 방어선을 지키지 못하면 바다로 뛰어들어 다시 한 번 제2차 세계대전의 됭케르크 철수를 선보여야 할 판이었다. 부산은 마산과 30리 떨어져 있었으므로 그야말로 최후의 배수진을 친 거점이라 할 수 있었다. 더 이상 물러날 곳도 없었다. '나아갈 준비만 할 뿐, 후퇴는 허락되지 않는다'라는 마음으로 모두 전황이 좋아지길 기대하며 전진해나갔다.

8월 19일부터 9월 29일까지 우리는 부산에서 40일을 묵었다. 대전에서의 일주일, 대구에서의 한 달과 비교하면 긴 기간이다. 9월 15일 맥아더 장군이 인천에 상륙해 전면적인 반격에 들어가자 전쟁 상황은 순식간에 바뀌었다. 3개월 동안 함락되었던 수도 서울이 마침내 수복된 것이다. 우리는 9월 29일 이 대통령과 함께 같은 비행기로 서울로 돌아갔다. 부산에서 보낸 40일 중 전반기에는 비장했고 후반기에는 흥분과 기대로 가득 찼다.

우리가 부산에 도착해 처음으로 한 일은 대사관 사무실을 확정하는 것이었다. 대일 항전 이전에는 부산에 중국영사관이 있었다. 항전 시기에는 정통성 없는 정치세력이 부산에 영사관을 임시로 조직해 인원을 파견하기도 했다. 외교부에 따르면 항전에서 승리한 후에는 정부의 재정이 어려웠기 때문에 내내 영사관을 설립할 수 없었다고 한다. 이전 영사관 건물은 오래도록 보수하지 않아 풀이 무성하게 자라 있었으나 각지에서 도망 온 화교 난민들로 가득했다. 천 비서는 부산의 도지사에게 부탁해 작은 일본 다다미방을 얻었는데, 이 방은 대사관원의 숙소로는 사용할 수 있었지만 사무실로는 쓸 수 없었다. 공교롭게도 주한 중화민국대사관과 중화민국 외교부는 같은 길을 걷게 되었다. 대륙에서 쫓겨나 정부를 타이베이로 옮겼을 당시 외교부는 타이베이 소춘원(小春園)호텔에 본부를 마련했다. 부산으로 옮긴 중화민국대사관도 오래지 않아 봉래각 안에 사무실을 차렸다. 다만 주한대사관 근처에는 외교부처럼 수정궁특종주가(水晶宮特種酒家) 같은 빼어난 주점이 없는 점이 안타까웠다.

봉래각으로 말할 것 같으면 부산에서 매우 맛있기로 소문난 중화요리집이었다. 5층 서양식 건물이고 시 중심가에 우뚝 서 있었다. 이전에는 병원 건물이었는데, 내부는 매우 깨끗했다. 미군 당국과 한국정부가 몇 차례 징용에 쓰고자 했으나 식당 주인이 매우 똑똑해 재산을 보존했다고 한다. 또 애국심이 강해 대사관이 부산으로 후퇴해 온다는 소리를 듣자마자 자발적으로 쉬 참사를 찾아왔고 식당의 일부 방을 대사관에 빌려주어 사무실로 사용하길 청했다고 한다. 마침 우리는 임시 사무실을 구하지 못하고 있던 상황이었으므로 그 제안을 받아들여 긴급한 문제를 해결했다. 봉래각의 4, 5층 두 층을 주한 중화민국대사관 부산 임시 사무실로 사용했으며, 1, 2, 3층은 본래대로 식당으로 영업했다. 또한 대사관용 출입구와 계단을 별도로 두었는데, 이는 혼잡을 피하기 위함이었다. 봉래각에 자리를 마련한 중화민국대사관 사무처는 산을 의지하고 물을 곁에 두어 형세가 웅위했다. 5층의 옥상에는 청천백일만지홍기, 즉 중화민국 국기가 걸렸다. 옥상에서는 부산 시내의 전경이 한눈에 들어왔다. 대전과 대구에서 지내던 때에 비하면 그럴듯하기가 비교가 되지 않았다. 가장 편했던 것은 바로 밑층이 식당이라서 손님이 오면 중국인이든 한국인이든 서양인이든, 공적인 일이든 사적인 일이든 상관없이 언제라도 그들에게 식사를 대접할 수 있다는 점이었다. 대사관의 계산서는 20%를 할인해주었는데, 얼마 지나지 않아 대사관을 방문하는 손님과 식당의 손님들이 줄을 이어 봉래각은 늘 북적거렸다. 이로 인해 중국 특색의 '요리 외교'라는 이름이 붙여지게 되었다. 안타까웠던 것은 사무실이 있던 곳이 항구에서 너무 가까워 전시에 군수가 바쁠 때는 밤낮을 가리지 않고 기차와 증기선의 기적소리가 울려댔다는 것이다. 그 정도가 심각해 심신이 불안할 정도였다. 게다가 요충지이고 건물이 높았기 때문에 적기가 포탄을 발사할 경우 목표가 되기에 알맞았다. 하지만 부산에는 전시의 충칭과 달리 도처의 건축물에 방공용 지하대피소가 없었다.

부산이라는 도시는 피난민으로 가득 차게 되었다. 이에 한국정부의 주관 부서에서는 노약한 난민들을 부근의 섬으로 보내는 방안을 마련했다. 한편 젊고 혈기왕성한 사람들은 징집해 훈련시켰다. 병력을 보충하고 확대해 반격을 준비하기 위함이었다. 화교는 외국인이었기 때문에 병력을 부담할 의무는 없었다. 또 사람도 땅도 모두 낯설고 생활하면서 기댈 곳도 없었기 때문에 부근의 섬으로 흩어질 수도 없었다. 하지만 한국정부가 안고 있는 부담이 너무나 막중했으므로 우리까지 한국정부의 구제 기구에 무거운 짐을 얹을 수는 없었다. 유일한 방법은 대사관이 현장에 가서 직접 사람들을 구제하는 것이었다. 동시에 적극적으로 화교 후퇴를 처리해야 했다. 우리는 화교들을 타이완으로 돌려보냄으로써 위기의 땅에서 구출시켜야 했다. 부산에서 지낸 40일 동안 우리가 주로 수행한 화교 업무는 바로 화교들을 구제하고 후퇴시키는 것이었다. 내가 한국에서 수행한 화교 업무는 다음과 같이 나눌 수 있다. 전쟁 이전에는 화교 조직과 훈련을, 전쟁 발발 후에는 구제·후퇴·동원·참전 등을, 사직하고 타이완으로 돌아간 후에는 후임에 대한 학생 교육 및 진학 협조, 난민 화교 구제 협조 등의 업무를 수행했다.

다른 절에서 따로 서술할 것이므로 여기서는 당시 부산에서 중요시한 화교 구제 및 후퇴 업무 외에는 덧붙이지 않겠다. 나는 원래 천 비서가 담당하던 화교 업무를 쉬 참사가 주관하도록 하고 천 비서는 이를 보조하도록 지시했다. 또 그 둘에게 한국 관련 부서 및 외교단, 유엔한국위원회와 지속적으로 연락을 취하라고 당부했다.

무관의 업무는 주로 전황을 연구·판단하고 미국 및 한국 군 당국과 연락을 취하는 것이다. 어느 대사는 전시에 가장 중요한 조수는 무관이라고 말하기도 했다. 그런데 왕 무관의 기질은 나를 고민에 빠뜨렸다. 한국전쟁 전에 쉬 참사가 나에게 한 말에 따르면, 왕 무관은 이전에 개인적인 일을 요청한 공문서에 총영사 관인을 찍으려 했는데 당시 영사였던 쉬 참사에 의해 거절되었다. 이에 앙심을 품고 왕 무관은 쉬 참사에게 간첩 혐의가 있다고 정부에 밀고했다. 이에 총통은 직접 전보를 보내 이 사건을 엄중히 조사하라고 명령하기도 했다. 이후 나와 쉬 참사는 자료를 분석한 끝에 밀고자가 왕 무관이라고 판단했으나 총통부와 국방부가 정보의 출처를 밝힐 수 없다 해서 우리로서도 왕 무관을 처리하기 어려워졌다. 그렇지 않았다면 왕 무관을 처벌하고 퇴출했을 것이다. 전쟁이 발발하면 대사관에서는 무관이 대사의 군사 수행을 맡게 되므로 대사와 함께하며 그를 수행해야 하는데, 한국전쟁 발발 후 처음으로 철수를 요청한 사람이 바로 왕 무관이었다. 그 이후 우리가 대전, 대구, 부산에 있는 동안 군사 정보와 전황이 급변하자 그는 상사인 나에게는 보고하지 않은 채 국방부에 기밀 전보를 보내 전황을 보고했다. 상황이 이러했기에 나는 쉬 참사에게 심부름을 보냈으면 보냈지, 왕 무관과 시시콜콜 따지고 싶지 않았다.

그러나 부산에 도착한 지 얼마 되지 않아 발생한 사건으로 더 이상 참을 수 없게 되었다. 대구에 있을 때 나는 부무관 왕지셴이 도쿄에서 보내온 편지를 받았는데, 왕 부무관은 편지에서 서울에서 위급했을 때 나보다 먼저 철수하고 싶지 않았고 나를 따라 마지막 순간까지 함께하려 했다고 보고했다. 하지만 당시 나는 왕지셴 부무관에게 도쿄로 후퇴하라고 지시를 했고 왕 부무관은 이에 따랐다. 그런데 왕우 무관은 왕지셴이 제멋대로 이직했다며 국방부에 투서했고, 이로 인해 왕 부무관은 파면되고 말았다. 나는 이 일이 명백히 조사되길 기다리고 있었는데, 국방부가 재빠르게 인사 발령을 내려 왕지셴의 뒤를 이어 두칭(杜慶) 소령이 주한대사관의 부무관으로 부임했다. 그가 이미 부산에 도착했다는 보고를 받고 나는 혼자 두 부무관을 맞이했는데, 두칭 소령에 따르면 국방부가 왕 무관의 보고에 근거해 부무관을 교체했다고 했다. 나는 새로 온 두칭 부무관의 인상이 나쁘지 않았으나 왕지셴 부무관의 억울한 사임에 대해서는 매우 안타깝고 유감이었다. 왕지셴은 항전 기간 동안 한국광복군 및 조선의용군에 복무하면서 한국 독립지사들과 꽤 교류가 있었다. 한국어에 능통해 한국 국적의 사무원 외에 한국어를 할 수 있는 대사관의 유일한 인재였다. 전시에는 반드시 그의 도움이 필요했는데 왕우 무관의 중상모략으로 사임되었으니 왕 무관의 사람 됨됨이와 일처리 방식이 매우 심각하다고 여겨졌다. 이로 인해 나는 상세한 사실 경과를 참모총장 저우즈러우(周至柔)에게 서한으로 보내 왕지셴 부무관의 억울한 사임에 대해 고하고 그의 복직을 요청했다. 더불어 왕우 무관의 전출도 요청했다. 이 일은 매우 오래 시간을 끌어 서울을 수복하기 직전에야 해결되었다. 왕 무관의 후임으로는 궁쭤런(龔作人) 소장이 왔다. 1944년 궁쭤런은 충칭 군령부에 의해 미국 사관학교로 파견되어 훈련받고 있었는데, 그때 우리 두 사람은 미국에서 이미 서로 알게 되었다. 그가 한국에 무관으로 부임하자 우리는 적극 협력하게 되었다. 나는 중화민국정부 각 기관의 외국 주재 인사 제도를 철저히 개혁해야 한다고 생각한다. 외국 대사는 국가원수를 대표하므로 각 기관은 대사관에 인원을 파견할 때 반드시 형식적인 절차를 거쳐야 하며, 대사관은 일관된 지휘 및 심사 권한을 가져야 한다. 이는 국방부가 파견하는 무관과 부무관, 경제부가 파견하는 재정 참사와 상무 전문가, 교육부가 파견하는 문화 참사와 전문가, 언론부가 파견하는 신문 참사와 전문가, 국가안전국이 파견하는 안전요원 모두 마찬가지다. 그렇지 않으면 기강을 유지하기가 어렵고 장애물이 많아 일을 추진하고 실행하기가 어려워진다. 안타깝게도 나는 이후에 총통부와 외교부에 재직하며 청평을 향해 재차 반복해서 개정을 건의했고 구체적인 방법까지 거론했지만, 공직에서 퇴임하고 회고록을 쓰는 지금까지도 정부는 이를 철저히 실시하지 못하고 있다. 아, 개혁의 어려움이여!

나는 사무실을 확정하고 업무를 분담한 후 연일 각각 부통령 이시영, 전 총리 이범석, 국회의장 신익현 및 신임 대리총리 겸 국방장관 신성목, 해군 참모총장 손원일, 공군 참모총장 김정렬, 육군 참모총장 신태영과 연락을 취했으며, 외교단에서는 미국대사, 유엔한국위원회 각국 대표와 긴밀히 연락하며 서로 정보를 교환했다. 미국대사는 나에게 유엔군이 부대를 증원해 계속해서 도착할 예정이므로 전황이 낙관적이라고 말했다. 한국에서 새로 징병한 사병은 약 6만 명인데, 이미 이들을 일본 기지로 보내 미군에서 훈련하고 있다고 했다. 현재 미군은 한·미군 혼합 편제를 채용해 모든 미군 연대에서는 한국 사병을 100명씩 편입했는데 그 효과가 자못 좋다고도 알려주었다. 미국대사는 중화민국의 참전 파병에 대해서는 언급하지 않았고 나도 이 일에 대한 얘기는 피했다. 오히려 국회의장 신익현이 중화민국 부대의 참전을 줄곧 마음에 두고 있었다. 나는 일기에 다음과 같은 간단한 기록을 적어두었다.

8월 22일 화요일. 신 의장은 나에게 아마도 중화민국 부대는 유엔군이 38선 이북까지 북상하기를 기다렸다가 참전해야 할 것 같다고 했다.

안타깝게도 유엔군이 38선 이북까지 북상했을 때 파병해서 참전한 것은 오히려 중국공산당이었고 중화민국의 파병안은 실행되지 못했다.

8월 24일 오전 11시 나는 도지사 관저에 가서 이 대통령을 알현했다.

그와 부인은 집을 빌려 잠시 그곳에 머무르고 있었다. 이 대통령과 나는 한 시간 넘게 대화를 나누었다. 나는 그날 저녁 다음과 같은 비밀 전보를 보냈다.

수신: 타이베이 외교부

① 오늘 아침 이 대통령을 방문했습니다. 그는 전황에 대해 아주 낙관적으로 전망하고 있었고, 한미군이 이미 연합해 작전을 펼치고 있다고 했습니다. 한국군의 현 방어선 외에 모든 연대의 미군에 한국 군인이 100명씩 투입되어 있다고 합니다. 복장은 동일하나 특별한 표식이 있다고 합니다. 또 정보에 따르면 맥아더 장군이 일본에서 한국군 6만 명을 훈련시키면서 반격을 준비 중이라고 합니다. 현 정보에 의거해 판단컨대, 영국, 터키, 필리핀 지상부대가 긴급 도착할 수 있으며 부산 외곽의 낙동강 방어선은 당연히 확보 가능합니다.

② 이승만 대통령은 네루, 나세르 등 친공산주의자들이 제멋대로 하는 태도에 대해 매우 격렬하게 비난했습니다. 나는 예 외교부장이 직접 연대에 참여해 최선을 다해 한국을 지지해주기를 바랍니다. 이 대통령은 특히 장 대표에게 감사의 표했습니다.

③ 이 대통령은 전쟁을 확대하지 않으려는 미국의 의도를 따르려 하지만 중화민국이 지휘하는 군이 북상하는 것을 막을 자는 없습니다. 총통과 부인에게 안부를 물어달라고 부탁했습니다.

8월 24일 사오위린

이 전보에서 알 수 있듯 부산 외곽의 전쟁 상황은 극도의 긴장 상태여서 포항이 수복되었다가 함락되기를 반복했으며, 마산의 상황도 여러 차례 긴박했으나 한국 조야의 사기는 매우 고양되어 있었다. 또한 적극적인 반격을 준비하고 있었다. 한편 여자들도 충성스러움이나 용감함에서 남자들에게 뒤지지 않았다. 여기서는 한국 여자의용군에 대해 이야기하고자 한다.

여자의용군의 편성은 한국 역사상 최초라 할 수 있다. 특히 부산 외곽의 위급한 상황에서 500~600명의 젊은 부녀자가 스스로 여자의용군에 참가해 그 의의가 더욱 깊다. 대장은 김봉소 여사로서, 소령의 직함을 달고 이전에 경찰로 재임한 적이 있으며 약 40세였다. 우아한 자태의 중년 부인이었다. 그녀가 나에게 한 말에 따르면, 그녀는 전 총리인 이범석 장군의 독려를 받아 이 조직을 지도하는 데 헌신했다고 한다. 여자의용군은 이범석 장군이 이끌었던 대한청년단과 비교하면 인원수가 천양지차이지만 정신력만큼은 최고였다. 그녀들의 조직과 업무는 미국의 육군여군부대(Women's Army Corps: WAC)와 비슷했는데, 주로 구호, 선전, 군사 기관 사무실 보조 업무 등이었다. 물론 필요하다면 총을 들고 국가를 수호하기도 했다. 이로 인해 기능 훈련 외에 매일 군사 훈련을 엄격하게 실시했다.

나는 이범석 전 총리의 소개로 이 여성 영웅을 알게 되었다. 내가 기억하기론 9월 6일, 즉 대한민국 여자의용군이 입대식을 거행하던 날 초청을 받아 부무관을 수행해 이 의식에 참가했다. 귀빈 중에는 신성모 국무총리 대리 겸 국방부 장관, 백낙준 문교부 장관, 김활란 내각 공보처장, 유엔군 부산기지 사령 가빈 장군이 있었으며, 우방국 대사로는 유일하게 내가 포함되었다. 인사말이 이어졌다. 나는 여자의용군 전체 부대원에 대해 간단히 인사말을 하면서 장 총통의 한국 원조 파병 결정을 언급했다. 이 결정이 국제 정치의 압력으로 인해 아직 실행에 옮기지 못하고 있다고 설명하고, 중국 역사 가운데 친량위(秦良玉)와 화무란(花木蘭) 이야기*로 그들을 격려했다. 또한 모두에게 첫째, 국가를 수호하고 작전에 협동하며 한국의 민족 혁명을 위해 헌신하라고 당부했다. 둘째, 주방에서 전선으로, 재봉선

---

* 친량위는 명나라 말기의 여장수이며, 화무란은 아버지를 대신해 전쟁에 나간 고사에 등장하는 여성이다. _옮긴이 주

에서 총으로 바꾸어 남녀평등을 위한 한국의 사회 혁명을 위해 노력하라고 요청했다. 마지막으로, 중국 부녀들, 특히 중국 여자 정공대(政工隊) 대원들이 여러분을 본받고 있다고 하자 모든 대원이 갑자기 일어서서 답례의 경의를 표했다. 한편 나는 이범석과 몇몇 외교대표, 한국정부 수장, 국회의원을 초대해 저녁 만찬을 열어줌으로써 그녀들을 대신해 기세를 북돋워주었다.

이범석은 한국전쟁이 발발하기 얼마 전 스스로 총리직을 사임했는데 그 후 우리는 만날 기회가 더 많아졌다. 그는 대전에서는 다방면으로 뛰어다니며 정부와 국회 관계에 협조하고자 노력했다. 대구에서는 한국 및 미군 총사령부를 대신해 개인적인 작전 의견을 냈으며, 나와 전쟁 해결에 대한 토론을 자주 벌였다. 부산에서는 마침 중화민국대사관이 봉래각 위층에 있었으므로 저녁 즈음 나를 찾아와 양주 또는 고량주를 함께했다. 반찬을 몇 개 시켜 안주 삼았고 식사도 함께했다. 적군과 아군의 전쟁 전략, 세계정세부터 가정사의 소소한 일까지 함께 나누며 말하지 않은 것이 없었다. 국가에 전쟁이 발발하고 중대한 변고를 맞이하는 시기에 관직 하나 없었던 그의 고통을 나는 알 수 있었다. '국가의 흥망성쇠는 백성에게도 책임이 있다'라고 하지만, 관직에서 내려와 화장까지 지운 사람이 제멋대로 무대 위로 올라가 노래할 수는 없는 일이었다. 특히 이범석은 신성모가 자신의 후임을 맡게 된 것을 매우 통탄스러워했다. 그가 총리 겸 국방장관을 맡던 시기에 신성모는 국방차관이었는데, 신성모는 이 대통령과 그의 부인 앞에서 교언영색하고 윗사람에게 아양 떨며 아랫사람을 억누르는 사람이었다고 한다. 이로 인해 신성모는 원래 겸직하던 이범석을 밀어내고 국방장관으로 승진했으며 총리직도 대신했다. 대통령의 신임이 더해가던 때였으므로 신성모가 제멋대로 설치는 꼴은 상상이 되고도 남았다.

9월 18일 맥아더 장군이 상대의 허를 찔러 승리하고 인천에 상륙해 모든 전쟁 상황을 역전시킨 3일째 되던 날 저녁, 이 전 총리는 다시 나를 찾아와 한담을 나누었다. 우리는 술을 세 번 돌려 마셨는데, 그는 유엔군이 이미 반격을 시작했다고 말하면서 자신이 구상하는 반격 계획을 나에게 알려주기도 했다. 그는 내각에 들어가지 못하고 있는 상황이지만 신성모가 주재하는 내각엔 들어가고 싶지 않다고 했다. 그렇다고 군복을 입고 군대를 인솔하는 것은 더욱 불가능한 일이었다. 나는 기왕 이렇게 된 바에야 출국하는 길밖에 없다고 말했다. 국외에서 1~2년 있으면서 국내외 분위기를 살피다가 신성모의 약점이 노출되면 그때 돌아와도 늦지 않다고 하자 그는 자신도 그런 생각을 하고 있다면서 예전에 중국에서 있던 곳으로 돌아가면 친구도 있으므로 물고기가 물을 만난 듯 활보할 것이라고 기대했다. 그러나 일이 그렇게 될지는 알 수 없는 노릇이었다. 나는 전 주중 한국대사 신석우를 소환하게 된 내막과, 내가 대구에서 이 대통령에게 이 일에 대해 물어봤던 경과를 하나하나 설명해주면서, 타이베이가 인화(人和)·지리(地利)가 갖춰져 있으니* 그리로 가야 한다고 말했다. 그러나 이 대통령과 이범석 두 사람의 미묘한 관계를 감안할 때 곧장 주중대사가 되기는 어렵고 우회해서 가야 할 것이라고 생각했다.

이 대통령은 천성적으로 의심이 많기 때문에 이범석이 오랜 기간 중국 조야와 밀접한 관계를 맺어왔다는 이유로 주중대사 임명에 반대할 확률이 높으므로 나는 미국대사직을 먼저 요청해보라고 조언했다. 그러면 이 대통령은 이에 동의하는 대신 스스로 한 발 물러서 중화민국대사직을 제안할 것이고 그러면 못 이기는 척 수락하면 되리라고 생각했던 것이다. 9월 말 수도가 수복되었고, 우리는 이 대통령과 함께 서울로 돌아갔다. 이범석은 쌍십절에 중화민국대사관의 국경일 연회에 참가한 후 얼마 지나지 않아 이 대통령에게 미국대사직을 요청했다. 후에 이범석이 알려준 바에 따

---

* 『손빈병법(孫臏兵法)』에 나오는 "천시, 지리, 인화, 이 세 가지를 얻지 못하면 승리를 얻더라도 더 큰 재앙과 부딪친다(天時, 地利, 人和 三者不得, 雖勝有殃)"에서 비롯된 말로, 전쟁에서 이기기 위해서는 하늘의 때[天時], 땅의 이로움[地利], 사람 사이의 화합[人和]이 중요하다는 의미다. _ 옮긴이 주

르면, 예측했던 것처럼 이 대통령은 그에게 시일을 좀 달라고 하더니 11월 중순 이범석을 미국대사로 파견하는 대신 중화민국대사로 임명했다. 이범석은 계획했던 대로 못 이기는 척 이를 받아들였다. 우리는 재빨리 일을 처리해 중화민국정부에 수속 절차에 대한 동의를 구했다. 한국정부는 12월 8일 정식으로 전 국무총리 이범석을 중화민국대사로 임명한다고 선포했다. 이범석은 12월 21일 비행기로 타이베이로 갔다. 25일 장제스 총통에게 신임장을 올려 정식으로 주중 한국대사로 취임했다. 이 대사는 주중대사로 재임하는 동안 한중 교류를 촉진하기 위해 최선을 다했다. 1953년 초 나는 주한대사직을 사직하고 총통부 고문을 맡았는데, 이 대통령이 이범석을 내무부 장관으로 비밀 임명하기 전까지 오랜 친구로서 교류했다. 장관으로 임명되자 그는 나에게 후임 인사에 대한 개인적인 의견을 구했고 우리는 김홍일 장군을 그의 후임 인사로 하는 데 동의했다. 그는 귀국한 후 내무부 장관에 임명되어 이 대통령을 대신해 선거를 처리했다. 그러나 이 대통령이 적극적으로 지지해주지 않아 부통령 선거에서 결국 패하고 말았다. 1965년 초 나는 주터키대사직을 사임한 후 아내와 세계를 여행하다가 서울에 들렀는데, 그때는 이미 이범석이 완전히 퇴임한 상태였다. 우리는 이범석의 집에 초대받아 함께 술을 마시며 마음껏 이야기했다. 1972년 5월 10일 이범석은 타이베이에 와서 총통의 취임식에 참석하는 한편 타이완의 경제 건설을 참관키로 했는데, 중화민국정부는 당시 스케줄을 배정하면서 나에게 그를 동행해 각 지역을 참관하고 총통을 알현하도록 지시했다. 하지만 이범석이 중풍으로 급사했다는 전보를 서울로부터 받으리라고 누가 생각이나 했겠는가? 중국과 깊은 관계였던 그의 일생은 그렇게 끝이 났고 우리 사이의 친밀한 우정 역시 마무리 지어졌다.

9월 15, 16일은 우리가 부산에서 머문 동안, 아니 한국전쟁 전 기간을 통틀어 가장 흥분된 이틀이었다. 맥아더 장군이 해군 육전사와 보병사단을 이끌고 귀신도 모르게 인천에 상륙해 유엔군이 계속 패배하던 전쟁 상황을 역전시켰던 것이다. 적군이 남한에서 활개를 치던 참혹한 상황에서 3개월 동안 자나 깨나 갈망하던 진격 상황이 마침내 실현되었다. 너무나도 떨리고 흥분되었다. 이처럼 가슴 뛰는 상황에서 부산에서 새로 만났던 친구와 오래된 벗에 대해 이야기하지 않을 수 없다.

9월 15일 맥아더 장군이 인천상륙작전을 실시한 그날 저녁, 유엔 사무총장 트리그브 라이의 개인 대표 카트진 대령은 미국대사와 호주 주일 겸주한대사, 그리고 중화민국대사인 나를 저녁식사에 초대했다. 거기서 대니얼 폴링 씨를 우연히 만났다. 그는 《크리스천 헤럴드》 뉴욕지사의 주필로서, 장제스 총통 및 부인과 오랜 친구였으며 이 대통령과도 아주 잘 알고 있었다. 그는 며칠 후 타이완을 방문할 것이라고 했다. 쑨원 선생의 오랜 친구이자 얼마 전 타이완을 방문하고 한국에 온 모리스 윌리엄스도 있었다. 나는 다음날인 16일 윌리엄스와 긴 이야기를 나누었고 그 둘을 초청해 식사를 함께했다.

쑨원은 윌리엄스가 쓴 『역사의 사회적 해석(The Social Interpretation of History)』이라는 책을 예로 들며 이 책에서 논한 사회 민생 문제에 대한 해법이 자신의 주장과 매우 비슷하다고 주장한 바 있다. 쑨원은 1924년 1월 21일 발표한 '민생주의의 설명에 관하여'와, 같은 해 8월 3일 발표한 '민생주의 제3강'에서 각각 이를 언급했다. '민생주의 제3강'에서는 다음과 같이 말했다. "마르크스를 따르는 미국의 학자 윌리엄스는 마르크스주의를 깊이 연구했는데, 마르크스 학설에 불충분한 점이 있다는 데 대해 다른 학자들과 매우 큰 논쟁을 벌였다. 그가 발표한 내용을 보면, 물질이 역사의 중심이 될 것이라고 한 마르크스의 주장은 틀렸다는 것이다. 윌리엄스는 사회 문제가 역사의 핵심이며, 사회 문제 중에서도 생존이 핵심이 되어야만 합리적이라고 주장한다. 민생 문제야말로 바로 생존의 문제인데, 이 미국학자는 최근 적과 우리 당의 주의가 조금도 틀리지 않다는 것을 발견했다."

윌리엄스는 마르크스의 유물사관이 사회 진화의 '결과'만 설명할 뿐, 사회 진화의 '원인'은 규명하지 않았다고 주장했으며, 쑨원은 마르크스가 결과를 원인으로 잘못 알았다고 여겼다. 윌리엄스는 사회병리학자나 사회생리학자는 아니지만 그의 사회사관은 쑨원의 민생사관에 크게 공헌했다. 나는 국민당원으로서 총리가 남긴 이 구절을 읽었기에 윌리엄스의 이름을 잘 알고 있었으나 그와 인연을 맺지는 못해 안타까웠는데, 한국전쟁으로 인해 서로 만나게 되었던 것이다. 나는 일기에 이 일을 간단하게 기록해두었다.

9월 16일 토요일 오후. 쑨원의 오랜 친구 윌리엄스가 방문해 꽤 오래 이야기를 나누었다. 요점은 다음과 같다. ① 타이완 방문에 대해 이야기했다. ② 이번에 한국을 방문한 것은 이 대통령의 요청에 응답하기 위해서였다. ③ 폴링은 미국반공회의 의장을 맡은 적이 있으며, 곧 타이완을 방문할 예정이니 중화민국정부가 잘 접대해주기 바란다. ④ 마셜이 국무부 장관이라는 사실은 맥아더에게 불리하며, 중화민국의 대한 파병 지원에도 좋지 못한 영향을 미칠 것이다. 하지만 중화민국이 미국에서 선전을 강화해나갈 수는 있다. ⑤ 주한 미국대사는 자신이 영사로 재직할 당시의 한국에 대한 인상을 언급했는데 매우 좋지 못했던 것 같다.

이를 통해 윌리엄스가 중국을 얼마나 깊이 생각하는지 알 수 있다. 나는 다음날 답방했고, 9월 19일 화요일 저녁 폴링과 윌리엄스를 대접한 후 타이베이에 전보를 보내 그들과 만난 소식을 알렸다. 윌리엄스가 1962년 9월 15일 향년 92세로 미국에서 병사했을 때 국민당의 오랜 동지들은 슬픔을 가누지 못했다.

부산에 있는 동안 새로운 친구를 사귄 것 외에 오래된 벗이 서로 모였던 것 역시 회상할 가치가 있다. 나는 매일 업무 처리에 바빴는데, 다행히도 중앙사 기자 리자가 도쿄에서 급히 와서 쩡언보를 대신해주었다. 그리고 ≪중화일보≫ 루관췬 특파원 역시 이어서 도쿄에서 부산으로 왔다. 루관췬은 리자와 함께 나의 오랜 친구였다. 루관췬은 타이완에 돌아간 후 중화일보 사장을 역임했고, 그 후 신문사 및 ≪홍콩시보(香港時報)≫ 주도쿄 기자를 맡았다. 그들은 부산에서 전쟁 소식을 취재하면서 나와 아침저녁으로 회동했다. 어떤 때는 중국영사관에서 함께 일했던 사람들이나 중화상회 화교 동포들을 위문차 둘러보았으며, 어떤 때는 한국전쟁의 세계적 흐름에서부터 중국의 전망, 정치 개혁 가능성까지 나와 토론했다. 때로는 나를 데리고 부산 외곽의 송도나 해운대로 가서 하룻밤 쉬기도 하면서 메마르고 긴장된 전쟁 생활에 휴식을 취하기도 했다. 그러나 부산에 도착한 지 1~2주 후 인천에 상륙한 유엔군의 반격 소식을 듣자마자 그들은 긴급히 종군했다. 리자는 이후 압록강까지 북상했고, 루관췬 역시 북한의 수도 평양까지 북상했다. 아울러 북한 공비군 총사령부의 마구 버려진 서류더미 속에서 매우 가치 있는 비밀문서를 습득하기도 했다. 이 두 명의 기자는 북한에서 군을 따라 서울로 후퇴한 뒤에야 다시 만날 수 있었다. 그들이 한국전쟁 기간 중 국가와 사회에 공헌한 바는 매우 컸다.

한국전쟁은 인천상륙작전으로 인해 매우 큰 변화를 맞았고, 중화민국의 파병 원조 역시 전망이 더욱 불투명해졌다. 하지만 사실 중화민국은 이미 한국전쟁에 참가하고 있었다고 할 수 있다. 다만 아무도 이 사실에 주의를 기울이지 않았을 뿐이다. 한국의 많은 고위 장교는 중국에 속했던 경력이 있으며 지금은 중국의 전투복을 벗고 남한으로 돌아와 3군의 핵심으로 자리 잡았다. 예를 들어 국방장관을 지낸 이범석 장군은 말할 것도 없고, 육군의 김홍일, 최덕신, 공군의 최창석, 김신, 해군의 손원일, 헌병의 장흥 등은 모두 전설적인 한국군 지도자다. 특히 김홍일은 육군군관학교 창건 당시 교육을 받은 군관으로서, 한국전쟁 중에 남한군의 중심이었고 많은 공을 세웠다. 중국이 배출한 이들 장군 외에도 중국 육군군관학교를 졸업한 사람들 가운데 국적이 한국인 사람이 많다. 이들은 한때 국적을 중국으로 바꿔 중국군에 복무했으나 한국전쟁이 발발한 후 한국으로 돌아와 한국 전투복으로 갈아입었다. 나는 이 무명의 영웅들을 기록으로 남겨두려 한다.

8월 24일 나는 담배와 술, 식료품을 가지고 부산 육군병원으로 가서 중국 중앙육군군관학교 22기를 졸업한 한국 국적의 군관들을 위로했다. 그중 몇몇은 내가 대구에서 만나본 자들이었다. 그래서 그들의 경력을 기억하고 있었다. 그들은 작전 중 부상을 당해 부산의 병원으로 호송되었는데, 나는 그 소식을 듣고 특별 위문을 간 것이었다. 한 달 전 이 일과 관련해 나는 대구에서 타이베이로 다음과 같은 전보를 보냈다.

1950년 7월 25일 대구에서 보낸 전보

외교부가 모든 참모총장과 쑨리런(孫立人) 총사령에게 전달해주기 바랍니다. 비축 담당 군관훈련반인 한국 국적의 안수성(군관학교 22기)을 오늘 직접 만났습니다. 그에 따르면 군관학교 22기에는 한국 국적 학생이 47명으로, 올해 5월 18일 한국으로 돌아갔습니다. 한국 국방부는 고 김구 선생이 이 학생들을 추천했다는 정치적 이유 때문에 특별 격리시켜 훈련시킨 후 보병학교로 보냈으며, 그 후에는 수도 경비사령부에 보냈습니다. 6월 25일 북한이 남침하자 김홍일 장군이 작전을 펼쳤습니다. 김홍일 장군은 중국에 있을 때 왕이수라는 이름으로 활동했고, 이전에 한국광복군 참모장을 역임했습니다. 뤄쥐잉(羅卓英) 청년군 참모처장, 동북보안사령부 한국화교사무처 처장, 쓰댜오(嗣調) 난징 국방부 소장 부원은 한국인의 내부 정치 투쟁으로 인해 공산분자라는 누명을 입었습니다. 제가 서명한 것을 장제스 주석에게 보고하고 아울러 주석을 알현하면 모든 힘을 다해 김홍일이 공산분자가 아님을 보장해주기 바랍니다. 주석의 도움으로 김홍일이 한국으로 돌아갈 수 있게 되기를 기대합니다. 육군군관학교 교장을 초임한 자는 스댜오 참모 교장입니다. 한국전쟁 발발 후 남한군은 실전 경험이 없어서 서

울 함락 시 후퇴할 때도 혼란스럽기 그지없었습니다. 다행히도 김홍일 장
군이 뿔뿔이 흩어져 있던 부대를 모아 한강 남부를 따라 공산당군이 도하
하는 것을 막았고, 이로 인해 미국 측으로부터 매우 큰 찬사를 받았습니다.
김홍일 장군은 현재 제1군단 사령으로 재임 중입니다. 3개 사단을 관리하
는 참모장은 류재홍이었으나 류재홍은 제2군단 사령으로 임명되었습니다.
김홍일 장군은 중국에서 오랜 시간을 지내 공산당의 전술에 대해 숙지하고
있었으며, 열세의 장비로 미군 작전에 협조했습니다. 한국 국방부는 중국
에서 한국으로 돌아온 이 학생들의 전적을 확인해 7월 25일 정식으로 소위
또는 중위로 임명했습니다. 아울러 각각 제1군단과 제2군단에 파견해 작전
을 수행하게 했으며, 그 이튿날 전선으로 출병하기로 결정했습니다. 이로
인해 안수성 군이 전체 학생을 대표해 인사말을 했습니다. 안수성 군은 중
국이 그들에게 매우 후하게 대했으며 그들의 본국 정부에 비해 중국을 더
욱 크게 느꼈다고 했습니다. 또한 중국군이 한국에 와서 작전하게 된다면
중국군 부대에 참가해 작전하기를 바란다는 말도 했습니다. 당시 나는 그
들을 격려했으며 김홍일 장군이 전선에서 이곳으로 왔을 때 안수성 군이
한 말을 전했습니다.

8월 24일, 안수성 소위는 부산에서 나에게 만남을 요청했다. 나는 그의
동급생 중 전사자나 부상자가 있다는 사실을 알게 되었다. 부상자들은 부
산에서 요양 중이었는데, 나는 육군병원으로 위문을 갔고 외교부에 그 경
과를 보고했다.

1950년 8월 24일 부산에서 보낸 전보

외교부가 장제스 총통과 쑨리런 총사령에게 전달해주기 바랍니다. 중국
군관학교 22기 한국 국적 졸업생인 안수성, 김광진, 최용산, 김명규, 김치삼
등이 방금 보고한 내용을 간략히 전합니다. 한국 국적 동기생 47명은 7월

25일 소위로 임명되어 제1군단, 제2군단에 각각 발령되었습니다. 안동에서 벌어진 전투에서 8명이 전사하고 10여 명이 부상을 당했습니다. 우리는 부상을 입고 부산에 요양 온 사람들을 방문해 경의를 표했습니다. 그들은 중국 군관학교에서 훈련받던 때 또는 평산(鳳山)예비군관훈련반에서 훈련받던 때를 이야기하면서 훈련의 효과가 확실하다며 매우 그리워했습니다.

쑨리런 총사령은 9월 5일 전보로 답신을 보내 내가 대신 그들을 표창하고 격려하라고 분부했다. 하지만 안타깝게도 전세가 바뀌어 그 후로 나와 이 청년 군관들은 연락이 닿지 못했다. 한때 중국 국적이던 이름 없는 영웅들은 아직도 건재할는지, 지금도 나는 그들이 매우 그립다.

제5장

유엔군의 공격과 중공 참전

» 인천 상륙, 그리고 서울 수복

북한은 남한을 침략하는 데 총 병력의 70%를 동원했으며 약 8개 보병사단, 1개 전차사단, 총 11만여 명이 돌격해 3일 만에 수도 서울을 함락했다. 남한은 명의상 8개 사단을 보유하고 있었으나 실제로는 7개 사단의 역량밖에 보유하고 있지 못했다. 먼저 5개 사단이 무너졌고 나머지 2개 사단은 효과적으로 공격을 할 수 없었다. 코민테른의 원래 전략은 미국과 다른 반공국가의 지원병이 도달하기 전 전쟁을 종식시켜 적화통일된 한국 건립을 기정사실화하는 것이었다. 그들의 계획은, 7월 안에 북한공산당이 남한 전체를 해방시키고 중공이 8월 바다 너머 타이완을 공격해 해방시킴으로써 눈엣가시를 없애는 것이었다. 당시 도쿄에 있던 맥아더 주일 미군 사령부(태평양 사령부)는 워싱턴에 긴급 전보를 보내 "남한 육군이 북한 공격에 대항할 수 없을 경우 …… 최근 동향을 놓고 볼 때 전면적인 붕괴가 곧 눈앞에 펼쳐질 것으로 예측된다"라고 말했다.

유엔 안전보장이사회는 6월 27일 북한 침략을 제재하는 동시에 미국이 한국을 도와줄 지원병을 파견하기로 결정했고, 제7함대로 타이완해협을 중립화하기로 했다. 한국전쟁은 형식상으로는 국제전이었지만 실제로는 북한의 우세한 침략부대가 남한에 잔존하는 부대를 소탕하는 것일 뿐이었다. 왜냐하면 주일 미군이 아무리 신속하게 전쟁에 투입되더라도 최소한 일주일의 시간이 필요했기 때문이다. 유엔의 다른 국가 지원병이 도착하기까지는 더 많은 시간이 필요했다. 매우 위험한 시기였으나 한국 육군사관학교 교장 김홍일 장군이 한강 남쪽에서 낙오병을 수집하고 일진(一陣)을 편성한 덕에 적군의 도하 및 남하를 막았다. 미군은 딘 소장이 이끄는 제24사단을 여러 개의 단위부대로 재편성한 후 수원 인근의 오산에서 금강 남쪽까지 담당하게 했으나 북한부대의 재빠른 기동을 막아내지 못해 7월 20일 결국 대전이 함락되었고 딘 사단장은 포로로 잡혔다. 이로 인해 2주 정도 늦어진 채 미군과 기타 유엔군은 부대를 증원해 차례로 부산 영덕에 상륙했고, 낙동강 연안에 새로운 방어 전지를 만들었다. 미국은 주일 제8군 군장인 워커 중장에게 유엔군의 총지휘 작전을 맡겼다.

워커 중장은 웨스트포인트에 재학할 당시 별명이 조니였는데, 유명한 스코틀랜드 위스키 브랜드 조니워커 때문에 이렇게 불리었다. 키가 작고 다부진 체격에 강건한 투지를 가진 그의 다른 별명은 불도그였는데, 이는 그에게 무척 어울리는 별명이었다. 그는 1930년 중반 국민당이 지원하는 주둔 미군 제15보병 사단장을 맡았다. 그 후에는 조지 패튼 장군의 통솔하에 제3군 전차군단을 이끄는 지휘관으로 명성이 자자했다. 전후 그는 일본 제8군 사령관으로 영전했다. 1950년 7월 대전에 있던 나는 대구를 방문해 이승만 대통령을 만났는데, 당시는 워커 중장이 막 대구에서 유엔군, 특히 미국 부대의 지휘를 책임짐으로써 유엔군 사령부가 탄생하던 때였다.

워커 중장이 유엔군 사령관에 보임되었을 때 그의 수하에는 남한의 패잔병과 신병이 약 5만 8000명이었고, 미군 제24사단의 전 부대와 제25사단의 일부 부대원이 약 1만 8000명으로, 총합 7만 6000명 규모였다. 이 정도의 병력으로는 한국 내 공산당이 전 국토로 기동해 병탄하는 것을 막을 방법이 없었다. 워커 중장은 부산을 기점으로 낙동강 방어선을 편성했는데, 마산까지는 30리, 대구까지는 55리, 포항까지는 겨우 63리였다. 거점으로 그려놓은 반달형 방어선은 그 후로도 계속 유지되었다. 이는 최후의 교두방어선이었다. 북한 공산군은 당시 절대적으로 우세한 병력으로 외곽을 포위하고 전면 진격해 7월 말 이전에 유엔군을 한국 땅에서 내몰기로 결심했다. 그리고 이를 계기로 8월 15일 북한 해방 5주년 기념일에 대대적으로 '남한의 전면적 해방'을 경축하고자 했다. 따라서 대전 함락 후인 7월 하순부터 8월 중순까지 내가 중앙사의 리자 기자와 동행해 대전에서 남하해 대구에서 부산에 이르는 지역을 순찰했던 시기가 유엔군에 가장 위급했던 시기였다고 할 수 있다. 북한군은 낙동강 연선을 따라 공격을 발동했다. 대구를 포위해 공격해 들어오는 북한군의 규모는 매우 컸는데 모두 13개 사단이었다. 반대로 낙동강을 사이에 두고 맞은편에 있는 유엔군 방어선에서는 상당히 많은 약점과 허술한 면을 확인할 수 있었다. 만약 워커 중장의 내선방어 전략과 미국 제8극동 공군 사령부의 융단폭격이 없었다면 대구가 북한군의 손에 함락될 수도 있었으며 낙동강 방어선이 붕괴되어 우리는 부산에서 바다로 뛰어들 수밖에 없었을 것이다.

워커 중장의 내선방어 전략은 병력 부족을 만회하기 위한 전략이었다. 그는 내선 작전에서 운수와 보급상의 우세를 교묘하게 운용했다. 즉, 각 사단에서 1개의 팀을 차출해 특별 파견 부대를 구성한 뒤 긴급 상황으로 결원이 발생한 곳에 이 부대를 투입시켜 보충했다. 이 전법은 마치 화재 발생 시 바로 소방대를 보내 화재를 진압하는 것과 같다고 해서 화재진압 전략이라고도 불렸다. 이는 당시 병력 부족으로 전선을 운용하기 어려운 상황을 고려했을 때 가장 효율적인 각개격파 전법이었다. 융단폭격은 8월 초순 북한군이 대구 서북의 낙동강 방어선을 돌파해 낙동강에 부대를 진입시켜 교두보를 건설할 때 유엔군 공군 총사령부가 100여 대의 B-29 폭격기 대대를 투입해 길이 약 11킬로미터, 폭 약 5킬로미터의 적군 침투 지역에 850톤 규모의 폭탄을 투하했던 것을 말한다. 밤낮을 가리지 않고 연일 진행된 융단폭격으로 적군 병사의 몸이 찢어져 날아갔고 사상자가 속출했는데, 각지의 상황을 종합적으로 추계하면 적군 약 4개 사단의 병력을 소멸시켜 북한군의 공격 기세를 꺾어버렸다. 8월 하순 우리는 이미 한국정부와 함께 대구를 떠나 부산으로 피난했지만 적군 공격이 전면적으로 실패해 대구 방어를 유지할 수 있었고, 대구는 그 후 한국전쟁 기간 내내 함락되지 않았다.

순전히 군사적 관점에서 보면, 부산 주변 낙동강의 공방전에서 적군은 목적을 달성할 수 없었다. 첫째, 병력 문제 때문인데, 남한 측은 새로 파견된 각국의 지원병과 남한에서 징집해 훈련한 신병으로 병력이 증가한 반면, 북한군은 남침 이후 장기간 적지에 침입하느라 이미 병력의 손실이 적지 않았다. 당시 유일한 가능성은 북한에 대해 적대감을 가지고 있는 남한인민을 현장에서 강제로 징용하는 것이었다. 이렇게 해서 적군과 아군은 수적으로 점점 비슷해졌다. 그 후 유엔군 병력은 압도적으로 늘었으나 북한이 새로이 보충한 병사들은 본질적으로 문제를 안고 있었다. 둘째, 운수보급에서 적군의 운수 노선은 밤낮없이 유엔군의 공격을 받아 탄약 보충에 어려움을 겪었을 뿐만 아니라 사병의 식량도 보급하기 힘든 실정이었다. 반면 유엔군은 내전의 이점을 십분 활용해 제1선으로 운송되었다. 그리고 부산을 둘러싼 호형 방어선 내에 수많은 창고와 참호를 만들어 적의 폭격을 일체 받지 않았다. 바꿔 말하면 전장의 제공권(制空權)과 제해권(制海權)이 모두 유엔군의 손에 달려 있었다. 셋째가 매우 중요했는데, 적군은 북동서 삼면에서 부산을 공격하느라 병력이 분산되고 집중되지 못했다. 비록 일부 지점에서는 유엔군의 방어선이 파괴되었지만 이 역시 워커 중장의 내선방어 전략으로 막을 수 있었다. 불꽃 튀는 전쟁에서 가장 중요한 것이 시간과 병력인데, 시간이 연장되고 병력이 분산되는 바람에 유엔군에 유리해졌던 것이다.

정치적 관점에서 보면, 북한공산당은 서울과 이남 지역을 무력으로 공격해 정치적 회유 대신 유산계급 청산 및 학살을 진행했다. 북한공산당이 남한 영토에 세운 유격 지구에서는 상황이 더욱 심각했다. 이러한 사실은 북한공산당 유격대원 한 명이 7월 29일 일기에 "12명을 체포했는데, 그중 국회의원, 경찰, 향진장이 있었고, 현장에서 4명을 죽이고 남은 8명은 인민법정 공심 후 총살형을 결정했다"라고 쓴 기록을 통해 알 수 있다. 다시 말해 북한군은 사병을 공급하기 위해 점령지 사람들을 강제로 징용했으며, 훈련을 전혀 받지 못한 남한 소년과 노인들로 돌격대를 조직해 이른바 '난민 공격'을 발동했다. 이는 중국 대륙에서 공산당군이 난민을 이용하는 전법과 완전히 똑같았다. 그들은 또한 남한의 민심을 얻고 남한 인민이 자발적으로 자신들과 협력해 작전할 수 있는 방안을 궁리했다. 한편 북한군은 미군 사병에게도 폭행과 학살을 자행했는데, 이는 일본 점령으로 우월감에 도취되어 한국전쟁의 작전 목적을 명확하게 이해하지 못하고 있던 미국 병사들로 하여금 자신들이 직면하고 있는 적을 제대로 인식시키는 계기가 되었다. 이에 미군들은 적개심을 키워 전투에 참여했다.

이런 상황 속에서 적군의 8월 공세는 유엔군을 단숨에 육지에서 쫓아내지 못했다. 이로써 한국전에서 북한은 남한을 해방시킬 기회를 영영 잃어버렸다.

8월 하순, 우리는 대구에서 부산으로 후퇴한 후 유엔군 총사령부의 정보를 탐색했다. 탐색 결과 워커 중장의 지시하에 있는 지역 부대는 이미 18만 명으로 증가해 남한 부대는 5개 사단이었으며, 미국보병사대는 4개, 영국 군대는 1개, 훈련받은 미국 해병대가 1개 사단이었다. 공군은 3만 4000명이었고, 해군 함선은 150척으로 증가했으며, 유엔군의 병력은 시간이 지남에 따라 계속 증강되었다. 이 수치는 내가 이 대통령과 미국대사 측으로부터 들은 정보였으며, 6만 명에 달하는 한국 신병은 이미 주일 미군기지에서 훈련을 받고 있다는 사실도 알게 되었다. 한미 쌍방은 반공을 강조해 군의 사기가 높아졌다. 우리는 비록 작전회의에 참석하진 않았지만 반격이 시작되었음을 이미 느끼고 있었으며, 지금이 반격의 가장 좋은 시기라는 것도 알 수 있었다. 그 결과 9월 15일 인천에서 전면적인 반격이 실시되었다.

인천상륙작전은 한국전쟁에서 거대한 전환점이었다. 군사 전문가가 책 한 권을 써야 상세하게 묘사할 수 있을 정도로 근대 전쟁 예술의 극치였지만 나는 그렇게 하고 싶지도 않고 이 책에서 그렇게 할 수도 없으므로 내가 습득한 자료를 토대로 간단하게 서술하고자 한다.

한국전쟁 발발 후 1주일이 채 되지 않은 7월 초, 맥아더 장군이 수원 고지에서 전쟁 상황을 관찰했다. 듣기론 그때 그는 이미 기습 작전을 통해 전쟁의 국면을 뒤집는다는 영감을 떠올렸다고 한다. 그가 도쿄 총사령부에 돌아간 후 참모들은 공격 지점, 시간, 그리고 필요한 병력을 상세하게 계획했다. 가장 우선적으로 결정해야 하는 것은 공격 지점을 택하는 일이었다. 본래 적군의 후방에 상륙하면 적군은 양면 작전을 펼칠 수밖에 없다. 그런데 맥아더 장군은 한국의 제2대 항구인 인천이 수도 서울에 접근하기에 용이한 점, 서울에 김포공항이 있다는 점을 고려했으며, 이 외에도 인천이 북한 공산군 보급의 중심이므로 군사적·정치적으로 매우 중요하다고 확신했다. 하지만 육군 참모총장 콜린스는 8월 하순 도쿄에서 군사회의에 참가할 당시 인천이 부산에서 매우 멀다는 이유로 반대했다. 그는 인천 이남에 있고 비행거리가 100리 이내인 군산항 상륙을 주장했다. 그러나 맥아더는 콜린스와 동일한 이유를 들어 군사 기습을 강조하고 정치적으로 가능한 결과를 설명하면서 인천이 상륙 지점으로 가장 좋다고 주장했다. 결국 맥아더의 의견이 의회의 동의를 얻었다.

조수간만의 차가 크다는 점도 인천을 군사적으로 매우 기피하는 이유 중 하나였지만 맥아더에게는 오히려 이 점이 기습 요건에 부합했다. 인천항의 조수간만의 차는 29척 또는 36척에 이르렀다. 썰물 때는 해안 8000~9600킬로미터 지대가 완전히 진흙땅으로 변했다. 따라서 반드시 조수가 29척 이상 상승해야만 상륙정이 해안에 근접할 수 있었다. 이런 날은 매월

2, 3일밖에 없었다. 이는 이른바 '달이 전장에 진입할 시간을 결정한다'라는 말에 부합하는 것으로, 거대하고 복잡한 상륙부대가 자유롭게 움직이기에는 곤란한 상황이었다. 유엔군이 이를 알듯 적군 역시 바보가 아니었다. 막료들은 9월 15일, 10월 11일, 11월 3일 3개 날짜를 제시했고, 맥아더는 9월 15일로 정했다.

지점과 시간이 정해지자 다시 병력을 논했다. 맥아더의 계획은 제1해군육전부대가 인천에 상륙하고 제7보병대와 함께 남쪽으로 가서 부산 밖에서 가해지는 전체 반격에 협력해 적군의 역습을 막아내는 것이었다. 이 특수임무를 맡은 상륙부대는 제10군단이었는데, 맥아더 참모장 에드워드 앨먼드 소장이 지휘했으며 워커 중장이 지휘하는 제8군은 이 작전에 속하지 않았다. 따라서 맥아더는 미국 유엔군 참모회의에서 미 해병 1개 사단을 더 참전시켜달라고 청할 수밖에 없었다. 그러나 그의 이런 요구는 오마 브래들리 장군에 의해 거부되었다. 브래들리 장군은 이런 대규모의 전쟁은 미 해병대가 아닌 육군에 의해 완수되어야 한다고 여겼기 때문이다. 이는 제2차 세계대전 때 태평양전쟁 지역에서 '섬 건너뛰기(hopping islands)' 공격 전략을 시행한 것으로 상륙부대에서 유명한 맥아더 장군과 다른 의견이었다. 맥아더는 마지막까지 자신의 의견을 강력하게 주장했고 트루먼 대통령이 이를 직접 승낙했다.

모든 계획이 세워지자 유엔군은 9월 15일 인천에 상륙하기 수일 전에 양동 작전의 일환으로 서해안에서는 진남포와 군산을 포격 공격하고 동해안에서는 함포로 강릉을 공격했다. 이는 상륙 전 인천항 외부 월미도에서 강력한 공격을 할 수 있도록 엄호하기 위함이었다. 적군은 월미도에서 인천항만의 상륙 지점을 통제하고 있었기 때문에 반드시 사전에 이를 파괴해야 했다. 마침내 9월 14일, 유엔군이 월미도를 함락했고, 15일 인천에 상륙했는데 손실은 경미했다. 17일에는 육전대가 이미 서울 교외의 김포공항을 점령했고, 제7보병대는 원래 계획에 따라 벌떼같이 상륙·남하해 금산의 유엔군과 협력했다. 차례대로 적군을 소탕해 9월 25일에는 해군육전대가 서울을 공격했으며, 28일에는 3개월 간 함락되었던 서울 전체를 수복했다. 부산 인근 지역까지 깊숙이 침입한 적군은 이미 탈로가 끊어져 전멸했다. 북한 사병은 죽이지 않고 포로로 삼았다. 그러나 만 명에 가까운 공산군은 남한의 지리산, 회문산, 대덕산 일대로 도망가 원래 있던 북한공산당 유격부대와 뭉쳤다. 이들은 계속 유격해 남한 후방 안보에 상당한 위협을 가했다. 공산군은 패퇴하면서 곳곳에서 남한 포로와 유엔군 사병을 잔혹하게 살해했고, 무고한 노인과 약자, 부녀자는 공산당에게 폭행을 당했는데 당시 잡지에서는 이를 상세히 기록한 바 있다.

유엔군이 서울에 진입했을 당시 우리는 부산에서 한미 쌍방으로부터 다시 서울로 돌아갈 준비를 하라는 비밀 통고를 받았다. 9월 28일, 서울 전역(戰役)의 종식을 알리는 선고가 내려진 그날 밤, 우리는 또다시 긴급 통보를 받았다. 중화민국대사관 대사가 고위급 관원 한 명과 함께 다음날인 29일 아침 7시 반까지 부산 수영공항에 도착할 것을 요구하는 통보였다. 이는 서울에서 철수한 뒤 3개월 되던 때였다. 이 기간 동안 절망과 비관을 넘나들던 마음은 이제 흥분과 낙관으로 변했으며 모든 패퇴는 바다 속으로 사라지고 승리로의 전진만 남았다. 이는 실로 놀랄 만한 변화였다. 나와 쉬 참사는 먼저 서울로 가기로 결정했다. 정 부무관은 한국 군사와 재빨리 따라붙었고 천헝리 비서는 부산에 남아서 행동 명령을 기다렸다. 나는 그날 밤 전문으로 이 중요한 상황을 정부에 보고하고 다음날 아침 출발할 준비를 했다. 전문은 매우 간단했다.

수신: 타이베이 외교부

본인은 쉬 참사와 함께 이 대통령 및 외교단을 따라 오늘 서울로 돌아가기로 결정했습니다. 삼가 회신을 부탁드립니다.

9월 29일 사오위린

하지만 우리가 몇 년 후 외교부 서류를 검토했을 때 외교부 기밀실에 복사된 자료 중 원래 전문의 '계(階)'(함께하다)가 '령(令)'(명령하다)으로 바뀌었을 줄 누가 알았겠는가.* 한 글자 차이지만 문장의 뜻은 완전히 달라져 내가 쉬 참사와 함께 간 것이 아니라 쉬 참사에게 서울로 가라고 명령한 것으로 보고되어 있었다. 어떻게 해서 전신부호가 틀렸는지, 전보를 친 직원의 잘못인지, 아니면 누군가가 고의로 틀리게 한 건지 확언할 수 없다. 하지만 상식적으로 판단컨대 대사가 이런 중대한 시기에 직접 가지 않고 참사에게 주재국 원수와 서울로 돌아가라고 명령하는 것은 절대 불가능하다. 더 이상한 일은 외교부 주관 부서의 직원이 이를 의심하지 않았다는 것이다. 그리고 전문을 보낸 날짜가 원문은 9월 29일인데, 외교부 문서에는 10월 4일로 되어 있었다. 이런 행정사무상의 혼란과 착오, 그리고 전쟁 시 통신 지체와 기타 인사 관계 등으로 인해 대사관과 외교부 간에는 오해가 더욱 커졌다.

9월 29일 아침 9시 반이 되기 전, 나는 이미 쉬 참사와 함께 시간에 맞춰 수영공항에 갔다(쉬 참사에게 가라고 명령한 것이 아니다). 나는 한국 내각 대리총리이자 국방부장인 신성모와 기타 각료들, 외교단, 미국대사와 참사, 그리고 유엔한국위원회의 각국 대표들과 만나 악수를 나누고 축하했다. 공항에는 온통 승리의 기쁨이 흘러넘쳤다. 우리의 감정은 3개월 전 서울에서 퇴각한 후 대전에서 대구, 다시 부산으로 갔을 때와 비교할 수 없었다. 8시 정각, 이 대통령은 부인과 함께 공항에 도착했다. 우리는 모두 이 대통령 부부에게 다가가 축하의 말을 건넸다. 나이가 많은 대통령은 여전히 맑은 정신이었고 전국의 앞날에 대해 자신만만해 보였다. 그는 우리에게 웃으며 말했다. "첫 번째 역은 서울, 두 번째 역은 평양입니다." 우리는 모두 그를 따라 "서울, 평양!"을 외쳤다.

---

* 계(階)는 '(누구와 어디에서) 함께하다'라는 뜻이며, 령(令)은 '(누구에게 무엇을 하도록) 명령을 내리다'라는 뜻이다. _옮긴이 주

8시 10분, 사람들은 두 대의 비행기에 각각 나눠 타고 전투기로 호위를 받았다. 이 대통령 내외, 신성모 국무총리, 임병직 외무장관 및 2~3명의 내각의원, 그리고 미국대사, 한국위원회의 인도 대사와 필리핀 대사, 중화민국대사인 나는 함께 맥아더가 특파한 바탄호를 탔다. 쉬 참사, 한국위원회의 중국 대표대리 쓰투더, 기타 각국 대표와 몇몇 한국 내각 관료는 다른 비행기에 탔다. 우리 모두는 맥아더 장군의 바탄호에서 매우 낮은 목소리로 이야기를 나누면서 지난 3개월의 어려움을 회고하고 앞날의 발전을 전망했다. 왜냐하면 이 전쟁은 한국 한 나라의 운명에만 영향을 미치는 것이 아니라 모든 아시아에 영향을 주고 심지어 전 세계의 운명에도 영향을 미칠 것이기 때문이었다. 특히 국가적으로 많은 어려움을 겪으면서 이를 기회 삼아 악운을 만회하길 간절히 바라던 나는 이 대통령의 "서울에서 평양까지"라는 호언을 듣고는 평양에서 압록강을 넘어 선양(瀋陽)으로 진군해 화북에서 중화민국군과 합류한 후 주더(朱德)와 마오쩌둥 무리를 무찌르는 장면을 상상했다. 이 같은 상상에 잠기자 시간이 빠르게 흘러갔다. 바탄호가 서울 김포공항에 상륙하자 10시 반경에 이 대통령 부부가 첫 번째 차에 탔고, 나와 미국대사, 인도대사, 필리핀대사는 함께 두 번째 차에 탔다. 그리고 연달아 10여 대의 차가 왔는데, 무장경비의 호위를 받으며 총통부와 국회가 있는 서울 중심의 중앙청에 진입했다. 길을 따라 허물어진 담과 폐허가 보였다. 생각지도 못했지만 엊그제 서울 시내에서는 격렬한 시가전이 벌어졌던 것이다. 당시 전투에서는 수십 명의 백성과 포로가 조선공산당에 붙잡혀 교외에서 집단적으로 학살을 당했는데, 지금은 서울이 유엔군의 수중에 다시 들어왔던 것이다. 중앙청에 도착해서 보니 일부 건물에서는 여전히 연기가 나고 있었다. 아직도 곳곳에 전쟁의 흔적이 가득했다.

한국 국회는 외관이 상당히 파괴되었지만 내부는 그럭저럭 사용할 만했다. 한미군은 여러 날에 걸쳐 국회 회의장을 깨끗하게 정돈하고 배치했으며 의장석 뒷면 벽에는 커다란 유엔기와 한국의 태극기를 높이 걸었다 (이는 회의장에 입장하는 모든 사람에게 강렬한 인상을 주었다). 국회의원들이 착석하는 자리에는 여당 야당 구분 없이 공산 침략에 저항하며 연합했던 한국 내각의 각료와 국회의원, 각국 외교대표와 고위 장교가 대거 앉아 있었고, 종군기자와 사진기자는 도처에서 취재를 벌이며 사람들의 이목을 끌었다. 수도 탈환식에 참가한 모든 사람의 마음가짐은 엄숙했다. 가끔 천장에서 떨어지는 유리 파편 소리만 연회장의 고요함을 깰 뿐이었다. 나는 대일 항전에서 승리했을 때 난징과 타이베이에서 일본 패전 행사에 참가한 바 있는데, 그때보다 더 감개무량했다. 행사는 먼저 유엔가와 한국의 애국가를 부른 뒤 유엔군 총사령관 맥아더 장군이 연단에 올라 치사를 하는 것으로 시작되었다. 5성 장군 군복을 입고 있는 맥아더 장군에게는 지휘 작전으로 인해 피로한 기색이 느껴지지 않았다. 그는 격정적이면서도 익살스러운 어조로 짧지만 강력하게 말했다.

하느님의 은혜를 입어 유엔의 희망과 격려 아래 마침내 한국의 수도 서울이 해방되었습니다. 서울은 폭정에서 해방되었고 사람들은 다시 자유와 인격 존중의 기회를 얻었습니다.

이렇게 목청을 높이고는 연회장의 모든 사람에게 주기도문을 읽기를 청했다. 마지막으로 그는 이 대통령의 두 손을 잡고 "대통령님, 나와 나의 장군들은 계속해서 군사 임무를 수행할 것입니다. 당신과 당신의 정부는 민정을 위한 정치를 맡아주기 바랍니다"라고 말했다.

이 행사에서 맥아더는 어제 수복했다고 선언한 수도 서울의 '열쇠'를 두 손으로 이 대통령에게 전달했다. 그 순간 노년의 이 대통령뿐 아니라 모든 현장에 있던 인사들도 감동했고, 박수소리가 끊이질 않았다. 이 대통령은 두 눈에 눈물이 고인 채 맥아더의 손을 꼭 붙잡고 떨리는 목소리로 "우리는 당신을 존경합니다. 당신은 우리 민족의 구세주입니다"라고 말했다.

그 후 이 대통령은 연회장으로 얼굴을 돌려 말을 이어갔다. 그는 유엔과 각 우방은 물론 특별히 미국군의 합동 작전에 대해 언급하면서 복받치는 감정을 주체하지 못하고 "나와 한국 인민들은 여러분에게 어떻게 감사를 표해야 할지 모르겠습니다"라고 말했다.

이 대통령이 말을 마치자 박수가 이어졌고 행사는 이로써 끝났다. 맥아더와 이 대통령은 악수를 하며 이별의 인사를 했다. 맥아더는 입에 담배를 문 채 무대에서 내려와 거듭 고개를 끄덕이며 우리를 향해 손을 흔들며 인사했다. 모두들 그가 문 밖으로 나가는 것을 끝까지 지켜보았는데 순간 군복을 입고 붉은 립스틱을 바른 한 여기자가 자리에서 급히 일어나더니 맥아더에게 쏜살같이 달려가 독점 인터뷰를 시도했다. 알고 보니 ≪뉴욕 헤럴드 트리뷴≫의 유명한 여기자 마가렛 히긴스였다. 그녀가 맥아더에게 "서울이 이미 수복되었는데 유엔군이 북상해 38도선을 넘을 예정입니까?"라고 묻는 질문이 내 귀에 들려왔다. 이는 유엔군 당국의 중요한 전략 문제로, 당시 연맹국정부 간에 의견이 분분한 주제였으나 아직 최후 결정이 나지 않은 상태였다. 맥아더는 웃으면서 그녀에게 "come up and see me sometime!"라고 대답했다. 이 말은 번역하면 '조만간 나를 만나러 오십시오'였지만, 한국에 살았던 외국인이라면 이것이 한국어의 '고맙습니다'와 발음이 비슷하다는 사실을 알 것이다. 맥아더의 이 말은 서로 연관이 있었을 뿐만 아니라 이 덕분에 공개적인 자리에서 어려운 질문을 면할 수 있었다. 모두들 이 말을 듣고 웃었다.

이는 마침 이 대통령이 그날(29일) 오전 서울로 오기 전 부산 수영공항에서 우리에게 했던 말, "첫 번째 역은 서울, 두 번째 역은 평양"과도 같은 말이었다. 사실상 유엔군 총사령관 맥아더는 서울을 수복한 후 계속해서 북상해 북한으로 진군할 것을 결정했다. 남한과 북한 양측뿐 아니라 전 세계가 이 결정에 주목했다. 우리가 일주일 전인 9월 23일 부산에서 보낸 비밀 전보의 내용은 다음과 같았다.

수신: 타이베이 외교부[기밀]. 부장, 원장, 총통에게 전해주기 바랍니다.
한국전쟁에 대한 종합적인 분석과 전망은 아래와 같습니다. ① 남한 사
람들은 모두 북진으로 북한을 점령해 한반도를 통일하기를 원하며, 유엔군
이 잠시 소련과 한국의 변경에 머무르게 하고자 하며, 원래 북한 지역을 위
해 공석으로 보류해둔 국회의원 100명을 보선할 것입니다. ② 유엔한국위
원회의 유엔총회 보고서에는 한국의 정세를 해결할 수 있는 구체적인 방법
이 제시되어 있지 않지만 38도선이 인위적인 분계선이며 통일에 장애가 될
것이라는 점은 명백하게 지적하고 있습니다. ③ 미국은 유엔의 결의 아래
진군해 북한을 통일시키려 하면서도 소련이나 중공과의 전면적인 충돌은
원치 않는 것으로 보입니다. ④ 영국, 인도 등은 미국이 북한에 진군하는
것을 원하지 않으며 사태를 평화적으로 해결하길 바랍니다. 또는 중공을
인정하는 조건으로 북한에 진군하는 것을 반대하지 않을 수도 있는데, 이
는 미국으로 하여금 유럽을 원조하게끔 하기 위함입니다. ⑤ 소련은 각종
방법으로 유엔군이 북한에 진격하는 것을 막을 것이며 계속해서 남한의 공
산당 유격대를 도울 것입니다. 하지만 평화 회담을 빌미로 북한의 지위를
보전시키며 유엔군이 진격하지 못하도록 시간을 끌 수도 있습니다. ⑥ 중
공의 목표는 유엔에 가입해 전쟁을 치르지 않고 타이완을 차지하는 것입니
다. 만약 이번에 그렇게 되지 않는다면 계속해서 비밀리에 북한을 도와 홍
콩, 타이완, 베트남을 위협할 것입니다. 따라서 만약 유엔군이 북한에 진군
하지 않고 평화회담을 진행하면 타이완은 반드시 국제사회의 정치적 압력
과 타이완에 대한 중공의 위협을 경계해야 합니다. 반대로 만약 유엔군이
북한에 진군한다면 코민테른은 소련 국경 지대 및 중국 동북 지역에 있는
한국인을 무장시켜 거주케 하고, 중공으로 하여금 지원군 방식으로 북한을
도와 유엔군을 난처하게 만들며, 베트남, 홍콩 등지를 공격할 것입니다. 이

는 북한 전장에서 유엔군을 견제하기 위함입니다. 개인적으로는 비교적 낙관적으로 보고 있습니다. 전보를 참고하기 바랍니다.

9월 23일 사오위린

이 기밀 전보에서 나는 서울 수복 후 유엔군이 북한에 반드시 진군해야 한다고 주장했을 뿐 아니라 "만약 유엔군이 북한에 진군한다면 코민테른은 소련 국경 지대 및 중국 동북 지역에 있는 한국인을 무장시켜 거주케 하고, 중공으로 하여금 지원군 방식으로 북한을 도와 유엔군을 난처하게 만들" 것이라고 했다. 유엔군 당국이 중공 참전의 가능성에 대해 우리와 같은 고도의 경각심을 갖고 있지 않아 미리 대책을 세우지 못했던 것이 안타깝다. 서울은 수복했지만 전쟁은 끝나지 않았다. 한국전쟁의 앞날은 또 다른 심각한 방향으로 전개되고 있었다.

≫ 서울에서 평양까지의 제1전지 업무 보고

1950년 9월 29일 오전, 나와 쉬 참사는 맥아더와 이 대통령의 서울 수복 행사에 참가한 후 외교단과 함께 서울에 있는 미군 클럽에서 식사를 했다. 식사 후에는 미군 군용 지프차 앞에 항상 몸에 지니고 다니던 작은 청천백일기를 꽂고 서울 지역의 참담한 현장을 순찰했다. 그러고 나서 전쟁 지역 업무를 처리하기 시작했다. 화교 점포 지역을 따라 순방하며 우리는 하나하나 안부를 물었다. 화교 동포들은 나와 쉬 참사를 발견하고 더없이 친근하게 "3개월이 지나면 돌아온다고 하시더니 정말 딱 3개월 만에 돌아오셨군요!"라고 말했다.

이 소식은 그날 바로 화교사회에 널리 퍼졌다. 나는 서울을 떠나 대사관을 폐관할 당시 화교 동포들에게 3개월 후 돌아올 것이라고 말했다. 그저 위로하는 말에 지나지 않았지만, 나조차도 이렇게 이뤄질 줄 몰랐다. 3개월 후 다시 서울에 오자 화교사회에는 나에게 적지 않은 호감과 경의를 표했고 이후 나의 말과 행동은 화교 동포들의 지지와 옹호를 받아 나 스스로도 신중하게 행동하게 되었다.

우리는 차를 타고 대사관을 시찰했다. 대사관의 외관은 여전했다. 그러나 내부는 완전히 달랐다. 홍콩에서 특별히 가져온 프랑스 루이 14세 소파와 전 총영사관에 있던 신식 소파는 모두 없어졌다. 남아 있는 것은 내가 홍콩에서 구입한 중국 고식 홍목 가구인데, 무거워서 쉽게 옮길 수 없어 응접실에 그대로 남아 있었다. 응접실 벽에 걸려 있던 그림은 이미 없어졌다. 위아래 층에 있던 화교 중학교 및 소학교, 중화일보사와 화교단체 사무소 등을 살펴보았다. 대사가 돌아왔다는 소식은 이미 외부로 퍼져 대사관이 철수하기 전 이전 신청했던 사무원 치진홍(綦金宏), 왕웨이(王偉), 장궈청(姜國成), 샤오시진(蕭錫金), 장진궁(張金宮, 초기 무관처에서 일하다 이후 외교부 정식 직원으로 승급되었다), 그리고 한국 국적의 통역원 유영래, 고용원이던 대구와 이구 형제, 이수신(후에 사무원이 되었다), 그리고 적지 않은 화교 동포들이 대사관으로 와서 우리와 인사를 나누었다. 사람들의 얼굴은 초췌하면서도 기뻐하는 기색이 역력했다. 참혹한 일을 겪은 뒤 다시 만나는 기분은 말로 표현할 수가 없었다. 한 명 한 명에게 따뜻한 말로 위로한 후 대구와 이구에게 나와 쉬 참사를 대신해 잠자리와 사무소를 준비해달라고 부탁했다. 또한 오늘 밤에는 미군 군영에 머문 뒤 내일 아침 바로 사무실로 돌아와 일을 할 것이라고 전하면서 동시에 각 사무원 동료들에게도 내일 일찍 업무에 복귀할 것을 지시했다. 여기서 특별히 서울 중화상회 회장인 리헝롄을 언급하려 한다. 그는 충직한 당원으로서 공익에 열심이었고 당 업무와 화교 업무에 헌신해 화교 동포들이 잘 알고 있었다. 한국전쟁이 발발할 당시 그는 사업장과 가정이 모두 서울에 있었으므로 철수할 수 없었다. 나는 6월 27일 오전 대사관에서 철수할 당시 그에게 주한 중화민국대사관 재산보관위원회 위원을 맡아달라고 제안했다. 북한이 서울을 공격할 때 대사관을 대신 맡아 화교 문제를 담당하고 화교 동포들을 도와주길 부탁했던 것이다. 그는 서울이 함락된 기간 동안 공산당군의 압박 아래 허위로 화교 조직의 책임자를 맡았다. 그러나 관우의 몸은 비록 조조의 진영에 있지만 그 마음은 촉한에 있다(身在曹營心在漢)라는 말처럼 계속해서 화교 동포를 위해 일했다. 후에 정치적 압력이 강해지자 병을 핑계로 그 일을 그만두고 화교 조직의 명칭을 바꾸었다. 서울을 수복한 이후 남한정부는 조국을 반역했던 자들에 대해 엄중히 보복하려 했는데, 화교사회에서 리헝롄과 사이가 나빴던 화교들이 남한의 치안 기관을 이용해 리헝롄을 공격하려 했다. 다행히 중화민국대사관이 그를 보호해주면서 그가 계속해서 화교 관련 업무를 수행할 수 있도록 도와주었다. 그 뒤 중공군의 지원에 힘입은 북한군의 공격에 서울에서 2차로 철수한 후 리헝롄은 주한 화교단체 사무실의 처장 직무를 맡아 부산에서 화교 업무를 담당하며 여력을 아끼지 않았다. 이는 내가 직접 지시하고 직접 목격하며 직접 겪은 일이다. 후에 내가 주한대사를 그만두고 몇 년이 지난 후 리헝롄은 동북아지구 화교 감찰원의 감찰위원 경선에 출마했다. 그때 서울이 함락된 시기의 경력으로 인해 소송을 당했는데 그 일에 대해서는 내가 책임지겠다고 보장하면서 문제가 해결되었다. 이는 당시 한국에 거주하던 교포들이 많은 관심을 가졌던 일이라서 특별히 언급한다.

　미국 당국의 경고도 있었고 서울 시내에는 북한의 저격수도 잠복하고 있었기 때문에 우리는 어두워지기 전에 미군 군영으로 돌아가야 했다. 우리는 대사관을 떠날 때 대사관저의 경교장을 살폈다. 문과 창문이 파괴되고 가구가 없다는 것만 확인할 수 있었다. 경교장 뒤는 경교장의 주인 최창학의 집이었는데, 나는 그의 아내에게 최창학은 현재 타이베이에 있는 나의 집에 빈객(賓客)으로 거주하고 있는데 모든 것을 잘 돌봐주고 있으며 머지않아 돌아올 것이라고 말했다. 그녀는 이 말을 듣고 매우 기뻐했으며,

내가 빠른 시일 내에 관저인 경교장으로 돌아오길 바란다고 말했다. 나는 전에 반 년 정도 경교장에 살았다. 최창학은 무척 예의가 바른 사람이었고 나에게 방세도 받지 않았다. 그러나 내가 장식비용과 선물을 주었고 최창학이 타이베이로 피난하는 비용 및 생활용품 비용을 모두 내가 부담했기 때문에 다 합치면 내야 할 방세를 훨씬 넘었다. 게다가 최근에는 재건하는 데 경비를 보태었기 때문에 관저에 얼마나 더 머물 수 있을지 알 수 없는 노릇이었다. 따라서 나는 애매모호하게 "전쟁의 상황을 보아가며 결정하도록 하지요"라며 감사의 말을 전했다. 하지만 그 후부터 다음 해 정월 초, 즉 우리가 다시 서울을 떠나게 될 때까지 중공이 전쟁에 참전해 전세가 완전히 바뀌었고, 나는 다시 아침부터 밤까지 업무에 바빴다. 여유가 전혀 없어지자 다시 관저를 짓고 싶다는 마음도 사라졌다.

미군 군영으로 돌아갔을 땐 날이 벌써 어두워졌다. 양주 두 잔을 마시고 저녁을 먹은 뒤 긴장과 흥분으로 보낸 하루를 마무리하고 침소에 들었다. 유엔군이 서울 부근에서 소탕전을 벌이고 있어 포성이 들렸고 침실도 흔들렸다. 북한군의 습격을 방어하기 위해 나와 쉬 참사는 미군 당국의 지시에 따라 빛이 노출되지 않도록 군용 담요를 창에 고정시켰다. 실내의 더운 열기로 잠을 잘 수 없었다. 그 후 다시 포성에 깨어 밤새 자지 못했다. 다음날 아침 날이 밝자 우리는 재빨리 미군 군영을 떠나 대사관 사무실 숙소로 돌아갔다.

인류와 동물은 모두 어리석다. 파괴될 때 즈음이면 평화 재건을 위해 다시 힘쓴다. 인류가 더욱 어리석은 점은 분명히 다시 파괴될 것이라고 예측하면서도 이를 반복한다는 것이다. 우리는 유엔군이 북한으로 진군하면 중공군이 반드시 참전할 것이라고 여겼다. 이는 세계 역사상 하나의 대사건이자 이로 인해 한국전쟁의 전략과 정략이 급변하리라는 것은 두말할 나위도 없다. 나는 뒤에서 따로 평론을 기재할 것이다. 그러나 중공이 정식적으로 참전하기 전까지 우리는 서울에서 행정 업무를 복원하고 교전

지역에서 업무를 수행하느라 바빴다.

내가 대사관에 도착해 사무실에서 첫 번째로 지시한 것은 1950년 쌍십절인 10월 10일 이전 10일 내에 복원을 마무리해 국경일 행사를 거행하자는 것이었다. 나는 모두에게, 즉 대사관 내 전체 인원에게 반드시 국경일 이전에 대사관의 방 수리 및 장식을 마치고 행정 업무를 원래대로 복원해야 한다고 말했다. 대사관 밖 각 화교단체는 반드시 정해진 날짜 내에 업무를 복원해야 했다. 특히 유일한 화교 신문인 《중화일보》는 반드시 국경일 전에 복원해 출간되어야 했다. 이 지시로 인해 서로 인사말을 건넬 틈도 없이 바빠졌다. 대사관의 정식 직원은 나와 쉬 참사 두 명에 불과했으며 기존에 일하던 사무원과 식당 직원들은 원래 업무로 돌아갔다. 단지 한국 국적의 통역원이던 김일민은 도망쳐 행적이 묘연했다. 김일민은 류위완 총영사 시기에 고용되었는데, 쉬사오창이 총영사였던 시기와 총영사관이 대사관으로 합병되었을 시기에도 계속 고용된 상태였다. 이 사람은 아첨을 잘했다. 비록 증거가 없어서 그가 북한공산당 소속이라고 확언할 수는 없었지만 믿을 만한 사람이 아니라고 여겨져 내가 일을 담당한 이후로는 한국 국적의 다른 통역원 유영래 군에게 통역 업무를 맡겼다. 유 군은 사람이 곧고 충직하며 중국 - 한국에 대한 우의가 깊었다. 서울이 함락되자 유 군은 지방으로 피난했다. 하지만 서울이 수복되자 다시 대사관으로 와서 일했다. 김일민은 북한이 서울을 점령한 기간에 중국공산당 간부 추이디엔팡(崔殿方)과 결탁해 공산당을 대신해 화교 업무 기구에서 일했다. 그래서 북한공산당과 중국공산군이 북쪽 철수에 실패하자 그도 도망갔고 다시 대사관으로 돌아올 생각을 하지 못했다. 유영래 군은 중화민국대사관이 두 번째 서울을 떠날 때 우리와 함께 부산 대사관으로 가서 계속 일을 했다. 그 후 나와 아내가 1965년 2월 다시 서울에 갔을 때 유 군은 우리를 안내를 해주었는데 그때 그가 대사관을 떠나 사업을 하고 있는 사실을 알게 되었다.

중화민국대사관과 화교사회 사람들은 일주일 남짓 분주하게 일했고 마침내 업무를 대략 복원할 수 있었다. 우리는 국경일에 ≪중화일보≫ 한 면에 화교 동포를 향한 글을 발표했다. "우리는 국경일 이전에 서울 지역 공소상회 화교학교를 조직했다. …… 우리의 유일한 눈과 귀인 ≪중화일보≫가 재간되었다. 축하할 일이다." 나의 자료집에는 1950년 10월 10일 서울 ≪중화일보≫ 자료가 실려 있다. 나는 특히 그 부분을 따로 기념으로 갖고 있다. 쌍십절 밤, 우리는 대사관 응접실에서 국경절 연회를 벌였다. 한국정부의 총리와 국회의장 및 국회의원, 유엔한국위원회 각국 대표, 미국대사 참사와 주요 관원, 내외신 기자, 그리고 서울과 각지의 화교 대표 등 총 300여 명이 응접실에 모였다. 대사관 방은 각종 중국 음식으로 가득했고 중국을 비롯한 여러 국가의 술로 손님을 대접했다. 이는 전쟁이 발발한 후 첫 외교 연회로서 손님 중 적지 않은 사람이 미국과 한국의 장군이었으므로 전시 상황 특유의 분위기가 더욱 감돌았다. 상술했던 ≪뉴욕 헤럴드 트리뷴≫의 유명한 여성 종군기자 히긴스도 참석했다. 그녀는 당시 연회의 몇 안 되는 여성 중 한 명으로 사람들 사이를 뚫고 들어가 술을 주고받아 남성들의 주목을 받았다. 유감스러운 사실은 서울이 함락되고 난 뒤에도 서울에 상주하던 외교단 중 영국공사, 프랑스 외교대표, 로마 교황청 대표 등은 북한공산당이 북한으로 끌고 가 생사를 알 수 없다는 것이었다. 10월 1일 남한 정규 부대는 38선을 넘어 북한으로 진군해 10월 8일 미군과 함께 북상했다. 이로 인해 연회 참석자들을 모두 전쟁 상황에 대해 활발히 담론을 펼쳤고 연회는 늦게야 끝이 났다. 국경절 연회가 끝난 일주일 후인 10월 18일, 한미 연합군은 이미 북한 수도인 평양에 진격해 평양을 점령했다.

10월 하순, 중국 종군기자 리자와 루관쥔(盧冠郡)은 평양으로 가서 북한 공산당 통치하에 있는 화교들과 연락을 취했다. 유엔한국위원회 중국 부대표 쓰투더는 각국 대표와 함께 평양으로 갔는데, 우리 대사관의 부탁을 받고 본관을 대표해 그곳의 화교를 위로했다. 11월 16일, 나는 쉬 참사를 특별히 평양으로 파견해 중요한 교무를 처리케 했는데, 대사관 인력이 부족해 쉬 참사는 평양에서 이틀만 머물렀다. 하지만 쉬 참사는 그 이틀 동안 전쟁 지역 업무와 북한의 화교 상황에 대한 가치 있는 정보를 입수했다. 중화민국대사관은 이 정보에 근거해 정부가 평양에 영사관을 설립해 화교 업무를 처리해줄 것을 정부 측에 건의했지만 안타깝게도 전시 상황 때문에 이뤄지지는 못했다. 그 후 서울은 1951년 1월 초에 철수해 3월에 다시 수복되었다.

이 기간 동안 한미 연합군과 본관이 수복 지역 행정조치를 어떻게 처리할 것인지에 대해, 이른바 '전지정무(戰地政務)'라고 부르는 것과 관련해 나는 1951년 7월 정부에 정식으로 '한국전쟁 수복 지역 행정조치 보고'를 제출했다. 이 보고서는 행정원 설계위원회의 각 위원이 참고하도록 인쇄·배포한 것으로, 중화민국정부에 중대한 관심을 불러일으켰다. 그 이유는 이 보고가 객관적 현실을 무시한 채 그저 펜으로만 군사에 대해 논한 것이 아니었기 때문이다. 이는 한국전쟁 수복 지역에서 유엔군과 본관이 겪은 실제 경험으로, 중화민국정부에 제출된 첫 번째 전쟁 지역 업무 보고였다. 나는 진실을 있는 그대로 보존한다는 관점에서 당시 비밀문서로 분류되었던 해당 보고서의 전문을 공개한다. 이 보고서는 ① 유엔군의 민정보도 조직, ② 지방 행정기구의 복원(남한 수복 지구와 북한 수복 지구), ③ 반역분자 처리, ④ 경제 회복 업무 전개, ⑤ 공공사업 복원, ⑥ 토지 개혁 대책, ⑦ 화폐 처리 원칙 등으로 구분되어 있었다.

한국전쟁 수복 지역 행정조치 보고

현대전이 군사, 정치, 외교, 경제, 문화, 심리 각 영역을 아우르는 총력전이라는 것은 이미 의심할 바가 없습니다. 전후 수복 지역에 대한 정치적 조치는 특히 군사적 전쟁의 결과를 확보하는 데 중점이 있습니다. 항일 전쟁이 끝난 다음을 회고해보자면, 본인은 미국에서 돌아와 육군 총사령부가 지도하는 군사 투항을 받아들이는 일에 협조하도록 명령받았습니다. 옆에서 지켜보던 정부 관료들은 수복 지역을 접수하면서 영토를 빼앗겼던 사람들이 받은 상처에 대해 뼈저리게 느꼈고, 지금까지 마음아파하고 있습니다. 2년 전에는 한국으로 가라는 명을 받았습니다. 한국은 원래 북위 38도선을 경계로 남한과 북한으로 나뉘었는데, 북한은 조선인민공화국을 수립해 소련의 괴뢰 공산정권이 되었고 남한은 유엔의 감독하에 대한민국을 수립했습니다. 북한이 공산군에 함락된 지 5년, 남한 영토의 4분의 3이 공산당에 의해 점령되었습니다. 1951년 3월을 넘어서면서 유엔군과 남한정부는 이 지역을 수복한 후 행정조치를 어떻게 할 것인지 논의했습니다. 구체적인 환경은 다르지만 이 논의는 원칙상 중화민국이 향후 대륙을 수복할 때를 대비해 도움이 될 것이라 판단됩니다. 애석하게도 대사관 인원이 두 명에 불과해 상세히 연구할 수는 없었으나, 다음 일곱 가지 사항, 즉 ① 유엔군의 민정보도 조직, ② 지방 행정기구의 복원, ③ 반역분자 처리, ④ 경제 회복 업무 전개, ⑤ 공공사업 복원, ⑥ 토지 개혁 대책, ⑦ 화폐 처리 원칙에 대해 대략적으로 언급하고자 합니다.

① 유엔군의 민정보도 조직

미국의 군부 조직은 G1, G2, G3, G4의 계통으로 나뉩니다. 제2차 세계대전 말기, 본인은 미국으로 가서 태평양학회 국제회의와 샌프란시스코회의에 참석하라는 명을 받았을 때 짬을 내어 보스턴, 시카고 및 버지니아 각지에 미국 국방부가 설립한 사관학교를 시찰했습니다. 미국정부는 당시 이미 동맹군이 적진을 점령한 후 군정부를 세워서 점령 지구에 일반 행정을 실시하는 방안에 대해 준비를 하고 있었습니다. 그 이후 일본, 독일, 이탈리아 및 남한 각국은 모두 미국에 의해 군정부가 설립되었기 때문에 미국 군부는 별도로 G5를 추가로 설치해 이 업무를 주관하고자 했습니다. 한국전쟁이 발발했던 대한민국은 독립국가에 속하기 때문에 유엔군 총사령부의

미 극동군사령부는 민정지도부(Civil Assistance Command: CAC)를 만들어 G5를 대체했습니다. 미군 민정지도부 총사령부는 대한민국 중앙정부 소재지에 설립되어 한국의 지방 행정 시스템에 따라 각 도에 각각 도 지부를 파견했고 주요 도시에는 각각 시 지부를 파견해 수복해야 할 각 지역의 행정 책임을 맡겼습니다. 형식의 관점에서 논하자면, 미군 민정지도원은 남한 수복 지역에서는 남한정부를 돕는 지위에 불과했지만 북한 수복 지역에서는 처음부터 모든 것을 주관했습니다. 미국 민정지도부 각 지부의 인원은 매우 적어 한 지부당 10명 정도였지만 효율은 매우 높아 중령 또는 대령이 지휘했으며, 그 아래는 G5 출신이었습니다. 모두 전문가 출신으로 민정 훈련을 받아 각각 구제, 위생, 양식, 교통, 공정, 공안, 토지, 화폐, 금융 등의 업무를 맡았으며, 세계보건기구(WHO), 적십자회 등에서 파견한 전문 인원도 참가했습니다. 유엔총회는 1950년 가을에 이미 터키, 필리핀, 칠레, 파키스탄, 태국, 오스트리아 등 7개 국가 대사 또는 공사급 대표로 조직된 유엔한국통일부흥위원회(UNCURK)를 설립하기로 결의했으며, 해당 각국의 대표들은 이미 한국에 도착해 있었습니다. 전쟁 시기라서 통일과 재건은 여전히 요원해 활동이 적었습니다. 그 후 유엔총회에서는 다시 유엔한국재건단을 설립하고 한국 재건 구제비용으로 2억 5000만 달러를 쓸 것이라 했습니다. 그러나 유엔군 당국은 군사 시기에는 군사기관이 문제를 해결해야 한다고 여겨 유엔한국재건단의 주요 업무를 미군 민정지도부가 책임지도록 했습니다. 이 기관의 책임자에 따르면, 한국 구제와 재건을 위한 2억 5000만 달러는 각 회원국의 분담률을 정하지 못해 미국이 우선 돈을 냈다고 합니다. 각국이 한국에 기부한 구제 물자는 향후 미국 달러로 환산될 것이며, 이 금액은 분담한 금액에서 공제될 것이라고 합니다. 이 마지막 결정은 중화민국이 1950년 10월 한국에 구제 물자를 증정한 일과 밀접한 관계가 있습니다.

② 지방 행정기구의 복원(남한과 북한의 사정이 달라 간략히 서술합니다)

(갑) 남한 수복 지역

1950년 9월 유엔군의 반격으로 15일 인천에 상륙해 27일 서울을 수복했고, 군대가 밖으로 퇴진함에 따라 중앙정부 각 부서는 외교단과 함께 29일 서울로 돌아왔습니다. 중앙과 지방 행정 기관에서 요직에 있다가 남쪽으로 피난 갔던 사람들 가운데 대다수는 원래 자리로 복직했습니다. 피난 가지 않은 일부 사람들은 북한공산당으로부터 공격을 받았고, 일부는 북한 공산당이 철수할 때 포로가 되어 북한으로 갔습니다. 나머지는 반역 혐의를 의심받는 자들로 원칙상 모두 복권되었습니다. 한국의 국회의원 40여 명은 여전히 철수하지 못했고, 의사와 기술자, 그리고 적지 않은 청년들이 북한공산당에 잡혀갔습니다. 복권 당시 혼란을 면할 수는 없었지만 각지 행정기구와 업무는 그래도 신속하게 회복되었습니다. 이는 각지의 주요 행정 간부가 남한 철수 시 분산되지 않았고 함락하기까지의 시기가 비교적 짧아 기층 조직을 완벽히 파괴하지 못했기 때문입니다. 이로 인해 처음 서울을 수복했을 당시 유엔군 민정지도부의 업무는 대체적으로 기술 협조와 고문의 성격을 띠었습니다. 1951년 3월 서울과 인천 등지에서는 2차 수복이 잇달아 진행되었습니다. 전쟁 상황으로 인해 중앙정부는 여전히 부산에 있었고 서울로 돌아가지 못했습니다. 경기도청은 원래 서울에 있었으나 수원으로 위치를 옮겼습니다. 서울과 인천의 시청은 명의상으로는 복원했지만, 유엔군 당국은 소수의 남한 행정 인원과 경찰에게만 복원 및 치안 작업에 참여하도록 허락했습니다. 따라서 2차 복원 때에는 미군 민정지도부가 지방 행정업무를 모두 책임졌으며 남한의 지방 행정인원은 사실상 민정지도부 사령탑의 지휘를 받았습니다.

(을) 북한 수복 지역

1950년 10월 유엔군은 38도선 이북 지역으로 진격했습니다. 당시 유엔의 기본 정책에 따라 북한 지역에서는 유엔 감독하에 선거를 실시할 수 없었으며 남한정부가 행정권을 북한으로 확대하는 것도 허락되지 않았습니다. 유엔은 북한에서 향후 선거가 실시될 경우 자유로운 분위기를 확실히 보장하려 했기 때문입니다. 그러나 반대로 말하자면 유엔이 남한정부와 행정 인원을 불신임한다는 일종의 표현이었습니다. 미국 민정지도부와 기타 유엔 대표가 수복 지역을 시찰하고 행한 보고에 따르면 남한 행정 인원은 ㉠ 북한 인민에게 과도하게 강압을 가하고 보복 태도를 취할 가능성이 있고, ㉡ 기회를 틈타 자기 잇속만 채울 가능성이 있으며, ㉢ 사실을 확인하지 않아 북한의 정치·경제·사회 조직을 조급하게 다루다가 일을 그르칠 가능성이 있었습니다. 따라서 북한 수복 지역의 행정기구 건립은 완전히 민정지도부 책임하에 두었으며, 남한 행정 인원이 북으로 올라가는 것을 허락하지 않았습니다. 민정지도부 직원은 군이 전진해 하나의 지역을 수복할 때마다 대단히 짧은 시간 내에 현지 인사를 선택해 도, 시 정부를 건립했습니다. 예를 들면, 진남포는 9일에 수복되자 시 정부가 바로 만들어졌습니다. 평양시 정부는 수복한 지 2주 뒤에 수립되었으며, 12월 초에는 북한 6도의 도 정부가 모두 수립되었습니다. 이런 지방 행정기구는 형식적인 틀만 갖추고 있었기에 모든 사무를 반드시 민정지부에서 처리해야 했습니다. 가장 어려운 점은 바로 행정 간부 문제였습니다. 북한에서는 공산당이 5년 동안 통치했고 주요 공산당 간부는 모두 공산군과 함께 북쪽으로 철수한 상태였습니다. 따라서 유엔군이 북한에 도착했을 때에는 정치·사회 조직이 와해된 상태와 같았습니다. 유엔군 민정보도분부는 모든 지역에서 현지 기독교 인사 또는 이전의 실업계 방면 인사와 종종 먼저 접촉했고 그중 노련하고 믿을 만한 인원을 기층 간부로 삼았습니다. 하급 인원 중 과거 공산 정권과 직간접적으로 연관된 관계자에게는 민정분부가 최대한 관대한 태도로 대했습니다. 공산당 업무를 맡았던 사실이 확인되거나 또는 사람에게 상해를 입혀 불만을 산 자는 조사를 통해 처분을 받았습니다. 그 나머지는 최대한 계속 고용했습니다. 한국 행정기구의 복원 과정을 종합해서 보면 중화민국이 앞으로 대륙을 수복해서 중앙의 정부를 복원하는 과정은 그리 어렵지 않을 것으로 예상됩니다. 그러나 각 성 지방 행정기구를 복원하기는 틀림없이 어려울 것입니다. 가장 문제가 되는 것은 각 성의 기층 행정조직과 기층 행정 간부를 복원하는 일이며, 이는 도시보다 향진에서 더욱 어려운 일입니다.

③ 반역분자 처리

반역분자를 처리하는 일은 1950년 9월 처음 서울을 수복했을 당시 정치 문제 중 가장 심각한 문제였습니다. 6월 27일 새벽, 남한정부는 갑자기 남쪽으로 철수했는데, 철수하기 전 국민들에게 전쟁이 발발했음을 통보하지 않았습니다. 심지어 각국 대사관에도 통보하지 않았습니다. 한강 철교를 너무 빨리 폭파해 없앤 탓에 시민들은 한강에 빠져 죽었습니다. 그 수가 얼마나 많을지는 상상조차 할 수 없습니다. 철수하지 않은 자들은 북한공산당으로부터 가혹한 수난을 당해야 했습니다. 함락된 지역의 사람들은 원래 정부에 대해 불만을 갖고 있었습니다. 남한정부가 수복되자 북한에 투항했던 사람들이 스스로를 반공 애국자로 자처하기도 했는데, 이는 과거 중화민국이 항전에서 승리한 이후 이른바 충칭인(重慶人) 또는 비장군(飛將軍)이라고 자처했던 전철을 답습한 것입니다. 반역 혐의를 지닌 분자를 처리하는 과정에서 도망간 자는 가족 등을 연좌해 가혹하게 처리했습니다. 마구잡이로 감옥에 집어넣었기 때문에 공포정치가 조성되었습니다.

남한 경찰, 헌병대, 특무대는 서로 성격이 달랐습니다. 전쟁 전에는 일방적인 밀고로 공산당 혐의를 받고 형벌과 심문을 받은 자가 매우 많았습니다. 서울 서대문형무소는 원래 약 2000명을 수용할 수 있지만 한국전쟁 전 사상범으로 수용한 인원이 8000여 명을 넘었습니다. 북한군은 서울을 점령한 후 이들을 전부 석방하는 반면 당시 남한의 헌병대원과 특무대원 및 아직 철수하지 않은 가족에 대해서는 보복을 자행했습니다. 9월 유엔군이 각지를 수복하자 헌병 특무인원은 복권되었는데, 북한군에 의해 반역분자로 일컬어지던 이들은 다시 보복 체포를 실시했고 남한 전 지역에서 검거된 건수는 다 합쳐 30만 건이 넘었습니다. 10월 중순 남한정부는 군경검합동수사본부를 건립했습니다. 이 본부는 군부 특무기관 경찰 계통과 법원 검찰 계통을 연합해 구성한 것으로 반역과 공산분자를 체포하는 책임을 맡았습니다. 이들이 서울에서 검거한 건수는 1만 2000여 건에 이르렀습니다. 이러한 안건은 합동수사본부가 검거·심문한 후 군사법정에서 한 차례 판결을 받았습니다. 사실 체포된 자들은 남한군 점령하에서 반역자로 불리던 이들로, 실제 주요 공산당 간부는 북으로 간 상태였습니다. 당시 유엔한국통일부흥위원회 각국 대표들은 이러한 사항에 대해 모두 매우 주의를 기울이고 있었습니다. 본인도 비공식적으로 한국정부 책임자에게 우호적인 충고를 보냈습니다. 한국정부는 반역 집단을 공개적으로 처리하려 했으나 국제정치의 압력을 받아 조심할 수밖에 없었습니다.

본관은 이 사안에 대해 특별히 관심을 가졌는데 대체로 서울, 인천 등에 있던 중화민국의 당·정·군 관련 인사 및 핵심 화교 지도자들은 본관을 거쳐 6월 26일 타이완으로 철수했지만, 대다수 화교들은 처음에 철수하지 못했습니다. 북한군이 서울을 점령한 기간 동안 개최된 화교연합회총회에서는 위원장 자오링더(趙令德) 등이 남한 각 분회를 책임졌습니다. 따라서 화교 교포가 철수하지 않은 각 지역에서는 공산당 간부의 위협하에 화교 조직에 참가할 수밖에 없었습니다. 본관은 군대가 복원한 후 곧바로 조사에 나섰습니다. 그리고 각지 화교자치구 사무소와 보갑 조직의 조사 및 보고를 토대로 보고서를 작성했습니다. 주요 공산당 간부를 체포할 것을 요구하는 한편, 국민당 개조위원회가 1950년 9월에 발표한 '국민당의 현 단계 정치 주장'에 따라 반역분자에 의해 압박을 당했던 사람을 특별히 관대하게 대우함으로써 화교들의 민심을 얻으려 했습니다. 한국 당국은 원래 공산당의 압박으로 인해 어쩔 수 없이 반역에 가담했던 화교 지도자 및 화교 교포

10여 명을 체포하고 이들을 군사 법원에 이송하려 했는데 본관과의 교섭을 거쳐 이들을 모두 석방했습니다. 본관은 석방된 화교들을 따끔하게 훈계하며 인도했습니다. 또한 화교 군중대회를 개최해 공산당의 폭정을 공개적으로 검토했는데, 이로써 공산당에 대한 화교의 인식이 나날이 명확해졌습니다. 반공 애국 정서가 깊어졌기 때문에 2차 서울 철수 시에는 각지의 화교가 본관과 함께 남쪽으로 철수했습니다.

남한의 행정 담당자들은 북한 수복 지역에 북상하도록 허락 받지 못했기 때문에 공산당 분자에 대한 조사는 모두 미군 정보기관 CIA가 담당했으며, 그 후 민정지도지부가 적당한 처분을 내렸습니다. 이들은 대체로 태도가 관대해 북한 인민들로부터 민심을 얻었습니다.

한국 정세와 본관이 실시해온 경험에 입각해보면, '국민당의 현 단계 정치 주장'에서 공산당 간부와 반역분자를 어떻게 처리해야 하는지 언급하고 있는 부분은 원칙상 매우 정확합니다. 다만 집행 기구와 집행 인원이 이를 철저히 수행해야 합니다. 이른바 공산당 정치·심리작전에서는 때가 되면 주요 공산당 당원 명단을 발표함으로써 공산당 간부와 반역분자를 약화시키고 그들로 하여금 공을 세우도록 해야 공산당의 저항을 줄일 수 있습니다.

④ 경제 회복 업무 전개

남한정부가 발표한 바에 따르면, 한국전쟁 1년 동안 남한의 도시에서는 43만여 채의 주택이 파괴되었고, 시골에서는 1만 2400여 곳이 파괴되었습니다. 사망·실종자는 47만여 명이며, 집이 없어진 사람은 500만여 명이었습니다. 정부 재산과 군대의 손실은 계산에 포함되지 않았지만 구제 작업이 긴급히 필요한 것으로 인식되었고 사람들은 구제 범위가 발표되길 기다렸습니다. 이 수치는 수복 지역에만 한정된 것이 아니라 남한 전체를 포함한 것이었습니다. 유엔은 한국 구제 비용을 2억 5000만 달러로 결의했습니다. 상술한 바와 같이 이런 구제 작업은 사실상 유엔군 민정지도부가 맡았습니다. 형식적으로 민정지도 총부처는 한국정부의 중앙구제기구에 협조하는 조치를 취했습니다. 각 도 지부는 각 도 정부의 처리 업무에 협조했습니다. 한국 중앙구제기구는 사회부 위주였는데 관련 부회의 의장은 중앙구제사업위원회로 구성되었습니다. 민정지도부 부장은 이 위원회에 참가했습니다. 실제 수요에 따라 위원회가 각 도의 보고를 모아 각지 구제 물자에 대한 협상을 의결했고, 민정지도부는 이 결의에 따라 유엔군 총사령부에 보고를 했습니다. 그러면 유엔군 총사령부는 모든 필요한 물자를 모아 한국에 보냈습니다. 이 같은 물자, 유엔 각 회원국의 증정품, 유엔군 총사령부가 구입한 물품을 한국으로 보내면 민정지도부가 한국정부의 물자공급처에 맡겨 보관했고, 위원회의 계획 결의에 따라 이를 분배했습니다. 분배 수단으로는 도시사회국 같은 한국정부 지방 행정기구를 이용했습니다. 그러나 민정보도부 총사령부와 도시급 지부가 구제 물자의 실제 분배를 감독해 악습을 줄였습니다.

구제 문제 중 가장 기본적이고 중요한 것은 바로 식량이었습니다. 공산당은 점령한 지역에서 민간의 식량을 거두어들이고 기아 정책을 실시했습니다. 이러한 흐름은 중국과 한국이 서로 같았습니다. 남한은 본래 식량을 생산하기 때문에 평소에 자급자족이 가능합니다. 인천상륙작전 때에는 식량 추수를 확보하는 경제적 작전을 통해 전략과 정략을 긴밀하게 합치시켰습니다. 유엔에서 따로 식량 보충을 실시했기 때문에 그때까지는 큰 문제가 발생하지 않았습니다. 유엔군 민정지도부와 한국정부는 모든 도시를 수복한 뒤 처음 1~2주는 모든 주민에게 쌀을 지급했는데, 민심을 사로잡기 위해 가격을 낮추었습니다. 수용소의 모든 난민에게는 매일 백미와 밀가루 등 3합을 무상 배급했고 부식비로 한국 돈 50원(미국 달러 약 2센트)을 주었습니다. 일반 주민에게는 정상 가격으로 모든 사람에게 백미와 밀가루를 1합 반을 주었고, 가격은 시가의 절반 정도였습니다.

본관은 수복 지역과 후방 화교 구제에 대해 공산당이 일종의 정치 작전을 펼치는 것이라 여겼고 이를 매우 중시했습니다. 유엔군 당국과 한국정부와는 화교 평등 구제 방안를 교섭했습니다. 이 외에도 중화민국에서 재난을 당한 동포를 돕기 위해 구제총회가 쌀 50톤을 증정했는데, 이 쌀은 화교 지역 사무소와 보갑 조직 조사를 통해 생활이 빈곤하고 생활력이 없는 자들에게 공평하고 철저하게 분배되었습니다. 또한 대사관에서 사람을 파견해 지도하고 감독했습니다. 또한 본관은 전쟁 발발 전에 한국에 거주하는 화교 동포들이 정부에 기부한 애국 헌금 및 애국 국채 6000여 달러를 어려움에 처한 화교들의 경제 구제금으로 사용할 수 있도록 정부에 지시를 요청했습니다. 이 돈은 유엔군 전선 업무에 참가한 화교 청년에 대한 위로금 및 일하면서 공부하는 화교학생의 보조금으로 쓰였습니다. 또한 화교의 노동력을 동원해 부산 교외에 화교난민마을을 짓는 데에도 쓰였습니다. 어려움에 처한 화교들에게 소자본 대출 방식으로 도움을 주었고 생산과 영업에 종사하는 이들은 원금을 분할 상환하게 했습니다. 이리하여 1년 동안 경제적으로 구제된 인원은 적지 않았는데 그 비용은 현재 5000달러 정도 남았습니다. 이는 정부의 재정이 곤란했던 상황을 감안해 최선을 다한 결과입니다. 사실 경제 구제 업무는 과거처럼 죽을 끓여주는 방식은 피하고 반드시 생산화해야 하는데 이는 매우 중요합니다.

경제 구제 업무의 중요성 및 본인의 경험을 종합해보면 '구제는 작전이다', '구제 업무는 곧 정치 업무다'라는 것을 알 수 있습니다. 특히 대륙이 기아에 허덕이는 현재 상황에서 앞으로 반격해 들어갈 시기의 민생에 대해 예상할 수 있어야 합니다. 따라서 정부는 마땅히 타이완의 값싼 쌀을 최대한 비축하고 적당한 시기에 경제 구제 계획을 수립하고 식량을 장악하며 종자와 비료 저축을 담당하는 행정기구를 건립해야 합니다. 향후 군대를 진격할 때 경제 구제 작업을 통해 수복 지역의 민심을 회복해야 하며 '경제 구제 생산화', '경제 구제 훈련화'의 원칙에 따라 수복 지역의 정치 기반을 다져야 합니다.

⑤ 공공사업 복원

유엔군 민정부는 현지의 공공사업, 예를 들어 물, 전기, 의료 공공 위생 시설 및 시내 교통수단 등에 특히 주의를 기울여 이를 재빨리 복원시켰습니다. 그리하여 각 민정 지부 내에 위생 등을 담당하는 전문가를 두고 업무를 책임지고 담당하게 했습니다. 공사 부문을 책임지는 담당자 중에는 미군 공사부대에 속하는 군관이 많았습니다. 그들은 전시 비상 상태에서 공사 업무를 담당한 경험이 있었습니다. 북한의 평양 지역에 유엔군이 진주할 당시 물과 전기 설비는 모두 한국 노동당에 의해 파괴되었습니다. 그러나 한 달이 되지 않아 물과 전기가 대체로 복원되었습니다. 또한 한 도시에 진입하면 반드시 시민들에게 무상 예방주사를 기한 내에 실시했습니다. 이는 전염병을 방지하기 위함이었습니다. 본관은 부산에서 4000여 명의 화교 대부분에게 방역주사를 맞혔으며, 1차 복원 후 서울 화교들에게 주사를 맞힐 때에도 미군 민정지도부의 도움을 적지 않게 받았습니다. 그밖에 서울 시내의 전차와 전화는 두 달 이내에 복원되었습니다. 이 일의 효율성이 높았던 이유는 미국 전문가가 직접 나서서 진행했고 관료주의적 나쁜 습성도 전혀 없었기 때문입니다. 일반인은 미군의 설비와 도구가 신식이기 때문에 효율이 높다고 여겼으나 실제 미군 직원은 현지의 설비와 재료를 이용하면서도 재난 극복의 정신을 충분히 발휘했습니다. 우리가 앞으로 대륙 도시를 수복할 때 이런 작업팀을 만들어 군대를 따라 움직이게 하거나, 또는 군대 가운데 이런 작업을 담당하는 단위를 특별 훈련하는 방안을 자체적으로 연구할 만합니다.

⑥ 토지 개혁 대책

북한의 토지는 공산정권하의 5년 동안 분배와 관련해 투쟁이 전개되었으며 지주계층은 이미 전복을 당했습니다. 평양에 있는 화교의 밭으로 말하자면, 공산당이 토지개혁을 실시한 후 모든 경작 세대는 평균 1500평에서 2000평을 얻었는데, 이는 성인 1인당 500평 규모였습니다. 과거 소작인 또는 일꾼이던 사람들은 토지개혁 후 원래 지주 소유였던 땅을 모두 자유 경지로 나누었습니다. 지주 외의 일반 소작인은 처음에는 만족했지만 그 후 탈세와 현물 징수로 불만의 목소리가 높아졌습니다.

유엔군은 북한을 점령한 후 토지문제의 근본적 해결을 깊이 고민했습니다. 오랜 시간이 필요하기 때문에 과도기의 사회경제적 혼란을 피하기 위해 모든 소작농에게 잠시 동안 소유한 경지의 경작권을 유지하도록 허락했습니다. 남한 점령군이 개인 권력으로 원래의 토지를 되찾을 경우 유엔군 민정부가 이를 제지했습니다. 그렇게 제정된 토지 대강은 다음과 같습니다. ⊙ 소작농은 계속해서 현에 있는 토지경작권을 가지도록 허락한다. ⊙ 경작자는 경지를 소유하는 원칙에 따라 소작농이 정부에 가장 낮은 지가를 내도록 허락하고, 20년 또는 30년 동안 분납해 합법적 소유권을 가지도록 한다. ⊙ 원래 지주의 손실에 대해서는, 정부는 가장 낮은 상당한 액수의 현금 채권 주식을 주고 20년 또는 30년이 되면 청산되도록 보상한다. ⊙ 소작농이 지급한 지가와 정부가 지주에게 보상한 손실을 유사한 수준으로 책정해 정부가 재정 부담을 피할 수 있도록 하며 지주와 소작농은 이익을 각각 보장한다. 이러한 토지개혁 강령은 유엔군 민정부에서 내부적으로 원칙을 정한 것으로, 전쟁이 진행되고 있는 관계로 실시되지 못했으며 남한정부의 동의를 얻지도 못했습니다. 하지만 대체로 '국민당의 현 단계 정치 주장'의 토지 처리 원칙과 유사하며 중화민국이 향후 참고할 만합니다.

⑦ 화폐 처리 원칙
유엔군이 북한을 점령한 기간은 매우 짧아 화폐 대책에 관해서는 실무자들에게 넘겼습니다. 따라서 유엔군은 북한에 진입한 후 본래의 북한 화폐인 북조선 중앙은행권을 계속 사용하고 남한 화폐가 북한 내에서 유통되는 것을 금지한다고 공개적으로 통고했습니다. 이와 동시에 북한 정부의

화폐를 찍어내는 기계를 부숴버리고 아직 발행되지 않은 대량의 수표는 불태워 없앴습니다. 이는 금융에서 문제가 발발할 가능성을 없애기 위함이었습니다. 남한 화폐와 북한 화폐의 환전 비율은 식량의 경우 북한 돈 1원이 남한 돈 8원으로 계산되었습니다. 유엔군 민정부는 남북한이 통일한 후에 통일된 통화를 사용할 것을 건의했습니다. 중국이 항전에서 승리한 후 나는 상하이에서 중일 금융 전문가를 상대로 진행한 연구 결과를 토대로 정부가 법적 화폐 1원을 100원으로 환전하자고 건의했습니다. 하지만 주관 당국은 결국 1 대 200의 비율로 유통할 것을 결정했습니다. 이는 물가 상승과 통화 팽창을 유발했습니다. 유엔군이 북한 지역에서 화폐 문제를 처리한 원칙은 우리가 참고할 만합니다. 대륙은 매우 넓지만 앞으로 지역 분할 유통 화폐를 제정하면 신화폐와 가짜 화폐 비율 문제 등은 전문가와 협의해 대책을 강구할 수 있을 것입니다.

이상 한국에서 유엔군 당국이 실시한 정책 가운데에는 중화민국이 대륙을 수복했을 때 참고할 만한 사항이 매우 많습니다. 하지만 개인적인 생각으로는 정책은 반드시 정확해야 하고 작전에는 반드시 전략이 필요합니다. 중국이 수십 년 동안 겪은 폐단의 원인은 정책이 잘못된 데 있는 것이 아니라 정책을 끝까지 완벽하게 실행하지 않은 데 있습니다. 전술, 사기, 기율이 잘못되면 전략의 정확성이 떨어지기 마련입니다. 한국전쟁을 통해 국제 정세를 보는 것은 나에게 매우 큰 도움이 되었습니다. 끝까지 총통, 원장의 지시를 받아들여 서로 돕길 바라며, 다시 대륙으로 돌아가 민심을 확보하고 중화를 재건해야 합니다.

1951년 7월 7일 타이베이에서 사오위린

» 중공의 참전과 중화민국의 전술

1950년 10월 10일 우리는 서울을 수복한 지 얼마 되지 않아 서울에서 대사관을 아름답게 꾸미고 수리를 끝마쳤기에 성대한 연회를 열어 중화민국 39년 국경절을 축하했다. 이는 당연히 기념할 만한 일이었다. 국경절 연회 후 3일째 아침 미국대사 무초가 갑자기 나를 만나고자 했다. 나와 그는 대사관 사무실에서 한 시간 정도 밀담을 나눴다. 그는 10월 15일 트루먼 대통령과 맥아더의 웨이크섬 회담에 참가하러 간다고 하면서, 중공의 한국전쟁 참가 여부에 대해 특별히 중화민국대사의 얘기를 듣고자 왔다고 했다. 중공의 한국전쟁 참여 여부는 당시 나라 전체에서 가장 중요한 화제였다.

한 달여 전인 9월 15일, 맥아더는 인천 상륙을 성공적으로 지휘해 유엔군이 역전했고 공산군 전선은 붕괴되었다. 이는 한국전쟁의 분수령과도 같았다. 9월 28일 유엔군은 서울을 수복했는데, 군을 지휘해 북으로 향해야 한다고 주장했던 이 대통령은 더욱 기세등등해졌다. 세계 각국 인사의 눈에는 승리를 추구하는 유엔군이 남북한 분계선인 북위 38도선을 넘을지 여부가 전쟁의 또 다른 관건이었다. 따라서 ≪뉴욕 헤럴드 트리뷴≫의 저명한 여기자 히긴스는 9월 29일 서울 수복 후 열린 수도 탈환식에서 맥아더에게 유엔군이 북한까지 진격하기로 결정했는지 물었다. 다음날인 9월 30일, 맥아더는 미국 합동참모회의에서 '차후 한국에서의 행동에 관한 훈령'을 발표했다. 다음은 이 훈령 가운데 일부다.

유엔군의 군사 목표는 바로 북한 무장 부대를 적멸시키는 것이다. 이를 위해 유엔군은 38도선 이북 작전을 실시할 권리가 있지만, 모든 상황 아래 유엔군에 속한 부대는 육군·해군·공군에 관계없이 한국 변경을 넘을 수 없고, 중국 동북 또는 소련에 진입할 수 없다. ……

맥아더는 이에 의거해 군을 지휘해 북상했으며, 아울러 10월 1일 북한 공산군이 무조건 항복할 것을 요구하는 성명을 발표했다.

전 세계적으로 봤을 때 공산 집단만 유엔군의 북한 진입을 필사적으로 반대하고 모든 수단을 동원해 방해했을 뿐, 나머지 대다수 국가는 유엔군이 한국을 통일하고 평화를 건설하기를 바랐다. 오직 영국만 전쟁이 확대되는 것을 두려워해 막후에서 방해할 방법을 고심했다. 인도는 중립적 태도를 취했는데, 공산당에 호응해 유엔군이 북진을 멈추라고 호소했다. 유엔 안전보장이사회 소련 대표 말리크는 1950년 1월 장제스가 중국의 합법적인 대표가 될 수 없다고 항의하며 퇴장했다. 반년 동안 안전보장이사회는 소련과 북한에 극도로 불리한 결의, 예를 들어 북한공산당이 38도선 이북으로 철회할 것을 요구하는 등의 결의를 통해 남한을 침략 당한 것으로 규정하고 각국이 남한에 군사를 원조할 것을 호소했다. 유엔 안전보장이사회는 유엔군을 파견하고 미국이 유엔군 최고사령부를 조직할 권리를 가지고 있었으나 이 모든 것은 소련 대표의 결석으로 결정될 수 없었다. 8월 중에 소련 대표 말리크는 다시 회의로 돌아왔고 외교 정치 수완을 발휘해 이익을 얻었으나 인천상륙작전 후에는 북한공산당의 정세가 전과 같지 않았다. 따라서 소련은 다시 긴급하게 안드레이 비신스키를 파견해 유엔 수석대표로 출석하게 했으며, 유엔 회원국 중 아시아와 아프리카의 중립 국가들을 동원해 유엔군 북상을 막고 북한의 운명을 구하려 했다. 한편 중공은 항미원조(抗美援朝, 미국에 항거하고 조선을 돕다) 운동을 조장했는데, 이는 유엔군을 막기 위함이었다.

여기서는 당시 소련과 중공, 북한공산당 간의 관계를 설명해보겠다. 소련은 대외 관계에서 당과 정부라는 두 가지 노선으로 나뉘어 있었다. 소련공산당이 코민테른 조직을 모두 장악하고 있었기 때문에 중국공산당과 북한공산당 또한 코민테른의 중국지부와 한국지부였으며, 이들은 모두 모스크바 총사령부의 명령을 받았다. 제2차 세계대전이 종식된 후 소련의 비호 아래 북한공산당은 먼저 북위 38도선 이북 지역에 조선민주주의인민공화국을 수립했다. 한편 중국공산당이 중국 대륙에서 반란을 일으켰을 때 북한공산당 부대는 중국공산당 부대와 어깨를 나란히 하는 작전으로 국민정부에 대항했다. 중국공산당 정부가 수립된 후 마오쩌둥은 소련 일변도 정책을 펼쳐 1950년 2월 14일 소련과 30년 기간의 중소우호동맹조약을 체결했다. 조약에서는 일본을 가상의 적으로 명시했지만, 마오쩌둥이 소련에서 스탈린과 협상해 향후 어떻게 일본을 적화시킬지 논할 당시 이미 남한 해방을 이루는 방안에 대해 논의했고 이를 일본 해방의 발판으로 여겼다.

또한 중공정권이 성립된 지 얼마 되지 않아 북한공산당의 김일성은 베이징을 방문해 중공과 한국의 혁명 통일 문제를 협상했다. 또 진해회담 이후에는 중화민국과 한국이 공동 결의한 아시아 반공 연맹 대책에 대항했다. 중공과 함께 어깨를 나란히 하는 작전을 조정하고 돌아온 북한공산당 부대는 이를 남한 해방의 준비라고 여겼다. 한국전쟁이 발발했을 당시 중공은 가장 먼저 주북한 대사를 파견하고 8월 13일 국서(國書)를 증정해 형식상 중공 - 북한 간 관계를 수립했다. 한국전쟁 초기에는 중공 부대가 파견·참전하지 않았지만 중국공산당과 북한공산당 간 군사 합작은 이미 진행되었다. 하지만 북한공산당이 군사적으로 막강하지 않아 유엔군이 반격을 준비했다. 따라서 소련공산당의 지휘 아래 중국공산당과 북한공산당은 8월 말 베이징에서 회담을 열고 필요한 시기에 중국공산당이 한국에 지원군을 파견해 전쟁을 돕기로 구체적으로 결정했다.

9월 15일 유엔군이 인천에 상륙하자 코민테른은 유엔군의 북상을 막고 북한공산당이 패망하는 상황을 저지하려 했다. 이를 위해 소련의 외무부장 비신스키는 유엔총회에서 "만약 유엔군이 38도선을 넘어 계속 북상한다면 침략자가 되는 것이다"라고 거듭 강하게 주장했다. 10월 2일 비신스키는 유엔총회에 한국전쟁을 해결하기 위한 7가지 건의를 제시했다.

① 교전국 간 전투 상태를 중단한다.

② 유엔군이 한국에서 철수하면 한국 인민이 자유로이 내정을 결정한다.

③ 한국 전체에서 선거를 실시한다. 이는 독립된 통일 정부를 건립하기 위한 것이다.

④ 남한회의에 파견된 대표는 위원회를 조직해 한국 선거를 책임지고 집행한다.

⑤ 중화인민공화국과 소련은 모두 유엔의 일원으로서 유엔한국위원회 위원을 감독한다.

⑥ 한국이 통일과 독립을 이루면 유엔은 경제 원조를 한다.

⑦ 한국이 통일과 독립을 이루면 유엔 안전보장이사회는 유엔 가입을 고려해야 한다.

소련공산당이 이처럼 진상을 왜곡하고 사람을 기만하는 제안을 한 것은 중공정권을 유엔에 포함시키기 위함이었다. 저우언라이는 8월에 중공이 한국 문제에 대한 토론에 참가하도록 허락해달라고 유엔에 요청했다. 이어서 9월에는 '미 제국주의의 침략'을 고발하는 한편 이른바 중립국이라는 주중공 인도대사를 통해 미국과 유엔군이 만약 38도선을 넘어 북한에 진격하면 중공이 참전할 것이라고 협박했다. 이 같은 위협은 유엔군이 북한을 침공하는 것을 막기 위함이었다. 이는 각국으로 하여금 중공을 승인하도록 만들기 위한 전략을 서로 다른 형태로 전개한 데 불과했다. 물론 각국이 속아 넘어가지 않았기 때문에 이는 유엔총회에서 통과되지 못했다. 며칠 후 유엔총회에서는 오히려 미국이 지지하는 8개국의 제안이 통과되었는데, 요점은 다음과 같다.

① 모든 수단을 동원해 전 한국의 안정을 확보한다.

② 유엔의 감시하에 전 한국은 자유선거를 실시한다. 이는 통일되고 독

립된 민주 한국을 건립하기 위함이다.

③ 남북한의 각 당파와 단체 대표를 초청해 유엔과 합작하고 평화를 회복해 전 한국 선거를 완성하고 연합 정부를 건립한다.

④ 유엔군은 본 결의안에 제시된 임무를 달성한 후 한국 국경에서 철수한다.

⑤ 한국의 통일과 재건을 위해 유엔총회는 한국위원회를 새로 조직하고 개편해야 한다.

유엔군의 북상을 막고 중공을 유엔에 가입시키려던 코민테른의 시도는 이로써 완전히 실패했다. 유엔총회에서는 유엔한국통일부흥위원회의 7개국 위원을 새로 임명하는 방식으로 유엔한국위원회를 개편했는데, 이 과정에서 중화민국의 대표 자리가 취소되었다. 원래 중화민국의 대표는 류위완, 부대표는 쓰투더였는데 이로 인해 다른 업무로 조정되었다.

미국은 한국 정세를 해결하기 위한 이 같은 제안이 유엔총회를 통과하면 국제법에 근거해 유엔군이 북한에 진군하자고 주장했다. 그러나 중공 선전 수단의 공개적인 항미원조 구호와, 저우언라이의 참전 경고 및 협박을 무시할 수는 없었다. 트루먼 대통령은 자신의 회고록에서 이렇게 썼다.

똑같은 소식이 모스크바, 스톡홀름, 뉴델리에서 전해졌다. 어찌되었든 중공은 한국전쟁에 참전할 가능성이 있었으므로 가벼이 볼 수 없었다.

따라서 트루먼 대통령은 10월 9일 맥아더 장군에게 다음과 같은 지시를 내렸다.

중공이 한국전쟁에 개입할 가능성을 고려해보면 …… 만약 중공 군대가 한국 국경 내에서 아직 공개되지 않은 비밀스러운 행동을 할 경우 귀관은 스스로의 판단에 근거해 계속해서 행동하고 그 행동을 승리할 때까지 이어나가야 한다. 그러나 워싱턴으로부터 권한을 부여받기 전에는 무슨 일이 있더라도 중국 대륙을 목표로 한 군사 행동을 해서는 안 된다.

10월 12일 미국 국방장관 마셜 장군은 맥아더에게 전화를 걸어 트루먼 대통령이 맥아더와 함께 회담할 뜻을 전하면서 장소는 호놀룰루와 웨이크섬 중 임의로 고르도록 했다. 맥아더는 웨이크섬을 선택했다. 미국정부와 여론은 중공의 참전 문제를 중요시했기 때문에 미국대사 무초가 나를 찾아왔던 것은 이 회의에 참가하기 전 중화민국대사인 나에게 자문을 구하기 위함이었다. 나는 미국대사의 질문에 대답하면서 앞에서 언급한 바 있는 9월 23일 부산에서 타이베이 외교부를 통해 원장과 대통령에 보낸 기밀 전보 초고를 한 글자씩 번역해주었다. 특히 ⑤와 ⑥의 문장은 재차 번역해서 말해주었다.

⑤ 소련은 각종 방법으로 유엔군이 북한에 진격하는 것을 막을 것이며 계속해서 남한의 공산당 유격대를 도울 것입니다. 하지만 평화 회담을 빌미로 북한의 지위를 보전시키며 유엔군이 진격하지 못하도록 시간을 끌 수도 있습니다.
⑥ 중공의 목표는 유엔에 가입해 전쟁을 치르지 않고 타이완을 차지하는 것입니다. 만약 이번에 그렇게 되지 않는다면 계속해서 비밀리에 북한을 도와 홍콩, 타이완, 베트남을 위협할 것입니다. 따라서 만약 유엔군이 북한에 진군한다면 코민테른은 소련 국경 지대 및 중국 동북 지역에 있는 한국인을 무장시켜 거주케 하고 중공으로 하여금 지원군 방식으로 북한을 도와 유엔군을 난처하게 만들 것입니다.

나는 "중화민국과 미국은 절친한 동맹국이므로 특별히 이를 알려주는 바입니다"라고 말했다. 이에 대해 그는 "대사님은 이미 3주 전에 중공이 참전할 것으로 판단해 귀국 정부에 보고했군요. 조금 더 일찍 나에게 알려주지 않은 것이 안타깝습니다"라고 말했다. 이에 나는 이렇게 답했다. "과거 진주만 공격이 임박했을 즈음 귀국의 참사관 존 레더는 미국 주충칭대사관 2등비서의 적임자였으며 곧 주상하이영사로 부임하기로 예정되어 있었습니다. 내가 외교부 정보사장으로 재직할 당시 레더(레더는 이후 주타이베이대사로 보임되었습니다)에게 일본군이 곧 남쪽에서 공격할 것이라고 알렸습니다. 우리 군 또한 일본군의 많은 부대가 남쪽으로 이동한다는 것을 비밀리에 귀측에 전했습니다. 귀국 정부는 중국을 온전히 신뢰하지 못하고 다른 복선이 있는 것처럼 여겼습니다. 하지만 오히려 내가 이상하게 생각하는 것은 레더가 상하이에 부임하고 난 지 얼마 되지 않아 진주만이 기습을 당했고 이어서 레더가 일본에 구금을 당한 것입니다. 이 같은 전개는 레더에게 확인해도 됩니다. 이번 중공 참전에 관한 일은 나 개인이 정부에 보고한 것입니다. 또한 우리 측은 중공의 대군이 동북 지방에 집결하는 데 대한 약간의 정보를 갖고 있습니다. 그러나 나는 귀국 국방부와 맥아더 총사령부, 중앙정보국과 국무부가 훨씬 많은 정보를 가지고 있을 것이라고 생각했습니다."

미국대사는 담화에서 유엔군이 북한을 압록강까지 추격하기로 결정하긴 했으나 중공의 참전 여부는 아직 확실하지 않다고 말했다. 그리고는 회의에 참석하고 한국으로 돌아온 뒤 다시 대화를 나누자고 약속했다. 10월 15일 맥아더와 트루먼 대통령은 웨이크섬에 도착해 극적으로 회담을 거행했다. 웨이크섬은 도쿄에서는 비행기로 8시간, 워싱턴에서는 30시간 걸린다. 트루먼이 이 회담을 거행한 이유는 맥아더 장군의 자료와 판단으로부터 도움을 얻고 맥아더에게 세계정세에 대한 미국정부의 견해를 이해시키기 위해서였다. 당시 미국 언론의 추측에 따르면, 트루먼은 인천상륙작전에 성공해 대중의 신망을 한 몸에 받고 있는 명장과 회담을 가짐으로써 11

월에 예정된 국회의원 선거에서 정치적으로도 도움을 얻길 바라는 측면도 컸던 것으로 보인다. 회담에서 트루먼 대통령은 다섯 번째 금십자 훈장을 맥아더에게 하사하고 한국 전황에 관해 담화를 나눴다. 맥아더는 자신의 회고록에 당시 상황을 다음과 같이 기록했다.

그(트루먼 대통령)는 나에게 중공의 개입 가능성에 대해 의견을 구했다. 나는 이를 억측이라면서 "국무부는 외교 관계에 정통한 기구이고, CIA는 다른 국가가 전쟁 의도를 갖고 있는지 실마리를 찾는 기구입니다. 그 기관들은 모두 베이징 정권이 엄청난 부대를 동원해 개입할 것이라는 증거를 입수하지 않았습니다"라고 말했다. 나의 군사적 판단에 따르면, 우리 미군은 강력한 공군을 보유하고 있고 압록강 남북의 공격 기지와 보급선을 공격할 능력을 얼마든지 갖고 있기 때문에 파괴된 조선반도에서 엄청난 모험을 단행해 대군사 작전을 펼치려는 중공의 장교는 없을 것이다. 대통령과 나는 이에 대해 의견이 다르지 않았다.

맥아더가 당시 매우 낙관적으로 판단해 "저는 북한 지역 내 적군의 저항이 추수감사절 이전에 종결될 것이라고 믿습니다"라고 공개적으로 말했다. 그는 또한 "제8군이 성탄절 이전에 일본으로 철수할 것을 희망합니다"라고 말했다.

하지만 우리가 얻은 기밀 보고에 따르면 웨이크섬 회담 전후로 중공 린뱌오 소속 부대인 제4야전군이 이미 동북 지역에서 남하해 압록강을 건넌 상태였다. 남한 군사 당국은 이런 정보를 꽤 많이 갖고 있었다. 미군 당국은 아마도 국무부와 CIA가 중공의 참전 소식을 입수하지 못했고 유엔군이 북한군을 파죽지세로 추격하고 있었기 때문에 중공이 참전하더라도 시기적으로 너무 늦어 기사회생할 수 없을 것이라 여겼던 것으로 보인다. 더욱이 미국 공군까지 합세했기 때문에 중공의 참전 대책을 무시했다. 10월 1

일 유엔군은 38도선을 넘어 계속 북진했다. 10월 13일 원산을 점령했으며, 10월 19일에는 북한의 수도 평양을 점령했다. 10월 20일 미군의 선봉부대는 이미 신의주에 도달했다. 남한군 제6사단의 일부는 10월 26일 압록강의 초산에 도달했다. 상황이 이러하자 미국인들은 미군이 군사적 임무를 완수하고 승리해 군대를 철수할 수 있을 것이며 유엔총회의 결의에 따라 남한에서 전국적인 선거에 착수해 통일 한국을 세울 것이라고 여겼다. 하지만 천하가 뜻대로 되지 않음을 왜 누구도 몰랐을까? 그렇게 방심하는 순간 유엔군은 중공의 매복에 걸려들었다. 몰래 강을 건너던 중공의 인민지원군이 '양키놈'들을 기습했던 것이다. 하지만 '양키놈'들은 큰 손실을 입고도 소문이 퍼지지 못하도록 막았다. 심지어 10월 26일, 남한 제6사단 중 1개 연대는 중공 제124사단의 매복 공격을 받아 전군이 소멸했고 얼마 지나지 않아 유엔군이 다시 전선에서 중공군과 만났는데도 미국은 여전히 중공의 참전에 대해 얼버무렸다. 내가 10월 31일 외교부에 보낸 전보는 다음과 같다.

미군 당국이 지금까지 발표한 바에 따르면 중공 지도하에 북한공산당 부대가 참전했으나 중화민국 국적의 사병은 없습니다. 그런데 어제 중공 포로가 자백한 바에 따르면 중공 제4야전군 제40군 중에 이미 2개 사단이 참전했다고 합니다.

다음은 내가 11월 2일 총통부에 보낸 전보다.

[일급비밀] 기밀실 저우(周) 주임, 예 부장, 저우 총장, 원장, 총통에게 각각 전해주기 바랍니다.
(갑) 국군 총사령관 정일권 장군의 보고에 따르면 ① 린뱌오 제4야전군 예하 제39군, 제40군, 제42군은 이미 북한에 침투했고 그 인원은 약 10만

명입니다. 그중 일부가 10월 8일에 도강했습니다. ② 신의주에서 남하한 2개 사단, 초산에서 남하한 1개 부대, 강계에서 남하한 2개 부대, 강계 일대에 있던 후속 부대와 압록강 북쪽 연안, 다 합쳐서 중공군은 대략 5개 군입니다. ③ 적의 의도를 판단하고 병사를 분리해 순천과 함흥을 공격했고 이북 지역의 유엔군을 단절해 포위하고 섬멸시켰습니다. ④ 어젯밤 공군 정찰기가 안동에서 신의주로 끊임없이 지원했습니다. ⑤ 포로가 된 중공 사병은 도강 전에 모든 부호와 표시를 없앴는데, 그중 적지 않은 사병이 전 동북 중앙부대에 속했습니다. ⑥ 가장 최근에 출현한 적기는 중국 동북기지에서 온 것입니다. ⑦ 한국 측 정보에 따르면 최근 동북에서 발생한 폭동과 군대 내분으로 제3차 대전이 이미 발생한 것 같으며 한국전쟁은 그중 일막에 지나지 않는다고 합니다. 정세가 확대될 가능성이 있습니다.

(을) 미군고문단 단장 배럴 준장과 참모장 마테스는 대령에게 알렸습니다. 이미 도강한 중공군 번호는 두 개의 군인데 전부는 아닙니다. 중공의 진군은 정치적 협박에 중점을 두고 있는 것으로 판단되지만 확대되지 않을 것이라고 확언할 수도 없습니다.

한국과 미국 쌍방의 정보와 판단이 동일하지 않은 부분도 있지만 이는 모두 야전부대장의 견해를 밝힌 것이었다. 따라서 나는 그들의 견해와 당시 우리가 얻은 다른 정보를 종합해 중공 참전에 대한 개인적인 판단을 제시했다.

[기밀] 기밀실 저우 주임이 부장, 총장, 원장, 총통에게 각각 전해주기 바랍니다.

현재 정보가 불충분하므로 현 단계에서 중공이 참전하는 데 대한 대략적인 보고를 다음과 같이 올립니다.

(갑) ① 소련공산당의 기본 전략은 중공과 미국을 직접 충돌하게 만들어

미국의 힘을 다른 데로 돌릴 수 없도록 빼놓고 아울러 유럽 방어 계획을 파괴하거나 지연시킴으로써 전쟁의 주도권을 확보하는 것입니다. ② 전술상 북한공산군이 철수하도록 엄호해 북한 변경 방어 지대(안주에서 함흥으로 불리는 맥아더 전선)에 배치하고 유격 역량을 강화해 수풍발전소를 확보한 뒤 동북 전역의 공업 생산을 유지하는 것입니다(이 분야는 행정원 최고위원 원치(文琦)가 상세히 알고 있습니다). ③ 정략 선전상 직접적으로는 북한공산당을 지지하고 간접적으로는 베트남공산당 호치민을 지지합니다. 이는 코민테른의 사기를 높이기 위한 것으로, 이를 통해 미국에 대한 시위 및 미국 내부와 유엔 간 정치 갈등을 심화시킬 수 있습니다.

(을) 중공의 참전 경과를 말하자면, ① 소련은 중공의 참전을 통해 소련의 중공 통제를 견지하고 중공 국제파의 역량을 증명하고자 합니다. ② 중공은 유엔 가입 및 타이완 문제의 정치적 해결에 대한 희망을 잠시 포기한 것처럼 보이지만, 정식 참전국임을 여전히 공개적으로 천명하지 않음으로써 유엔군이 중국의 동북 지역에 진격하지 못하도록 하려 합니다.

(병) 미 국무부와 영국은 모두 전쟁이 확대되길 원치 않지만 군사적 관점은 서로 다릅니다(최근 미 극동공군사령부가 영어, 중국어에 능숙하고 안동 동북 지리를 잘 아는 요원들을 비밀 소집해 포로를 심문하고 전략 폭격의 비밀 정보를 수집했는지 여부는 단언할 수 없습니다). 또한 과거의 일을 보고하고 장래의 조치를 요청하는 것이 국무부의 업무인데, 특히 ① 정보공작원의 복귀 및 조직 재건, ② 군사 참모 인원의 강화, ③ 주한대사관의 정식 직원은 2명인 반면 주일대표단의 직원은 60~70명인 상황 조정, ④ 공산당에 대한 선전 및 심리전 강화 방안, ⑤ 중공군 및 포로에 대한 한국과 미국 쌍방의 정치공작에 협조하는 방안, ⑥ 전문요원을 선발·파견해서 유엔 및 한국 수복 지역의 전지정무 공작을 연구해 향후 대륙 수복 시 참고로 삼는 방안이므로 다음 사항에 대해 허가를 받기 위해 잠시 타이완으로 돌아가도록 허락해주기 바랍니다. 각 기관과 논의한 후 전보로 알려주면 이를 준수하겠습니다.

같은 날인 11월 4일 외교부에는 다음과 같은 내용의 전보를 보냈다.

[기밀] 외교부는 총장, 원장, 총통에게 각각 전해주기 바랍니다.

기밀 보고에 따르면 ① 중공의 압록강 북쪽 연안 부대는 제38군, 제39군, 제40군, 제41군, 제42군, 제45군, 제46군, 제52군, 제55군, 제56군 등 총 10개 군입니다. ② 한국 국경 내에는 이미 제39군 제115사단, 제116사단, 제117사단, 제40군 제118사단, 제119사단, 제120사단 및 제42군 제12사단으로 총 7개 사단이 있습니다.

중공이 참전함에 따라 중화민국이 원래 한국에 파병하려고 결정했던 문제와 심리전 등의 문제는 모두 중요한 사안이 되었다. 이와 관련해서는 뒤에서 다시 언급할 것이다. 다음의 전문 가운데 ③, ④, ⑤항은 이러한 문제에 대해 대략적으로 제기한 것이다.

11월 6일 총통부에 다음과 같은 전보를 보냈다.

[기밀] 저우 주임은 총장, 원장, 총장에게 각각 전해주기 바랍니다.

① 확실한 소식에 따르면 현재 북한에 진격하는 유엔군 부대는 남한군 제1사단, 제3사단, 제6사단, 제7사단, 제8사단, 제11사단과 수도사단 등 7개 사단과, 미군 제1기병대, 제1해군육전사, 제3사단, 제7사단, 제24사단, 제25사단 등 6개 사단, 영연방 제27여단으로 구성되어 있습니다. ② 남한 후방에서 소탕 임무를 벌이던 필리핀, 터키, 오스트리아 부대는 모두 이미 북으로 이동했습니다. ③ 어제 미 군부는 비밀리에 본관에 중국어와 영어에 능통한 사람을 부탁했는데 포로를 심문할 때 필요한 것으로 보여 소개해주었습니다. ④ 어제 중공은 미국에 대항해 집과 나라를 지켜야 한다고 각 당파에 선전했으며, 베이징과 상하이, 동북 지역의 인민지원군을 한국으로 보냈는데 이로써 중공이 군사를 계속 증원한다는 사실을 알 수 있습

니다. 그러나 과거와 차후의 정부 정규군 참전 여부에 대해서는 여전히 숨기고 있습니다. ⑤ 중화민국은 한국에 파병해 원조하려던 원래 계획을 다시 제기하지 않아도 될 것 같습니다. 만약 미국 측이 요구하거나 동북 지방을 공격하려는 미국의 계획이 있을 때 소수 정예 부대를 한국에 파병하고 연해의 1, 2성에 해군과 공군을 원조함으로써 유격전을 강화하는 것이 더욱 좋겠습니다.

중공은 파병해서 참전할 것이라고 재차 위협을 가했으나 정보가 부족해 사실 여부를 알 수 없는 기간 동안 중화민국정부는 중화민국대사관이 전술한 보고 및 중공 참전과 관련된 기밀 전보와 건의사항을 매우 중시했다. 실제로 그 이후 정세의 추세를 살펴보면 당시 우리가 내렸던 전략적 판단은 역사적 사실에 매우 부합되었다.

그리고 11월 5일 외교부장으로부터 다음과 같은 내용의 전보가 왔다.

사오위린 대사. 여러 차례 받은 전보의 내용은 모두 매우 중요합니다. 계속해서 중공의 참전에 주의하길 바라며, 수시로 전보하고 귀국을 잠시 미뤄주기 바랍니다.

11월 8일에는 총통부 기밀실 저우 주임으로부터 전보가 왔다.

발송한 전보는 모두 잘 받았습니다. 분부한 대로 각각 전해드렸는데, 제기한 의견을 총통께서 매우 중시했습니다. 이후 어떤 의견이 있으면 전용 전보를 사용해주기 바랍니다. 건강하길 바랍니다.

유엔군은 북한 최전선 각지에서 중공군의 습격을 받았다. 이로써 중공의 대군이 참전했다는 사실은 증명되었다. 이에 유엔군 최고사령부는 11

월 5일 유엔에 중공 참전과 관련한 보고를 제출했는데, 다음날인 6일 맥아더는 다시 보고서를 제출해 한국전쟁의 새로운 전세를 설명했다.

평양 이북에 있는 적군의 괴멸과 우리 측의 동해안 지역 점령으로 적군의 실질적 병력 13만 5000명이 포로가 되었고 20만 명이 사망했습니다. 한국전쟁은 사실상 종식된 것이나 마찬가지였습니다. …… 유엔군이 승리를 눈앞에 두었을 때 공산주의자들은 국제법을 위반하고 사악한 행동을 했습니다. 그들은 압록강을 넘어 북한에 진격하는 동시에 외국 공산부대를 선포도 하지 않고 대량 집결시켰으며, 이들을 중국 동북의 안보 지역에 배치했습니다. …… 우리와 전투했던 북한공산당 공산군이 궤멸되자 새로운 군사 전력을 보급받았습니다. 그들은 강대한 외국 부대 및 보급을 후원받아 신속하게 상대편 진영에 도달했습니다. 그러나 이는 허용된 군사 활동 범위를 벗어나는 일입니다. …… 이는 국제적으로 매우 중대한 의의를 가지는 사건입니다.

그 다음날 북괴 우두머리 김일성은 중공 인민지원군이 이미 유엔군에 대한 반공에 참가하고 있음을 인정하는 성명을 공식적으로 발표했다. 그로부터 다시 4일이 지나 중공정권은 중공 인민지원군의 한국전쟁 개입을 발표했다.

중공이 한국전쟁에 참가한다고 공개적으로 선포함으로써 새로운 국면이 조성되었다. 11월 7일부터 11월 26일까지 3주 동안 중공과 유엔군 쌍방은 적극적으로 병력을 이동하고 배치함으로써 교전을 준비했다. 맥아더는 압록강 다리를 통해 증원·보급이 이뤄지는 상황을 감안해 극동공군사령관 조지 스트레이트마이어에게 압록강 다리를 파괴하라고 명령했다. 이는 중공군의 보급을 차단하기 위함이었다. 하지만 뜻밖에도 트루먼 대통령은 영국정부에 대해 중국의 동북 지역으로 진격하지 않겠다고 약속했다는 이유로 맥아더 장군에게 이 결정의 실행을 늦추라는 명령을 전달했다. 맥아더는 합동참모회의에 전보를 보내 반대의견을 표명했다.

　　대규모의 인력과 자원이 중국 대륙에서 압록강 다리를 넘어 한국 국경에 진입하고 있습니다. 이는 본인 지휘하의 부대를 위협할 뿐만 아니라 궤멸시킬 수도 있습니다. 그들은 야간에 다리를 넘을 것입니다. …… 이 같은 적군의 증원을 막을 수 있는 유일한 방법은 이 다리와 강북 지역을 파괴해 적이 진격할 수 있는 시설을 없애는 것입니다. …… 귀관들은 반드시 이 사실을 대통령에게 전해주십시오. 본인은 다리 파괴를 미루라는 지시가 머지 않아 재앙을 초래할 것이라 믿고 있기 때문에 대통령의 지시로 본인이 임무를 완성하지 못할까 봐 우려됩니다. 이 내용을 되도록 빨리 상부에 전달해 검토해주기 바랍니다.

이 의견을 재차 상부에 보고한 후 검토를 요청하자 뜻밖에도 황당한 지시가 내려왔다. 즉, 맥아더에게 압록강 다리 중 한국 국경 내에 있는 다리의 절반만 폭파하도록 허락한 것이었다. 나머지 반은 중공 국경 내에 있으므로 파괴할 수 없다는 것이었다. 또한 압록강의 댐과 발전소를 파괴하는 것 또한 허락하지 않았다. 이 같은 군사 명령은 황당하기 그지없었다. 며칠 지나지 않아 중공이 소련제 미그 전투기로 안동 기지에서 이륙해 유엔군을 공격하고 다시 동북 국경으로 돌아와 특권층의 비호를 받아 다시 공격하자 맥아더는 워싱턴에 특별 송고를 보내 중공을 끝까지 쫓아갈 수 있도록 해달라고 요구했다. 그러나 맥아더의 이런 요청은 끝내 상급에서 부결되었다. 이런 작전을 어찌 두 손을 속박하는 것과 같다고 하지 않을 수 있겠는가? 맥아더의 사직은 여기서부터 기인했다고 할 수 있다.

미국 내부에서 공산당에 대한 작전에 의견 차이가 발생했다는 소식과 미국이 중국 동북 지역에 진격하지 않기로 영국에 약속했다는 소식은 매우 빠르게 퍼져나갔다. 국제 공산 집단으로부터 전적인 지지를 받고 있던 중공은 영국 외교부에서 소련을 대신해 간첩을 담당하던 직원들로부터 몰래 기밀을 빼냈다. 따라서 스탈린의 지시하에 있던 마오쩌둥은 전화가 동북 지역 내로 확대되는 것을 조금도 두려워하지 않았다. 그러나 보급을 준비하는 기간 동안에는 유엔군과 정면으로 부딪히는 것을 최대한 피했다. 그런데 유엔군은 2~3주 동안의 행동으로 인해 중공이 만들어놓은 함정에 깊이 빠지고 말았다. 11월 중순 남한 부대는 이미 시베리아 변경에서 60마일 떨어진 딩저우(定州)에 도착했으며, 미 제7군은 11월 21일 압록강에 있는 혜산진에 도착했다. 그들이 길을 따라가는 데에는 어떠한 장애도 없었다. 이에 맥아더 사령관은 날짜를 앞당겨 11월 24일 총공격을 발동하기로 결정했는데 이는 전쟁 종식을 앞당기기 위함이었다. 하지만 서부에서 청천을 따라 북상하던 유엔군 제8군 군장 워커 장군 휘하의 3개 군은, 중공이 매복해 있는 높은 대형으로 걸어 들어가는 바람에 야간에 덕천과 희천에서 중공군으로부터 기습 공격을 받고 크게 참패했으며 각자 뿔뿔이 남쪽으로 도망갔다. 동부에서 제1해군육전사는 장진의 댐 부근에 중공군이 만들어놓은 매복으로 막대한 손실을 입었고, 미군 제10군은 완전히 참패했다. 유엔군은 재차 매복 기습을 받았는데 맥아더는 11월 28일 유엔군에 다음과 같이 특별 보고했다.

과거 4일 중 적군이 우리를 공격한 결과는 이미 엄청납니다. 총 병력이 20만 명이 넘는 중공 군단, 군대, 사단 각급 부대는 현재 한국 변경에서 유엔군에 대항하고 있습니다. …… 우리는 이미 완전히 다른 전쟁에 부딪혔습니다. ……

맥아더는 동시에 워싱턴에 다음과 같은 보고를 제출했다.

본 군대는 인력이 가능한 범위에서 할 수 있는 바를 다하고 있습니다. 현재 부딪힌 새 국면은 우리가 책임질 수 있는 선을 넘었으며 현재 병력으로는 대처할 수가 없습니다.

증원 요청 외에 한국을 원조하겠다는 장제스 총통의 병력 파견 제안을 미국정부가 다시 고려해줄 것도 요청했다.

트루먼 대통령은 11월 28일, 국가안전보장회의 특별회의를 열었다. 회의 경과는 이렇게 기록되어 있다.

합참의장 브래들리 장군은 이렇게 말했다. "합동참모회의 의장들은 맥아더가 중국 동북 지역 내의 공항을 파괴하는 수권을 허락하지 않았다. …… 만약 우리가 중공군과 전면적으로 전쟁을 한다면 유럽 측의 방어 계획은 실현될 수 없다."

국방장관 마셜은 미국이 한국에 대해 반드시 유엔군과 함께 행동을 취해야 한다고 생각했다. 마셜과 3군의 수장은 미국이 단독으로 또는 유엔군과 함께 중공의 전면 작전에 휘말려서는 안 된다는 데 동의했다.

국무장관 애치슨은 이렇게 말했다. "우리는 중국공산당과 북한공산당의 행동 막후에는 소련 제국이 있다는 사실을 반드시 명심해야 한다. …… 우리는 공개적으로 소련 침략을 고발할 수는 없다. 만약 우리가 고발해도 어찌할 방법이 없다면 그저 우리의 세계 지위를 투항할 뿐이다. …… 국무부는 한국 국경에서 일어나는 충돌을 우리가 종식해야만 한다고 생각한다. 만약 우리가 중국 동북에 진격해 동북 공항을 폭격하면 소련 사람들은 이 기회를 틈타 동북에 진격할 것이다. …… 만약 우리가 소련의 바깥 포위망에 걸려들면 끝없는 위험에 빠질 것이다."

장 총통의 한국 파병 원조 제안을 다시 검토해달라는 맥아더의 요청에 대해 트루먼과 고위 관료들은 관심을 보이지 않았다. 브래들리 장군은 다음과 같은 명언을 남겼는데, 미국 국가안전보장회의의 결론을 통해 트루먼 정부가 이미 브래들리 장군과 같은 인식을 갖고 있었음을 알 수 있다.

한국전쟁은 위치적으로나 시기적으로 맞지 않고 더욱이 상대도 적합지 않아 싸우지 않아도 되는 전쟁이다.

사실 무력을 빌려 한국을 통일할 수는 없었기 때문에 신속하게 전쟁을 끝낼 방법을 반드시 만들어야 했다. 따라서 중국 동북 지역의 비행장을 폭격하겠다는 맥아더의 요청에 동의할 수 없었고, 적기를 끝까지 쫓아 전쟁을 확대하는 방식은 피해야 했다. 종합하면 미국은 전쟁 목표에서 유럽이 최우선이었으며 한국전쟁은 승리하지 않아도 되는 제한전이었던 것이다.

이처럼 유엔군이 계속해서 후퇴하는 상황에서 중화민국의 장제스 총통은 이 대통령에게 특별 전보를 보내 격려했다. 굴하지 말고 분투해 앞으로 나아가라는 장 총통의 격려에 이 대통령은 절대 타협하지 않겠다고 답했다. 다음은 1950년 12월 4일 장제스 총통이 이 대통령에게 보낸 전보다.

사오 대사가 이승만 대통령 각하에게 전달합니다. 중공의 공비가 참전해 유엔군이 패배를 겪고 있는데 이런 소식을 듣고 걱정이 매우 많습니다. 유엔은 현재 여전히 과거와 같은 유화 정책을 택해 계속해서 적에게 굴복하고 있는데 중화민국과 한국은 반드시 이에 반대해야 하며 희생을 두려워하지 않고 공동의 목표를 위해 투쟁해 최후 승리를 쟁취해야 합니다. 장제스

12월 5일 나는 장제스 총통에게 답신 전보를 올렸다.

금일 오후 5시에 이승만 대통령을 대면해 전보를 전하면서 한국 당국과

함께 논했습니다. 이 대통령은 대신 감사의 말을 전해달라고 분부하면서 다음과 같은 말을 전했습니다. ① 전 한국이 소련의 손에 들어가면 반드시 분투해야 한다. ② 전쟁 상황이 심각해지면 미국 민심이 격노해 원자탄 작전을 사용할 가능성이 있다. ③ 중화민국 군대는 기회를 보아 대륙으로 반격하려 하는데, 이는 전쟁 상황과 미국의 생각을 돌리기 위한 것이다.

저녁에는 이범석 대사를 만찬에 초대했는데 그는 며칠 내에 타이완으로 부임한다고 했습니다.

중국과 한국의 지도자가 고군분투하고 있을 때 미국 트루먼 대통령과 영국 클레멘트 애틀리 수상은 '유럽 최우선'이라는 전략하에 12월 4일부터 7일까지 고위 회담을 진행했다. 영국은 유엔에 중공을 받아들이는 조건으로 한국전쟁을 조기 종식시키자고 주장했지만 미국 측은 이에 동의하지 않았다. 하지만 영국은 고위회담이 끝날 무렵 성명을 통해 다음과 같이 발표했다.

미국과 영국은 이미 준비가 되었다. 그리고 계속해서 협상해 적군의 행동을 멈추게 해야 한다.

승기를 잡고 유엔군을 섬멸할 날만 기대하고 있던 공산 집단 입장에서는 평화를 추구하는 미국과 영국의 이 같은 유화적인 태도가 거들떠볼 가치가 없었다.

12월 14일 유엔총회에서 한국전쟁에 대한 정전 제안이 통과되고 이란·인도·캐나다의 대표로 구성된 정전3인위원회가 설치되었다. 이 위원회는 중공, 북한과 담판을 지으려 했지만, 소련 대표가 즉각 반대표를 행사했다. 중공은 베이징에서 정전 3대 조건을 선포했다. 즉, ① 유엔군이 조선반도에서 철수한다, ② 제7함대가 타이완해협에서 물러난다, ③ 서방 국가가 군비 재조정을 중단한다는 조건이었다. 12월 15일 중공 대표 우수취안(伍修權)은 안전보장이사회에 옵서버로 참석한 자리에서 연거푸 '미제 침략'을 성토한 후 정전 건의를 지목하면서 "이는 미 제국주의가 한국전쟁에서 시간을 벌어 반격할 준비를 하려는 음모"라고 주장했다. 며칠 후 저우언라이는 유엔 정전3인위원회에서 답변할 때 앞에서 말한 3대 조건 외에 중공 정권을 승인하는 항목도 추가했다. 그리고는 "38도선을 분계선으로 정전을 논할 근거가 없다"라고 말했다. 정말 가당치도 않을뿐더러 거만함이 극에 달한 발언이었다.

당시는 유엔군이 계속 패퇴하던 상황이라서 미국의 민심이 악화되고 있었다. 1950년 12월 11일 미국의 시사 주간지 ≪타임≫은 이렇게 보도했다. "미국 역사상 최대의 실패다. 미 전역에서는 한국에서 전해지는 소식을 두려워하면서도 침착한 태도로 받아들이고 있다. 사람이 병에 걸린 후 반신반의하는 심리와도 같다." 같은 시기 ≪뉴스위크≫는 다음과 같이 보도했다. "이는 실제로 진주만 사건 이래 미국이 군사상 겪은 최대의 실패다. 또한 미국 역사상 전무후무한 군사적 재난이다. 한국전쟁에는 육군 총 병력의 3분의 2에 달하는 미군이 이미 투입되었는데 이들은 아마 군사적 또는 외교적으로 기적이 일어난다면 몰라도 됭케르크식 철수를 해야만 제2의 바탄전투*에서 멸망하는 길을 면할 수 있을 것이다." 미군은 철수 도중 중공의 매복 공격에 걸려들어 손실이 매우 컸다. 12월 5일 미국 제8군은 평양에서 철수할 수밖에 없었다. 그리고 38도선으로 점차 후퇴했다. 12월 하순이 되자 마침내 미 공군의 공제권은 미 해군의 제해권으로 넘어갔다. 다행히 미 해군은 흥남항에서 제10군단의 10만 미군 관병을 철수했으며, 9만 명의 북한 난민과 1만 7000~1만 8000대의 차량, 35만 톤의 물자를

---

* 1942년 1월부터 5월에 걸쳐 필리핀 바탄주에서 미국과 일본이 치른 전투를 지칭한다. 이 전투에서 일본이 승리를 거두었으며 미군에서는 약 3만 명의 사상자와 약 7만 5000명의 포로가 발생했다. _옮긴이 주

전부 부산으로 이동시켰다. 트루먼 대통령은 철수가 성공했다는 말을 듣고선 "내 생애 가장 좋은 크리스마스 선물을 얻었다"라고 말했다고 한다.

사실 '크리스마스 선물'이라는 트루먼의 표현은 조롱에 대한 변명임이 틀림없다. 유엔군은 설상가상으로 많은 군사를 잃고 심각한 손실을 입었다. 유엔군 전선 지휘관이자 제8군 군장인 워커 중장은 크리스마스 전날인 12월 23일에 자동차 사고로 사망해 미국 육군 부참모장 매튜 리지웨이 중장이 그 역할을 맡았다. 이처럼 유엔군은 많은 군사를 잃고 있어 정전을 요구했으나 코민테른은 차가운 시선과 비난을 보내며 이를 거절했다. 결국 미국 합동참모회의에서는 유엔군 총사령관 맥아더에게 필요할 경우 부산 교두보의 원래 방어선으로 철수하고 정 안 되면 일본으로 철수하라는 명령을 내렸다. 전쟁이 이처럼 일사천리로 진행되자 중화민국대사관은 2차로 서울에서 철수할 준비를 해야 했다. 1951년 1월 1일 나와 미국대사는 순서대로 경무대로 가서 이승만 대통령과 부인에게 새해 인사를 했다. 전쟁 상황에 대해서는 사실 축하할 만한 일이 없었다. 1월 2일 우리는 타이베이로 전보를 보냈고, 3일 한국정부를 따라 서울에서 철수해 부산으로 이동했다. 다음은 1951년 1월 2일 총통부에 전보한 내용이다.

기밀실 저우 주임이 부장, 총장, 원장, 총통에게 전해주기 바랍니다.

어젯밤 이 대통령과 부인에게 가서 총통을 대신해 신년 인사를 드리면서 중화민국정부와 국민은 반드시 공산당과 소련에 저항하고 한국과 하나가 되어 최후의 승리를 쟁취할 것이라고 밝혔습니다. 중국공산당과 북한공산당은 이미 어젯밤 38도선을 따라 공세를 취했습니다. 저의 판단으로는 중공과 소련은 서울을 점령한 뒤 동쪽 산악지대를 따라 남하하는 한편 후방 교통을 위협할 것으로 보입니다. 유엔군은 병력에 한계가 있으므로 제8군을 위주로 인천을 기지로 삼으면서 서울을 포함한 반원 방어선을 지키고, 또한 제10군을 위주로 부산을 기지로 삼으면서 대구를 포함한 최후 반원 방어선을 수호할 것입니다. 본관은 언제든지 한국정부와 함께 남쪽으로 퇴각할 가능성이 있습니다. 회신을 기다립니다.

당시는 한국전쟁이 발발한 후 6개월이 지난 때였다. 서울은 전쟁 발발 후 3일 만에 1차로 함락되었다가 3개월 후 수복되었다. 수복되고 나서 다시 3개월이 지난 1951년 1월 4일 중공의 참전으로 인해 2차로 적에게 함락되었다.

〉〉 주한대사로서 한국전쟁에 임한 나의 전략

소련의 흐루쇼프는 중공의 참전과 한국전쟁의 변화 양상을 이렇게 묘사하고 있다.

스탈린과 저우언라이는 중공이 반드시 적극적으로 북한을 도와야 한다는 데 동의했다. 중공은 선전 포고를 하지 않고 지원군을 바로 한국으로 파견했는데 이 군대는 펑더화이(彭德懷)가 이끌었다. 전쟁이 시작되자 중공은 미군과 남한군의 진격을 성공적으로 막았다. 문서보관소에서 펑더화이가 전쟁 상황에 대해 보고한 문건을 찾을 수 있을 것이다. 이 보고는 펑더화이가 마오쩌둥에게 정보를 보낸 것인데 마오쩌둥은 다시 스탈린에 전보를 보냈다. 불행히도 전쟁은 빨리 끝나지 않았다. 중공은 매우 여러 차례 중대한 좌절을 겪었다. 그들의 기술과 장비는 모두 미군을 이길 수 없었다. 방어와 공격에 관계없이 중공의 전략은 모두 인력에 의존할 뿐이었다. …… 전쟁이 길어지면서 최전선은 교착 상태에 빠졌다. ……

중공의 대군은 압록강을 넘으면서 유엔군에 매복 기습을 전개했고 유엔군은 중대한 손실을 겪고선 후퇴하고 말았다. 병력뿐만 아니라 장교들도 잃었다. 12월 23일 자동차 사고로 유엔군 지휘관 워커 중장이 사망하자 미국 육군 부참모장 리지웨이가 지휘관직을 맡았다. 리지웨이는 1917년 미국 웨스트포인트 사관학교를 졸업했고 지혜와 용맹을 두루 갖춰 군사정치에 잘 대처했다. 그는 제2차 세계대전 초기에 미국 제1공수부대를 담당했고, 전쟁 말기에 제18공수부대 군장으로 승진해 전쟁이 종결될 때에는 지중해 전쟁 지역의 사령관이 되었다. 1947년 미국 유엔 군사대표에서 미군 카리브해 지역 사령관으로 임명되었고 얼마 되지 않아 펜타곤으로 이동해 육군 부참모장을 역임하다가 한국에 주둔하고 있던 유엔군의 지휘관으로 승진했던 것이다. 리지웨이는 외모가 수려하고 지혜로우며 지략이 풍부했다. 평소 낙하산 복장으로 가슴에 두 개의 수류탄을 걸고 다녔는데, 이는 수류탄을 자신의 트레이드마크로 삼았기 때문이기도 하고 필요시에 적에 대응하기 위해서이기도 했다. 리지웨이는 '화해(火海)' 공세로 중공의 '인해' 작전에 대응했는데, 이 작전은 적을 크게 사상시켜 적의 손실이 헤아릴 수 없을 정도로 많았다. 흐루쇼프가 말한 것처럼 기술과 장비 모두 미군을 이길 수 없었던 것이다. 그렇다면 중공은 오직 인력만 있었는데 어떻게 유엔군을 반도에서 쫓아낼 수 있을까? 뒤집어서 말하자면 유엔군은 화력 장비가 절대적으로 우세했고 제공·제해력이 뛰어났으므로 중공을 다시 압록강 북쪽으로 쫓아내는 것은 전혀 문제되지 않아야 했다. 하지만 최고 결정기구인 미국 국가안전보장회의와 미국·영국의 고위급 회의는 이미 한국전쟁을 '승리하지 않아도 되는 제한전'이라고 결정하는 한편, 가능하면 빨리 전쟁을 종식시킬 방법을 찾길 원했다. 이런 전략하에 유엔군 총사령관 맥아더가 사직되자 전쟁 상황은 일전일퇴로 치달았으며 결국 정전 상황에까지 이르렀다. 다음은 리지웨이 중장이 초기 유엔군 지휘관으로 부임할 당시부터 유엔군 총사령관으로 승진한 후까지의 역사적 사실들을 정리한 것이다.

1950년

- 11월 28일: 미 대통령은 국가안전보장회의를 열어 한국전쟁이 제한
전임을 명확히 했다.
- 12월 4~7일: 미 대통령과 영국 수상은 고위회담에서 한국전쟁의 정
전을 추구했다.
- 12월 14일: 유엔 결의에서 정전3인위원회를 설립해 한국전쟁 정전을
촉구했다.
- 12월 22일: 저우언라이는 유엔 결의에 답변하며 중공의 정전 조건,
즉 ① 유엔군의 조선반도에서의 철수, ② 미국의 타이완에서의 철수,
③ 서방 국가의 모든 군비 재정비 중단을 제시했으며, 이 외에 중공정
권을 승인하라는 추가 조건도 제기했다. 저우언라이는 "북위 38도선
을 분계선으로 삼는 것은 이미 무효가 되었다"라고 허튼소리를 늘어
놓았다.
- 12월 23일: 유엔군 지휘관 워커 중장이 자동차 사고로 사망해 27일
리지웨이 중장이 이 직위를 승계했다.
- 12월 31일: 중공군과 북한군은 제야에 공세를 펼쳤다.

1951년

- 1월 4일: 서울이 다시 함락되었다.
- 1월 13일: 유엔총회에서 한국전쟁 정전 제안이 통과되었으며 유엔에
서 중화민국이 보유하고 있던 중국 대표권을 희생하고 중공이 유엔
에 들어오는 것을 허락했다.
- 1월 17일: 저우언라이는 유엔총회의 정전 제안을 거절하고 중공이 먼
저 유엔에 가입한 후 다시 정전을 논할 것을 요구했는데, 이는 유화
정책을 추구했던 자들에게 일격을 가한 것이었다.
- 1월 21일: 유엔군이 반격을 시작했다.

- 2월 1일: 유엔총회는 중공을 한국전쟁의 침략자라고 정식으로 결의했다.
- 2월 7일: 공산군이 한강 이북으로 후퇴했다.
- 3월 14일: 서울이 다시 유엔군의 손에 돌아갔다.
- 3월 31일: 유엔군이 38도선 분계에 도착했다.
- 4월 11일: 트루먼 대통령의 명령으로 맥아더의 모든 직무를 철회하고 리지웨이 장군이 주일 동맹군 총사령관 및 한국 주둔 유엔군 총사령관으로 승진해 미국 제8군 군장 겸 한국에서의 지휘관 직무는 제임스 밴 플리트가 계승했다.
- 4월 23일: 중공이 다시 공세를 시작했다.
- 4월 30일: 유엔군이 서울 이남으로 후퇴해 진지를 건립했다.
- 5월 3일: 공산군의 공세를 저지했다.
- 6월 13일: 유엔군은 철의 삼각지대인 철원과 금화를 정복해 전세가 다시 일전일퇴의 상황에 놓였다.
- 6월 23일: 유엔의 소련 대표 말리크는 한국 국경에서의 정전을 제안했다.
- 6월 30일: 리지웨이는 유엔군이 정전 토론을 준비하는 데 동의했다.
- 7월 10일: 개성에서 제1차 정전회담을 벌였는데, 유엔군 대표는 터너 조이 해군 중장이었고 공산군 대표는 남일 중장이었다.
- 7월 27일: 개성 회담은 의사일정에서 협의를 이뤄냈다.
- 8월 5일: 공산군이 중립 지구에서 무장공격을 단행해 유엔군 대표가 회담을 중단했다.
- 8월 10일: 회담을 다시 진행했다.
- 8월 23일: 공산군 대표는 대표단이 개성에서 피폭된 것을 구실로 삼아 회담을 중단했다.
- 10월 25일: 정전회의가 새로운 지역인 판문점에서 재개되었다.

- 11월 12일: 리지웨이가 밴 플리트에게 공세 작전을 중지하라고 명령해 군사적으로 1953년 6월까지 일전일퇴의 상황이 조성되었다.
- 11월 26일: 쌍방의 전선 위치에 대해 협의가 이뤄져 그 다음날 소규모 정전이 시작되었다.
- 12월 18일: 쌍방이 전쟁 포로 명단을 교환했다.
- 12월 27일: 소규모 정전은 중단되고 전쟁은 일전일퇴를 계속했다.

1952년
- 1월 2일: 유엔군은 전쟁 포로 교환을 건의했는데 포로 송환 지원의 원칙에 따랐다.
- 1월 3일: 공산군은 계속해서 유엔군 측의 건의를 거절했다. 이로 인해 그 후 1년 반 회담이 경색되었다.
- 2월 11일: 맥스웰 테일러 중장은 밴 플리트에게 계속 한국 유엔군 지휘관직을 맡기기로 했다.
- 4월 28일: 유엔군 대표는 최후 방안으로 '포로 송환 지원'을 견지했다.
- 5월 7일: 제주도에 있던 공산군 포로들이 조직적으로 폭동을 일으키기 시작했다. 한국 유엔군 총사령관 리지웨이 장군은 북대서양조약기구 총사령관으로 부임해 마크 클라크 장군의 뒤를 이었다.
- 5월 22일: 조이 중장의 뒤를 이어 윌리엄 해리슨 소장이 유엔군 대표가 되었다.
- 10월 8일: 유엔군 대표는 공산측이 포로 송환 지원 원칙을 받아들이거나 다른 반대 건의를 제기할 때까지 회담을 무기한 중단하기로 결정했다.
- 11월 4일: 아이젠하워 장군이 미국 대통령으로 당선되었다.
- 11월 17일: 인도는 유엔총회에서 타협 차원의 정전 방안을 제시했다.
- 12월 2일: 미 대통령으로 당선된 아이젠하워는 선거 공약을 실천하기

위해 한국을 3일간 방문했다.

- 12월 15일: 소련, 중공, 북한의 공산당은 모두 인도가 제시한 타협 차원의 방안을 거절한다고 선포했다.

1953년

- 2월 2일: 아이젠하워 대통령은 타이완해협 중립화 정책을 중단한다고 선포함으로써 한국 국경 내의 중공 부대를 견제했다.
- 3월 5일: 소련의 스탈린이 병으로 사망해 6일 말렌코프가 승계했다.
- 3월 28일: 공산군이 유엔군의 건의를 수락했고 다치거나 병에 걸린 전쟁 포로를 교환하기로 했다.
- 4월 20일: 쌍방은 부상 중인 전쟁 포로를 교환하기 시작했다.
- 4월 26일: 판문점에서 쌍방은 정전회담을 새롭게 시작했다.
- 5월 7일: 공산군은 유엔군 건의를 받아들여 환송을 원치 않는 전쟁 포로들은 중립국 대표가 한국 국경 내에서 감시토록 했다.
- 5월 25일: 전쟁 포로 교환이 교착 상태에서 벗어날 수 있는 새로운 방법으로 제안되었지만 남한 대표가 회의를 돌연 저지하면서 남한정부는 현행 정전 조항에 반대한다고 밝혔다.
- 6월 8일: 쌍방은 전쟁 포로 교환 문제에 협의했다.
- 6월 14일: 공산군은 중부 및 동부 전선의 남한군 전지에 한국전쟁 발발 후 2년 이래 최대 공격을 발동했다.
- 6월 18일: 이승만 대통령의 승인하에 2만 7000여 명의 북한 전쟁 포로가 석방되었다.
- 6월 20일: 공산군은 유엔군이 독단적으로 포로를 석방했다면서 회담을 중단했다.
- 6월 23일: 이 대통령은 다시 정전 조약에 반대하는 성명을 했다.
- 6월 25일: 미국 국무부 극동 담당 국무차관보 월터 로버트슨이 서울

에 도착했다. 로버트슨은 한미상호방위조약을 교환 조건으로 해서 이 대통령에게 정전을 받아들일 것을 촉구했다.

- 7월 8일: 공산군은 유엔군 총사령관 클라크 장군의 건의에 동의해 남한 대표가 결석인 상황에서 정전을 진행했다.
- 7월 11일: 로버트슨과 이 대통령은 남한이 다시는 정전 조약에 반대하지 않을 것이라는 협의를 선포했다.
- 7월 13일: 공산군이 남한군 전지에 또다시 전보다 규모가 큰 공격을 발동했다.
- 7월 27일: 정전 협정을 체결한 후 3년간의 한국전쟁을 마쳤다.
- 8월 5일: 전쟁 포로 교환을 시작했다.

1954년
- 1월 23일: 한국전쟁에 참여한 중공군의 반공의사 가운데 원하는 자들에 한해 타이완으로 보냈는데, 이를 '123자유일'이라고 한다.

한국전쟁은 3년 간 치러졌는데, 1950년 6월 개전되어 1951년 6월에 정전회담이 시작되기까지의 첫 1년 동안은 군사전을 위주로 했다. 하지만 둘째 해는 심리전, 셋째 해는 정치전 위주였는데, 이를 총체전이라고 한다. 중화민국은 한국전쟁에 병력을 파병해 한국을 원조하겠다고 제안했지만 애석하게도 유엔과 미국 및 영국에 의해 받아들여지지 않았다. 하지만 이는 눈에 보이는 전쟁에 국한된 이야기일 뿐, 사실 중화민국은 한국전쟁의 발발을 전후로 심리전에서의 정보 선전 같은 무형의 전쟁에는 참가했다. 특히 한국전쟁이 중심이 된 국제정치는 걸핏하면 중화민국의 이해와 존망에 영향을 주었는데, 이를 그저 보고만 있으면서 '남이 칼자루를 쥐었으니 나는 당할 수밖에 없다'라며 아무것도 안 할 수는 없는 노릇 아닌가? 당시 내외 관계는 매우 미묘해서 주한대사인 나는 가장 먼저 공격의 대상이 되었다. 나의 많은 경험과 극비의 사무는 비밀이어서 공개하기 쉽지 않았고 심지어 일일이 정부에 보고할 수도 없었다. 하지만 이제 퇴직해 앞날이 얼마 남지 않았으므로 기록으로 남겨두지 않으면 역사가와 독자들이 참고할 만한 기회가 영원히 사라질지도 모른다. 따라서 여기서는 한국전쟁 전후 중화민국이 실시했던 심리 전술의 경과를 짧게나마 설명하겠다.

전략 1: 한국전쟁 이전의 선전 전략

1949년 6월 말 7월 초에 타이완 다시에서 장제스 총재에게 올린 다음 보고를 보면 한국전쟁이 발발하기 이전 남한과 북한, 중화민국의 상황을 대략 파악할 수 있다.

현재 중화민국 민족이 처한 상황은 중화민국 역사상 가장 힘든 위기이자 어두운 단계입니다. 타이완은 외부로는 강한 적들의 압력을 받고 있고 내부로는 공산분자들이 잠복하고 있어 민심이 흉흉합니다. 국제적으로는 가장 큰 우방국인 미국이 이런 중요한 시기에 우리를 버렸습니다. 왼편의 필리핀은 자신을 돌볼 시간도 없고, 오른편의 일본 류큐(오키나와)도 미국의 점령하에 있습니다. 미국정부의 수장들은 타이완, 펑후, 남한이 미국 국방선 내에 포함되지 않는다고 공개적으로 말했습니다. 이는 코민테른이 타이완과 남한을 내놓으라고 요청한 것과 다르지 않습니다.

전략 관점에서 한국이 처한 상황을 설명하자면 중화민국 동북 및 대륙 연해 지역이 이미 공산당에 의해 점령되어 남한은 아시아 대륙에서 유일한 돌출 지역으로 남았기 때문에 형세가 대단히 위험합니다. 하지만 국제관계적으로 보면 한국은 중화민국에 비해 약간 우세합니다. 한국은 유엔 결의와 유엔 감독하의 선거에 의해 수립되었으므로 국제기구로부터 원조를 받았습니다. 반면 몇몇 국가가 중국공산당을 승낙할 가능성이 있으므로 중화민국은 국제적으로 고립된 상황입니다. 만약 공산당이 대륙을 점령한 후 타이완을 선제공격하면 중화민국의 앞날은 어떻게 될지 상상조차 할 수 없으며, 남한 또한 코민테른의 정치 침투와 무장 유격대의 협공하에 머지않아 재난을 입을 것입니다. 하지만 만약 공산당이 먼저 남한을 공격할 경우 남한은 국제적인 지원을 받고 있고 맥아더 총사령부가 매우 가까운 거리에 있으므로 원조를 받을 수 있을 것입니다. 이 경우에는 남한도 살아남고 중화민국 또한 각국이 공산당의 남한 침략을 제지하는 데 힘입어 위기에서 벗어날 수 있습니다. 그러나 이는 공산당이 잘못을 할지 여부를 반드시 파악해야 합니다.

…… 남한은 이미 돌출되어 있으며 돌출된 곳은 반드시 먼저 공격을 받게 되어 있습니다. 남북한 정세는 이미 폭발 상태에 이르렀습니다. 미군이 완전히 철수한 후 정치·군사적으로 한두 가지 요소가 추가되면 남북한 정세가 변화할 가능성이 언제든 있습니다.

…… 따라서 중화민국이 외교적 노력을 통해 극동 반공 연맹을 건립하는 한편 비상수단을 동원해 전세를 우리에게 유리한 쪽으로 전개하기 위해 다음과 같이 제안합니다. ……

공산당이 실수를 범할지 여부는 중화민국이 세력을 어떻게 만드는지에 달려 있었다. 손자는 '적을 능숙하게 조종할 줄 아는 자는 위장된 행동으로 적을 유인하고, 전쟁을 잘 수행하는 자는 승리를 세력에서 찾는다'고 했다. 이른바 전략이란 바로 세력 만들기인 것이다. 당시 한중 양국의 상황은 매우 위험했다. 객관적으로 볼 때 한국전쟁이 머지않아 발발할 형세였다. 그러나 한국전쟁이 발발할 시기가 머지않았다면 차라리 빠르면 빠를수록 좋다고 판단했고, 이는 남한 역시 마찬가지였다. 주한미군이 철수하기 전에 전쟁이 발발하는 게 유리했기 때문이다. 그러나 공산 집단의 입장에서 보면 국제적으로 버려진 타이완을 공격해 먼저 중국을 통일한 후 이승만의 정치적 약점을 만들어내고 이를 이용해 남한을 점진적으로 공격하는 것이 옳았다. 하지만 소련공산당은 중국공산당 및 북한공산당과 이해가 상충했고 아시아태평양 정세 및 남한 국내외 관계에 대해 정확한 평가를 내리지 못하는 바람에 공격 대상과 시기를 잘못 판단하고 말았다. 소련이 남한을 공격해 한국전쟁이 발발하는 바람에 자유 진영 국가들의 연대가 형성되었고 한국 원조가 촉진되었다. '전쟁은 많이 계산한 자가 이기고 그렇지 않은 자가 패한다'는 손자의 말이 들어맞았던 것이다.

한국전쟁 이전의 자유 진영 국가들 및 남한의 언행을 살펴보면 공산당으로 하여금 많은 적든 간에 그릇된 계산을 하도록 유도했다. 예를 들면 미국 측은 딘 애치슨 국무장관, 루이스 존슨 국방장관을 통해 "남한과 타이완은 미국 국방선 내에 포함되지 않는다"라고 밝혔으며 미국은 주한미군이 1950년 6월 철수를 완전히 마칠 것이라고 공표했다. 한국 측은 이승만 정부가 대내 정치에서 무능했음에도 국제적으로는 군을 북상시켜 전체 한반도를 통일하겠다고 거듭 성명을 발표했고, 아울러 장제스 총통과 진해회담을 거행한 뒤 극동 반공 연맹의 건립에 모든 힘을 경주하겠다고 천명했다. 심지어 한중 양국이 비밀 군사조약을 맺었다거나 한국정부가 중화민국정부에 제주도를 빌려주어 공군 기지로 이용하도록 허락했다는 등의 거짓소문이 돌기도 했다. 중화민국에서는 대륙이 함락된 이후 진먼다오 보위전에서 적 2만여 명을 섬멸했으며, 덩부다오(登步島)에서는 적 7000여 명을 섬멸해 중공의 타이완 공격 계획을 좌절시켰다. 또한 저우산(舟山)제도에서 퇴각해 타이완 및 펑후를 방어하는 데 전력을 집중했다. 이 과정으로 인해 남한은 기운이 드세어진 반면, 북한은 식량난에 허덕이게 되고 회생 능력이 떨어졌다.

한국전쟁 이전에 실시된 관련 국가의 전략 및 선전과 관련된 거짓과 진실을 하나하나 밝히는 것은 힘들다. 대표적인 전략 및 선전으로는 다음과 같은 사례를 들 수 있다. 공산 집단이 한국전쟁을 앞당기기로 결정한 이후 북한 당국은 1950년 6월을 전후로 다음과 같은 일련의 움직임과 선전을 전개했다. 평양방송에서 북한에 구금된 민족주의자 조만식을 남한에 감금된 북한의 주요 간첩 두 명과 교환할 것을 제안했으며, 북한 당국은 8월 5일부터 8일까지 남북한 전국총선거를 실시해 통일 국회를 수립할 것과, 그전에 6월 중순 각 민주정당과 사회단체가 평화통일회의를 열 것을 건의했다. 심지어 38도선 전선부대를 퇴각하겠다고 공개적으로 선포하기도 했다. 이는 북한이 전쟁 준비를 은폐하고 남한을 안심시키기 위해 연막을 친데 불과했다.

전략 2: 한국전쟁 발발 후 위위구조 전략

한국전쟁 발발 후 중화민국의 국제관계와 지위에는 큰 변화가 발생했다. 총통 장제스는 남한을 구하기 위해 중화민국이 한국에 파병하는 방안을 미국과 유엔에 건의했는데 우선 육군 3만여 명을 파병하고 비행기 20대를 보내고자 했다. 중화민국과 남한은 역사상 이해관계가 밀접해 한국을 돕는 것은 기본적인 국책이었다. 하지만 유엔은 실제로 미국과 영국 양국으로 구성되어 있었으므로 중화민국이 파병해 한국을 돕는 것은 중공의 참전을 불러와 전쟁을 확대시킬 수 있다고 여겨져 받아들여지지 않았다. 7월 말이 되자 맥아더는 타이완을 방문해 중화민국의 파병 건의를 받아들일 뜻을 밝혔으나 끝내 미국과 영국의 고위 정책을 변화시키지는 못했다. 10월 말 중공은 대규모의 지원군을 파병해 북한을 원조했고 유엔군은 매복 기습공격을 받아 막대한 손실을 입었다. 이러한 상황은 미국 전역에서 반발을 불러일으켰다. 맥아더는 중화민국의 파병 요청이 받아들여지기를 바라마지 않았고, 미국 의회의 정치인 및 여론도 중화민국 군대가 중공에 대항해야 한다고 주장했다. 그러나 영국정부와 미국정부는 여전히 전쟁의 확대를 피하기 위해 이를 허락하지 않았다. 또한 이승만 대통령은 중화민국이 파병하면 미국이 남한 병사에 대한 무기 보급을 줄일 수 있다고 걱정해 중화민국의 파병을 반대했다. 자유주의 국가들 간에도 이해가 충돌하고 의견이 분분했던 것이다. 나는 당시 한국전쟁의 변화와 중화민국의 상황을 지켜보다가 마침내 11월 6일 앞에서 언급한 ⑤의 건의를 총통부에 보냈다.

> …… ⑤ 중화민국은 한국에 파병해 원조하려던 원래 계획을 다시 제기하지 않아도 될 것 같습니다. 만약 미국 측이 요구하거나 동북 지방을 공격하려는 미국의 계획이 있을 때 소수 정예 부대를 한국에 파병하고 연해의 1, 2성에 해군과 공군을 원조함으로써 유격전을 강화하는 것이 더욱 좋겠습니다.

내가 한국전쟁이 발발한 이후 중화민국정부에 곧바로 파병을 건의했던 이유는, 첫째, 남한군만으로는 북한군을 당해내기 어려웠으며, 둘째, 당시에는 북한 부대밖에 없었으므로 중화민국과 미국의 원조를 받으면 적을 격파하기 어렵지 않아 전쟁이 단기간에 끝날 게 분명했기 때문이다. 하지만 중공이 참전하자 정세가 크게 변했다. 코민테른으로서는 미군 위주의 유엔군을 소모시키고 앞서 대륙에서 투항한 중국군 부대를 희생시키는 일석이조의 효과를 거두었다. 중화민국은 기존 방안에 따라 3개 사단을 파견해 한국을 구하려 했으나 전쟁이 길어지면서 중화민국의 병력 규모로는 감당하기가 힘들어졌다. 하지만 중화민국이 아무 행동도 하지 않고 수수방관하는 것은 한국에 대한 도의적인 책임을 배반하는 행위이며 국제적으로 중화민국의 주권을 파는 것이었다. 따라서 미국이 공산당에 대한 유화정책을 추구할 위험 때문에 심사숙고한 결과 나는 장제스 총통에게 위위구조(圍魏救趙, 포위한 적군의 근거지를 공격해 포위당한 아군을 구해내는 것) 전략을 건의했다. 당시 중화민국의 상황에서는 대륙반공(大陸反攻, 대륙을 반격하자는 중화민국의 계획)을 위해 반드시 제2의 전장을 열 필요가 있었다. 위위구조 전략을 펼친다면 한국전쟁 상황과 연계해 전략을 짤 수 있어 외교적 배신을 면할 수 있었으며 중화민국군에 대한 미군의 경제적 원조도 강화시킬 수 있었다. 이러한 나의 보고와 건의에 대해 기밀실의 저우 주임은 전보로 '중앙정부 상급 기관이 매우 주목하고 있다', '이후 건의가 있으면 전용 전보를 사용하기 바란다' 등과 같은 격려를 해주었기 때문에 나는 이 전략의 의의를 전용 전보로 다시 하나하나 설명했다. 나는 장제스 총통에게 미국의 언론과 직접 기자회견을 가지라고 건의했다. 다행히 장제스는 이런 생각을 갖고 있어 여러 미국 언론과 인터뷰를 가졌고 다음과 같은 기사가 보도되었다.

- 1950년 12월 8일 AP 보도: "장 총통은 자신의 군대가 해군·공군을 원조하면 유엔군이 한국에서 승리할 수 있을 것이라고 오늘 유엔에 선포했다."
- 1950년 12월 13일 중앙사 보도: "장 총통은 11일 ≪US 뉴스 앤드 월드 리포트≫에 미국은 중화민국에 협조를 요청할 수는 있지만 중화민국 정부에 대륙반공을 정지하라고 요구해서는 안 된다고 말했다. 이 매체는 또한 "미국 국방부 관계자는 장 총통의 대륙반공 건의에 동의했다"라고 보도했다."
- 1951년 1월 10일 AP 보도: "장 총통은 중화민국정부가 파병해 한국을 돕겠다는 의사는 변함없으며 중화민국 군대가 대륙을 공격할 경우 미군은 참전하지 않고 물자만 지원해주면 된다고 말했다."
- 1951년 5월 6일 미국AP 보도: "장 총통은 미국 AP통신 기자에게 중화민국군이 대륙반공한다면 중공이 한국을 침략하는 상황을 저지할 수 있을 것이라고 말했다."

대륙반공을 위해 한국전쟁에서 제2의 전장을 연다는 위위구조 전략은 유엔군 최고사령관 맥아더가 적극적으로 지지했을 뿐만 아니라 미국 상원과 하원 양원에서 태프트, 매카시, 스미스, 놀라드, 위첼, 보리커스 등의 의원들로부터 공감을 얻었고 미국정부에 매우 큰 압력을 불어넣었다. 특히 미국 하원의 공화당 대표 마틴은 "반드시 아시아에서 제2의 전장을 열어 한국에 주둔하고 있는 미군이 직면한 압력을 경감시켜야 한다"라던 맥아더의 연설 내용을 인용했는데, 이는 결국 트루먼 대통령과 맥아더를 충돌하게 만드는 요인이 되었다. 한편 한국의 이승만 대통령은 비록 중화민국이 한국에 병력을 파견하는 것을 원하지 않는다고 했으나 중화민국 측이 병력을 파견해 대륙반공하는 것은 바라고 있었다. 이를 통해 한국 내의 중공군을 견제하려 했던 것이다. 결과적으로 장 총통의 주장은 한국전쟁에도 중화민국에도 유리하고 효과적이었다. 나는 1951년 5월 1일 부산에서 총통부에 다음과 같이 전보했다.

미국대사관을 보니 한국전쟁에서 중화민국이 점점 중시되는 것 같습니다. 미국대사관에서는 공산군의 압력이 매우 크다고 했습니다. 이 대통령은 중화민국이 공산당을 견제하는 행동을 하길 희망하고 있습니다. 중공의 참전 이후 장제스 총통은 외국 기자들에게 대륙반공을 준비하고 있다는 성명을 발표해 중공군을 견제하는 한편 심리전 방면에서 큰 효과를 거두었습니다. 당시 중공군 제3야전군이 북한에서 대륙으로 돌아간 사실은 이를 명백하게 증명합니다. 개인적으로 미국 측의 암묵적인 협조 아래 대륙 연해의 한두 지점에서 돌격하고 선전을 확대하면 반드시 견제 효과가 있을 것이라 생각합니다. 하지만 이런 일은 워싱턴과 타이베이의 협상에서 결정되어야 합니다.

이는 한국전쟁이 중화민국에 미친 효과를 증명하는 하나의 사례다. 미국은 주타이베이 대표 칼 랜킨 공사를 대사로 승진시키고, 미국 경제협력청의 주타이베이 지부와 중화민국에 대한 경제 원조를 회복시켰다. 미국 주타이베이 군사고문단 단장에 찰스 쿠크 장군을 임명하고 군사 원조를 회복한 것은 장 총통이 한국전쟁에 대해 위위구조 전략을 선포한 후 몇 개월 내에 연속으로 실현된 조치였다. 동시에 중공 참전 후 중화민국정부가 중화민국을 팔아넘기려는 유화주의자의 음모에 대항함으로써 중화민국의 국제적 지위가 한 단계 높아졌다. 1952년 11월에는 아이젠하워 장군이 미국 대통령으로 당선되었다. 그리고 한국에서 현지를 시찰한 이후 이듬해 2월 2일에 의회의 국정 보고에서 타이완해협 중립화 정책을 해제한다고 선포했다. 아이젠하워는 미국 제7함대를 더 이상 중공을 보호하는 데 사용하지 말도록 지시했다. 이는 중화민국정부가 대륙반공하도록 격려하고 한국 내의 중공 군대를 견제하는 것을 현저하게 암시하는 것으로서, 중화민국이 제창한 위위구조 전략의 재판(再版)이라고 할 수 있다. 개인적으로는 비서실 업무에 참여한 이래 장 총통에게 적지 않은 정책을 제기했는데 한국전쟁 시기의 정책이 가장 실용적이었다. 그 후에 내가 주한대사를 사직하고 타이완에 돌아간 후 장 총통의 분부로 '총통부 국책고문 겸 정책연구실 주임' 직무를 맡게 되었는데, 이는 내가 선천적으로 연구를 좋아했기 때문에 이뤄진 일이었다.

심리전

심리작전은 전쟁의 주요 요소 가운데 하나다. 용병을 잘하는 자는 전투 없이 적의 부대를 굴복시킨다는 말이 있는데, 심리전은 적을 굴복시키는 방법 중 하나로, 병법 운용에서는 적의 심리를 공격하는 것을 상책으로 삼는다. 나는 심리전을 다소 경험한 바 있다. 항일 전쟁 시기에 중앙선전부 부부장 둥셴광(董顯光) 선생은 한커우(漢口)에서 나를 찾아왔다. 그는 장 위원장의 지시 사항을 전하며 내가 심리전과 관련된 대적 선전 기구를 만드는 일을 도우라고 요구했다. 당시 나는 외교부에서 총영사 회부 업무를 담당하고 있었는데 사실상 일이 많지 않아 할 수 있었다. 나는 둥 선생의 요청을 받아들여 일본 유학생을 동원해서 중앙선전부를 대신해 대적선전연구위원회를 만들었으며, 둥 선생이 주임위원을 맡고 나는 부주임위원을 겸했다. 당시 나는 한동안 심리전 업무를 담당했다.

한편 항전 후에는 주한대사로 임명되어 한국전쟁을 겪었는데, 중공 참전으로 한국전쟁의 성격이 변질되자 중화민국대사관도 태세를 바꾸어 중공에 대한 작전을 준비하게 되었다. 중화민국의 파병 제안은 동의를 얻지 못했으므로 중공에 대한 작전은 유형의 무력전이 아닌 무형의 심리전 또는 정치전이어야 했다. 당시 중화민국은 한국전쟁에 참전하지 말라는 미국 측의 요구에 부응해야 했으므로 중화민국이 심리전을 전개한 사실은 여전히 알려지지 않았다. 하지만 중화민국 공작 요원의 노력과 전략은 성공을 거두어 정전 후 1만 4000명 반공의사가 123자유일에 단체로 타이완으로 돌아오는 성과를 거두었다. 이는 모두가 주목할 만한 사실이었다. 나는 반공의사가 집단으로 타이완에 돌아오도록 창안·계획한 사람 중 하나였으므로 이 책 마지막 장에 그 경과를 자세하게 적을 것이다. 여기에서는 한국전쟁 시기에 중화민국의 애국청년이 심리작전에 참여한 경과와 작업 상황, 심리전 경과 등을 당시 전보에 근거해 설명함으로써 나라를 위해 목숨을 바친 영웅을 기리고자 한다.

1951년 3월 11일 중앙사는 한국 보도에서 다음과 같이 전했다.

미국 제8군은 무력전 외에 투항을 권하는 공세를 추가했다. 이는 더 많은 적을 죽이기 위함이 아니라 더 많은 적을 구하기 위한 것이었다. 이 공세에는 때로는 종이가, 때로는 말이 무기로 활용되었다. 대량의 중국어 전단과 한국어 전단을 적지에서 비행기로 뿌렸는데, 이 전단은 그들에게 여권과도 같다. 전단을 들고 오면 유엔군 전지를 안전하게 통과해 투항할 수 있었다. 그 밖에도 매일 저녁 유엔군 비행기가 적진 상공에서 저비행하며 "투항할 것인가 아니면 죽음을 맞을 것인가?"라며 확성기로 투항을 권했다. 이 심리작전은 꽤 효과가 있었다. 한번은 20명의 공산군이, 다른 한번은 40명의 공산군이 한 묶음의 전단을 들고 투항했다. 이런 심리작전을 이끌었던 미국인은 폴 라인바거 교수였다. 그는 중국어를 유창하게 구사할 뿐 아니라 공산당에 대해서도 매우 잘 알았다.

사실 유엔군 총사령부에서 심리전을 지휘하는 사람은 미국인 라인바거 대령이었지만 실제 공작요원은 대부분 중국인이었다. 또한 제8군이 심리전팀을 꾸릴 당시에는 중화민국 주한대사관이 온 힘을 다해 돕기도 했다. 다음은 중화민국대사관이 심리전에 참가한 과정이다.

1950년 11월 6일 서울에서 타이베이 총통부에 보낸 전보
…… ③ 어제 미 군부는 비밀리에 중국어와 영어를 잘하는 사람을 소개해달라고 부탁했는데 이는 심리전과 포로 심문에 사용될 것으로 여겨집니다. 이에 한 사람을 소개했습니다.

1950년 11월 24일 서울에서 타이베이 총통부에 보낸 전보
…… ① 중앙사 기자가 북한 최전선에서 돌아와 보고한 바에 따르면, 중공 포로는 모두 타이완으로 가길 원하며 미국 정보관도 우리 측이 공산군에 대한 심리작전에 협조하길 기대했습니다. 이 사항은 우리 측이 적당한 루트를 통해 맥아더와 대화를 나눌 수 있을 것입니다. ② 이미 본관은 인천에 있던 중공 포로 수십 명에게 《중화일보》와 타이완 잡지를 보내 정신 교화를 돕고자 했습니다.

1951년 1월 31일 부산에서 타이베이 외교부에 보낸 전보

[기밀] 어제 미국대사와 전세에 대해 토론했습니다. ⑤ 미국대사는 본관이 대구로 인원을 파견해 대적 심리작전에 협조하도록 유엔군 사령부에 요청할 것이라고 했습니다. 본인은 이미 인원을 파견해 협조하는 데 동의했고 향후 필요에 따라 다시 협력 계획을 논의하기로 했습니다.

1951년 2월 7일 부산에서 타이베이 총통부에 보낸 전보

[기밀] 총통, 원장, 부장, 총장에게 각각 전달하고 주임도 회람하기 바랍니다. 과거 미국대사가 본관이 인원을 파견해 대적 심리작전에 협조할 것을 제8군 사령부에 요청한 바에 따라 천헝리 비서와 두칭 부무관을 대구에 보내 협조하도록 했습니다. 본인은 사전에 선전 및 기술을 구체적으로 지시했으며, 아울러 이를 계기로 중화민국 공작요원이 유엔군 총사령부에서 발붙일 수 있도록 일을 처리해야 한다고 비밀리에 지시했습니다.

이 무렵 대구에서 올라온 보고 내용에 따르면, 미국 측은 중화민국 측에 최전선의 지상 및 비행기에서 확성기로 소리 지르기, 전단, 방송, 사진, 동요 등을 동원하고 있으며 공산군 병사, 특히 중국군 출신으로 공산군 사병이 된 사병의 심리를 장악하기 위해 선전 강령을 이용하도록 건의했는데, 이는 모두 꽤 활용할 만했습니다. 워싱턴과 도쿄에서 온 미국 전문가와 협력해 각 부대의 심리전 담당 요원과 회의를 개최해서 이 작전을 적극적으로 전개하려 합니다. 음력설이면 고향으로 돌아가고 싶어하는 공산군의 심리를 이용해 두칭 부무관과 중국계 미군 사병은 전선에서 투항을 권하고 있으며 실제로 중국군 출신 사병들이 대거 투항했습니다. 따라서 미국 측은 이런 얘기를 매우 중시하고 있습니다. 이 공작에 필요한 전문가 및 공작요원을 준비해 필요시 파견할 수 있도록 장징궈(蔣經國) 주임에게 요청해주기 바랍니다.

1951년 2월 16일 부산에서 타이베이 총통부에 보낸 전보

…… ① 미 제8군은 심리전 참가에 협조할 군관 두 명을 파견해달라고 본관에 요청했습니다. 본관의 협조 아래 영어나 일본어에 정통한 화교 소학교 및 중학교 교사, 그리고 학생 등 14명을 선발했으며, 이들은 어제 대구로 가서 단기간 훈련을 받은 후 각 부대에서 통역과 심리 공작을 담당하게 되었습니다. 이동하기 전에 본인은 훈화로 격려했습니다. ② 어제 미국 대사와 식사를 했는데, 우리 측이 이 일에 대해 소문내지 않기를 희망하는 한편, 우리 측이 파견한 심리전 요원의 성과에 대해 칭찬했습니다. 또한 이 일을 매우 중시하고 있다면서 심리전에 배치할 중국인을 홍콩에서 별도로 찾고 있다고도 말했습니다. ③ 대구에 파견된 요원이 미 군부에서 얻은 소식에 따르면, 주일 동맹군 총사령부는 중화민국정부와 협상해 심리전에 협조할 40여 명을 타이완에서 선발하기로 했다고 합니다.

1951년 2월 22일 부산에서 타이베이 외교부에 보낸 전보

…… 주타이베이 미국대사관 직원 리빙쉬(李秉旭)가 어제 타이완에서 이곳으로 오는 동안 직접 전해들은 바에 따르면 중화민국정부의 대변인 사무실에서 심리전 공작에 참가할 인원 50명을 선발했으며 이들은 한국으로 오게 될 것이라고 합니다. 본관의 경험에 따르면 이런 공작 요원들은 ① 제1외국어는 영어, 제2외국어는 일어이고, 국어 발음이 정확해야 하며, ② 공산군 정보를 많이 알고 사상이 건전하고 체격이 건강해야 하며, ③ 선전 경험이 있는 사람이어야 하며, ④ 타이완에서 떠나기 전 반드시 개인행동, 상호 연락 등에 관한 사항을 숙지해야 합니다. 이 일은 본인이 하 단장과 비밀리에 연락을 취해야 합니다.

중화민국의 심리전에 참여한 요원은 내가 사직해 귀국할 때쯤 점차 늘어 100여 명이 되었고 그 후 계속 증가했다. 이들은 중화민국의 이름 없는

영웅으로, 한국의 자유 독립을 위해 위험을 무릅쓰고 심리전에 참가해 공을 세웠다. 그러나 최초 단계에 현지에서 활동한 심리전 전사는 한국에 거주하는 화교 중학교와 소학교의 선생님과 학생들이었다.

막후에서 심리전 사병을 지휘할 수 있었던 것은 내가 주한대사 겸 '중국 심리전 부대지휘관'을 겸하고 있었기 때문이다. 중화민국 심리전 전사 가운데 한 명으로 서울 화교 소학교 교장을 역임한 바 있는 천귀량(陳國樑)의 조사에 따르면, 1951년 6월 5일까지 심리요원으로 참가한 화교 청년은 미군 39명, 한국군 27명으로 총 66명이며, 사상자는 사망 1명, 부상 7명, 실종 1명으로 총 9명이었다. 이 청년들은 나의 학생이자 형제였다. 전쟁 전에 나는 그들에게 관교양위(管敎養衛), 즉 화교사회가 스스로 '관리(管)'하고, 스스로 '교육(敎)'하며, 스스로 '지원(養)'하고, 스스로 '보호(衛)'하도록 고취시켰다. 그중에서 스스로 보호한다는 것은 평시에는 화교단체와 개인의 국민 외교로 화교의 이익을 보위하는 것이고, 전쟁 시에는 종군 참전해 가족과 나라를 지키는 것이었다. 한국을 지키는 것은 곧 본국을 지키는 것이었으므로 한국전쟁이 발발하자 화교 청년들은 일제히 대사관으로 가서 종군에 등록했고, 우리는 타이베이의 국방부와 교섭해 이들을 배치했다. 중화민국이 한국전쟁에 파병하려던 계획은 달성되지 않았지만 유엔군 당국은 우리가 심리전에 협조하길 요청했다. 따라서 나는 그들에게 심리전을 통해 한국을 돕도록 고취했고, 그들은 용기를 내어 참여했다. 그 결과 전공이 뛰어나 유엔은 중화민국의 범위를 넓히고 심리 전사를 증가시키길 요청했다.

하지만 처음 단계에서는 적지 않은 시간을 소비했다. 나는 이런 전사들과 연락해 매일 밤늦게 직접 초안을 작성하고 사람들과 통신했다. 그들이 쓴 편지와 자료는 적지 않은데, 그중 정부에 직접 보고한 주요 정보 말고는 기념으로 소중히 보관하며 시시때때로 읽어본다. 여기서는 일부 편지를 소개해 그들이 심리전에 참가하던 당시의 느낌과 상황, 작업 성과를 설명하고자 한다. 나는 지금도 그들이 매우 그립다.

1951년 5월 28일 서울 화교 중학생 쩌우번둬의 편지

경애하는 사오 대사님. 이번 달 14일에 보내주신 편지 잘 받았습니다. 바로 회신하려고 했는데 바쁜 관계로 오늘로 미뤄졌습니다. 양해 바랍니다. 편지를 받은 그날은 매우 기뻤습니다. 제가 편지를 받고 기뻐하자 옆에 있던 미국 동료가 누구 편지냐면서, 그렇게 좋아하는 걸 보니 아가씨에게 온 편지냐고 물었습니다. 나는 아니라고, 우리 대사님이 보낸 편지라고 했습니다. 저는 대사님의 편지에 담긴 충성과 용맹, 애국심에 매우 탄복했습니다.

5월 5일 반공 항러 대회 당시 전체 화교들은 최전선에 있는 동지들에게 경의를 표했는데, 저는 이것이 다소 과장되었다고 생각했습니다. 우리가 한국에서 공산당의 침략에 저항하고 있지만 이렇게 반공하는 것은 간접적으로 우리 국가를 위한 것입니다. 나는 이를 우리 국민이 반드시 해야 하는 책임이라고 느꼈고, 무슨 충성과 용기는 아니라고 생각합니다. 현재 우리 업무 기구와 업무의 대체적인 상황은 다음과 같습니다.

1950년 10월 중순 서울에서 만들어진 유엔군심리전실 '유엔의 소리(Voice of UN)'는 대구로 이동했습니다. 원래 G2 관리에 속했는데 금년 3월 연합사령부 심리전 섹션으로 개조되어 G3가 관리했습니다. 우리가 사용하는 비행기 3대에는 확성기를 장착했으며, 우리는 방송 외에 전단을 뿌리는 일도 했습니다. 우리 일은 시간이 정해진 것이 아니라서 밤낮과 맑은 날, 궂은 날을 가리지 않고 항상 바쁘게 일했습니다. 적의 포화는 우리를 겨냥했지만 이제 익숙해져 무섭지 않았습니다. 같은 달 1일 전선에서 전단을 뿌리기 위해 비행기가 출발했는데 여기에는 미국인 1명, 한국인 1명, 기사와 업무 요원이 3명 타고 있었습니다. 그런데 새벽 2시에 이륙해 오후 5시까지 돌아오지 않는 불행한 일을 겪었습니다. 우리는 모두 걱정했지만 동지들의 지원에 영향을 줄 수 있어 동지들에게 말하지 말라고 청했습니다. 우리는 지금까지 30차례 이륙했는데(92시간) 20일 이후의 작업일지를 보냅니다. 대사님이 많이 지도해주길 바랍니다. 건강하십시오. 학생 쩌우번둬(鄒本鐸)

1951년 5월 26일 서울 화교 중학생 황신밍의 편지

경애하는 사오 대사님, 보내준 지지와 격려에 감사드립니다. 대사님은 건강하신지요? 학생들도 다 무사한가요? 5월 2일 저는 대구를 떠나 극동부 38선 부근에서 일했습니다. 이곳은 모두 강원도의 큰 산입니다. 우리는 지프차로 기계를 산 아래까지 끌고간 뒤 사람의 힘으로 산 정상으로 옮긴 후 적에게 방송하는 일을 하고 있습니다. 가장 긴장되는 순간은 그들이 충돌하는 소리를 들을 때인데, 이 전법은 중국 고대 시기의 전술과 매우 비슷합니다. 저는 2~3개월의 군대 생활 동안 전 한국을 누볐습니다. 동쪽에서 중부를 지나 서쪽으로 여러 도와 시를 거쳤고 많은 지식을 얻었습니다. 객관적인 조건이 허락한다면 계속해서 배우고 싶습니다. 늘 건강하십시오. 퇴계(退溪)에서 황신밍(黃心銘)

1951년 5월 15일 서울 화교 중학생 쑨더천의 편지

사오 대사님께. 전에 보내주신 편지는 잘 보았습니다. 어제 명령을 받고 출발했는데 목적지는 서울 제1기병사단이었습니다. …… 둘째 날 아침 5시 반에 의정부 북쪽의 작은 산으로 가서 적에 대한 방송 공작을 시작했고 오후 7시가 넘어 돌아왔습니다. 총 이틀 동안 얻은 성과는 포로 78명, 일기장 1권, 공산당 삐라 다수였습니다. …… 포로를 심문한 결과를 말씀드리자면 대부분 쓰촨, 광시(廣西), 동북에 있는 성 출신입니다. …… 현재 한국에서 중공군은 야전군 번호가 다섯 개 있는데, 2, 3, 4, 5, 6입니다. 제2야전군사는 최근에 왔습니다. 모든 야전군에는 3개 군단이 있습니다. 현재 북한공산당은 75개 군이며 각 군은 2만 몇 천 명으로 구성되어 있습니다. 좋은 밤 되십시오. 학생 쑨더천(孫德臣)

1951년 5월 25일 서울 화교 중학생 류쉐옌의 편지

경애하는 대사님, 잘 계신가요? 저는 화교 중학생 류쉐옌으로 학번 2917이며, 화교 등록증 번호는 12412입니다. 저는 오늘 비행기에서 선전 소리를 듣고 선전하는 사람이 우리 반 궁(宮) 선생님 같아서 매우 기뻤습니다. 대대장은 그 비행기에서 뭐라고 하는지 물었고 저는 선전하는 분이 제 스승이라고 답했습니다. 대대장은 공산당 병사들이 반드시 우리 쪽으로 넘어올 것이라고 말했습니다. 저는 매우 영광스럽고 기뻤습니다. 이 부대로 온 이후 매일 기쁩니다. 이런 중대한 임무를 담당하고 싶었기 때문입니다. 아직 영어 실력이 충분하진 않지만 열심히 공부하면 곧 통역을 할 수 있을 것입니다. 지금은 바빠서 이만 줄이겠습니다. 자주 편지를 보내주시면 좋겠습니다. 건강하세요. 강원도 전선에서 류쉐옌(劉學宴)

서울 화교 소학교의 교사 비커즈(畢可治)는 1951년 5월 14일 "한국에 있는 중공 포로에게 무엇을 얻을 수 있는가?"라는 주제로 신문 특별란에 기고를 하기도 했다. 그 문체가 신문의 칼럼과 같았으며 공개적으로 발표하고자 했으나 미국 측이 유포하지 않기를 바라는 바람에 공표하지 않았다. 이에 여기서 그 내용을 간단하게 밝힌다.

…… 북한 괴뢰군은 모스크바로부터 비밀 지령을 받고 중공의 고무하에 전쟁을 일으켰다. 유엔은 이를 좌시해선 안 되며 빠른 시간 내에 북한 공산군을 격패시켜야 한다. …… 중공이 이른바 항미원조 운동이라는 미명하에 무고한 백성을 지원군이라 포장하고 대규모 군대를 보내 유엔군의 불바다로 투입시킬 것이라고 누가 짐작이나 했겠는가. 이러한 항미원조 지원

군은 연속된 전쟁으로 많은 수가 이미 희생되었다. 그러나 투항해서 포로가 된 수도 적지 않은데 이들은 부산 제5포로수용소에 집중되었다. 우리들은 그들과 1개월 반을 같이 지냈는데, 그들로부터 전해듣고 파악한 상황을 전하고자 한다.

① 한국 도착 경위

그들은 서로 다른 성에서 왔는데 그중 동북 각 성이 제일 많았고, 후난, 후베이, 쓰촨, 윈난이 그다음, 허베이, 산둥, 허난이 그다음이었다. 그 외에 광둥, 광시, 장쑤, 저장, 푸젠, 장시, 구이저우순이었다. 포로는 십중팔구 이전에 중국군이었다. 교육과 학습을 거쳐 재편성된 후 정식 인민군이 되었다. 작년 9월 말 10월 초 각지에서 한국으로 오기 전날 밤, 그저 북으로 간다는 명령만 알고 이동했는데 어느 장군이 훈화하며 이렇게 말했다고 한다. "우리가 해방 전역을 진행하는 과정에서 조선 인민은 우리에게 적지 않은 도움을 주었다. 지금 미제가 우방을 침략했으니 우리가 어떻게 좌시하고 있겠는가?"

② 투항 경위

투항은 실로 쉬운 일이 아니다. 무기가 현저히 대비되는 상태에서 육탄 공격으로 포탄을 막을 수 없다는 것을 누가 모르겠는가. 하물며 대부분은 과거 정부 군대에 속했고 선량한 백성이었다. 불행히도 공산군으로 강제 징집되었을 뿐이므로 기회를 틈타 자유에 투항하고 싶지 않을 리 없었다. 그러나 공산군 간부는 이를 이미 예측하고 있었던 양 공포 수단을 이용해 감시를 실시했고, 공산군 지도원은 미제의 흉악무도함을 강조했다. 그러나 통제가 심해져도 투항하는 수는 점차 늘었다. 특히 공산군 사이에는 중화민국군이 이미 한국에 와서 작전을 하고 있다는 소문이 돌았다. 그래서 위험을 무릅쓰고 밤중에 몰래 부대를 빠져나와 유엔군 전지에서 멀지 않은 곳에 숨어 있다가 날이 밝으면 후방에서 도로를 따라 유엔군 진지로 가곤 했다. 그 과정에서 어떤 이는 아무도 없는 곳에서 적과 마주치는 바람에 사살되기도 했고, 어떤 사람은 삼사 일 굶은 후 유엔군에 의해 발견되기도 했다. 어쨌든 투항하고 싶어도 쉽지가 않았다. 유엔군 당국은 승리를 앞당기기 위해 심리전을 전개했는데, 비행기와 탱크는 각각 하늘과 지상에서 적에 대한 전단을 뿌리고 공산당의 위선을 폭로하면서 그들에게 살아 돌아올 수 있는 방법을 알려주었다. 투항자들은 계속 늘었는데 이는 심리전의 효과로 볼 수밖에 없었다.

③ 한국전쟁에서 중공군의 배치와 물품 보급

미국에 항거하고 북한을 돕는 중국의 제1지원군은 대부분 린뱌오의 제4야전군으로 38군, 39군, 40군, 42군, 50군 등과 허베이군 66군이었다. 그들에게는 신무기 대신 국군의 무기와 소총, 경기관총, 박격포, 경야포 등이 있었으며, 가장 큰 무기라고 해봐야 105구경의 야포였다. …… 보급 측면에서 초기에는 백성들의 생필품을 동원해서는 안 된다는 윗선의 지시가 있었음이 분명하다. 그러나 유엔군 진지에 깊숙이 들어오면서 유엔군에 의해 보급선이 사라졌다. …… 그래서 그들은 총사령관 펑더화이의 도장이 찍힌 식량표를 찍어내 한국 국민들에게 식량을 빌리는 방법을 생각해냈다. 한국 국민들은 정세가 심상치 않음을 깨닫고 남쪽으로 뿔뿔이 달아났으며 더 이상 지원군을 환영하지 않았다. 게다가 날씨가 매우 추워져 2월 이전에 얼어 죽은 사망자의 수가 전사한 공산군의 수보다 많았다. 보급품 배급 상황이 좋지 않았던 것은 실제 전쟁에서 패배한 주요 원인이다.

④ 대륙의 현재와 과거

대륙의 일부 인사, 특히 지식인들은 공산군이 점령하기 전까지 새로운 사회, 새로운 정치체제, 새로운 지도자에 대한 환상을 갖고 있어 현실에 매우 불만이 많았다. 중국 고대부터 철의 장막이 들어설 때까지 새로운 통치자는 자신들의 이상에 미치지 결코 못했다. 그러나 후회해도 소용없는 일이었다. 징세, 징량은 역대 어떤 시기보다 가혹했으며 집회, 결사도 모두 공산당 통제하에 있었으므로 언론 및 행동의 자유가 없었다. 자유와 민주가 없는 사회에서만 자유와 민주가 얼마나 귀중한지 느낄 수 있다.

⑤ 포로수용소 생활

부산 제5포로수용소에 수용된 중국과 한국 포로는 56만 명으로, 그중 중공 포로는 이미 3000명에 달했다. 세끼 식사는 영양이 매우 풍부했으며 매주 3갑 반의 담배가 지급되었다. 매일 세탁, 샤워, 운동을 하는 외에 삼삼오오 모여 딱지를 치거나 담배를 걸고 내기를 했으며, 담배를 다 잃으면 점심이나 저녁밥을 걸고 내기를 하기도 했다.

⑥ 그들의 바람과 귀착

내가 물었다. "당신은 타이완으로 가서 국군에 참여하길 원하는가?" 그들은 대답했다. "가길 원합니다. 가길 원합니다!" 미군 당국이 과연 이러한 포로를 어떻게 처리할 것인지에 관련해 미국인 관리는 다음 세 가지 방법 중 하나로 귀착될 가능성이 크다고 토론했다. ㉠ 한국전쟁이 평화롭게 해결되면 중공과 미국은 서로 포로를 교환할 것이다. ㉡ 만약 중화민국정부가 파병 참전한다면 중공 포로들은 바로 유엔군에 참가시킬 것이다. ㉢ 그렇지 않으면 유엔군은 포로의 자유 의지를 존중하고 그들의 어떠한 선택도 받아들일 것이다.

가장 참고할 만한 가치가 있는 자료는 중국군에 복역한 적이 있고 한국이 독립한 후 한국 군관학교의 교장이자 남한 제1군단 사령을 지낸 김홍일 장군의 글이다. 그는 1951년 4월 남한 참모학교 교장으로 전입되었을 때

'중공군의 현황'이라는 보고서를 썼는데, 한국정부와 유엔군 지휘부에 제기한 내용을 나에게 복사본으로 보내왔다.

중국에서 나는 3년 넘게 중국군 작전을 경험했다. 한국에서는 북한 공산군과 함께 2개월 동안 악전고투를 겪었다. 이 같은 경험을 기반으로 나는 심리전을 사용해 중공군을 물리칠 수 있다고 믿었다. 따라서 나는 3일간 아홉 명의 중공 포로와 담화를 나누었는데, 그중 세 명의 군관은 팔로군 유격부대에서 승진한 사람이었다. 다른 두 명의 군관은 국민군 사병이었다가 투항한 후 승진되었고, 네 명의 군관은 국민군 군관으로 투항해 원래 계급으로 보류되었다. …… 얘기를 나눠본 결과 중공군 조직은 견고하다. 따라서 단체로 투항시키거나 내분을 일으키기는 어렵지만 심리전을 응용하면 방법이 있었다. 왜냐하면 중공군, 심지어는 공산당 당원은 대부분 불만을 갖고 있었기 때문이다.

　1. 중공군의 조직(생략)

　2. 중공군의 정치 조직(생략)

　3. 군정 사령관 간의 관계(생략)

　4. 중공의 전국군에 대한 처리(생략)

　5. 공산군을 투항하게 만들기: 공산군을 단체로 투항하게 하거나 내부 분열이 일어나게 하는 것은 매우 어려운 일이다. 그러나 심리 전술을 이용해 공산군 하급 군관과 사병이 단독으로 투항하게 하는 것은 가능성이 있었다. 대부분의 공산군 사병은 당원 사병마저 무기가 낙후되어 헛되이 목숨이 희생되고 있으며 승리를 거둘 가망성이 절대 없다는 것을 잘 알고 있었다. …… 우선 중공 포로가 유엔군의 전단 및 선전의 효과를 언급한 내용과 비행기와 대포에 대해 반응한 사항을 간략하게 정리하면 아래와 같다.

　① 유엔군 전단에는 중공 포로 사진이 있었는데 당 간부들은 그 사진을 보고 한국인이 중공군 복장을 입고 찍은 것이라고 했다. 만약 그 사진이

우리와 같은 부대의 동료였다면 우리는 더 일찍 투항했을 것이다.

② 비행기의 유엔군 방송은 때때로 잘 들리지 않았다.

③ 유엔군 공군과 대포의 화력은 매우 강해 보초를 서던 사병들마저 모두 참호 내로 들어가 탄약을 피했다. 만일 이때 유엔군이 적진으로 돌격했으면 우리는 분명 붕괴되었을 것이다. 그러나 유엔군은 포화를 멈춘 후 우리가 나온 후에야 다시 공격했다.

④ 중공군 가운데 강제로 끌려온 자는 치욕을 속으로 삭이고 있다. 특히 상급 가정의 자제들은 공산군에게 노예 취급을 당했는데 기회가 오면 반드시 보복할 것이다.

⑤ 원래 국민군 사병이던 자들은 아직 과거를 기억하고 있어 장제스 총통이 자신들을 위한 방법을 강구하길 희망했다.

⑥ 우리는 원래 남한과 미군에 대항해 전투하는 것으로 알고 있었는데, 예상치 못하게 세계 각국의 군부대와 대결하게 되었다.

⑦ 포로가 된 후 대우가 매우 좋았다. 하지만 여전히 먹을 것이 충분하지 않은 점은 불만이다.

이를 토대로 아래와 같이 종합할 수 있다.

㉠ 중공에 대한 심리 전술 선전은 틀림없이 효과가 있다.

㉡ 사실 위주로 선전을 할수록 효과가 높다.

㉢ 기존의 국민군은 여전히 장제스 총통에 대한 믿음을 갖고 있다.

㉣ 중공 사병은 점차 희망을 잃고 있으므로 그들에게 희망을 준다면 반드시 우리와 함께 행동하려 할 것이다.

㉤ 중공군은 여전히 은폐되어 있으며 미군에 대항한다고만 여긴다.

㉥ 그들은 포로가 된 후로도 여전히 미군이 자신들을 살해·학대할 것이라고 생각한다.

따라서 우리의 심리전술 선전 강령은 이에 맞춰 실시되어야 했다. 구체적으로 입안된 방법을 몇 가지 열거하면 아래와 같다.

① 투항을 권고하는 전단에는 유엔군 각국 사령관의 사진을 인쇄하고, 중공이 이미 침략자로 공인되었다는 사실과 유엔은 여전히 침략을 제지하고 있다는 사실을 그들에게 알린다.

② 유엔군 사령관이 서명한 투항안전증을 끊임없이 유포하고 포로를 우대할 것이라고 성명한다.

③ 중공군 사병이 투항 후 우대를 받는다는 사실을 확실히 알려주기 위해 다음과 같은 방법을 사용한다.

㉠ 중공부대에 전단을 뿌릴 때 원래 그 부대에 속해 있던 포로의 성명, 계급 사진, 그리고 포로를 우대한다는 사실을 전단에 인쇄한다. 중공부대 사병은 자신들의 오랜 동료를 알아챌 것이며 심리적 동요를 느낄 것이다.

㉡ 포로 중 비교적 유용한 자를 각 단위에서 뽑아 훈도한 후 전선으로 데려간다. 그런 뒤 자신이 소속되어 있던 중공부대에 확성기로 자신의 관등성명을 알리고 다시 부대장 또는 사병의 이름을 불러 투항을 권고하도록 한다.

㉢ 전단에 장 총통의 사진을 인쇄하고 장 총통의 성명을 넣어 중공 사병의 투항을 호소한다. 아울러 투항한 이들은 즉시 타이완으로 보내고 장래에 대륙반공을 하면 고향으로 다시 돌아갈 수 있을 것이라고 설득한다.

㉣ 중국 동포가 중공정권하에서 받는 압박과 고통을 최대한 알린다.

㉤ 대륙 각지에서 반공 유격대가 봉기한 사실을 알린다.

㉥ 유엔군의 화력이 막강하므로 인해전술은 인명을 헛되이 희생시킬 뿐이라는 사실을 알린다.

중화민국 청년들이 목숨을 바쳐 한국전쟁 심리 전술에 적극적으로 참여했기 때문에 마침내 1만 4000명의 중공군은 자신들이 선택한 자유를 얻었다. 이로써 중화민국이 한국전쟁에 참여한 공헌은 역사에 길이 남을 것이다. 논공행상이나 위로 문제를 제기하기에는 너무 늦긴 했지만 중화민국과 한국 양국정부는 한국전쟁 심리전에 참여한 전사들에게 적절한 조치를 취해 그들을 표창하고 그들의 피와 땀이 헛되지 않도록 해야 한다. 그래야 이미 순직한 사람들은 편안히 눈을 감을 것이고 아직 건재한 사람들은 마음의 위로와 격려를 얻을 것이다.

» 한국전쟁 당시 한중 외교와 한국의 정치 흐름

중국과 한국은 원래부터 서로 긴밀해 동고동락하는 관계였다. 한국전쟁이 발발했을 당시 중화민국의 파병 제안이 통과되지 못하자 중화민국은 물심양면으로 남한을 원조하면서 함께 승리를 기원하는 것 외에 별다른 방법이 없었다. 하지만 중공이 참전한 후에는 전략심리전 등 이른바 '무형의 전쟁'에 참여했다.

이는 반공 전쟁에 협력하고 중화민국의 국가 이익을 확보하는 데 크게 공헌했다. 한국과 중화민국은 반공 통일이라는 큰 목표는 같았지만 외교상에서는 작은 차이가 있었다. 이를 세세하게 따질 필요는 없지만 여기서는 그중 몇 가지 사례만 제시하겠다.

첫째는 간도의 영토 주권과 관련된 문제다. 갑오전쟁 때 일본과 한국 측이 제기한 간도 문제는 중국 측이 말하는 옌지(延吉) 문제이기도 하다. 이는 청나라 말기 한중의 국경 획정에서 발생한 영토 주권 분쟁으로, 오래된 문제였다. 교섭 당시 쌍방은 토문(土門)과 두만(豆滿)을 하나로 통합할지 아니면 둘로 나눌지를 놓고 논쟁을 벌였다. 그 후 한국 측은 스스로 잘못을 인정하고 교섭을 중단했다. 일본이 한국을 병탄한 후 다시 청 조정과 교섭해 1909년 홍토산수(紅土山水)와 석을수(石乙水)에서 목비(穆碑, 백두산정계비)까지로 경계선을 긋기로 협의했다. 이는 외교적으로 이미 해결된 사안이었다. 그러나 일제는 대륙 정책의 야심으로 인해 동양척식주식회사를 통해 일본 사람을 적극적으로 조선으로 이동시켰다. 한편 일본 척무성과 조선총독부는 한국인을 중국 동북 지방으로 이주시켰다. 일제는 한국과 중국 민족을 서로 이간시켰고 이로 인해 만주사변이 발발하기 전 이른바 완바오산 사건*이 발생했다. 이런 일이 있은 후 간도 문제는 일본과 한국 학술계에서 연구 토론 주제 중 하나가 되었다. 만주사변 후에는 일본이 중국의 동북 영토를 강제 점령했고 잇달아 루거우차오 사건이 발생했다. 전후에는 동북 각 성을 소련군이 중국공산당에 넘겨준 것이나 마찬가지였다. 중화민국정부는 대륙 영토를 통제할 수 없었고, 남한정부 역시 북한과 분리되어 중국과 인접할 수 없었다. 나는 초대 주한 중화민국대사로서 부임한 이래 이러한 영토상의 국경 문제에 대해서는 한 번도 생각하지 못했으며, 남한정부도 나에게 이 문제를 한 차례도 제기하지 않았다. 그런데 한국전쟁이 발발한 이후 한국군과 유엔군이 연이어 패퇴하고 대구를 사수하기가 어려워져 한국정부가 부산으로 이동하는 방안을 구상하기 얼마 전, 나는 간도 문제와 관련된 전언을 듣게 되었다. 이 대통령이 갑자기 나에게 이 사안을 제기한 것은 참으로 의외였다.

1950년 8월 12일 나는 대구에서 타이베이 외교부에 다음과 같은 전문을 보냈다. "서울에서 도망친 한국인 보고에 따르면, 북한 당국은 중공이 남한 해방을 허락한 후 중국의 동북 2성을 북한에 할양했고 이에 한국인들은 자못 흥분했다고 선전하고 있다고 합니다. 주의를 기울일 만합니다." 우리는 당시 이 소문의 상세한 내용과 이 소문이 확실한지 여부를 알지 못했다. 만약 이것이 사실이라면 북한공산당이 영토 확장을 욕심내고 있으며 이를 통해 남한을 침략하는 공산군의 사기를 고무하는 한편 남한의 민

---

* 1931년 7월 2일 중국 지린성 창춘현 완바오산 지역에서 한인 농민과 중국 농민 사이에 일어났던 충돌 사건. _옮긴이 주

심을 수습하려는 것이므로 주의해야 했다. 이후 우리는 중공 당국이 동북 옌지 지구의 한국인에게 자치구를 수립하도록 허락했다는 사실을 알게 되었다. 이는 중국공산당이 소수민족을 대하는 독특한 방식으로, 영토에 대한 주권은 여전히 중국공산당에 있었다. 이러한 사실을 알지 못한 상황에서 나는 마침 다른 일로 이 대통령을 알현했는데, 이 대통령의 지위에서 이런 일을 제기하는 것이 나로서는 다소 곤혹스러웠다.

담화를 마친 후 이 대통령은 돌연 나에게 중공이 간도 지역을 북한에 할양한다는 소식을 들었는지 물었다. 나는 "전에 한국 우방국으로부터 이런 소문을 들었지만 자세한 상황은 잘 모릅니다"라고 말했다. 이 대통령은 계속해서 물었다. "사오 대사, 당신이 보기에 귀국의 정부가 이 정책을 선포할 것 같습니까? 어찌 보면 매우 우호적인 선전 아닙니까?" 나는 당시 엄숙하게 대답했다. "저는 이런 이야기가 떠도는 소문에 불과하다고 믿습니다. 몇 가지 근거에 따르면, 이는 북한공산당이 자군의 사기를 높이는 동시에 남한 인민에게 심리작전을 펴기 위한 선전에 불과합니다. 우선 중화민국정부가 아직 대륙과 동북의 각 성을 수복하지 못했으며, 설사 이미 수복했더라도 영토 주권 할양은 반드시 전 국민이 동의해야 하는 문제입니다. 이런 가상의 문제에 대해 답하기 어려운 점과, 불필요한 오해를 유발하지 않기 위해 이를 정부에 보고하지 않는 점을 부디 양해 바랍니다." 이 대통령은 맺고 끊음이 확실한 나의 대답을 듣고는 더 이상 알아보려 하지 않았다. 이후 내가 사직해 한국을 떠날 때까지 그는 다시 이 문제를 제기하지 않았다. 나는 한국 학계의 친구들로부터 지금도 간도 문제에 대해 토론하자는 사람이 있다는 말을 들었기 때문에 여기에 관련된 사항을 특별히 기록한 것이다.

간도 문제에 이은 둘째 외교 문제는, 이 대통령이 장제스 총통을 한국으로 초대해 잠시 머물도록 나에게 요청했던 것이다. 이 대통령은 만약 장 총통이 한국으로 와서 잠시 머물면 그를 열렬히 환영하고 반드시 전력을

다해 돕겠다고 두 차례나 나에게 밝힌 바 있다. 일국의 지도자가 우방의
지도자를 답례 방문하거나 회담을 갖는 것은 국가 간 자주 있는 일로 이상
할 것이 없다. 하지만 이 대통령이 이런 뜻을 두 번이나 표한 것은 시기와
태도로 미뤄볼 때 장 총통이 한국으로 와서 피난하라는 함의가 있었으므
로 비록 호의이기는 했으나 매우 곤혹스러웠다. 처음 요청한 것은 1950년
1월 7일 영국이 중공정권을 승인한 이후 이 대통령이 나를 접견했을 때였
다. 그는 영국의 사사롭고 이기적인 행태가 자유세계의 리더 국가에 어울
리지 않는다고 비난하면서 "만약 장 총통이 잠시 출국할 뜻이 있어 한국에
온다면 적극 환영할 것입니다"라고 말했다. 나는 당시 이를 듣고 약간 곤
혹스러웠다. 하지만 최대한 그의 호의로 해석하려 했다. 나는 "영국은 이
미 지도적인 국가가 아닙니다. 자유세계를 이끈다고는 더더욱 말할 수 없
습니다. 그들이 중공을 승인했지만 우리에게 아무런 손실이 없으므로 중
시할 가치가 없습니다. 장 총통이 출국해 다른 나라에 거주한다는 말은 아
직 들어본 적이 없습니다. 나는 몇 년 동안 장제스 총통의 뜻을 따라왔는
데, 그는 대륙반공을 이끌기 전에는 결코 그럴 뜻이 없을 것입니다. 장 총
통이 전에 한국과 필리핀을 몇 차례 방문한 적이 있지만 이는 극동 반공
연맹을 건립하는 협상을 하기 위한 것으로 예외적인 일이었습니다"라고
말했다. 나는 한편으로는 이 대통령의 호의에 감사를 표하고 한편으로는
장 총통의 성격과 입장을 이해해달라고 완곡하게 청했다. 이 대통령은 이
틀 후 임병직 외무장관을 특별 파견해 나를 만나게 했는데, 그는 장 총통
에게 영국이 중공을 승인한 데 대해 위문하는 내용의 전문을 보냈고 나는
이를 타이베이로 보냈다. 하지만 오해를 사지 않기 위해 이 대통령이 장
총통에게 한국에 잠시 머물라고 했다는 말은 전하지 않았다.

이 대통령이 두 번째로 장 총통에게 한국에 와서 머물기를 청한 것은
중공이 참전해 한국정부가 다시 서울에서 부산으로 후퇴한 이후였다. 당
시에는 유엔군이 일시적으로 조선반도에서 철수해 일본을 지킬 것이라는

말이 널리 퍼지고 있었다. 나는 이 대통령의 또 한 번의 요청에 영문을 알수 없어 웃지도 울지도 못했다. 출국해 잠시 기거하는 것은 반드시 총통본인이 결정해야 한다고 여겼다. 나는 정면으로 거절하기가 힘들어 이 대통령에게 한국전쟁의 전세가 걱정되므로 남한정부는 원대한 구상과 배치를 해야 한다고 말했다. 나는 외교부의 원장과 총통에게 보내는 전문에서하반기에 한국 측은 최악을 대비해야 한다고 촉구했다. 한편 이 대통령이장 총통에게 한국에 와서 잠시 기거하라고 두 차례 초청한 일에 관해서는여름에 귀국해 사직했을 때에야 겨우 총통에게 전했는데, 장 총통은 잘 처리했다며 웃으며 말했다.

> 1951년 1월 18일 부산에서 타이베이 외교부에 보낸 전보
>
> [기밀] 오늘 새벽 본인은 이 대통령을 알현해 전세를 이야기했습니다.
>
> ······ ② 본인은 한국이 최악의 상황에 대한 준비가 되어 있지 않다는 점을 들어 이 대통령에게 전세 호전을 완곡하게 권했습니다. 아울러 중화민국정부가 대륙에서 안전하게 철수한 것은 전적으로 장 총통이 사전에 타이완에 원대한 구상을 준비해놓았기 때문이며, 한국이 일시에 어려움을 당하더라도 이후 반격하려면 인력과 물자가 필요하고 실제 안전 지점 등을 확보해야 한다고 조언했습니다. 이 대통령은 매우 감동한 듯했고 맥아더 장군과 협상할 필요가 있음을 내비쳤습니다.

당시 이 대통령과 이런 담화를 하면서 나는 총통이 한국에 잠시 거주하도록 하라는 이 대통령의 요청을 사실상 재차 거절했다. 그런데 내가 주한대사를 사직하고 십여 년이 지난 후 전 명헌학원(銘賢學院) 교수인 덩치(鄧嗧) 선생이 1950년 12월 27일 행정원 천 원장에게 다음과 같은 글을 올려나와 비슷한 건의를 했다는 사실을 외교부 서류를 통해 알게 되었다.

······ 중공 참전부터 남한 전세는 오래지 않아 급격하게 변화했습니다. ······ 만일 한국정부가 압박을 받아 한국 영토에서 철수한다면 중화민국은 한국정부가 일본이 아닌 타이완으로 오도록 해야 하며, 아울러 한국 영토에서 철수한 한국 군대를 타이완섬 주위의 소도의 안전지대에 배치하도록 한국 측에 요청함으로써 향후 반공복국하는 데 활용하도록 준비해야 합니다.······

나는 덩치 교수와 인연이 없어 이 글을 통해 처음 접했지만 그의 높은 식견에 매우 탄복했다.

셋째 외교 문제는, 이 대통령이 미국의 무기를 원조받기 위해 중화민국의 한국 파병을 환영하지 않는다고 공개적으로 공표한 것이다. 한국전쟁 발발 후 미국이 입장을 표명하지 않고 유엔도 전면적으로 한국 원조를 결의하기 전에는 이 대통령과 남한 육군 참모차장 정일권 장군, 주일 대표 김용식 공사가 나에게 중화민국이 병사를 파병해 전쟁을 돕길 원한다고 밝혔다. 장 총통은 이에 따라 육군 3개 사단, 공군기 20여 대를 한국전에 참가시키겠다고 제안했다. 그러나 미국, 영국, 유엔은 중화민국의 파병이 오히려 중공 참전을 유발시킬 수 있다며 동의하지 않았다. 미국과 유엔은 한국을 전면적으로 원조하고 있었기 때문에 중화민국의 파병 문제에 대한 이 대통령의 태도는 점점 냉담해졌다. 중공이 참전하자 유엔군 총사령관과 미국의 적지 않은 국회의원은 중공에 대항하는 데 유용하다고 판단해 다시 중화민국 군대의 파병을 고려할 것을 주장했다. 그러나 이 제안은 미국 대통령의 비준을 받지 못했다. 심지어 남한의 이 대통령도 미국에 한국군 50만 명에 대해 무장해줄 것을 별도로 요청했기 때문에 중화민국의 파병으로 미국 측의 장비 제공이 거절되거나 감소되는 것을 원하지 않았다. 중화민국은 미국, 영국, 심지어 이 대통령의 태도를 보고 중화민국의 파병을 원치 않는다고 여겨 이 제안은 다시 제기하지 않고 위위구조 전략을 발동했다. 대륙반공을 위해 한국전쟁에서 제2의 전장을 연다는 위위구조 전략을 통해 중공군의 선전을 견제하고 미국으로부터 경제 원조 및 군사 원조를 얻으려 했다. 그런데 이 대통령이 미국으로부터 장비 지원을 받기 위해 위위구조 전략까지 반대하리라고는 예상치 못했다.

1951년 1월 31일 부산에서 타이베이로 보낸 전보

[기밀] 어제 미국대사와 전략을 토론했습니다. …… ④ 미국대사는 본인의 질문에 간략하게 대답했습니다. 최근 한국은 50만 명의 한국군에 대해 무장해줄 것을 미국에 요구했지만 각국이 장비를 요청했기 때문에 무기를 충분히 분배하지 못했습니다. 둘째, 남한에는 현재 11개 사단이 있는데 병사들은 이미 정원을 초과했으며 후방에 퍼져 있는 병사들도 적지 않습니다. 어젯밤에 부산 시내에서 3000여 명이 구류되어 미국 측은 남한이 다시 군대를 확대하는 것을 찬성하지 않았습니다. ……

1951년 2월 22일 부산에서 타이베이 외교부에 보낸 전보

…… 2월 11일 ≪대구매일신문≫ 보도에 따르면 이 대통령이 부산에서 "현재 중화민국정부의 군대는 한국전쟁에 참가할 필요가 없다. 이 문제는 반드시 맥아더가 결정해야 한다. 하지만 한국 작전을 보위하기 위해 미국은 한국전쟁에 장비와 무기를 원조하길 바란다"라고 말했다고 합니다. 또 2월 20일 ≪부산일보≫는 장면 국무총리가 19일 대구에서 미국 UPI통신사 기자들에게 다음과 같이 말했다고 보도했습니다. "우리는 중화민국정부 군대의 원조에 대해 환영을 표하지만 이는 맥아더 장군이 결정할 문제다. 한국은 인력 자원이 풍부해 공산군에 대항하고 있으나 현재 한국군 11개 사단 인원은 작전을 실행할 만한 무기가 없다." 군 측의 이런 태도에 대해 본관은 사정을 참작해 바로잡도록 할 것입니다.

한국 측은 무기를 지원받기 위해 공개적으로 언쟁을 벌였는데 그 정도가 지나쳤다. 5월이 되어도 한중 외교 분쟁은 여전히 안정되지 못했다.

1951년 5월 9일 부산에서 타이베이로 보낸 전보

[기밀] 부장이 원장과 총통에게 각각 전해주기 바랍니다. 한국의 오늘자 신문에서는 한국정부가 발표한 정식 성명을 보도했습니다. 성명의 요지는 ① 한국의 목표는 압록강을 경계로 통일하는 것이다. ② 유엔의 결정에 대해 감사를 표한다. ③ 현재 한국의 10개 사단 외에 미국이 장비를 갖춘 10개 사단을 증원해주기 바란다. ④의 전문은 아래와 같습니다. "신문 보도에 따르면 중화민국정부는 더 많은 무기를 요구한다고 한다. 만약 이것이 사실이라면 중화민국정부는 한국에 병력을 파견하기보다는 한국에 무기를 주어야 한다." 본관이 비밀리에 조사한 바에 따르면 이 성명은 이 대통령이 외무부 정보국 유 국장에게 비밀리에 말한 것으로, 5일 직접 도쿄로 가서 발표한 것입니다. 이 대통령의 태도는 본인이 2월 22일 전보한 내용을 참고하기 바랍니다.

1951년 5월 10일 부산에서 타이베이로 보낸 전보

부장이 원장과 총통에게 각각 전해주기 바랍니다. 전에 보낸 전보가 도착했는지 확인 바랍니다. 오전에 이 대통령의 언론 담당 고문인 미국 국적의 레이싱어가 개인적으로 내방해 한국정부가 성명을 발표한 일에 대해 해명했습니다. 그는 성명 가운데 ④의 내용을 삭제할 것을 이 대통령에게 건의했는데, 처음에는 이 대통령의 동의를 얻지 못했으나 논쟁을 벌인 후 이 대통령으로부터 전문을 취소하라는 허락을 받고 다시 초고를 작성했습니다. 그러나 외무부 유 국장이 이미 도쿄로 가 미국 UPI 도쿄지부에 발표한 뒤였습니다. 레이싱어는 도쿄에 전보해 그 문장을 취소해달라고 요청했지만 성공하지 못해 유감이며 이 일을 잘 처리해주기 바란다고 말했습니다.

본인은 감사의 말을 전하면서 한국정부가 이를 수정해줄 것을 요청했습니다. 오후 2시 본인은 이 대통령을 방문해 한국정부의 입장에 대해 질문했는데, 이 대통령은 미국 기자가 잘못 전했다면서 다시 고친 내용을 발표하겠다고 했습니다. 내용이 고쳐지면 다시 전보하겠습니다.

1951년 5월 12일 부산에서 타이베이로 보낸 전보

4월 30일 워싱턴에서 UPI가 보도한 내용에 따르면, 한국의 신임 외무부 장관 변영태는 CARE 구제기관에서 가진 오전 강연에서 이렇게 말했습니다. "우리는 중화민국 군대가 한국에 참전하는 것을 원치 않는다. 이는 필요할 때 다른 지역에서 더 유효하게 사용할 수 있기 때문이다." 그 뒤 어제 11일 한국정부는 성명을 고쳐 다시 발표했습니다. "일전의 외무부 성명 중 중화민국 군대에 대한 단락은 번역이 타당하지 않아 오해를 일으켰다. 그 성명은 미국이 중화민국에 원조하겠다는 것, 그리고 중화민국정부가 한국에 파병하겠다는 것, 이 두 가지 사안 모두와 관계가 없다. 이 성명은 만약 중화민국 군대가 무기를 더 많이 지원받기 위해 한국전쟁에 참여하려는 것이라면 한국에 무기를 보낸 이후 군사적 준비를 하는 것이 더 빠르다는 사실을 설명하기 위함이었다. 한중 양국의 공동 목표를 달성하기 위한 차원에서 중화민국정부의 타이완 방위 및 대륙반공은 별도로 지원할 것이다." 바뀐 성명에 완전히 만족할 수는 없었지만, 다시 논쟁할 가치는 없습니다. 사태가 확대되어 국제사회의 주의를 끄는 것을 피하기 위함입니다. 어찌해야 할지 신중하게 판단해주기 바랍니다.

외교부는 5월 17일 나에게 답장을 했는데 그저 다음과 같이 말했다. "이 일은 마땅히 주의할 만합니다. 그러나 더 이상의 행동을 해서는 안 됩니다. 중간에 일을 무마시키십시오."

이상 몇 가지 사례로 한중 양국의 반공 통일 목표가 크게는 동일하지만 외교상으로는 미묘한 차이가 있음을 설명했다. 주한 중화민국대사로서 나의 임무는 국가의 이익을 위하는 것이므로 때때로 이 대통령에게 이의를 제기했다. 다행인지 불행인지는 모르겠으나, 나는 한국이 독립하기 전에 중국에 있던 한국임시정부의 독립운동에 협조하기 위해 김구 주석으로 고문으로 초빙되었고 이로 인해 이승만의 의심을 산 바 있다. 그 후 한국이 독립되자 중화민국정부는 나를 서울 초대 주한대사로 파견했으나 이 대통령은 국제관례를 무시하고 6개월을 미루다가 김구 선생이 살해된 후에야 나의 임명에 동의했다. 듣기로는 나와 김구의 관계가 친밀했기 때문이라고 했다. 심지어 내가 주한대사를 사임하고 타이완으로 돌아간 후 이승만 대통령은 1953년 가을 중화민국을 방문했을 때 장제스 총통에게 나에 대한 불만을 토로했다고 한다. 아마 다른 중요한 원인이 있었겠지만, 내가 '예스맨'이 아니었기에 이승만 대통령의 환심을 살 수 없었던 것이 하나의 원인일 것이다. 사실 미국이 주한대사로 파견한 무초도 이 대통령과 의견이 서로 합치되지 않아 이 대통령으로부터 '외교상 기피 인물'로 비난받았고 미국정부 측에 교체를 요구했다. 이는 한미외교사에 불행한 사건이었다. 따라서 나는 주한대사로 있는 동안 한중 관계와 관련된 일은 반드시 균형을 다해 옹호하려 한 반면, 한국 내정에 관한 일은 가능하면 피하려 했다.

4장에서 나는 한국전쟁 발발 후 대전 전선에 있을 당시 미국대사가 나에게 이범석과 신익현을 부추겨 이 대통령을 지지하고 단결 항전하자고 제안했다는 사실을 서술한 바 있다. 나는 그때 이 말을 듣고 내심 옳다고 생각했으나 이 일을 입 밖에 내면 내정 간섭으로 여겨질 여지가 있어 조심했다. 당시 미국대사는 나에게 이런 설명을 덧붙였다. "한국의 생사존망이 경각에 달려 있고 우리도 너무 많은 것을 고려할 수 없으므로 한국의 내정 영역에 간여할 수밖에 없습니다." 이 말을 듣고 나는 미국대사 곁에서 협조하기 위해 노력했다. 물론 미국대사가 한국 내정에 간여하기 시작한 것

은 이때부터가 아니다. 그러나 미국대사의 신분으로 중화민국대사와 그
일을 분담하기로 약속한 것은 이때가 처음이었다. 지금부터 나는 미국대
사가 한국 내정을 해결할 때 나의 의견을 물었던 일을 기록하려 한다. 당
시 나는 분수를 잘 아는 편이어서 굳이 공개적으로 모습을 드러내지 않았
다. 그렇지 않으면 나 스스로 한국 내정에 휩쓸려 이승만 대통령에게 '외교
상 기피 인물'이 찍힐 것이고 중화민국정부도 나를 용서하지 않을 것이기
때문이었다.

1951년 4월에 발생한 이른바 거창 사건에서 일이 터졌다. 이 사건은 원
래 한국 내정에 속하는 일로, 야당과 국회에서 줄곧 신망을 얻지 못하던
전 국무총리대리이자 당시 국방장관 신성모가 정치판에서 흐름을 양성한
것으로, 매우 큰 반향을 일으켰다. 미 대사는 이 일을 처리하기 위해 나의
의견을 비밀리에 물었다.

1951년 4월 30일 타이베이 총통부에 보낸 전보

[기밀] 저우 주임이 총통, 원장, 부장에게 전해주기 바랍니다. 한국에서
는 최근 거창 사건이 발생했습니다. 이 사건은 거창 군경이 공산군으로 의
심되는 주민 110여 명을 참살한 것으로, 이를 국회가 대대적으로 비판해 엄
청난 정치 풍파를 일으켰습니다. 내무장관 조병옥, 법무장관 김준연은 원
래 야당인 민주국민당의 주요 인물이자 이승만 대통령과 불화하던 인물로,
거창 사건에 책임을 지고 사퇴하면서 간접적으로 이 대통령에게 압박을 가
했으며, 이에 대해 주한 미국대사가 지지해줄 것을 요구했습니다. 한편 국
민들로부터 불만을 사고 있던 국방장관 신성모도 사직했습니다. 이에 어제
미국대사가 본인을 방문해 이를 어떻게 처리할지 비밀리에 상의했습니다.
과거 본인은 미국대사가 한국 내정에 관여하는 데 대해 신중한 태도를 취
하면서 원칙만 넌지시 설명하고 인사에는 개입하지 않았습니다. 하지만 이
처럼 미국대사가 직접 방문해 중요한 인사 정무에 대한 의견을 구하는 것

은 본인이 한국에 온 후 처음 있는 일이라서 이를 참작해 회신했습니다. 이를 통해 미국 측이, 적어도 미국대사 개인이 한국에서 중화민국의 지위를 점점 중시하고 있음을 알 수 있습니다.

이와 같이 전보를 보내자 일이 번거로워지는 것을 가장 두려워하는 외교부가 전보를 보내와 나와 미국대사 간의 구체적인 담화 내용을 조사했다. 외교부는 전쟁 기간 동안 주한대사관에 다소 무성의한 행정 태도를 보여왔는데, 다음과 같은 전문을 외교부로부터 받자 매우 씁쓸한 기분이 들었다.

외교부에서 온 전보

사오 대사에게 저우 주임이 전달하는 전보입니다. 미국대사가 직접 자문을 구하러 왔다고 하는데, 이는 중화민국을 중시하고 있음을 보여주는 것으로 사오 대사가 이미 적당한 답신을 주었으므로 매우 마음이 놓입니다. 다만 이 일이 주재국의 내정 문제와 관련되어 있으므로 우리 측이 이 사안에 연루되지 않도록 최대한 노력해야 할 것이며 일의 집행에서도 이에 주의하기 바랍니다. 아울러 미국대사와의 담화 기록을 외교부로 보내주기 바랍니다.

나는 외교부가 이런 전보를 왜 보냈는지 정확히 몰랐다. 암호를 이용한 전보를 보내려면 일이 많고 일손도 부족했지만 다시 전보 원고를 써서 자세한 상황을 설명했다.

1951년 5월 10일 외교부에 보낸 전보

[부장 기밀] 제230호 전보를 알립니다. 본인이 미국대사를 비밀리에 대응한 것은 일반적인 일에 속합니다. 장제스 총통이 복직한 후 전국이 합심

해 고통스러운 시기를 감내함에 따라 중화민국은 정치·경제·군사적으로 비약적으로 발전하고 있습니다. 이는 각국 기자들이 타이완을 방문한 이후 보도한 객관적인 사실입니다. 또한 한국전쟁에서는 미군이 군사 지도를 주도하고 있으며 한국정부는 정치 개혁에 매진해 후방을 공고히 함으로써 최전선을 지원해야 합니다. 최근 정부와 국회가 서로 공격한다는 보도가 계속 실리는 것은 거창 사건으로 정치 분규가 일어났기 때문입니다. 이 일은 매일 커지고 있습니다. 장 총통께서 문의하므로 의견을 말씀드리면, 거창 사건으로 인해 내무장관과 법무장관은 책임을 지고 사직했습니다. 국방장관도 사직서를 냈는데 비준이 될지 안 될지는 정치적 책임 문제와 관련되어 있습니다. 민주 국가에서 사람을 기용할 때에는 반드시 덕이 중요하며 국회와 민간 여론을 중시해야 합니다. 저는 수십여 년간 한국 독립운동에 협조했으며 한국을 중국만큼 사랑합니다. 또한 한국정치의 개혁은 반공 작전과 매우 깊은 관계가 있습니다. 총통께서 한국정치에 대해 관심이 많다는 것을 잘 알고 있습니다.

이상의 내용이 미국대사에게 답변한 요점으로, 내정에 휩쓸리지 않기 위해 비교적 추상적이고 간접적인 표현을 사용했습니다. 그러나 미국대사는 그 속에 담긴 함의를 이해하고 있으므로 자주 머리를 끄덕이며 동의를 표했습니다. 한국 국민들은 신성모를 상사에게는 아첨하고 부하는 기만하는 인물로 평가하고 있습니다. 최근에는 거창 사건 외에도 이른바 국민방위군의 부패, 매직, 장정 학대 사건으로 여론이 시끄러웠습니다. 이범석은 총리 겸 국방장관일 당시 신성모를 차관으로 등용했는데, 신성모는 이범석을 따르더니 마침내 장관으로 승진했고, 다시 이범석은 이 대통령이 제명해 국무총리가 되었지만 국회의 반대로 줄곧 대리직에 머물렀습니다. 최근 국회의 반대가 너무 심해져 제명된 다른 사람인 장면이 총리를 맡게 되었습니다. 신성모는 청년 시기 중국을 유랑했고 그 후 영국 화물선 선장으로 있었던 사람으로, 중국어를 할 수 있으나 사용하지 않으며 중국에 대한 태도가 매우 나빴습니다. 이에 친중 성향의 인사를 배척했으며, 한국전쟁 발발 직전에는 화교 상인들의 창고를 강제 폐쇄하기도 했습니다. 이는 그가 부추긴 것으로, 한중 관계에 미친 영향이 매우 컸습니다. 전보를 받고 항공편은 비밀을 유지할 수 없어 전보로 비밀리에 이와 같이 답합니다.

다행히 나와 미국대사가 담화를 나눈 지 얼마 되지 않아 미국대사가 한국 내정에 간여한 것은 효과를 거둬 국방부장 신성모는 사직안을 내고 이승만 대통령의 비준을 받았다. 정치 내란은 이렇게 해서 상황이 호전되었다. 그러나 신성모는 관직에서 물러나고 싶어 하지 않아 육군·해군·공군의 장성들을 동원해 그를 국방장관에 유임시켜달라는 연대 서명을 받았고 이를 이 대통령에게 전달했다. 그러자 국회는 군인이 정치에 간섭한다며 반대했다. 이 대통령은 어쩔 수 없이 자신의 측근인 서울시장 이기붕을 국방장관으로 임명했다. 이기붕은 그 후 국회의장을 지냈고 1960년에는 부통령 경선에도 출마했다. 당시 경선이 불법적으로 치러지자 한국에서 학생혁명이 발발했고 이승만은 하야했으며 이기붕의 모든 가족은 자살했다. 이로 인해 한국은 내외적으로 큰 격변에 휩싸였다. 요컨대 이 대통령의 독단적이고 개인적인 인사 등용이 문제였다. 신성모의 사표가 수리되고 나서 이기붕이 그 자리를 이어받을 당시에는 사태가 조만간 수습될 것이라 여겨졌는데, 첫 물결이 조용해진 후 다음 물결이 다시 일어날 줄 누가 알았겠는가? 부통령 이시영이 이 대통령의 전횡과 독단에 불만을 품고 돌연 사직한 것은 잔잔한 물에 돌을 던진 것과 같았다. 이런 정치 내란의 과정을 나는 타이베이에 보고했다.

1951년 5월 11일 타이베이 외교부에 보낸 전보
[기밀] 한국 부통령 이시영은 돌연 국회에 사임서를 제출하고 '국민에게 알리는 글'을 발표했습니다. 담화 내용은 강력한 내각 조직을 촉구하고 국

민방위군의 군 급여 및 군납품 횡령, 병사 학대 사건 및 거창 사건에 대한 비통한 심정을 표명하는 한편, 탐관오리를 척결해 새로운 정치로 혁신해야 한다는 것이었습니다. 하지만 당국은 이런 진언을 받아들이지 않았습니다. 이시영은 몸이 허약해 대통령을 보좌할 힘이 없었지만 정부가 국정 운영 쇄신을 잘하길 바라던 인물로, 완곡하게 표현하는 가운데 이 대통령의 시정과 인사에 대한 불만을 분명히 표명했습니다. 이 부통령은 나이가 많지만 애국 사적으로 한국인에게 존경을 받았는데, 갑작스러운 사직으로 정계에 매우 큰 파문을 일으켰습니다. 어제 국회 부의장 조봉암과 만났는데 국회는 이시영의 사직을 만류할 것이라고 합니다. 오늘 보도에 따르면 어제 오후 이 대통령이 국회 대표를 소집해 이 부통령의 사직을 받아들였으나 국회 투표 결과 225 대 1로 사표 결의가 만류되었습니다.

이시영 부통령에 대한 국회 결의는 만류되었지만 사직의 결의가 강해 그는 5월 13일 다시 국회에 사표를 냈고, 국회는 14일 이를 받아들인다고 발표했다. 이 부통령은 한국 3·1운동 지도자 중 한 명으로 오랜 기간 중국에서 유랑하며 망명했고, 한국 독립운동을 이끌어 한국임시정부 요직을 역임했으며 중국에 깊은 우의를 가지고 있었다. 내 기억에 한국 국회는 그의 사임서를 마지못해 받아들인 후 다음날 직접 그의 사저로 가서 위로했다. 그는 이 대통령에게 불만이 많았지만 관용적이고 함축적으로 말을 했으며 군자의 풍모를 지니고 있어 매우 깊은 인상을 주었다. 특히 나에게 매우 진실하고 우호적으로 대했는데, 내가 재임한 후 이 대통령에게 국서를 올리기 전 이 부통령이 홀로 경무대 중앙 계단에서 나를 맞아주던 목소리와 모습이 지금까지 눈앞에 선하다.

5월 16일, 이 대통령이 속한 여당은 이갑성을 부통령 후보자로 지명했다. 이갑성은 3·1운동 때 독립선언에 서명한 33인 중 한 사람으로, 당시 유일하게 건재하던 혁명 원로였다. 그의 명망과 이 대통령의 지지를 감안하면 그는 충분히 당선될 수 있는 상황이었다. 그러나 이 대통령이 정치적 풍파를 겪으며 명망이 쇠락하자 야당은 부통령 후보로 김성수를 지명했고, 김성수는 국회에서 다섯 표를 더 많이 얻어 새로운 부통령으로 당선되었다. 김성수는 야당인 민주국민당 대표로 다년간 막후에서 전략을 일삼던 한국 정계의 주요 인물이다. 그를 친일 지도자라고 말하는 사람도 있지만 나는 그가 애국 지도자라는 것을 잘 알고 있다. 부통령직을 맡아 이 대통령의 손발을 담당했던 이시영은 대통령의 독단적인 전횡에 반대하며 부통령직을 그만두었고 이로 인해 부통령의 지위는 야당 지도자 김성수의 수중으로 떨어졌다. 그러니 그의 자리를 누가 침범할 수 있었겠는가? 결국 이 대통령의 이후 정치 생애는 순탄하지 못했고 마지막에는 다년간 친분이 있던 심복 이기붕을 발탁하는 바람에 결국 두 사람은 함께 망하고 말았다. 시국이 변화무상해 길흉회복을 예측할 수 없었다.

나는 전시 한중 외교에서 중요했던 두 가지 일을 추가로 설명한 후 이 절을 끝내고자 한다.

첫째는 중화민국 군부의 주요 인물인 허잉친 장군의 한국 방문이 성사되지 못한 것이다. 중화민국 정계와 군사계의 주요 인물, 예를 들어 우톄청, 천궈푸, 천리푸, 주자화, 허잉친 같은 선생은 모두 한국의 독립운동과 매우 관련이 깊다. 따라서 그들은 모두 독립된 한국을 방문하고 싶어 했다. 나는 그들을 대신해 적당한 기회를 엿보아 한국 방문을 계획했지만, 안타깝게도 한국전쟁 전에 우톄청 선생의 방한만 실현되었다. 한국전쟁이 발발하고 중공이 참전한 이후 나는 허잉친 장군의 방문이 한중 외교와 중화민국의 국제적 지위 향상에 유익할 뿐 아니라 유엔군의 사기를 높일 수 있다고 판단해 허 장군이 한국을 방문할 수 있기를 희망했다. 이를 위해 먼저 비공식적인 경로로 허 장군 방한에 대한 이 대통령의 생각을 알아보았다. 내가 1951년 3월 23일 부산에서 타이베이로 보낸 전보에는 이 대통령이 나와 만난 자리에서 허잉친 장군의 방한을 환영한다는 뜻을 밝힌 것으로 되어 있다. 나는 다음날 다시 비밀리에 미국대사와 비공식적으로 만났다. 그 당시 미국대사는 맥아더 장군이 있는 총사령부에 요청을 해서라도 비행기를 마련해 허 장군이 방한할 수 있도록 방법을 강구하겠다고 말했다. 4월 초 나는 일본에서 시찰 중이던 허 장군에게 편지를 보내 한국 방문을 위한 일정표를 신속하게 결정해달라고 요청했는데 허 장군은 타이베이 쪽의 문제 및 다른 여러 이유로 인해 당분간 한국에 오기 어려울 것 같다고 나에게 답신을 보내왔다.

> 사오위린 형님께. 4월 3일 보낸 편지를 잘 받았습니다. 형님의 지시를 잘 이해해 지시하는 바대로 준비했습니다. 편지에 매우 감사드립니다. 저는 원래 일찍 한국을 방문하려 했는데 지금은 한국 정세가 혼란스럽고 안정적이지 않아 제가 한국에 가면 외부에서 여러 가지 추측이 난무할 것입니다. 이는 한국 측에 커다란 불편을 끼칠 것이므로 지금 당장 한국에 가기는 힘들 것 같습니다. 계획을 잠시 미룬 뒤 상황을 보고 다시 결정하겠으며 시기가 확정되면 그때 전보로 알리겠습니다. 이 대통령과 미국대사에게 저의 뜻과 감사의 말을 대신 전해주기 바랍니다. 요즈음 한국으로 전화하기가 쉽지 않아 소식이 다소 지체되고 있습니다. 늦어지는 데 대해 죄송한 말씀 올립니다. 평안하십시오.
>
> 4월 5일 아우 허잉친

천궈푸 선생은 이미 세상을 떠났다. 주자화와 천리푸 두 선생은 나 이후 한국에 부임한 대사 때 한국을 방문해 한중 우의를 강화하는 데 큰 역할을 했다. 허잉친 장군도 조만간 오랜 소원을 성취하기를 바라는데, 이는 허 장군의 방한이 양국 교류에 도움이 될 것이기 때문이다.

둘째는 한국 국회의장 신익희가 중화민국을 방문한 것이다. 신 의장의 중화민국 방문은 내가 적극적으로 배정했다. 김구, 김규식이 사망한 후 국회의장 신익희의 친중국적인 태도는 한중 관계에 큰 영향을 미쳤다. 그는 중국에 망명했을 때 이름을 왕해공(王海公)으로 개명했고 중국 감찰원 위요런(于右任) 원장 밑에서 일한 적이 있었다. 3·1운동 이후 한국임시정부가 상하이에 수립되었을 때 이승만이 국무총리로 선발되었는데, 이승만이 중국에서 취임하기 전에 당시 내무차장이던 신익희가 이승만을 대신해 한국 독립 및 한국전쟁 발발 전후까지 국회의장을 맡았다. 신익희는 야당인 민주당에 속했으며 정치적으로 이승만 대통령이 참여한 당과는 달랐다. 그는 미국대사와 중화민국대사인 나의 설득에 유일하게 반응했는데, 북한의 침략을 방어하고 맞서 싸우는 데 협조하기 위해 선입견을 버리고 이 대통령과 협력했다. 나와 신 의장이 타이베이에 방문하는 방안을 그와 논의했는데, 그는 되도록 빨리 타이베이를 방문해 장 총통에게 경애를 표하고 싶어 했다. 그리고 오랫동안 멀리 떨어져 있던 친구도 만나고 싶어 했다. 그의 방문은 한중 간의 외교를 강화하고 중화민국의 사기를 진작시키는 데 기여할 게 분명했다. 그러나 나는 이 대통령의 의심을 피하기 위해 장 총통에게 비밀리에 비준해주고 감찰원 위요런 원장이 나서달라고 요청했는데, 이는 공적인 논의와 사적인 교류를 모두 배려한 것이었다. 신 의장은 위 원장의 초청 서한을 받은 후 이 대통령과 면담했는데, 이 대통령은 원치 않았지만 거절할 이유도 마땅찮았다. 신 의장은 1951년 5월 7일 타이베이에 도착해 2주 동안 친구를 방문했고, 5월 22일이 되자 타이완을 떠났다. 신 의장은 타이완에서 장 총통과 회담해 한중 관계와 한국전쟁을 논했으며, 입법원, 감찰원의 초대에 응해 양원 연석환영회에서 연설하면서 한중 양국이 동고동락하는 데 대해 매우 깊은 우의를 표했다. 담화 내용은 아래와 같았다.

국회의장 신익희가 1951년 5월 7일 타이완을 방문했을 당시의 담화

본인은 이번에 몇 년간 만나지 못했던 선배 원장의 초청으로 중화민국

에 와서 매우 기쁩니다. 대한민국은 역사적으로 고통을 겪은 뒤 비로소 수립을 선포했습니다. 그 시발점에서 대통령 이승만의 현명한 지도 아래 각사항이 제정되었고 모두 크게 발전했습니다. 불행히도 작년 6월 북한 공비의 남침으로 매우 큰 피해를 입었습니다. 더욱이 중공이 국제적인 믿음을 저버리고 돌연 침입해 한국 정세는 다시 악화되었습니다. 이에 1년 동안 모든 한국 국민은 고통을 피할 수 없었고 하나로 단결해 희생을 무릅쓰고 전력을 다해 항전했습니다. 그리고 우방국들의 적극적인 원조를 얻게 되어 모든 국민이 감격했습니다. 특히 귀국 대사 사오위린과 미국대사 무초는 한국을 지원하기 위해 전심전력을 다했습니다. 귀국의 화교들은 반공항러 기구를 조직해 지원했고 일부 우수한 화교는 의용군을 조직해 직접 침략전쟁에 대항하기도 했습니다. 이 모든 것은 역사적 의의가 매우 깊으며 영원히 잊지 못할 우정입니다. 한중 양국은 반드시 하나로 단결해야 하며 함께 분투해 공존공영의 목적을 달성해 최후의 승리를 획득해야 합니다.

당시 주중 한국대사 이범석 장군은 5월 22일 서한을 통해 신 의장이 중화민국을 방문한 성과에 대해 간략하게 말했다.

      …… 신 의장의 중화민국 방문은 조야의 열렬한 환대를 받았습니다. 입법과 감찰 양원이 함께한 남부 여행에서 신 의장은 여러 차례 강의를 했고 매우 좋은 평가를 받았습니다. 이번 방문이 한중 간의 교류와 국제적인 이미지를 제고하는 데 큰 도움이 되었을 것이라 굳게 믿습니다.

당시 모든 사람은 이 서한 내용에 동감했을 것이다. 신 의장은 이듬해 한국 민주국민당에서 대통령 후보로 공천되었다. 이는 이 대통령에 대한 도전이었다. 그는 경선 활동에 참가했는데, 한국 언론의 보도에 따르면 신익희는 명성이 매우 높았기 때문에 당선될 가능성도 매우 높았다. 하지만 불행히도 경선 활동 당시 급작스러운 병으로 세상을 떠났는데, 이는 한국에도 중화민국에도 일대의 손실이었으므로 나의 회고록에 이 사실을 특별히 기록해둔다.

≫ 주한 화교 동포들과 생사를 함께하다

한국전쟁이 발발한 후 중화민국은 한국에 파병을 제의했지만 미국, 영국, 그리고 유엔의 동의를 얻지 못했고, 중공은 항미원조를 명분으로 수십만 명의 인민지원군을 파병해 참전했다. 이런 정세하에 중화민국대사관은 전략과 심리전을 조화롭게 운용하고 유엔군에 협조해 중화민국의 국제적 지위와 이익을 확보하려 했다. 아울러 한국정부와 민간에 대해 반공 통일이라는 큰 목표하에 외교상에서의 작은 차이를 최대한 줄임으로써 쌍방관계가 긴밀해지도록 노력했다. 이밖에 가장 중요한 것은 교포들과 생사고락을 함께해 교포들의 안전을 최대한 보장하고 생활의 어려움을 해결하는 것이었다.

나는 3장에서 화교 업무의 중요성을 특히 강조했다. 그 이유는 화교 업무가 곧 해외에서 국민을 쟁취하는 전쟁을 벌이는 것이기 때문이다. 화교 업무의 핵심은 친민, 위민이다. 반드시 관료적인 사고와 태도를 버리고 '서비스 제일, 화교 우선'을 가장 큰 임무로 삼아 업무를 추진해야 한다. 나는 이미 앞 장에서 중화민국의 화교 조직에 관해 설명했으며, 민주적인 보갑제 시행을 제창하는 데 힘써왔음을 밝혔다. 화교 업무는 크게 관교양위, 즉 '관리', '교육', '지원', '보호'의 관점에서 추진되며, 다시 화교 동포의 '자체 관리', '자체 교육', '자체 지원', '자위'로 나눌 수 있다. 하지만 이는 평소의 화교 업무 방침이며 전쟁 시에는 이와 사뭇 다르다.

사람의 운명이 정해져 있는지는 알 수 없지만, 외교관 중에는 음주가무를 벗 삼아 평안한 생활을 즐기는 사람이 있는 반면, 나에게는 전쟁의 신이 따라 다니고 있는지 나는 전쟁 속에서 세월을 보내왔다. 루거우차오 사건이 발발하기 전, 나는 일본의 요코하마에서 총영사로 부임한 지 1년이 안 되어 중일전쟁을 맞았다. 당시에는 관할 지역의 화교 안전에 신경을 쓰다 보니 내 몸 하나 건사하지 못했다. 나와 현지 화교 동포들이 함께한 기간은 장장 8년에 달했는데, 승전 후 일본을 다시 방문하자 현지 동포들은 그때 일을 기억하고 나를 성대히 환영해주었다. 또한 한국에 부임한 지 1년이 되지 않아 다시 한국전쟁을 겪었다. 나와 재한 화교 동포들이 함께했던 생사고락은 여전히 눈시울을 붉게 하며 가슴속에 남아 있다. 주한대사직을 사직하고 귀국한 후에도 나와 재한 화교동포들은 계속 연락했는데, 이는 평생 지속되었다. 15년 후 나와 아내는 당시 한국 총리였던 정일권 장군의 초청을 받아 과거 부임지였던 서울을 다시 방문했는데, 그때 재한 화교협회 지도자들은 성대한 연회를 열어 우리를 초청했다. 지금 이 글을 쓰면서도 당시의 기억이 되살아난다.

여기서는 앞에서 언급한 '관리', '교육', '지원', '보호'를 중심으로 한국전쟁 당시의 대략적인 화교 업무를 소개하겠다.

① 관리 업무

한국전쟁 이전 주한대사관의 화교 업무는 주로 참사 겸 총영사였던 쉬사오창과 영사였던 쑤밍궁이 주관했다. 전쟁 발발 후 쑤 영사는 외교부의 발령에 따라 본국으로 귀환했으며, 적지 않은 직원들 역시 타지로 발령되었다. 남아 있던 수행원 성빙안은 도쿄로 파견되어 한국과 타이베이 외교부 및 도쿄에 있던 중화민국의 주일대표단 사이의 연락을 담당했고, 쉬 참사와 나는 군대·정부 간 협상 업무를 담당했으며, 천헝리 비서는 부산에 상주했다. 부산은 당시 유엔군 수중에 남은 유일한 항구였으며, 원래 거주하던 화교 외에도 각지에서 화교들이 속속 부산으로 피난 오면서 대사관은 화교 업무의 총책임지가 되었다. 천 비서는 일상적인 업무와 수시로 발생하는 전문 작성, 대사관의 대전·대구 간 연락 업무를 맡았다. 1950년 8월 하순, 나와 쉬 참사는 한국정부가 이전한 임시수도 부산에 도착해 현지에 있는 봉래각에 전시 주한 중화민국대사관 사무처를 마련했다. 9월 말 서울이 수복되자 나와 쉬 참사는 다시 서울로 돌아가 대사관 직원들과 함께 바쁜 나날을 보냈다.

당시 서울과 인천의 화교 업무는 쉬 참사가 주재했고, 부산 지역의 화교 업무는 여전히 천 비서가 담당했다. 중공군이 참전한 후 전황이 악화되자 한국정부가 철수했고, 나와 쉬 참사는 1951년 1월 3일 서울을 떠나 부산으로 돌아왔다. 이후 3월 14일 유엔군이 다시 서울을 수복해 나는 4월에 잠시 서울로 시찰을 나왔지만, 한국정부가 여전히 부산에 남아 행정을 실행한다고 선포했기 때문에 내가 서울로 이동할 수는 없었다. 중화민국대사관 직원들도 여전히 부산에 남았는데, 이러한 상황은 내가 대사직을 사임한 후 한국을 떠날 때까지 계속되었다. 이것이 대사관이 담당하던 화교 행정 업무의 대체적인 내용이다.

화교 조직과 화교사회 지도자들에 관해 논하자면, 한국전쟁이 발발하던 당일 대사관에서는 2차 화교업무회의가 개최되었다. 당시 상황이 급박해 예정된 일정을 소화할 수는 없었으나 철수하는 비행기 내에서 전시 상황 대응 원칙을 논의했다. 화교 간 실무 연락을 위해 보갑 제도를 강화했으며, 서로 돕는 정신에 입각해 고통에 허덕이는 교포를 구제하기로 했다. 또한 전쟁 상황이 악화될 경우 각지의 교포를 인천, 부산 두 곳의 항구로 나누어 집합시킴으로써 향후 철수하는 데 편의를 도모하고자 했다. 당시 화교사회 지도자 상황을 살펴보면 서울 전 지역장 왕궁원이 서울 함락 시 남쪽으로 철수했고, 인천 중화상회의 왕사오난과 한국 지역 국민대표대회 대표 왕싱시 역시 6월 27일 대사관이 철수 목적으로 잡아둔 화물선 영송륜 호에 올라 당·정·군 계통의 한국 주재원과 함께 타이완으로 철수했다. 그리고 서울 지역에는 화교단체 책임자로 리헝롄, 처옌지(車延績), 장다오춘 등이 있었는데, 이들은 갑자기 전쟁이 발발한 탓에 가족과 재산을 두고 한동안 떠날 수 없었다. 이후 왕궁원, 무원몐(慕文綿) 등도 7월 13일에 대사관이 임시로 파견한 투자유치부의 해환륜(海皖輪)호를 타고 부산에서 화교 동포 180여 명과 타이베이로 철수했다. 이로 인해 9월 말 서울이 수복되기 전, 부산에서 화교 업무를 처리할 당시에는 원래 부산에 있던 화교단체 조직만 동원하면 되었다.

9월 말, 서울이 수복되고 쌍십절이 되기 전 대사관과 화교 조직, 화교일보, 중화일보 등은 기존의 조직 상황을 회복했다. 각 화교 조직은 협의를 통해 연합사무처를 설립하고 '주한 거주 화교단체 연합사무처'로 명명했으며, 서울 중화상회 회장 리헝롄이 사무처장을 맡았다. 1951년 1월 다시 서울이 공산군에 함락되어 철수할 때 이 사무처 역시 대사관과 함께 부산으로 철수했다. 한국에 거류하는 화교의 자치 관리 조직은 1961년 한국에서 5·16혁명이 발발한 후 변화된 환경에 맞춰 '화교자치구'에서 '화교협회'로 이름을 변경했다. 이들 조직은 서울, 부산, 인천 등 48개 지역에 여전히 남아 있으며, 서울화교협회 총회가 조직을 이끌고 있다. 이후 각계에서는 각 화교단체 간의 협조 및 대사관과 화교단체 간의 연락 업무를 위해 '서울화교협회 총회'를 '주한 거주 화교단체 연합사무처'라는 원래 이름으로 다시 바꾸자고 요구했는데, 이는 후일의 일이다. 당시 중화민국대사관이 2~3명의 힘으로 전시 상황의 다사다난한 화교 업무를 처리할 수 있었던 것은 순전히 한국의 화교단체와 일선 보갑 조직 덕분이었다. 많은 화교단체 책임자들의 공공의식에 힘입어 전시의 화교 업무를 처리할 수 있었던 것이다. 예를 들어, 리헝롄(검찰원 검찰위원), 류친(劉秦, 국민당 중앙평의회 위원) 등이 부산에서 화교 업무에 노력했고 '3대 왕'으로 명명되는 왕궁원, 왕싱시, 왕사오난이 타이베이에서 각 기관과의 연락 업무를 맡으면서 서로 도왔기 때문에 전시의 화교 업무가 성과를 거둘 수 있었다.

②교육 업무

교육 업무에는 중화일보사, 체육단체 등의 교육문화도 포함되지만 주로 화교 교육을 지칭하며, 서울의 화교 중학교, 각지의 화교 소학교가 해당된다. 전쟁 전 남한 내 주요 각지에는 화교 소학교가 있었으나 화교 중학교는 서울에만 한 곳이 있었다. 서울의 화교 중학교 및 소학교는 모두 중화민국대사관 내에 있었다. 나는 수시로 학교를 찾아가 이 아이들의 생활과 교육과정을 살펴보았고 종종 학생들에게 강연도 했다. 아쉽게도 내가 부임한 지 오래지 않아 더 많은 시간을 내서 학생들을 돌볼 수 없게 되었고, 화교교육위원회와 중학교 및 소학교 교장이 학생들의 학업에 관한 일을 대부분 처리했다. 한국전쟁이 발발한 후 서울이 위기에 놓이자 대사관은 어쩔 수 없이 신속히 철수 준비를 했다. 하지만 수많은 교포들은 재산과 가정 때문에 몸만 이끌고 피난할 수 없는 상황이었다. 따라서 화교 중학교와 소학교의 학생들 중 대다수는 가장인 아버지를 따라 서울에 머물러야 했다. 서울을 떠나기 전 대사관에서 국기강하식을 거행할 때 우리는 교포 지도자, 화교 학교 교사, 학생들을 불러 잠시 동안의 이별을 앞두고 한 차례 강연을 했으며, 교포 중에서 학교에 머무는 학생들에게는 특별히 밀가루 수십 포대를 주어 향후 뜻하지 않은 사태에 대비할 수 있도록 했다. 당시 정부 대표였던 나는 이들, 특히 청소년들을 적절히 배려하지 못한 사실이 내내 가슴에 남았다. 그래서 제2차 서울 철수 때는 비교적 시간적 여유가 있어 화교 중학교 및 소학교 교사와 학생들에게 적절한 안배를 했다.

부산에 도착한 직후에는 원래 서울에 있던 중학교 및 소학교 학생과 각지에서 피난 온 아이들까지 모아 빠르게 교육 과정을 회복했다. 대사관은 부산 인근의 화교와 학생들을 동원해 소박한 서울화교중학 건물을 설립했고 학생들의 숙소와 교실을 마련했다. 또한 이들은 대부분 스스로 일해서 번 돈으로 생활비를 충당했다. 나는 화교 학생들을 위해 부산 영사관의 옛 땅에 교실을 마련했는데, 매주 일요일 오전에는 학생들을 위해 강연을 하기도 했다. 이를 보고 쉬 참사는 내게 일요일에도 쉬지 않는다며 좀 쉴 것을 권했다. 나는 "이 아이들이 참 안되었네. 이 아이들을 돌보는 것은 우리가 공무원으로서 마땅히 해야 할 일이네"라고 말했다. 나는 지금도 1951년 1월 아내에게 보냈던 편지를 보면 당시 내가 마땅한 일을 했다고 생각한다.

1951년 설날 부산에서 타이베이 집으로 보낸 편지

여보, 당신이 아이들에게 소시지를 먹였다고 했는데 나는 오늘 이곳 화교 중학교 학생들에게 돈과 명절 음식을 좀 보냈소. 이 아이들은 정말 불쌍하오. 어떤 부모는 부산으로 같이 오지 못하고 선생님에게 아이들을 맡겨서 타이완으로 보냈소. 어떤 부모는 피난을 올 수 없어서 가족이 흩어졌소. 200여 명의 청소년은 스스로 생활을 모색하고 대다수가 어렵게 일용직으로 벌이를 하거나 작은 장사를 하고 있소(당신이 이런 상황을 우리 아이들에게 설명해주오). 나는 가끔 이 아이들에게 강연을 하고 틈을 내서 아이들을 달래고 격려하고 지도하오. 나는 이들에게 "내가 여러분의 부모이고, 여러분은 나의 자식입니다"라고 말한다오. 나는 이들을 격려하면서 "비록 정부가 아직 나에게 여러분을 타이완으로 철수시키라고 명령을 내리지 않았지만, 나는 반드시 여러분과 여러분의 선생님과 함께 돌아갈 것입니다"라고 하오. 나는 이들이 큰 뜻을 품고 큰일을 하기 바라오. 나는 이들이 앞으로 자기 자신 외에 우리 모두를 위해, 화교사회를 위해, 산둥을 위해, 중국을 위해 일하기를 바라오. 나는 이들에게 일과 공부를 어떻게 함께 해야 하는지 가르치고 있으며, 청년기의 귀한 시간을 낭비하지 말고 어떻게 스스로를 이끌고 단속해야 하는지 이야기해주고 있소. 쉬닝(朔寧), 당신이 왕궁원 선생에게 이야기해주시오. 작년 1월, 왕궁원 선생과 1~2명의 목사가 나에게 기독교인이 될 것을 권했을 때 나는 이를 거절했소. 나는 이들에게 "나는 종교를 가지고 있습니다. 그러나 나는 사람들이 이야기하는 부처나 하나님은 믿지 않고, 형식적인 예배나 기도는 더욱 하고 싶지 않습니다. 그러나 나는 박애의 정신으로 대중을 위해 일할 것입니다"라고 말하오. 내가 이곳에서 화교 동포들을 대신해 본국 정부에 항의하는 것은 내 개인의 관운에 영향을 미칠 것이오. 그러나 나는 내가 하는 일이 옳다고 생각하오. 솔직히 나는 사직을 항상 마음속에 품고 하루하루 일하고 있으니 이는 참 모순적인 일이오. 어젯밤 라디오 방송에서 맥아더 장군이 우리 군의 3개 사단을 참전시킬지 여부를 결정할 것이라고 하는데, 과거에는 중공의 참전을 초래할 것을 염려해서 이 제안이 거절당한 바 있소. 그러나 현재 상황이 바뀌어 이 소식을 듣고 있으니 가슴이 뛰오. 만약 우리 군대가 정말 한국에 온다면 나는 오히려 계속 일할 것이오. 첨부한 화교 지도자들의 편지와 이 단체에서 보낸 공문, 편지는 당신이 그들에게 전달해주기 바라오. 고맙소. 새해 복 많이 받으시오.

1951년 설, 부산에서 사오위린이 직접 씀

화교 중학생과 화교 교사들은 한국전쟁 당시 생명의 위험을 무릅쓰고 유엔군 진영에 참여해 적진을 대상으로 심리전 업무를 맡아 화교 사회와 중국인 사회에 영광을 안겨주었다. 이런 감동적인 기록에 대해서는 우리가 심리전에 참가한 부분에서 서술했으므로 여기에서는 더 이상 논하지 않겠다. 이들은 한국전쟁을 통해 세상에 눈을 떴는데, 이들의 또 다른 꿈은 타이완으로 돌아가 군대에서 복무하거나 상급 학교로 진학해서 국가와 민족을 위해 공헌함으로써 은혜에 보답하는 것이었다. 이들 중 화교 중학교 졸업생 왕리위안(王立元)이 내게 보낸 편지가 그 증거라고 할 수 있다.

1951년 8월 14일 왕리위안이 보내온 편지

존경하는 대사님, 저는 학교를 졸업한 후 유엔군 군영에서 일하며 오늘까지 매일 스스로를 연마하고 있습니다. 비록 매우 짧은 시간이었지만 그 시간 덕분에 스스로의 길을 찾게 되었고 세상을 보는 눈이 넓어졌습니다. 저는 이를 깨달은 후 남한 화교사회에서 더 이상 시간을 보내지 않고 국가에 공헌하고 민족에 보답하려 합니다. 그래서 현재 저는 향후 더 나은 단계로 올라가기 위해 타이완으로 가서 공부를 더 하고 스스로를 더욱 가다듬으려 합니다. 당시 대사님께서 주신 가르침은 평생 잊을 수 없을 것입니다.

8월 14일 왕리위안

이런 청년들의 뜨거운 열정과 마음을 위해 중화민국대사관은 타이베이의 여러 정부기관에 다시금 도움을 호소했다. 처음 공문을 발송했을 때에는 답을 얻지 못했으나, 내가 직접 귀국해서 한국 화교사회의 '3대 왕'과 같이 방문해 도움을 청하자 수개월이 흐른 후 각 기관 기관장의 협조로 제4차 대규모 화교 철수가 이뤄졌다. 이는 당시 화교 중학생 200명이 타이완 내 상급학교로 진학하고, 교사 50명이 연수하며, 유엔군에 참전했던 화교 청년이 사망 보상과 치료를 받기 위한 조치였다. 한국전쟁 당시 화교사회에서는 화교 중학교가 4개, 화교 소학교가 50여 개로 늘었으며, 학생 수 역시 8000여 명으로 늘어 한국 화교 인구의 30%에 달했다. 이처럼 화교 교육이 발전한 것은 내가 주한대사직을 사임한 후의 일이었다.

③ 지원 업무

한국 화교는 원래 중소 규모의 기업을 운영했으며 주로 요식업과 무역업에 종사했다. 당시만 해도 상당한 재력을 갖춘 화교 출신 대자본가는 없었다. 한국 각지에는 중화상회의 조직이 있었는데, 원래 목적은 화교 경제의 발전을 도모하는 것이었다. 나는 주한대사로 부임한 후 한중 무역과 한중 간 해상, 항공 운송에 힘을 써서 화교 경제의 발전을 도모했으나 크게 이룬 것이 없다. 또한 한국전쟁이 발발하기 전에는 한국 국방부 장관 신성모의 주동 아래 적지 않은 화교들의 화물창고가 봉쇄되었는데 중화민국대사관은 이에 엄중히 항의했고 이에 관해 교섭을 진행했다. 하지만 전쟁이 터진 후에는 이런 교섭이 모두 허사가 되었고 화교들의 손실이 막심했다. 나는 이 일에 대해 부끄러움을 참기 어려웠다. 나는 1차 전국 화교회의에서 절약기부위원회를 설립할 것을 제안했는데, 이는 평시에 비용을 절약해서 향후를 대비하기 위함이었다. 절약기부위원회는 혼인이나 장례 시 열리는 연회에 대한 절약 규정을 정했다. 당시 여러 화교단체에서 연회를 준비해서 나를 귀빈으로 초청했던 일이 지금도 기억난다. 나는 언제나 초청 측에 초청 비용의 50%를 기부할 것을 요청했고 그렇지 않을 경우 참석을 거절했다. 이 방법을 통해 모금한 비용은 많지 않았으나 조금씩 분위기를 바꿀 수 있었고 평시에도 전시를 대비할 수 있었다. 나는 이 밖에도 빈곤화교구제위원회 설립을 제안했다. 나는 이 위원회의 위원장에 선출되었으며 화교사회의 지도자들이 상무위원을 맡았다.

빈곤 구제 경비는 앞에서 언급한 절약기부위원회의 모금 및 '1원 구국운동'을 통해 약 6000달러를 모았다. 1원 구국운동은 내가 제안한 것으로, 화교일보와 한국 화교회의를 통해 모든 화교 성인이 미화 1달러를 정부에 헌납해 국고를 채우는 방안이었다. 처음 의도는 첫째, 구국이라는 이름으로 기부금을 모으는 것이 직접 구제에 나서는 것보다 효과적이며, 둘째, 미화 1달러는 대단히 적은 돈이므로 이를 통해 한국에 있는 교포들의 애국심을 가늠하기에 충분했기 때문이다. 결과적으로 각지의 보갑 조직이 헌금한 돈은 총 6000달러에 달했는데, 남한 사회에 거주하던 전체 화교 인구가 약 2만 명이고 한 가구당 평균 5명이라고 계산하면 전체 화교 가구는 약 4000호이므로 한 가구당 1달러 남짓 기부한 셈이었다. 이는 한국에 거주하는 화교 중 투표권이 있는 화교가 1달러로 자신의 신성한 한 표를 정부에 투표한 것이나 다름없었다. 각지에서 모은 6000달러는 대사관으로 전해졌으며, 대사관은 이를 정부로 보내 한국 화교가 구매한 애국 공채의 비용으로 내려고 했다. 그러나 예상치 못하게 한국전쟁이 발발하면서 나는 급히 경제부에 건의해 이 헌금을 전시의 빈곤 화교 구제기금으로 쓸 것을 건의했다. 이로써 국민에게 받아 국민에게 쓰게 되었다.

옌(嚴) 경제부장의 동의를 받은 후 대사관은 모금한 6000달러를 빈곤화교구제위원회에 지급했다. 6000달러는 비록 큰돈은 아니었지만 당시 중화민국정부는 타이완으로 온 지 얼마 되지 않아 안팎의 정세가 안정적이지 않았고 경제 사정 역시 좋지 않아 해외 화교를 도울 여력이 없었으므로 이 6000달러를 다 쓸 경우 다시 모으기가 쉽지 않은 실정이었다. 이 같은 어려운 상황에서 우리는 하나의 방법을 찾았는데, 바로 '대출로 빌린 돈을 다시 상환하는 방식의 구휼'이었다. 이 방식을 구체적으로 살펴보면, 빈곤한 화교가 구제를 요청해오면 그가 속해 있는 보갑 조직을 통해 빈곤화교구제위원회에 신청한다. 그러면 그의 업무 능력에 상당하는 금액을 대출해주고 규정된 기한 내에 원금을 갚도록 하되, 이자는 받지 않는 방법이다. 당시 나와 쉬 참사는 전황에 따라 수시로 대전과 대구를 오갔으며, 우리는 천 비서가 부산에서 보내온 다음과 같은 보고를 통해 화교 구제 사업의 상황을 파악했다.

1950년 7월 21일 보고

…… 최근 사정이 어려운 교포 중 부산에 있는 사람이 80명 정도입니다. 또한 사정이 어려운 교포들에게 구제위원회를 통해 대출을 해주었는데, 이들은 만두·아이스크림·과일 장사를 하거나 세탁업으로 자립을 해서 생계를 유지하고 어려움에서 벗어나고 있습니다. 그래서 대출을 신청하는 자가 끊이지 않습니다. ……

1950년 7월 27일 보고

새로 도착한 교포 중 사정이 어려운 이가 10여 명이며 이들은 잠시 중화상회에서 머무르고 있습니다. 모두 일하길 원해서 대출을 해주었습니다.

1950년 8월 2일 보고

　부산 거리는 한국 난민들로 가득 차 있으며, 모여든 형세가 마치 시장과 같습니다. 화교 난민이 또 왔는데 그 수는 50여 명입니다. 대다수 전쟁으로 각지에서 밀려온 사람으로, 온양, 군산, 이리, 강경 등지에서 온 사람들입니다. 모두 가난하고 일자리가 없으며, 매일 찾아와 도움을 청합니다. 이들 중 40대 주부가 아홉 명 있는데, 마산 출신으로 누군가가 대사관이 부산에 있고 거기 가면 방법이 있다고 하는 얘기를 듣고 함께 왔다고 합니다. ……

　8월 하순이 되자 중화민국대사관과 한국정부는 부산으로 옮겨왔고, 사정이 어려운 화교를 구제하느라 바쁜 시간을 보냈다. 9월 말 서울이 수복되었으나 3개월 후에는 다시 전황이 악화되어 부산으로 옮겨왔다. 이후 대사관의 빈곤 화교 구제 업무는 더욱 강화되었다. 피난화교신촌(新村)은 피난화교중학교와 마찬가지로 부산 교외에 있었으며, 빈곤구제위원회가 빌려준 대출금으로 건축자재를 사고 건물을 건축해 각지에서 밀려든 화교들을 수용했다. 전시에 화교 난민을 돌보는 문제는 가까스로 해결되었으나 그리 간단한 일이 아니었다. 이후 대사직 사임을 청한 후 후임으로 온 왕 대사에게 업무를 인수했는데, 왕 대사는 우리가 6000달러의 구제기금을 모은 이야기와 화교들이 절약해 빈곤 구제 사업을 하고 다시 남은 금액은 구제기금으로 이전한 이야기를 듣고는 도대체 무슨 비결로 그 돈을 모았느냐고 물었다. 나는 "비결이요? 구제기금에서 기금을 대출해주지, 마구 주는 게 아니었기 때문이지요"라고 답했다. 그러나 이 역시 어려움을 참아내는 한국 화교의 성실한 태도에서 비롯된 것이었다. 그렇지 않았다면 그 기금은 진즉 바닥났을 것이다.

④ 보호 업무
　전시의 화교 업무에서 빈곤 화교를 지원하는 외에 가장 중요한 업무는

바로 화교를 보호하는 것이다. 화교 보호 업무는 대사관과 영사관이 책임져야 하지만, 평시의 화교단체와 화교 지도자의 국민 외교, 전시의 화교의 용대의 조직과 참전 또한 화교 보호 업무에 포함된다고 할 수 있다. 한국에 거주하는 화교의 자위정신과 성취는 특히 뛰어났다. 한국전쟁이 발발한 후 한국 내 화교 중학교 교사의 유엔군 참전과 심리전 참전, 타이완 귀국 및 국군 입대는 모두 한국 화교의 애국 자위 정신을 잘 보여주는 사례였다.

그렇다면 주한 중화민국대사관은 어떻게 교민을 보호했을까? 평시의 교민 보호는 화교민의 정치·경제·법률상 이익을 보호하는 것이 주된 임무다. 그러나 전시에는, 특히 전장에서는 '생명 우선, 안전제일'이 가장 주된 임무다. 비전투원인 화교는 전화가 각 지역으로 퍼지기 전 철수시켜 생명의 위협을 받지 않도록 해야 한다. 바꿔 말하면 일종의 정부 협조하의 피난이다. 중국 국민들은 적지 않은 시간 동안 나라 안팎에서 전란을 겪었고, 살기 위해 피난을 갔으며, 이 어려움을 피하기 위해 스스로 노력해야 했다. 그동안 정부 협조하에 피난을 한 적은 없었다. 따라서 주한 중화민국대사관은 한국전쟁 기간 동안 교포 철수 업무를 수행하면서 '민주정부 협조하의 화교 철수'라는 새로운 사례를 만들었다. 한국전쟁 동안 교포 철수는 총 4차례에 달했는데, 두 번은 해로를 통한 철수였고, 한 번은 육로를 통한 철수였다. 다행히도 이는 모두 성공적인 결과를 낳았다. 제4차 해상 철수는 인원이 가장 많았고 규모 또한 최대였으며 어려움 또한 가장 컸다. 그러나 철수를 위해 백방으로 뛰며 각 정부기관의 협조를 받았다. 그런데 한국전쟁이 정전 상태로 돌입한 덕분에 참으로 어려웠던 마지막 교포 철수 계획은 결국 실행할 필요가 없어졌다.

1949년 대륙이 함락된 후 정부가 타이완으로 철수하면서 모든 부서가 새롭게 정비되어 새로운 출발을 기다리고 있었다. 그러나 뜻밖에 이듬해 한국전쟁이 발발하고 말았다. 비록 중화민국정부의 국제적 지위는 점점 탄탄해졌으나 정부 주도의 교포 철수는 결코 쉽지 않았다. 왜냐하면 첫째, 홍콩의 댜오징링(調景嶺)이 아직까지 타이완으로 넘어오지 못했고, 둘째, 동남아 지역의 화교 역시 언제라도 전쟁으로 인한 재난을 입을 가능성이 있어 한국 화교의 철수가 선례가 될 경우 전쟁의 위험에 처한 각지의 화교도 전례를 따를 것이기 때문이었다. 이런 어려움으로 인해 재한 화교와 중화민국정부 사이에서 중화민국대사관은 걱정과 근심이 끊이지 않았다. 그러나 화교들을 마냥 한국 땅에 놔둘 수는 없었다.

대사관이 우선 철수시킨 사람은 대사관 직원들의 가족이었는데, 이 또한 운이 따랐다. 당시 내 아내는 타이베이에 있었으나 그 외의 대사관 직원, 예컨대 쉬 참사, 왕 무관, 쑤 영사, 왕 부무관, 천 비서 등은 모두 가족이 서울에 있었다. 한국전쟁은 6월 25일 새벽에 발발했고 27일 밤에 서울이 이미 적의 손에 넘어갔는데 운 좋게도 미국대사관은 직원을 철수시킬 배를 갖고 있었다. 그 배는 6월 26일 새벽 3시 인천에서 도쿄로 가는 여정이었는데, 우리 대사관 직원의 가족은 미국대사관의 호의 덕분에 순조롭게 도쿄로 갈 수 있었다. 이에 대사관 직원들은 가족 걱정 없이 일에만 전념할 수 있었다.

제1차 해로 철수는 1950년 6월 27일 오전에 이뤄졌다. 당시 인천 항구에는 중국석유공사의 화물선 영송륜호가 정박해 있었다. 이 배는 원래 26일 닻을 올리고 타이완으로 돌아갈 예정이었으나 중화민국 당·정·군 기관의 한국 주재원과 화교사회의 지도자 등 200여 명의 철수를 위해 나는 긴급 명령을 내려 하루 더 정박하게 했고, 이 배는 27일 오전 각 기관원 및 가족이 탑승한 후 타이완으로 철수했다. 나는 당시 내가 '전권' 대사라는 사실을 새삼 느꼈다. 평시에는 권력이 별로 없는 직함이지만 긴급 상황이 되면서 배를 정박하게 하는 등 크고 작은 권력을 행사했다. 주재원과 화교사회의 교포들은 나의 책임 있는 태도에 찬탄을 금치 못했으나 이들이 철수한 후 나는 이 일로 인해 곤경에 빠졌다. 외교부는 중국석유공사의 요구에

못 이겨 가난한 대사인 나에게 2만 달러를 배상하라고 명령했던 것이다. 비록 이 일은 흐지부지 끝났으나 관료주의의 영향과 일에 대해 누구도 책임지지 않으려는 관행은 20년 후 베트남전쟁에서 우리 교민이 철수할 때에도 큰 문제를 낳았다.

제2차 철수는 1950년 7월 23일에 이뤄졌다. 투자유치부 소유의 해환륜호로 부산에서 교민 180여 명이 철수한 것이다. 당시 철수에서는 천 비서의 공이 가장 컸다. 나와 쉬 참사는 한국정부와 함께 대전과 대구를 오가며 업무를 처리했고 일반적인 화교 업무는 대부분 천 비서가 담당했다. 이외에 화교 지도자 장쯔량(張子良)이 사장으로 있던 장풍공사(長豊公司)는 원래 투자유치부의 한국 주재 업무를 담당했는데, 전쟁이 터진 후 서울에서 부산으로 옮겨왔다. 당시 일본의 요코하마에서 타이완으로 돌아가는 해환륜호가 규슈에 정박하자 대사관은 이 배를 부산으로 불러들였고, 이는 교민의 2차 철수 선편이 되었다. 해당 회사의 한국 주재원 우예싱(吳業興)이 교민 철수에 큰 힘을 써주었는데, 이 자리를 빌려 감사의 뜻을 전한다. 천 비서의 보고에 따르면 당시의 정황은 다음과 같았다.

1950년 7월 24일 천 비서가 부산에서 보낸 보고

…… 해환륜호는 23일 새벽 출발했습니다. 교민 총 185명이 탑승했는데, 이 중에는 왕궁원, 무원몐 선생도 있었습니다. 이 보고서에 첨부하는 2장의 명단은 곧 외교부로 송부할 예정입니다. 부산 중화상회가 교민 철수를 요청해왔고 비자 기간 및 이후 다시 철수할 기회가 없는 것을 감안해 본 선편이 부산항에 머무르는 동안 9일부터 승선했습니다. 출항 과정에서 미군의 도움을 받았으며, 쩡위위(曾俞俞)라는 세관 직원이 교민들의 화물을 몰수했는데 미군 해병대가 다시 이를 회수했습니다. 이는 항구가 미군 관할이라 가능했습니다. …… 해환륜호 선장은 그 이후 비용을 요구하지는 않았지만 대사께서는 웨이(韋) 사장에게 전보를 보내 일본에 정박한 미국

군용 선박을 부산으로 입항시키는 것은 위험을 무릅쓴 일임을 각별히 전해
주기 바랍니다.

천 비서는 또한 타이완으로 철수한 교민의 명단을 첨부하면서 철수자
의 입국 비자 사본 및 해환륜 선장이 교민 철수에 관해 작성한 공문을 첨
부했다.

이하의 내용을 보고 드립니다. 대사께서 7월 17일 전화로 명한 내용입
니다. "교민을 철수시키는 해환륜호는 기술상 필요한 경우 외에는 반드시
타이완 지룽항으로 바로 항해해야 합니다." 이상입니다.
1950년 7월 21일 부산에서 해환륜 왕 선장·중화민국대사관 비서 천헝리

제3차 철수는 육로를 통한 철수였으며, 1950년 12월의 일이었다. 당시
는 중공의 참전에 따른 반격으로 유엔군이 후퇴하던 시기였다. 12월 초 유
엔군은 평양에서 철수했으며, 서울은 일순간 긴장 국면에 놓였다. 유엔군
은 병력이 손실된 데다 워커 중장이 자동차 사고로 사망하기까지 하자 전
황이 급격히 흔들렸으며, 유엔군이 부산까지 철수한다거나 유엔군이 한국
을 버리고 일본으로 철수한다는 흉흉한 소문이 돌았다. 서울과 인천 지역
의 화교들은 전쟁 초기 재산과 가게 때문에 철수할 수 없어 대부분 남쪽으
로 피난하지 않았다. 그러나 이후 공산군의 점령 기간 동안 약탈과 인민재
판을 겪고 유엔군의 포격과 폭격으로 목숨을 보전하기 어려운 지경에 놓
이자 더 이상 재산 문제를 이야기하지 않게 되었다. 당시의 참담한 경험
때문에 이번에는 철수하는 교포의 수가 많아졌다. 대사관은 전황이 나날
이 악화되자 12월 초 화교단체 연합사무처, 중화일보를 통해 화교들에게
철수 준비를 하라고 미리 알렸으며 대사관부터 우선 철수했다. 각 화교단
체 및 화교일보 실무자 및 교사, 학생들은 대사관 측이 한국정부와의 협상

을 통해 보장받은 기차 4량에 탑승해 철수했는데, 이때가 12월 하순경이었다. 직무상 마지막까지 서울에 남아야 하는 몇 명의 실무자와 나, 그리고 철수할 수 없는 교포를 제외하고 대다수의 조직과 교포는 모두 부산으로 철수해서 안전하게 도착했다.

1차 및 2차의 해로 철수는 하늘에 목숨을 맡긴 채 급하게 준비한 화물선에 올랐으나 제3차 육로 철수는 부산으로 철수한 것이어서 사실 최선의 방안이 아니었다. 당시는 유엔군, 심지어 한국정부마저 일본으로 철수한다는 소문이 돌던 때였으므로 중화민국대사관은 최악의 상황을 준비했는데, 이것이 바로 제4차 해상 철수다. 부산에서 해로를 통해 타이완으로 교포를 철수시키기 위해서는 우선 정부에 철수 허가를 신청해야 했다. 나는 이 어려움을 너무도 잘 알고 있었으나 교포의 생명이 위협받는 상황에서는 다른 방법이 없었다. 신경을 곤두세우고 긴장한 상태로 사람들의 생명을 지켜야 했다.

1950년 12월 7일 서울에서 타이베이 외교부에 보낸 전보

외교부장 겸 화교위원회 위원장님께. 보안을 요합니다. 유엔군이 평양에서 철수함에 따라 공산군의 세력이 전황을 압도하고 있으며, 후방의 공산당 유격대의 활동으로 긴장 국면에 접어들고 있습니다. 6월 서울이 함락되던 때 공산당의 악정 및 유엔군 전투기에 의한 포격·폭격을 온 몸으로 겪고 서울-부산 간 열차 교통이 시간이 제대로 지켜지지 않자 한국인들의 민심이 흉흉합니다. 이로 인해 피난을 떠나는 사람이 늘고 있으며, 본 대사관 역시 서울 내 화교들의 안전을 보장하기 어려워 남쪽으로 철수했습니다. 본 대사관 고용인들의 가족은 이미 남쪽으로 철수했으며, 외교단 및 대사관 직원 및 화교단체(예를 들어 화교상회)는 여전히 평시 규정에 따라 남아 있습니다. 그러나 본 대사관은 한국정부와 교섭해 철수에 필요한 열차를 안배했습니다. 전황이 악화되어 부산이 위급한 상황에 놓일 경우 타이완으로 철수하도록 명해서 교민의 안전을 도모하게 해주기 바랍니다. 일반 화교들은 타이완 출입 규정에 따라야 하지만 현재와 같이 긴급 상황인 경우 사전 수속이 불가능하므로, 사상이 건전하고 공산당 혐의가 없는 자, 타이완 도착 후 생활상 자립이 가능한 자, 자비 여행이 가능한 자 등의 원칙에 따라 처리하고 본 대사관의 책임하에 승선을 허가해주기 바랍니다. 이러한 건의에 대해 지시를 기다립니다.

제4차 해상 철수 계획은 내가 1950년 12월 7일 외교부 및 화교위원회에 전보를 보내 지시 사항을 내려주기를 요청한 이후 적지 않은 전문과 문서가 오고갔는데, 그중 어떤 기관은 이 건의에 동의했고 어떤 기관은 반대 의견을 제시했다. 예를 들어 화교위원회는 중화민국대사관이 투자유치부에 명령해서 일본에 있는 배를 수배하도록 허가했으나, 타이완 보안사령부는 보안 문제를 이유로 반대하면서 한국 화교의 타이완 입국을 매우 엄격하게 제한했다. 이는 사실상 철수를 반대하는 것이라서 이 문제는 수개월 동안 논의를 거듭했다. 이 과정에서 아내까지 나서서 백방으로 도움을 주었다. 아내는 내가 한국에 근무하는 동안 한국에 와본 적은 없으나 한국 화교 문제에 대해 힘써주었다. 여기서는 당시 아내와 주고받은 편지의 일부를 적어 제4차 철수 준비의 배경을 설명하겠다.

1951년 1월 13일 부산에서 타이베이로 보낸 편지

여보, 화교들의 안전을 위해 부산에서 철수하는 일로 요즘 밤잠을 이루지 못하고 백발이 더욱 늘고 있소. 정부의 규율은 매우 엄격하고 화교의 생명은 화급을 다투고 있어 두 가지 어려움에 동시에 처해 있소. 또한 주한대사직을 사직하는 일 역시 아직 허가받지 못하고 있소. 교민들의 이익과 생명을 위해서라면 이런 고난은 감수할 수 있소. 당신에게 타이완 내에 있는 화교 지도자들을 모으고 이들에게 일을 성사시키기 위해 각지로 뛰도록 부탁했으나 외교부에도 수시로 보고를 하고 있소. 나는 우리 부부가 국민을 위해 봉사했으면 좋겠소. 한 사람의 목숨을 구하는 것은 적군 7명의 목숨을 빼앗는 것과 같소. 우리가 혹시 한국정부를 따라 정처 없이 떠도는 상황에 놓일 경우(기밀사항이오)에도 대사관의 직원과 그 가족들은 반드시 타이완으로 돌아가야 하오. 이 편지를 받으면 바로 화교 지도자들을 모아 회의를 열고 이들을 독려해 일을 추진하기 바라오. 또한 이범석 한국대사의 부인이 곧 타이완에 도착하오. 부인도 중국어를 할 줄 알므로 당신은 이 부부와 자주 만나기 바라오. 고맙소. 건강하고 분투하길 바라오.

1951년 1월 13일 부산에서 사오위린

1951년 1월 15일 타이베이에서 온 편지

여보, 지난번 왕사오난 선생이 소식을 전해왔어요. 화교위원회는 이미 당신께 전보를 보냈는데, 일본에 있는 투자유치부 선박을 사용하는 권한을 부여했다고 해요. 입국 수속이나 타이완에 입국한 후의 생활이나 주거 문제에 관해서는 화교위원회 지도자들이 정부 각 기관에 청원해서 겨우 답을 받았어요.

1월 15일 밤 닝(寧)

1951년 1월 23일 타이베이에서 온 편지

근래 한국의 전황이 조금 좋아졌으나 교포들이 타이완으로 오고 싶어 하는 마음도 더욱 깊어가겠죠? 지난번 보낸 편지를 받고 화교 지도자들과 회의를 거쳐 각 기관에 독촉하며 분주히 뛰고 있어요. 왕궁원 선생은 종교 적으로 성실한 데다 매우 열정적이에요. 왕싱시, 왕사오난 선생은 비교적 행동이 가볍지만 최근 들어 이들 3대 왕이 열심히 뛰고 있어요. 16일 서신을 받은 후 과거 산둥성 주석 친더춘(秦德純) 및 입법위원, 감찰위원 등과 함께 각 기관에 마음을 전하고 있어요. 이후 행정원 회의에서 이 문제가 논의되어 통과될 듯해요. 소식에 따르면 화교위원회는 이 문제를 처리하기 위해 해결 방법을 대사관에 보냈는데 3000~5000명의 입국은 문제가 없을 것이라고 했대요. 화교위원회는 또한 지룽항 내에 임시 화교난민수용소를 만들려고 해요. 또한 소식에 따르면 이 문제가 늦어지고 있는 이유가 보안 사령부가 간첩 침투 방지 대책을 마련하고 있기 때문이라고 해요. 대사관의 일은 많은데 일손은 적으니 당신의 책임이 막중한 때예요. 대사관 내에 이렇게 난민 수가 많고 유랑의 어려움에 직면한 상황에서 어떻게 사진기자하나 없는지요?

1월 23일 닝

1951년 1월 28일 타이베이에서 온 편지

왕궁원 선생 등 화교 지도자들이 수요일 행정원 회의에서 한국 화교 철수에 관한 안건을 통과시키기로 했어요. 왕궁원 선생이 그러는데 화교위원회 부위원장에게 들은 바로는 타이완성 보안사령부가 한국 화교 철수를 반대하고 있대요. 그 이유는 이 문제가 홍콩 난민이나 다른 지역 난민 문제와 연결되기 때문이라네요. 그래서 화교 철수안이 통과되지 못했어요. 장(張) 부원장이 이 안건에 대해 성 기관과 합의하지 못해 결국 각 기관과 상의한 후 처리하기로 했답니다. 한국전쟁이 길어지고 화교들이 부산에 오래 머물면서 생활은 어떻게 하는지 걱정이 깊어지네요. 이에 대해 산둥성 친(秦) 주석 및 입법위원·감찰위원들이 상의 끝에 다시 제안하기로 했어요. 이러한 딜레마 속에서 어려움을 겪을 텐데, 무어라 드릴 위로의 말을 없네요. 부디 건강 잘 챙기고 나머지 자세한 것은 다시 논의하도록 해요.

1월 28일 닝

제4차 철수계획에 대해 정부가 계속 결정을 늦추고 있어 화교들과 나는 점점 마음이 급해졌다. 다행히도 한국 화교단체와 조직이 일치단결해

지도자와 화교들이 대사관과 타이베이의 화교 지도자들을 믿어주었다. 나는 이미 마음속으로 사직을 신청했고 마음을 굳힌 상태였다. 그러나 제4차 철수는 바닷길을 이용한 마지막 화교 철수라 할 수 있었다. 이 철수는 화교에 대한 나 개인의 약속이자 정부의 약속이기도 했으므로 무조건 이들을 타이완까지 데리고 와야 했다. 그래서 나는 6월에 귀국해 장제스 총통에게 사직 의사를 밝힐 당시 각 기관을 찾아다니면서 마지막 철수를 성사시키기 위해 진정서를 올렸다. 결국 이 같은 노력이 사람들의 마음을 움직여 각 기관의 동의를 얻었고, 대다수 문제는 해결되었다. 비록 이후 한국전쟁이 끝나고 휴전 협상이 체결되어 철수는 실행되지 않았으나 정부는 한국 화교의 생명을 구하기 위해 노력했으며, 나 역시 화교들과 환난과 생사를 함께하는 가운데 화교 보호 업무를 완수할 수 있었다. 이로써 주한대사로서의 나의 직무를 모두 마치게 되었다.

제6장

맥아더 장군의 사퇴와 나의 사직

》전략 논쟁과 맥아더 장군의 사퇴

대일 항전 시기에 군사적 움직임이 활발해지면서 나는 일본 요코하마에서 우한(武漢)으로 돌아왔었는데, 당시 중국정부와 민간에서는 '항전필승, 건국필성(抗戰必勝, 建國必成)'이라는 구호가 널리 회자되고 있었다. 나는 장 위원장과 대일 전략을 논하면서 항일전과 유럽의 전쟁을 세계 전쟁으로 확대하고 세계 전쟁에서 항전필승을 구하자고 건의했다. 후에 일본은 진주만을 습격해 미국, 영국과 적이 되었다. 이 때문에 아시아태평양의 대일 전쟁과 추축국 독일과 이탈리아에 대한 유럽 전쟁이 연계되어 제2차 세계대전으로 발전했고 우리가 바라던 항전필승이 실현되었다. 그러나 '건국필성'은 바라는 바와 반대로 되고 있었다. 게다가 항전필승한 지 얼마 지나지 않아 공산당이 학살을 자행해 대륙을 상실할 위기에 처했으니 건국을 논할 수 있었겠는가? 이렇게 된 이유는 도대체 무엇일까?

실패한 원인을 검토해보면, 당·정·군이 스스로 노력하지 않기도 했지만 영미 동맹국의 세계 전략이 독일과 이탈리아를 먼저 공격하는 유럽 제일주의 노선을 채택한 데 있다. 이는 일본을 먼저 공격해야 한다는 아시아 제일주의를 내세운 중국의 주장과 완전히 반대되었다. 미국, 영국, 소련의 유럽 제일주의로 인해 군사력이 독일·이탈리아에 집중되었고, 중국은 아시아에서 주로 대일 육상 작전을 담당했다. 이는 결국 국토가 유린되는 결과를 낳았고 국력 또한 피폐해졌다. 소련공산당은 제1차 세계대전이 종식된 기회를 틈타 아시아로 대규모 군대를 이동시켰으며 일본이 평화협정을 중재해달라고 요청하자 러일 간에 체결한 중립 조약을 일방적으로 파기함으로써 일본의 등 뒤에서 칼을 꽂았다. 또한 중국의 동북 지방으로 진군하고 일본군이 버린 무기로 중국공산당을 무장시킴으로써 중일 두 민족 간의 전쟁을 코민테른 지지하의 중국공산당이 국민정부에 대해 공산혁명을 진행하는 전쟁으로 탈바꿈시켰다. 이에 중국은 '건국불성'이 되어버렸다. 유럽 제일주의 전략은 전쟁 후 아시아 국가의 세력 균형을 바꾸어놓았을 뿐만 아니라 세계정세를 점점 코민테른 조직에 유리하도록 바꾸어놓았다.

한국전쟁에서 동맹국들이 실패한 이유 또한 유럽 제일주의 전략에 근거하고 있다. 맥아더 장군은 아시아 제일주의를 주장하고 유럽 제일주의에 반대하다가 사퇴한 정치적 희생양이었다. 미국과 영국은 일관되게 유럽 제일주의를 주장했다. 그들은 한국전쟁이 확대되어 주력이 소모되길 원치 않았으며 전쟁을 제한하기 위해 차라리 승리를 원하지 않았다. 그래서 한국전쟁은 '승리를 원하지 않는 제한 전쟁'이라고 불리기도 했다. 이는 맥아더 장군의 주장, 즉 전쟁은 반드시 승리해야 하며 다른 것과 대체될 수 없다는 주장과 정면충돌했다. 또한 이러한 이유로 인해 장 총통이 원조 파병하려던 건의는 받아들여지지 않았다. 게다가 중화민국의 국제적 지위는 한국전쟁 중 다시 배신당할 위기에 처하게 되었다.

맥아더 장군과 미국 민주당 정부는 정책과 전략에서 대립해왔는데, 이는 장기간 지속되어온 일이었다. 맥아더 장군은 제2차 세계대전 이전 및 전쟁 중의 일은 차치하더라도 세계대전이 끝난 후 중국 대륙이 함락된 데 대해 "미국 국무부의 판단 착오로 이 지경까지 이르렀다"라고 질책했다. 그는 다음과 같이 말했다. "중국공산당은 중국에서 의도적으로 반란을 일으켰는데, 국무부는 납득할 만한 이유도 없이 그들을 그저 농업 혁명가로 보았다. 1949년 말이 되자 장 총통의 부대는 결국 타이완으로 물러났다."

맥아더 장군은 미국 국무장관 애치슨이 1950년 1월 워싱턴 신문기자협회 연설에서 "남한과 타이완은 미국 국방선 내에 포함되지 않는다"라고 선포한 데 대해 극동 문제를 너무 고려하지 않았다며 애치슨을 도쿄로 초청했으나 완곡히 거절당했다.

1950년 8월 중순 맥아더 장군은 미국 해외전쟁퇴역군인협회의 초청장을 받고 전례에 따라 축전을 보냈다. 이 축전에서 맥아더 장군은 타이완의 전략적 중요성 및 타이완과 미국이 태평양에서 갖는 관계에 대한 견해를 표명했는데, 이는 한국전쟁 발발 후 6월 27일 트루먼 대통령이 선포한 타이완 중립화 정책을 완전히 지지하는 것이었다. 하지만 일주일 후 트루먼 대통령은 전보를 철회하라는 명령을 내렸다.

1950년 9월 15일 맥아더 장군은 적의 배후에서 지휘해 인천상륙작전을 성공으로 이끌었다. 그 후 이 작전은 한국전쟁을 연구한 사람들로부터 '대담하면서도 세심한 군사 걸작'으로 불리었다. 하지만 당시만 해도 이 작전 계획은 여러 가지 난관에 봉착했다. 먼저 미국 합참의장 브래들리는 이 작전이 실패할 것이라고 주장했다. 브래들리 의장은 가능성 여부를 더 논하지 않은 채 3주의 시간이 지나고서야 맥아더 장군에게 전보를 보냈는데, 그 내용은 육군 참모총장 콜린스 중장과 해군 참모총장 셔먼 중장을 도쿄로 파견해 이 전략에 대해 토론해야 한다는 것이었다. 맥아더 장군은 이 두 명의 중장을 겨우 설득해 합동참모회의의 동의를 얻었다. 그러나 9월 15일 작전을 개시하기 일주일 전 합동참모회의에서는 또 다시 우려를 표했다. 모든 계획을 포기하라고 했으나 맥아더 장군이 매우 완강하게 자신의 뜻을 견지해 마지막에 통과되었다.

1950년 11월, 중공군이 참전하자 한국전쟁은 또 다른 국면으로 접어들었다. 맥아더 장군은 유엔 보고를 통해 "우리는 완전히 새로운 전쟁을 대면하고 있다"라고 말했다. 승리를 위해 맥아더 장군은 다음과 같은 전략을 주장했다.

① 지원군 파견을 늘려야 한다.
② 중화민국 장제스 총통이 제안한 파병 원조를 다시 고려해야 한다.
③ 동북 지방에서 중국공산당을 폭격해 기지를 보충해야 한다.
④ 압록강의 교량을 폭격해 중국공산당의 운수 노선을 끊어야 한다.

이를 위해 트루먼 대통령은 1950년 11월 28일, 국방장관 마셜, 합참의장 브래들리, 국무장관 애치슨, 해리먼 주소련대사 등을 소집해 1차 국가안전보장회의를 열었다. 당시 회의에서 내린 결론은 다음과 같았다. 미국은 단독으로 또는 유엔과 함께 중국공산당의 전면 작전에 휩쓸리지 않겠다. 그렇지 않으면 유럽을 방어하는 일이 문제가 될 것이다. 한국전쟁은 소련이 배치한 함정이다. 소련은 미국을 각종 함정에 빠뜨려왔는데 이 또한 함정이며 이전에 비해 규모가 더 커졌을 뿐이다. 따라서 한국전쟁은 제한전으로 치러야 하며 방법을 동원해 빨리 결론을 내려야 한다.

이러한 세계 전략에 대해 맥아더 장군은 상부에 다음과 같이 건의했다.

① 미국 육군성 장관 피터 페이스의 보고에 따르면 미국 본토에는 82공수부대 하나만 남아 있을 뿐이다. 중화민국 부대는 1951년 3월 도착할 수 있다. 그러므로 다른 동맹국이 더 파병을 하도록 재차 요청한다.
② 장제스 총통은 파병 원조 방안을 오래 전에 이미 제안한 바 있는데, 이로 인해 한국전쟁이 확대될 것이라는 우려는 변변치 못하다.
③ 중국 동북 지역의 보급 기지를 폭격하도록 허락을 요청한 것과 관련해 브래들리 장군은 중공이 이로 인해 공군을 동원하기로 결정하면 다른 위험이 발생할 수 있으므로 나의 이 같은 요청에 동의하지 말라고 주장했다.

④ 마지막으로 압록강 다리를 폭격하는 문제와 관련한 대답은 황당하다. 회의에서는 압록강 다리 가운데 북한에 속한 절반만 폭격하도록 허락했는데, 이는 사실상 다리를 폭격하지 말라는 것과 같다.

하지만 국가안전보장회의에서는 한국전쟁에서 승리를 추구하지 않는 것으로 결정내림으로써 맥아더 장군의 손과 발은 묶이게 되었다. 미국은 이 수갑 말고 국제적인 족쇄도 채웠는데, 바로 1950년 11월 4일부터 7일까지 개최된 트루먼 대통령과 애틀리 영국 수상의 고위급 회담이었다. 미국과 영국의 세계전략은 유럽 제일주의로 동일했다. 그들은 한국에서 모험을 걸어 위험해지는 것을 원하지 않았고 한국전쟁을 계속 제한전으로 진행해나가길 원했다. 그들은 그저 한국전쟁이 일찍 끝나기만을 바랐다. 미국과 영국 간에 다른 점도 있었는데, 영국은 중공을 외교적으로 승인해 중화민국과 단교했으나, 미국은 당시 외교적으로 중화민국을 승인했을 뿐 아니라 맥아더 장군 외에 공화당, 특히 태프트 상원의원파도 전략상 아시아 제일주의를 주장했으며 당시까지도 힘이 있었다. 이로 인해 트루먼은 애틀리의 구상, 즉 중화민국 대신 중공을 유엔에 가입시키는 것을 미끼로 삼아 공산당이 한국전쟁의 정전에 합의하도록 만드는 데 동의할 수 없었다. 이 고위급 회담의 최종 성명에서는 정전과 평화 회담을 호소했다. 같은 해 11월 14일 개최된 유엔총회에서도 결의를 통과시켜 한국전쟁의 정전을 모색하고 아울러 정전3인위원회를 설치해 중국공산당 및 북한공산당과 교섭을 진행했다. 소련공산당 대표는 곧 이 안에 반대표를 던졌고 중국공산당과 북한공산당도 이에 따라 한 목소리로 반대를 표명했다. 1950년 음력 12월 마지막 날 공산군은 다시 공세를 폈고 서울은 다시 적군의 수중에 들어갔다.

맥아더 장군은 12월 30일 워싱턴 합동참모회의에서 이러한 상황을 경고하며 다음과 같이 말했다. "공산당군의 현재 실력을 감안하면 그들은 유엔군을 한국에서 몰아낼 힘이 충분하다." 그는 이 경고가 유엔군의 능력을 강화시키는 계기가 되기를 기대했는데 뜻밖에도 합동참모회의에서 유엔군을 한국에서 철수시키는 구실로 이용되자 또 한 번 논쟁이 일어났다. 워싱턴의 합동참모회의에서는 의장 명의로 맥아더 장군에게 다음과 같이 지시했다.

현재 각 사항에 대한 연구와 판단에 근거해볼 때, 중공은 유엔군을 한국에서 쫓아낼 능력을 장차 갖출 수 있는데 이를 저지할 방법은 다음 두 가지다. 첫째는 적에게 막대한 대가를 치르게 만들어 의도한 바를 멈추게 하는 것이다. 둘째는 미군의 전력을 대량 증강시키는 것이다. 그런데 이는 일본의 안전 유지를 포함한 미국의 대외적 공권에 심각한 손해를 입힐 것이다. 유엔의 다른 회원국도 한국에 추가로 파병할 가능성이 없다. …… 한국은 대전을 치를 만한 장소가 결코 아니다. 전쟁이 대전으로 확대될 가능성이 갈수록 높아지고 있으므로 남아 있는 지상 부대를 모두 중국공산당에 대항하는 데 사용해서는 안 된다. 한국이 중국과 북한의 공산당군에 대해 효과적으로 저항한다면 중국공산당의 위세에 타격을 줄 것이며 미국 또한 엄중한 손실을 입지 않을 것이다. 미국의 국가 이익은 가장 중요하다. 지금의 상황을 바탕으로 귀관이 세운 기본 훈령은 반드시 수정해야 한다. 이후 귀관은 저항하면서 후퇴하기 바란다. 한국의 정세는 일본의 장기적인 위협을 판단하는 데 중요한 요소가 될 것이다. 또 합리적인 시기를 빨리 결정해서 되도록 질서 있게 후퇴하라. 만약 귀관이 금강에서 동쪽으로 연장되는 선까지 후퇴해 중국공산당이 대규모 부대를 다시 집결시켜 미군이 한국에서 철퇴하는 상황에 이르면 귀관을 일본으로 물러나도록 하명할 것이다.

일설에 따르면 맥아더 장군은 절망적인 마음으로 이 지령을 읽었다고 한다. 그는 이후 긴 전보를 보내 중국공산당에 대한 작전을 확대해야 한다고 재차 주장했다.

— 현재의 상황은 아주 명백합니다. 중국공산당 대군에 더불어 소련의 후방·보급 지원으로 유엔군은 최대 한계의 공격에 맞서고 있습니다. 중국공산당은 북한과 중국 동북 지역에 대규모 부대를 집결시키기 위해 중국 대륙의 다른 지역으로부터 부대를 동원하고 있으므로 각 지역을 공격하기가 더욱 쉬워졌습니다. 그러나 동시에 우리 측은 각종 제한으로 해군과 공군의 잠재력을 마음껏 발휘하지 못하고 있습니다. 게다가 중화민국 부대의 잠재력 및 대륙에서의 반공 유격 활동도 고려되지 못하고 있으며, 미국 함대가 가로막고 있어 공동의 적에 대해 행동을 취하지 못하고 있습니다. 중국공산당의 공격을 저지하기 위해서는 ① 중국 대륙의 해안 봉쇄, ② 해상과 공중에서 폭격을 가해 중공이 전쟁을 수행할 수 있는 공업 능력 섬멸, ③ 한국에서 전쟁을 하기로 결정할 경우 중화민국 부대의 참전 요구, ④ 현재 시행되는 제한을 해제하고 대륙의 취약한 지역에 대해 중화민국군과 합동 공격 실시 등의 조치를 단행해야 합니다.

— 본인은 상술한 각 항의 조치는 중공의 침략 능력을 약화시키거나 제약할 것이며 아시아를 구해낼 것입니다. 또한 상술한 조치는 중화민국 군대가 지닌 잠재력 가운데 아주 조금만 이용하더라도 목적을 달성할 수 있을 것입니다. 본인은 이러한 방안이 전쟁을 확대시킬 우려가 있다는 이유로 과거에 거부되었음을 잘 알고 있습니다. 하지만 오늘날 중공이 온 힘을 다해 참전했다는 사실을 솔직하게 인정할 수밖에 없으며, 따라서 중공에 대해 향후 어떤 조치를 취하든지 간에 지금보다 사태가 더 악화되지는 않을 것입니다.

— 중화민국이 자위 차원에서 실시하는 군사적 반격이 소련의 군사 간섭을 초래할지 여부와 관련해 의견이 분분한데, 이는 모두 사실에 근거하

지 않은 것으로, 본인은 평소 소련이 또 다시 세계대전을 발동할지 여부
는 전적으로 적과 아군의 병력 및 취할 수 있는 행동에 대한 소련의 판단
에 기초해 결정되는 것으로 생각해왔습니다. …… 전보에서 제시한 바
와 같이 미국이 한국에서 철수하고 중국 대륙에 대해 군사 행동을 취하
지 않는다면 아시아 사람들은 매우 불리한 상황에 처할 것이며, 일본도
예외는 아닐 것입니다. 일본을 방어하기 위해 중국의 공격에 대항하려
한다면 전시구역에 대량의 병력을 증원하지 않으면 안 될 것입니다.

― 더 나아가 미군이 한국에서 철수한다면 한국전쟁 전장에 있는 중공
군 병력은 한국보다 훨씬 중요한 지역으로 이동할 가능성이 높습니다.

― 본인은 유럽 안전의 필요성을 전적으로 이해하고 있습니다. 게다가
유럽에 많은 주의를 기울여야 한다는 데 충분히 동의합니다. 그러나 이
로 인해 다른 지역에서 실패할 수 있습니다. 이러한 방식은 훗날 결국
유럽의 실패를 야기할 것입니다. 게다가 가장 낙관적인 자료에서조차
유럽을 보호하기 위한 작업은 2년 이후에나 완성될 수 있다고 합니다.
현재 극동 위기에 부대 일부를 사용하는 것은 이러한 기본 구상에 걸림
돌이 되지 않을 것입니다. 한편 미군이 작전 경험을 쌓으면 이후 유럽에
서도 유용할 것입니다.

이 보고를 통해 맥아더 장군이 어떻게 아시아 제일주의 전략을 분석하
고 웅변했는지 잘 알 수 있다. 맥아더 장군의 주장은 미영 고위급 회담에
서 주장한 유럽 제일주의 전략과 첨예하게 대립했다. 게다가 한국에서 철
수하고 일본을 지키라는 합동참모회의의 지령에도 하나하나 반박했다.
1951년 1월 9일 합동참모회의는 맥아더 장군의 보고에 대해 이렇게 회신
했다. "정책이 변할 가능성은 매우 적다." 그런 후 매우 관료적인 말투로
다음과 같이 지시했다.

— …… 중국 연해를 봉쇄하는 것은 우리 측이 한국의 정세를 안정시킨 이후 또는 아군이 한국에서 철퇴한 이후까지 기다려야 한다. 또한 이 일은 반드시 영국과의 교섭을 거쳐야 한다. 왜냐하면 영국은 홍콩과 상업적으로 광범위하게 연계되어 있기 때문이다. 한편 중공이 한국 국경 바깥의 미군 부대를 공격한 이후라야 중공 지배하의 대륙에 해상 및 공중 폭격을 실시할 수 있다. 중화민국정부의 병력 파견 제안을 재차 고려하도록 요구했으나 장애물이 많아 실행하기 어렵다. 중화민국 부대가 한국에 파견되어 결정적인 효력이 있을지 여부는 아직 확실치 않으며 다른 방면에서 더욱 효과적으로 사용될 수도 있기 때문이다.

— 상술한 요점을 바탕으로 모든 요소를 충분히 고려해 점차 저항하면서 후퇴하기 바란다. 한국에 있는 적에게 손실을 입히면 좋긴 하지만, 미군과 일본의 안전을 확보하는 것이 기본 임무이고 준칙이다. 귀관은 인력과 물자상 막대한 손실을 면하기 위해 사실상 후퇴하는 것으로 결정해야 한다. 즉시 한국에서 철수해 일본으로 가기 바란다.

맥아더 장군은 합동참모회의의 이 같은 전보를 읽고 매우 실망하고 분노했다. 이에 다시 워싱턴에 전문을 보내 모든 한국 정책을 명백히 해달라고 요구했다. 맥아더 장군은 전방과 후방 모두에서 악전고투해야 하는 안쓰러운 처지였다. 그는 전문에서 다음과 같이 말했다.

— 미군은 이미 한국에서 전선을 지킬 수 없습니다. 동시에 일본을 보위할 책임까지 지고 있습니다. 이러한 상황에서 저는 전략 부서가 결정한 사항이 전적으로 정치적 판단에 근거하고 있다고 봅니다. 극동에 대한 미국의 이익은 어디에 중점을 두고 있습니까? 지금의 병력으로 모래사장과도 같은 전지를 단기간 지키는 것은 문제가 없습니다만 필연적으로 손해를 입을 것입니다. …… 장기간의 전투로 이미 부대는 피폐해졌고

선전으로 군인들의 사기는 떨어졌습니다. 이는 사병들의 전투 효율에 영향을 주고 있습니다. 그들은 이미 생명을 시간과 바꾸었습니다. 도대체 작전의 정치적 목적이 어디에 있는 것입니까? 이 점을 반드시 밝혀주십시오.

─ 문제는 단 하나입니다. 바로 미국이 한국에서 철수할 것인지 여부입니다. 이는 국가적으로나 국제적으로 매우 중요한 결정으로 제한적인 전시구역 내에서 전황의 추세에 따라 행동하는 사령관이 결정할 수 있는 문제가 결코 아닙니다. 따라서 본인은 미국의 현재 목적이 한국 국경 내에서 진지를 무기한 보류하는 것인지, 아니면 그저 단시간 보류하는 것인지, 그것도 아니면 한국에서 신속히 철수해 손실을 감소시키는 것인지 명확하게 제시해줄 것을 요청합니다.

맥아더 장군이 정책 전략과 관련된 질문을 하자 트루먼 대통령은 1월 30일 다시 2차 국가안전보장회의를 열었다. 회의 후 트루먼은 개인적으로 아주 긴 편지를 맥아더에게 썼다. 그는 한국전쟁의 정치적 목표 및 전략적 해석에 대해 완곡한 어휘로 심혈을 기울여 설명했다. 그러나 이러한 설명은 여전히 맥아더 장군을 납득시키지 못했다. 트루먼이 쓴 편지 내용은 다음과 같았다.

…… 요즈음 한국전쟁의 정세에 대단히 관심을 갖고 있는데, 잘 헤아려 살펴보기를 바랍니다. 나는 지금 미국의 앞날과 세계 각 지역에 있는 자유 시민의 생사와 관련된 문제를 해결하기 위해 노력하고 있습니다. 이 편지를 통해 귀관이 미국이 한국에서 침략에 저항하는 기본 국책과 국제적 목표가 무엇인지 이해해주길 바랍니다. 이 편지의 취지는 정치적 요인을 설명하기 위한 것이므로 일반적인 훈령으로 볼 필요는 없습니다.

(1) 한국이 침략에 저항하는 데 성공하면 다음과 같은 중요한 목적을 달

성할 수 있습니다.

① 나와 유엔이 침략에 반대한다는 것을 증명할 수 있습니다. 이를 통해 전 세계에 대한 소련의 위협에 대응함으로써 자유세계의 정신과 역량을 단결시킬 수 있습니다.

② 지나치게 과장된 중공의 정치적·군사적 명성의 진실을 폭로할 수 있습니다. 중공에 대한 이러한 평판은 현재 이미 아시아에 있는 비공산 국가의 저항 의지에 위험한 영향을 미치고 있으며 또한 중화민국에 대한 중공의 통제를 강화시키고 있습니다.

③ 중국 내부 및 아시아 각지의 반공 조직으로부터 직접적인 원조를 얻을 수 있습니다.

④ 한국에 대한 약속을 이행할 수 있으며 미국의 우정은 돈으로 살 수 없는 보물임을 전 세계에 표명할 수 있습니다.

⑤ 일본을 대신해 평화 조건을 찾아낼 수 있으며, 화약을 체결한 이후에는 일본의 안전보장상의 지위가 일본과 아시아의 관계에서 중대하게 공헌하도록 만들 수 있습니다.

⑥ 공산당의 그늘 아래에 있는 아시아와 유럽, 그리고 중동 각국을 안심시키고, 그들이 공산주의에 투항할 필요가 없다고 생각하도록 만들 수 있습니다.

⑦ 갑자기 소련 및 중공으로부터 침략을 당한 사람들을 격려하고 그들로 하여금 불리한 상황에서 저항에 나서도록 북돋울 수 있습니다.

⑧ 서방 세계의 군비를 재정비해 더욱 적극적으로 대응하도록 만들 수 있습니다.

⑨ 유엔을 자유세계의 연맹으로 변모시킬 수 있습니다.

⑩ 철의 장막하에 있는 사람들에게 경각심을 일깨우고 그들의 통치자가 현재 침략 전쟁에 힘쓰고 있지만 이는 결국 자유세계에 의해 저지될 것임을 확인시킬 수 있습니다.

(2) 미국의 현재 실천 방안은 유엔 국가들을 단결시켜 소련이 미국에 공격을 감행할 때를 대비하고 미국의 동맹국이 되도록 만드는 것입니다. 한편 군비 재정비가 완료되기 전에 작전 지구를 확대하는 문제에 대해서는 신중하게 고려해야 합니다. 작전 지구를 확대하는 문제 자체는 합리적이지만 이로 인해 일본이나 서유럽이 전쟁에 말려들 수도 있기 때문입니다.

(3) 귀관이 제한된 병력으로 대규모의 중공군에 대항한다는 것을 잘 알고 있으며, 군사적 측면에서 보자면 계속 저항하기 어렵다는 것은 자명한 사실입니다. 또한 지금 상황에서 귀관의 부대는 일본 및 기타 지구를 방위하는 데 전념해야 합니다. 한국을 지키는 것은 사실상 이미 불가능한데, 귀관은 한국의 거제도에서 계속 저항할 수 있다고 보고 있을 뿐만 아니라 이것이 상술한 주한 목표 중 일부를 달성하는 데 도움이 된다고 간주하고 있습니다. 미군이 한국에서 철수해야 할 경우 가장 중요한 것은 미국은 군사적인 상황 때문에 부득이하게 철수하는 것이며 침략자가 징벌을 받지 않는 한 미국은 정치적·군사적 결과를 결코 받아들이지 않을 것임을 전 세계에 알리는 것입니다.

(4) 한국전쟁에 대한 최종 결정을 하달할 때 나는 항상 다음 같은 두 가지 사항을 생각합니다. 하나는 소련으로부터의 위협이며, 다른 하나는 이 위협에 대응하기 위해 미국은 반드시 신속하게 무장 부대를 확장시켜야 한다는 것입니다.

(5) 나는 자유세계가 미국이 직면하고 있는 위기에 대해 점차 이해하고 관심을 보이고 있다고 믿습니다. 최근 유엔총회에서 다소 혼돈이 드러나기는 했지만, 대부분의 회원국은 평화적 해결을 가져올 수 있는 모든 방도를 철저하게 검토하고 있으며, 신속하게 단결하고 있어 장차 자유를 수호하는 연합이 될 것이라고 믿습니다.

(6) 한국이 고전하는 중에 귀관이 보여준 탁월한 지도력과 소속 부대가 극단적인 어려움 속에서 보여준 탁월한 성과에 대해 미국 국민들은 매우

큰 감명을 받았습니다.

트루먼이 보낸 장문의 편지는 유럽 제일주의 전략이 기본 입장이었으므로 전체 극동을 담당하는 맥아더 장군은 이 명령에 복종하기 어려웠다. 이 편지에서 "최근 유엔총회에서 다소 혼돈이 드러나기는 했지만"이라고 말한 대목은 유화주의자를 변호한 것에 불과했다. 1951년 1월 13일 트루먼이 편지를 써서 맥아더 장군에게 보낸 바로 그 날 유엔총회에서는 한국전쟁의 정전을 위한 새로운 평화 계획을 통과시켰다. 중공 측에 정전을 요구하기 위해 기존의 회원국이던 중화민국의 대표권을 박탈하고 중공의 출석을 허락했던 것이다. 그리고 미국의 유엔대표도 여기에 동의한다고 표명했다. 이 소식이 전해지자 최전선에 있는 병사들의 사기는 떨어졌고 아시아 인민은 분노하고 실망했다. 미국 의회와 여론도 매우 분개해 국무장관 애치슨을 교체하라는 목소리가 높아졌다. 그런데 저우언라이는 유엔의 유화주의적 제안을 거절하고 정전이 이뤄지지 않은 상태에서 한국 및 극동 문제에 대한 7개국 회의를 개최하자고 요구했다. 이 7개국에는 중공, 소련, 인도, 이집트에 미국, 영국, 프랑스 3개국이 포함되었다. 또한 회의 장소는 반드시 중공 대륙이어야 하고 시기는 중공이 유엔에 가입한 이후라야 한다고 주장했다. 그야말로 거만함이 도를 넘어섰다. 이렇게 한 방 맞고 나서야 미국의 애치슨 국무장관은 유화주의에만 의존해서는 안 되며 실력으로 제압해야 공산당이 정전 및 평화 회담에 나서도록 압박할 수 있다는 사실을 깨달았다. 그래서 미국은 2월 1일 유엔총회에서 결의를 통과시킴으로써 중공을 한국전쟁을 확대시키는 침략자라고 공식적으로 선포했다. 그리고 맥아더 장군은 또한 리지웨이 장군의 '적을 죽이는 계획'을 승인해 반격에 나섰다. 그러자 2월 중순 중공군과 북한공산당군은 후퇴하기 시작했으며 월말에는 공산당군이 전면 패퇴했다. 게다가 중공군 지휘관 린뱌오가 부상을 입어 펑더화이가 지휘를 물려받았다. 이로 인해 3월

14일 서울은 다시 광복을 맞았다.

이 기간 동안에도 맥아더 장군은 워싱턴을 향해 전략적 요청을 멈추지 않았다. 2월 21일 맥아더 장군은 서시베리아 변경 남쪽 35마일에 위치하고 중공에 의해 보급 중심지로 이용되는 북한 나진항을 폭격할 수 있는 권한을 부여해달라고 요청했다. 하지만 이 요구는 나진이 소련과 가깝다는 구실로 비준되지 못했다. 그 후 오래지 않아 또 다시 압록강에 있는 중국 공산당의 발전공장 몇 기를 폭격하도록 허락해달라고 요청했다. 이 역시 워싱턴에서 부결되었다. 동시에 정치계에서는 공화당 소속 조지프 마틴 하원의원이 2월 12일 회의 중 장제스 총통의 호소에 부응해 타이완의 중화민국군을 대륙반공에 사용하고 아시아를 제2의 전장으로 만들자고 다시금 제안했다. 또한 한국을 승리를 구하지 않는 제한전으로 간주하는 데 대해 "만약 우리가 한국에서 승리를 구하지 않으면 미국정부는 1000만 명의 미국 자녀를 죽인 죄로 고소될 것이다"라고 비난의 목소리를 높였다.

3월 7일 맥아더 장군은 도쿄 총사령부에서 한국 수원공항으로 날아가 기자들을 소집한 후 성명을 발표했다. 이 성명에서 그는 제한전 전략으로 일진일퇴의 대치 국면이 조성되고 전쟁 기간이 길어지는 바람에 많은 사람이 목숨을 잃었다고 비난했다. 맥아더 장군은 이 성명으로 또 한 번 전략 논쟁을 제기해 트루먼 대통령의 군을 공개적으로 자극했으며 미국과 영국의 최고위층으로 하여금 전쟁을 신속하게 종결시키기 위한 방책을 강구하게끔 만들었다. 이로 인해 정전 평화회담이 적극적으로 추진되었고 미국 대통령은 정전을 원한다는 내용의 성명 초고를 3월 19일에 완성했다. 이 성명의 초고는 다음과 같다.

한국전쟁이 신속하게 종결되면 장차 극동의 국제적 긴장도 크게 완화될 것이며, 이 지역의 문제를 유엔 헌장에 근거해 평화적으로 해결할 수 있는 방안도 마련될 것이다. 하지만 정전과 관련된 만족스러운 조치를 취하기 전까지 유엔군의 군사 행동은 계속될 것이다.

3월 20일 맥아더 장군은 워싱턴으로부터 평화회담이 희망적이라는 소식과 함께 이와 관련된 자료를 받았다. 3월 24일 맥아더 장군은 성명을 발표해 트루먼 대통령을 매우 불쾌하게 만들었고 결국 쌍방은 일촉즉발의 위기에 처했다. 맥아더 장군은 성명에서 다음과 같이 말했다.

…… 우리는 이미 남한 영내의 공산군을 대체로 제거했으며 …… 더욱 중요한 것은 새로운 적인 중공군은 사람들에 의해 어떻게 선전되고 있는지에 상관없이 현대 전쟁에서 필수적인 각종 물자를 제공할 공업 능력이 없다는 것이다. ……

따라서 현재 유엔이 한국을 제한전으로 수행하자는 방침을 바꾸어 적의 연해 지구 및 내륙 기지로까지 전쟁을 확대하기로 결정할 경우 중공군은 붕괴될 위험에 처한다는 사실을 적은 고통스럽게 이해하고 있을 것이다.

이러한 사실을 명료하게 인식한다면 한국전쟁과 직접적인 관계가 없는 문제, 예를 들어 중화민국 문제와 중공이 유엔에 가입하는 등의 문제를 함께 논해서는 안 된다. 한국 문제가 일단 결론나면 어려운 일은 없을 것이다. 중요한 지점은 갖은 고생을 겪고 있는 한국 국민들이 다시 희생되어서는 안 된다는 것이다. 군사 문제가 아닌 정치 문제는 반드시 외교적 방식으로 답을 구해야 한다.

그러나 군사지휘관으로서 발언하자면, 나는 언제든 전쟁터에서 적의 총사령부와 회담할 준비가 되어 있다. 유엔이 한국에서의 목표를 실현하려면 좀 더 피를 흘릴 수밖에 없다.

적에게 투항을 권유하는 맥아더 장군의 이 성명은 적군과 아군 모두를 경악하게 만들었다. 국무부는 중공이 맥아더의 이 성명을 거절할 줄 알면서도 최후통첩한 것으로 정전 협상을 깨려는 목적이라고 생각했다. 아니나 다를까 5일 후인 3월 29일 베이징의 언론은 맥아더의 이 성명을 '중국 인민에 대한 모욕'이라며 비난했다.

중국공산당과 북한공산당 부대더러 유엔군에 투항하라고 요구하는 것은 미국 제국주의 침략자가 우리의 조국을 공격하겠다고 위협하는 것이다.

트루먼 대통령은 자신의 회고록에 다음과 같이 밝혔다.

맥아더 장군의 행동은 내가 다른 선택을 할 수 없게 만들었다. 나는 그의 저항을 더 이상 참을 수 없었다.

트루먼은 우선 합동참모본부 의장에게 지시해 맥아더 장군에게 정책이나 전략과 관련된 성명을 공개적으로 발표하지 않도록 경고하라고 했다. 그런데 2월 12일 트루먼 대통령의 제한전을 비판하면서 중화민국군을 활용해 대륙반공하고 아시아를 제2의 전장으로 만들자고 요구한 바 있는 미국 하원의 공화당 지도자 마틴 의원이 맥아더 장군에게 서신을 보냈는데 3월 20일 맥아더 장군은 여기에 답신을 보내면서 자신의 의견을 제기했다. 4월 5일 마틴 의원은 하원의원 회의에서 맥아더 장군이 그에게 준 답신을 공개적으로 읽었다. 맥아더 장군은 그 편지에 이렇게 썼다.

3월 8일 귀하의 편지와 2월 12일 하원 연설문 기록을 잘 보았습니다. 탄복할 만했습니다. 중공이 한국전쟁에 참전한 것과 관련한 본인의 견해 및 건의는 이미 워싱턴 정부에 상세히 보고했습니다. 이와 같은 관점은 모두 알다시피 '압력이 클수록 저항도 커진다'라는 원칙에 근거했을 뿐입니다. 중화민국군을 활용하는 데 대한 고견은 논리적이고 전통에도 부합합니다.

본인은 공산당이 아시아를 통해 세계를 정복한다는 음모를 품었는데도 사람들이 이를 이해하지 못하는 것이 매우 이상합니다. 우리는 무기로써 유럽을 대신해 싸웠습니다. 외교관은 담화로써 작전을 짰습니다. 만약 아시아에서의 반공 전쟁이 실패하면 유럽도 반드시 함락됩니다. 그러나 만약 아시아에서 승리하면 유럽도 전쟁을 피할 가능성이 매우 크고 자유를 지킬 수 있게 됩니다. 우리는 승리하지 않으면 안 됩니다. 다른 것으로는 승리를 대신할 수 없습니다.

윗선의 전략에 반대하는 맥아더 장군의 편지가 다시 한 번 하원 의회에서 공개되었던 것이다. 이로 인해 트루먼 대통령은 결국 시한폭탄처럼 폭발하고 말았다. 트루먼의 회고록을 보면 다음과 같이 기록되어 있다.

결정을 내려야 할 때가 되었다. 맥아더 장군의 편지는 정부의 정책에 동의하지 않음을 표명했을 뿐 아니라 공개적으로 3군 총사령부의 방식에 저항하는 것으로, 이 정책에 도전하는 것이었다.

나는 애치슨, 마셜, 브래들리 및 해리먼을 4월 6일 접견해 맥아더 장군에 관해 토론했다. 나는 솔직하게 맥아더 장군을 어찌 처리할 것인지에 관해 그들에게 물었다. 해리먼은 내가 2년 전에 맥아더 장군을 철수시켰어야 했다고 말했다. 마셜은 시간을 좀 더 두고 고려하라면서 주의 있게 처리하길 건의했다. 그는 만약 내가 맥아더 장군을 철수시키면 국회에서 국방지출금이 쉽게 통과되지 않을 것이라고 했다. 브래들리 장군의 관점은 군사 기율에 근거했다. 그는 맥아더 장군이 상사에게 복종하지 않는 것이 명백하므로 마땅히 면직해야 한다고 했다. 그러나 그도 마지막으로 건의하기 전에는 각 군 참모총장의 의견을 들어보라고 말했다. 애치슨은 맥아더 장군을 당연히 면직해야 한다고 주장했다. 그러나 그도 우선 합동참모회의의 만장일치를 얻어야 한다고 하면서 일이 중대하므로 특히 신중해야 한다고 말했다. 애치슨은 "만약 맥아더를 면직하기로 결정한다면 대통령은 정부를 변호하는 가장 어려운 전투를 겪어야 할 것입니다"라고 말했다.

트루먼 대통령은 내각의 주요 구성원들로부터 의견을 들은 후 마셜에게 국방부 자료 가운데 과거 2년간 맥아더 장군과 교류한 문건을 다시 한 번 검토하라고 지시했다. 트루먼은 계속 말했다.

다음날인 4월 7일 아침 마셜 장군이 와서는 그 문서들을 읽어보았는데 지금 결론으로는 맥아더 장군을 2년 전에 면직시켰어야 했다고 말했다.

4월 9일 월요일 아침 9시 나는 다시 마셜, 브래들리, 애치슨과 해리먼을 만났다. 브래들리의 보고에 따르면, 그는 일요일 각 군 참모총장과 회담을 가졌는데, 그들 또한 맥아더 장군을 물러나게 해야 한다는 결정을 내렸다고 했다. 마셜 장군도 거듭 그와 같은 결론을 천명했다. 해리먼의 의견 역시 지난번과 같았다. 애치슨은 맥아더 장군을 면직하는 데 완전히 동의한다고 말했다.

그제야 나는 맥아더 장군을 반드시 면직시켜야겠다고 결정했다.

맥아더 장군의 면직 소식이 발표되는 과정 역시 우여곡절이 많았다. 트루먼의 설명에 따르면 그는 전체 의견을 경청한 후 한국에 있는 육군성 장관 페이스에게 전보로 면직을 통보해 직접 맥아더 장군에 전한 후 소식을 발표하려 했다. 그러나 정보가 미리 유출되는 바람에 이 안을 포기하고 4월 10일 새벽 한 시에 급하게 기자들을 소집해 맥아더 장군 면직이라는 역사적인 성명을 발표했다.

맥아더 장군은 관련 직책에서 미국정부와 유엔 정책을 전력으로 지지하지 않아 무척 유감스럽습니다. 미국정부가 부여한 명백한 책임 및 유엔이 위탁한 별도의 직책을 바탕으로 나는 극동의 지휘관을 바꾸기로 결정했습니다. 맥아더 장군을 직무에서 배제하고 리지웨이 중장을 후임으로 파견합니다.

미국의 자유민주 헌정체제에서 국가 정책을 적극적으로 변론하는 것은 매우 중요합니다. 그러나 군사지휘관은 법률과 헌법에서 정한 정책과 훈령에 반드시 따라야 합니다. 이는 긴급 상황에서 특히 중요합니다.

맥아더 장군은 미국의 역사상 최고 지휘관 중 한 명으로 미국에 크게 공헌했습니다. 온 나라가 감사를 표합니다. 면직이라는 조치는 어쩔 수 없이 내려진 것으로 매우 유감스럽게 생각하고 있습니다.

트루먼 대통령은 맥아더 장군에게 면직을 하달하며 말했다.

나는 대통령이자 3군 총수의 권한으로 귀관을 극동의 동맹군 최고총사령부, 유엔부대 총사령부, 미국 극동군 총사령부, 미국 극동육군 사령부의 각 직책에서 면직합니다. 이에 대해 매우 유감을 표합니다. 귀관은 즉시 지휘권을 리지웨이 중장에게 넘기십시오. 다만 귀관은 귀관의 목적지에 도달할 때까지는 필요한 명령을 내릴 수 있습니다.

불행히도 맥아더 장군을 면직한다는 트루먼의 기자회견 소식은 맥아더에게 내린 면직 전령보다 20분 먼저 도쿄에 도착했다. 맥아더 장군은 손님과 점심식사를 하다가 이 소식을 들었다. 면직 소식은 그에게 청천벽력과도 같았다. 맥아더 장군을 따르는 참모가 이 소식을 맥아더 장군의 부인에게 전해주었고 부인이 다시 맥아더 장군에게 전했다. 맥아더 장군은 손님 앞에서 최대한 진정하려 노력하면서 부인에게 담담하게 한 마디 했다. "제니, 이제 집에 갈 수 있게 되었군!" 그러나 세상을 뒤집었던 위대한 군사지휘관이 이렇게 면직되는 것은 역사적으로 너무나도 참담한 일이었다.

맥아더 장군의 면직 소식이 전해지자 미국 전역이 떠들썩해졌고 세계 각국도 매우 놀랐다. 이에 국무장관 애치슨의 사직을 요구하는 목소리가 다시 한 번 터져 나왔다. 국회에서는 심지어 트루먼 대통령을 탄핵하자는 요구까지 나왔다. 미국 국민은 맥아더 장군의 면직 소식에 반대했다. 마치 눈송이가 백악관으로 흩날려 들어가는 듯했다. 트루먼은 특별히 TV 연설을 통해 자신의 전략을 힘껏 변호하고 각종 자료로 맥아더 장군의 부당한 언행을 증명하려 했지만 미국의 여론은 대부분 맥아더 장군을 동정했다. 맥아더 장군이 대통령의 명령에 따라 도쿄에서 미국으로 돌아가자 마치 로마 장군이 승리한 후 돌아온 것처럼 호놀룰루, 샌프란시스코, 뉴욕, 월스트리트에서 영웅 대접을 받았다. 그는 4월 19일 미국 상하원이 참석한 연석회의에 초청받아 사직 연설을 했는데, 이 연설은 매우 훌륭해 후세에 오래 남을 만했다. 그중 중화민국에 대한 언급은 특히 중요해 이를 특별히 기록한다.

나는 이 강단에서 나 자신의 보잘것없음을 느끼는 한편 자못 자부심이 들기도 합니다. 내가 보잘것없음을 느끼는 이유는 미국 역사상 많은 건국 공신들이 이전에 이곳에서 연설을 했기 때문입니다. 제가 자못 자부심을 느끼는 이유는 이곳이 인류의 자유를 대표하기 때문입니다. 전 인류의 희망, 지혜, 믿음이 모두 이곳에 모여 있습니다.

세계의 문제는 서로 매우 밀접하게 관련되어 있습니다. 만약 한 지역의 문제만 고려하면 다른 지역의 문제를 무시하게 되어 전체적인 재앙이 닥칩니다. 일반적으로 아시아는 유럽으로 가는 길입니다. 같은 이치로 유럽 또한 아시아로 가는 문입니다. 두 곳은 서로에게 파급을 미칩니다. …… 어떤 이는 "두 곳의 전선을 동시에 방어하기에는 능력이 부족하기 때문에 역량을 분산할 수 없다"라고 말합니다. 나는 이것이 가장 엄청난 실패주의라고 생각합니다.

만약 서태평양에 있는 미국의 일련의 도서 방어선이 치명적인 공격을 받으면 다른 주요 지역도 방어하고 지켜내기가 어려워집니다. 따라서 이러한 군사적 판단은 한 명의 군사 지도자가 할 수 없습니다. 그래서 이전에 나는 어떠한 상황에서도 군사적 수요 때문에 타이완이 공산당의 수중에 넘어가서는 안 된다고 일관되고 확고하게 건의했습니다. ……

대통령이 참전을 결심하기 전에 저의 소견을 묻지는 않았으나 군사적 관점에서 이 결정은 매우 적절했습니다. …… 미국은 침략자를 물리치고 철저한 승리를 거둔 바 있으나 지금은 중국공산당이 갑자기 지상부대를 전쟁에 개입시켜 새로운 정세가 조성되었습니다. 이는 생각지 못했던 상황이므로 외교적 방면의 결정은 실제 군사 전략에 맞게끔 조정되어야 합니다. 하지만 안타깝게도 이러한 결심은 처음부터 끝까지 볼 수 없었습니다.

군사적 수요를 충당하기 위해 우리는 반드시 다음을 해야 합니다.

① 중국공산당에 대한 경제적 봉쇄를 강화해야 합니다.

② 중국 연안에 해상 봉쇄를 실시해야 합니다.

③ 중국 연안 및 동북 모든 성에 대해 공중 정찰 제한을 없애 압록강 북쪽에 있는 적의 엄폐호를 모조리 없애야 합니다.

④ 중화민국 군대에 대한 제한을 없애 그들이 중국 대륙에서 유효한 작전을 펼칠 수 있도록 도와야 합니다.

제가 알고 있는 바에 따르면 한국전쟁과 관련 있는 군사 지도자, 유엔 참모총장을 포함한 군 지도자들은 상술한 각 항에 대부분 동의하지 않았습니다. 혹자는 저를 가리켜 전쟁광이라고 하지만 이는 결코 사실이 아닙니다.

하지만 만약 아군이 작전을 수행할 수밖에 없다면 사용할 수 있는 모든 수단을 동원해 신속하게 전쟁을 끝내는 것이 유일한 방법입니다. 전쟁의 고유한 목적은 승리입니다. 헛되이 시간을 낭비해 지연시킬 수는 없습니다. 솔직히 말해 전쟁 중에 다른 그 무엇도 승리를 대신할 순 없습니다. 저의 사병들은 왜 군사적 우위를 적에게 양보하느냐고 물었습니다. 저는 아무런 대답을 할 수가 없었습니다.

마지막으로 맥아더 장군은 자신의 전우들에게 고별사를 했는데 이는 훨씬 감동적이었다.

나는 52년간 이어온 군 생활을 마감합니다. 청년의 환상과 희망을 충족시키기 위해 나는 군장을 걸쳤습니다. 그것은 이미 이전 세기의 일입니다. 내가 웨스트포인트 운동장에서 선언한 이래 세계 정황은 이미 끊임없이 변화했습니다. 이전의 환상과 희망은 사라졌습니다. 그러나 그러한 나날 가운데 군에서 유행하던 몇몇 가요는 아직도 제 마음속에 남아 있습니다. 그 것은 바로 '노병은 죽지 않는다, 다만 사라져갈 뿐이다'입니다. 가요의 노병은 지금 내가 군 생활을 마치는 것처럼 사라져갑니다. 최선을 다해 복무했던 한 노병으로서 하느님은 반드시 임무를 다했다고 보고 저를 이끌 것입니다. 또 만납시다.

하지만 위대한 맥아더 장군은 이렇게 사라지지 않았다. 그의 면직으로 미국 전역의 국민들은 대통령과 국무장관에게 분노했다. 한국전쟁 및 극동 정략과 관련된 논쟁은 미국 언론을 줄곧 소란스럽게 달구었는데 이는 1952년 11월 아이젠하워 장군이 신임 대통령으로 당선되고서야 멈추었으며, 트루먼과 애치슨 두 사람은 분노와 격동 속에서 점점 사라져갔다. 한국전쟁 시기의 역사적 사실은 참고할 가치가 충분한 반면교사라 할 수 있다.

〞 나와 맥아더 장군의 교류

맥아더 장군의 면직은 갑자기 결정된 일이라 영향력이 매우 컸다. 그는 스스로 한탄하며 말했다. "모스크바와 베이징은 신나겠군."

그러나 아시아 자유국가, 예를 들어 남한, 일본, 필리핀, 중화민국의 국민들은 매우 상심했다. 나는 맥아더 장군의 면직 소식을 전해들은 후 샌프란시스코에서 그를 위로하는 전보를 보냈다. 이 전보는 자유 아시아인의 마음을 어느 정도 대변했을 것이다.

도쿄의 맥아더 장군께

공산당의 공격에 맞서 힘든 전투를 벌이는 도중에 장군께서 아시아에서 떠나게 되었으니 이는 전 세계 사람들에게 그림자를 드리우는 게 확실합니다. 저는 당신이 지난 10년 동안 아시아 사람들에게 주었던 용기와 사심 없는 태도는 앞으로 역사가 명확히 판명하고 기억할 것이라 확신합니다. 저는 또한 확신합니다. 공산당의 음모와 폭정의 진정한 의미를 알게 된 수많은 아시아인들은 자유와 정의, 진정한 평화를 위해 계속 노력해온 당신에게서 많은 영감과 격려를 받아 더욱더 결연히 싸워나갈 것을 말입니다.

1951년 4월 14일 주한 중화민국대사 사오위린

또한 나는 아시아인의 자격으로 한국 언론에 다음과 같은 논평을 쓰기도 했다.

맥아더 장군의 직무 문제를 해결하는 것은 미국 대통령의 권한이기 때문에 내가 간섭할 수 없다. 그러나 나는 아시아인의 한 사람으로서 장군과 같이 천재적인 정치 감각을 지닌 군사지휘관이 일본 군벌 및 공산당의 침략에 대항해 싸우고 우리 아시아인들과 함께 작전했던 데 대해 감사해 마지않는다. 이제 그가 떠나게 된 것은 전 아시아인에게 너무나 유감스러운 일이다. 최근 맥아더 장군이 자신의 생일 때 이후 남은 목숨을 공산당 침략자에 맞서 분투할 것이라고 했던 말을 기억한다. 이후 자유의 신분으로도 약속한 바를 관철하고 우리와 함께 분투하리라 믿는다.

맥아더 장군이 면직되고 난 다음 해 겨울, 아이젠하워 장군이 트루먼을 이어 미국의 새 대통령으로 당선되었다. 대통령 당선인은 자신의 벗이던 덜레스 국무장관에게 한국전쟁을 어떻게 끝내야 할지 자문했다. 1952년 12월 17일 국무장관 덜레스는 자신의 뉴욕 집에서 맥아더 장군과 오랜 담화를 가졌다. 맥아더 장군은 '한국전쟁을 끝내는 비망록'을 준비해 아이젠하워에게 보냈는데, 주요 내용은 다음과 같다.

한국전쟁 문제는 순조롭게 해결되어야 한다. 군사적으로뿐만 아니라 정치적인 고려도 필요하다. 미국의 외교가 현명하지 못했기 때문에 인천상륙작전과 북한군을 섬멸한 성과를 활용할 수 없었다. 신속하고 효율적인 외교 활동의 기초를 닦아 한국의 평화와 통일을 회복해야 하는데, 이는 이후 미국과 중공 간 작전의 주요 과제 중 하나다.

1951년 4월, 본인이 퇴임할 당시 적군은 우수한 보병 및 충분한 보충용 경무기 장비를 보유하고 있었으나 공중지원은 거의 없었다. 게다가 포병, 미사일포, 운수와 교통 장비에서는 열세였다. 이로 인해 우리는 공중에서의 전략과 전술에서 거의 아무런 저항을 받지 않았다. 따라서 압록강 이북에 있는 적군의 보급을 차단하고 섬멸시킴으로써 신속하면서도 큰 대가 없이 군사적 승리를 실현할 수 있었다.

지금은 그로부터 20개월이 지났다. 들리는 바에 따르면 적군은 이미 상당한 공군기와 기지를 갖게 되었다고 한다. 심지어 그들은 압록강 유역을 공군기로 도전한다고 한다. 그들은 이미 당시 후방에서 겪었던 보급 문제를 해결했을 것이다. …… 우리는 중국공산당의 취약한 공업 기지를 파괴할 능력을 여전히 갖고 있기 때문에 중공과 소련 간의 보급선을 단절할 수 있다. 이를 통해 보급선이 현대화된 전쟁을 뒷받침하거나 전장에서 대규모 병력을 유지할 수 없도록 만들면 된다. 그러면 중공정권은 크게 쇠약해질 것이고 아시아에 대한 소련의 통제 능력은 위협받을 것이다. 이러한 행동은 효과를 발휘해 소련은 한국전쟁을 중단시키고 다시는 피 흘리는 전쟁을 하지 않을 것이고 중공정권의 붕괴를 이끌어낼 것이다.

이러한 목표를 달성하기 위해 평화를 모색하면서 고려해야 할 것은, 한국 문제를 해결하는 범위를 확대해야 한다는 것이다. 고려해야 하는 순서와 핵심 내용은 대략적으로 다음과 같다.

① 미국 대통령과 스탈린 간에 정상회담을 거행한다.

② 이 회의에서 세계정세를 연구하고 한국전쟁을 종결시킬 방법을 논의한다.

③ 독일과 한국을 단호히 지켜야 한다. 국민이 투표해서 결정하는 정권으로 통일되어야 한다.

④ 그 후 미국은 독일, 오스트리아, 일본 및 한국의 중립을 건의하고, 미국과 소련 및 모든 참가국에 공동으로 보증해줄 것을 요청한다.

⑤ 미국은 유럽의 모든 외국 군대가 독일과 오스트리아에서 철수하고 아시아에서는 일본과 한국에서 철수하는 데 동의한다.

⑥ 미소 양국은 당사국 헌법에 전쟁을 정책 도구로 삼을 수 없도록 규정하는 부가 조항을 삽입하도록 노력해야 하며, 다른 국가들도 마찬가지의 제한을 두어야 한다.

⑦ 만일 회의에서 협의에 도달하지 못하면 북한 내에 있는 적군을 섬멸하는 것이 우리의 목표라고 소련에 통지한다(이는 원자핵 폭탄을 북한 내 적군 집결지 및 군사기지에 사용하는 방법으로 진행할 수 있다. 아울러 방사성 물질 지대를 형성해 압록강에서 남하하는 적군의 주요 보급 교통로를 격리시키고 동시에 한국의 동서 해안에서 상륙 작전을 실시한다).

⑧ 이 방안을 실시하려면 중공의 작전 능력을 소멸시킬 필요가 있음을 소련 측에 통지한다(이 일은 다음과 같이 진행할 수 있다. 즉, 중공의 공항 및

공업 기지를 파괴해 소련에서 조달되는 보급선을 차단한다. 동시에 중화민국군을 압록강 부근에 상륙시켜 후방에서 끊임없이 지원하게 한다. 중공이 붕괴하면 멈춘다. 이 방안을 흥정수단으로 삼아 소련이 좋은 조건하에 국제 협의를 달성하도록 유도한다).

미국의 여론은 미국정부가 머뭇거리면서 결정하지 못하는 현재의 무능한 상태를 장기간 용인하지는 않을 것이다.

나는 먼저 소련이 세계를 정복할 야욕을 더 가지고 있는지를 연구해야 한다고 본다. 소련이 만약 이러한 의도를 갖고 있다면 시기와 장소는 대략 정해놓았을 것이다. 하지만 미국이 핵에서 우세하므로 이러한 야욕은 점차 사그라질 것이다. 극동 문제 해결 방안은 본질적으로 세계 정세에 따라 결정될 것이다. …… 소련은 눈앞의 위기를 이미 느끼고 있을 것이다. 따라서 미국이 즉각 행동하기로 결심하기만 있으면 그들은 상술한 조건에 따라 한국전쟁을 해결할 가능성이 있다.

이 비망록은 일반적인 개념과 원칙에 의해 작성했으며, 상세한 내용까지는 기술하지 않았다. 이 비망록 내용이 원칙으로 채택된다면 당연히 상세한 의견을 제공할 것이다.

1952년 12월 14일 뉴욕시에서 맥아더

아이젠하워 대통령이 맥아더의 이러한 방안을 받아들이고 실시했다면 세계는 다시 한 번 완전히 새로운 국면을 마주했을 것이고 중화민국이 와신상담해서 중공을 반격하려는 숙원에 탄탄대로가 열렸을 것이다. 하지만 안타깝게도 덜레스는 맥아더 장군에게 개인적으로 말했다. "아이젠하워는 먼저 자신의 대통령 지위를 공고히 하려 합니다. 따라서 맥아더 장군의 의견을 다 받아들일 수는 없습니다."

그러나 아이젠하워와 덜레스는 적어도 코민테른에 대처하는 맥아더 장군의 주장에 대해 미국이 반드시 실력으로 대응해야 한다는 점, 강한 자세로 나아가야 한다는 점에는 완전히 동의했다. 아이젠하워는 2개월 후인 1953년 2월 2일 미국 의회의 국정 보고에서 전 대통령 트루먼의 타이완해협 중립화 정책을 중단한다고 선포했다. 즉, 중화민국군이 대륙반공하는 것을 저지하지 않을 것임을 표명하고 아시아를 제2의 전장으로 만들어 중공을 견제하는 강경 수단으로 삼으려 했다. 이는 실력으로 승부해 중공으로 하여금 정전 평화회의에 나오도록 만드는 가장 좋은 전략이기도 했다. 덜레스 국무장관은 봉쇄 정책으로 코민테른의 확장에 대응하겠다고 단호하게 주장했다. 봉쇄 정책은 자유세계의 반공 투쟁사에서 이미 증명된 비교적 효과 있는 정책이었다.

맥아더 장군은 1951년 4월 10일 면직했다. 그 이후 1964년 4월 5일 83세의 고령에 병으로 생을 마감했다. 그 사이 기간인 1953년 가을, 나는 제8차 유엔총회에 참석하라는 명을 받고 미국에 간 김에 뉴욕 월스트리트에 있는 맥아더 장군의 아파트를 방문해서 그와 긴 대화를 나누었다. 이후에는 내가 중동 터키대사로 몇 년간 부임해 안타깝게도 다시는 그와 대화를 나눌 기회가 없었다. 그때의 담화가 마지막이 될 줄은 생각지도 못했다. 1977년 봄 나와 아내는 뉴욕의 라디오시티 극장에서 명배우 그레고리 펙이 출연한 영화 〈맥아더(MacArthur)〉를 함께 보았는데 지금까지도 매우 기억에 남는다. 나는 당시 펙의 연기가 매우 뛰어나긴 했으나 맥아더 장군 특유의 결단력 있는 태도는 어떻게 하더라도 충분히 표현하기 어렵다고 생각했다. 영화 속의 시대적 배경, 특히 태평양전쟁 및 한국전쟁에 대한 이야기가 모두 나에게는 익숙했고 심지어는 직접 그곳에 있기도 했으니 나와 맥아더 장군이 교류하던 몇 가지 기억이 자연스럽게 떠올랐다.

항전에서 승리하고 난 이틀 후인 1945년 8월 17일은 내가 미국에서 군 항기를 타고 충칭으로 돌아온 다음날로, 나는 장제스 위원장을 만났다. 장 위원장은 내게 육군 총사령관 허잉친 장군을 도와 일본의 군사적 항복을 접수하는 정치 업무를 담당하라고 직접 훈시했다. 나는 명령에 따라 그날 저녁 허 총사령관을 만나 임명을 기다리고 있었다. 허 총사령관은 나에게 바로 일을 시작하라고 해서 일전에 함께 협력했을 당시 군령부 제2청 청장을 담당했던 양쉬안청(楊宣誠)을 만났다. 우리는 극동 동맹군 총사령관 맥아더 장군이 중국 전시구역의 동맹군 총사령관 장제스 위원장에게 보내는 '제1호 명령'을 번역하는 일에 착수했는데, 이는 일본군의 투항을 접수하는 것과 관련 있었다. 우리는 그 다음날 명령 전문을 번역해냈다. 3일째 되는 날 나는 허 총사령관과 함께 후난성 즈장으로 가서 투항 작업에 협조했다. 맥아더 장군의 '제1호 명령'은 전쟁 중인 중국 각지의 사령관들이 투항을 처리하는 방법을 지시한 기본 명령이었다. 이는 또한 내가 존경하면서도 대면한 적은 없는 맥아더 장군을 처음 알게 된 계기이기도 했다.

1948년 여름, 나는 행정원장 장췬 선생과 함께 맥아더 장군의 일본 점령 정책을 고찰하라는 명을 받아 일본에 갔는데, 그때 맥아더 장군과 처음으로 만나 이야기해볼 기회를 가졌다.

1948년 말 중국공산당의 전면적인 배신으로 전국이 전란으로 어수선할 때 국민당 정부의 장 주석은 중화민국의 첫 총통으로 당선되었고 당선 후 즉시 웡원하오(翁文灝)를 행헌내각(行憲內閣)*의 행정원장으로 임명하고 전 원장인 장췬을 해임했다. 그 후 장췬은 총통의 명을 받아 일본으로 가서 동맹군의 일본 점령 정책을 고찰했다. 장췬은 나에게 개인 고문 자격으로 일본에서의 시찰에 동행해 협조해줄 것을 요구했다. 나는 당시 오랜 친구 왕펑성의 뒤를 이어 군사위원회 국제문제연구소의 주임 직무를 대리하고 있었다. 아직 국제문제연구소에서 처리해야 할 일이 있었지만 이미 명령이 내려졌으니 어찌 거역할 수 있겠는가? 그래서 즉시 장췬과 함께 일본으로 가서 약 1개월 동안 시찰을 했다. 장 선생의 업무 방식은 예측하기 어려웠다. 범어권 일본 정계 주요 인사를 만나 담화할 때에는 주일대표단 정치

---

* 1948년 5월 20일 중화민국 헌법에 따라 중화민국 제1대 총통이 직무를 시작한 이후 성립된 내각을 의미한다. _옮긴이 주

조직의 부조장 셰난광(謝南光)이 통역했고 내가 담화에 함께했다. 그러나 맥아더 장군을 만날 때나 고위 관료를 만날 때는 대표단 정치조직의 조장 우원짜오(吳文藻)에게 통역을 맡기고 나는 동석하지 못하게 했다. 기밀보안을 위해서였다. 그래서 일본에 처음 갔을 때에는 맥아더 장군을 만날 기회가 없었다. 시찰 업무가 끝나갈 즈음 맥아더 장군과 그 부인은 장췬 선생 부부와 중화민국 주일대표단 단장 상전 장군 부부를 특별히 초청했는데, 장췬 선생은 유일하게 시찰단의 고문인 나를 대동하고 갔다. 나는 그때서야 처음으로 맥아더 장군의 품격을 직접 확인할 수 있었다.

우리 7명은 도쿄에 있는 미국대사관의 맥아더 장군 집에 모였다. 전쟁 전 내가 요코하마 총영사 일을 맡았을 때 미국대사관에 몇 번 가본 적이 있으나 그것은 이미 10년도 더 된 일이었다. 저녁 만찬은 비공식적이었다. 처음 대면한 맥아더 장군은 매우 인상적이었다. 키가 크고 호리호리했으며 얼굴선이 인상 깊었다. 나는 그가 주도면밀하게 계획하고 원대하게 생각하면서도 매우 결단력 있는 군인임을 한눈에 알 수 있었다. 그는 한번 만난 사람은 절대 잊을 수 없을 만큼 언변이 뛰어났다. 그의 부인은 두 번째 아내였는데 매우 귀여웠으며 식사 때는 거의 말이 없었다. 반면 맥아더 장군은 식사하면서 일본 점령 정책에 대해 끊임없이 설명했다. 특히 미국의 일본 점령을 강조하면서 미국은 군국주의 사상을 뿌리 뽑고 일본인이 민주 정치를 건립하도록 지도하는 한편, 전반적인 산업 진흥, 농지 분배, 교육 개혁, 사회 보건 등을 통해 사회·경제의 안정과 번영을 위해 노력했다고 말했다. 심지어 최근 일본의 인구 증가로 식량이 부족해지자 동맹군 총사령부는 미국의 세금으로 식량을 수입해 일본이 기아를 면하도록 만들었다고 했다. 또한 맥아더 장군은 소련의 주일대표단이 의견상 차이와 정치적 이해로 인해 도처에서 동맹군의 일본 점령 정책을 비난하고 있다고 말했다. 맥아더 장군은 마지막으로 평화 시기에는 그가 주도하는 점령 당국은 대기업의 책임자와 같고 각 손님은 주주와 같으므로 주주의 요청은 언제라도 받아들이고 참고해야 한다고 말했다.

주인의 웅변으로 손님들의 조용한 모습은 더욱 두드러졌다. 장췬 선생과 상전 단장은 원래 영어가 그리 유창하지 못했고 안타깝게도 통역조차 자리에 없었다. 나도 영어가 유창하지 못했다. 내가 보기에 장췬과 상전은 나름대로 열심히 맥아더 장군에게 답변을 하는 데 급급했다. 나는 소련의 정책이 우리와 근본적으로 다르다고 말했다. 나는 먼저 중국과 소련에 대해 다음과 같은 농담을 던졌다.

전쟁 시 외교부 대변인을 맡고 있을 때 주중 소련대사 알렉산드르 파뉴쉬킨을 불러 연회를 연 적이 있습니다. 그런데 소련대사관 직원은 마치 다들 특별 임무를 띠고 있는 것 같았습니다. 나에게 정보를 묻고는 발표를 하라고 하더군요. 나는 어쩔 수 없이 술이 세 번 돌고 안주까지 들어간 때 일어나 모두 주목하는 가운데 연설을 했습니다. 나는 우선 중국과 소련의 변경이 비록 천리에 달하기 때문에 두 나라 정책의 이해관계가 조금도 맞아떨어지는 부분이 없다고 말하는 사람이 있다고 운을 뗐습니다. 나는 이 말을 하면서도 제국주의자의 도발임은 확실히 하지 않았습니다. 그러면서 "하지만 중국과 소련 두 나라의 위대한 민족은 이해가 일치하는 부분이 있는데, 바로 부인을 무서워한다는 겁니다. 부인을 무서워하는 사람들은 모두 '억압받는 계층'이라는 점에서 이해관계가 일치합니다. 전 세계의 억압받는 계층은 연합해야 합니다. 함께 세계 혁명을 이뤄야 합니다. 중국과 소련 양국을 중심으로 점차 국제조직을 확장해나가야 합니다"라고 말했습니다. 또한 "안타깝게도 몇몇은 공산당원이고 저는 국민당원입니다. 저는 당을 배신할 수 없어 제3인터내셔널에 참가할 수 없습니다. 중국과 소련의 우호를 위해 트로츠키파의 제4인터내셔널을 지지할 수도 없는 노릇입니다. 그러니 우리 제5인터내셔널을 하나 만드는 건 어떻겠습니까? 중소 양국 및 다른 나라에서도 부인을 무서워하는 동지들이 모여 영어로 파타이타이(Pa

Tai Tai),[*] 즉 '공처가협회' 또는 '집사람을 두려워하는 모임'을 만들되, 대외적으로는 모임을 보호하기 위해 '애처가 모임'으로 할까 합니다. 다들 어떻습니까?"라고 묻자 모두들 연이어 "동의합니다! 동의합니다!"라고 소리쳤습니다. 며칠 전 귀 총사령부의 휘트니 장군이 주최한 연회에서 저는 도쿄 주재 소련대표단 단장을 우연히 만났습니다. 나와 그는 제5인터내셔널 얘기를 하면서 도쿄에 지부를 만드는 데 동의했습니다. 동맹군 총사령부의 관제에는 그런 조직이 없다고 말하면서 말이죠. 우리와 소련이 이 점에서는 이해관계가 일치하는 것을 알 수 있습니다.

맥아더 장군 부부와 중국의 손님들은 나의 우스갯소리를 듣고 배꼽을 잡고 웃었다. 그런 뒤 나는 점령 정책에 관련된 일본인 문제를 제기했다.

나는 일본에서 몇 년간 유학했으므로 일본의 역사에 대해 간략히 알고 있습니다. 중국인은 과거 일본 군벌의 침략 정책을 몸으로 직접 체험했습니다. 방금 동맹군 총사령부의 각종 대일 정책에 대한 장군의 얘기를 들으면서 장군께서 이를 기획하고 책정하느라 얼마나 고심했는지 잘 알 수 있었습니다. 우리는 '주주'로서 매우 탄복할 만한 신의를 보냅니다. 그러나 그중 일본 인구와 관련된 정책에서는 주의가 필요한 부분이 있습니다. 일본 군국주의자들은 과거 대륙을 침략할 때 먼저 조선을 강제 병합하고 이를 발판으로 만주와 몽골에 쳐들어왔습니다. 그런 뒤 마침내 전면적인 침략 전쟁을 일으켰는데, 최초의 구실은 일본은 땅이 협소하고 인구가 많다는 것이었습니다. 이는 나치 독일이 이른바 '생존의 공간'이라는 구실로 유럽 각국을 침략한 것과 같습니다. 현재 귀 총사령부의 사회경제 정책은 일본이 동맹군 점령하에 다시금 편히 생활하게 해주는 것입니다. 편히 먹고 한

---

[*] 영문 표기 'Pa Tai Tai'는 중국어로 '부인을 두려워하다'는 의미의 '怕太太(pa taitai)'와 발음이 같다. _옮긴이 주

가하게 지내며 아이를 안고 손주를 기르다 보니 일본 인구가 갑자기 증가하는 것입니다. 동맹군 총사령부는 일본이 브라질로 이민 가는 것을 허락해서는 안 됩니다. 호주는 백호주의 정책을 채택해 유색인종의 이민을 허락하지 않고 있습니다. 앞으로 평화가 도래해 동맹군 총사령부가 철수하면 일본은 인구 팽창으로 다시 군국주의를 부활시키고 조선과 중국을 침략할 가능성이 있습니다. 나는 개인적으로 역사가 반복되는 것을 막기 위해 동맹군 총사령부가 예방 조치를 취해야 한다고 생각합니다.

맥아더 장군은 진지하게 경청하더니 나에게 물었다. "특별한 대책이 있습니까?" 나는 말했다. "인구 통제를 실시하는 것 말고는 다른 방법이 없습니다." 그러자 맥아더 장군은 이렇게 주장했다. "미국이 이 일을 실행하기는 너무 어렵습니다. 미국에는 기독교인이 1500만 명이 넘는데 선생도 아시다시피 기독교는 피임과 낙태를 반대합니다. 만약 내가 선생의 뜻을 따른다면 나는 총사령관 직위를 잃게 될 것입니다." 나는 이렇게 말했다. "천주교·기독교·이슬람교·유교·도교·불교 같은 모든 종교는 모두 박애를 최고 교의로 받들고 있습니다. 만약 일본이 출산을 제한하지 않는다면 인구가 팽창해 침략전쟁이 다시 초래되리라는 사실을 기독교도들도 알게 된다면 그들도 박애 정신을 기초로 여기에 동의할 것입니다. 정치가는 개인의 득실을 너무 고려해서는 안 됩니다."

맥아더는 이 말을 듣고 한동안 침묵하다가 화제를 다른 곳으로 돌렸다. 10개월 후 동맹군 총사령부는 현실적인 필요성 때문에 일본정부에 산아제한 정책을 실시하도록 했는데 미국 기독교인들도 이에 대해 반대하지 않았고 맥아더도 이 일로 인해 해임되지 않았다.

이것이 맥아더 장군과의 첫 만남이었다. 이 과정에서 정신적 수확은 컸으나 일본에 간 일로 개인적으로는 물질적 손실을 크게 입었다. 우리가 일본을 방문한 기간은 쉬방회전(徐蚌會戰)*에 실패한 때여서 내가 난징에서 건축자재를 사고 현장 감독을 해서 반년에 거쳐 완공한 새 집을 좋은 가격에 팔 수 있는 시기였다. 그런데 일본에서 귀국해 돌아오니 시국이 악화되어 이미 상의를 마친 일에 변화가 발생해 있었다. 결국 그 집은 공산당의 수중에 떨어져 나는 다시 무산계급이 되어버렸다.

일 년 반 후인 1950년 2월 맥아더와 다시 이야기를 나눌 기회가 생겼다. 그때는 1949년 7월 주한대사로 부임한 지 반년 후였다. 나는 명령을 받아 귀국하던 도중 도쿄를 경유했는데 당시 중화민국 주일대표단 단장 주스밍 장군에게 청해 맥아더 장군과 약속을 정했다. 당시는 남북한 정세가 일촉즉발의 상황이었다. 따라서 극동 반공 연맹과 연관되어 있는 각종 상황이 나에게 유리했다. 만약 연맹이 성공하면 공산당의 침략을 막을 수 있지만 극동 반공 연맹이 실패하면 공산당이 오판할 수 있었기 때문에 일본의 지위는 매우 중요했다. 그래서 나는 한국을 떠나기 전인 2월 4일 이 대통령을 방문해 남북 정세와 극동 반공 연맹 간의 문제에 대해 의견을 교환했다.

나는 이 대통령에게 "한국은 반드시 일본을 용서하고 포섭해 극동 반공 연맹을 건립해야 합니다. 중화민국과 일본은 철천지원수이지만 지금은 일본과 연합해 공산주의를 제압하자고 주장하고 있습니다. 그러니 한국만 어떻게 옛 감정에 얽매여 있겠습니까?"라고 말했고 이 대통령은 나에게 "맥아더의 요청을 받아 조만간 도쿄로 갈 예정이므로 그때 이야기를 나누도록 하겠습니다"라고 답했다. 극동 반공 연맹을 설립하기 위해서는 맥아더의 역량을 빌려 아시아 국가들을 연합하고 미국정부의 지지를 얻어야만 했다. 이 대통령이 도쿄를 방문하는 기회를 빌려 특별히 주 단장에게 맥아더와 만날 수 있게 해달라고 부탁한 것도 모두 반공 연맹 운동을 추진하기 위해서였다. 어쨌든 이 일이 성사되든지 그렇지 않든 간에 나에게는 유리한 상황이었다.

---

*   1948년 11월 6일부터 1949년 1월 10일까지 국공 간에 벌어진 3대 전쟁 중 하나로, 중국인민해방군이 결정적 승리를 거두었다. 중국공산당은 이를 화이하이(淮海) 전투라고 부른다. _옮긴이 주

나는 2월 11일 도쿄에 도착해 15일 저녁 8시 반 주 단장과 같이 동맹군 총사령부에서 맥아더를 방문했다. 맥아더는 도쿄 미국대사관을 거처로 삼았으며 사무실은 동맹군 총사령부에 두었다. 오랜 시간 만나지 못한 데 대해 이야기를 나누다 보니 2시간 반이나 흘렀고 11시가 되어서야 맥아더가 우리더러 일어나라고 했다. 대화는 주로 나와 맥아더가 나누었고 주 단장은 군인이어서 말수가 적었다. 우리는 여러 가지 이야기를 나누었는데 일흔이 다 된 이 영웅은 여전히 말솜씨가 대단했다.

　맥아더는 먼저 장 총통의 안부를 물었다. 나는 이 기회를 빌려 진해회담에서 나온 반공 연맹 문제를 전하면서 맥아더에게 이 위대한 공작을 추진해야 한다고 적극적으로 이야기했다. 나는 "한중 진해회담이 끝난 후 반년 동안이나 장 총통을 만나지 못했지만 장 총통은 여전히 건강하며, 현재 전국적인 여야의 요청으로 법에 따라 총통직을 회복할 것입니다"라고 말해주었다. 그리고 "장군이 완수한 일본 점령 임무는 효과를 보았지만 앞으로 아시아에서의 공산주의 흐름을 어떻게 막을 것인가가 급선무라고 생각합니다. 아시아 반공 연맹을 추진하는 데 대해 장 총통과 이 대통령 모두 매우 관심이 크지만, 필리핀은 아직 망설이고 있어 설득해야 합니다. 그러나 가장 중요한 것은 미국정부의 태도이므로 장군께서 적극적으로 추진해주었으면 합니다"라고 말했다.

　맥아더는 원래부터 반공의 선봉이었으므로 원칙상 아무런 문제를 제기하지 않았다. 다만 "아시아 각국이 제일 중요합니다. 아시아 각국이 합의한다면 미국이 어떻게 말리겠습니까?"라고만 할 뿐이었다. 나는 "앞서 말한 바와 같이 아시아 각국 가운데 한중 양국은 완전한 의견일치를 보이고 있지만 다른 국가는 아직 논쟁 중입니다. 공산주의 적색 흐름을 막는 데는 군사 역량이 가장 중요한데, 맥아더 장군과 같은 군사가 겸 정치가는 최고의 지도자입니다. 장군은 대군을 이끌고 필리핀을 해방시킨 적이 있으며, 남한에 자유를 다시 돌려준 것도 장군 휘하의 삼군입니다. 또한 장군과 장제스 총통은 일본에 대해 어깨를 나란히 하고 작전을 펼쳤던 동지이기도 합니다. 지금 장군은 동맹군을 대표해 일본을 점령하고 있으며 일본인들 또한 장군을 매우 존경하고 있습니다. 지금 장군의 지도를 받는다면 모두 아시아 반공 연맹을 믿을 날이 멀지않을 것입니다"라고 이야기했다. 맥아더는 내 말을 들은 후 마음이 어느 정도 움직인 것 같았다. 적극적으로 나에게 "대사께서는 어떻게 착수하면 좋겠습니까?"라고 물었다. 나는 "한중 간에는 아무런 문제가 없으나 한국과 일본은 대대로 원수지간이며 거리도 매우 멉니다. 제가 이미 이 대통령께 여러 번 권유했으므로 반공을 위해서라면 일본을 용서할 것이라고 봅니다. 장군께서는 한 말을 꼭 지킬 것이라고 믿으며, 이 일도 반드시 성사될 것이라 믿습니다"라고 대답했다. 맥아더는 나에게 "대사께서는 이 대통령이 곧 일본에 와서 나를 방문할 것이라는 사실을 어떻게 알고 있었습니까?"라고 물었고 나는 "열흘 전 이 대통령이 직접 나에게 일본을 방문할 것이라는 사실을 알려주었습니다"라고 대답했다. 맥아더는 내 대답을 들은 후 "맞습니다. 이 대통령은 내일 여기로 올 것이고 나는 그와 이야기를 나눌 것입니다"라고 말했다.

이렇게 해서 미국과 중화민국이 중간에서 한일 관계를 조정했는데, 그때 뿌린 씨앗은 15년 후인 1965년 2월에 열매를 맺었다. 이 일에 대해서는 뒤에서 자세히 이야기할 것이다. 우리는 이어서 남북한의 정세에 대해 토론했다. 맥아더는 북한 공군이 행동을 취할 가능성이 있다면서, 미국정부가 주한미군을 철수한 것은 부당하다고 말했다. 우리는 늦은 저녁까지 이야기를 나눈 후에야 맥아더에게 인사를 하고 떠났다. 신문에서는 내가 맥아더를 방문한 데 대해 다음과 같이 보도했다.

1950년 2월 16일 도쿄중앙사

주한 중화민국대사 사오위린은 어제 15일 저녁 주일 중국대표단 단장 주스밍과 같이 맥아더 장군을 방문했다. 사오 대사는 다음날 타이베이로 떠날 것이다.

1950년 2월 16일 도쿄AP

한국의 대통령 이승만은 오늘 맥아더 장군의 전용기를 타고 일본에 도착해 이틀 동안 회담을 진행했다. 이 대통령은 일본이 한국과 우호관계를 맺길 바란다고 이야기했으며 맥아더 장군의 지도하에 함께 반공 연맹에 참가하기를 바란다는 의사를 밝혔다.

1950년 2월 20일 타이완 ≪중앙일보≫

주한대사 사오위린은 도쿄를 경유하는 도중 맥아더 장군을 방문했다. 날씨가 악화되는 바람에 오키나와에서 이틀 동안 머물다 19일 오전 11시에 타이완에 도착했고 경제부장 옌자간(嚴家淦)과 사오 부인 등이 비행장에 나와 사오 대사를 맞이했다. 사오 대사의 말에 따르면 "본인이 도쿄에 도착했을 때 맥아더 장군과 만나서 이야기를 나누었는데, 그는 아시아 반공 연맹을 건립하는 일에 대해 모든 힘을 다해 지지한다고 표명했으며, 아울러 나에게 중화민국정부에 이 뜻을 전해달라고 했다. 이 반공 연맹은 5~6개월 내에 성사 가능할 것이다"라고 한다.

≪중앙일보≫가 "극동 반공 연맹, 곧 실현될 것"이라는 제목으로 보도를 해서인지 이 기사가 북한공산당을 다소 자극했던 것 같다. 북한은 그해 6월 25일에 한국전쟁을 일으켜 남한을 침공했다. 하지만 이 침공으로 인해 맥아더의 지도하에 자유와 평화를 애호하는 전 세계 국가들이 반공산군 유엔군을 구성했고 이는 북한공산당에게 무력 침범은 큰 대가를 치른다는 사실을 깨닫게 해주었다.

나는 한국전쟁 기간에 수도 탈환식에서 맥아더와 간단하게 인사를 나누었고 그 후 그가 사직할 때 전보를 보내 그에게 안부를 전했지만 긴 이야기를 나눌 기회는 없었다. 그러다가 내가 주한대사 임무에서 사임한 이후 총통부 국책고문의 자격으로 태국 베트남 국경지대에서 유격부대 간의 문제를 처리한 후 제8차 유엔총회에 참가하고 각국을 돌아다니며 외교 업무를 처리하기 위해 뉴욕을 방문했을 때 월도프호텔에서 맥아더와 다시 긴 이야기를 나누게 되었다.

당시는 1953년 9월 하순의 어느 날로 기억한다. 당시 중화민국 주뉴욕 영사 장핑췬(張平羣)의 안배로 나는 오전 11시에 월도프호텔에서 맥아더를 단독 방문했다. 맥아더는 나와 만나자마자 반갑게 악수했고 "오늘 나의 부인이 외출하는 바람에 대사와 나 두 사람밖에 없으니 긴 이야기를 나눌 수 있습니다. 점심에 약속이 없으면 여기서 내가 직접 만든 햄샌드위치를 맛보는 것은 어떻겠습니까?"라고 먼저 말했다. 이에 대해 나는 "좋습니다. 다른 약속은 없습니다"라고 말했다.

우리 둘은 문을 닫고 이야기를 나누었다. 맥아더는 트루먼 대통령에게 억울한 마음을 가지고 있었는데, 국내 인사를 고려할 필요가 없는 외국 친구를 만나 이야기를 시작하자 마음 놓고 이야기했다. 나는 그날 맥아더와 나눈 담화의 요점을 아직 기억하고 있다.

• 중국 대륙이 함락된 데 대해 맥아더는 "이는 미국 국무부가 중공을 잘못 인식해서 비롯된 일입니다. 중국공산당을 농지 개혁자라고 간주해 속았기 때문입니다. 1948년 중국 대륙의 정세가 긴박할 때 동맹군 총사령부는 무기와 운송 수단을 장제스 총통의 국민정부에 제공하겠다고 했으나 미국 국무부는 이 제안도 반대했습니다"라고 말했다.
• 미국이 중국 국민정부와 한국정부를 포기한 데 대해 맥아더는 "미국 국무부는 1949년에 '미중 관계 백서'를 발표해 중국 국민정부를 버렸을 뿐만 아니라 얼마 되지 않아 '남한과 타이완은 미국 국방선 내에 포함되지 않는다'라는 성명을 발표했으며, 내가 지휘하는 부대를 남한에서 철

수시켜 이제 막 성립된 남한정부도 함께 버렸습니다"라고 말했다.

• 승리를 추구하지 않기로 한 한국전쟁에 대해서는 "국무부는 계속 전쟁을 확장하지 않겠다고 주장하면서 우리의 작전을 제한했으며 동맹 관계를 핑계로 전략 기밀을 일본에 알리려 했습니다. 영국 외교부에 침투한 소련 스파이 가이 버지스와 도널드 더트 매클린 두 사람은 기밀로 취급해야 하는 중요한 결정 사항을 소련 측에 몰래 전했으니 한국전쟁이 어떻게 승리를 추구하지 않는 전쟁이 될 수 있으며 어떻게 승리를 거둘 수 있겠습니까?"라고 반문했다.

• 맥아더가 해임된 데 대해서는 나에게 "누가 나를 해임시켰는지 아십니까?"라고 물었다. 내가 "미국 대통령일 것 같습니다"라고 대답하자 "나를 해임시킨 사람은 영국 사람이지 미국 대통령이 아닙니다"라고 잘라 말했다. 그는 "영국 사람은 미국 국무부와 대통령을 이끌고 있습니다. 믿기지 않는다면 예를 들어보겠습니다. 내가 도쿄에 있을 때 주일 영국대표단장은 어떤 일로 내 사무실 안에서 나를 가르치며 소리를 질렀고 내가 만약 계속 반대한다면 나의 직위를 조심해야 한다고 말했습니다. 당시 영국 신사의 면모가 완전히 폭로되었는데, 나는 이번 해임 명령이 '백악관'에서 온 것이 아니라 '다우닝가 10번지'에서 온 것 같습니다"라고 말했다. 이 말은 내게 가장 깊은 인상을 남겼다.

• 아시아 반공 연맹에 대해서는 1950년 2월 도쿄에서 나와 나눈 대화가 인상 깊었다고 했다. 맥아더는 "당시 이 대통령이 도쿄에 오자마자 나는 이 대통령과 일본 총리 요시다 시게루의 만남을 안배했으나 두 사람 모두 완고해 이야기를 함께 할 수 없었고 어떤 발전도 없었습니다"라고 말했다.

우리는 오후 1시까지 이야기를 나누었고 맥아더는 냉장고를 열어 햄샌드위치와 우유를 꺼내 대접했다. 우리는 식사를 하면서 2시까지 이야기를 더 나눈 뒤 작별인사를 하고 헤어졌다. 이것이 내가 마지막으로 맥아더를 만난 날이었다.

맥아더는 해임된 후 1964년 4월 5일 세상을 떠날 때까지 레밍턴 랜드사의 회장으로 고용되었다. 그는 미국 아칸소주에서 태어났지만 그의 무덤은 어머니의 고향인 버지니아주 남부에 있는 큰 군항도시 노퍽에 매장되었다. 맥아더의 무덤은 웅장하게 건축되었는데 양식은 파리 나폴레옹의 무덤과 비슷했다. 무덤 주위에는 기념관이 건립되어 그의 위대한 공적을 기념하고 있다. "노병은 죽지 않고 사라질 뿐이다"라고 했지만 이 늙은 병사에 대한 기억은 점차 사라지고 있다. 하지만 맥아더가 미국 군사사(軍事史)에 남긴 지위는 중국의 관우, 악비와 같고 프랑스의 나폴레옹과 같아서 후세 사람들로부터 숭배를 받고 있으며 확고부동한 지위를 갖고 있다.

» 일본과의 합의, 그리고 한국전쟁의 정전회담

한국전쟁이 발발한 후 5개월이 지난 1950년 11월 28일 트루먼 대통령은 미국 국가안전보장회의를 주재했으며, 1950년 12월 4~7일 미국 대통령 트루먼과 영국 총리 애틀리가 거행한 미영 고위급회담에서는 한국전쟁에 대한 동맹국의 최고 정책을 결정했다. 바로 미국과 영국이 결정한 유럽 제일주의 세계전략 아래에서 한국전쟁은 제한전으로서 되도록 빨리 끝내야 하며 전쟁을 확장해서는 안 된다는 것으로, 맥아더는 승리를 추구하지 않는 이 전략에 반대하다가 해임되었다. 대신 취임한 사람은 리지웨이 장군으로, 그는 원래 제8군 사령관 겸 한국 지역 내 유엔군 지휘관의 직위를 지니고 있었다. 밴 플리트 장군은 작전 경험이 풍부한 지휘관으로 주그리스 군사고문단장을 역임했고 그리스군과 공산당 유격작전을 지휘했으며 전장에서의 공이 많았다. 그가 승계한 한국에서의 업무는 그다지 어렵지 않은 일로 본래 일정한 성과를 거둘 수 있을 것으로 예상되었다. 하지만 이 '승리를 추구하지 않고', '확대하지 않는' 것을 기조로 하는 '제한전쟁'의 전략 아래에서 '화해(火海) 전술'로 '인해(人海) 전술'에 대응하며 공산군에게 커다란 타격을 입히기도 했지만, 전쟁의 흐름을 결정적으로 진전시키기는 힘들었다. 따라서 한국전쟁과 관계된 국가는 한국전쟁을 최대한 신속하게 종결하기 위해 군사상 일진일퇴하거나 교착상태에 머물렀으며 차라리 정치 작전에 치중하는 편이 더 나았다.

개인적으로 나와도 특별한 관계가 있었기 때문에 두 가지의 중요한 역사적 사건에 대해 간략히 요점을 기록하도록 하겠다. 첫째는 한국전쟁 정전회담에서 정전 협정에 조인하기까지 거의 2년의 시간이 소비되었다는 것이다. 둘째는 제2차 세계대전 동맹국이 대일 평화협정을 발동해서 샌프란시스코강화조약에 조인하기까지 10개월이 채 걸리지 않았다는 것이다. 중일평화조약이 체결된 것은 7개월 후인 1952년 4월이었다.

대일강화조약

한국전쟁과 일본의 관계는 대단히 밀접했다. 첫째, 일본군의 대륙 정책은 한국을 점령하고 이를 중국을 침략하는 발판으로 삼는 것이었는데, 코민테른이 한국전쟁을 일으킨 이유는 남한 점령을 통해 일본을 적화시키는 발판으로 삼기 위함이었다. 따라서 스탈린과 마오쩌둥이 체결한 중소우호동맹조약은 일본을 공동의 적으로 겨냥한 것이었다. 둘째, 한국전쟁의 진행으로 일본은 전시 재산을 획득했다. 전쟁에서 패한 일본은 한국전쟁의 수요로 인해 경제를 회복하게 되었다. 셋째, 중국 대륙의 함락과 한국전쟁의 발발은 대일강화조약을 맺도록 촉진했으며 이는 또한 일본의 정치 독립을 촉진했다. 여기서 마지막 셋째 내용은 다시 다음과 같이 세분할 수 있다. ① 중공의 참전으로 유엔군의 손실은 컸고 중국공산당의 군사력은 가치가 높아졌으며, 유엔군이 한국에서 철수해 일본으로 간다는 소문까지 돌았다. 미국 군부는 또한 일본 경찰을 일본 군대로 적극 개편해서 한국전쟁에 가담케 하고 일본을 지키게 만든다는 환상을 갖고 있었다. ②아시아 반공 연맹이 실제 수립된다면 독립된 일본은 중요한 성원이 될 것이었다. ③미국은 이미 아시아 각국의 안전은 각국이 스스로 책임져야 한다고 말했다. 대일 평화협정의 조속한 추진은 일본의 독립을 촉진했고 일본이 일찍 자기 자신의 안전을 책임지게 했다.

미국 민주당 정부에서 공화당원이면서 국무부 고문이던 덜레스는 1950년 6월 하순 한국전쟁이 발발하기 전 한국을 방문했는데, 첫째 임무가 대일 평화협정을 준비하는 것이었다. 나는 한국 외무장관이 주최한 만찬에서 덜레스를 만났으며 이 일을 타이베이에 전보로 보고했다. 덜레스는 일본과 한국을 방문해 1951년 1월 하순 도쿄에서 맥아더와 요시다 수상을 만났으며 진일보한 대일 평화협정을 준비했다. 2월 11일 덜레스는 미국으로 돌아가기 전 기자들에게 공식적으로 다음의 내용을 밝혔다. ① 장차 신속하게 일본과 평화협정을 맺어 제2차 세계대전을 정식으로 종결지을 것이다. ② 일본이 혼자 독립할 수 있을 때까지 미군이 주둔한다. ③ 일본 경제의 자족을 돕는다. ④ 문화 협력을 발전시킨다.

한국전쟁을 종식시키기 이전에 우선 제2차 세계대전에서의 대일 전쟁을 종결지어야 했는데, 바로 이 때문에 맥아더 장군은 한국전쟁으로 바쁜 나날을 보냈으며 덜레스는 대일 평화협정과 관련된 일로 매우 분주했다. 나는 당시 몸은 한국 전장에 있었지만 중국과 한국 양국의 대일 평화협정 정책에 대해 바쁜 업무 중에도 시간을 내서 특별히 신경 쓰곤 했다. 먼저 다음은 대일 평화협정에 대한 한국 여야의 의견이다.

1951년 1월 3일 부산에서 타이베이로 보낸 전보
미국의 대일 평화협정에 대한 한국의 의견은 다음과 같습니다. 하나, 1

월 26일 이 대통령이 미 AP통신 기자들을 만나 이야기한 요점은 다음과 같습니다. ① 한국은 대일합의에 반드시 참가할 것이다. ② 1905년부터 1910년 사이에 일본의 강요 아래 한국이 서명한 조약은 모두 폐지하고 통상우호 조건을 만들어야 한다. ③ 한국은 불합리한 배상을 요구하지 않을 것이고 이 문제에 대해 두 나라는 빠른 속도로 상의했으면 한다. 둘, 1월 29일 자 《동아일보》 사설의 요점은 다음과 같습니다. ① 대일 평화협정을 신속하게 실현해야 할 기본적인 이유를 제기했는데, 일본의 태평양 집단안보상의 중요한 지위를 인정하는 데 있어 배상 문제는 우리에게 중요한 관계가 없다. ② 지난날 한국의 불평등 조약은 사실상 이미 사라졌지만 형식상 반드시 공식적으로 폐지해야 한다. ③ 한일 외교 관계가 수립된 이후에 양국의 경제 관계가 강화되어 한국전쟁 이후의 부흥에 도움이 되기를 희망한다. 셋, 1월 27일 《민주신보(民主新報)》는 이에 대해 다음과 같이 평가했습니다. ① 태평양 방어를 증진하기 위해 일본에 독립국 자격을 주어 유엔에 가입하게 해야 한다. ② 만약 한국전쟁이 순조롭다면 대일 협상은 수월할 것이고, 한국전쟁이 악화되면 곧 일본의 재무장 문제는 장차 수주일 내에 해결될 것이다. ③ 대일강화조약이 체결된 이후 태평양 방어연맹이 성립될 가능성이 있다.

이상의 정보를 참고할 수 있도록 전보를 통해 전해드립니다.

이 전보를 통해 대일 평화협정이 아시아태평양 집단안보 및 한국전쟁과 어떤 관계였는지 그 시대적 배경을 살펴볼 수 있다. 후에 한국정부는 정식으로 미국 측에 다음과 같은 의견을 제기했다.

1951년 5월 16일 부산에서 타이베이 외교부에 보낸 전보

[대외 비밀] 미국이 이야기한 대일 평화협정 초안에 대한 한국정부의 의견을 미국 측에 발송했는데 요점은 다음과 같습니다. ① 한국에 유엔 회원

국의 대우를 부여해야 한다, ② 대마도는 한국에 돌려주어야 한다, ③ 이전에 일본인이 한국에서 가져간 재산은 한국에 돌려주어야 한다, ④ 일본의 재한 문화 사회단체에 속한 모든 재산은 한국에 돌려주어야 한다, ⑤ 해상의 맥아더선은 계속 유효해야 한다, ⑥ 재일 한인 60여만 명의 재산은 보장해주어야 한다는 등입니다.

영국과 소련의 반대 때문에 일본에 정식으로 선전포고를 하고 항일 전쟁을 8년이나 벌인 중국도 그해 9월 8일 열린 샌프란시스코 대일강화조약에는 참석하지 못했는데 갓 건국된 대한민국은 더 말할 것도 없었다. 후에 중화민국은 1952년 4월 미국의 협조하에 일본과 타이베이에서 중일평화조약을 채택하기는 했지만 한국은 1965년 초에야 중미 양국의 협조하에 마지못해 일본과 우호조약을 채택했고 수교를 회복했다. 뒤에서 이에 대해 상세히 기술할 것이다. 그해 3월 나는 맥아더와 덜레스가 대일 평화협정에 대해 취하는 태도를 파악하기 위해 휴가를 핑계로 일본에 2주 동안 머물다 한국에 돌아왔다. 그 후 대일 평화협정에 대한 중화민국의 정책 강령을 수립하고 아울러 일본에 대한 주요 인사를 배치했으며 총재에게 참고해 선택하게끔 비밀리에 보고했다.

1951년 3월 20일 부산에서 타이베이로 보낸 전보

[1급 비밀] 총재에게. 일본에 체류한 2주 동안 중일 간의 교섭에 우호적인 인물들과 실무 협조를 추진한 결과에 대해 본인의 의견을 올립니다.

① 중일평화조약은 시공간적 범위에서 본토를 차지한 중국과 일본의 관계에서 착수해야 하며, 우리 정부가 타이완에서 지닌 지위에서 출발해서는 안 됩니다.

② 일본이 자위대로 무장하는 점에는 원칙상 동의하지만, 소련과 아시아 공산당에 맞서기 위해서는 가장 먼저 중화민국을 적극적으로 무장시

켜 국민정부가 아시아 반공전선의 첨단에 서도록 해야 합니다. 이렇게 해야 중공의 군사력을 약화시킬 수 있고, 중공의 거짓된 애국주의와 민주주의 구호를 깨버릴 수 있으며, 일본을 대상으로 하는 중소우호동맹조약의 위력을 약화시킬 수 있습니다.

이상의 양대 원칙은 현재 중화민국의 국제관계 및 미국의 태도와 상당히 거리가 있습니다. 하지만 우리는 외교 방향을 이렇게 정해야 하며 협약 중 몇 개 항목이 선정되는 데 지연되더라도 외교력이 감소되는 것을 막아야 합니다. 대일 방침은 장웨췬, 허잉친 두 사람이 먼저 일본에 가서 문을 열어놓은 다음 효과가 명확하지 않으면 조금 기다려야 합니다. 지금은 인원을 감축하고 외교적 주도권을 일본에 넘긴 상태라서 중화민국의 주일 외교 창구가 정비되어 있지 않습니다. 또한 일본을 아는 사람이 부족하고 일본 측과의 교류가 소원한 지금 시국에 적응하기 위해서는 대일 교섭 방향을 변화시켜야 합니다. 대일 관계를 더욱 강화하고 조속히 인사기관을 조절해야 하며 시기에 맞게 정책을 실시해야 합니다. 당원의 자격으로 삼가 보고 드리니 참고하기를 바랍니다.

이 전보에서 주일 주요 인사로 당국 원로 중 일본통 장웨췬, 허잉친 두 명을 언급한 것은 하나의 예를 든 것일 뿐이었다. 4월에 이르러 미국 국무부는 이미 대일강화조약의 초안을 관련 부서에 나누어주고 의견을 제시해 줄 것을 요청했는데, 이를 통해 평화회담이 곧 거행될 것이며 일본의 독립이 머지않아 실현될 것임을 알 수 있다. 나는 일본과 중화민국의 외교 관계는 백년대계이며 특히 대일 교섭을 담당할 인원은 제대로 선발해야 한다는 내용의 전보를 4월 9일 총재에게 보냈다. 군정이 종식되면 복교 후의 최우선적인 대일 외교 중점은 정치 분야이고 군사 분야는 후순위였다. 허스리 단장은 우수한 군사 전문가이지만 일본과 인연이 없으므로 장웨췬과 허잉친이 주일대사로 취임해 중일 백년대계의 초석을 다져주는 것이 좋겠다는 등의 사안을 보고했다. 비록 그 당시에 총재의 비준과 회신을 얻지는 못했지만 6월경 명령을 받고 타이완으로 돌아가 직무 관련 보고를 올릴 때 장웨쥔 선생과 만나 이야기를 나눌 기회가 있었다. 그는 내게 총재에게 보낸 비밀 전문에서 자신의 개인사를 다루었는지 물어보았다. 나는 즉시 상기한 전문을 확인시키면서 경과를 설명했다. 장웨쥔 선생에 따르면 총재는 4월경 그에게 주일대사로 부임하도록 요청했으나 안타깝게도 당시 여러 가지 이유로 인해 그 명령에 응할 수 없었다고 한다.

4월 10일, 우리는 정부가 외교부 제213호 전문을 통해 대일 교섭에 대한 미국 측 방침의 초안을 수령했다는 사실을 인지했고 그에 따라 정부가 각계각층의 의견을 종합하고 있다는 사실 또한 알게 되었다. 이에 따라 나는 이튿날 예 부장에게 전문을 보내 대일 교섭 시 나의 의견을 이야기할 필요가 있으므로 귀국해 복직하겠다고 개진했으나 예 부장은 "의견을 발표할 수는 있으나 귀국할 필요는 없다"고 말했다. 이에 나는 즉각 명을 받들어 일본에 대한 나의 의견을 요점을 간추려 제출했다. 당시 오고간 전문은 다음과 같다.

1951년 4월 11일 부산에서 예 부장에게 보낸 전보

중소우호동맹조약을 회고해보면 조약의 문언상으로는 문제가 없지만 사실 다음과 같은 문제를 안고 있습니다.

① 원자탄의 사용은 전 세계의 전략을 변화시켰지만 우리 측은 이러한 변화를 파악하지 못했고 급하게 조약에 서명해버렸습니다.

② 중소 양국은 같은 문서에 서명했지만 그 함의는 상이했으며, 애석하게도 우리 측은 아직 중소 관계의 정치적 배경 및 발전 가능성을 파악하지 못했습니다. 대일강화조약은 중화민국과 일본 양국의 백년대계와 관련된 사안이므로 나는 1개월 전에 총재에게 다소 늦추더라도 이를 경솔하게 승낙해서는 안 된다고 건의한 바 있습니다. 부장께서 지금 외교

를 담당하고 있으니 특히 신중히 일을 처리하기를 바랍니다.

작년 가을 서울로 복귀한 후 타이완으로 돌아가도록 허락해줄 것을 요청했으나 정세가 격변해 위험한 가운데서도 이곳을 떠나기를 원치 않았습니다. 지금은 정세가 조금 안정되었고 한국의 신 의장 또한 곧 타이완을 방문할 것입니다. 마침 현재 평화협정의 내용이 확정되지 않았으므로 나는 잠시 타이완으로 돌아가 한국의 상황을 보고하고 협정에 관한 나의 우려를 제시할 수 있길 바랍니다. 만약 허락을 받는다면 신 의장을 먼저 출발시킬 예정이므로 그를 환영하는 준비에 협조해주기 바랍니다. 향후 방안에 대해 계속 지시를 하달해주기 바랍니다.

1951년 4월 18일 예 부장이 보낸 답문

전문 잘 보았습니다. 우리는 본부에 협의 초안을 정식으로 보내 유관 부서와 같이 연구하는 중입니다. 지금은 결정 단계이니 만약 의견이 있다면 빨리 전문을 보내기 바라며, 귀국 및 복직하는 것은 곧 총재를 직접 만나 다시 이야기합시다.

1951년 4월 20일 부산에서 예 부장에게 보낸 전보

[극비] 미국 측 협의 초안이 아직 기일을 지나지 않았으므로 주제넘게 얘기하지 않으려 합니다. 다만 원칙상 ① 우리 측의 대일 협의에 대한 태도는 미국과 다르므로 가능한 한 일본의 침략과 공산 침략의 원인과 결과 및 우리 손실이 컸던 부분에 대해 설명해야 합니다. 더 나아가 향후 중공의 선전에 주의하면서 대륙의 인민을 쟁취해야 하고 아울러 중일 관계가 향후 아시아에서 갖는 장기적인 중요성을 고려해야 합니다. ② 중일 관계의 청산은 갑오전쟁을 기점으로 삼아야 합니다. 미국, 영국 등은 1941년을 기준으로 삼는데 이는 권익, 재산 및 배상 등과 크게 관계되어 있으므로 매우 중요한 문제입니다. ③ 오키나와의 주권은 일본 투항조약에 따라 우리가 쟁

취해야 하며, 한 발 물러서더라도 중미가 공동으로 위탁 관리해야 합니다. 또는 관련 국가가 일정 기간까지 공동으로 위탁 관리한 후 오키나와섬의 주민들이 투표를 실시해 결정해야 합니다. 일본이 오키나와를 이용해 중국 대륙에 밀수하는 것은 타이완에 대한 정치적 책동입니다. 사할린섬 문제에 대해서는 우리 측이 소련에 보류하겠다는 의사를 표명할 수 있을 것입니다. ④ 배상은 금액과 방법에 상관없이 쟁취해야 합니다. ⑤ 경제조약은 일본의 경제발전을 주시해야 하며, 중화민국 경제의 장래 발전 가능성에 어떻게 부합하는지를 보아야 합니다. 특히 중국 민족의 공업을 보호하는 데 주의해야 합니다.

이 다섯 개 항목은 중요한 사안이므로 뉴질랜드, 호주, 필리핀의 협상 방식을 참고해 일본의 군사·경제상의 과도한 확장을 방지하겠다는 보장, 우리 측에 대한 미국의 더 많은 원조, 아시아 반공 동맹에서의 중화민국의 확고한 지위를 얻어내야 합니다. 또한 대일 정책을 결정하고 실행하는 데 있어서는 매우 치밀해야 합니다. 삼가 나의 의견을 보내오니 참고하기 바랍니다.

중화민국은 영국, 소련 등이 중공을 국가로 승인한 데 반대하는 차원에서 결국 1951년 9월 미국 샌프란시스코에서 체결된 대일강화조약에 참여하지 않았다. 하지만 미국정부가 중화민국을 지지하고 일본을 압박한 결과 1952년 4월 타이베이에서 일본과 중화민국은 중일평화조약에 정식 서명할 수 있었다. 나는 그때 주한대사의 임무를 사직하고 총통부 국책고문으로 고용된 상태여서 당원의 신분으로 명을 받아 국민당을 대표해 기타 각 당의 대표와 함께했다. 예를 들면 청년당의 천치텐(陳啓天), 류쓰잉(劉泗英), 민사당의 완훙투(萬鴻圖), 쑨야푸(孫亞夫), 타이완 지방대표 추녠타이(丘念台), 황차오친(黃朝琴), 그리고 얼마 후 사회 명망가로 출석한 모더후이(莫德惠) 등이었다. 나는 1952년 2월 25일 국민당 중앙개조위원회 제301차 회의에서 보고한 대일 평화협정 문건, 즉 '체결 방침과 대안'을 지금도 간직하고 있는데 내용은 다음과 같다.

대일 평화협정 문건 '체약 방침과 대안'

(A) 방침

국제정세는 매순간 변하는데, 이후 국제정세의 발전 방향은 우리에게 유리할 것입니다. 반공·항소·대륙 수복의 국책하에 대일 체결 교섭의 대방침은 주권이 구속받지 않는 데 중점을 두어야 하며, 평등하고 견고한 바탕을 기초로 중일 양국의 반공·항소·정치경제, 나아가 군사 협력의 비전을 개척해야 합니다. 과거의 오랜 빚은 고려하지 말고 이후의 화근을 막고 정치주권을 우선시해야 합니다. 정치적 이익은 그다음입니다.

(B) 대안

(1) 조건성: 우호조약 대신 평화협정을 견지하거나 또는 먼저 평화협정 체결 후 우호조약을 맺습니다. 만약 일본 측이 조약의 실시 범위를 견지하지 않는다면 우리는 중일평화조약도 양보할 수 있습니다.

(2) 조약 실시 범위: 주권을 제한하는 것으로 해석될 수 있는 내용에 대해서는 그것이 조약문에 포함되든 포함되지 않든 무조건 피해야 합니다. 만약 평화협정이 샌프란시스코강화조약이 발효되기 전에 체결될 수 없다면 우리 측은 작년 9월 17일 체결한 중미 간의 양해에 근거해 이에 대한 토론을 거절해야 합니다.

①아래의 이유를 근거로 미국정부에 우리 측의 주권을 제한할 수 있는 문안에 대해 다시 검토할 것임을 설명하고 아울러 구(顧) 주미대사에게 덜레스의 양해와 지지를 얻도록 요청하는 전보를 보냅니다.

(a) 샌프란시스코강화조약에는 조약 실시 범위의 규정 및 해석의 근거가 없다.

(b) 현재 중화민국정부를 승인하고 있고 아울러 중화민국과 외교 관계

가 있는 국가는 중화민국 주권에 대해 의문을 갖고 있지 않다.

(c) 일본 요시다 수상 및 외교 당국은 중화민국정부가 타이완 펑후에 대
    해서만 사실상의 주권을 갖고 있다고 인식하고 있으며 국민정부에
    대해 제한적으로 승인한다고 공개 성명을 발표하고 있는데, 이는 과
    거 중화민국 주권을 방해하지 않는다는 중미 간 협정과 중화민국이
    유엔에서 갖는 지위를 위반하는 것이다.

② 미국의 여론과 중화민국에 대해 동정하는 하원의원을 비밀리에 책동
해 하원에서 샌프란시스코강화조약을 비준할 때 추가 결의사항을 작성
케 해서 중화민국을 지지하게 만들 방법을 강구합니다.

③ 한국, 필리핀 등의 국가가 연합해 중화민국을 지지하도록 합니다.

④ 일본의 각 당파, 학자, 언론 등을 포섭해 중화민국을 지지하도록 합
니다.

⑤ 중화민국 측 정계 요인 중에서 일본 측 대표와 서로 잘 아는 사람이
중화민국은 사실을 묵인할지언정 주권을 제한할 수 있는 문안을 넣을
수 없다는 것을 구두로 설득합니다.

— 타이완 펑후의 지위 및 귀환 문제: 타이완 펑후의 귀속 문제는 우리
  측 조약에 규정해 국내외의 분쟁 가능성을 철저히 막아야 합니다. 그
  러나 외교 당국이 이미 초안을 일본에 보낸 이상 우리 측의 초안에서
  제20조를 결코 양보해서는 안 됩니다. 우리 측은 배상을 줄이거나 보
  류하는 것으로 교환할 수 있습니다.

— 배상 문제: 조약 실시 범위 내에서 주권을 제한할 수 있는 문안을 취
  소하기 위해 우리 측은 배상의 감소나 보류를 교환 조건으로 삼을 수
  있습니다.

— 전쟁 시기: 원래 만주사변까지 거슬러 올라가야 하지만 외교 당국은
  이미 평화협정문을 일본 측에 보냈으므로 평화협정문에 루거차오 사
  건 이전으로 소급되는 것으로 여겨질 수 있는 규정(예를 들면 제13조 만

주국의 재산 및 권리 귀속)에 대해서는 더 이상 물러나서는 안 됩니다.

정리하자면, 본 협정은 교섭 중이며 우리 측은 원만한 성공을 바랍니다. 그러나 만약 조금이라도 주권에 문제가 생기거나 민의에 위배된다면 교섭을 잠시 멈추고 이후 회담을 재개할 수 있는 여지를 남겨두는 것이 좋습니다. 이는 이후 정세가 우리 쪽에 유리하게 만들기 위함입니다. 만일 불행히도 교섭이 멈춘다면 외교 선전 면에서 일종의 준비를 해야 할 것입니다.

(요구) 중일 체결이 당과 국가의 백년대계와 관련되었음을 고려하면 우리의 책임이 중대합니다. 본인은 당원의 신분으로 임시로 체결 고문직을 맡고 있으나 능력이 부족함을 통감하고 있습니다. 우리 당의 중앙 상급 동지들이 언제든 바로잡기 위해 지시해주기를 바랍니다. 이를 위해

(1) 이 건의를 중앙에서 기록해줄 것을 요청합니다.

(2) 이 건의를 중앙에서 토론해 비판 및 지시해줄 것을 요청합니다.

2월 25일 중앙개조위원회 제302차 회의에서 당원 사오위린

한국전쟁 발발 전에 요코하마 주일 총영사로 재직했던 나는 이번에는 총통부 국책고문의 신분으로 총재에 의해 지명되어 파견된 국민당원으로서 각 당 대표와 함께 평화협정에 출석했다. 이에 따라 협정 체결 후 중일 간의 국교가 회복되고 외교 사절을 교환하게 되면 내가 첫 주일대사로 임명될 것이라고 중일 양국의 언론은 추측 보도했다. 그 후로도 주일대사가 교체될 때마다 내 이름은 신문기자들에 의해 후보자 명단에 오르곤 했는데, 매번 '발자국 소리만 들리고 사람은 보이지 않았다'. 일본이 중공을 승인하고 중화민국과 단교할 때까지 그랬다.

한국전쟁의 정전회담

대일 평화협정과 한국전쟁의 관계는 이미 전술한 바와 같다. 그런데 맥

아더가 사직한 후에 미국, 영국 등은 적극적으로 전쟁을 끝내는 방법을 찾았다. 유엔의 소련 대표 말리크는 1951년 6월 23일 성명을 발표했는데, 정전을 제안하는 내용이었다. 전쟁 당사자 양국이 먼저 회담한 다음 양국의 군을 38선 양쪽으로 철수시키자는 말리크의 제안에 대해 미국정부의 유엔군 사령관 리지웨이는 수용할 뜻을 즉각 공개적으로 밝혔다. 이로부터 미소 양국은 1953년 7월 27일 정식으로 정전 협정을 채택하기까지 회담하다가 전투하고 전투하다가 회담하는 과정을 2년이나 거쳤는데 그 이유는 다음과 같았다.

첫째, 아이젠하워가 대통령으로 당선되고 덜레스가 국무부에 고용된 후 공산군에 대한 미국의 태도가 더욱 강경해졌다. 둘째, 1953년 2월 2일 아이젠하워 대통령은 타이완 중립 정책을 포기한다고 선언함으로써 중국 대륙을 제2의 전장으로 만들겠다고 암시했다. 셋째, 1953년 3월 5일 소련 공산당 수장 스탈린이 병사하자 공산군은 한국전쟁을 빨리 끝낼 수밖에 없었다. 이 기간 동안의 상세한 과정에 대해 다룬 책은 많으므로 여기에서는 굳이 부연설명하지 않겠다. 대신 역사적 사실에 근거해 정전회담의 몇 가지 중요한 함의에 대해 설명하겠다.

첫째, 정전회담은 공산당이 시간을 벌고 전력을 정비하기 위한 전략이었다. 공산당 입장에서 숨을 돌리고 세력을 확장하기 위한 일종의 작전이었던 셈이다. 공산군은 열세에 처해 있을 때 숨을 고르고 재정비해서 세를 확장해야 했다. 1950년 말 미영 고위급회담에서 발표한 성명에서는 이미 정전을 호소했으나 당시 중공군이 매복해 기습하는 전략으로 유엔군을 습격해 조금씩 서울에 가까워오고 있었다. 심지어 유엔군을 한반도에서 일거에 쫓아내려 하고 있었는데, 정전할 리가 있겠는가? 1951년 6월에서야 전세는 변화해 공산군의 힘이 고갈되었으며 열세에 처해 하는 수 없이 38선 뒤로 철수하지 않으면 안 되었다. 만약 유엔군이 계속 밀고 올라갔다면 아마도 압록강까지 전진했을 것이다. 전쟁 발발 후 1년간 한국은 60만 명을 잃고 10만 명이 포로가 되어 대부분의 군사력을 상실했다.

중공은 8개월간의 전투에서 대략 50만 명의 군사력을 잃어 인해로는 화해를 이길 수 없음이 증명되었다. 공산군의 무기는 모두 소련으로부터 지원을 받았는데 말리크가 정전을 호소한 이유는 정전회담을 통해 공산군을 재정비하고 보충하기 위한 시간을 벌기 위함이었다. 이러한 사실은 다음과 같은 사례를 통해 증명되었다. 즉, 정전회담 반년 후인 1951년 말 브래들리 장군은 일군의 패잔병이 소련제 대포를 보유한 85만여 명의 정예부대로 돌변한 것을 알게 되었다. 한편 지휘관 린뱌오가 부상을 입어 펑더화이가 그 뒤를 이었으며, 공산군의 공군과 비행장도 적잖이 증가했다. 심지어 이른바 미그 활주로도 만들었으며 소련제 미그기가 북한 순천에서 압록강까지 제공권을 갖는 공중 활로도 확보했다. 따라서 공산군의 정전회담은 평화를 위한 것이 아니라 군사력을 정비하고 확장하기 위한 핑계였으며, 아울러 하사대상사(下駟對上駟)*의 전략으로 미군을 유인해 움직이지 못하게 하고 소모시키면서 최대한 무기한으로 회담을 진행해나갔던 것이다.

둘째, 정전회담은 전장에서 얻을 수 없는 결과를 회의석에서 얻기 위한 전략이었다. 회담이 시작되자 공산군 대표는 소련 대표 말리크가 말한 바와 같이 쌍방 군대를 38선 뒤로 철수시키자고 말했다. 38선은 원래부터 남북한의 분계선이므로 양군이 각 분계선에서 철수하는 것은 매우 일리 있었다. 하지만 공산당의 생각은 여기서부터 시작했다. 정전회담이 시작될 당시 유엔군은 38선 이북 지역, 즉 북한 경내의 적지 않은 지점을 점령하고 있었다. 심지어는 이북으로 20리 이상 넘어간 곳도 있었다. 유엔군이 점령한 지역은 남한의 원래 지역보다 1500m²나 더 확대되었는데, 만약 공산당 측의 주장에 동의한다면 공산군은 싸우지 않고도 1500m²의 영토를

---

* 자신의 하급 말로 상대방의 상급 말을 상대한다는 뜻으로, 자신의 상급 말을 보전해 최후의 승리를 거둔다는 함의를 갖고 있다. _옮긴이 주

확보하는 것이었다. 이 때문에 유엔군은 당시 양국군이 실제 전쟁을 치르고 있는 지역으로 휴전선을 지정하자고 지속적으로 주장했다. 이는 군사 실력에 따른 것이었다. 공산당이 가장 골치 아파한 것은 상대방의 실력이었으므로 마지막에는 하는 수 없이 유엔군의 결정에 동의했다.

또 하나의 중요한 사항은 공산군 대표가 회담을 개최하자마자 "한국 국경 내의 모든 외국 부대를 철수하자"라고 제안했던 것이다. 즉, 남북한 군대 외에 중국공산군인 인민지원군과 유엔 각국의 군대를 한국에서 철수하자는 것이었다. 이는 한편으론 매우 합리적이고 공평한 제안으로 들린다. 하지만 북한의 주요 무기와 물자는 소련에서 보급되었고 병력과 지원군은 중공에서 보충되었다. 소련과 중공은 모두 북한과 관계가 긴밀하고 국경이 맞닿아 있어 언제든 압록강을 넘어 남하할 수 있었다. 이런 면에서 그들은 세계 각국에서 온 유엔군과 달랐다. 유엔군은 회담에서 '외국 부대를 철수한다'는 원칙에 반대하지는 않았지만 한국전쟁을 다시는 일으키지 않는다는 보증을 요구했다. 이는 정치적인 사항에 속하기 때문에 유엔군은 군사 정전회담에서는 더 이상 토론을 이어가지 않았다. 1954년 4월에야 제네바에서 한국전쟁을 평화적으로 종료하기 위한 정치적 회담이 개최되었는데, 쌍방은 합의를 이끌어내지 못했다. 중공의 인민지원군은 공식적으로 철수한다고 이미 발표했으나 미군은 한국과 한미상호방위조약을 맺었으므로 오늘날까지 철수하지 않고 있다.

셋째, 정전회담은 선전, 정보, 전략, 조직, 적의 전방과 후방, 전략·전술을 종합적으로 운용한 일종의 냉전이었다. 예를 들어 1951년 7월 10일 처음 개성에서 거행된 정전회담은 회의가 개최되기 하루 이틀 전에 유엔군 대표단이 개성에 도착했는데, 이들은 개성이 중립지대라기보다는 공산군의 무장 군영임을 알게 되었다. 공산군이 알아볼 수 있도록 대표단의 차량에 하얀 기를 달게 했고, 무장한 공산군 사병이 총검을 휘두르며 행동을 지휘했으며, 한 줄로 서서 회의장으로 들어가야 했다. 회의장에는 유엔기와 북한기가 걸려 있었는데, 중공이 배치한 유엔기가 북한기보다 작았다. 또한 유엔군 대표를 위해 준비한 의자는 유난히 작았는데, 공산당 신문기자와 촬영기자는 이를 카메라에 담은 뒤 유엔군이 '종이호랑이'로 전락해 회담하러 왔다며 보도했다. '아큐식의 정신 승리'를 국제적으로 선전함으로써 공산군의 전방과 후방에서 사기를 진작시키고자 했던 것이다.

한국전쟁의 정전회담에서 냉전의 특색이 잘 드러난 사안은 바로 한국전쟁의 전쟁포로를 처리하는 문제였다. 쌍방이 전쟁포로를 처리하는 원칙에 대해 합의하지 못해 회담은 1년 6개월이나 지연되었다. 이를 통해 포로 처리 문제가 전쟁의 군사적·정치적 원칙과 관련되어 있음을 알 수 있다. 문제의 초점은 간단명료했다. 공산군은 포로의 강제 귀환을 요구하면서, 남한공산당과 중국공산당의 포로는 모두 각 당국에 돌려보내야 한다고 주장했다. 하지만 유엔군 대표는 포로의 자유 귀환을 견지했다. 즉, 조선공산당과 중국공산당 포로 가운데 원하는 자는 북한과 중공에 돌려보내고 원하지 않는 자는 남한 또는 자유중국인 타이완으로 귀속시킨다는 것이었다. 유엔군의 포로 역시 이 원칙으로 처리할 예정이었다.

쌍방이 원칙을 견지하면서 추호의 양보도 하지 않자 공산당 측은 전쟁포로 문제에 대해 작전을 전개했는데, 이는 정전회담에서 가장 극적인 과정이었다. 예를 들어 남로당은 적의 전지에 고위 간부를 위장 포로로 보내 투항하게 하고 남한 후방의 전쟁포로 수용소에 침투시킨 후 수용소 안의 공산군 포로를 조직하도록 지도하고 정보 지휘 시스템을 건립하며 유엔군 당국의 폭력성을 선전하는 방식으로 전쟁 포로와 관련된 제네바조약을 위반했다. 또한 전쟁 포로들은 무력으로 유엔군 장군을 납치해 유엔군 당국의 무능력함을 드러내 보임으로써 투쟁 의지를 제고시키고자 했다. 정전회담이 반년이 채 진행되지 않았을 때 제주도에 감금되어 있던 공산군 포로가 공산군 간부에 의해 기밀하고 효율적으로 조직되기도 했다. 당시 유엔군 정보국이 입수한 남로당 문건에는 다음과 같이 기록되어 있었다.

한국 경상남도에서 올라온 보고에 따르면 거제도에 갇혀 있는 약 6만 명의 북한군 포로는 이미 조직되어 있고, 한국로동당(즉, 조선공산당) 경상 남도의 일부 동지는 이미 연계된 공작에 참여하고 있다.

제주도의 북한 포로 진영에서 실제로 투쟁을 책임졌던 전 북한군 제13 사 참모장 이후고 대령은 전쟁 포로 비밀문서에서 다음과 같이 밝혔다.

우리는 당의 재생당원이며, 장차 목숨을 희생해 당을 위해 공헌할 것이 다. 우리는 조선민주주의인민공화국의 최종 승리를 위해 분투할 것이다.

우리는 반드시 정전회담을 결렬시켜야 하며, 자기 자신을 해방해야 한 다. 김일성 동지의 명령을 받은 후에 우리 포로는 자신을 교육해야 하며, 공산당 측의 동지와 결합해 모든 조직이 연합해야 한다. 동시에 모든 전쟁 포로를 해방하기 위해 남한과 현재 거제도에 주둔하는 미국 세력을 타도하 고 혁명을 일으켜야 한다. 우리는 북한인민군 사령관과 무선 전보로 연락 하고, 인민군 유격부대에 참가할 것이다.

공산군 전쟁 포로가 남한 포로 진영에서 조직적으로 투쟁할 때 공산군 은 유엔군 포로에게 세뇌 작업을 하느라 바빴으며, 유엔군이 세균전을 폈 다고 날조했다. 동시에 코민테른 조직을 운용해 가능한 한 선전을 확대해 나갔다. 세뇌당한 미국 포로의 증언과 자백은 사람들을 매우 놀라게 만들 었다. 이러한 선전전으로 인해 유엔군은 다시 한 번 심각한 타격을 입었 다. 공산당의 이러한 포로 운용은 정보 책략 조직을 선전해 번갈아 이용하 는 냉전으로 정전회담에 영향을 주었는데, 이는 어느 정도 효과가 있었다. 그러나 유엔군은 시종일관 자유 포로 원칙을 견지했다. 한편 남한의 이승 만 정부는 중화민국과 이해관계가 일치해 중화민국정부에서도 비밀리에 남한으로 요원을 파견해 포로 진영의 중국공산당 반공 인물과 협조함으로써 강압적인 포로 송환에 반대하도록 했다. 결국 포로 자유 귀환이라는 선택의 자유를 관철시켜 1만 4000여 명의 반공 인물이 타이완으로 돌아가겠다는 뜻을 밝혔다. 이 과정은 뒤에 따로 기록할 것이므로 여기에서는 정전회담에 대해서만 설명하겠다. 특히 포로 처리와 관련된 문제는 한국전쟁의 또 다른 측면으로, 선전 전략 조직을 종합적으로 운용한 냉전과 밀접하게 연관되어 있었다.

정전회담의 다른 주요 사항도 합의를 거두었다. 예를 들면 중립국감시위원회의 위원국은 양측의 동의를 거쳐 유엔군이 제시한 스웨덴과 스위스와, 공산군이 제시한 폴란드, 체크슬로바키아가 맡게 되었다. 포로 처리에 대한 중립국송환위원회의 위원국으로는 양측의 동의하에 스웨덴, 스위스, 폴란드, 체코슬로바키아가 선정되었고, 인도를 위원국 겸 주석국으로 임명했다. 군사적 정전 후 3개월 이내에 양측은 정치회담을 실시하는 데에도 동의했다. 정치회담에는 유엔군 작전에 참가한 미국, 한국, 영국, 프랑스, 필리핀, 태국, 뉴질랜드, 호주, 캐나다, 벨기에, 네덜란드, 룩셈부르크, 그리스, 터키, 콜롬비아, 에티오피아 등 16개국과, 공산당 국가인 소련, 중공, 북한 등 3개국이 출석했다. 전술한 각 항의 조건을 둘러싸고 수차례의 절충과 중단을 거쳐 천신만고 끝에 유엔군과 공산군 대표 양측의 동의를 얻어 정식으로 정전 협정을 체결하려 할 때, 한국의 이 대통령이 청천벽력과 같은 성명을 발표했다. 유엔군이 제안한 정전 조건은 중공군이 계속해서 북한에 남아 있도록 승인하는 것이라서 한국 국민의 생존과 자유가 보장되지 않으므로 대한민국은 승인할 수 없으며, 만약 유엔군이 이대로 정전을 결정한다면 남한의 군대는 자유행동을 취할 것이고 계속해서 작전해나갈 것이라는 내용이었다. 1953년 6월 9일 한국정부는 다음과 같은 긴급결의안을 통과시켰다.

① 한국은 한국의 의견을 포함하지 않은 정전을 승인하지 않는다.

② 공산당 지역으로 포로를 송환하는 데 반대한다. 전쟁 포로는 일반인의 신분으로 즉시 풀어주어야 하며 공산당 소속이 아닌 중공 포로는 타이완으로 돌려보내야 한다.

③ 외국 부대(인도를 암시함)의 경우, 송환을 거절하는 포로는 한국정부가 받아들이지 않을 것이며 자위 행동을 취해야 할 것이다.

④ 한국은 독자적으로 준비해 북진통일을 이뤄낼 것이다.

정전회담의 결과로 인해 한국에서는 연일 시위가 벌어졌으며, 민의는 격앙되고 전 사회가 하나가 되어 들끓었다. 이승만 대통령은 6월 6일 아이젠하워 대통령이 그에게 사적으로 보낸 편지를 공개했는데 내용은 다음과 같았다. "미국은 한국이 평화적으로 통일하는 것을 포기하지 않을 것이며, 한국이 정전협정 체결을 받아들인 후 한국과 공동방위조약을 채택할 것이다. 동시에 한국이 부흥해 국력을 증강시킬 수 있도록 한국에 대한 경제적 지원을 계속해나갈 것이다."

이 대통령은 6월 18일 유엔군 포로 진영에 있는 한국 국적의 반공 포로 2만 5000여 명을 석방하라는 명령을 내려 세계 각국을 경악케 했다. 아이젠하워 대통령은 하는 수 없이 국무부의 로버트슨을 한국에 특사로 파견해 이 대통령과 2주간 교섭하게 했는데, 한미상호방위조약의 체결과 한국에 대한 지속적인 경제 지원 실시 등에 대해 한국 측의 정식 동의를 얻은 후 유엔군과 공산군의 정전협정을 체결하는 마지막 회담을 벌여 마침내 매듭을 지었다. 1953년 7월 27일 판문점에서 유엔군 대표 해리슨 중장과 공산군 대표 남일 중장을 대표하는 유엔군 총사령관 클라크, 조선인민군 최고사령관 김일성, 중공 인민지원군 사령관 펑더화이 세 사람이 책임지고 한국 정전협정을 체결했다. 협정 전문은 '군사분계선과 비군사 지역', '무장 전쟁과 정전의 구체적 안배', '포로 안배에 관해', '양측에 대한 정부 관련 건의', 그리고 '부칙' 5개조 총 63개 항으로 구성되어 있으며, 부록으로 '한국 경내 정전협정 보충 기록'이 첨부되어 있다. 이렇게 한국전쟁은 마무리되었다.

한국전쟁은 1950년 6월 25일 발발한 후 1953년 7월 27일 정전되기까지 3년이라는 시간이 걸렸다. 첫해에는 전국적인 군사 작전이 펼쳐졌고 그 후 2년은 냉전과 화력전이 번갈아 운용되었다. 유엔의 발표에 따르면 공산군은 총 190여만 명이 사상했고, 유엔군은 46만 6000여 명이 사상했는데 그중 미군의 사상자 수는 13만 9000여 명이고 나머지는 남한과 동맹군의 사상자다. 전쟁의 잔혹함은 도대체 무엇을 위한 것이었을까? 그것은 오로지 자유를 위해서였다. 정전회담에서 관건이 된 것은 앞서 이야기한 포로 자유 귀환과 선택의 자유라는 원칙뿐이었다.

》 나의 사직과 후임 결정

내가 한국에 외교 사절로 취임하기까지의 과정은 결코 쉽지 않았으나 그만두는 것 역시 쉽지 않았다. 맥아더가 사직하기 전 나는 여러 차례 사직을 청했으나 비준을 받지 못했다. 맥아더가 사직한 후 한국전쟁은 '승리를 추구하지 않는 제한전'으로 결정 났고, 미국과 영국은 전쟁이 되도록 빨리 끝나기를 바랐다. 전쟁이 확대되어 한중 국경에서 중국의 동북 지역으로 진격해 옛 고향까지 쳐들어가기를 바라던 나의 바람은 이로 인해 무산되고 말았다. 이에 나는 먼저 귀국해 상황을 보고하기를 백방으로 청했는데, 타이베이로 돌아온 이후에는 다시 한국으로 가지 않은 채 계속해서 사직서만 올렸다. 결국 사직서가 비준을 받고 몇 명의 후임이 안배되고 나서야 겨우 주한대사의 직함을 벗어날 수 있었다.

대일 항전이 막 시작되었을 때를 돌이켜보면 《대공보》의 주필 장지롼 선생의 말 한 마디로 내 인생이 결정되었다. 그는 나에게 전후 독립된 한국에 대사로 부임하는 중임을 받아들이도록 촉구했는데, 이로 인해 한국 독립운동에 참가하게 되었고 김구 주석의 고문으로 초빙되었다. 당시 나는 재중 및 재미 한국 독립운동 지도자들과 알게 되었는데, 그중에는 이승만도 포함되어 있었다. 또한 이승만 부부를 포함해 중화권과 미국에 있는 많은 한국 독립운동 지도자들을 서로 연결해주었다. 항전 승리 후 장 주석은 원래 나를 주터키대사로 보내기로 결정했다. 그러나 김구 주석이 중국을 떠나 한국으로 가기 전 장 주석을 직접 만나 천리푸 선생 또는 나를 주한대표로 보내달라고 간청하자 한국과 관계가 깊었던 나를 주한대사로 임명해 주터키대사에서 직무가 바뀌었다.

한국으로 파견 나가는 과정에서는 마음고생을 많이 했다. 처음에는 군사위원회 위원장의 주한 군사대표(중장대우)로 파견되었는데, 외교부 왕 부장이 명의를 대사급 외교대표로 바꾸자고 주장했다. 내가 함부로 행동할 수 없는 일이라서 왕 부장에게 장 주석의 지시를 요청하도록 부탁했는데, 무슨 까닭인지 모르지만 장 주석이 뭔가 오해해 크게 화를 내면서 나의 한국 파견을 철회했다. 이로 인해 나는 실업자가 되었다. 이것이 첫 번째 마음고생이었다. 그로부터 석 달 후 나는 외교부 주한대사로 파견되었다. 나는 중화민국의 주미 및 주일 외교관과 미국 국무부 및 동맹군 총사령부가 어떻게 교섭했는지 알지 못했기 때문에 대사급은 너무 높고 예전에 군 계급을 지내봤더니 총영사라는 직책이 가장 좋았다고 말해버렸다. 그러자 중화민국 외교부는 내 말에 따라 나를 외교부 주한대사로 파견하는 결정을 철회하고 류위완을 주서울 총영사로 파견했다. 이로써 나는 다시 실업자가 되었다. 이것이 두 번째 마음고생이었다. 1948년 겨울, 대한민국이 정식 수립되었고 중화민국은 이를 승인했다. 이로써 50여 년간 중단되었던 한중 외교가 회복되었다. 당시 중국공산당의 전면적인 배반으로 인해 장제스 총통은 나라를 구하기 위해 자신을 희생해 잠시 은퇴를 선포했다. 리쭝런 부총통이 총통대리 직무를 수행한 지 얼마 되지 않아 나를 또 다시 중화민국의 초대 주한대사로 임명했다. 나는 한국의 동의를 얻은 후 곧장 부임할 예정이었으나 생각지 못하게 시국이 급변해 수도가 함락되어 정부가 광저우로 옮겨졌다. 한국 측은 한중 양측의 인사 관계가 복잡해짐에 따라 정세를 관망했고 반년이 지나서야 나의 한국 파견에 동의했다. 그때는 김구가 암살당해 세상을 떠나고 이승만이 대통령으로 취임된 시기였다. 이 기간은 변화가 너무 심해 이전에는 할 수 없던 방법이 새로운 기회가 되기도 했다. 나는 정말 몇 차례나 몸과 마음이 고생해야 했다.

1945년 11월 주한대표로 부임하라는 명을 받은 이래 3년 8개월이라는 시간이 흐른 뒤로, 그동안 나는 국내와 국외에서 여러 차례 생각지 못한 곤란을 겪었다. 결국 나는 1949년 7월 독립된 대한민국의 수도 서울에서 정식으로 주한대사로 취임해 오랜 숙원을 이루었다. 하지만 이는 고난의 시작일 뿐이었고 이후 끊임없이 어려운 상황이 이어졌다. 옛말에 '보이는 곳에서 날아오는 창은 피하기 쉽지만 몰래 쏘는 화살은 막아내기 어렵다'라고 했다. 나는 환경이 열악하고 업무가 힘든 것은 개의치 않았지만 관료들이 뒤에서 괴롭히고 방해하는 것은 견딜 수 없었다. 내가 한국에 부임한 후 맞닥뜨린 어려움은 관료 행정을 비롯해 주로 인사, 경비 및 사무적 어려움이었다. 이처럼 사람 사이의 일에서 곤란한 경우가 끊임없이 발생하고 한국전쟁 발발 후 중화민국이 한국에 대해 정책상 여러 가지 면을 고려하게 되자 결국 나는 내 임무를 서둘러 마무리지었고, 이후 소극적으로 임하면서 스스로 물러나겠다고 요구하며 다른 인물을 찾도록 요청했다.

먼저 주한대사관의 인사 문제를 이야기해보겠다.

1949년 7월 말 주한 중화민국대사관이 개설될 당시 정부는 수도를 난징에서 광둥으로 옮겼고 얼마 지나지 않아 타이완으로 후퇴했다. 국고 및 외교 예산상의 어려움 때문에 주한대사관에는 나와 천 비서 두 명만 전임이었고, 나머지는 모두 원래 총영사관 인원이 겸임했다. 현지에서 몇 명의 사무원을 고용했지만 정식 관원은 대사관과 영사관을 합쳐도 여섯 명이 넘지 않았다. 전쟁이 발발한 이후 얼마 되지 않아 총영사관이 외교부의 명령을 받고 철수함에 따라 관원도 참사와 비서 이렇게 두 명만 남게 되었다. 나는 외교부에 보고를 올려 '① 주 외교 사령관 인원의 고용 및 지출에 어려움이 있으므로 각 관의 외교 환경 및 요구를 중점적으로 고려해주길 바랍니다. ② 일본과 한국은 지리적으로 가까운데도 주일대표단의 인원은 100명 안팎이고 주한대사관의 인원은 두 명밖에 되지 않으니 이를 비교해 인원 증가를 요청하는 바입니다'라고 요구했다. 외교부는 이에 대해 줄곧 답이 없다가 후에 다른 국가의 대사관에서 일하던 두 명을 임명했으나 그 두 사람은 사직하는 한이 있더라도 한국 같은 위험 지역에는 오지 않겠다고 했다. 한국전쟁이 발발한 후에는 더욱 관심 갖는 이가 없었다. 외교부는 아무런 해결책을 찾아내지 못해 인사 요청건은 흐지부지되었다. 이로 인해 한국전쟁 전후 내가 대사로 취임한 기간 동안 주한대사관에는 대사, 참사, 비서 세 명밖에 없었다. 우리는 전쟁의 어려움을 무릅쓰고 모든 난관을 헤쳤으며 군사적 관찰, 외교적 교섭, 심리전 전략 등을 모두 담당했다. 또한 2만 명의 화교와 대사관의 후퇴를 처리하고 가난한 화교들을 구제했으며, 청년 화교의 군사 조직 업무 등은 스스로에게나 화교 동포들, 정부와 국가에 떳떳할 정도로 잘해냈다. 이 점을 감안해 1950년 10월 서울이 수복되고 주한대사관의 직원이 다시 모인 이후 나는 전장의 관장으로서 외교부에 전문을 보내 공을 세운 동료에게 상을 줄 것과 왕 무관을 해임시키고 교체해줄 것을 요청했다. 상벌을 명확히 하고 물질로써 격려하기 위함이었다. 다음 해 3월까지 기다렸으나 아무런 소식이 없자 다시 전문을 보내 재촉했고 4월 중에 외교부의 전문을 받았다. 쉬 참사에게 상을 주는 것을 허락했고 성빙안은 수행원으로 복직되었는데 이는 원래 직책으로 복직되었음을 의미했다. 그러나 천 비서의 승진에 대해서는 비준하지 않았고 아무런 설명도 없었다. 이뿐만 아니라 외교부가 이 안을 처리한 지 얼마 안 있어 관장에게 본관의 업무 수요가 어떠한지 묻지도 않은 채 쉬 참사를 개인 면담해서 다른 나라로 보내버렸다. 이러한 인사 처리는 일을 더 엉망으로 만들었다. 이로 인해 어려움이 경감되기는커녕 오히려 곤란한 상황이 더해지고 말았다.

다음으로 경비 문제를 이야기하겠다.

정부 재정 상태의 어려움은 외교 경비에 영향을 주었다. 외교부의 한 차장이 정부가 대륙에서 철수할 때 외국으로 돈을 가지고 도망갔다는 것이었다. 외교부가 주외 영사관에 주지 않은 경비가 4~5개월분이나 되었는데, 이는 1949년 가을 겨울쯤의 일로 주한대사관도 예외는 아니었다. 본관은 새로이 개설되었으며 개관한 지 수개월밖에 되지 않았는데 기존의 주서울 중화민국 총영사관은 철수했고 관련 경비도 함께 취소되었다. 심지어 새로 개관한 대사관의 경비가 삭감되어 원래의 총영사관 경비보다 적었으므로 자금을 융통하기가 어려웠다. 다행히도 총재가 나에게 준 기밀비용이 있었기에 버틸 수 있었지, 그렇지 않았다면 대사관은 문을 닫았을 것이다. 이것이 처음으로 겪은 경제적 어려움이었다.

한국전쟁이 발발하기 전에도 남북한 정세는 이미 위험한 징조를 보였고 상당히 긴장된 상태였다. 게다가 정부에서 대사관에 많은 경비를 주지 않았으므로 본관은 외교부에 전문을 보내 영사관의 특수한 환경을 고려해 어느 정도의 임시비용을 주어 만약을 대비할 수 있게끔 하기를 바란다고 요청했다. 외교부는 본관의 요구에 대해 전문을 보내 '별개 사항으로 특별 처리'라고만 답변했다. 윗선에서 아래 직원을 골탕 먹이려는 게 아니라면 실제로 '별개 특별 사항'으로 관리해 전쟁에 대응해야 마땅한 것 아닌가? 이후 한국전쟁이 실제 발발해 서울에서 철수한 후에는 특별 예산을 요구했다. 당시의 요구는 승낙 받을 줄 알았는데 외교부는 또 답이 없었다. 중공 참전과 서울에서의 두 번째 후퇴로 본관이 부산까지 철수한 뒤 전문을 보내 특별 예산을 보내달라고 재차 요청하자 그제야 외교부에서 반응을 보였다. 그런데 2000달러를 보내준다면서 가혹한 조건을 달았다. 사전에 일일이 허락받아야 사용할 수 있다는 것이었다. 본관은 사용한 후 허락받지 못할까 두려워 함부로 사용할 수 없었다. 그런데 눈치 빠른 외교부의 한 주무 관원이 2000달러가 사용되지 않은 것을 알아채고 즉각 다른 통지문을 보내 본관의 해당 예산은 다른 용도로 이미 투입되어 보충되었다고 알려주어 눈치 보며 비용을 사용하지 못하던 어려움은 끝이 났다. 이것이 두 번째로 겪은 경제적 어려움이었다.

전쟁이 발발하자 각국 외교 인사들은 맥아더 총사령부가 보낸 전용기를 타고 서울에서 후퇴했다. 왜냐하면 각국 사절단과 외교관들의 차량은 서울 함락 후 공산군에 빼앗겼기 때문이다. 본관의 차량 역시 같은 상황이었다. 9월 말 서울이 수복된 후 본관이 복원되자 나는 외교부에 그간의 경과를 설명하는 전문을 보내 공무용 차량을 살 수 있게 비용을 보내달라고 했다. 3개월을 기다려서야 허락받았다는 전문을 받았고 9개월이 지난 뒤에야 돈을 받았다. 참으로 성격 급한 사람이 느려터진 사람을 만난 격이었다. 그 기간에 대사인 나와 참사, 비서는 차를 타고 다니는 대신 걸어다니며 업무를 봐야 했는데, 다행히도 미군에서 지프차를 빌릴 수 있어 겨우 힘든 기간을 버텨냈다. 이것이 세 번째로 겪은 경제적 어려움이었다.

전쟁터의 최전선에 있는 외교 인원은 당시 정부의 재정이 어렵다는 것은 알고 있었지만 정부의 외교 경비가 이 정도로 구차할 줄은 몰랐다. 그런데 1951년 1월 ≪중앙일보≫에는 외교부가 주한대사관에 지불할 경비를 타이베이 위안산 호텔에서 거행된 연회비용으로 대신했다는 기사가 보도되었다. 외교부 주관처에 문의한 결과 이 보도가 사실임을 알게 되었다. 어찌 다른 사람에게는 후하게 대하고 우리에게는 야박하단 말인가.

마지막으로 외교부 관원들의 품행을 보충 설명하겠다.

우리가 처음 서울에서 후퇴할 때에는 힘들기 그지없었다. 한국정부가 급히 도망가면서 각국 대사관에 급히 통지하지 못했기 때문이다. 우리는 버려진 후 미국대사관의 도움을 받아 미국대사관의 후퇴용 비행기를 타고

서야 일본의 오키나와 미군 기지에 도착할 수 있었다. 그 후 다시 도쿄로 가서야 타이베이와 전화 연결이 가능했다. 나는 총통과 외교부 장관의 지시를 받고 급히 쉬 참사와 미군 군용기를 타고 대전으로 갔다. 이러한 일련의 낭패를 당했다가 최전선으로 다시 돌아온 위험했던 순간에 대해서는 이미 상술한 바 있다. 나는 도쿄 - 타이베이 장거리 통화에서 대통령이 직접 내리는 지시방침을 받아 무척 위로을 얻었다. 그러나 뜻밖에도 예 외교부장의 오해를 받았는데 그는 다음과 같이 말했다.

> 형님, 사람들이 그러는데 형님이 담대하지 못하게 전쟁이 일어나자 서울을 떠나 도망갔다고 하더군요. 우리는 형님이 이승만 대통령과 한국정부와 함께 행동했으면 합니다. 연락도 계속 하시고요. 형님처럼 독단적으로 도쿄로 가버린 데 대해 상부에서 조사할 경우 형님에게 불리할까 걱정됩니다. ……

얼마 후 행정원 천 원장도 양명산 혁명실천연구원의 기념 강연에서 어느 대사가 소심해서 일이 닥치면 도망 다닌다고 질책했다고 했다. 심지어는 나와 쉬 참사가 위험을 무릅쓰고 대전 전선으로 돌아온 후에는 도쿄에 있던 중화민국대표단이 예 외교부장의 전보를 가져와 비난하기도 했다. 다음은 1950년 6월 30일 타이베이에 있는 예 부장이 도쿄에 있던 나에게 보낸 전보의 내용이다.

> 한국의 정세는 긴장된 상태로 급변하고 있습니다. 한중의 특수한 관계로 형제들은 이 대통령과 행동을 함께해야 하며, 행정원의 승인이 있기 전에는 어느 누구도 공무를 떠나 일을 그르치거나 오해를 사서는 안 됩니다. 관원들은 반드시 당신의 지시를 준수해야 하며 한국정부의 움직임에 따라야 합니다.

나는 오해를 피하기 위해 인내심을 유지하며 대전에서 예 외교부장에게 당시 서울을 떠난 사정을 설명하는 서신을 보냈다. 그러나 예 부장으로부터 양해 또는 위로의 말을 한마디도 듣지 못했다. 이것이 외교부 관원들로부터 받은 첫 번째 설움이었다.

한국전쟁이 발발한 다음날, 나는 긴급 명령으로 인천 항구에서 타이완으로 돌아가려 대기하는 중국 석유회사 영송륜을 잠시 멈추게 했고, 중화민국 주한 당·정·군 각 기관 인원 및 화교 지도자 등 200여 명을 이 배에 태워 타이완으로 철수시켰다. 얼마 후 부산에 있는 천헝리 비서가 도쿄 투자유치국에 요청해 해환륜을 부산으로 보내달라고 해서 화교 지도자 및 동포 등 100여 명을 타이완으로 2차로 철수시켰다. 이는 모두 전시 긴급 상황에서 임기응변으로 취한 조치였다. 하지만 외교부로부터 사전에 승낙을 받지 않았다는 이유로 영송륜은 나에게 2만 달러를 배상하라 했고 해환륜은 나를 비난했다. 심지어는 글을 보내왔는데 글에서 계속 '이 대사'라고 하는 등 상당히 귀에 거슬리는 용어를 사용하기도 했다. 내가 후 차장에게 엄중하게 항의를 제기하자 외교부에서는 주외 대사들에게 '이 대사'라는 호칭 대신 '집사' 또는 '귀하'로 고쳐 사용하게 했다. 이로써 외교 문서에 개혁적인 선례를 남겼다. 하지만 전쟁 지역의 외교 사절이 특수하고 긴급한 환경에서 화교들의 생명과 안전을 책임지기 위해 취한 임시 조치는 아무런 칭찬을 받지 못했을 뿐만 아니라 동정도 받지 못했다. 표창과 격려는 더 말할 필요도 없었다. 이것이 외교부 관원들로부터 받은 두 번째 설움이었다.

전쟁이 발발하고 한중의 전보가 끊어지자 본관에서는 외교부의 직원에게 휴대 무선 통신기를 가져와 부산에 전신대를 설치해줄 것을 요청했으나, 외교부에서는 답신을 보내 '해당 대사관이 원래의 전신대를 보전하지 못했는데 전신대를 설치할 인원을 파견해달라는 것은 말도 안 되는 일이다'라며 일언지하에 거절했다. 사실 외교부에서는 전쟁 전에 전신대를 보내지 않았으며, 본관에 있던 통신기는 국방부 안보국 주한 인원이 설치한 것이었다. 외교부에서는 마땅히 이 안건을 심사해야 했다. 기밀국 요원이 서울에서 철수할 때 전신대를 파괴시킨 것은 임기응변에 해당하는 조치로서 비난할 수 없는 일이다. 그런데 외교부가 본관을 비난하고 매도하는 것은 관료주의적 행태를 여실히 보여주는 것이라 할 수 있다. 이것이 외교부 관원들로부터 받은 세 번째 설움이었다.

하지만 주한대사관의 모든 직원은 생사의 위험을 무릅쓰고 적은 인원이 큰일을 맡아 어려움을 이겨냈다. 전투지에서 군을 따라 세 번씩 나아가고 물러서며 업무를 계속했다. 전무후무한 일이라고까지는 할 수 없지만 사실상 외교계에서 전무한 일이었다. 외교부에서는 당연히 자랑으로 여기고 협력해주어야 했으나 당시 외교부의 많은 사람이 오히려 우리를 공격하고 괴롭히기만 했으니 어찌 화가 나지 않을 수 있겠는가? 서울에서의 첫 번째 철수를 돌이켜보면, 위급한 상황에 처해 미국 군용기를 타고 우리 의지와는 상관없이 일본으로 갔던 것인데, 외교부장에게 전화와 전보로 비난을 들었고 행정원장에게는 공개적으로 힐난과 질책을 들었다. 7월 5일 나와 쉬 참사가 무기와 휘발유를 실은 미군의 운송차를 타고 적기가 공격하는 위험을 무릅쓰고 한국의 대전으로 날아간 지 며칠 지나지 않아 타이베이로부터 간략한 전보를 받았다. 신문 기사의 단신이었는데, '1950년 7월 9일 외교부 예 부장은 타이완성 우궈전 주석 및 중앙의 고위 관료 30여 명을 초청해 요트를 타고 지룽항구를 유람했으며 함께 식사를 한 후 오후 4시경 흥에 취해 돌아왔다'라는 내용이었다. 이를 나의 처지와 비교하니 실로 천당과 지옥 간의 천양지차여서 이 전보를 받아본 이후 나는 매우 큰 자극을 받았고 사직해야겠다는 마음이 더욱 깊어져 갔다. 그러나 한국전쟁 국면이 계속 악화되는 바람에 우리는 대전에서 대구까지 후퇴했으며, 다시 대구에서 부산까지 후퇴해 부산을 마지막 거점으로 삼았다. 따라서 매일 군정 화교 업무 및 사무를 처리하느라 정신없이 바빴고 시기 또한 사직서를 제출하기에 마땅치 않았다. 그래서 유엔군이 반공할 때까지 참았다. 서울이 수복되고 대사관이 복원되자 한국정부 또한 새로운 주중대사를 파견했다. 나는 한중 정세가 안정된 11월 14일에서야 타이베이에 전보를 보내 주한대사 직무를 사임하겠다고 요청했다. 전보의 내용은 대략 다음과 같았다. "전쟁 국면이 완전히 바뀌어 수도는 수복되었고 대사관 또한 복원되었습니다. 전쟁이 발발한 후이므로 한국대사관 인선에는 원래 군인이면서 정치적으로 수양된 자가 적합합니다. 사퇴해 적임자에게 물려주고자 하니 오해가 없길 바랍니다." 하지만 전보를 보낸 뒤 회답이 없었다. 기다리다 못해 나는 또 한 편의 긴 전보를 보내 사퇴를 요청했다. 1950년 12월 3일 서울에서 타이베이로 보낸 전보의 내용이다.

부장에게 전하는 극비 사항이며, 원장과 총통에게도 전해주기 바랍니다. 한국의 정세는 이미 새롭고 엄중한 단계로 들어섰습니다. …… 금후의 상황은 본인과 매우 밀접한 관계가 있으며 본인의 주한 기구 활동이 더욱 활발해질 것은 두말할 나위가 없습니다. 본인은 위험에 처해 있는 가운데 늘 주어진 임무를 다하고자 할 뿐입니다. 이전의 사오(蕭)와 즈(支) 두 사람의 전보 내용에 의거해 각 업무 요강을 전반적으로 말씀드렸습니다. 단기간 내에 고국으로 돌아가 지시를 받고자 합니다. 변화하는 상황에 맞게 적극적으로 개진하길 바라지만 아직 허락받지 못하고 있습니다. 또한 본관의 각종 인사와 경비 문제도 모두 해결 못한 상태여서 지금 형국은 능력이 없으면서 관직을 유지하고 있는 것과도 같습니다. 현재 한국 측은 이미 전임 국무총리를 주중대사로 보냈는데, 이 역시 우리 측이 주한 사절을 강화해야 할 때라고 여겨지는 이유 중 하나입니다. 본인은 11월 14일 전보를 보내 사직 의사를 밝힌 바 있는데, 재차 허락해주길 청합니다. 이는 군정 인원을 선별해 연임할 수 있도록 하기 위함입니다. 대사관의 인사 경비 문제는 후임자가 해결해야 할 첫 번째 사안입니다. 재차 간략히 말씀드리니 참고바랍니다. ① 현재 대사관에는 참사와 비서가 한 명씩 있습니다. 이들이 밤낮으로 공무를 처리하고 있긴 하지만 전시의 남북한 외교, 군정, 화교 업무, 정보 선전 등의 임무를 모두 담당하기는 사실상 불가능합니다. 더욱이 주일대표단 인원이 현재 70~80명인 것과 비교해 인원 증원을 참작해주길 바랍니다. ② 대사관의 무관들은 지휘를 따르지 않고 동료들과도 잘 어울리지 않으며, 반드시 갱신되어야 할 군사 정보에 대한 보고도 하지 않습니다. 군사 참모 인원을 고려해주길 바랍니다. ③ 전후 한국 물가는 몇 배나 급속히 상승했기 때문에 원래의 경비로는 유지하기 어렵습니다. 남북을 아울러 고려한다면 더욱 불가능합니다. 경비 증가를 고려해주기 바랍니다. ④ 지금 대사관에는 차량이 없습니다. 현재 주일대표단에는 차량이 수십 대 있는 것과 비교하면 신속히 공무용 차량과 지프차를 한 대씩 구매해야 합니다. ⑤ 대사관 주택의 손실 수리비 및 일상 가구 보충비는 신속히 지급되어야 합니다.

몇 번의 전보로 말씀드린 사항을 비준해주기 바랍니다. 상급의 명령을 받으면 속히 실시할 것입니다.

예 부장은 내가 사직을 청한 전보를 원장과 총통에게 전달하지 않았다. 12월 10일 만류하는 전보를 보내왔는데, '상황이 엄중하니 한 배를 탄 마음으로 남길 바란다. 그만둘 생각은 말아달라'는 내용이었다. 그러나 인사와 경비 문제에 대해서는 말도 꺼내지 않았다. 나는 중공 참전으로 인해 서울이 위기에 직면했기 때문에 예 부장의 전화를 받기 하루 전인 12월 9일 전보를 보내 그 전의 사직서를 잠시 취소해달라고 요청한 바 있었다.

다음은 1950년 12월 9일 서울에서 타이베이로 보낸 전문의 내용이다.

부장께서 극비로 취급하고 아울러 원장과 총통에게 전해주기 바랍니다. 유엔군은 계속 철수하고 있으며, 또한 며칠 전 한국정부는 비밀리에 관원과 그 가족들을 대피시켰습니다. 사회부 장관이 노약자와 부녀자를 대피시킨다고 공개적으로 성명을 발표해 서울은 더욱 공황 상태에 빠졌습니다. 이러한 위기 상황에서 나 개인은 도의상 동료와 동포를 버릴 수 없습니다. 전에 사직 요청한 전문은 아직 비준이 나지 않았으니 잠시 취소해주기 바랍니다. 한국의 상황이 안정되면 다시 허락을 받겠으니 전보로 지시해주기를 기다리겠습니다.

예 외교부장은 내가 보낸 두 편의 전문을 모두 전달하지 않았다. 그는 이미 만류하는 전보를 보내왔기 때문에 나의 이 전문에 대해서는 답장을 하지 않았다. 나의 사표는 긴급하고 혼란한 상태에서 그저 이렇게 미뤄질 뿐이었다. 1951년 정월 초 서울이 또 다시 함락되었고, 우리 대사관은 한국정부를 따라 다시 부산으로 후퇴했다. 이번에는 공산군이 먼 거리를 행군해왔기 때문에 일찍 지쳤으며 보급에도 어려움을 겪었다. 유엔군의 반격을 감당해낼 수 없어 2월 중에 공산군은 이미 한강 이북까지 물러섰고, 3월 14일 서울은 세 번째로 유엔군의 손에 들어왔다. 한국전쟁의 전략이 갈수록 격렬해졌기 때문에 트루먼 대통령은 4월 11일 결국 명령을 내려 맥아더의 모든 군대를 철수하도록 했다. 이는 전 세계를 놀라게 했다. 이는 한국전쟁이 승리를 목표로 하지 않는 제한전의 전략하에 결정된 일로, 전황은 장차 일진일퇴하는 형국이 될 것이었고 이미 승리라고 말할 수 있는 상황은 존재하지 않게 되었다. 개인적으로는 전쟁이 확대되어 대륙으로 다시 돌아가는 환상을 꿈꾸었으나 이 역시 깨지게 되었다. 나는 외교부가 전시 상황에서 주한대사관의 인사 및 경비 관련 문제에 대해 보인 관료주의적 태도를 일찍부터 받아들이기 힘들었으며, 이에 수차례 사직을 청했다. 이제 맥아더가 사직해 한국이 승리를 거둘 희망이 더욱 적어졌으므로 내가 직책에 남는 것은 더 이상 아무런 의미가 없었다. 나는 먼저 한국 국회의장 신익희의 타이완 방문 일정을 안배한 이후 나 역시 타이완으로 돌아가 보고를 올릴 수 있도록 요청하기로 결정했다. 타이베이에 돌아가면 사람들도 나의 사직 요청을 막을 수 없을 것이고 결국 나에 대해 이러지도 저러지도 못할 것이었다. 5월 22일에 이르러 '신 의장이 한국으로 귀국한 이후 나의 타이완에서의 업무 보고 요청안'과 관련해 예 부장은 전보를 보내 "이미 장 총통의 결재를 받고 허락이 내려졌다"라고 알려주었다. 이렇게 해서 나는 6월 초에 타이베이로 돌아가기로 결정했다. '자유 선택'이었다. 나는 가족에게 편지를 보내 이 사실을 알렸다.

쉬닝, 편지와 기사는 이미 받았소. 고맙소. 총통께서는 내가 귀국해 복직하는 것을 허락했으며 예 부장이 이를 전보로 말해주었소. 나는 대략 2주 후인 6월 10일에 도쿄를 거쳐 타이베이로 돌아갈 것이오. 상세한 것은 만나서 이야기하겠소. …… 나는 타이완으로 돌아간 후 지금의 자리를 그만두기로 결심했소. 천 원장이나 예 부장이 이를 어떻게 받아들이지는 개의치 않지만 장 총통이 어찌 생각할지 걱정되오. 2년간 주한대사를 맡으면서 열심히 일했고, 전쟁을 1년 겪으면서 죽을 고비도 넘겼소. 나는 힘든 것은 두렵지 않으나 관료들이 당신을 낙담시킬까 걱정되오. 현명한 당신이 있어 다행이오. 늘 나를 격려해주고 응원해주지 않았다면 나는 힘을 낼 수 없었을 것이오. 건강하게 지내시오.

5월 28일 부산에서 사오위린

6월 중순 나는 타이베이로 돌아와 먼저 총통, 원장 및 외교부장을 예방하고 업무 보고를 한 후 6월 28일 정식으로 예 외교부장에게 귀국 이후의 첫 번째 사표를 제출했다. 나는 관료들의 태도를 증오했지만 사표에서는 좋지 못한 말로 질책하기가 불편해 인사 배치 정책을 주된 사직 이유를 들었다. 7월 16일이 되어서야 예 외교부장의 답신을 받았다. '총통의 명을 받들어 만류함'이었다. 나는 명을 받은 사흘 후인 7월 19일 두 번째 사표를

냈다. 나의 사직이 향후 정책상에 갖는 긍정적인 의의에 주안점을 두면서 전쟁 중인 국가에 파견할 사절을 인선할 때에는 군인이면서 동시에 정치적 수양을 지닌 자를 선발해야 한다는 나의 과거 주장을 거듭했다. 다음은 두 번째 사직서에서 발췌한 내용이다.

…… 총통의 비준과 만류 권유 등을 받들게 되어 매우 감명 깊습니다. 저의 생각으로는, 외국 주재 사절을 인선하는 데에는 때로는 문인이 적합하지만 때로는 군인이 더욱 적합합니다. 한국전쟁이 발발했으니 주한대사로는 이후 정세에 적응하기 위해 정치적 수양을 지닌 군인이 적합합니다. 한국전쟁의 전장에서 새로운 군사 지식을 흡수할 수 있고 수복 지역의 행정 경험이 있는 자였으면 합니다. 이는 후일 중화민국이 대륙을 수복하고 아울러 수복 지역에서 군사 정치의 본보기가 될 수 있게 하기 위함입니다. 게다가 한국의 정세는 다행히도 가장 혼란스럽고 어려운 시기를 지났습니다. …… 환경이 변했으므로 저는 사실상 적임자가 아닙니다. 사직서를 올리니 비준해주길 바랍니다. 부장께서 원장과 총통에게 전해주기 바랍니다.

1951년 7월 19일 주한대사 사오위린

나는 또 다시 예 외교부장의 통지를 받았는데, 내용은 총통의 '만류 권유'였다. 나는 총통이 알아봐주는 데 대해서는 마음속 깊이 감사했지만 계속 유임할 생각이 없어 며칠 후 다시 세 번째 사직서를 제출해 재차 자세히 설명했다.

…… 현재 유엔군은 막강한 화력을 앞세운 화해 전술로 인해 전술을 막고 있으며, 전쟁 상황은 다소 안정되어 교착 상태를 보이고 있습니다. …… 업무에 대해 적극적으로 말하자면 한국전쟁의 전장에는 반드시 군인이면서 행정 경험이 있는 자가 필요합니다. 군사적으로는 적군과 아군의 군사

지식을 흡수해야 하는데, 이는 대륙 수복 시 참고하기 위함입니다. 정치적으로는 유엔군이 수복 지역에서 취한 각종 조치를 학습해야 하는데, 이 역시 대륙 수복 시 참고하기 위함입니다.

나는 인력을 적재적소에 배치함으로써 이후의 업무를 적극적으로 개진하자고 주장했다. 당시 행정원 제2조 조장으로서 천 원장을 보좌하며 외교 및 교무 담당 막료로 활동한 바 있으며 훗날 중화민국 제7대 주한대사로 부임한 주푸쑹(朱撫松)은 내가 수차례 사직서를 제출했던 내용을 보고 나를 만났을 때 "형님의 사표는 병으로 사직한다는 뻔한 말이 아니라 적극적으로 정책상의 주장을 내세워 인상 깊었습니다"라고 말했다.

내가 세 번씩이나 사표를 제출한 후 행정원의 천 원장이 나를 불러 면담하며 다음과 같이 물었다.

> 천 원장: 다른 사람들은 사표를 내도 두 번이면 많은 거고 세 번까지 내지는 않소. 당신이 세 번까지 내는 걸 보니 의사가 확고하다는 건데, 도대체 무슨 어려움이 있었던 것이오? 무슨 억울한 일이 있었소? 얘기해주면 내가 해결할 방법을 찾겠소.
>
> 사오위린: 제가 사표 요청을 허락받은 후에는 반드시 대사관의 인사와 경비 문제의 어려움에 대해 보고서를 제출해 건의할 것입니다. 후임을 위해서입니다. 원장께서는 먼저 사직을 허락해주십시오.
>
> 천 원장: 당신 결심이 이렇게 확고한 걸 보아 후임자에 대해 생각이 있을 듯하오. 예의 차리지 말고 말해주시오.
>
> 사오위린: 천 원장께서 저의 의견을 들어보겠다고 하니 말씀드립니다. 한국전쟁의 군사 정치에 대한 저의 의견은 일에 따라 사람을 선택해야 한다는 것입니다. 이전에 제6군관구 부사령관 및 후난성과 후베이성의 부주석을 지낸 왕둥위안 선생께서 군사가이고 행정 경험이 있는 데다

작년에 총재를 동반해 한국을 방문한 적도 있기 때문에 가장 적임자라
고 생각합니다. 천 원장께서는 어찌 생각하시는지요?

천 원장: 내가 봤을 땐 문제가 없소. 그러나 그는 제6군관구에서 나의 부장
관이었고 우리 사이는 친밀하므로 내가 이런 요구를 청하기는 불편하
오. 당신이 총통에게 요구하는 게 어떻소?

사오위린: 원장께서 동의하신다면 저는 당연히 총통에게 제의할 수 있습
니다.

며칠이 지나 8월 초에 천 원장은 나의 세 번째 사직서를 총통에게 전달
했고, 총통은 나를 불러 다음과 같이 물었다.

장 총통: 한국에서 대사의 업무 처리는 매우 훌륭했소. 그런데 왜 계속 그
만두려 하오? 무슨 어려움이 있었소?

사오위린: 외교 행정 방면의 개혁에 대해서는 이후 반드시 건의하고자 합
니다. 현재 한국전쟁은 확대되지 않고 있지만 전술, 전쟁 기술, 병기,
통신 보급 등의 문제는 모두 매우 중요합니다. 한국전쟁이라는 전장은
군사적 보물창고라고 할 수 있습니다. 전략은 정략과 서로 통하는 바가
있어 제가 조금 이해합니다만, 전술과 전쟁 기술, 병기, 통신 보급 등에
대해서는 조금도 아는 바가 없어 마치 보물 산에 들어갔다가 빈손으로
돌아오는 것과 같습니다. 게다가 한국전쟁 수복 지역의 행정은 우리가
장차 수복할 지역에 대해 참고할 가치가 있습니다. 그러므로 저는 총통
께서 군인이자 정치 수양과 행정 경험을 지닌 사람을 뽑아서 저의 후임
으로 보내길 바랍니다. 그것이 합당하다고 생각합니다.

장 총통: 대사의 결심이 이렇게 확고하니, 어떤 사람이 뒤를 이으면 좋을 듯
하오?

사오위린: 총통께서 제가 제안하도록 허락한다면 제가 아는 군인 중 왕둥

위안 선생이 비교적 적합하다고 생각합니다.

장 총통: 천 원장도 그대가 왕둥위안을 건의했다고 말했지. 대사가 보기에
　　왕둥위안은 괜찮소? 그의 영어 실력은 어떠하오?

사오위린: 제가 천 원장에게 제의했습니다. 왕 선생의 사람 됨됨이는 천 원
　　장과 총통께서 저보다 더 잘 알 것입니다. 제가 보기에 그는 군사에 대
　　한 지식과 행정 경험이 있어야 한다는 조건에 부합됩니다. 영어는 유창
　　하지 않을 수도 있는데, 잘은 모르겠습니다. 대사는 당연히 영어를 할
　　수 있으면 좋습니다. 하지만 통역을 많이 사용하는 것은 생각할 시간을
　　다소 확보하게 만들기도 합니다. 왕둥위안 선생은 또 다른 장점이 있습
　　니다. 그는 전에 중앙훈련단 교육장을 역임한 바 있는데 중앙훈련단에
　　서 교육받은 한국 독립운동가들은 지금 한국에서 상당한 지위를 지니
　　고 있습니다. 적지 않은 한국인이 중국어를 구사하며, 작년에 왕 선생
　　역시 총통을 모시고 한국에 온 적이 있습니다. 만약 총통께서 허락한다
　　면 저는 당장 그더러 한국에서 저의 후임을 맡아달라고 부탁할 것입니
　　다. 그는 능력이 충분해 임무를 훌륭히 감당해낼 것입니다.

장 총통: 음, 그럼 왕둥위안에게 나를 보자고 전해주시오. …… 대사의 이
　　후 업무는 어찌되오? 한국에 한번 돌아가야 하는 것 아니오?

사오위린: 저는 먼저 한국에 가서 업무를 인계해야 하며 한국 조야와의 관
　　계에서 교대해야 할 부분도 있습니다.

장 총통: 그렇다면 대사가 한국에서의 일을 마무리한 이후에 바로 도쿄에
　　가서 머물면 좋을 듯하오.

사오위린: 도쿄에서 중국인과 관련된 인사는 매우 복잡합니다. 그곳에는
　　이렇다 할 제 직책이 없어 불편하므로 타이베이로 먼저 돌아온 후 다시
　　총통께 파견 업무와 관련된 지시를 받는 것이 더욱 좋을 것 같습니다.

총통은 "좋아, 좋아"라며 나의 사직을 위로하고 격려해주었다. 집에 돌

아오자마자 신주에 있는 왕둥위안 선생에게 장거리 전화를 걸어 자세한 경과와 상황을 설명하기 위해 조속히 타이베이에 있는 우리 집에 와달라고 요청했다. 주한대표의 직위를 벗은 것이 매우 홀가분했고 왕둥위안에게는 일생의 대전환이었기 때문에 나는 몹시 흥분했다.

왕둥위안에게는 외교가 본업이 아니기 때문에 나는 그에게 모든 것을 알려줘야 했다. 그가 직위를 이어받으러 가기 전 우리는 자주 만나 한국 업무 및 대사관 업무에 대해 토론했다. 나는 알고 있는 모든 것을 말해주었다. 그의 성공과 실패는 나에게도 많은 부분 책임이 있다. 내가 이전에 주한대사관의 인사와 경비 문제로 어려움에 처했으므로 나는 사직을 허락받고 난 후 천 원장을 만났다. 그와 왕 대사는 개인적 친분도 있었으므로 천 원장은 예 외교부장을 만나 개선을 부탁한 듯했다. 이로 인해 왕 대사에 대한 외교부의 대우는 내가 있을 때와는 비교도 할 수 없이 좋아졌다. 첫 번째 중요한 문제는 인사 조정이었다. 외교부는 이미 쉬사오창을 주이란대사관 참사로 내정해놓았기 때문에 주한대사관 참사의 빈자리는 반드시 외교 경험을 지닌 인재가 부임해 왕 대사를 보좌해야 했다. 나는 왕 대사의 요청을 받고 그러한 인재를 찾았는데, 그 역시 알고 있던 전 주호주 시드니 총영사 우스잉(吳世英)과 전 주서독 군사대표단 참사대리단장 먀오페이지(繆培基) 두 사람을 건의했다. 먀오는 일이 있어 동행하지 못했고 우스잉이 참사로 부임해 많은 도움을 주었다. 왕 대표가 한국에 부임한 이후로도 우리는 편지와 전화로 연락을 취했다. 그는 직책을 수행하는 동안 '한국전쟁으로 본 국군'이라는 글을 공개적으로 발표해 약간의 문제를 일으켰으나 이로 인해 더욱더 조심했고 10년을 재임했으며, 한국의 학생혁명과 이승만 정부의 실각, 그리고 박정희 정부의 수립까지 겪고 난 이후에야 명을 받고 돌아올 수 있었다.

국민당이 북벌 통일해서 국민정부를 수립한 후 처음으로 군인을 대사로 파견한 사례는 주독일대사 장쥐빈(張作賓), 주이탈리아대사 류원다오(劉

文島), 주소련대사 양제(楊杰) 등이었다. 이는 북벌 성공 후 고위 간부에게 일종의 포상을 한 것으로서 군사적 의의가 있었다. 두 번째로 군인을 대사로 임용한 것은 정부가 타이완으로 물러난 이후의 일로, 그 첫 사례가 바로 왕둥위안 주한대사였다. 이유와 경과는 상술한 바와 같다. 그러나 이후로는 후롄, 량쉬자오(梁序昭), 펑멍지(彭孟緝), 뤄잉더(羅英德), 뤄유룬(羅友倫), 천자상(陳嘉尙), 천이판(陳衣凡), 마부팡(馬步芳) 등 별을 단 장군이 중화민국 외교계에 매우 많이 분포되었다. 이들은 군사 임무가 끝난 후 안배되었는데, 이들이 성공했는지 여부는 개별적으로 평가해야 하며 일률적으로 논해서는 안 된다. 이는 내가 예상했던 바가 아니었기 때문에 이 책에서 논할 바가 못 된다. 가장 절묘했던 일은 왕둥위안 장군이 주한대사로 부임한 것과 내가 나중에 터키에 대사로 갔을 때 이 대통령이 군인을 터키대사로 보내 세계 반공 전략 차원의 연계를 구축했던 것이다. 그는 한국 합동참모회의 의장에서 퇴직한 정일권 대장이었는데 주터키대사로 왔던 것이다. 그 후 한국의 퇴역 장성들은 끊임없이 외교대사로 발령받았는데, 이는 중국이 군인을 주외 대사로 보낸 상황과 일치했다. 청출어람이라고나 할까, 한국은 후에 중앙정보부 부장으로서 특수 공작을 주관했던 자를 외국대사로 파견하기도 했다.

총통이 나를 사직 처리하기로 내정한 후 8월 중순 부산에 갔을 때에는 대사관의 남은 업무가 끝이 났다. 나는 먼저 이 대통령을 방문해 총통의 명을 받아 다른 업무로 조정되었으며 정부가 왕둥위안 장군을 후임으로 파견할 것이라고 설명했다. 주한대사관은 정식으로 한국 외무부에 조회 절차를 진행해 동의해줄 것을 요청하면서 신속 처리를 부탁했다. 이 대통령은 예전에 내가 주한대사로 임명될 당시 반년이나 동의를 지연한 일을 떠올리며 조금 양심의 가책을 느끼는 듯했다. 나의 사임을 아쉬워하면서도 왕 장군이 주한대사 자리를 잇는 것을 환영한다고 말했으며, 동의 수속은 며칠 내에 처리할 것이라고 약속했다. 한국 정부는 당시 국제관례에 의거해 우방국 사절이 부임할 때 추사(追賜)하는 제도가 아직 갖추어져 있지 않았다. 이승만과 나, 그리고 김구와 나 사이의 우의도 사뭇 달랐기 때문에 이 대통령은 아마도 추사할 생각이 없었는지도 모른다.

이 대통령은 겉으로는 매우 예의 있어 내가 떠나기 전 변영태 총리에게 연회를 열라고 지시했다. 또한 '중한순치(中韓脣齒)'라는 네 글자가 초서체로 적힌 커다란 족자를 한 장 주었는데, 필치가 곧고 힘이 느껴졌다. 이는 그가 독립운동과 한국전쟁에서 직접 겪으면서 느낀 바를 쓴 것이었다. 9월 1일 한국 신문에는 중국의 사오 대사가 사직하고 한국의 지인들에게 작별 인사했다는 기사가 보도되었다. 같은 날 옛 영사관 빈터에 교포들을 초대해 군중대회를 열었는데 이 자리에서 사직 경과를 공개적으로 보고했다. 아울러 교포들에게 한국전쟁의 가장 힘든 시기는 이미 지나갔으나 만일에 대비해 대사관은 여러분을 대표해 정부에 필요한 것들을 배정해두었다고 위로의 말을 전했다. 또한 비록 몸은 한국을 떠나지만 마음만은 한국에 남아 여러분과 함께할 것이며 이후에는 조직을 더욱 강화시켜 서로 도와 난관을 헤쳐 나가야 한다고 말했다. 교포들이 나를 필요로 한다면 타이베이에서도 계속 노력해 여러분을 위해 일할 것이라고도 했다. 나의 발표로 모두들 감정이 격해졌고 교포들과 나는 소리 내어 울며 이별을 슬퍼했다. 나는 다음날 재한교포단과 교포 지도자 단체로부터 감사편지와 기념품으로 특제 은도장 2개, 담배 곽 2개를 받았는데 담배 곽 위에는 '사오 대사 기념 한국 교포 증정'이라고 새겨져 있었다. 은도장 앞면에는 '공고덕융(功高德隆)'(공이 높고 덕이 깊다)이라는 네 글자가 새겨져 있었다. 윗면에는 '사오 대사 기념', 아랫면에는 '한국 교포 증정'이라고 되어 있었다. 도장은 훈장과도 같아서 나는 그것을 '인민훈장'이라고 불렀다. 감사편지는 후에 감찰원 감찰위원으로 당선된 리헝렌, 국민당 중앙평의위원 류친(劉秦) 및 몇몇 교포 지도자가 보내왔는데, 내가 평생을 두고 잊지 못할 기념적인 글이었다. 내용은 다음과 같다.

대사님의 은덕에 감사드리며 헤어지기가 너무나도 아쉽습니다. 대사님이 저희 마음을 헤아려주고 저희를 이끌어주기를 바랍니다. 어제 각 지방에서는 교포들이 대사님의 사직을 만류하는 대회를 연 것으로 알고 있습니다. 대사님의 은덕이 너무나도 깊고 사람들을 감동시키기 때문에 사람들이 이처럼 만류했던 것입니다. 돌이켜보면 대사님은 주한대사로 오기 전부터 한국 화교에 대해 매우 깊은 애정을 갖고 있었습니다. 주한대사로 온 후에는 때마침 공산당에 대한 작전이 실패해 해외 화교들의 상황이 매우 좋지 않았습니다. 대사님은 이처럼 어려운 환경에서도 최선을 다해 업무에 임해주었고, 매우 위험한 상황에서 일어날 수 있는 나쁜 일들로부터 교포들이 피하도록 해주었습니다. 전쟁이 발생한 후에는 재해를 입은 동포들을 구제해주었고, 피난을 입은 화교들을 수용했으며, 피난 시기에도 교육이 진행될 수 있도록 해주었습니다. 전쟁 상황이 극에 달했을 때는 반공 정서를 더욱 고양시켜 청년들이 앞 다투어 군 입대를 지원하도록 했고, 노약자와 아이들 또한 자신이 가진 능력의 최대치로 돕도록 했습니다. 화교의 지위를 갈수록 높여주었는데, 이는 절대적으로 대사님의 지도력 때문이었습니다. 또한 교포의 안전 문제는 더욱 면밀히 고려해주었습니다. 교포의 철수를 호소하며 모든 힘을 다해 노력했습니다. 대사님이 있었기에 결국 정부로부터 각별한 혜택을 받았으며 특별히 허락을 받았습니다. 또한 대사님은 교포를 보호하는 데 최선의 노력을 다했으며 그 공적은 실로 셀 수 없을 정도입니다. 모두들 대사님을 두 번 다시 만나기 힘든 좋은 대사라고 칭송하고 있습니다. 그래서 어제 대회에서는 각자 분담해 총통부 행정원과 교외부에 전보를 보내 대사님의 사직을 만류하는 뜻을 밝히자고 결정했습니다. 더욱이 사람들이 모두 길거리로 나와 차를 가로막고 대사님의 사임을 만류하는 일도 벌어졌습니다. 유감스럽게도 대사님의 사직이 이미 비준되었다는 사실을 듣고 모든 사람들이 매우 실망하고 아쉬워했습니다. 이미 내려진 명령이라 다시 거두어들일 순 없지만, 대사님의 공덕은 사라지지 않을 것입니다. 저희는 정부에 전보를 보내 특별 표창을 청할 것입니다. 이후로는 아무 때에 대사님을 뵙고 지도받을 수는 없겠지만 어디에 계시든 한국의 화교들에게 관심을 갖고 지도해주길 바랍니다. 너무나도 아쉬운 마음을 참을 길이 없습니다.

1951년 9월 2일 주한 화교단체 연합사무처
리헝롄, 류친, 비쉬훙(畢續宏), 장다오춘, 류신지(劉心齋), 샤쯔판(夏子范)

생사고락을 함께한 진심과 노력을 그들은 모두 잘 알고 있었던 것이다. 이는 나를 위로하기에 충분하고도 남았다. 당시 주요 사건의 내막을 다루던 주간지 ≪신문관찰(新聞觀察)≫에서는 내가 6월에 타이완으로 귀국했을 때부터 사직서를 제출한 후 한국에 갔다가 다시 타이완으로 돌아오는 시기까지를 집중 보도했다. 그 보도의 제목과 요점만 발췌해보겠다.

≪신문관찰≫ 1951년 8월 18일 제80호
"샤오 대사가 복직하는가 아니면?"
주한 중화민국대사가 6월 11일 타이완으로 돌아와 복직한 이래 2개월이 지났고, 현재 이전 임무로 다시 돌아갈 조짐을 보이지 않고 있다. 전쟁터 대사라 불리는 사오위린은 도대체 언제 돌아갈 것인가, 다시 출전할 것인가? 말하자면 길므로 한 마디로 설명할 수는 없다.

≪신문관찰≫ 1951년 9월 1일 제82호
"사오위린, 이 사람이야말로 대사 같다!"
사직의 이유가 일반적인 이유와 다르다. '공'을 위해서지 '사'를 위해서가 아니었다. 사직 후의 계획은 외국에서 일하는 것이 아닌데, 이러한 사례는 보기 어렵다. 지식인의 본색이야말로 대사라 할 수 있다!

≪신문관찰≫ 1951년 9월 29일 제86호

"김구의 고문이 타이완으로 돌아와 비탄(碧潭)에서 낚시하다"

타이완에 돌아온 후 할 수 있는 일은 적지 않으나 공석이 없어 사오는 한동안 쉬어야 했다. 이는 푸른 연못에서 낚시하는 상황과 별 다를 게 없는데, 기회가 오면 물고기는 그물을 빠져나갈 수 없을 것이다.

당시 글에는 보도도 있고 평론도 있는데, 기사 중 일부는 나의 주한대사 시절을 꽤 깔끔하게 정리했다. 나의 주한대사 과정의 총결산이라 할 만해서 적어둔다.

사오위린은 능력 있는 외교관이고 세련되고 유머 있는 사람인데 그를 만나본 사람들은 모두 그에게서 친절함을 느낀다. 그는 일반적인 공무원이 지니고 있는 거만한 품새 같은 나쁜 습성이 없으며, 국가의 일에 대해 특히 진중하다. 이로 인해 대사 임무를 그만둘 때 부산까지 가서 한국 조야의 인사와 화교들에게 이별의 말을 전했다. 그가 수년간의 외교 인생을 마무리하게 되자 교포들은 사오의 사직을 참을 수 없어 모두 슬픔의 눈물을 흘렸다. 사오 본인 역시 이러한 광경을 보면서 자신도 모르게 눈물을 흘렸는데, 이는 보기 드문 감동적인 장면이었다. 한국 사람들에게 사오위린은 유명세가 자자한 사람이다. 그가 한국임시정부 당시 김구의 고문을 역임한 적이 있기 때문이다. 지금도 한국정부의 수많은 수장은 당시 사오의 오랜 친구다. 불행히도 정부가 그를 초대 주한대사로 발표하고 5개월 후 직무를 수행하러 갔을 때에는 김구가 암살당한 후였다. 한국전쟁이 발발한 후 사오는 계속해서 사직을 요청했는데, 이는 자신이 군사 분야를 잘 알지 못하는 데다 자신의 주한대사 임무가 일단락되었다고 생각했기 때문이다. 정부는 군사 분야를 잘 아는 사람을 그의 후임으로 파견해 한국전쟁의 기술을 현장에서 관찰함으로써 대륙반공 시 군사적으로 참고해야 한다. 그는 몇 차례나 귀국해 정부에 의견을 진술하려 했으나 올해 6월이 되어서야 귀국할 수 있었다. 귀국한 후에도 사임을 견지했고 연속해서 세 번이나 사직을 요청해 결국 비준을 얻을 수 있었다.

나의 사직은 친구들 중 몇 명만 대략적으로 알고 있었고 어떤 이는 아예 몰랐는데, 만나거나 편지를 할 때면 그들 모두 아쉬움과 안타까움을 표했다. 그중에는 한국 독립을 도와준 사람이자 중화민국의 야당인 민사당의 지도자인 장쥔마이(張君勱) 선생이 있었는데, 그때는 인도에서 강의를 하고 있었다. 나는 사직한 후 그에게 편지를 보내 강의를 마치고 나서 타이완을 방문해달라고 청했다. 그는 답신에서 나의 사직에 대해 안타까움과 아쉬움을 표했다. 이를 통해 중화민국의 조야에서도 한중 관계를 중시하고 있음을 느낄 수 있었다.

1951년 9월 3일 장쥔마이 선생이 뉴델리에서 보낸 편지

위린 아우, 당신은 남한과 관계가 깊은데 어찌해 사직한단 말이오? 한국전쟁이 아직 끝나지 않았고 한국에 계속 남아 있을 수 있다면 한국에 대한 동정의 표시가 될 것이오. 당신이 떠나면 지금의 남한은 놀랄 것이고 이는 한중 관계에 깊은 아쉬움을 남길 것이오. 반공은 모든 사람이 원하고 있으므로 명이 다할 때까지 온 힘을 다해 나아갈 것이고 그런 연후 타이완으로 돌아갈 것이오. 지금은 비자도 승인나지 않아 출입국 관련 허가를 쉽게 받을 수가 없소. 당신도 대사라서 잘 알 것이므로 이러한 어려움을 양해해주길 바라오. 만전을 기하길.

나는 주한 중화민국대사의 직위를 사직했지만 나와 한국의 여야 및 주한 교포들과의 관계는 계속 이어졌다. 마지막인 다음 장에서는 사임한 후 한국과 관련된 이야기를 보충하고자 한다.

제7장

주한대사를 사임한 뒤의 나와 한국

» 끊을 수 없는 한국과의 인연

통상 외국 주재 외교 사절이 복무 당시를 회고할 때면 취임부터 시작해 이임할 때로 끝이 난다. 그러나 나의 경우는 아주 다르다. 나는 주한대사로 부임하기 전에 벌써 몇 년 동안 한국의 독립운동에 참여했고, 주한대사 직위에서 사임한 후에도 한국에 체류하는 교포 및 한국 여야와의 관계가 지속되었기 때문이다. 따라서 나의 공식적인 임기는 길지 않았지만 한국과 지속적으로 관계를 맺고 있어 기록할 만한 가치가 있는 이야기들이 적지 않다. 다음은 내가 사직한 이후 겪은 몇 가지 일이다.

1951년 8월 하순, 나는 한국 부임 업무를 마치고 타이완으로 돌아왔다. 9월 중순 정부는 정식으로 나를 주한대사 직위에서 사임시키고 왕둥위안 장군을 후임으로 임명했다. 나는 장 총통의 배려하에 국책고문으로 임명되어 연구 업무에 종사하면서 한국과 관련된 일을 계속했다. 나와 교포 및 교포 학생들은 계속 연락을 주고받았는데, 다음 두 통의 편지를 보면 이를 알 수 있다.

1951년 11월 10일 한국 교포 대표들이 부산에서 타이베이로 보낸 편지

사오위린 어르신께. 당신이 타이완으로 돌아간 이후 교포 단체와 교포

들은 당신과 같이 생활하던 날들을 간절히 그리워하고 있습니다. …… 일
전에 대사관으로부터 당신의 소식을 전해 듣고 기쁘기 그지없었습니다. 왕
대사가 부임해 교포들이 환영하고 있으며, 모든 일이 순조롭게 잘 되어가
고 있습니다. 지난달 31일에는 총통의 65세 생신 환영 행사를 열었습니다.
당신께서 왕 대사가 한국에 부임하기 전 재한 교민을 위해 각계에 안부를
전해주고 미리 왕 대사에게 동료들을 일일이 찾아 만나보라고 한 데서 교
민을 아끼는 마음을 느낄 수 있었습니다. 당신은 재임 기간 동안 교민들에
게 초심을 유지하면서 대사관과 긴밀히 협력하라고 당부하는 한편 전심전
력으로 도울 것과 왕 대사의 지도하에 죽기를 각오하고 장제스 총통에게
충성을 다할 것을 맹세하라고 당부했습니다. …… 현지의 교민들이 탈출이
나 청원 등 난관에 부딪혔을 때 전과 다름없이 많은 도움을 주시기 바랍니
다. 이만 줄입니다. 경의를 표하며.

　　　　　11월 10일 리헝롄, 류친, 비쉬훙, 장다오춘, 류신자이, 샤쯔판

1951년 9월 13일 타이완으로 복귀한 주한 교포 학생대표단이 보낸 편지

친애하는 사오 대사님, 당신이 사임하고 타이완으로 돌아간 이후 한국
전장에서 목숨을 걸고 일했던 20여 명의 동지는 등대를 잃은 것처럼 괴롭
고 슬프기 그지없었습니다. 대사님은 한국 재임 시 매주 한 번씩 우리에게
편지를 보내 우리를 위로하고 격려했으며 적에게 결사 대항하도록 결심을
북돋워주었습니다. 우리는 당신이 보낸 편지를 최전선에서 부산으로 가져
갔고, 이번에는 부산에서 조국 타이완으로 가져와 2년간이나 보존했습니
다. 친애하는 사오 대사님, 우리 20여 명의 동지만 당신을 그리워하는 것이
아닙니다. 남한의 화교 가운데에는 사오 대사님과 쉬 총영사님 얘기가 나
올 때 그리움의 눈물을 흘리지 않는 자가 없습니다. 사오 대사님과 쉬 총영
사님은 우리 교포를 위해 성심을 다해 복무했습니다. 우리는 언제 어디서
나 대사님을 만날 수 있었습니다. 대사님은 조금의 관료의식도 찾아볼 수

없었고 우리 교포들에게 진실한 관심과 겸손을 갖춘 최고의 분이었다고 이
구동성으로 말합니다. 이는 양심 있는 교포라면 모두 이야기하는 바입니
다. 친애하는 대사님, 8월 26일 한국에 체류한 교포 학생 26명을 이끌고 타
이완에서 공부하게 되었는데, 현재 대부분 입학이 배정되었으며 전체 입학
배정이 완료될 때까지 기다리는 중입니다. 지휘 책임을 완료하고 난 뒤 저
는 정치공작간부학교 연구반에 들어가 훈련을 받을 예정입니다. 주한 교포
학생대표단의 간단한 이력을 대사에게 보고하니 대사님은 저의 뜻이 이뤄
질 수 있도록 협조해주기 바랍니다. 대사님의 건강을 축원합니다.

9월 13일 화교 학생 저우위헝(周玉珩)

내가 가장 기뻤던 것은 한국에서 사임하고 타이완으로 돌아온 후 타이
완에서 체류 중인 한국 교포 '3대 왕', 즉 왕궁원, 왕싱시, 왕사오난과 협동
할 수 있었던 것이다. 그리고 산둥성 중앙민의 대표 친더춘(전 산둥성 주석),
페이밍위(裵鳴宇, 전 산둥성 의장), 옌궈푸(延國符), 양바오린(楊寶琳, 입법위원) 등
과 각 관련 기관에 부탁해 주한대사관이 제기한 재한 화교의 요구사항과
관련한 결정을 내렸다. 결국 내가 사임하고 타이완으로 돌아온 1개월 후
정부의 정식 공문으로 비준을 받게 되었다. 전황이 위급할 때에는 대사관
의 허락을 받아 중화민국의 수송선을 준비해 교포들이 타이완으로 철수할
때 사용토록 했고, 교포위원회는 공터와 적당한 주택을 빌려 필요할 경우
어려움에 처한 교포들의 임시 숙소로 사용토록 조치했다. 한국에 있는 교
포 학생들이 타이완에서 학업을 잇는 문제, 교포 교사가 타이완에 와서 유
학하는 문제, 군사학교 및 정치공작학교에 응시할 경우 우대하는 문제, 유
엔군과 한국군의 작전에 참가한 화교 청년 사상자를 보상하는 문제 등은
모두 정부가 결정해야 할 일로서 내가 임시로 청구한 사항이었다. 결론적
으로 보면 여전히 한국에 남아 있는 교포와 교포학교 교사 및 학생들에게
내 업무가 제대로 인수인계되었다고 할 수 있다. 교포들이 안심할 수 있어

야 나도 안심이 되었다. 이는 이후 각 지역 중화민국대사관의 교포 철수 문제에서 원칙적으로 적용될 수 있는 모범 사례가 되었다.

1951년 10월 6일 교무위원회는 주한대사관에 다음과 같은 내용의 우편을 보냈다.

주한대사관 공람: 안건 심사 전 주한대사 사오위린이 금년 6월 20일 주한 화교 각 단체의 타이완 입국에 관한 3항 내용의 비준을 정부에 건의했는데, 행정원에 9월 26일 5173호 지령으로 접수되었음.

교육부, 국방부 양 부서와 타이완성 정부가 상의해 다음과 같이 결정했음을 알림. ① 재한 화교 중 타이완으로 철수한 자 가운데 생활 능력과 사상이 보증된 자는 일반 규정에 비춰 입국 수속을 신청해야 한다. ② 한국에 거주하는 화교 중학생 200명이 타이완에 와서 학업을 잇는 경우 타이완성 내 중등학교에서 공부할 수 있다. 중학교 및 소학교 교사 약 50명은 그 학력과 기술에 상응하는 학교에서 연수하도록 소개한다. 장학금은 잠정적으로 1인당 매월 신타이완화폐 100위안이고, 개별 안건에 대한 행정원 비준 이후 타이완으로 오는 것을 허락한다. ③ 위 항목의 학생이 타이완에 온 이후 군사 또는 정치공작 훈련에 참가할 경우 각 군사기관은 응시자를 모집할 때 우대할 수 있다. ④ 최근 유엔군이나 한국군의 작전에 참가하고 있는 화교 청년은 그 업무를 계속하기 바라며, 한국전쟁이 종전된 후 먼저 주한대사관에 등기하면 필요시 국방부에서 소집할 것이다. ⑤ 유엔군이나 한국군의 작전에 참가해 사망하거나 다친 화교 청년의 보상 문제는 외교적으로 유엔군과 논의해 우대하도록 청할 것이며, 아울러 우리 정부에 격려금을 청구해 주한대사관에서 지급할 것이다. ⑥ 위 항목의 교포 학생이 이미 군 복무하고 있는 청년 또는 정부의 허가로 본국에 귀국한 자일 경우 여비 등은 별도 안건으로 책정해 행정원에 청구해 처리한다. 여타 필요한 경비는 긴축 조치를 실시하고 추가적인 자금 지급이 불가능하면 잠시 후일로 미루고 나머지는 그대로 진행할 것이다.

　이 사실을 하급 기관에 통보할 것. 이에 명령함.

　이와 같은 이유로 전보의 원본을 첨부하니 참고하기 바람.

교무위원회(부본은 외교부 및 전 사오 대사에게 송부)

　필요시 교포 철수 및 전시 상황에 관련된 교포 업무와 교포 대상 교육 방법에 대해 정부가 승인함에 따라 임시로 일이 해결되었으며 상황에 닥쳐 허둥지둥 처리하지 않아도 되었다. 공교롭게도 이후 한국전쟁의 형세는 점점 유엔군에 유리하게 전개되었고 공산당은 각종 교활한 방법으로 시간을 끌긴 했지만 결국 정전협정을 체결할 수밖에 없었다. 따라서 한국에 체류하는 교포들은 불행 중 다행으로 전체 한국전쟁 중 처음 1년의 위급한 시기에 육로로 한 차례, 해로로 두 차례 철수한 뒤로는 더 이상 철수하지 않아도 되었다.

　그러나 전쟁은 모든 것을 파괴해버렸다. 한국에 체류하는 교포들의 경제 상황은 갈수록 곤궁해졌다. 나는 교포들이 근검절약하고 모두 자력갱생할 능력이 있음을 알고 있었지만 대사관에는 구제금이 턱없이 부족해 각종 구제 활동으로 난관을 돌파하기가 너무 어려웠다. 1952년 봄 중화민국 언론 관계자들이 방한해 전시의 한국 사회와 부산 교외에서 생활하는 교포들을 시찰한 후 교포들에 대한 보도를 한 바 있다. 나는 비록 타이베이에 있지만 마음은 한국과 연결되어 있었다. 주한대사관의 업무에 보조를 맞춰 어려움에 처한 교포들을 구제하기 위해 개인적인 힘을 보태는 한편, 타이베이 《중앙일보》에 '한국에 체류하는 교포들을 구제하기 위한 10위안 기부운동'을 제창하기도 했다.

　1952년 4월 10일 타이베이 《중앙일보》 제1판 전면

　"사오위린 선생이 한국에 체류하며 어려움에 처한 교포를 구제하기 위

한 10위안 기부운동을 제기"

전 주한대사 사오위린이 본보에 글을 보내 한국에 체류하며 어려움에
처한 교포를 구제하기 위한 10위안 기부운동을 제기했는데 편지 내용은 다
음과 같다. "싱예(星野) 사장님께. 중화민국 기자 한국방문단이 한국 체류
동포들의 참상을 보도한 내용을 읽고 난 후 나는 과거 그들과 함께 어려움
을 겪었던 기억이 떠올라 지금까지도 불안한 마음을 감출 수 없습니다. 그
들은 소련공산당 및 중국공산당, 조선공산당으로부터 침략을 받아 죽은 사
람도 많으며 가까스로 죽음을 면한 사람들도 구원의 손길을 기다리고 있습
니다. 나는 ≪중앙일보≫가 타이완의 동포들에게, 특히 산둥성과 동북 9성
의 호적을 가진 동포들(재한 교포 대부분은 산둥과 동북 지역에서 온 사람들이기
때문입니다)에게 동포애와 동향애를 발휘하고 공산당에 대한 분노를 함께
해 한국에 거주하는 어려움에 처한 동포들에게 10위안 기부운동을 전개하
도록 호소해줄 것을 간절하게 청합니다. 교포를 구원하는 운동은 민족을
위한 투쟁이며 반공운동이기도 합니다. 내 편지에는 가족 여섯 명과 한국
체류 교포인 가정부 한 명이 각자 10위안씩 기부한 돈 총 70위안이 동봉되
어 있습니다. 나는 10위안 기부운동이 반공운동으로 발전해 조국의 관심을
받기를 간절히 바랍니다. 4월 9일 독자 사오위린"

당시 ≪중앙일보≫는 재한 동포를 구제하기 위한 운동을 전개하기 위
해 딩웨이펀(丁惟汾), 우톄청, 모더후이, 바이충시(白崇禧), 구정강(谷正綱), 사
오위린, 추녠타이, 팡즈(方治), 황톈줴(黃天爵), 리푸성(李僕生), 리이중(李翼中)
등 여러 선생을 발기인으로 청하고, 국내외 독자들에게 호응해줄 것을 요
청했다. 이 신문사는 각계 인사가 출연한 돈과 의복을 대신 받아 대륙재난
동포구제총회에서 통합 관리하도록 전달했다. 구제총회는 한국전쟁 발발
후 1951년에 구제 식량 10만 근을 제공했고, 1952년에는 식량 6만 근과 의
복 10상자를 제공했다. 한편 특별히 회의를 소집해 재한 동포 구제운동을

전개함으로써 대중의 관심에서 멀어지던 재한 동포들에게 조국의 온정을 전달했다. 신임 주한 왕둥위안 대사와 재한 각 교포단체 대표들은 모두 편지를 보내 감사를 표했다.

1952년 4월 22일 주한 왕 대사가 보낸 편지

사오위린 형님에게. 최근 타이베이의 신문에 형님이 10위안 기부운동을 발기해 재한 동포의 어려움에 도움을 준 데 대해 경의를 표합니다. 저는 한국에 도착한 이후 신중히 전례를 따르고 정책을 진행하고 있는데, 책임은 중하나 능력이 부족해 효율이 떨어지고 있었습니다. 이런 와중에 형님께서 모금 활동을 전개해 많은 도움이 되었습니다. 감사합니다. 아우 왕둥위안

1952년 4월 23일 한국 교포 대표들이 보낸 편지

존경하는 사오위린 대사께. 이달 초에 기자단 편에 안부와 사과 한 상자를 보냈으니 받아주기 바랍니다. 우리는 한국에 있는 화교 피난민을 구출하기 위해 모금 운동을 개시했는데 이에 응하는 이가 많습니다. 피난민에게 덕을 베풀어주어 깊이 감명 받았습니다. 또한 재한 화교에 대한 특별한 관심에 대사님을 더욱 사모하게 되었습니다. 중앙일보사의 딩웨이펀 외에 모든 이에게 감사의 뜻을 전합니다.

리헝롄, 류친, 류신자이, 장다오춘, 비쉬훙

중국국민당 주한중앙당부는 내가 이임한 다음 해에 내가 한국 임기 중쌓은 치적을 중앙에 보고해 표창을 청했다.

1952년 8월 9일 국민당 주한당부가 중앙에 표창을 요청한 전보

중앙개조위원회 귀하. 주한 화교단체 연합사무처에서 타전 드립니다.

전임 주한대사 사오위린에 대해 조사해보니 그는 교포들을 사랑하고 당국에 충성했으며 이룬 공로가 매우 큽니다. 그가 임기를 시작할 당시에는 중화민국의 국제적인 지위가 갈수록 떨어지고 주한 화교들은 차별 대우를 받는 등 극도로 열악한 환경이었습니다. 하지만 사오 대사는 진심전력을 다해 한국에 있는 2만 명의 화교가 어려움을 극복하도록 이끌었습니다. 한국전이 발발한 후에는 몸소 포화 속으로 들어가 재난을 당한 교포들을 구했으며 어려움을 헤쳐 나왔습니다. 또한 전황이 어려운 상황에서 반공·항러대회를 개최해 교포들의 사상이 흔들리지 않도록 했으며, 재한 청년들이 유엔군에 참전하도록 지도해 국제적 신임도를 제고했습니다. 교포의 최후 안전을 확보하기 위해 정부에 교포들의 철수 문제를 보고하는 등 업적이 매우 많습니다. 그런데도 대사는 모든 감사를 교민들에게 표하고 공은 당국에 있다고 말합니다. 또한 사임 이후에도 한국에 체류하고 있는 교포들과 연계해 계속 관심과 애정을 보여주고 있습니다. 금년 봄에는 한국에 체류 중인 어려움에 처한 동포들을 구제하자며 기부운동을 제기했는데 조국의 인사들이 호응해 크나큰 실적을 거두어 수천 명의 교포들이 도움을 받았습니다. 따라서 중앙개조위원회에 청해 표창을 내려서 격려해주기 바랍니다.

중국국민당 주한 직속 지부 집행위원회

재한 교포들은 중화민국정부와 본토 국민들의 보살핌, 한국 정전협정의 체결로 최악의 상황은 막을 수 있었으며, 시간이 지나면서 한국의 경제회복에 발맞춰 화교의 경제상황도 점점 호전되기 시작했다. 내가 사직하고 한국을 떠난 지 15년이 흐른 1965년 봄 다시 한국을 찾았을 때 화교사회를 방문했는데, 재한 화교들이 근면하게 노력해 번영일로에 있음을 직접 목격하고 내심 중국 인민의 위대한 역량에 매우 기뻤다.

나와 한국 여야의 사적인 관계는 나와 재한 화교 간 관계와 같다고 말할 수 있다. 내가 사임한 이후에도 한국과 나의 관계가 중단되지 않았기 때문이다.

이범석 주중대사의 임기 당시 나는 총통부 국책고문을 담당하고 있었는데 우리는 수시로 대화를 나누었다. 그는 심지어 개인적인 일에 대해서도 나의 의견을 묻곤 했다. 1953년 초 이 대통령은 그에게 직접 서한을 보내 한국으로 와서 내무부 장관을 맡으라고 했는데, 그 이유는 선거 업무에 배치해 자신을 돕도록 하기 위해서였다. 그는 나에게 의견을 물었다. 나는 "정부가 선거에 관여하면 책임은 모두 내무부 장관이 지는데, 이 대통령은 개인 이익에 밝고 정이 없으므로 나라면 그런 모험을 하지 않을 것"이라고 말해주었다. 하지만 이범석은 생각이 달라 내무부 장관을 거쳐 부통령 경선을 나가겠다고 했다. 귀국해서 내무부 장관에 취임한 후 과연 선거에 개입해 정치적 파란이 크게 일어났고 이범석은 야당과 일반 국민으로부터 심하게 질책을 받았다. 하지만 이승만은 선거에 성공해 대통령에 재선된 뒤 이범석의 부통령 경선을 지지하지 않았다. 이범석은 실로 후회막급이었다. 나는 한국이 군사정변에 성공해 박정희가 대통령에 취임한 후인 1965년 봄 한국을 찾았을 때 아내와 함께 이범석 부부를 방문했는데 당시 그는 완전히 은퇴한 상황이었다. 1972년 5월 10일 이범석은 원래 타이완에 와서 장 총통의 취임식에 참가하고 총통을 면담한 뒤 나와 함께 각지를 참관할 예정이었으나 한국에서 중풍으로 생을 마감하는 바람에 타이완에 오지 못했다.

나와 신익희 의장은 원래 우의가 매우 깊었는데, 내가 그에게 정식으로 타이완을 방문토록 촉구한 이후 더욱 친밀해졌다. 내가 사임하고 타이완으로 돌아온 후 우리는 여전히 가깝게 지냈다. 다음은 그가 보낸 친필 서신이다.

1953년 4월 10일 신익희 의장이 보낸 편지
위린 형님께. 최근 정국이 나날이 긴장되고 있습니다. 저는 이미 전력으로 민주 정당을 건립해 정치에 나서기로 결심했습니다. 지금 만사가 준비되었으나 다만 한 가지 동풍이 부족한 상황입니다. 지금 아들 하균과 사위 김재호 두 명에게 편지를 들려 타이완으로 보내어 형님을 알현케 하고 자세한 사항을 설명하면서 고견을 구하니 지도해주면 감사하겠습니다. 장 총통 및 우(右), 철(鐵), 악(岳) 등 각 원로에게 보내는 특별 서신입니다. 때가 되면 신경써주기 바라며, 대신 의견을 바랍니다. 아들의 이번 방문으로 폐를 끼치게 되었습니다. 수고스럽겠지만 뒷날 감사를 드리겠으니 특별히 부탁드립니다.

신 의장은 1953년 여름 한국의 민주국민당 대통령 후보 자격으로 이승만 대통령과 공개 경선에 참여했다. 인덕이 풍부하고 평판이 높아 한때 대통령에 당선될 것이라는 말도 있었다. 그러나 애석하게도 경선 연설 시 갑자기 병으로 세상을 떠났다. 이는 신익희 의장에 대한 나의 개인적인 감정 때문만이 아니라 한국과 중화민국 양국 관계에 비춰서도 매우 아쉬운 일이다.

한국의 제3대 주중화민국대사를 지낸 김홍일 장군은 중화민국 및 중화민국 사람들과의 관계가 아주 깊었는데, 이는 앞에서 상세히 설명했다. 김홍일 장군이 중화민국에 부임한 것은 이범석 대사가 한국 내무부 장관으로 자리를 옮길 때 그를 추천했기 때문이다. 한국 독립 전 이범석은 김홍일의 뒤를 이어 한국광복군의 참모장을 맡았으며, 한국이 독립한 이후에는 김홍일이 이범석의 뒤를 이어 주중화민국 한국대사를 역임했다. 김홍일 대사가 타이완에서 근무할 당시 우리는 자주 왕래했다. 그중에서도 우리 두 사람이 이 대통령의 타이완 답방을 놓고 협상한 일이 가장 기억에 남는다. 나의 일기에 이에 대한 기록이 있는데, 이는 장 총통의 지시와도 관련되었다.

1953년 2월 4일 일기

오전 10시 총통부에서 총통을 만났다. …… 다음 사항을 주로 보고했다. 첫째, 미국 대통령 국정자문위원이 얄타 비밀협정의 폐지를 암시했다. 나는 중소우호동맹조약에 대해 때가 되면 어떤 반응을 보여야 하는데 지금이 그 때라고 생각한다.…… 둘째, 자문위원은 공동의 안전에 대해 언급했다. 나는 금년 내에 한국의 이 대통령과 필리핀의 대통령이 타이완을 답방해 공동의 안전 문제를 협상해야 한다고 생각한다. 나는 이전에 개인 자격으로 한국의 김홍일 대사와 대화를 나눌 때 이 대통령에게 답방을 건의하라고 당부했고, 김홍일 대사는 3월 중 한국으로 돌아가 말씀드리겠다고 했다. 총통은 이에 대해 다음과 같이 지시했다. …… 이 문제는 마땅히 그들 스스로 움직여야 할 문제이고 우리가 의견을 표시할 필요는 없다. ……

나는 이 일에 관해 김 대사와 상의한 적이 있는데, 그는 본인 명의로 건의하는 데 동의했다. 따라서 그에게 전에 상의했던 내용을 취소해달라고 따로 부탁하지 않아도 되었다. 5월 10일 김 대사가 한국에서 타이베이로 돌아오기를 기다려 그의 말의 요점을 장 총통에게 보고했다.

1953년 5월 11일 총통에게 서면 보고한 내용

한국대사 김홍일이 5월 10일 돌아와 업무를 시작했습니다. 제가 그와 은밀히 만나 이야기했는데, 이 대통령에게 타이완을 방문하는 문제를 건의한 결과 이 대통령은 다음과 같이 의견을 제시했다고 합니다. '① 건강이 이미 완전히 회복되었으므로 지금 타이완을 방문할 수 있다. 타이완의 일부 친구들은 내가 중화민국 군대의 한국전 참전을 반대했다고 오해하는데 이에 대해서는 기회를 봐서 설명할 것이다. ② 아시아 반공 동맹은 아직 때가 무르익지 않았으며, 일본군의 확장 및 일본의 침략 사상에 대해 아직 처리되지 않은 일들이 우려스럽다. 아시아 반공 동맹에 일본이 포함되는 데에는 찬성하지 않는다. ③타이완을 방문하는 문제에서 타이완이 전용기를 파견할 필요는 없으며 미국 공군기 편을 이용할 것이다.' 김 대사는 수일 내에 외교부장을 만나 관련된 내용을 말하겠다고 했습니다.

이 대통령이 타이완을 답방하는 문제는 이후 정식 외교 경로를 통해 계속 논의되었고 1953년 11월 27일 실행되었다. 1949년 여름 진해회담 때 장 총통의 부인은 동행하지 않았는데, 이 대통령도 타이베이 방문 시 부인을 동행하지 않았다. 이 대통령은 한국 대통령 신분으로 정식으로 타이완을 방문한 것이었다. 1947년 아직 정부가 수립되지 않고 재야에 있을 때 난징을 방문한 적이 있으나 그때와는 상황이 매우 달랐다. 더욱이 얼마 전이 대통령이 단독으로 한국전쟁 포로를 석방해 미국과 한미상호방위조약을 체결하고 미국의 원조 조건을 강화토록 압박했으며, 유엔군과 공산군이 정전협정 체결에 동의해 국제적 공신력이 고양되던 시점이었으므로 타이베이를 방문할 당시에는 자부심과 기세가 충만했다.

이 대통령은 1953년 11월 27일 오후 1시에 외무부 장관 변영태를 대동하고 타이베이에 도착해 29일 오전 11시에 한국으로 돌아갔는데, 2일간 체류하는 중 장 총통과 세 차례 회담했고, 입법원 감사위원회 국민대회 연합 환영회에서 연설을 했다. 11월 28일 오후 5시 타이베이와 서울에서는 동시에 역사적인 공동성명을 발표했는데, 내용은 다음과 같다.

1953년 11월 28일 발표한 한중 공동성명

한중 양국은 소련공산주의의 아시아 침략에 먼저 희생된 국가들로서, 오늘 타이베이에서 회합해 자유를 위해 싸우겠다는 굳은 신념을 다시금 밝힌다. 우리는 공산 침략에 대응해 목숨을 건 전쟁을 계속할 것이며, 노예 상태에 있는 동포들이 자유를 회복할 수 있도록 끝까지 노력할 것이다. 우리는 침략적이고 압박적인 공산주의가 의식과 행위 모든 면에서 인류문명의 정신가치를 엄중하게 위협하고 훼손한다는 데 같은 입장을 취하고 있다. 우리는 공산주의와 절대 타협하지 않을 것이다. 공산주의와 타협한다면 인류의 자유와 국가의 독립을 포기하는 것이라고 믿는다.

회담에서 우리는 자유한국과 중화민국 인민들이 자유를 유지하기 위한 임무를 수행해야 한다는 데 대해 의견을 같이했으며, 실력을 증강시키고 우리가 가진 역량을 활용하는 방법, 세계 공산주의의 침략에 대응해 공동으로 방어하는 문제 등에 대해 정보를 교환했다. 우리는 아시아의 풍부한 자원과 무한한 인력을 이용해서 세계 정복을 실시하려는 소련의 야욕으로 인해 자유세계에 중대한 위기를 조성되었음을 잘 알고 있지만 아시아가 공산주의에 승리하고 세계평화와 안전이 실현될 것임을 굳게 믿는다.

한중 양국정부와 인민은 일체의 정신적·물질적 역량을 동원해 아시아의 침략자와 전쟁을 치르는 동안 강력하게 단결했으며, 한중 양국은 이 목적을 위해 모든 노력을 다할 것이다. 나아가 아시아의 다른 자유국가와도 일치단결해 공산주의가 아시아태평양 지역을 침략하는 데 맞서 싸울 것임을 확인한다. 한중 양국은 아시아의 모든 자유국가 정부와 인민에게 반공 연합 전선을 조직하기를 청하며, 다른 우호적인 자유국가, 특히 태평양 국가와 미국이 우리의 단결에 대응해 도의적이고 물질적인 지지를 보냄으로써 공산주의가 이 지역을 위협하는 일이 없도록 하고 아시아의 안전과 평화를 회복할 수 있기를 희망한다.

한국에서 반공을 견지하고 있는 한중 포로 동포들은 무엇보다 자유를 소중히 여기고 있는데, 우리는 특별히 그들에게 자유의 중요성을 보장할 것임을 밝힌다. 또한 최선을 다해 포로 자유 송환 원칙을 실현할 것이다. 철의 장막이 쳐진 이후 극심한 고통과 재난을 겪은 1100만 동포들은 지금 자유를 사랑하는 인민들이 공산 폭정 속에서 자신들을 구조해주길 기대하고 있다. 우리는 절박하게 구조를 기다리는 그들을 위해 반드시 책임을 다할 것이다.

나는 당시 총통의 명을 받들어 미얀마 변경 지역에서 리미(李彌) 유격부대를 돕고 있었다. 9월에는 뉴욕에서 열리는 제8차 유엔회의에 출석해 해외 당무와 화교 업무, 그리고 외교 업무를 담당해야 하는 관계로 이 대통령의 타이완 방문 행사에 참여할 수 없어 매우 유감스러웠다. 그러나 이 대통령 방문 당시 개인적으로 매우 유감스러운 일이 일어났는데, 바로 내가 없는 틈에 이 대통령이 장 총통의 면전에서 나에 대한 얘기를 한바탕 했던 것이다. 이는 내가 1954년 1월 말 해외 시찰 업무를 마치고 타이완으로 돌아온 후 총통을 대면했을 때 총통이 관련 상황을 물어보아 비로소 알게 되었다. 이 대통령은 방문 시 나에게 불만을 표시했다고 하는데, 나는 당시 함부로 추측할 수 없어 그에 대한 해명을 바로 하지 않고 어느 정도 시간을 구한 뒤 관련 사실을 설명했다. 10년이 흘러 1965년 1월 나는 주터키대사직을 사임하고 타이완으로 돌아오면서 하와이 호놀룰루를 거쳤는데 그때 이승만을 병문안했다. 당시 나는 도쿄와 서울을 바삐 오가며 한일수교를 맺으려 했다. 또한 한국의 박정희 정부에 이승만의 유골을 고국에 묻을 수 있도록 이승만을 대신해 요청하기도 했다. 이를 장 총통에게 구두와 서면으로 보고하면서 총통에게 이 대통령이 나에 대해 한바탕 이야기한 이유에 대해 설명했다. 서면 보고 전문은 뒤에 기록할 테지만 고금을 통틀어 이는 매우 독특한 사례였다. 이승만은 1952년에 주한 미국대사 무초를 '외교상 기피 인물'로 평가했고, 결국에는 미국 대통령에게 특별 전문을 보내 교체를 요구하기까지 했다. 나는 이직 후 이승만 대통령으로부터 해임 요구를 받았는데, 어찌 보면 나에게는 관대하게 대해준 것이라고도 할 수 있다. 무초의 상황과 비교해본다면 놀랄 게 전혀 없다. 다행히도 나는 이승만의 괴팍한 성격을 잘 알고 있어 그런 것쯤이야 아무렇지 않게 여겼다. 중화민국과 한국의 우호관계에 영향이 없었고 개인적으로는 옛 정이 있어 여전히 안부를 물었으며, 마치 그런 일이 있었나 싶을 정도로 서로 예우를 갖춰 대했다.

1957년 가을 내가 주터키대사로 보직된 후 얼마 지나지 않아 한국정부는 당시 한국 주미대사 양유찬 박사를 파견해 특사 명의로 한국전쟁에 참전한 각 국가에 감사를 표했는데, 터키의 수도 앙카라에 와서 터키정부에도 감사를 표시했다. 당시 한국과 터키 양국은 아직 사절을 교환하지 않았던 터라 나는 양 특사에게 중화민국대사관을 거점으로 삼아 터키 업무를 보도록 했으며, 터키 외교단 및 조야의 인사들을 식사에 초대해 한국의 특사 임무를 소개해주었다. 모임 후 나는 양 특사더러 이 대통령에게 터키에 대사관 설립을 요청하라고 건의했다. 또한 서로 사절을 교환하되 사절 인선 시에는 군인이면서 정치적 식견이 있는 자가 좋다고 조언하면서 세계 반공 거점으로 더욱 연계를 강화하자는 제언도 했다. 후에 이 대통령은 나의 의견에 동의해 1958년 봄 한국 합동참모회의의 의장인 정일권이 상장으로 퇴역하자 터키대사로 부임시켰는데, 그는 한국의 첫 번째 군인 대사였다. 이는 중화민국과 한국의 협력이 극동 지역에서 중동으로까지 확장된 하나의 사례였다.

당시 각국의 터키 주재 외교단 중 한중 양국 대사관은 외교 활동의 핵심을 형성했다. 베트남대사관은 나중에 가입해 3국이 한 팀이 되었으며, 그 뒤에는 일본대사관도 가입해 상당한 역할을 수행했다. 더욱이 1958년 당시 터키 국무총리였던 아드난 멘데레스는 반공정신이 투철한 지도자였다. 우리는 극동아시아와 중동에서 반공전선을 갖춘다는 일념으로 전심전력을 다했다. 터키 총리에게 타이완을 방문해달라고 요청했으며, 동시에 한국·일본의 터키대사관과도 합작해 양국을 방문토록 안배했다. 당시 내가 이 대통령에게 보낸 편지는 중화민국, 한국, 터키 3국의 우호관계를 반영하고 있다.

1958년 4월 15일 터키 앙카라에서 한국의 이 대통령에게 보낸 편지

부산을 떠난 지 어느덧 수년, 그 곳에서 멀어지니 그리움이 더해갑니다.

몸이 건강하고 하는 일마다 잘되어서 매우 기쁩니다. 나는 건강 문제로 주한대사 임무에서 물러난 이후 타이베이로 돌아와 휴식을 취해왔습니다. 비록 명의상으로는 총통부 국책고문이지만 일상적인 공무는 한가한 편입니다. 1953년 가을 각국의 정무와 외교 정책을 고찰하라는 장 총통의 명령을 받아 각하를 타이완으로 오게 했으나 마중을 나가지 못해 죄송하고 유감으로 생각합니다. 저는 지난 봄 터키대사로 있을 당시 터키에 잠시 머무른 귀국 주미대사 양유찬 박사뿐만 아니라 정일권 장군과도 밀접하게 합작했습니다. 이처럼 공적인 부분뿐만 아니라 사적인 면에서도 20여 년간 한국 혁명 동지들과의 관계를 바탕으로 친밀한 관계를 더해갔습니다. 이번에 터키 국무총리가 극동을 방문했을 때에도 정일권 대사와 은밀히 연락해 중립주의자들의 폐해를 폭로했습니다. 정 대사는 지혜와 용기를 겸비하고 문무를 두루 갖춘 준재로 귀국에 큰 역할을 하고 있으며, 아울러 중화민국에도 많은 도움을 주고 있습니다. 정 대사에게 모든 것을 대면 보고하기를 부탁드렸으므로 우선 용건만 아룁니다. 부인에게도 안부를 전합니다.

정일권 대사는 확실히 한국에서 매우 드문 준재에 속했다. 정 대사는 군인 출신으로 고속 승진해 최고 군직인 합동참모회의 의장을 역임했고, 외교계에 전입한 후 이승만 대통령의 배려하에 터키대사, 프랑스대사, 영국대사, 미국대사를 역임했다. 많은 국가의 대사를 지냈지만 미국대사가 정점이었다. 정일권은 이승만 정부 아래에서 주미대사로 일했는데, 한국에서 군사정변이 발생해 박정희가 정권을 잡은 후에도 다시 주미대사로 임명되었다. 그리고 얼마 지나지 않아 귀국해 외무부 장관과 국무총리를 역임하고 국회의장이 되었다. 당시는 좌우 투쟁과 곡절이 많은 시기였으므로 한국뿐아니라 어떤 국가에서도 그와 같은 정계의 행운아는 찾아보기 힘들 것이다.

한국전쟁 발발 당시 정일권은 육군 소장과 부참모장으로 재직했으므로 나와 정일권은 잘 알고 지냈다. 그가 터키대사로 부임했을 때는 나이로 보나 외교계 경력으로 보나 내가 선배여서 그는 항상 나를 중국어로 "따거(큰형)"라고 부르며 모든 일을 상의했다. 우리는 터키에서 같이 3년을 일했는데, 그가 다른 곳으로 이동한 후에도 서로 연락을 취했다. 1964년 2월 내가 외무부 장관으로 승진한 것을 축하하는 편지를 보내자 그는 나의 한국 방문을 요청하는 답신을 보냈다. 얼마 지나지 않아 그는 또 국무총리로 승진했는데, 5월에 나의 축전에 감사하는 편지를 보내면서 터키 근무 중 한중이 협력했던 일을 언급했다. 1965년 봄 나는 터키대사를 사임하고 하와이에 이승만을 병문안 갔을 때 이승만 부인의 부탁을 받아 그를 대신해 박정희 정부에 상황을 설명하고 그의 유골을 고국에 매장하게 허락해달라고 설득한 바 있었다. 도쿄와 오이소에 체류할 때에는 일본 총리 사토 에이사쿠와 전 일본 총리 요시다 시게루의 부탁을 받아 한일 수교를 위해 분주한 나날을 보내기도 했다. 정일권 총리는 영국에서 한국으로 돌아오는 길에 도쿄를 거쳤는데 그는 도쿄에서 나를 만나 한국으로 나를 초청했다. 한국에서 나는 한일 수교에 반대하는 당파를 설득하기 위해 다시 한 번 정일권과 협력했는데, 이는 이후의 일로 다음에 설명하겠다.

결론적으로 내가 주한대사를 사임한 뒤에도 나와 재한 교포 및 한국 조야의 관계는 여전히 굳건히 이어졌다. 한국의 주중화민국대사인 이범석, 김홍일 이후의 최용덕, 김신 등과, 주터키대사인 정일권, 신용균, 최영희 등과는 모두 업무상 합작할 기회가 있었다. 이 기간 중 발생한 사건들, 예를 들어 반공의사의 타이완으로의 귀환, 아시아민족반공연맹 건립, 이승만의 유골 본국 매장, 한일 수교 문제 주선, 한국의 자유 인권 문제 등에는 크든 작든 모두 내가 관여했다.

» 반공의사의 타이완 복귀와 아시아 반공 조직에 대한 구상

1975년 초가을, 어느 주말 저녁에 쑨야푸(민사당 주석), 궈와이촨(郭外川, 국민당 중앙상무위원)과 나는 천젠중(陳建中, 임시국민대회 비서실장)의 초대를 받고 신뎬에 있는 그의 집에서 저녁식사를 같이 하면서 담소를 나누었다. 식사 중 천젠중이 갑자기 잔을 들며 "내가 지시를 받고 중앙당부 제6조를 조직한 것은 내 일생에서 아주 큰 변화를 가져다주었는데, 이는 사오 선생의 영향이 컸다고 할 수 있소. 이 일을 아는 사람은 매우 적지만 오늘 두 분에게 말해주려 하오"라고 말했다. 그러고 나서 자신이 어떻게 지시를 받았고 1953년에 한국에 가서 어떻게 모반을 선동했는지, 어떻게 한국전쟁 반공포로들을 조직해 1만 4000명의 반공의사들을 타이완으로 돌려보냈는지, 그리고 얼마 되지 않아 어떻게 국민당 중앙당부 제6조 주임으로 승진했는지를 간단하게 이야기했다.

그는 "내가 갑작스럽게 한국으로 파견된 것은 바로 사오 선생이 당국에 제안했기 때문이오"라고 말했다. 원래 나는 기밀 작업, 특히 인사 문제를 남들에게 말하거나 듣는 편이 아니다. 기밀을 누설하는 죄나 과시한다는 비웃음을 피하기 위해서다. 그래서 주한대사를 사직한 후 한국전쟁의 반공의사를 타이완으로 귀환시키는 업무 계획에 내가 참여했던 사실은 극소수의 사람만 알고 있었다. 특히 인사 방면에서 천젠중을 한국 측 모반 조직 업무에 추천했던 과정은 더더욱 타인에게 말할 수 없었다. 그러나 이 일은 이미 오래 지난 일이고 나도 모든 공직과 정치적 명예에서 벗어난 지 오래되었으므로 지금은 그저 일반 국민이라고 할 수 있다. 더군다나 주한대사 시절의 회고록을 쓰고 있고 천젠중도 몇 년 전 이 일을 친구들에게 말했으므로 이 일에 대해 보충 설명을 하더라도 무방할 것이다.

1935년 초 아이젠하워 장군은 미국 대통령으로 당선되었는데, 2월 2일 의회의 국정 보고에서 타이완해협 중립화 정책을 중단한다고 선포했다.

이 과정에서 아이젠하워는 국민정부가 대륙반공으로 제2의 전장을 열어야 한다고 암시적으로 격려했다. 이를 통해 미국은 한국전쟁에서 중공 부대를 견제하고 중공이 한국전쟁의 정전에 동의하도록 압박을 가했다. 3월 5일에는 소련의 스탈린이 병으로 세상을 떠나 당시 코민테른은 우두머리가 없는 상태였다. 원래 한국전쟁 포로를 송환하는 문제에서 유엔군은 자유 송환을, 공산당은 강제 송환을 주장했기 때문에 정전회담은 반년 이상 중단된 상태였다. 하지만 정세가 변하자 전쟁 중단의 압박은 날이 갈수록 높아졌고 정전을 바라는 대중의 목소리도 매우 커졌다.

1953년 3월 초순의 어느 날, 장 총통의 주최로 2주마다 열리는 외교선전회의에서 우리는 다음의 내용을 토론했다. 첫째, 한국전쟁이 정전될 가능성이 있는가, 둘째, 정전이 우리에게 어떤 손익을 주는가, 셋째, 만약 우리에게 불리하다면 어떻게 대응할 것인가. 내가 알기로 이른바 외교선전회의는 항일 전쟁 시기에 장 위원장이 주최한 참모회의의 연장이었다. 참모회의는 주로 외교 선전 문제에 대해 장 위원장이 지정한 고위 간부 20여명이 참석해 2주마다 한 번씩 토론하는 것이다. 내가 항일 전쟁 시기에 위원장의 비서를 담당할 때에는 이 회의에 자주 참석했다. 항일 전쟁이 끝나고 정부가 타이완으로 옮겨오고 외교선전회의로 명칭이 바뀐 후에도 나는 국책고문의 명의로 자주 출석했는데, 출석한 간부는 20여 명에 불과했다. 그 회의에 참가한 사람들의 다수 의견은 다음과 같았다. 첫째 문제에 대해서는, 한국전쟁이 중단될 가능성은 아주 높다. 왜냐하면 공산군의 인해 작전이 유엔군의 화해 작전을 이길 수 없기 때문이다. 또한 아이젠하워 대통령의 압박 정책이 전쟁을 중국 대륙까지 확대할 추세다. 스탈린의 사망으로 공산권 국가들은 지도자를 상실한 상태이므로 공산당은 어쩔 수 없이 정전할 것이다. 둘째 문제에 대해서는, 정전은 중화민국에 불리한 영향을 미칠 것인데, 코민테른은 정전이 되면 한국 전장에 있는 중공 부대를 타이완해협에 배치해 교란시킬 수도 있고 남쪽으로 보내 베트남 3국의 안전을 위협할 수도 있다. 하지만 회의에 참가한 동료들 가운데 총통이 물어본 셋째 문제, 즉 '정전이 불리하다면 어떻게 대응할 것인가'에 대해서는 아무도 대답하지 않았다. 회의장에는 일시에 침묵이 흘렀다. 이때 내가 일어나 말했다. "제가 알기로는 지금의 조건하에서 정전되면 남한에 극도로 불리하기 때문에 이 대통령은 반대하고 있습니다. 현재 정전회담이 반 년 이상 진척이 없는데 이는 주로 포로 송환 문제 때문입니다. 유엔군은 자유 송환을, 공산군은 강제 송환을 주장하고 있습니다. 양측이 근본적으로 대립하고 있고 타협하기도 매우 힘든 상황입니다. 우리가 만약 한중 관계 및 포로 송환 문제를 적절하게 운용한다면 정전회담이 더 지연될 가능성이 매우 높습니다."

장 총통은 즉시 "포로 송환을 어찌 운용한단 말인가? 자세히 말해보시오"라고 말했다. 그래서 나는 "이 문제를 설명하자면 길기 때문에 시간이 많이 필요합니다. 또한 몇몇 문제는 공개적으로 말씀드리기 어렵습니다. 회의가 끝난 후 단독 보고의 기회를 주시겠습니까?"라고 물었다.

총통이 좋다고 해서 나는 회의가 끝난 후 총통 사무실에서 단독으로 다음과 같이 보고했다.

제가 주한대사로 일하는 동안 전쟁이 발발했을 때 미국 및 유엔군 당국의 요청으로 중화민국의 주한 화교 학생과 선생들이 유엔군의 대공비 심리 작전 및 포로 심문 통역 업무에 참가한 적이 있습니다. 그 후 공산군 전쟁 포로의 수가 증가하자 유엔군이 중국 통역원을 요구하는 수도 점점 늘어갔습니다. 그중 교포학생 60여 명은 통역원으로 위임받아 중화민국대사관과 밀접하게 협력했습니다. 다른 사람들은 유엔군이 타이완, 홍콩, 일본 각지에서 선발한 중국 통역원이었는데 중화민국 주한대사관은 그 명단을 모두 갖고 있었고 그들과 연락을 취하도록 노력했습니다. 그 과정에서 조직 작업을 벌인다면 통역원들은 물론 중공 포로들도 조직할 수 있습니다. 더 나아가 반공 포로도 조직할 수 있는데, 그렇게 되면 우리는 자유 송환 문제를 운용할 여지를 장악할 수 있습니다. 또한 정치전에서 중공 포로들을 중화민국으로 오게 만들 수 있어 중공에 큰 타격을 줌과 동시에 유엔군과 공산군의 정전회담을 연장시킬 수도 있습니다. 이런 전략을 운영하면서 한국정부에 비밀리에 양해를 구해 중국과 한국의 공산당 포로 처리 문제에 대해 동일한 절차를 취한다면 반드시 마지막에 승리할 것입니다.

장 총통은 이 얘기를 들으면서 흥미 있다는 듯 "좋아, 좋아"를 연발했다. 마지막에는 "이 작업은 아주 중요하니 당신이 한국에 가서 책임지는 것이 좋을 듯하오"라고 말했다. 나는 즉시 다음과 같이 대답했다. "총통의 명령이라면 받들어야 하지만, 이 일은 공개할 수 없는 비밀 업무이므로 저는 타이베이의 후방에서 의견을 내는 게 좋겠습니다. 제가 다시 한국으로 가서 공개석상에서 국제적 관심을 끄는 것이 과연 옳은지 잘 모르겠습니다. 신중하게 고려해야 하므로 다시 깊이 생각해보고 장징궈 선생에게도 물어본 후 내일 다시 와서 답을 드리겠습니다."

총통은 즉시 "좋소. 그럼 내일 와서 보고하시오"라고 대답했다.

나는 집에 돌아간 후 혼자 비탄호수가 보이는 잔디밭에 앉아 밤늦게까지 고민한 결과 내가 다시 한국에 가는 것은 좋지 않다고 판단했다. 이튿날 나는 총통부 4층에 있는 국방부 총정치부 주임 사무실에 가서 장징궈를 먼저 만났다. 나는 총통이 내게 한국에 가라고 했지만 갈 수 없는 이유를 설명한 후 장징궈에게 말했다. "타이베이 후방에서는 제가 언제든지 의견을 제시할 수 있으나 한국에 가서 실제로 모반 조직을 책임지는 것은 어려울 것 같습니다. 제 생각에 장징궈 선생 쪽의 천젠중 동지가 노련하고 침착하며 적들과의 전투 경험도 있고 선생도 그에 대해 많이 알므로 그가 이번 일을 책임지고 하는 것이 어떻겠습니까?"

장징궈 선생도 이에 동의의 뜻을 표하며 우리 둘의 공동 의견으로 총통에게 보고하라고 했다. 나는 즉시 2층으로 내려가 총통에게 보고했다. "화교 통역원과 중공 반공 포로들을 유엔군 측에서 조직하고 운용하는 것은 아주 기밀한 전략 작업입니다. 저는 이미 주한대사를 역임해 저를 아는 사람이 너무 많습니다. 어젯밤 내내 고민한 결과 이 업무를 수행하기에는 너무 부적절합니다. 오늘 아침 장징궈 선생을 만났는데, 선생도 저는 타이베이에서 의견을 제시하고 천젠중 동지가 한국에서 반조직 공작을 맡는 데 동의했습니다."

총통도 우리 의견에 동의하면서 내게 천 동지를 한번 만나보라고 했다. 이렇게 해서 이 업무는 천 동지의 손에 떨어지게 되었다.

한국전쟁 시기에 1만 4000여 명의 반공 포로를 중화민국으로 귀환시킨 것은 중화민국정부가 타이완에 온 후 중공과의 투쟁에서 거둔 하나의 큰 승리였다. 진먼(金門) 보위전이 방어적인 무력전이었다면, 반공 포로의 쟁취는 공격적인 정치전이었다고 할 수 있다. 이 전쟁은 중화민국 주한대사관과 재한 화교학교의 애국반공 청년들이 실제로 유엔군 심리전 및 포로 심문 통역 작업에 참여한 데서 시작되었다고 할 수 있다. 이는 앞에서 자세하게 설명한 바 있다. 그러나 이 작업이 성공한 것은 천젠중 동지의 분투, 주한대사관과의 협력, 타이베이 주관기관의 지도력 때문이었다. 천 동지가 이후에 중앙당부가 주관하는 심리 전략 및 조직 작업의 주요 담당자로 승진한 것은 결코 우연이 아니다.

천 동지가 제공한 여러 자료에 따르면, 그가 명령을 받고 한국으로 파견되어 반공의사 조직을 작업할 당시 미국과 영국의 지도자들은 버뮤다회담을 준비하고 있었다. 그때는 공산당이 일본에서 끊임없이 폭동을 일으키고 있었고 한국도 정전회담 때문에 불안한 상황이었다. 천 동지는 관심을 피하기 위해 완전 비밀 방식을 택했다. 중화민국 주한대사관 부무관 명의로 자신의 신분을 숨겼으며 가명을 사용했다. 하지만 한국에 간 지 두 달 후 중공에서는 "국민당이 특별 임무를 맡은 천○○를 한국에 파견해 이승만과 결탁해 한중 포로를 강제적으로 구류하도록 기획했다"라고 방송했다. 이로 인해 천 동지의 작업은 극도의 어려움에 처했다. 게다가 당시 유엔군은 반공 화교 전쟁 포로를 제주도 남부의 모슬포로 이동시켰는데 그곳에서는 많은 군대가 엄중히 관리하고 있었기 때문에 접근하기가 아주 어려웠다. 하지만 중공이 파견한 적십자회 대표단은 유엔군의 허가로 그곳에 들어갈 수 있었다. 그래서 중화민국 측은 하는 수 없이 다음과 같이 단계를 나누어 차례차례 작업을 진행했다.

제1단계

① 모든 방법을 동원해 포로와 직접적으로 소통했다(당시 중공의 전쟁 포로는 1만 5000여 명에 달했고 3개 지부대로 나뉘어 있었다. 지부대 아래로는 다시 대대, 중대, 분대로 나뉘었으며, 유엔군이 겹겹의 철조망으로 둘러싸고 병영을 만들어 지켜보고 있었다).

② 포로들을 단결시켜 대륙으로 송환되는 것을 강경하게 반대하고 타이완으로 보내달라고 요구하도록 했다.

③ 화교 및 한국 국적의 통역원을 확보해 연락 및 지도 작업을 진행하고 전쟁 포로들과 소통하도록 했다.

제2단계

① 전쟁 포로 진영에 정식으로 조직을 만들었다(천 동지는 비밀리에 모슬포에 가서 반공 전쟁 포로의 지도자를 만나 작업 방침을 지도했다).

② 중공 간첩이 전쟁 포로 내에서 활동하는 현황을 조사했다.

③ 유엔군의 심리전 부문과 연락했다.

④ 한국정부와 상호 연계했다.

⑤ 선전에 집중하고 유엔군 측의 언론 담당과 연락했다.

제3단계

① 열심히 작업한 결과 반공 전쟁 포로는 다시 적지로 돌아가는 것을 반대하게 되었다. 심지어 혈서를 쓰거나 단식, 시위를 벌이기도 했다. 이로 인해 일반 전쟁 포로의 반공 태도가 매우 단호해졌다. 부산의 전쟁 포로 300여 명은 진영을 뛰쳐나가 모두 도망쳤다. 잇따라 이 대통령도 1953년 6월 18일 한국 국적의 전쟁 포로 2만 5000여 명을 석방한다고 발표해 전 세계에 충격을 주었다.

② 미국 측에서는 사태가 엄중해지자 중화민국의 도움을 빌리지 않을 수 없게 되었다. 타이완으로 사람을 보내 장 총통을 만나 중화민국이 반공 포로를 설득해 유엔군과 합작할 수 있도록 요청했으며 유엔군은 포로 자유 송환 원칙을 존중하겠다고 약속했다.

③ 중화민국 여야는 연이어 두 개의 대표단을 한국으로 파견했다. 하나는 니원야(倪文亞)가 지도하는 각계의 위문단이고, 다른 하나는 팡즈가 지도하는 단체로 반공 포로에 위문 물품을 운송하는 대표단이었다.

④ 1953년 11월 이 대통령은 타이베이를 방문해 한중 정상 간 공동성명을 발표함으로써 포로 송환 문제에 대해 자유 송환 원칙을 준수하겠다고 보증했다.

⑤ 반공 전쟁 포로는 장 총통의 권유를 받아들인 후 국제 결의에 따라 38도선 중립 지역으로 북상하고 인도군이 감시하기로 했다.

제4단계

① 유엔군은 다섯 개 중립국송환위원회의 요구를 받아들여 중공에서 보낸 사람이 반공 전쟁 포로에게 설명하는 것을 허락했다. 이른바 세뇌였다.

② 공산군은 중립국의 협조로 90일간 세뇌 작업을 실시했으나 결국에는 실패했다.

③반공 포로는 모두 1만 4000여 명이었는데 1954년 1월 23일 자유를 얻었다. 부상을 입은 포로 100여 명은 그날 비행기를 타고 타이완에 도착했으며, 그 외의 포로들은 인천을 거쳐 유엔군이 준비한 12척의 배를 타고 미국 해군의 보위하에 세 그룹으로 나뉘어 1월 25일, 26일, 27일에 자유 조국의 기지 타이완에 도착했다.

④장 총통은 반공의사가 다시 자유를 되찾은 데 대해 1월 23일 미국의 아이젠하워 대통령 및 한국의 이 대통령에게 전보를 보내 감사의 말을 전했다. 또한 "포로 송환의 성공은 민주 국가가 주도권을 획득했음을 증명하는 것이다. 대륙의 동포들도 자유를 위해 투쟁할 기회를 얻었다"라고 말했다. 이것이 이른바 123자유일의 유래다.

한국전쟁 포로 1만 4000명의 반공의사가 자유를 찾는 과정은 참으로 감동적이었다. 이 일은 신문과 잡지에서 여러 차례 보도되었으므로 여기에서는 비공개 자료만 일부 싣겠다. 비록 매우 오래된 사료들이지만 여전히 가치가 있다. 나에게 가장 보람되었던 것은 모반 및 조직 공작을 책임졌던 것이다. 천젠중 동지도 매우 크게 공헌했으나, 반공의사가 타이완으로 돌아온 이후에는 조직 편성·작업·관리 및 훈련 단계에서 왕시쥔(汪錫鈞) 동지가 책임을 지고 처리했는데 그 성과가 대단히 탁월했다. 왕 동지가 후에 국민당 중앙당부 간부관리처 주임으로 승진한 것은 이 일과 큰 관련이 있다. 왕 동지는 퇴직한 후 미국에 있는 가족을 방문했는데, 그곳이 내가 임시로 머무르던 곳과 멀지 않았고 또 왕 동지는 항전 시기에 군사위원회 위원장으로 나와 오래된 동료였기에 우리는 자주 왕래했다. 그는 반공의사 문제를 생생히 기억하고 있었다. 반공의사가 타이완에 돌아온 후의 상황은 대부분 그가 제공한 자료들에 따른 것이다.

1954년 1월, 한국에 있던 1만 4000여 명의 반공의사가 타이완으로 돌아온다고 정해졌을 때부터 중화민국정부는 '반공의사 취업지도처'를 조직했는데, 당시 국방부 총정치부 주임인 장징궈가 처장을 맡았다. 1954년 1월 10일 국방부에서는 다음과 같은 명령을 내렸다. '① 재한 반공의사 귀국의 관리는 행정원이 심사해 결정한 대로 반공의사 취업지도처가 주관한다. ② 총정치부와 부주임 장젠런(蔣堅忍) 중장, 북부방위구 부사령관 가오쿠이위안(高魁元) 중장이 각각 보도처 부처장을 겸임한다. '반공의사 취업지도총대'를 설립해 가오쿠이위안이 총대장을 겸임하도록 한다. 중부방위구 참모장 왕시쥔 소장은 부총대장을 겸임한다.'

1월 25일 첫 번째 미군 운수선이 지룽(基隆)시에 도착하자 각계의 환영 단체와 민중 수만 명이 지룽시 부두에 밀집했다. 폭죽 소리가 하늘을 뒤덮고 환영의 함성 소리가 땅을 뒤흔들 정도였다. 반공의사들은 손에 청천백일기를 들고 있는가 하면 '중화민국을 옹호하자', '지도자를 옹호하자', '공산당을 무너뜨리자' 등의 표어를 흔들고 있었다. 그들은 배에서 내리고 차에 타는 매순간 질서정연했다. 지룽시에서 린커우(林口), 다후(大湖), 샤후(下湖), 양메이(楊梅)까지 의사들의 마을을 거칠 때마다 길옆으로 늘어서 환호하는 군중은 헤아릴 수 없이 많아 전례 없는 성황을 이뤘다. 해외 기자들의 취재 열기도 뜨거웠다. 123자유일에 울린 군중의 목소리는 자유세계까지 뒤흔들었을 뿐 아니라 인류를 노예화시키고 있던 철의 장막까지 깨뜨렸다. 위문 단체와 민중, 해외 기자, 우방의 시찰단이 끊임없이 의사 마을에 와서 그들을 위문하고 관찰했다. 의사들과 취업지도총대의 작업 동지들은 몇 달 동안 아주 바쁘게 보냈다. 심지어 장 총통도 2월 3일 직접 반공의사 대표를 만나 승리와 자유를 대륙의 동포들에게도 전하라고 당부했다. 반공의사들은 바쁜 와중에도 의사 마을에 도착하자마자 조직 편성, 작업, 관리 및 훈련을 시작했다.

먼저 조직 편성 방면에서는, 한국전쟁 포로 진영에서부터 자동적으로 4개의 분대로 나뉘었다. 분대는 다시 4개 대대로 나뉘고 대대는 4개 중대로 나뉘었다. 또 각 분대는 직접 관할로 하나의 근무 대대를, 각 대대는 직접 관할로 하나의 근무 중대를 책임졌다. 타이완에 도착한 후 지도총대는 분대, 대대, 중대에 각각 군정지도원을 한 명씩 파견해 교육·관리·보급·통신 사무 등에 대해 협조하고 지도했다. 조직 편성 및 인사는 전부 원 상태를 유지하고 재수정하지 않았다. 각 분대의 인원은 3500여 명이었다.

작업 방면에서는, 매일 아침저녁으로 점호했으며, 운동과 계획표상의 수업 외에 다음과 같은 업무를 진행했다.

- 반공의사 중 적들의 정보를 잘 알고 어문 능력이 뛰어난 사람을 뽑아 각급 당·정·군 기관, 학교, 경제 단체, 지방에 파견해 공산당 통치와 대륙의 실정 및 인민 생활에 대해 연설하게 했다.
- ≪민족혼(民族魂)≫, ≪충의보(忠義報)≫ 같은 반공의사 신문을 발행하고 '반공의사 총서'를 편집해 각 관련 기관 및 사회단체에 보냈다.
- 인원을 순번대로 진먼다오, 마쭈다오(馬祖島) 등의 바깥 섬으로 파견해 심리전 작업을 담당케 했는데, 적군에게 방송하고 풍선을 날리며 선전 위문품을 수송하도록 했다.
- 혈서와 혈기(血旗)를 써서 죽을 때까지 반공 행렬에 참가한다고 다짐하게 했다. 이러한 혈서와 혈기는 1000여 개였는데 모두 국방부 사정국 및 중앙당부에 진열해 관람하게 했다.
- 자청(自淸)운동을 발기해 반공의사들이 공산당에 참가한 과정을 자발적으로 쓰도록 했다. 통계에 따르면 1만 4000명 중 정식으로 공산당에 가입한 당원이 6000명에 달했다. 이러한 반공의사는 작업을 분배받기 전에 집단 조별로 나뉘어 공산당에서 이탈한다고 선서했다.
- 각종 오락 활동 및 노동 복무 활동을 조직했다. 각 중대에서는 자체적으로 휴가를 이용해 같이 산에 올라가 대나무나 잡초를 베도록 했다. 이런 방식으로 중대가 필요로 하는 건축물을 증가시키고 화초도 심으면서 환경을 아름답게 조성했다.

관리·훈련 방면 가운데 관리에서는 반공의사들의 애국심에 기반을 두었다. 그들 스스로 정신을 발전시키도록 고무하고 육·해·공군 사관학교의 관리 방식을 모방해 체벌을 엄금했으며 각 분대를 분리시켜 책임지도록 했다. 국경일이나 주말에는 휴가를 주고 순번대로 외출하게 했다. 훈련에서는 학자와 전문가를 영입해 국제정세, 국부의 가르침, 삼민주의, 법률 상식을 강의하는 한편, 타이완의 사회 풍습과 습관 및 각종 건설 현황을 소개했다.

반공의사 취업지도처 및 취업지도총대는 정부가 1만 4000여 명의 반공의사를 귀국 후 어떻게 관리했는지를 보여준다. 관리의 한 단계가 끝나면 취업을 지도했던 것이다. 실제로 3개월이 채 못 되는 관리가 끝나자 국방부는 각 의사의 종군 의지나 원래 적군에서의 지위에 따라 취업을 지도했다. 늙고 병약해서 입대할 수 없는 사람만 퇴역하도록 해 다른 일을 안배해주고 그 외 사관 이하 9000여 명은 4월 하순에 육·해·공군의 원래 계급대로 배치했다. 나머지 4000여 명의 영관급·위관급 장교는 국방부의 명령에 따라 국군이 원래 유지하던 군관전투단을 모방해 반공의사 군관들을 반공의사 전투단으로 편성했다. 왕시쥔 소장이 이 전투단의 단장을 맡았으며, 국방부 총정치부에서 직접 지휘했다. 이 단은 경형·중형 무기를 배분받았으며 일반 전투단의 작전 임무 및 훈련 외에 다음과 같은 임무도 수행했다.

① 전 보도총대 시기에 반공의사들이 맡고 있던 작업의 능력과 수요를 감안해 지속적으로 훈련을 실시했다. 특히 진먼다오와 마쭈다오 등의 바깥 섬에서 대륙에 대한 심리전 공작을 계획하는 데 중점을 두었다.
② 의사를 선택 파견해 중앙당부 주관 단위와 협조케 했다.
   • 중광(中广)회사의 적진 후방에서 방송 작업을 지원했다.
   • 유럽·미국 등 각국에 의사를 선택 파견해 공산당 폭행에 대해 순

회 연설하도록 했다.

- 적들의 정황에 대한 연구를 강화했다.
- 군사 과정 외의 학식을 증진시키기 위해 일반 과목을 추가해 역사, 지리, 수학, 물리, 화학, 외국어 등을 가르쳤다. 열심히 공부해서 그 후 대학에 입학한 사람이 적지 않았으며, 그중에는 미국으로 유학 간 사람도 있었다.

1957년 봄까지 반공의사 전투단은 두 개의 총대로 확대 편제되었는데 하나는 심리전총대, 다른 하나는 특수임무작전총대였다. 당시 한국전쟁에서 돌아온 반공의사는 이미 중화민국 국군과 하나로 융합되었다.

한국 반공의사가 자유를 쟁취하는 데 성공한 이 역사적 사실은 의미가 크지만, 코민테른의 침략을 막기 위해서는 자유 진영의 모든 국가가 단결 분투해야 하며 여전히 많은 노력이 필요하다. 장 총통은 그해 4월 8일 외신 기자와의 인터뷰에서 다음과 같이 말했다.

동아시아 국가가 빠른 속도로 연맹을 이뤄 공비의 침략 야심을 막아내야 한다. 또한 미국이 빠른 시간 내에 유엔의 힘을 모아 실제 행동을 취하기를 바란다.

아시아 국가들의 반공연맹을 설립하는 것은 중화민국이 수년 동안 노력한 목표였다. 하지만 진해회담이 열린 후부터 필리핀이 이탈하고 다른 아시아 국가들이 의견 차이를 보인 데다, 한국의 이 대통령마저 수차례 일본의 참여에 반대해 결국 아시아 각국 정부는 일치된 행동을 취할 수 없었으며 각국 정부 간의 반공 연맹 또한 창설할 수 없었다. 하지만 주요 원인은 역시 미국정부가 완강하게 지도하지 못한 데 있었다. 여기에는 미국 스스로 선택한 면도 있고 영국정부가 은밀하게 간섭한 면도 있다. 첫째, 영국과 미국은 북대서양조약기구의 핵심 국가이고 유럽 우선주의를 공통된 세계 전략으로 삼고 있으므로 아시아에서 반공 연맹에 가담해 유럽 우선주의라는 세계 전략에 영향을 미치지 않으려 했다. 둘째, 미국이 아태 지역에서 동맹군을 지휘하면 아태 지역 각국 정부의 견제를 받아 전쟁에 휩쓸릴 수도 있었다. 셋째, 아태 각국 정부의 반공 태도가 각기 다른 데다 중공이 점령한 영토가 넓고 인구 또한 많으므로 미국과 영국은 중공과 소련을 분열하려는 전략을 갖고 있었다. 그러나 만에 하나 잘못되면 상황이 크게 바뀔 수밖에 없었다. 따라서 미국정부는 몹시 신중히 접근해 반공 전략에서 중요한 위치를 차지하는 일본·한국·중화민국, 그리고 베트남 각국과 따로 연맹을 체결했으며 이들 국가와 단체로 연맹을 체결하지는 않았다. 이로 인해 군사적으로는 높은 효과를 거두면서도 정치적으로는 각국 정부의 견제와 압력을 비교적 적게 받았으며, 더욱이 아시아 한 곳에서 발생하는 사태로 인해 아시아 전체, 나아가 세계가 연동되는 것은 피할 수 있었다. 따라서 미국은 유럽에서는 북대서양조약기구에, 중동에서는 중앙조약기구(CENTO)에, 동남아 및 남태평양에서는 동남아시아조약기구(SEATO)와 태평양안전보장조약(ANZUS)에 참여했으나, 동북아에서는 미일, 미한, 미중 등 상호 간 협정만 맺었을 뿐, 아태 각국을 아우르는 집단적인 반공 연맹을 창설하지는 않았다.

나는 개인적으로 당시 아태 각국의 반공연합이나 정부와 정부 간의 조직이 실현될 수 없으므로 조직 형식을 변화시키는 편이 낫다고 느꼈다. 각국 정부 간의 조직은 각국 민간의 연합 반공 조직으로 바뀌었는데, 다행히도 각국 정부는 각국 민간 반공 조직의 창설 및 상호 연계를 직간접적으로 협조하고 지지했다. 이것이 내가 생각한 이른바 조직 전략의 변경이었다. 그런데 아시아 각국 정부 간의 반공연맹을 목표로 하고 있다는 점은 여전히 기존과 같았다. 한편 코민테른은 소련 및 제3인터내셔널을 핵심으로 각국 공산당 지부가 세계 적화를 실행하고 있는데, 만약 성공한다면 소련과 코민테른이 함께 성공을 맛볼 것이고, 실패하더라도 각국 공산당 지부가 일부 책임을 지고 소련은 평계를 만들어 책임을 회피하면 되므로 전체적으로는 아무 영향이 없을 것이다. 반면 미국정부는 국제 문제 처리에서 항상 각국 정부를 앞서가므로 성공하든 실패하든 국제적 책임을 져야 한다. 그뿐만 아니라 행정 당국도 국회나 여론에 대해서는 물론 국내 정치적으로도 책임을 져야 한다. 따라서 아시아태평양 지역 각국의 민간 연합 반공 조직은 미국 정부가 계속해서 은밀하게 지도하고 추진하지 않을 경우 효과를 거둘 수 없었다. 나는 이러한 구상하에 미국 정부를 향해 주도적으로 이러한 '반공 처방전'을 팔아보기로 결정했다.

1953년 8월, 나는 미얀마 지구로 가서 리미 유격부대를 도운 후 9월에 뉴욕으로 가서 제8차 유엔총회에 참가했다. 이 자리에서 장 대표와 협조해 미얀마 지구의 중화민국 유격부대 문제를 제기했다. 회의 후에는 세계 각국을 돌아다니면서 외교 업무를 보고 각지의 당무를 시찰할 예정이었다. 미국에 도착한 후 나는 10월 초에 시간을 내어 뉴욕에서 워싱턴까지 가서 당시 주미대사인 구웨이쥔(顧維鈞)에게 극동 담당 국무차관보 월터 로버트슨을 방문하도록 안배해달라고 부탁했다. 로버트슨은 미국 주화대사관 공사로 재직한 바 있으며, 얼마 전에 특사 명의로 한국에 와서 한국전쟁 포로 문제 및 정전 문제, 전후 한미상호방위조약 문제를 처리한 인물로, 반공에 결연하고 나에게 대단히 우호적인 고위급 관료였다. 나는 과거에 국무부를 방문했을 당시 중국과장을 맡고 있었고 나중에 주중화민국 미국대사를 역임한 월터 매카너기와 간략한 인사말을 나눈 후 매카너기와 로버트슨을 함께 만나 관련 문제를 상세하게 논의했다. 내가 로버트슨 국무차관보에게 제시한 요지는 다음과 같았다.

①아시아의 몇몇 정부가 미국정부와 이미 국방 협력과 관련한 조약을 맺었거나 맺을 예정이라고 해도 각국의 손익 및 사상이 다 다르기 때문

에 아직 북대서양조약기구 같은 안보 단체는 창설되지 않았다. 따라서 우리는 먼저 각국 정부의 협조와 지지를 얻어야만 아시아 각국의 민간 연합 반공 조직을 건립할 수 있다. 각국 정부는 배후에서 민간 연합 반공 조직을 지지하고 협조할 수 있으며, 이를 통해 실리를 취하거나 불필요한 장애를 피할 수 있다. 이러한 아시아의 민간 반공 조직은 협력 효과가 있어 한편으로는 수많은 대중을 교육할 수 있고, 다른 한편으로는 각국 정부와 정부 간 반공 연합을 촉진하거나 연맹을 결성시킬 수도 있다.

②미국은 세계에서 지도적인 위치에 있기 때문에 아시아 각국의 민간 반공 연합 조직은 미국이 적극적으로 추진해야 진행될 수 있다.

③미국 정부가 배후에서 이러한 민간 조직 및 운동을 지지하고 추진하면 아시아 각국 정부의 반공 단결이 촉진될 것이다. 이 조직 또는 조직의 업무가 성공한다면 미국 및 자유 국가는 엄청난 수확을 얻을 것이다. 실패하더라도 미국 및 관련 국가의 정부는 국내외적으로 이로 인한 정치적 책임을 질 필요가 없다.

로버트슨은 이러한 나의 건의에 매우 찬성하면서 "매우 교묘하고도 실행 가능한 의견이군요"라고 말했다. 하지만 그는 "이 정책에서는 아시아 각국의 민간이 주체이며, 각국 정부가 반공 연합 조직을 건립하려는 운동을 해서는 안 됩니다. 가령 미국정부의 행정 시스템으로 말하자면 CIA가 주관해야지, 국무부가 주관해서는 안 됩니다. 그러나 이 의견에 대해 매우 동의하므로 CIA 국장이자 나의 상관인 존 포스터 덜레스의 동생인 앨런 덜레스에게 이 의견을 전달하겠습니다. 그가 가까운 시일 내에 당신과 진일보한 협의를 할 수 있을 거라 믿습니다"라고 말했다.

이틀 후 CIA는 중화민국 대사관에 "덜레스 국장이 출장 중이므로 월가에 없습니다. 국장님의 보좌관인 톰 펜더개스트가 내일 오전 CIA에서 사오위린 고문을 기다릴 것입니다"라는 내용의 전화를 걸어왔다.

나는 국장이든 국장 보좌관이든 CIA가 나의 의견을 받아들여 진행할 수만 있으면 된다고 생각했다. 구웨이쥔 대사는 특별히 대사관 차를 보내 나를 데리고 갔다.

제2차 세계대전 말기에 나는 업무차 전략정보국(OSS, 국방부이자 CIA의 전신)에 간 적이 있다. 구 대사에 따르면 대사관의 경우 무관처 외에 외부 인사와 CIA가 소통하는 일은 극히 드물다고 했다. 대사관 소속 운전기사마저 CIA의 주소를 먼저 조사해 명확히 파악한 후 나를 다시 데려다주었다. 나는 워싱턴 교외에 있는 CIA 정문에 도착해 먼저 전화로 연락했는데 대사관 차량의 번호로 인해 어렵지 않게 들어갈 수 있었다. 객실에 도착한 후 오래지 않아 어떤 사람이 나를 국장 보좌관 펜더개스트에게 데리고 갔다. 나는 대체로 로버트슨과 나눈 것과 비슷한 이야기를 그와 나누었다. 다만 두 가지 이야기가 더해졌다.

첫째는, 대화를 일단락하고 난 후 내가 "이 의견에 대한 CIA의 회답을 얻을 수 있게 되길 바랍니다"라고 말하자 펜더개스트는 매우 교묘하게 "우리는 국무부 외교관들과 방법적인 면에서 다릅니다. 나는 먼저 국장에게 보고할 테지만 국장이 정식으로 공문을 통해 회답하지는 않을 것입니다. 또는 '행동을 통한 회답'을 할 수도 있습니다. 하지만 안심해도 됩니다. 국무부 차관보가 특별히 당신의 의견을 CIA 측에 추천했으므로 고견을 중시해 반드시 행동으로 회답할 것입니다"라고 대답했다.

둘째는, 펜더개스트가 "만약 이 의견이 실행에 옮겨지면 미국정부는 어떤 나라와 누구에게 이 일의 책임을 요청할까요?"라고 나에게 물어왔다. 나는 "중공은 공산 국제사회에서도 아시아에서 주요한 힘을 갖고 있습니다. 중화민국 인민은 미국의 지지가 있어야만 중공에 대해 이 운동을 일으킬 수 있으며 민족·민권·민생의 삼민주의로 독재 착취 일변도인 중공의 의식에 대항할 수 있습니다"라고 대답했다. 그러나 펜더개스트는 오히려 완곡하게 "이 점은 아시아 다른 각국과 의견이 다를 수도 있습니다. 게다가 중공이 한국전쟁에의 참전을 중단하더라도 타이완해협의 정세는 앞으로 더욱 긴장 상태에 처할 것입니다. 귀국이 이 일을 발기한 데 대해 아시아 국가들이 더 많이 고려하게 될지 여부는 앞으로 더 연구해봐야 할 것입니다"라고 돌려 말했다.

1953년 10월 초, 나는 이처럼 미국 국무부와 CIA에 아시아 각국 민간 반공 조직을 건립하자고 제기했고, 당시 워싱턴을 방문한 장징궈에게 이 일을 보고했다. 뜻밖에도 미국정부가 4~5개월 만에 매우 빨리 행동을 통한 회답을 주었다. 1954년 3월 말, 한국정부는 한국 진해에서 아시아 각국의 민간이 참여하는 아시아 민족 반공대회를 열기로 했다. 중화민국은 구정강을 대표단 단장으로 뽑는 데 동의했다. 한국 측은 일본이 대회에 참석하는 데 반대해 처음에는 대회가 6월 15일로 미뤄졌다. 대회에는 한국, 중화민국, 필리핀, 베트남, 태국 5개국과, 홍콩, 오키나와, 마카오 3개 지역의 대표 32명이 참석했다. 한국 측 연락 담당 이범영이 대회의 사회를 맡았다. 대회에서는 이승만 대통령이 개막식을 주재했고 연설을 했다. 이 대통령은 아시아 각국 간 이해관계를 따지지 말고 힘을 단결해 공산당의 위협과 침략에 맞서 싸우고 서로 협력하자고 강조했다. 대회는 이틀간 계속되었고 그 결과 아시아민족반공연맹이 만들어졌다. 아시아민족반공연맹의 반공 운동은 순조롭게 발전해 1967년에는 아시아민족반공연맹의 회원국이 16개로 늘었으며, 옵서버 자격의 조직은 10개로 늘었다. 아시아민족반공연맹의 잠재적 반공 역량은 아시아와 태평양 및 중동에 국한되지 않고 아프리카와 라틴아메리카로까지 확대되었다. 이로 인해 세계반공연맹도 창설되었다. 아시아민족반공연맹은 1979년 11월 호놀룰루에서 제25회 아시아민족반공연맹 대회를 개최했다. 대회의 주제는 '자유와 민주의 아시아를 향하여'였다. 세계 각국 정부가 결성한 반공 연맹 조직 가운데 지금까지 건재한 조직은 북대서양조약기구뿐이며, 중앙조약기구, 동남아시아조약기구 등은 모두 이미 사라졌다. 아시아민족반공연맹은 지금까지 이름만 있을 뿐 실속은 없는 상태다. 아시아태평양이사회의 부장급 회담은 중화민국이 유엔에서 나가고 일본이 중공을 인정한 후 중도에서 사라졌다. 중화민국과 한국 양국이 핵심인 아시아 인민의 반공 운동은 나날이 확대되고 영향을 미쳐 중공 대륙에 자유민주의 새싹을 심어주고 있다. 우리는 가까운 시일 내에 각 측이 제창한 중국 통일 운동이 자유민주의 원칙하에 실현되기를 기원한다. 자유민주를 사랑하는 중국 인민이 통일로 단결해 다시는 분열되지 않도록 말이다.

내가 아시아 각국의 민간 반공 조직을 발동하자고 미국정부에 건의하긴 했지만 내 의견 때문에 아시아민족반공연맹이 창설되고 발전한 것이라고는 결코 말할 수 없다. 아시아민족반공연맹이 성장한 것은 아시아민족반공연맹 타이완총회의 회장 구정강과 비서장 항리우의 덕분이었다. 나의 건의는 그저 우리 모두의 의견이 대체로 비슷했음을 보여주는 것일 뿐이었다. 이 건의가 한국 진해에서 개최된 아시아 민족 반공대회와 인과 관계가 있는지를 알아보려면 역사가들이 미국정부와 한국정부의 사료를 발굴해보는 수밖에 없다.

》 한일 교류 중재 및 이승만의 국립묘지 매장 요청

민간 반공 연합의 노력으로 아시아민족반공연맹은 공동의 조직으로 발전할 수 있었다. 시작은 실로 좋았다. 그러나 중화민국의 궁극적인 목표는 여전히 미국의 지지 아래 아시아 각국, 특히 중화민국·일본·한국 정부의 동북아 반공 연맹을 건설하는 것이었다. 중화민국과 한국, 그리고 베트남이 동시에 연맹을 창설한다는 소문은 무성했으나 베트남은 프랑스의 영향을 많이 받아 중립에 가까웠다. 미국은 한중일 3국에 대해 개별적으로는 상호 방위 협정을 맺었으나 3국과 집단적으로는 연맹을 맺지 않았다. 아마도 3국 역내에서 정치적 견제를 받거나 유럽 제일주의라는 세계 전략에서 벗어날까 봐 우려했기 때문일 것이다. 그러나 한중일 3국은 대국적인 견지에서 작은 이익을 버리고 먼저 연맹으로 단결했다. 그러자 미국도 반대를 고집할 수 없었다. 하지만 아시아 3국 가운데 일본과 한국은 민족감정 및 국가 이익, 또 양국 간 내정 관계가 여전히 협조하기 어려운 상태였다. 쌍방은 미국의 조정하에 여러 차례 교섭을 벌였으나 결국 결렬되었다. 심지어 아시아민족반공연맹 같은 민간 조직에 대해서도 이 대통령은 여전히 공개적으로 일본의 참가를 거부했다. 이로 인해 한일 정부 간 협력은 더욱 말을 꺼낼 수 없었다. 따라서 중화민국의 긴급한 업무는 바로 한일 양국 정부의 불화를 해소할 방법을 찾는 것이었다. 이 정책은 사실 미국의 이익과도 일치했다.

1954년 8월 나는 장 총통에게 '중·미·일·한 반공 연합 전선을 완성하기 위해 중화민국이 한일 관계를 조정하는 데 대한 의견서'를 서면으로 건의했다. 이는 당시 미국과 한중일 3국 관계를 자못 자세하게 분석한 것으로, 개요는 다음과 같다.

중·미·한·일 반공 연합 전선을 완성하기 위해 중화민국이 한일 관계를 조정하는 데 대한 의견서

1. 한일 교섭의 과정(생략)

2. 한일 분쟁의 주요 난제 분석: 한일 간의 마찰은 양국 간의 외교적 이해와 관련된 문제이지만, 사실은 민족감정상의 문제이자 국내 정치 문제이며 이것이 또한 주요 원인입니다. 이러한 세 가지 이유가 뒤엉켜 결국 응어리가 맺혔습니다.

① 외교적 이익 문제

(A) 재산 처리 문제: 일본 측이 전쟁 전 한국에서 가지고 있던 공유 재산을 한국에 돌려주는 데는 동의했으나 일본인이 한국에서 가지고 있던

사유재산에 대해서는 마땅히 권리를 청구할 수 있습니다. 하지만 한국은 일본에 있는 한국 재산에 대해 청구권이 있다고 주장합니다. 1952년 한일회담 때 한국 측이 쌍방의 상계재산권을 건의했으나 일본이 동의하지 않습니다. 1953년 한국 측은 일본이 한국을 침략했으므로 이런 청구권이 있을 수 없다고 주장했습니다. 그러나 일본 측은 한국이 일본에 대해 재산청구권이 있다는 데 동의하지 않았습니다.

(B) 어업 문제: 일명 '이승만 라인 문제'입니다. 한일 어업구역 분쟁이 자꾸 일어나는 것은 1953년 1월 한국이 이승만 라인을 설정하면서부터입니다. 이승만 라인이란 한국 해안에서 30리 또는 60리 되는 곳으로서, 물고기 어획을 위한 일본 어선의 해역 진입을 금지하는 내용입니다. 이에 일본은 공해의 자유를 침범하는 것이라고 주장하고 있습니다. 특히 이 선 안에 독도를 포함시키는 데 대해 일본은 자신들의 영토라 하고 한국은 반대하고 있습니다. 이승만 라인의 획정 때문에 일본 어선이 포획되고 독도의 주권 분쟁 문제가 제기되고 있습니다.

② 민족감정 문제

(A) 일본은 전쟁에 패했으나 짧게 내다보는 좁은 시야를 갖는 섬나라 근성이 아직까지도 바뀌지 않아 한국에 대해 오만불손한 태도로 임하고 있습니다. 일본 대표 구보타가 한국을 경멸하며 "일본이 조선을 병합한 것은 한국인에게 이익이 되는 일이다"라고 한 발언이 하나의 사례입니다. 독도와 관련해 주권 문제가 발생했을 때 일본 우익 단체에서는 한국 정벌론을 부르짖는 자도 있었습니다.

(B) 역으로, 일본의 오랜 기간 폭정에 대한 한국인의 기억은 갈수록 생생해지고 있습니다. 이승만은 해외를 40여 년간 떠돌아서 일본에 대해서라면 이를 갈고 있습니다. 오늘날 일본이 재기하자 한국은 일본을 더욱 질시하고 있습니다. 특히 미국이 일본을 무장시키는 것에 대해 이승만은 불만을 갖고 있습니다. 또한 미국의 무기 생산 및 군사 원조액에

한계가 있으므로 일본 원조액의 증가로 한국 원조액이 감소하는 데에도 불만을 갖고 있습니다. 중공의 참전 이후 한국은 줄곧 중화민국의 참전을 찬성하지 않았는데, 일부 원인이 여기에 있다고 할 수 있습니다. 한국인은 한국전쟁이 일본을 보위한 전쟁이라 주장하고 있는데 일본이 이 점에 대해 은혜를 갚지 않으므로 한국인은 더더욱 일본인을 언급하기 싫어합니다. 이에 코민테른은 중간에서 이간질하기 위해 온갖 수단을 동원하고 있습니다. 심지어 일본 우파의 '정한론(征韓論)'을 지지하는 척하는 바람에 한국과 일본이 완전 반대 방향으로 나아가고 있습니다.

③ 내정 당쟁 문제

(A) 한국: 이승만의 반일은 외교적 이해 및 민족감정에서 비롯된 측면도 있지만, 미국이 전력을 다해 한국과 일본 양국을 조정·화해시키려 한다는 사실을 파악하고 반일 정책을 이용하는 것이 대미 외교상 도움이 될 것이라고 여긴 측면도 있습니다. 하지만 내정에서 반일을 앞세우는 데에는 일반 대중이 알지 못하는 또 다른 의도가 있습니다. 처음에 미군이 남한을 점령한 기간에 이승만은 친중파를 분화시키고 친일파와 연합해 김구를 공격했습니다. 이승만이 정권을 잡자 김구는 서거했고, 임시정부파가 와해되자 한국 정계에는 친일파가 반대 역량으로 존재하고 있습니다. 만약 한일 교류가 성립되면 친일파에 유리할 게 분명합니다. 게다가 미국정부가 주한대사관을 통해 암묵적으로 반이승만파를 지지하면 이승만은 한편으로는 미국에 마음을 놓을 수 없게 되고, 다른 한편으로는 계속 친일파의 활동을 억압하면서 반일 정책을 채택해야 합니다. 게다가 이승만 주변의 고위 간부들은 대부분 미국 유학파 출신으로 반일 분위기가 갈수록 농후해지고 있습니다. 하지만 공산당 적화가 임박한 현실 앞에서 한국의 일반 중급·하급 공무원들 및 국민들의 대일 감정이 반드시 이승만과 같지는 않습니다.

(B) 일본: 극우파 가운데 정한론을 외치는 자가 고정적으로 있으며, 극

우파 일본공산당은 암암리에 한일 관계를 이간질하고 있습니다. 일본 총리 요시다는 완고한 성격이라 영국을 숭상하고 아시아 각국을 경시하는데, 한국인을 더욱 멸시합니다. 한일 교섭 가운데 재산 처리 문제 및 어업 문제는 대중(對中) 외교와 관련이 있는데, 요시다는 정치가로서의 박력이 부족하고 자유당 또한 안정적이지 않았기 때문에 한국에 양보함으로써 야당이 내각을 무너뜨리는 빌미를 제공하고 싶어 하지 않습니다. 특히 주일 한국 교포 70여만 명은 대부분 빈곤하고 무지한데, 그중 3분의 1이 남한을 지지하고 있어 한국 교포의 사회적·정치적 분쟁이 야기되고 있습니다.

3. 미국의 미흡한 업무 조정력: 미국정부에서 한일 관계 조정은 맥아더, 리지웨이, 클라크, 헐, 밴 플리트 등의 장군들을 거쳤고, 그 외에 덜레스 국무장관, 머피 전임 주일대사, 앨리슨 현임 주일대사, 무초 전임 주한대사, 브리그스 현임 주한대사 등이 노력했지만 지금까지 성공하지 못했습니다. …… 미국의 한일 교섭 과정을 종합해보면 미국은 양국의 외교 이해에 입각해 한국과 일본에 대해 대규모 군사 원조 및 경제 원조를 실시하면 이 문제가 해결될 것이라고 여겼으나, 한일 민족감정 문제 및 내정 당쟁 요인을 무시했기 때문에 조정이 실패로 끝나고 말았습니다. 미국은 아시아의 정세에 밝지 못하며 동방의 외교 방향을 이해하지 못하고 있다는 것이 이로 인해 또 다시 증명되었습니다.

4. 한일 교섭과 중화민국의 대일 현안 관계: 한일 교섭은 중화민국정부의 대일 현안 처리와 밀접한 관계가 있습니다. 하지만 일반인들은 이에 대해 거의 인식하지 못하고 있는 것 같습니다.

① …… 중일 평화 협정 당시 우리는 먼저 일본에 대한 배상 요구를 포기하더라도 중일 양측의 공적·사적 재산 채권 및 채무 문제는 청산해야 한다고 주장했습니다. 이는 후에 우리에게 불리한 분쟁을 일으키지 않기 위함이었습니다. 안타깝게도 중화민국 외교 당국이 이러한 상황에

밝지 않아 결국 제3조 규정, 즉 "일본 국민이 타이완과 펑후 등에서 가졌던 재산에 대해, 그리고 타이완과 펑후에 거류하는 사람들의 요구(채권 포함)를 처리하는 데 대해, 그리고 중화민국정부와 일본정부가 처리할 문제에 대해 별도로 논의한다"라는 데 동의했습니다. 추측에 따르면 일본이 타이완과 펑후에서 보유했던 재산 외에 일본의 개인 재산 및 채권도 30억 달러나 됩니다. 타이완과 펑후의 거류민이 일본에서 보유하고 있던 재산 및 채권은 겨우 수백만 달러에 불과했습니다. 중일조약의 규정 가운데 "중화민국정부와 일본정부가 처리할 문제에 대해 별도로 논의한다"라는 조문이 우리에게 불리하다는 것은 명백합니다. 이 일은 한일 재산 교섭 문제와도 관련이 있습니다. 당시 한국정부는 중화민국이 일본에 양보한 데 대해 불만을 표했습니다. 이 때문에 한국은 일본과 교섭할 때 개인재산청구권을 포기하지 않으려 했습니다. 그 영향이 중국의 교섭에까지 영향을 미친 것입니다. 중화민국 측은 향후 한일 교섭을 적절하게 운용한다면 과거 중일 교섭에서의 손실을 보완할 수 있을 것입니다.

② 한일 어업 분쟁은 중화민국과도 관련이 있습니다. …… 일본 어선은 자주 중화민국 영해를 침입해 어업을 합니다. 우리 어업계는 이미 일본에 항의했습니다. 일본 어업의 발전을 고려하면 한일 어업 교섭 중 한국에 유리한 주장은 반드시 중화민국에도 유리할 것입니다.

5. 중화민국의 원칙 및 방안과 실시 단계

① 원칙: 중·미·한·일 반공 연합 전선을 촉진하기 위해 전 세계적으로 반공항러의 환동북아 전략 정책을 완성해야 합니다. 중화민국정부는 미국정부와 협동해 한일 관계를 조정할 것입니다.

② 방안

(A) 중화민국이 미국 정부를 설득해 한일 관계를 조정하려면 한일 양국의 외교적 이해 외에 쌍방의 민족감정 및 국내 정치상의 당쟁에도 주의

를 기울여야 합니다. 중화민국정부는 미국이 측면에서 돕기를 바라는데, 이는 아시아 국가들 스스로가 단결을 모색하는 것이라고 할 수 있습니다. 물론 이는 미국의 양해와 지지가 있어야만 시작될 수 있습니다.

(B) 한일 교섭 가운데 재산 처리 문제와 어업 문제를 감안하면 이는 중화민국의 대일 외교와도 관련이 있습니다. 따라서 한일 교섭이 장래 중화민국에 유리하게 해결되도록 암암리에 유도해야 합니다.

(C) 한중일 삼국 관계 및 장래 국제정세에서 한중 양국이 가진 이해관계를 감안하면, 중화민국은 조정 업무에 관여할 때 반드시 한중이 핵심적으로 운용할 복선을 깔아 삼국의 단결 협력을 촉진시켜야 합니다.

(D) 한일 주요 갈등을 감안하면, 양국의 외교적 이익, 민족감정, 내정 당쟁 세 가지 측면 중 외교적 이익은 비교적 쉽게 해결될 수 있으나 민족감정과 내정 문제는 코민테른과 관련이 있습니다. 그러므로 미국과 합작해 먼저 코민테른이 지휘하는 한중일 공산당 통일 작전을 폭로해야 합니다. 한국과 일본을 이간해 한일 관계를 깨려는 음모에 대해 한일 정부가 협동해 강력히 선전해야 하고 서로의 악감정을 없애야 합니다. 내정에서는 공산당과 좌파를 공격해야 합니다. 이승만은 한국 정치에서 권위를 갖고 있으므로 미국과 중화민국이 이승만을 전력으로 조정·설득하면 됩니다. 하지만 일본의 경우 정당 정치가 복잡하고 공산당의 침투가 매우 깊고 보편화되어 있기 때문에 중화민국과 미국이 일반 정당에 설득 공작을 펼치거나 민간에 선전 공작을 수행하기가 한국에 비해 어렵습니다.

(E) 한일 양국에 대한 조정 업무가 어렵고 복잡함을 감안해 반드시 외교 선전 방면에서 사전 작업을 수행해 효과를 거두고 난 뒤 직접 나서서 발언해야 합니다. 따라서 지금은 외교 선전 당국이 단계에 따라 사전 작업을 시작해야 합니다.

③ 실시 단계(생략)

이상 내가 건의한 동북아 반공 연맹이 완성되려면 미국이 먼저 한일 관계를 조정하는 정책에 적극적으로 협조해야 했다. 장제스 총통은 자못 동의하는 듯했다. 이는 이후 일본의 총리 요시다가 사직 후 타이완을 방문했을 때 장 총통이 했던 이야기로 증명된다.

　　내가 주한대사 직위를 사임했을 때 장 총통은 내가 당분간 도쿄에 머물기를 원했다. 하지만 나는 여러 가지 이유로 인해 타이완으로 돌아가 총통부 국책고문 및 중일평화회담 고문을 수락하려 했다. 중일평화조약을 체결하고 난 후 각 측에는 내가 일본대사로 나갈 것이라고 알려졌다. 나는 자못 흥미가 있었다. 개인적으로 한일 양국과 관계가 있으므로 한일 관계를 측면에서 조정할 수 있기를 희망했다. 또한 이를 계기로 동북아 연합전선이 촉진되기를 바랐다. 하지만 당국 원로 중 누군가의 방해로 나의 일본대사행은 무산되고 나는 중동의 주터키대사로 발령 났다. 머나먼 극동이었다. 탄식이 끊이지 않았다. 1963년 초 프랑스가 중공을 국가로 승인했고, 저우훙칭(周鴻慶) 사건*으로 인해 중화민국과 일본은 양국 대사를 소환했다. 당시 중화민국과 일본은 거의 단교에 가까웠기 때문에 요시다 수상이 타이완을 방문한 것은 큰 의의가 있었다. 당시 고국으로 돌아오라는 장 총통의 전보를 받고 타이완으로 돌아오자 장 총통이 나에게 요시다가 타이완에 왔을 때 우리 측의 대응 방안을 물어보았다. 나는 2월 23일 '요시다가 중화민국에 왔을 때 가능한 담화 내용 및 문제와 우리 측의 대응 방안'을 서면으로 제기했다. 당시 장 총통과 요시다는 국제 상황과 중일 관계를 토론했다. 그뿐 아니라 장 총통은 교류를 조속히 정상화하기 위해 특별히 일본에 한국의 재건을 돕도록 권유했다고 한다. 이 사실은 1965년 2월 2일 내가 오이소로 가서 요시다를 방문했을 때 그가 증명해주었다. 이는 나중에 다시 기술하겠다. 결론적으로 한일회담은 멈추었다가 재개하기를

---

*　타이완으로 가기 위해 일본에 정치적 망명을 요청했던 저우훙칭을 일본이 중공으로 되돌려 보낸 사건. _옮긴이 주

반복하면서 1965년 2월 17일까지 이어졌고 그제야 교류 협의가 이뤄졌다. 1950년 2월 이승만과 요시다가 처음으로 비공식 협의에 도달했으므로 15여 년의 노력을 거쳤던 것이다. 한일 교류가 정상화되기 직전 한동안 나는 도쿄와 서울을 열심히 오가면서 교섭에 참여했다. 여기에서 그 경과를 간략히 기록해 동북아시아 외교 야사의 사료로 삼으려 한다.

1963년 봄, 나는 고국으로 돌아오라는 명을 받아 귀국해 상황을 보고했다. 당시는 프랑스가 중공을 국가로 승인한 데다 저우훙칭 사건으로 중화민국과 일본의 관계가 단절될 지경에 이르렀던 때였다. 또한 ≪연합보(聯合報)≫와 ≪징신신문(徵信新聞)≫이 사설을 통해 외교부장 선창환의 사직을 요구해 선 부장이 비밀리에 사표를 낸 상태였다. 그런데 내가 마침 이때 귀국 명령을 받는 바람에 관계자들 사이에서 약간의 오해를 받았다. 사실 나는 개인적으로 욕심이 없고 명리를 좇지 않는 사람이다. 관리가 되는 것을 그리 좋아하지 않지만 국가를 대신해 역량을 발휘하고 싶었을 뿐이다. 그래서 나는 귀국해서 업무 보고하는 기회를 통해 "중동에 대사로 파견된 지 이미 7년이 지났는데, 이 시기에 장기간 중동에 있는 것은 개인과 국가에 도움이 되지 않습니다. 만약 주일대사 장리성(張厲生)이 다시 반임(返任)하지 않는다면 나와 장리성 대사를 교체해 내가 다년간 참여했던 대일 공작에 공헌할 수 있기를 바랍니다"라고 직간접적으로 나의 소망을 표현했다. 그런데 높은 지위의 관료가 선 외교부장이 유임되도록 힘을 썼다. 아울러 이미 정계에서 은퇴한 지 몇 년 지나고 미국에서 한거한 지 15년이 넘은 웨이다오밍도 선 외교부장을 전력을 다해 추천했다. 정부가 개혁할 뜻이 없음을 알게 되자 나 역시 더 이상 공직에 임할 뜻이 없어 최고당국에 전보를 보내 사퇴할 것을 요청했다(특임 정무관의 사퇴 요구는 내가 처음이라고 한다. 당시 공무원 사퇴 조례로 봤을 때 사무관까지 제한되었고, 정무관은 포함되지 않았다. 나는 편지로 인사부 스웨이카이(石爲開) 부장을 추천했다). 나는 남아서 일을 계속하도록 만류를 받았는데, 당초에는 이를 파악하지 못했다. 그런데 나중에 다시 사직을 허락받는 과정에서 이전의 내막을 알게 되었는데, 여기에서 이를 더 이상 시시콜콜 부언하고 싶지는 않다. 당시 외교부 선 부장이 전화를 걸어와 "총통의 명을 직접 받았습니다. 사오 대사는 업무가 끝나는 대로 신속히 귀국하십시오. 다른 업무가 기다리고 있습니다"라고 간략히 말했다.

나는 비록 더 이상 공직에 뜻이 없고 직책 없이 자유로웠으나 국민으로서의 책임을 다하지 않을 수 없었다. 터키 앙카라에서 국경절인 쌍십절 행사를 치르고 부인과 간편한 복장으로 여행을 했다. 유럽 몇 개국을 돌아보며 여행하고 그 후 미국으로 가서 건강 검진을 받았다. 11월, 뉴욕에서는 선배와 오랜 친구들을 만났다. 천리푸, 판궁잔, 청치바오, 량허쥔(梁和鈞), 타오바이촨(陶百川), 쉐광첸, 라이징후(賴景瑚), 샹딩룽(項定榮) 등 많은 사람이 나를 모임에 초청했다. 좌중의 누군가가 내게 "미국에 어떤 업무로 오셨습니까?"라고 물었고 나는 다음과 같이 말했다. "나는 이미 사임한 관리이므로 관직으로서의 임무는 없습니다. 가까운 시일 내에 워싱턴 국무부로 가서 대외 활동을 할 겁니다. 나는 국민의 자격으로 두 가지 국민 외교를 할 예정인데, 첫째는 미국의 대베트남 정책이 견고해질 수 있도록 베트남으로 하여금 프랑스와 절교하도록 할 것입니다. 이는 동남아 중립화의 병폐를 막기 위함입니다. 둘째는 미국의 양해를 얻어 개인 자격으로 한일 수교를 회복하는 데 협조할 것입니다. 이는 동북아 반공 정세에 유리하도록 하기 위함입니다. 이 외에 다른 의도는 없습니다."

11월 말, 부인과 워싱턴에 도착해 옛 친구들을 방문했다. 나는 장팅푸(蔣廷黻) 주미대사에게 상술한 것처럼 국무부에 '반공 처방전'을 팔고자 하는 의도를 설명했다. 장 대사는 자못 동의하는 듯하더니 "한일 문제는 사오 대사가 전문가이지 않습니까? 베트남 문제는 나도 같은 생각이지만 애석하게도 대사의 신분으로는 입장을 밝히기가 곤란합니다"라고 말했다.

그는 내가 국무부 동아시아·태평양 담당 차관보 윌리엄 번디 및 마셜

그린과 만나 이야기를 나눌 수 있도록 안배해주었다. 아울러 대사관의 정젠성(鄭健生) 공사를 보내 나를 수행케 했다. 나는 미국이 베트남정부와 프랑스정부의 외교 단절에 적극적으로 동의해야 한다고 주장했다. 이는 프랑스가 동남아 중립화 정책을 실현하는 것을 차단하기 위해서였다. 한일 조정 문제에 대해서는, 쌍방의 외교적 이해관계 외에 양국의 민족감정과 내정 및 야당의 문제도 살펴야 한다고 조언했다. 또한 일본에 대해서는 정치적으로 잘 지도해야 하며 한국에 대한 경제 원조를 강화해야 하고 각 당파를 설득해야 한다는 등 몇 가지 의견과 방법을 제안했다. 이는 모두 그들로부터 상당한 주목을 받았다. 나아가 그들은 내가 그들 옆에서 협조해주기를 바랐다. 내가 "만약 내가 한국 친구들에게 협조를 요청해 회담에 성공한다면 미국정부는 한국에 무엇을 대가로 제공할 수 있습니까? 한국의 경제 원조액 증액을 승낙할 수 있습니까?"라고 물었다. 그린은 "물론 괜찮습니다"라고 답했다. 나는 "1000~2000달러 증액은 문제없겠지요?"라고 추궁하기까지 했다. 그린이 연이어 "문제없습니다"라고 장담했다. 나는 이 히든카드 때문에 한국에 가서 말하기가 꽤 쉬웠다.

1965년 1월 나는 이승만이 노년에 병으로 하와이 호놀룰루에 누워 있는데 병세가 심하다는 소식을 듣고 부인이 함께 병문안 길에 올랐다. 당시 이승만의 부인이 내게 귀국해 이승만이 고향에 묻힐 수 있도록 한국정부를 설득해달라고 청한 이야기는 다음에 보충 서술하겠다. 지금은 내가 개인 자격으로 도쿄와 서울을 바삐 오가며 한일 관계를 조정하기 위해 노력한 과정을 이야기하려 한다.

나는 도쿄에 도착해 예의상 웨이다오밍 대사를 방문하고 사적인 연회에 참석했으며, 나의 오랜 친구이자 주일대사관의 전 문화참사 쑹웨룬(宋越倫)의 도움을 받아 일본 정계의 여러 친구들을 만날 수 있었다. 2월 2일, 나는 당시 도쿄 화교총회 회장 겸 닝보(寧波)동향회 상무이사 저우샹경(周祥賡)과 동향회 회장 장허샹(張和祥) 두 명의 요청으로 아타미 온천여관에서 열린 동향회 신년 모임에 참석했는데 이곳에서 한 차례 특별 연설을 했다. 기타자와 의원의 소개를 받아 도쿄에서 아타미로 가던 중 오이소에 위치한 요시다의 별장을 방문해 요시다를 만났다. 요시다는 나를 점심식사에 초대했으나 나는 시간 관계상 오후 4시로 시간을 바꾸었다. 아타미에 도착해 연회 연설을 해야 했기 때문이다. 요시다와 나는 한 시간 정도 둘만의 담화를 나눴다. 주제는 중공과 중일 관계, 한일 관계, 그리고 미국과 동북아 정세에 관한 모든 것이 포함되었다. 그중 한일 관계와 관련된 것만 얘기하겠다.

나는 요시다에게 "1950년 2월, 총리께서 처음으로 이승만 대통령과 도쿄에서 만난 것에 대해 맥아더 장군과 제가 이야기를 나눈 적 있습니다"라고 말했다. 요시다는 "제 선친께서 과거 조선에서 근무한 관계로 저는 조선인에 대한 인상이 어릴 때부터 좋지 않았습니다. 저와 이승만 대통령도 제대로 이야기도 못하고 유쾌하지 못하게 끝났습니다"라고 말했다. 내가 "현재 공산당의 위협이 심각하므로 개인감정 같은 것은 자제해야 합니다. 저는 과거 한국에서 근무하면서 한국전쟁을 겪었고 한국전쟁이 일본의 군사와 경제에 큰 도움을 준 것을 잘 알고 있습니다. 오늘날의 정치 형국을 볼 때 일본과 한국은 더욱 협조해야 합니다. 이는 동북아 지역에서 공산세력의 확장을 막는 데 도움을 줄 것입니다. 그러나 아쉽게도 지난 십여 년간 일본과 한국 간의 협상은 가시적인 성과가 없었습니다. 이는 일본과 한국에 아쉬운 결과이자 아시아 전체에도 좋지 않은 결과입니다"라고 하자 요시다 선생은 "맞습니다. 귀국의 장제스 총통께서는 1964년 봄 일월담(日月潭)에서 저더러 전임 이케다 총리에게 일본과 한국은 동아시아 정치를 위해 국교 수립에 노력해야 한다는 말을 전하라고 했습니다. 저는 현 사토 총리에게 양국의 관계를 개선하기 위해 노력해야 한다고 다시 얘기했습니다. 저는 귀국의 총통께서 일본과 한국의 수교 정책을 요구한 데 대해 선생 역시 책임이 있다고 믿습니다. 선생께서 다시 한국을 방문한다고 하니 최선을 다해 도와주길 바랍니다"라고 부탁했다.

요시다 선생이 말한 내용은 대략 이와 같으며, 당시 사토 총리는 관방장관을 맡고 있던 하시모토 도미사부로에게 나와의 만남을 주선해줄 것을 적극 요청했다고 한다. 제2차 세계대전 이전에 하시모토는 난징에서 ≪아사히신문≫ 특파원으로 근무했는데, 나와는 그때 인연을 맺었다. 이후 일본군이 투항할 때 상하이에서 하시모토를 도운 적이 있는데, 이 인연으로 하시모토는 나와 사토 총리의 만남을 주선했다. 2월 5일 오전, 나는 쑹웨룬과 함께 일본 국회의 총리 사무실을 방문해 사토 총리와 하시모토 장관을 만났다. 우리는 대략 1시간 남짓 일본어로 이야기를 나누었다. 주요 화제는 단연 한일 관계였다. 나는 사토 총리에게 일본과 한국 간 협상에 힘닿는 데까지 노력하겠다고 밝혔다. 사토 역시 당시 중화민국에 대한 차관 1억 5000만 달러를 관련 기관에 처리하도록 지시했다. 후네다 나카 국회의장은 2월 7일 저녁 아카사카의 한 레스토랑에서 나를 주빈으로 하고 부총리 이시이 미쓰지로, 외상 시나 에쓰사부로, 기타지와 의원과 쑹웨룬을 초청해 한일 간 자세한 협상 문제에 대해 환담을 나누었다.

나는 우선 한일 양국의 민족감정 문제에 대해 일본 측의 주의를 당부했다. 구보타 대표가 했던 망언과 같은 말은 해서는 안 되며, 가급적이면 반성의 태도를 보일 것을 당부했다. 시나 에쓰사부로 외상이 한국을 방문했을 때 한국에 대해 시종일관 저자세를 보인 것은 한국인들의 호감을 살 만했다. 둘째, 한국정부와 야당 간의 관계는 개인 자격으로 중재하겠지만 일본 각 당파의 관계는 일본 측이 맡아달라고 요청했다. 셋째, 외교상 이해관계의 문제인데, 양측은 재산권 청구를 취소하고, 더불어 일본은 한국전쟁 당시 한국이 입은 손실과 한국전쟁이 일본 경제에 준 이익을 고려해서 한국에 무상 지원을 해주고 유상 차관 문제에서 관대하게 처리할 것을 당부했다. 일본 측은 원칙적인 문제에 대해서는 동의했다. 나는 당시 쑹웨룬에게 한국과 일본의 반응을 수시로 알려달라고 부탁해 그는 도쿄에서 일본과의 연락 업무를 맡았다. 일본과 한국의 협상이 성공적으로 끝난 데 중화민국의 국민 외교가 공헌한 바가 있다면 이는 쑹웨룬의 공이라고 할 수 있다. 아쉬운 점은 쑹 선생이 과거 총통에게 직접 보고할 때 누군가의 방해를 받았다는 것이다.

　나는 일본에서 일을 마치고 한국의 정일권 총리와 런던의 처칠 수상 장례식에 참석한 후 다시 일본을 거쳐 타이완으로 돌아왔다. 당시 정 총리와 도쿄의 프린스호텔에서 아침을 함께하자고 약속해 식사를 같이했다. 이 자리에서 나는 미국, 일본과 논의했던 상황을 정 총리에게 설명하고 사토 총리와 나눈 이야기를 전하면서 중단되었던 회담을 재개할 것을 권했다. 정 총리는 다음날 바로 사토 총리를 만나 한국 내 야당 인사들이 일본과의 수교를 반대하고 있다고 설명했다. 이동원 외무부 장관이 각 당의 인사들과 상의하고 있으나 야당 인사들의 태도가 매우 완강해서 일에 차질이 빚어지고 있다고 설명했다. 정 총리는 나와 야당 인사들이 과거 안면이 있으므로 제3국의 지인 자격으로 서울에 와서 그들을 설득해달라고 나에게 부탁했고, 이 비용은 모두 한국 측이 부담하겠다고 했다. 나는 정 총리에게 한일 수교를 위해 나서기로 했고 나와 아내의 서울행 항공권은 이미 예매했으며 비용 또한 많이 들지 않았으므로 내가 비용을 부담하겠다면서 완곡히 사양했다. 1965년 2월 8일 서울에 도착해 조선호텔에 머물렀는데, 이곳은 내가 서울에 와서 처음 머물렀던 숙소였다. 그때와 달리 큰 건물로 바뀌어 과거의 모습은 찾아볼 수 없었다. 2월 17일 오전 큰일을 거의 해결하고 나와 아내는 홍콩을 경유해서 타이완으로 돌아왔다. 그날 오후 일본 대표단은 하시모토를 필두로 서울을 방문했는데, 하시모토가 머무른 호텔 또한 조선호텔이었고 방 역시 같았으니 이 또한 신기한 일이었다. 한일회담이 재개되고 사흘째 되던 2월 20일 양측은 '한일 기본조약'에 서명했는데, 정식으로 조인된 것은 그해 6월 22일이었다. 이로서 양측의 협상이 시작된 지 15년 만에 일본과 한국은 수교하고 정식 외교 관계를 맺었다.

동북아 지역에서 일본과 한국이 정식 수교를 맺은 지 이틀이 지나지 않아 동남아시아의 베트남정부 역시 6월 24일 프랑스와 단교를 선언함으로써 반공 세력은 새롭게 형세를 갖추었다. 미국 뉴욕에서 발행되던 중국어 신문 ≪화미일보(華美日報)≫는 "아시아의 두 가지 기쁜 일"이라는 제목으로 사설을 실었다. 유유(悠悠)라는 필명의 저자는 판궁잔(潘公展)으로, 1965년 7월 2일에 실린 이 사설은 판 선생이 직접 쓴 것이었다. 그 글은 다음과 같다.

아시아의 두 가지 기쁜 일

몇 개월 전 터키 주재 중화민국대사 사오위린이 사직 후 뉴욕을 거쳐 귀국했다. 당시 그는 극동의 정세가 엄중하고 절박하지만 베트남전쟁을 해결하는 일이 더욱 시급하며 또한 기본적으로 자유 아시아의 각 반공국가들이 어떻게 공고한 연맹을 결성할지가 중요하다는 개인 의견을 피력했다. 베트남전쟁의 경우 미국이 베트남을 지원해 공산당 세력을 소탕하는 것이 가장 좋은 방법인데, 그 관건은 우선 베트남정부가 프랑스와 국교를 단절하는 것이다. 자유 아시아의 반공국가들이 단결하는 문제의 경우 관건은 한국과 일본 양국이 공식적인 외교 관계를 회복하는 데서부터 착수해야 한다. 이에 사오위린은 귀국하는 도중에 재야의 신분으로 일본과 한국을 방문해 양국의 여야 인사들과 접촉했고 양국이 외교 관계 회복을 위해 매진하기를 바란다고 말했다. 지금은 전 사오 대사가 염원했던 두 가지 일이 모두 이뤄졌다. …… 베트남 인민이 식민주의에 반대하려면 먼저 수십 년 동안 뿌리 깊게 자리 잡고 있던 프랑스 식민주의의 잔재를 깨끗하게 제거해야 한다. 그래야만 베트남 민심의 사기를 진작시킬 수 있다. 우리는 베트남의 프랑스 단교에 진심어린 경의를 표하며, 이로 인해 프랑스가 다시는 동남아 지역에서 문제를 일으키지 않기를 바란다. 일본과 한국은 6월 22일자로 정식으로 국교를 수립했는데, 이는 우리의 염원이 이뤄진 것이다. 수교가 정식으로 체결되자 양국의 좌익 인사들과 이른바 애국자라는 사람들은 이에 반대했는데, 이는 이 수교가 쉽게 이뤄진 것이 아님을 보여준다. 따라서 베트남의 프랑스 단교와 한일 양국의 수교가 아시아의 두 가지 좋은 일이라 할 수 있다.

현재 아시아의 국제정세를 볼 때 동남아시아에는 전쟁이 연일 계속되고 있고 동북아시아에는 전쟁의 씨앗이 여전히 남아 있으므로 코민테른 조직이 다시 도발하지 않을 것이라고는 누구도 장담하기 어렵다. 이 같은 상황에서 일본과 한국의 국교 수립은 이러한 형세에 대비하는 것이라 할 수 있다. 따라서 일본과 한국은 국교를 수립하는 외에 협력을 더욱 강화해야 하고 중화민국과 함께 동북아 지역의 반공연맹을 강화해야 한다.

나는 당시 서울을 방문한 동안 수많은 친구들과 자리를 함께했다. 정일권 총리와는 긴밀히 연락했으며, 한편으로는 한국정부의 양해하에 여러 야당 지도자들, 예컨대 윤보선 전 대통령, 허정 전 총리 수반, 장면 전 총리, 장택상, 이범석 및 민주당 박순천 여사 및 정일형 전 외무부 장관과 만나 반공연맹이라는 큰 시각에서 그들을 설득했다. 윤보선, 이범석 부부로부터는 연회 접대를 받아 긴 이야기를 나누었으며, 윤치영 서울시장, 중앙대학교 윤 총장과도 식사를 함께했다. 나는 고 김구 선생과도 인연이 있어 시간을 내어 그의 묘를 찾아가 헌화하며 감개무량함을 느꼈다. 서울 시내에 있는 삼일당에서는 조병옥 선생의 장례가 열리고 있어 당시 부통령 김성수가 참석하기도 했다.

또한 정일권 총리가 세 차례나 연회를 베풀어주었고, 주한 중화민국대사관의 량쉬자오 대사도 두 차례 연회를 열어주었다. 이 외에도 대사관의 옛 친구와 새롭게 알게 된 후쿼, 류둥웨이(劉東維), 셰궈둥(謝國棟), 왕웨이, 장궈청, 쩡이싼(曾異三), 예쿵취안(葉孔泉), 장진궁, 라이스창(賴世昌), 추팡이(丘方宜), 투슈슝(途秀雄), 리커신(李克信) 등과도 식사를 나누었다. 옛 친구들과 다시 모이니 이 또한 즐거운 일이었다. 서울화교협회 역시 태화관에서 우리 부부를 환영하는 연회를 열어주었는데, 그 자리에는 친구 십여 명이 참석했다. 그 자리에서 국민당 직속지부의 장쯔신(張子信) 상임위원, 리궁원(李公文) 위원을 만나 뜨거운 환대를 받았는데 과거 10여 년 전의 기억이 떠올라 감개무량함이 더했다. 가장 기억에 남는 일은 바로 나의 환영 연회를 빌려 박정희 대통령에게 이승만 전 대통령의 요양과 사후 매장을 위해 그의 귀국 허가를 요청한 일이다.

1965년 1월, 워싱턴을 방문해 외교 활동을 펼친 후 미국 서부를 경유해서 타이완으로 돌아올 때 하와이에 들러 하와이 총영사 후스쉰의 도움을 받아 아내와 함께 몬나니병원에 있는 이승만 전 대통령의 병문안을 갔다. 당시 이승만 전 대통령은 몸이 매우 수척해져 병상에 누워 있었는데, 눈은 퀭했고 말도 제대로 하지 못했다. 그러나 내가 장 총통을 대신해 인사를 전하자 그의 눈에 강렬한 빛이 감돌았다. 프란체스카 여사와 병실 밖에서 만났을 때 그녀는 이렇게 이야기했다.

1960년 병 치료를 이유로 이곳 하와이로 왔을 때 그는 몸이 많이 안 좋았지만 정신은 매우 생생했습니다. 1963년 그는 정부 측에 귀국해서 요양하고 국토에 유골을 묻을 수 있도록 해달라고 요청했고, 한국 주하와이 총영사관은 그에게 한국으로 돌아갈 수 있는 비자를 주었습니다. 그러나 그가 저와 함께 공항에서 한국으로 가는 비행기의 이륙을 기다리고 있을 때 한국 총영사가 갑자기 공항으로 와서 정부의 지령으로 그의 귀국을 허가하지 않는다고 했습니다. 그는 큰 충격을 받고 그 자리에서 중풍으로 쓰러졌고 이후 몸이 많이 수척해져 이제 말도 제대로 못하게 되었습니다.

그러더니 마지막으로 "이 박사는 이제 더 이상 큰 뜻이 없고 한국으로 돌아가 고국에 뼈를 묻으려 합니다. 이를 정부가 허락해주었으면 하는데,

선생께서 도와주셨으면 합니다"라고 부탁했다.

나는 당시 서울을 방문할 계획이 있었고, 여사의 이야기를 듣고 이를 거부하는 것은 도리가 아니라고 생각했다. 나는 쾌히 승낙했고 서울에서 최선을 다해 이 전 대통령의 소망을 이뤄드리겠다고 했다. 서울에 도착해서 정일권 총리가 내게 한일 협상 및 한국 내 야당 지도자들과의 협조를 부탁할 때 나는 한 가지 조건을 제시했다. 바로 이승만 전 대통령의 귀국과 그를 고국에 매장하는 일을 정부가 비준해달라는 것이었다. 나는 정 총리에게 다음과 같이 말했다.

이승만 대통령은 과거 당신에게 매정하게 대하지 않았습니다. 그가 한국 내정에서 잘못한 일은 용서할 수 없을 만큼 무겁지만 이 전 대통령이 수십 년간 한국 독립과 건국에 쏟은 헌신은 어느 누구도 부인하기 어렵습니다. 이 전 대통령은 이제 몸이 많이 수척해져서 말도 잘 못하는 상태이며, 단지 고국에 돌아가 요양을 하고 고국에 묻히는 것이 소망입니다. 만약 정부가 이를 허락하지 않는다면 한국 국민들도 이 같은 태도에 대해 이해하기 어려울 것입니다. 이러한 태도는 동방의 예의에도 맞지 않습니다. 따라서 특별히 부탁드립니다.

정 총리는 이 같은 나의 부탁을 국무회의에서 제안했고, 이후 박 대통령에게 다시 지시를 요청했다. 결국 정 총리는 내가 서울을 떠나기 전 "일전에 이 전 대통령 일을 부탁한 데 대해 한국정부는 귀국해 요양하는 것은 허락하지 않지만 사후 시신을 고국의 국립묘지에 매장하는 것은 허락한다고 결정했습니다. 부탁한 일에 대해 반밖에 이루지 못해 정말 죄송합니다. 동시에 이 일은 밖으로 얘기하지 않았으면 합니다"라고 알려왔다.

1965년 7월 19일, 이 전 대통령은 90세의 나이로 하와이에서 세상을 떠났다. 한국정부는 이에 전임 대통령의 시신을 항공편으로 수송해 국립묘지에서 화장한다고 밝혔다. 한국정부는 이를 즉시 실행했고, 그제야 나는 이 전 대통령과의 20여 년의 교분을 마감할 수 있었다. 이 전 대통령과의 인연을 돌이켜보면, 그는 내가 주한대사로 부임하는 데 대한 동의를 6개월이나 미루었다. 또한 주한대사에서 사임하고 나서 2년 뒤 내가 타이베이에 없을 때 장제스 총통의 면전에서 나를 한껏 몰아붙였다. 내가 대사직을 사임한 지 15년이 지나 이 전 대통령이 그렇게 반대하던 한일 수교를 도우려할 때 그는 자신이 묻힐 땅을 나를 통해 구했다. 이 또한 기이한 인연이라할 수 있을 것이다.

내가 귀국한 후 총통은 이번 여정에서 얻은 국제정세에 대해, 그리고 이 전 대통령이 나에 대해 불평했던 일과 관련해 재차 하문했다. 이에 나는 10여 년간 마음에 두었던 이유에 대해 구두보고로 보고하는 한편, 서면으로도 작성해 보고했다. 내용은 다음과 같다.

1965년 6월 26일 장 총통에게 올린 보고

총통께서 정무를 처리하느라 매우 분주할 것 같아 제가 각국 지도자들과 나눈 대화 및 중일 관계, 한중 관계, 한일 관계, 베트남전쟁과 반공 형세를 서면으로 보고하니 참조하기 바랍니다.

(1) 중일 관계: 안정적이지 못함

① 2월 2일 요시다 전 총리의 초대를 받아 1시간가량 이야기를 나누었습니다. 요시다 선생은 총통께 안부를 전해달라는 인사 외에 이 같이 전했습니다. "사토 내각 외에 역대 전임 총리와 부총리로 구성된 외교 고문위원회를 만들려고 하는데 장 총통이 이에 찬성할지 모르겠습니다."

중국과 관련해서는, 한편으로는 중화민국과 외교 관계를 유지하면서 다른 한편으로는 중공의 경제와 인민생활을 개선하기 위해 노력하다고 싶다는 의사를 표명했습니다. 이는 공산 도적떼를 소탕한다는 빌미로 무력 침략을 도모하고 있는 것으로 보입니다. 다케다(池田)는 이러한 영향을 받았기에 정경 분리를 제창하고 있습니다.

②사토 내각은 오래되지 않았으나, 당 내에서 한국 정책에 대해서는 통일된 방향이 있는 반면 중국 정책에서는 이견이 있습니다. 구체적으로 우익 반공 성향의 가야 오키노리가 이끄는 아시아문제연구회와 좌익 친공 성향의 우쓰노 도미야가 주도하고 고노 이치로가 고문으로 있는 아시아·아프리카문제위원회가 있으며, 과거 자민당 간사장이던 미키 다케오가 중도 좌파를 지향하며 연구를 일원화할 것을 주장하고 있습니다. 자민당 내의 이 같은 정책적 대립은 2월 5일 사토 총리와 1시간 남짓 진행된 면담에서도 잘 알 수 있었는데, 당시 사토 총리는 다시 한 번 정경 분리 원칙을 제시하기만 했을 뿐 명백하고 확실한 주장은 하지 않았습니다. 심지어 그는 올해 1월 미국 방문 시에도 미키 다케오의 영향을 받아 닉슨 대통령에게 미국과 중공 간의 가교 역할을 하겠다는 의사를 밝혔으나 닉슨 대통령이 이를 완곡히 거절한 바 있습니다. 사토 총리와의 면담 때 이를 문의했는데, 그 역시 이를 부인하지 않았습니다. 중일 관계는 제가 판단할 때 안정적이지 않습니다. 자민당 내의 대중 정책 방향을 어떻게 하면 점차 우리의 통일에 유리한 방향으로 이끌어낼지가 공작의 핵심입니다. 게다가 일본공산당 좌파가 각계에 침투하고 있으며 여론을 통해 일본정부에 적지 않은 영향을 미치고 있습니다. 저는 사토 총리에게 제2차 세계대전 이전 중국과 국제정세에 대한 일본의 판단이 틀렸으며 오늘날 그 실수를 반복하고 있다고 지적했습니다. 그리고는 다음과 같이 말했습니다. "나는 각하의 반공 민주 입장을 의심치 않으며, 또한 각하의 리더십 아래에서 중일 우호관계가 지속될 것이라 믿습니다. 다만 불행하게도 오늘날 일본 각계에 이미 공산당 세력이 침투하고 있는데도 일본의 정치 지도자는 민주정치를 실행하고 있습니다. 물론 여론을 존중해야 합니다만 이러한 여론이 실제로는 이미 공산당에 유리한 좌경 여론이며, 특히 공산당의 침투 모략에 따라 비밀리에 좌우

되고 있습니다. 이로 인해 중일 양국의 앞날과 일본의 미래가 우려됩니다."

대일 업무에 관한 제 의견은, 집권당 지도자들뿐 아니라 우리의 모든 조직 역량을 발휘해서 공산당과 일본 내 여론을 잡는 데 힘써서 일본 내 여론을 쟁취하고 이를 통해 안정적인 중일 관계를 구축해야 한다는 것입니다. 이같이 반공 여론을 활용하는 것은 향후 대륙 수복에 도움이 될 것입니다. 대일 외교는 미국 및 다른 국가와의 외교보다 어렵습니다. 사토 총리가 당시 허가한 1억 5000만 달러의 차관에 관한 일은 제가 귀국한 이후 총통과 옌 원장에게 보고했습니다.

(2) 한중 관계: 부족함

① 과거 총통께서 내린 비밀 지시에 따라 이승만 전 대통령이 타이완을 방문했을 당시 그는 저에 대한 불만을 자주 표했으며 저는 여기에 대해 여러 차례 반성했습니다. 한국 부임 전에 다시의 관저에서 총통을 만났을 때 총통께서는 다음과 같이 얘기했습니다. "미국은 이미 남한과 타이완을 버리기로 했는데, 공산당이 타이완을 우선 공격하면 타이완은 위기에 놓일 것이오. 그러나 남한을 먼저 공격한다면 이는 우리에게 기회가 될 것이오. 오늘날의 형세가 우리에게 유리하지 않으나 단기적으로 아시아 자유국가와 연합해 반공 연맹을 강화한다면 기회는 있을 것이고 이 위기에서 벗어날 수 있을 것이오."

당시 이승만 대통령을 진해에서 만나고 오래지 않아 총통께서 저우산, 난하이로 후퇴했을 때 한국의 정세에는 이미 뚜렷한 변화가 있었습니다. 저는 한국에 부임했을 때 우톄청, 주스밍 장군을 청해 한국 방문을 주선했는데, 이때 이승만 대통령과 국방부 및 외무부 장관과 수차례 밀담을 나누었으며 한국군을 사열했습니다. 또한 이승만 대통령이 허잉친 장군의 방한을 요청했으나, 이뤄지지 않았습니다. 제주도를 중화민국 주둔의 공군 기지로 조차해서 동북·화북 지역을 폭격한다는 소식은 각국에 퍼져나갔습니다. 이는 정보부서의 마오쩌둥과 스탈린 도당에 대한 판단 실수로 확신되며, 따라서 한국을 공격한다는 것은 믿을 만한 소식이 아닙니다.

그러나 이 일로 인해 이승만 대통령은 저에 대해 오해하게 되었으며, 심지어 제가 사임한 지 3년이 지나도록 여전히 유감이 있었던 듯합니다. 올해 1월 22일, 저는 아내와 함께 이승만 전 대통령 부부가 머무르고 있는 하와이의 요양병원에 다녀왔습니다. 이 전 대통령은 과거 공항에서 한국정부가 자신의 귀국을 거부한다는 소식을 듣고 중풍으로 쓰러졌으며, 말과 행동이 자유롭지 못했습니다. 이 전 대통령 부인이 제게 이 전 대통령의 요양과 사후 매장에 대해 한국정부의 허가를 받아달라고 부탁했으며, 저는 올해 2월 한국 방문 시 정일권 총리에게 이 같이 전했습니다. "이승만 전 대통령이 국내 정치에서 실수했는지 여부는 제가 평가할 수 없습니다. 하지만 이 분이 한국 자유 독립에 기여한 공로는 누구도 부인할 수 없습니다. 이 전 대통령은 이미 나이가 많고(이 전 대통령은 90세가 넘었습니다) 몸도 허약해 이제 사후 묘지를 찾으려 하는 상황에서 귀국으로부터 거절당했으니 이는 동방의 도덕적 관념에 매우 어긋납니다."

이후 정일권 총리는 제게 한국정부가 이승만 전 대통령의 사후 그를 한국 국립묘지에 매장하도록 허가했다고 알려주었습니다. 최근 이 전 대통령이 타계했으므로 각하께서 하와이 총영사관에 전화를 걸어 이 전 대통령 부인에게 대신 조문해주기 바랍니다.

② 중화민국과 한국은 빼앗긴 땅을 회복하고 전국을 통일한다는 동일한 목표가 있습니다. 다른 국가와의 관계에서도 양국의 이해관계는 일치합니다. 그래서 양국은 반드시 긴밀히 협조해야 합니다. 근래 들어 한중 양국은 경제, 문화, 외교 분야에서는 우호관계를 유지하고 있으나, 군사 분야에서는 아직 연합 참모 단계에 들어서지 못하고 있으며, 게다가 공동 작전 분야에서의 협력은 매우 부족한 상태입니다. 이후 아시아 반공 동맹을 결성하려면 중화민국과 한국이 외교·군사를 중심으로 협력을 강화하는 것이 특

히 중요합니다. 저는 과거 한국 지도자들 및 외교안보연구원 원장이자 전 터키대사인 신응균 장군에게 한국의 외교 정책에 관한 의견을 이같이 피력했습니다.

(3) 한일 관계 전망

① 일본과 한국의 국교 정상화는 총통의 고견으로, 가장 높은 수준의 정략 원칙으로 중재로 선도했습니다. 저는 주한대사로 재임하던 중 총통의 방침에 따라 이승만 대통령에게 수교를 권했으나 결과를 얻지 못했습니다. 1950년 봄 타이완으로 돌아온 후 도쿄의 맥아더 장군에게 부탁해 이승만 대통령과 요시다 총리의 면담을 주선해 일본과 한국의 수교를 논의하게 했습니다. 그러나 두 사람의 생각이 너무도 달라 결과 없이 끝났습니다. 이후 작년 겨울 워싱턴 방문 시 국무부의 동아시아·태평양 담당 차관보 윌리엄 번디와 마셜 그린을 만나 일본과 한국 문제를 논의했는데, 그들은 양국 문제에 관한 제 의견에 동의했습니다. 특히 한국의 야당을 설득해야 한다는 데 동의했습니다. 저는 제삼자의 입장에서 양국의 협상을 도왔으며, 양국의 교섭이 성공할 시에는 미국이 한국에 대한 원조를 늘리기로 약속받았습니다. 도쿄에서는 요시다 전 총리와 사토 총리, 다나카, 하시모토 선생을 만났고, 한국의 정일권 총리, 김동조 주일본 한국대사도 만났습니다. 양측의 의견은 크게 달라 이를 설득하는 데 애를 먹었습니다. 정 총리는 제게 한국 야당 지도자들을 만나 설득해줄 것을 부탁했습니다. 저는 2월 8일부터 하시모토 외상이 방한하기 전까지 17일간 서울로 가서 한국 내 야당 지도자, 예를 들어 민정당 대표인 윤보선 전 대통령, 민주당 대표 박순천, 국민의당 허정 전 정부수반, 장면 전 총리, 장택상, 이범석 등을 만나 과거 친구로서의 인연과 아시아민족반공연맹이라는 큰 틀에서 이들을 설득했으며, 아울러 한국 정부 및 야당 측에 일본이 확고한 반공 입장에 서도록 촉구해야 한다고 설득했습니다. 다행스럽게도 한국과 일본은 수교 조약을 체결

했고, 6월 22일에 정식 서명을 합니다(독도 영유권 문제는 일본 측이 국제법정에 제기해놓은 상태입니다).

②한국과 일본은 이미 조약을 체결해 새로운 단계에 들어섰지만, 향후 어떻게 하면 한중을 핵심으로 일본의 반공의지를 촉진시킬지, 한중일 삼국 관계를 더욱 강화하고 단결시킬지는 제가 당면한 외교 임무입니다. 일본은 8억 달러의 배상금과 차관으로 한국의 정치·경제에 대한 영향력을 강화하려 합니다. 만약 이 방법이 잘 안 될 경우 일본의 정치적 입장이 한국에 미치는 영향이 궁극적으로 반공 국면에 유리할지 여부는 여전히 의문입니다.

(4) 베트남전쟁과 반공 국면

①미국의 베트남전쟁에 대한 태도는 작년 겨울 제가 미국 국무부의 담당자들과 나눈 대화의 핵심 쟁점이었습니다. 당시 저는 "미국은 베트남에서 철수할 수도 없고 북베트남을 공격하기도 쉽지 않으므로 현상 유지를 하는 한편 병력을 약간 증원하는 형태로 북베트남에 위협을 가해 평화회담에 나오도록 압박하는 것이 좋지 않겠습니까?"라고 물었습니다. 미국은 북베트남 정권을 공격할 계획이 없어 보입니다. 한국전쟁과 이후 미얀마 지역에서 유격대가 싸웠던 경험에 비춰볼 때 제 개인적으로는 미국의 이 같은 전략은 승리를 얻기 어렵고 문제를 해결하지 못할 것으로 판단됩니다. 저는 베트남정부가 프랑스와 단교해 동남아 지역의 반공전선을 확실히 하도록 미국정부에 건의한 적이 있습니다. 또한 저는 중화민국군이 장비를 강화하고 미국의 군수 지원을 받아 적절한 시기를 보아 대륙으로 병력을 상륙시켜 중국과 베트남 간의 국경을 끊고 중국공산당과 베트남공산당을 소탕하면 문제의 반은 해결된 것이라고 봅니다. 향후 반년 내의 정세를 볼 때 이는 가능합니다. 하지만 미군은 국내외로부터 압력을 받고 있으며 코민테른이 미국 및 기타 국가의 여론에 압력을 가하고 있는 실정입니다. 게다가 베트남 지역 작전에 대한 미국의 정치적 목표는 여전히 북베트남 정

권의 존속으로 한정되어 있습니다.

②현재의 국제 정세를 종합해보면, 유럽 지역에서는 미국과 소련이 서로 대치 중이며, 중공과 중화민국의 외교전에서는 중화민국이 약세입니다. 중근동 지역에서 중화민국의 위상은 그다지 높지 않습니다. 소련은 아프리카, 라틴아메리카 지역에서는 쿠바를 기지로 삼아 적극적으로 침투·전복하고 있으며, 미국과 유럽에서는 우회적으로 외교 공세를 가하고 있습니다. 이로 인해 미국과 중화민국은 지금 수세에 처해 있으며 일치된 행동도 취하지 못하고 있습니다. 공산당 세력은 적극적으로 핵무기를 개발해 무장하려 하고 있으므로 3~5년 내에 극도의 위협이 될 것입니다. 따라서 아시아 반공 동맹을 건설하는 것은 중화민국의 장기적인 외교 정책의 목표입니다. 총통께서 15년 전에 이와 관련해 이미 지시를 내린 바 있지만, 아직까지 제대로 진행되지 않고 있으며 절박한 상황에서 도움이 되지 않고 있습니다. 한국전쟁은 이미 중화민국에 부활의 기회를 주었으며 베트남전쟁은 중화민국이 대륙반공하는 데 첩경으로 삼아야 합니다. 따라서 총통께서 말한 '혁신 동원 전투'의 구호하에 현재 상황에서 어떻게 외교·선전 전략을 추진할지, 베트남전쟁을 기회삼아 어떻게 승리를 거둘지가 관건입니다. 계속 낡은 틀에만 매달린다면 시기를 놓칠 것이며 유리한 형세는 짧은 기간 내에 다시 오기 힘들 것입니다.

이상 제가 대사직을 사임한 후 귀국 과정에서 보고 듣고 당원으로서 고민한 내용이므로 참조 바랍니다.

≫ 향후 한중 관계 전망

이승만 정부에서 박정희 정부에 이르면서 일본과 한국의 수교는 성공적으로 이뤄졌으나 중화민국·미국·한국의 동북아 반공 연맹 전선은 여전히 결실을 맺지 못하고 있었다. 당시 중공은 닉슨과 키신저의 대륙 방문을 통해 유엔에서의 지위를 얻었는데 이는 동북아 지역에 충격을 가져왔다. 중공은 일본의 승인을 얻어 일본과도 외교 관계를 수립했다. 이로써 동북아 반공 연맹의 구상은 사실상 사라지고 말았다. 한국은 이 과정에서 큰 충격을 받았고, 대내외 정책을 변경해 고립된 상황을 타개하고 스스로를 보전하기 위해 나섰다. 그러나 이는 전략적 변화에 그쳤으며, 기본적인 정책의 변화에는 큰 영향을 주지 못했다. 한국 국민들이 원하는지 여부에 관계없이 이것이 대한민국의 운명이었다.

1948년 8월 15일 대한민국이 건국되었으며, 이승만은 국회의장에 당선된 지 오래지 않아 초대 대통령으로 당선되었다. 1960년 4월 19일 한국의 학생들이 이승만과 이기붕의 대통령·부통령 선거 조작과 정치적 부패를 비판하면서 전국적으로 시위를 일으켰다. 경찰의 탄압으로 학생 사망자가 100여 명 발생했으며 부상자는 이보다 더 많았다. 여론의 압력 속에 이승만 대통령은 하야를 선언했고, 오래지 않아 이기붕 부통령 일가는 모두 자살해 세상을 놀라게 했다. 이후 독재적이며 전횡을 일삼던 이승만과 완전히 상반되는 우유부단한 성격의 장면이 총리직을 계승했다. 장면은 총리로 집권한 이후 과거 자유당 당원들에게 편협한 보복을 가했다. 심지어 특별검찰부를 설립해 자유당 당원에 대한 철저한 조사를 단행하기도 했는데, 이 과정에서 수천 명을 동원하고 10억여 원의 돈을 지출했으나 정치적으로는 아무런 성과도 내지 못했다. 한국인들이 가장 불만스럽게 생각했던 것은 정책적으로 점점 일본에 가까워지면서도 되레 아무 문제도 해결하지 못한 것이었다. 문제는 친공에서 시작되었는데, 이 친공산주의는 과거 한국전쟁으로 고통 받았던 한국인들의 열망과 달랐고 한국의 건군 목표와도 배치되었다. 한국군의 건군 목표는 공산당 토벌, 국가 보위 및 국민 보호, 북벌 통일이었다. 한국전쟁을 통해 한국 군인들은 강렬한 반공 신념을 가졌으며, 항상 북한공산당 섬멸을 염두에 두고 한반도 통일을 소망했다. 장면 정권이 집권하는 동안 과거 이승만 시대의 무력통일 성명은 취소되었고, '북진', '멸공통일' 같은 목표는 더 이상 실현 불가능해졌다. 이 같은 선언은 정신무장을 해제하는 것이어서 한국 군인들은 이를 수치스러워했다. 북한은 이 기회를 틈타 남한 내에 침투해 평화적 공세를 발동했다. 심지어 남한 대학생 대표를 선동해 집회를 열게 하고 평화통일 문제를 논의하게 했다.

이 같은 상황에서 한국 군인들은 수치를 참을 수 없었고 학생혁명은 군사정변으로 이어졌다. 1961년 5월 16일 새벽 3시 한국 육군 제30, 33예비 사단과 해병대 1여단은 육군 참모총장 장도영의 지휘하에 군사정변을 일으켜 빠르게 서울을 점령하고 주요 기관을 장악했다. 윤보선 대통령과 장면 총리는 모두 연금되었다. 새벽 5시 장도영 중장은 서울라디오 방송국에서 정식으로 군사혁명위원회가 설립되었음을 선포하고 장면 정부를 접수했다. 그 후 계엄령을 발동해 일체의 정치활동을 금지하면서 다음과 같은 6개 사항을 발표했다. 즉, ① 반공을 강화할 것, ② 유엔 헌장을 준수하고 국제 의무를 이행하며 미국 및 기타 동맹국과 긴밀한 관계를 유지할 것, ③ 국내 부패 사범을 해소해 국민 도덕과 민족정신을 새롭게 할 것, ④ 조속하게 인민의 어려움을 해소하고 독립된 국민경제를 건설할 것, ⑤ 국가 역량을 강화해 공산주의에 대항하고 국가 통일을 완성할 것, ⑥ 이 임무를 완수한 후 정권을 국민에게 돌려줄 것을 발표했다.

군사혁명위원회 의장은 장도영 중장이고 부의장은 박정희 소장이었지만 실제 혁명위원회의 지도자는 박정희 장군이었다. 두 달이 되지 않아 박정희 장군은 정식 위원회 의장을 맡았다. 이 책의 앞에서 언급했던 것처럼, 나는 1950년 6월 한국전쟁이 터지기 얼마 전 한국 친구로부터 비밀스러운 이야기를 들었는데, 바로 박정희 중령 휘하의 만주 군관학교와 일본 사관학교 출신의 한국군 중하급 간부들이 이승만 정부의 정치적 부패에 불만을 가지고 비밀조직을 결성해 반란을 도모한다는 것이었다. 소식을 알려준 친구 역시 당시 그 조직에 속해 있었는데 내게 비밀 유지를 부탁했고, 나 역시 사태의 심각성을 알고 심지어 본국에도 보고하지 않았다. 10여 년이 흘러 내가 터키대사직을 맡고 있을 때 한국의 학생혁명과 박정희 소장의 혁명 소식을 접하자 그때의 일이 떠올랐다. 한편 한국의 군사정변이 성공했다는 소식은 터키의 군사정변에도 영향을 미쳤다. 즉, 국제정세에 서로 영향을 미쳤던 것이다.

1961년 7월 3일, 박정희는 장도영의 국가재건최고회의 의장직을 승계한 후 각계의 요구에 따라 1963년 5월 정식으로 대통령 선거를 거행함으로써 민정 이양을 선포했다. 1962년 12월 국민투표로 새로운 헌법이 통과되었는데, 당시 정치활동에 참여하던 크고 작은 정당은 모두 합쳐 27개였다. 주요 정당으로는 민주공화당, 자유민주당, 국민의당, 자유당 등이 있었다. 민주공화당 후보인 박정희는 대통령에 당선되었으며, 전체 민의원* 총 175석 가운데 민주공화당이 110석, 윤보선 전 대통령의 민정당이 41석, 박순천 여사의 민주당이 13석, 김도연의 자유민주당이 9석, 허정 전 정부 수반의 국민의당이 2석을 얻었다. 이들 야당 세력은 그동안 일본과의 수교를 반대해왔고 대일굴욕외교반대투쟁위원회를 결성해 정부를 비판했다. 박정희가 1964년 12월 대통령직에 취임한 이래 정국은 점차 안정되었으나 야당이 단결해서 일본과의 수교에 반대하는 문제는 정치적으로 해결되지 않았다. 당시 야당 지도자였던 윤보선, 박순천, 김도연, 허정은 모두 내가 주한대사로 재임하던 시절의 친구들이다. 이 때문에 나는 정일권 총리의 요청을 받아 양측의 화해를 주선했다. 중화민국과 미국 인사들의 협조하에 일본과 한국의 수교가 이뤄진 것은 앞에서 이미 논한 바 있다.

박정희 대통령은 본래 정직하고 근엄하며 지략이 뛰어난 사람이다. 또한 군인 출신으로 스스로에 대한 억제가 강하고 엄격한 편이다. 그래서 그

---

* 제2공화국 시기에 만들어진 국회의 하원으로 전체 정원은 233명이었다. _옮긴이 주

는 정치인이 되고 나서도 강한 사람의 풍모가 여전히 남아 있었다. 박정희는 1961년 7월 장도영 중장을 계승했으며, 1963년, 1967년, 1971년 3선의 대통령 선거에서 모두 당선되었다. 그동안 그의 치적은 매우 뛰어났으며, 한국의 경제성장은 중화민국과 더불어 서양인들에게 기적이라는 찬탄을 받았다. 1965년 1억 7500만 달러에 달하던 수출액은 1977년 말 100억 달러로 급증했으며, 1981년에는 200억 달러에 달할 것으로 예상된다. 공업 방면에서 이러한 성과를 거둔 한편, 농촌의 98%는 이미 전산화되어 1977년에는 남한의 식량이 자급자족할 수 있는 상태에 이르렀다. 문화 면에서 당국은 중일 양국의 영향에서 벗어나려 노력하면서 한국의 독자적인 문화를 확장시키고자 했다. 각지의 고적과 유물을 문화재 또는 국보로 지정했고, 이를 유지·보호·전시하려 했다. 뛰어난 재능을 지닌 예술가들은 정부가 더욱 보살펴주었다. 과학기술 방면에서의 한국의 발전은 더욱 놀랍다. 특히 모든 연구 기관을 과학기술단지 내에 집중시켜 종합적인 연구 효과를 발휘할 수 있게 했으며, 이를 통해 전국의 군, 관, 민영 공장의 기술 수준이 동시에 발전할 수 있었다. 도시 건설도 하루가 다르게 발전했는데, 서울의 현재 인구는 약 720만 명으로 세계에서 열 번째 꼽히는 대도시로 발전했다. 나는 1965년 다시 서울을 방문해 예전에 있던 곳을 다시 가보았는데, 전쟁의 폐허였던 서울은 높은 건물들이 우뚝 솟은 대도시로 변모해 있었다. 나는 현재의 변화에 가슴이 벅차올랐다. 지난 10여 년 동안에는 더욱 눈부시게 발전했다고 했다.

그러나 한국은 자유중국의 기지 타이완과 동병상련의 처지로서, 타이완과 아주 밀접한 관계가 있다. 세계 초강대국의 정책 변화에 따라 한국의 고민도 갈수록 증대되고 있다. 근래 한국의 대내외 정책 변화 및 군사 정세에 대한 대응을 보면, 생존을 위해 한국 당국이 얼마나 분투하고 있는지 짐작할 수 있다. 중화민국과 한국이라는 난형난제의 다리에 큰 돌덩이를 쑤셔 넣은 것은 우리의 충실한 동맹이라 불리는 미국의 닉슨 대통령이었다.

닉슨과 키신저 콤비는 이른바 협상으로 대항을 대신하는 방식을 채택하고 아울러 중공과 소련을 방문함으로써 공산 집단에 대한 자유세계의 저항과 억제 정책을 180도 바뀌게 만들었다. 먼저 화를 입은 것은 중화민국이었다. 우리는 유엔으로부터 압박을 받아 유엔을 탈퇴했고 유엔 창립국의 지위를 포기했다. 이어서 일본은 닉슨 쇼크의 커다란 여파 속에 시류에 편승하지 못할까 봐 전전긍긍하다가 배은망덕하게도 재빨리 중공을 외교적으로 승인하고 중화민국과는 단교했다. 이러한 아시아태평양 정세의 중대한 변화 속에서 박정희 정부는 국내 정치적으로는 북한 정책 및 남한 내정에 대해, 외교적으로는 대미 및 대중 외교에 대해 적극적으로 변화된 정책을 취했다. 얼핏 보면 이해하기 어려울 정도였다. 그러나 이 또한 박정희 대통령이 변화에 잘 대응한 것이라 할 수 있다.

북한에 대한 정치 작전

1971년 8월 12일 대한민국 적십자회는 인도적인 입장에서 한국전쟁으로 인해 흩어진 가족들이 다시 만날 수 있도록 호소했다. 이러한 호소는 북한 적십자회로부터 큰 호응을 얻었다. 그래서 남북한 적십자회는 일련의 회의를 거쳐 이산가족 상봉 문제, 남북한 국민 통신 문제 및 남북한 국민 여행 제한 문제 등을 의사일정에 포함시켰다. 그러나 이러한 기술적인 문제는 남북한 평화 통일 협상의 서곡일 뿐이었다.

1972년 3월, 남한의 박 대통령은 북한이 전쟁 준비 및 남침 의도를 중단한다면 북한과 평화통일 문제에 대해 회담할 의향이 있다고 북한에 주동적으로 건의했다. 그 후 유엔 사무총장의 중재하에 양측은 비밀 접촉을 시작했다. 남한 중앙정보부장 이후락은 5개월간 비밀리에 평양을 방문했으며 북한 제2부수상 박성철 및 북한 노동당 조직지도부장 김영주도 연이어 서울로 와서 회담을 실시해 협의를 얻어냈다. 이후락과 김영주는 7월 4

일 서울과 평양에서 동시에 공동성명을 발표했는데, 요지는 다음 7가지였다. ① 양측은 다음 3항의 통일 원칙에 동의한다. ㉠ 외세의 간섭을 받지 않고 자주적으로 통일을 해결한다. ㉡ 평화적인 방법으로 해결하고 무력을 사용하지 않는다. ㉢ 사상, 관념, 제도를 초월하고 민족 대단결을 모색한다. ② 무장 도발과 군사적인 충돌은 피한다. ③ 다방면의 남북 교류를 실시하고 평화통일을 촉진한다. ④ 남북 적십자회 회담이 성공할 수 있는 분위기를 적극적으로 조성한다. ⑤ 서울과 평양 간에 핫라인을 설치한다. ⑥ 남북조절위원회를 설립하고 이후락과 김영주가 공동의장을 맡는다. ⑦ 양측은 위의 협의 내용을 성실히 이행한다.

이 성명을 발표한 후 남한의 이후락은 기자들에게 "남북한은 과거 27년간 협상 없는 대결을 해왔습니다. 이후부터는 협상 속의 대결을 할 것입니다. 다만 협상이 즉시 평화를 가져올 수는 없습니다. 따라서 국가보안법, 반공법 등은 여전히 필요합니다"라고 말했다.

북한 박성철도 같은 날 "한반도 통일에서는 민족 자결 원칙을 견지해야 하고 외세의 간섭은 반드시 배척해야 합니다. 미 제국주의가 다시는 내정에 간섭해서는 안 되며 빠른 시일 내에 남한 무력 침입을 철수해야 합니다. 일본 군국주의자들 또한 남한에 대한 침략과 책동을 멈춰야 하며 한국을 적대시하는 정책을 폐기해야 합니다"라고 표명했다.

이를 통해 알 수 있듯 평화통일은 결코 한순간에 올 수 있는 것이 아니다. 이후의 역사적 사실은 양측의 투쟁 정책의 변화가 기본적인 정책의 변화는 아니었음을 증명해주고 있다.

남한의 내정에 대한 처리

닉슨이 중공과 소련을 방문한 이후 중화민국은 유엔에서 퇴출되었고, 일본은 중공을 국가로 승인했다. 이에 따라 박정희 정부는 정책을 바꾸어 북한에 대한 탐색을 시도하면서 북한을 안정시키는 전략을 전개했으며, 남한의 내정에 대해서도 통제를 강화함으로써 정부의 역량을 증강시켰다. 그리고 이를 북한 노동당의 침투를 방지하고 야당을 제압하는 기회로 운용하고자 했다. 그래서 1971년 2월 10일 계엄을 선포하고 이전 헌법의 부분 조항에 대한 효력을 정지시켰으며, 신헌법을 사전 배치했다. 그 후 박정희는 제7대 대통령선거에서 연임으로 당선되었는데, 득표수가 야당인 신민당 대표 김대중과 크게 차이나지 않았다. 또한 야의 국회 의석수가 정부 정책을 견제하기에 충분했다. 게다가 박정희가 수정한 헌법에 따르면 세 번 연임한 대통령은 네 번 연임이 불가능했다. 이 때문에 한국정부는 1972년 10월 21일, 정식으로 새로운 헌법을 별도로 제정해 이를 국민투표에 부쳐 난국을 돌파하겠다고 선포했으며, 아울러 새로운 헌법을 기초하면서 다음과 같은 원칙을 제시했다. 첫째, 반드시 최대 효과를 끌어올리도록 보장하고, 둘째, 민주제도를 계속 유지하며, 셋째, 국가 평화 통일에 대한 국민들의 의향을 명확히 반영할 것이다.

신헌법 초안은 10월 27일 공포되었고 1개월 이내에 국민투표 표결을 통과해 시행되었다. 주요 내용은 다음과 같다. ① 통일주체국민회의를 설립한다(그 기능은 중화민국의 국민대표대회와 유사하다). 대표는 2800명이며, 국민이 직접 선출한다. 임기는 6년이고 어떠한 정당에도 소속될 수 없다. 그 직권은 다음과 같다. ㉠ 대통령이 결정하거나 수정하는 통일 정책을 심의한다. ㉡ 대통령 선거를 비밀 투표한다. ㉢ 1/3의 국회의원을 선출한다. ㉣ 수정 헌법안을 최종 결정한다. ② 신헌법 제도 내에서 대통령의 권력을 강화한다. 대통령 임기는 4년에서 6년으로 개정하고, 무한으로 연임할 수 있다. 대통령은 국회 해산권이 있고, 1/3의 국회의원 후보를 추천할 수 있다. 통일주체국민회의의 출석 대표가 과반 이상을 통과하면 당선 가능하다. 국민회의는 과반 이상의 대표만 출석해도 개회가 가능하다. 대통령이 추천한 국회의원 후보는 출석한 국민회의 대표의 1/4 이상을 통과하면 당선될 수 있다. ③ 한국 국회의 권력을 약화시킨다. 신헌법 규정에 따르면 대통령은 국회 해산권을 갖고 있을 뿐 아니라 1/3의 국회의원을 추천할 수 있다. 임기가 4년에서 6년으로 개정되었으나 국회 개회 기간은 매년 150일을 초과해서는 안 된다. ④ 한국정부의 각 부서는 큰 변화가 없다. ⑤ 신헌법 전문은 126조이고, 11조항의 부칙이 있다.

이로써 대통령 및 행정부서 권력이 확대·강화되어 필요에 따라 한국의 엄중한 상황에 대응할 수 있게 되었다. 그러나 국회 권력의 약화는 민주정치에 영향을 미칠 수밖에 없었다. 1975년 미국이 베트남전에서 패배한 이후 남한은 북한이 남침할까 봐 극도로 두려워했다. 이에 박 대통령은 이른바 '제9호 긴급명령'을 발포했다. 이는 공산당 활동에 대응하기 위한 것이었으나 인권과 자유에 더 많은 제약이 가해졌다. 게다가 남한의 특수 업무 기관인 중앙정보부가 정치·인권 방면에서 벌인 활동은 국내외 인사들로부터 지탄을 받았다. 1978년 3월 6일 ≪뉴욕타임스 매거진≫에 실린 "남한 중앙정보부의 진상"을 요약하면 다음과 같다.

KCIA, 즉 남한 중앙정보부는 1961년 미국 CIA의 건의 및 지원하에 설립되었다. 16년이라는 역사 이래 참혹한 수단을 동원하는 것으로 너무나도 유명하다. …… 직무상 KCIA는 정치와 국가 안전에서 정부의 중요한 도구다. 중앙정보부는 대통령에게 직접 보고한다. …… KCIA는 외국에 망명 중인 반정부 한국인들을 감시하고 교란시킨다. 어떤 때는 납치까지 한다. 예를 들어 서독에서 학생을 납치했고, 일본에서 야당 지도자 김대중을 납치했다. …… KCIA의 최대 임무는 워싱턴에서는 대부분 불법에 해당하는 로비 활동을 진행하는 것이다. 한국이 이렇게 하는 데에는 그만의 고충이 있다. 바로 미국이 주한 미군을 축소하거나 군사 및 경제 원조를 축소할까 봐, 또는 미국이 돌연 박정희 정부를 적대시하는 행동을 채택할까 봐 염려하기 때문이다. KCIA는 워싱턴에서 엄청난 규모의 로비 활동을 진행하는

데, 가장 효과적인 방법은 미국 의원들을 매수하는 것이다. 경선 기부금으로 선물과 현금을 보내며, 한국으로 무료 관광 여행을 보내기도 한다. 대학 명예학위를 주고 화려한 연회에 참석하도록 요청하기도 한다. 추측에 따르면 여기에 관련된 미국 국회의원이 70여 명이라고 한다. …… 뇌물을 제공하기 위해 KCIA가 운용한 인물 가운데 가장 유명한 자는 바로 박동선이다. …… 남한의 주미대사관 참사는 KCIA의 고위급 인물인 김상악이 미국 연방조사국의 정치적 비호하에 최근 6년간 미국 공무원에게 뇌물을 제공하는 업무를 암암리에 책임졌다고 토로했다. 그 금액이 500만 달러에 달한다. …… KCIA는 미국 CIA로부터 위장 조직을 설립하는 법, 또는 우호 단체나 영향력 있는 기구를 이용해 목적을 달성하는 법을 배웠다. ……

솔직히 어떤 국가에든 정보 및 첩보 기구가 있다. 정보 특수 임무는 전시에는 작전의 도구이고 평시에는 정치·경제·과학 등에 필요한 도구로서, 적절하고 합법적으로 사용하면 공헌하는 바가 매우 크다. 반대로 해가 되는 바가 많으면 민심에 영향을 미친다. 그러므로 정치가는 반드시 이를 신중하게 사용해야 한다. 여기 인용한 ≪뉴욕타임스 매거진≫의 보도는 한국 당국이 반성해야 할 일이다. 특히 신민당 지도자 김대중이 납치된 사건은 그가 일본에서 돌아온 후 일본정부의 항의를 불러일으켰다. 그 후 종교계, 학계 및 정계 지도자, 심지어 전 대통령 윤보선을 포함해 많은 이들이 이 사건을 규탄했다. 이로 인해 구속되거나 연금된 자가 적지 않다. 유럽과 미국의 인권단체에서도 비난과 질책이 이어졌다. 나는 당시 정계에서 물러나 있어 정치적인 일은 묻지 않았으나 한국의 장래를 생각해 친구 자격으로 박 대통령에게 글을 올렸다. 진심으로 간언한 내용은 뒤에서 다시 논하고자 한다.

탄성적인 외교 운용

협상으로 대항을 대신한다는 닉슨의 방침을 통해 미국이 중공 및 소련 공산 국가와 가까워지는 조치를 채택했음을 알 수 있었다. 따라서 한국은 중간에 끼어 이른바 탄성 외교를 실시할 수밖에 없었다. 이는 일본의 정경 분리와 방법적인 면에서는 다르지만 효과는 거의 똑같았다. 이는 미국의 뒤를 추종하는 데 불과해 중공 및 소련 등의 공산 국가에 대해 협상으로 대항을 대신하는 것이었다. 1971년 8월 7일, 한국 외무부 장관 김용식은 한국 국회에서 "만약 중공 및 소련이 한국의 주권을 인정한다면 한국을 적대시하지 않겠다는 것을 명백한 행동을 통해 보여주어야 합니다. 그러면 우리도 그들과의 외교를 고려할 것입니다"라고 말했다.

같은 해 8월 15일 박 대통령은 연설 중에 "한국의 주권을 존중하고 적대적인 행동을 취하지 않는 국가에 대해서는 정치 제도 및 사상이 어떠한지를 차치하고 관계를 발전시켜나갈 것입니다"라고 말했다.

이는 탄성 외교의 윤곽을 더욱 드러낸 발언이었다. 당시 한국정부는 박 대통령의 정무보좌관 함병춘이 캐나다를 통해 중공과 접촉한 소식을 부정했는데, 사실 이런 행동은 이미 소용없었다. 결론적으로 한국은 탄성 외교를 실시함으로써 소련 및 중공에 접근하는 한편 중화민국과는 점차 소원해졌다. 아울러 미국에 대해서는 이른바 자주 외교를 강력하게 제창했다. 당시 타이베이 당국의 일부 고위 관료는 한중 외교 관계의 변화를 매우 걱정하고 있었다. 예를 들면, 1971년 세계보건기구의 중국 대표권과 관련된 사안에 대해 중화민국은 한국의 도움을 받으려 했으나 완곡히 거절당했다. 만국우편연합(UPU) 중국 대표권과 관련된 사안에 대해서도 중화민국은 한국에 도움을 요청했으나 한국은 투표에 참가하지 않음으로써 사실상 기권했다. 이러한 사실은 끝도 없이 열거할 수 있다. 결국 한국은 각 항의 정책과 수단을 미화해 탄성 외교라고 불렀을 뿐이다. 이러한 탄성 외교는 공산 국가와의 관계에서 발생하는 기본적인 이해관계를 해결하기 전에는 실패할 수밖에 없다. 한국이 한때 공산당과 가까워지고 중화민국과 멀어졌던 행동과 태도에는 한계가 있어서 걱정할 필요가 없었다. 따라서 한중관계의 진전에 대한 나의 믿음은 조금도 흔들리지 않았다. 오히려 요 근래 몇 년 사이에 주한미군 부대의 철수 여부가 걱정될 뿐이다.

미군 철수 문제 및 한미 관계 검토

협상으로 대항을 대신한다는 정책 아래 닉슨은 아시아 각국에 대해 해군과 공군의 협력 방어를 원한다고 주장했다. 하지만 아시아 각국은 나름대로 자국의 국방력을 최대한 증강시키려 했는데, 특히 지상부대 부문에서 그러했다. 다시 말해 외국에 주둔하는 미군의 점진적인 철수를 일찍이 구상했던 것이다. 미군은 베트남에서 낭패를 당하고 굴욕적인 평화를 맞은 후 철수했고, 남베트남은 공산당의 수중에 들어가버렸다. 게다가 미국 내에서 발생한 워터게이트 사건으로 인해 온갖 풍파가 일어났는데, 심지어 닉슨 본인의 대통령 자리까지 장담할 수 없는 지경에 이르렀다. 주한미군 철수 문제는 다행히도 이 때문에 손을 댈 시간이 없었다. 1976년 3월, 카터는 대통령 선거 연설 중에 한국 지역 내의 핵무기를 철수시킬 것이며 4~5년 내에 주한미군 부대를 단계적으로 철수시킬 것이라고 밝혔다. 카터는 대통령에 당선된 후 1977년 2월 박 대통령에게 특별 서한을 보내 한국 측과의 협상을 통해 상당 시간 내에 단계적으로 미군 부대를 철수시킬 것이라고 밝혔다. 같은 해 7월, 한국과 미국은 협의를 통해 1978년 말 1차로 6000명을, 1980년 말 2차로 9000명을, 1981~1982년 내에 3차로 남은 전체 지상부대를 철수시키기로 결정했다. 그 대가로 8억 달러에 상당하는 미군 장비를 무조건적으로 한국 측에 제공하고 그 후 몇 년간 지속적으로 매년 2억 7500만 달러의 군사 차관을 제공하기로 제시했다.

주한미군의 철수를 결정하는 과정은 한국 측에 충격을 주었으며, 이는 경시할 수 없는 문제가 되어버렸다. 군사적으로는 물론이거니와 정치적·심리적 영향 또한 막대했다. 하지만 다행히도 미국 대통령은 여러 요인을 고려해 결국 일정 기간 미군을 철수하지 않기로 했다. 여러 요인이란 첫째, 휴전선의 비무장 지대에 북한군이 비밀리에 파놓은 남침용 땅굴 세 개를 한미 연합군이 발견했는데, 이는 전차도 통과할 수 있는 크기였다. 둘째, 한미 연합군 당국이 북한의 병력을 다시 계산해보니 몇 년 전보다 12만 5000명이 더 늘어 실제로는 60만 명을 넘어섰음을 알게 되었다. 과거에 계산한 북한 병력은 육군이 약 45만~47만 5000명, 해군·공군이 약 7만 5000명이었다. 한편 남한은 육군 52만 5000명, 해군·공군 7만 5000명이었다. 주한미군의 총 인원은 3만 9000명이므로 미군이 철수하지 않는다면 한미 연합군의 병력은 북한의 남침을 방어하기 충분했으나 미군이 철수하면 문제가 생기는 상황이었다. 셋째, 북한은 암살 특수요원을 남한에 빈번히 침투시켰다. 1974년 8월 15일 박 대통령은 이로 인해 위험한 상황에 놓였으나 영부인이 대신 희생당했다. 또한 다른 이유도 있었는데, 첫째, 한국의 조야 정치인들, 특히 군이 미군의 철수를 반대했다. 둘째, 주한미군 참모장 존 싱글러브 소장마저 공개적으로 카터 대통령의 미군 철수 정책에 반대했는데, 그는 이 때문에 면직 당했다. 심지어 1979년 10월 주한미군 사령관 존 베시 대장은 미국 육군 부참모장으로 전직되어 한국을 떠나 미국으로 돌아가기 전 한미 병력을 증강해야 한다고 공개적으로 주장했다. 셋째, 일본 자위대는 비록 공식적인 입장을 표명하지는 않았으나, 암암리에 미국 측에 주한미군 철수 문제를 재차 고려해달라고 요청한 것이 확실했다. 넷째, 한국 외교부의 공로인지 중앙정보부의 공로인지 알 수 없지만, 미국의 국회의원 중에 적지 않은 의원이 주한미군 철수에 반대했다. 이러한 일련의 요인으로 인해 주한미군은 1978년 말에 이르러 전투부대 800명을 포함한 3400명을 철수시켰으나, 1979년 2월 미국 대통령은 기자들에게 "북한군의 병력이 증강되고 있고 미국과 중공, 그리고 남북한이 현재 접촉하고 있는 등 새로운 관계가 발전하고 있기 때문에 미국은 주한미군 철수를 보류하기로 결정했다"라는 성명을 발표했다. 7월 21일, 카터 대통령은 방한 후 정식으로 "1981년까지 주한미군 철수를 잠시 중단한다"라고 통보했다. 이로써 미군 철수 문제는 일단락된 상태다.

앞에서 본 바와 같이, 한국정부는 국내외의 압력하에 각종 정책을 운영했고, 결과적으로 난국을 돌파했다. 당시 해결한 많은 문제는 중화민국이 본보기로 삼아 배울 만하다. 그러나 또한 적지 않은 부분에서 중화민국에 경각심과 반성을 불러일으킨다. 예를 들어 국방과 외세 침략 문제에서 남한이 가진 전략 지위의 중요성 때문에 북한 공산군은 상당 기간 내에 다시 대규모 전쟁의 실마리를 제공하지는 못할 것이다. 소련이 북한의 남침을 종용해 큰 전쟁을 일으키길 원치 않기 때문이다. 중공은 북으로는 소련, 남으로는 베트남에 신경 쓰고 있었으므로 공식적인 입장을 내놓지는 않았으나 동북아시아의 군사적 균형과 평화를 유지하기 위해 미군이 계속 한국에 주둔하는 것을 환영하는 태도를 보였다. 이는 미묘하고 복잡한 동북아의 국제관계를 볼 수 있는 대목으로, 실제로 한반도의 군사 세력 균형이 다시 깨지기란 쉽지 않을 것이다. 따라서 북한의 무력 남침과 국제사회가 남한 관계에 미치는 압박에 대해 남한은 지나치게 걱정할 필요가 없어졌다. 자유정권이 공산정권에 대항해 투쟁할 때 가장 고려해야 할 점은 내정이다. 왜냐하면 자유정권이 의지하는 무기이자 민심을 얻는 가장 중대한 정치적 무기는 바로 자유, 민주, 법치, 인권이기 때문이다. 우리 모두 함께 자유민주의 길로 전진해 나가도록 격려해야만 공산주의의 장애를 돌파할 수 있다. 공산정권의 가장 큰 약점은 바로 자유와 민주가 없고 법치와 인권이 없다는 것이기 때문이다. 우리는 공산당의 무력 침략에 대해 늘 경계하고 준비해야 하며, 공산당 공작원이 침투해 들어와 내정상의 결함을 이용해서 우리를 이간질하거나 전복시키지 못하도록 경각심을 가져야 한다.

한국으로 말할 것 같으면 1972년 신헌법을 통해 대통령의 권한이 강화되고 정치 안정이 유지될 수 있었지만 한국의 야당은 현 정권이 독재적이고 비민주적이라고 주장했다. '제9호 긴급명령'을 보면 인권과 자유에 대해 더 많은 제약이 가해졌고 이로 인해 국민들의 책망을 받았다. 반대 당의 지도자들뿐 아니라 민간 종교계와 학계의 지도자까지 정부와 신헌법을 반대하고 일어섰다. 그 결과 정부를 비판하고 반대한 지도자들은 모두 법원에 기소되어 형을 확정받아 구속되었다. 1976년 여름 내가 타이베이에서 접한 서울의 신문기사 보도는 매우 우려할 만한 수준이었다. 한국정부는 이를 헌법을 보호하기 위한 것이고 사법을 통해 판결된 것이라고 주장했다. 그러나 반대 당파는 이를 정부의 독재이고 민주와 인권을 위배하는 것이라고 비판했다. 이는 공산당이라는 제삼자만 이롭게 하는 싸움으로, 손해를 입는 자는 남한이고 이득을 보는 자는 북한이 될 것이다.

사실 나는 이미 퇴임했기 때문에 중화민국정부에 대해 발언권이 없으며, 남한정부에는 더더욱 말할 처지가 못 되었다. 박 대통령이 정권을 잡은 것은 내가 주한대사에서 물러나 있을 때였다. 1965년 초 내가 다시 방한했을 때 정 총리는 내게 박 대통령을 한 번 만나보라고 했으나 그때 박 대통령은 부산과 마산으로 순시를 갔기 때문에 일주일 또는 십여 일 후에 서울로 돌아온다고 했다. 나는 급히 타이완으로 돌아가야 했고 방한 임무가 이미 완료되었기 때문에 정 총리에게 보고 일체를 부탁했고, 박 대통령을 만나지 못했다. 1967년 박 대통령이 정식으로 타이베이를 방문해 장 총통과 회담을 가진 기간에 박 대통령의 부름을 받고 나는 그를 한 번 만났다. 나는 박 대통령 개인의 결연함과 정직함에는 탄복했으나, 당시 진언을 할 수 있는 공직자의 자격이 아니었으며 사적인 교류가 있는 것도 아니었다. 그러나 결국 용기를 내어 박 대통령에게 특별 서한을 보냈다. 그에게 공산당과 투쟁하는 기간 동안에는 특히 민주와 인권 문제에 신경을 써달라고 요청했다. 또한 대통령의 지위를 이용해 상술한 각계의 반대파 지도자들에게 정치상의 특별 사면을 실시하라고도 조언했다. 이는 남한을 안정시켜 공산당에 이용되는 것을 막기 위함이었다. 특별 서한의 전문은 다음과 같다.

1976년 12월 24일 한국 박정희 대통령에게 보낸 편지

타이베이에서 헤어지고 몇 년이 지났으니 시간이 매우 빨리 흘렀습니다. 국운이 융성하고 각하께서 건강하길 바랍니다. 한국은 양대 공산 국가에 근접해 있고 북한이 남한을 전복하기 위해 끊임없이 도발하고 있는 환경에서도 각하의 영명한 지도로 경제가 빠른 속도로 발전하고 사회가 나날이 안정되고 있습니다. 이는 아시아 평화의 초석이 되었습니다. 그 치적에 경탄하지 않을 수 없습니다. 저는 제2차 세계대전 전에 한국의 독립운동에 참여했습니다. 전쟁 후 명을 받들어 한국에 대사직을 역임해 한국을 제2의 고향으로 여기고 있습니다. 우리 두 나라는 적화를 입어 존망이 서로 동일한 상황에 있습니다. 한국의 건국에 기여한 원로들은 저의 오랜 친구들이어서 더욱 관심을 갖고 지켜보고 있습니다. 전임 대통령 윤보선 및 전임 외무부 장관 정일형 두 사람은 모두 익히 잘 알고 있습니다. 지금 듣자하니 그들은 정부를 비방해서 '대통령 특별 법령' 위반 혐의로 초심에서 유죄 판결을 받아 상소 중인 것으로 알고 있습니다. 개인적인 견해이나, 윤보선과 정일형 두 선생은 독립운동에 참가해 공이 있으므로 정치적 사안에서는 특히 신중히 처리해야 합니다. 기독교 교리에 따르면 적을 너그럽게 용서함으로써 훈계하라고 합니다. 우리나라의 선현께서는 적을 감동시켜 친구로 만드는 것을 상책으로 삼았습니다. 윤보선과 정일형 두 사람이 위법했으나 공산당을 따르려는 의도는 없었습니다. 기타 종교계와 야당 지도자들 역시 모두 애국지사이고, 한국의 전 국민을 일치 단결시켜 공산당에 항거케 했으며, 공산당에 참가한 경력이 있는 자는 없습니다. 우리나라의 장 총통이 했던 명언이 떠오릅니다. "무릇 적이 아니면 모두 동지다."

단결할 수 있는 역량을 증대시키기 위해 마땅히 그들과 연락할 방법을 마련해두어야 합니다. 법률과 정치를 함께 고려할 수 있는 범위 내에서 각하의 특권을 발휘해 정치상 특별 사면을 해줄 것을 청합니다. 이는 스스로 반성할 수 있도록 하기 위함입니다. 작년 헬싱키회의 이후 서방 국가들이 '인권과 자유의 쟁취'를 표어로 삼아 공산 국가들을 개방 사회의 길로 들어서게 하고 있습니다. 이들을 특별 사면한다면 한국은 민주 국가들 사이에서 칭찬과 명망을 얻을 것입니다. 저는 작년에 이미 정계에서 은퇴한 일반인 신분이라서 아무런 관직상의 권한이 없으므로 일본, 미국 같은 국가의 현직 정부 관료나 국회의원들이 이런 발언을 하는 것과는 의의가 같을 수 없습니다. 하지만 이는 순전히 한국을 아끼는 저의 작은 성의에서 나온 것입니다. 1965년 봄 한국과 일본을 방문했을 당시 한일의 국교 회복을 위해 바삐 왕래했던 일이 떠오릅니다. 또한 이승만 전 대통령의 매장지를 허락하도록 건의했던 일도 다행히 받아들여졌습니다. 재차 주제넘게 말씀드리니 탁월한 판단을 요청 드립니다.

박 대통령은 이 서한을 1976년 말이나 1977년 초에 받아 읽었다. 나는 연초에 서울의 청와대에서 박 대통령이 보낸 연하장 한 장과 한국 사진이 담겨 있고 영어·한국어로 기록된 일기장 한 권을 받았다. 이는 나의 서한을 받았다는 의미인데, '서면 답장'은 없었다. 그런데 신문보도를 통해 박 대통령의 '행동 회신'을 확인할 수 있었다. 박 대통령은 우리와 견해가 비슷해 관용적인 정책을 채택하기로 정했던 것으로 보인다. 동시에 국가의 몇몇 조야 지도자들이 충고한 데 영향을 받은 듯했다. 1976년 12월 29일 서울 고등법원은 상술한 반정부 언동 사안에 대해 모두 감형을 선고했다. 지방법원에서 8년 형을 선고받은 김대중과 윤보선은 5년으로 감형되었고, 나머지도 대부분 감형되었다. 윤보선, 정일형, 함석헌 등 대부분 가택연금을 받고 행동이 제한되었을 뿐, 수감되지는 않았다. 그로부터 얼마 지나지 않아 이 사안으로 형이 확정되었던 야당 지도자들은 대부분 특별사면으로 석방되어 사안이 일단락되었다. 나는 그때 미국에 있었는데, 보도를 확인하고 마음이 놓였다. 하지만 안타깝게도 얼마 지나지 않아 한국 정치의 오랜 악습이 되살아났는데, 반대파 인사들이 구속되어 형을 판정받았다는 소식이 재차 들려왔다. 1979년 7월 미국 카터 대통령은 한국을 방문해 박 대통령을 만난 자리에서 한국의 인권 문제를 제기하고 그 명단을 나열하면서 한국정부는 정치사범 300여 명을 석방해야 한다고 요구했다. 8월에는 야당 신민당에서 김영선 의원이 대표로 선출되었는데, 이 일은 원래 신민당 내부의 문제로서 처음에는 법원에서 김영선의 당선이 불법이라 판결했다. 그런데 이어서 여당의 다수 의원이 결의해 김영선의 국회의원 자격을 박탈했다. 이로 인해 전국의 여론이 분분해졌다. 미국의 주한대사는 단기간 미국으로 돌아가 이의를 표명했으며, 신민당 의원 60여 명 전원이 사직해 국회는 잠시 휴회를 선포할 수밖에 없었다. 한편 의회 밖에서는 김영선의 선거구인 부산의 학생들이 10월 16일 정부의 비민주적인 태도에 항의하는 유세를 펼쳤다. 부산은 계엄하에 있었는데, 이로 인해 적잖은 사상자가 속출했다. 오래지 않아 마산 학생들이 들고 일어나 항의 유세를 벌였고, 이는 대구, 충주까지 확산되어 사상자가 나왔다. 이처럼 엄중한 시국 속에서 1979년 10월 26일 박정희 대통령은 측근이던 남한 중앙정보부장 김재규에 의해 총살당해 세상을 떠났다. 향년 62세, 18년간 통치 끝에 삶을 마감한 것이다.

나의 회고록은 여기까지다. 그러나 중화민국과 한국, 분리된 이 두 나라의 앞으로의 통일 비전과 양국 간의 관계는 밀접해서 분리할 수 없다. 그래서 나는 이 책의 마지막을 빌려 간략한 제안을 하나 하고자 한다.

자유, 민주, 법치, 인권은 마치 공기와 같아서 인류 생존에 없어서는 안 되는 요소다. 자유국가의 국민이든 공산당의 철의 장막 안에 있든 간에 모두 이를 위해 분투하고 있다. 중국공산당은 대륙을 29년째 점령하고 있다. 베이징동물원에서 전기기사로 재직했던 일반인 웨이징성(魏京生)은 현재 학계에서 유명한 자유민주 인권운동가로 변신해 중공 당국에 의해 15년형을 판결받았다. 웨이징성은 1978년 말 반정부 잡지 ≪탐색(探索)≫을 창간했는데, 이를 베이징 시내에 있는 이른바 '민주의 벽'에 붙였다. 그중 유명한 한 편의 글이 있는데, 바로 덩샤오핑(鄧小平)이 제기한 4대 '현대화' 정책 외에 '민주화'를 더하라는 요구다. 그는 다음과 같이 말했다.

> 인민에게는 민주가 있어야 합니다. 만약 그들이 민주를 요구한다면 그들은 그저 자신들이 당연히 갖고 있어야 할 것을 요구하는 것일 뿐입니다. 어떤 사람이 자신에게 주어지는 민주를 거절한다면 그는 바로 수치심 없는 강도나 마찬가지입니다.

또 다른 여성 건축가 푸웨화(傅月華)는 중공 간부의 폭행을 고소했다는 이유로 오히려 무고 행위로 숙청되었다. 그녀를 포함해 여러 사람이 천안문광장에서 억울함을 호소하고 철저하게 조사해달라고 요구했다가 비방당하거나 조직적인 공개 폭동으로 고발당했다. 이처럼 공산당의 압제하에 있기 때문에 인민들은 자유, 민주, 법치, 인권을 획득할 수 없다. 불평등에 대한 불만으로 발생한 저항 운동으로 인해 중공은 규모가 큰 사건을 여러 차례 겪었다. 그러나 중공은 이를 모두 사인방의 죄과로 떠넘겼다. 미국이 중공을 승인한 후 얼마 지나지 않아 각국 기자가 진실을 보도했기 때문에 이러한 소식은 철의 장막을 뚫고 폭로될 수 있었다. 중공 대륙에서 성장한 청년들마저도 자유와 민주를 위해 폭력과 압박에 굴하지 않고 선뜻 나서는데, 자유국가에서 나고 자란 청년들이 자유민주가 침해되는 상황을 허락해서는 안 된다. 이들은 당연히 적극적으로 들고 일어나 저항해야 한다.

한중 양국의 불행한 운명을 되돌아보는 것은 민족 자유와 민족 혁명을 위한 것이다. 이는 부분적으로는 성공했으나 인민의 자유와 민주를 실현하기에 시간이 충분하지 않았다. 중국으로 말할 것 같으면 삼민주의 가운데 민족주의는 한동안 부분적으로 완성되었으나 민권주의, 민생주의는 항전 승리 후 중공의 배신으로 인해 실현될 수 없었다. 한국 또한 마찬가지다. 한국전쟁을 통해 적색 제국주의의 괴뢰인 북한을 격파시키고 남한의 민족 자유를 지켜냈지만, 국민들의 자유와 민주는 여전히 만족스러울 정도로 실현되지는 못했다. 이 책은 3·1운동부터 현재까지의 한국에 대한 역사적 사실을 담았다. 중공과 중화민국, 남한과 북한 모두 평화통일을 외치지만 진정한 평화통일은 전국의 국민이 자유, 민주, 법치, 인권이 보장되는 평화적이고 번영된 생활을 누릴 때 가능하다. 정부가 자유와 민주를 진정으로 수호하고 법치와 인권을 보장한다고 국민이 확신할 때라야 국민들은 정부 지도자들의 통일 정책을 옹호할 것이다.

|

한중 근대사의 중심을 관통하는 외교 기록

김정현(동북아역사재단 연구위원)

사오위린(1909~1984)은 중국 저장성에서 태어나 일본 유학 후 쓰촨대학 교수를 거쳐 1935년 국민정부의 외교관이 되었다. 1938년 이후 충칭 국민 정부에서 군사위원회 장제스 위원장 비서실과 외교부 정보사에 근무하면서 임시정부와 한인 독립운동 지원 업무를 담당했다. 중국정부 내 직위가 높지는 않았지만 국민당 정부의 한국 정책을 실제 집행하는 중요한 위치에 있었고, 1944년 임시정부의 명예고문에 위촉되었다. 1948년 9월 중화민국은 서울에 총영사관을 개설했고, 1949년 1월 3일 양국 관계가 대사급 외교 관계로 격상되면서 사오위린은 중화민국 초대 특명전권 주한대사로 임명되어 한국에 부임했다.

1951년 9월 주한대사직을 사임하고 타이완으로 돌아간 그는 총통부와 외교부에서 고문을 역임했고, 한국 관련 회고록인 『使韓回憶錄』(전기문학출판사, 1980)을 남겼다. 이 책에서 그는 자신이 한국과 관계를 맺게 된 배경으로, 첫째, 일본 유학 시기에 중국과 한국이 일본 제국주의 압박하에 갖게 된 약소민족이라는 동병상련의 반일 정서, 둘째, 1934년 쓰촨대학 교수 시절 한국 독립운동가 김규식과의 교류, 셋째, 한국 독립운동을 지지하는 ≪대

공보≫ 주필 장지롼에게서 받은 영향, 넷째, 약소민족을 돕는 쑨원 선생의
삼민주의를 꼽았다.

한국 독립운동에 대한 사오위린의 인식

사오위린은 이 책에서 1919년 3·1운동에서부터 1979년까지 60년간의
한중 관계사를 기록했다. 그는 한국임시정부 초기 한국 혁명지사들이 외
교 선전 방면에서 한국 독립운동사에 길이 남을 중대한 공헌을 했다고 평
가하고, 쑨원 호법정부가 임시정부를 승인한 이후 장제스 국민당 정부에
도 그 정신이 계승되었음을 강조했다. 이 시기에는 국민당 지도자 천치메
이, 쑹쟈오런 등이 한국 혁명지사들과 긴밀하게 왕래했지만, 1928년 중화
민국으로 통일될 때까지 한국 독립운동을 지원할 여력이 없는 상태였고,
초기 임시정부도 노선 투쟁으로 매우 취약한 상태였다고 증언했다.

사오위린은 중국의 북벌 완성과 통일로 국민당 정부가 임시정부의 후
원자로 등장했지만, 초기 몇 년간 상하이 임시정부의 대외 활동은 아쉽게
도 특기할 만한 내용을 찾아볼 수 없었으며, 1931년 한국인과 중국인 사이
에 발생한 '완바오산 사건'은 한중 두 나라 인민의 감정을 이간질시키고자
하는 일본 군벌의 간악한 술책이 효과를 발휘한 것이라고 지적했다. 1932
년 4월 29일 윤봉길의 의거로 중국 국민정부가 한국임시정부와 협력했지
만, 일본과의 대립을 피하기 위해 국민정부가 전면에 나서지 않고 당과 군
사 당국이 주도하는 비밀 원조 방식으로 진행된 사정을 밝혔다.

사오위린에 따르면 한국임시정부와 한국의 독립운동에 대한 지원은 당
에서는 중앙조직부가, 군에서는 정치 작전과 정보 방면의 부서들이 담당
했다고 한다. 한국의 독립운동에 대한 원조는 다음 세 가지 방식으로 이루
어졌다. 첫째는 한국 독립지사들의 항일 활동을 직접적으로 지원하는 것
이었다. 둘째는 비밀리에 한국 청년들을 훈련시켜 군사 간부를 양성하는

것으로, 1932년 난징의 조선혁명간부학교와 중앙육군군관학교 뤄양분교 두 계열의 군사학교를 운영했으며, 이들이 후일 조선의용대와 한국광복군이 되었다고 한다. 그런데 이렇게 양성된 군사 인재들은 한국 독립운동 진영에서 내부 당쟁의 도구로 이용되기도 했다. 셋째는 대일 정보의 수집 공작에 필요한 모든 훈련과 경비를 중국이 전부 제공하는 것이었다. 이 자금은 한국 독립운동 진영에 매우 중요한 재원이었지만, 비밀리에 지원한 자금은 분배 과정에서 임시정부 내부의 또 다른 분쟁을 촉발시키는 요인이 되기도 했다. 사오위린은 이 점을 아쉬워하면서 이는 중국 당국도 깊이 반성해야 할 부분이라고 지적했다.

1937년 7월 7일 중일전쟁의 발발과 항일전선의 확대는 한중 관계가 한중 연대, 공동 항일의 방향으로 나아가는 계기가 되었다. 사오위린은 전면적인 항일 전쟁이 개시된 이후 중국정부는 대한 원조를 공개적으로 진행하면서 한국 독립운동 진영 내 각 당파의 단결과 합작을 요구하고 이를 위한 조정자 역할을 수행했다고 밝혔다. 사오위린은 한국의 독립을 위한 분투와 공동 항일을 위한 중국의 원조 협력을 ① 분파 극복 및 정치적 단결을 위한 활동, ② 군대를 창설하는 건군과 제2차 세계대전에의 참전 노력, ③ 한국임시정부의 외교적 승인 쟁취 등 세 가지 방면으로 나누어 경과를 서술했다.

사오위린은 한커우에 머물 때 《대공보》의 장지롼 주필이 자신에게 한국 독립운동을 위해 분투할 것을 당부하며 장래 독립된 한국의 첫 번째 중국대사가 되라며 격려했는데, 1939년 충칭에서 국민정부 군사위원회 위원장 비서실의 비서로 전임하면서 한국 독립운동 진영과 본격적으로 관계를 맺게 되었다. 그는 1940년 외교부 정보사장이 되어 국민당 정부의 대한 정책 업무를 맡았는데, 그 이유는 충칭의 한국임시정부가 외교적 승인을 얻지 못한 관계로 임시정부와 관련한 국제 사무를 대부분 정보사가 나서서 비공식적인 방법으로 처리했기 때문이다.

충칭에서도 국민당 정부의 대일 정보공작은 당과 군의 두 갈래로 나뉘어 진행되었는데, 중앙당부는 한국임시정부를, 군사위원회는 조선민족혁명당을 대상으로 했다. 또 비선인 군부 정보 책임자가 황푸군관학교 동문이라는 인연으로 김원봉과 밀접한 관계를 유지하는 등 중국의 기관들이 별도로 대일 정보를 수집한 것은 한국 혁명 진영 내부의 분쟁을 심화시킨 요인으로 작용했다. 사오위린은 당시 대일 정보공작을 둘러싸고 국민당 정부 측의 계통이 엇갈린 데다 공산당까지 합세하면서 복잡하게 전개된 사정은 직접 그 일에 참여한 사람이 아니면 도저히 자세한 내막을 알 수 없는 요지경과도 같았다고 토로했다.

사오위린은 1940년 9월 임시정부가 창설한 한국광복군 건립 기념식에 외국 각계 인사들과 함께 초청되어 참석했다. 그에 따르면 중국 군사당국이 한국광복군 창설에 찬성한 이유는 정치적 목표 때문이었고, 한국광복군 사무를 관할하고 감독하는 실무 조직은 군사위원회 판공청 군사처였으며, 광복군 운영에 필요한 모든 군량과 장비를 군사위원회에서 제공했다고 한다.

그는 한국광복군이 대일 심리작전과 군대 정치공작에 참여했고 한국 독립운동과 중국의 대일 항전을 하나로 연결시키면서 상당한 공헌을 했다고 인정했다. 반면 조선의용대는 일본군에 대한 정치공작에 적지 않은 성과를 거두었음은 인정하지만 한국광복군과 대립해 일부가 1941년 초 허베이로 떠나 옌안으로 들어간 것은 공산당의 정치적 공작에 이용된 것이라고 서술했다. 국공합작하에 군사위원회 정치부 부부장을 맡은 중공의 저우언라이와 제3청장을 맡은 궈모뤄가 김원봉 일파를 공산당 편으로 끌어들이기 위한 공작을 진행해 후일 적지 않은 조선의용대원들이 옌안으로 들어가 공산당에 참가했다는 것이다.

한국 독립과 임시정부의 외교 승인 획득을 위한 사오위린의 활동

사오위린은 국민당 정부가 한국임시정부 승인을 추진하려 했다고 밝히면서, 1942년 5월 1일 미국의 주중대사 클래런스 고스가 중국 외교부에 "미국정부는 현재 상황에서 어떠한 한국 단체도 즉각 승인할 뜻이 없다"라고 표명한 사실을 애석하게 생각했다. 반면, 장제스 위원장은 1942년 12월 '한국의 광복운동을 도울 지도방안'에서 중국정부가 "적당한 시기에 다른 나라에 앞서 한국임시정부를 승인한다"라고 명시했으며, 1943년 11월 22~26일 카이로회담을 전후해 한국임시정부의 승인을 위해 많은 노력을 기울였다고 밝혔다.

사오위린은 1943년 1월 ≪대공보≫에 한국은 전후 즉각 독립해야 하며 이는 대일 작전을 진행하는 목표 가운데 하나라고 강조하는 글을 발표했다. 또한 그는 1944년 1월 임시정부 지도자들과 전후 한국 독립 쟁취와 임시정부 승인 방법에 대해 논의하면서 두 가지 논점을 제시했다. 첫째, 카이로선언에서 전후 한국의 독립을 보증했지만 '적당한 시기'라는 구절로 인해 이 보증이 변질될 수도 있으므로 한중 양국은 연합해 한국 독립의 방해하는 세력을 막아내기 위해 노력해야 한다. 둘째, 이를 위해 영미 정부가 임시정부 승인을 늦추고 있는 원인을 찾아 해소해야 하며, 전후 한국의 독립 보증은 충칭 임시정부에 대한 외교적 승인과 별개의 문제다.

1944년 4월 사오위린은 임시정부의 명예고문으로 위촉되어 무척 감격해했다. 중국정부가 임시정부를 정식으로 승인하지 않았기 때문에 현직 외교관인 그가 정식으로 고문직에 임명될 수는 없었지만, 중국정부의 묵인 아래 중국인이 명예고문이 된 것은 한중 관계사에서 유일한 사례였다. 그는 카이로회담 이후 중국의 국력이 차츰 쇠퇴해져서 중국의 발언권과 영향력이 감소하는 것을 애통해하면서도, 국제회의에서 한국 독립과 임시정부 외교 승인 획득을 위한 활동을 펼쳤다. 1944년 12월 미국에서 열린 태평양학회 회의에서 사오위린은 영미대표단이 주장한 '적당한 시기' 동안 한국이 국제 공동 관리를 거친 뒤에 독립 지위를 얻을 수 있다는 주장을 반박했다. 그는 유엔 헌장 규정과 신탁통치이사회의 최종 목표는 약소국가의 '자치'가 아니라 '독립'이라면서 한국의 독립을 주장했다. 또한 그는 1945년 2월 얄타회담에서 영국과 미국이 미국과 소련의 남북한 분할 군사 점령을 결정한 것은 소련의 환심을 사기 위해 중국을 배신한 것이며, 한국뿐만 아니라 중국도 영국과 미국의 희생물이 되었다고 주장했다. 하지만 그는 중국이 신탁통치라는 미국 주도의 방안에 동조함으로써 임시정부에 대한 독자적인 승인 노력을 포기한 것은 언급하지 않았다.

항일 연합에서 반공 연합으로의 전환을 추진하다

중국국민당 정부는 임시정부가 귀국 후 새로운 한국정부의 기초가 되기를 바랐다. 사오위린은 1945년 9월 임시정부가 조속히 귀국할 것을 거듭 권유했고, 11월 5일 충칭에서 귀국하는 한인 혁명 지도자들을 배웅했다. 임시정부가 비록 외교적인 승인을 얻지는 못했지만 한국인들은 모두 임시정부를 독립운동의 중심 기관으로 인정했고 이런 인식이 있었기에 임시정부 주석과 기타 지도자들이 부득이 개인 자격으로 귀국한 뒤에도 존경과 환영을 받을 수 있었다고 그는 회고했다. 중국정부는 중국 내 한인 교민 사무를 처리하는 임시정부 주중대표단을 사실상 승인하고 외교기관과 같은 대우를 했으며, 사오위린은 충칭과 난징에서 주중대표단 인원들과 협력 업무를 담당했다.

사오위린은 1945년 12월 장제스에게 한국 문제를 처리하는 데 대한 의견을 제출했다. 여기서 그는 미국과 소련이 한반도를 분할 점령하고 있는 상황을 중국이 변화시킬 수는 없으나 한국의 완전한 독립이 중국에 도움이 될 것이라면서, 한국 내 친중국 세력을 지원하고 한국의 민주정부 수립과 건군 및 행정 간부 훈련을 지원할 것을 제시했다. 또한 카이로선언의 '적당한 시기'가 언제인지 유엔에서 한국 독립의 명확한 시간표를 제시해야 하며 미군과 소련군을 한반도에서 철군시켜야 한다고 주장했다.

1946년 5월 사오위린은 군사위원회 국제문제연구소 주임 직무대리와 군사위원회 주한대표에 임명되었다. 국민당 정부는 한국 실정을 파악하고 임시정부와 협력하기 위해 사오위린을 주한대표로 파견하기로 결정했으나 실제 파견은 이루어지지 않았다.

1947년 4월 사오위린은 난징을 방문한 이승만을 맞이했다. 이승만이 방중한 기간에 장제스는 남한에서의 단독 정부 수립을 지지했는데, 이는 이승만에게 큰 힘이 되었다. 1949년 1월 중국과 한국이 상호 승인해 양국 관계는 대사급 외교관계로 격상되었다. 장제스와 국민정부는 통일을 앞세운 김구보다 반공과 독립을 주장한 이승만에게 더 관심을 갖게 되었다. 대한민국정부가 수립된 이후 국민정부가 이를 신속하게 승인한 것은 전후 양국의 현안이 된 반공 문제로 인한 연대 때문이라 할 수 있다. 사오위린은 1949년 1월 초대 중화민국 특명전권 주한대사로 임명되었다. 하지만 중국 내전 정국이 급변한 데다 한국 측 동의를 받는 수속이 오래 걸리는 바람에 자신이 직접 이승만 대통령에게 연락해 임명 수속을 해결했다. 사오위린은 김구가 암살당한 후인 7월 28일에야 대사관을 개설할 수 있었으며, 자신을 임시정부 명예고문으로 임명한 김구의 숙소였던 경교장에 거처를 정했다.

사오위린 대사가 한국에서 맡은 사명은 중화민국 - 한국 - 필리핀의 극동 반공 연맹을 건설하는 것이었다. 사오위린은 1949년 8월 진해를 방문한 장제스 중국국민당 총재와 이승만 대통령의 회담을 한중이 항일 연합에서 반공 연합으로 나아간 획기적인 회의라고 평했다. 그러나 극동 반공 연맹은 실현되지 않았다.

사오위린이 중국 내 한국 독립운동사 연구에 미친 영향

1951년 타이완으로 돌아간 사오위린은 타이완의 한국 독립운동사 연구자들에게 실질적인 자료를 제공하는 등 큰 영향을 미쳤고, 『중국 안의 한국독립운동(韓國獨立運動內中國)』을 저술한 후춘후이 교수의 타이완국립정치대학교 박사학위 논문 「중국과 한국임시정부의 관계(中國與韓國臨時政府之關係)」를 지도했다. 사오위린은 한국 독립운동사에서 임시정부가 펼친 외교적 노력을 높이 평가했으며 호법정부의 임시정부 승인과 이후 장제스의 국민당 정부로의 계승성을 강조했다. 반면 한국 내의 연구자들은 임시정부와 호법정부의 협력 관계 내면에는 한중이 서로 돕는다는 긍정적 측면 외에 '중화주의와 사대주의의 교차'라는 부정적·갈등적 측면이 공존했음을 지적하기도 한다.

이 책에 기록된 사오위린의 활동은 중국에서 한국 독립운동가들이 전개한 다양한 형태의 한중 연대의 일환이라고 할 것이다. 중국과 협력한 항일 독립운동의 실체를 밝히기 위해서는 더 많은 자료 발굴과 다양한 관점에서의 접근이 필요한 상황이다. 이 책은 임시정부 중심의 기존 독립운동사 연구와 달리, 한국에 대한 중국의 외교 방식을 증언하고 새로운 시각과 연구 과제를 제공해주는 자료집이라고 할 수 있다.

그렇지만 그의 시각은 한국 독립운동 진영 내의 분파 싸움을 너무 강조한 면이 없지 않다. 그는 이 책에서 임시정부 내부의 분열과 분파 투쟁을 강조하면서, 국민당 정부가 임시정부를 승인하지 않은 가장 큰 이유가 한인 세력의 분열이라고 했다. 또한 그는 중국 정부의 지원과 협력을 강조했지만, 그 지원의 내면에는 전후 한반도에 한국임시정부를 중심으로 하는 친중 정부를 수립하고 이를 통해 중국의 영향력을 확보하려는 목표가 숨어 있었다고 지적한다. 즉, '중화제국 질서'의 유산이 강고하게 남아 있었다는 것이다.

사오위린의 회고록은 이러한 문제를 갖고 있긴 하지만, 국내의 연구가 주로 임시정부의 활동에만 주력해 중국 측 입장을 정확하게 포착하지 못한 점을 극복하는 데 도움을 줄 것이다. 또한 중국국민당 정부가 한국임시정부에 대해 가지고 있었던 부정적인 인식은 우리에게 이를 극복하는 방법이 무엇일지 많은 생각을 하게 만든다. 요컨대 이 책은 1945년 이전 독립운동과 해방 이후 냉전 체제 사이의 한중 관계의 연속과 단절 문제를 구체적으로 탐구하는 데 유용한 자료가 될 것이다.

옮긴이 후기

이 책의 번역·출간 작업은 2012년부터 착수해 점진적이고 지속적인 노력 끝에 약 5년에 걸쳐 완성되었습니다. 이 책은 학술적인 차원에서 근현대 한중 관계사의 잃어버린 고리를 복원하는 역할을 하는 한편, 더욱 폭넓은 시각에서 한중 관계를 입체적으로 되짚어보는 하나의 이정표가 될 것으로 생각합니다.

중화민국의 역사를 알지 못하면 중국의 근현대사를 제대로 이해할 수 없다는 관점에 입각해서 보면 중화민국의 초대 주한대사인 사오위린이 생생하게 묘사하고 있는 격동의 한중 관계사는 학술적·정책적·연구사적으로 중요할 뿐만 아니라 국제정치적 관점에서도 커다란 의미가 있습니다.

이 책의 번역 과정에서는 무엇보다 표기의 정확성을 중시했으며, 공역 작업 이후 전체적으로 문체를 통일해 표현의 일관성을 도모했습니다. 또한 독자들이 명료하고 쉽게 이해할 수 있도록 용어 선택 등에 최대한 노력을 기울였으며, 부연 설명이 필요한 부분은 '옮긴이 주'를 추가했습니다.

무엇보다 어려운 출판 여건 속에서도 물심양면으로 지원해준 한울엠플러스의 김종수 사장님께 진심어린 감사를 전합니다. 아울러 빼어난 편집 솜씨로 이 책의 출간을 정성스럽게 마무리해준 신순남 씨에게도 사의를 표합니다.

역자가 국제 정치 및 중국 정치를 연구하는 과정에서 서울대학교 하영선 명예교수님, 건국대학교 한인희 교수님, 한림대만연구소(HITS) 김태호 소장님, 한국외국어대학교 강준영 교수님 등 여러 스승님으로부터 받았던 많은 가르침은 이 책을 출간하는 데 소중한 계기가 되었습니다.

마지막으로 이 책의 출간 과정에서 미국 워싱턴 글로벌대만연구소 러셀 샤오 연구원(변호사), 영국 런던대학교 대만연구소 천이신(陳以信) 연구원(전 중국국민당 대변인), 타이완국립정치대학교 리밍(李明) 교수 등으로부터 많은 조언을 받았음을 밝힙니다.

2017년 11월

옮긴이를 대표하여 이용빈

지은이

사오위린(邵毓麟)

1909년 중국 저장성(浙江省) 인현(鄞縣)에서 태어났다. 1935년 국민정부 외교부의 일본·러시아과 과장, 1937년 주일본 요코하마 총영사를 거쳤으며, 1944년 김구의 요청으로 중국인으로서는 유일하게 한국임시정부의 고문을 맡아 한국의 독립운동을 여러 방면에서 지원했다. 임시정부의 요원들과 친분이 두터웠으며, 김구, 이승만과도 깊은 관계를 유지했다. 1949년 7월부터 1951년 9월까지 초대 주한 중화민국대사로 재직했으며, 주한대사직을 사임한 이후로도 한일 교류를 중재하고 이승만 대통령의 국립묘지 안장을 박정희 대통령에게 건의하는 등 한국과의 인연을 이어갔다. 1984년 75세의 나이로 세상을 떠났다.

옮긴이

이용빈 미국 국무부 및 해군사관학교 초청 방문, 중국 베이징대학교 국제정치학과 대학원 수학, 타이완국립정치대학교 학술 방문, 홍콩국제문제연구소 연구원
강경민 한림국제대학원대학교 정치외교학과 석사, 타이완대학교 정치학과 박사과정 재학
김민하 한림국제대학원대학교 정치외교학과 석사
이해룡 한림국제대학원대학교 정치외교학과 석사
홍대진 한림국제대학원대학교 정치외교학과 석사과정 수료

사오위린 대사의 한국 외교 회고록
중화민국과 한국의 근대 관계사

지은이 | 사오위린
옮긴이 | 이용빈 외
펴낸이 | 김종수
펴낸곳 | 한울엠플러스(주)
편집 | 신순남

초판 1쇄 인쇄 | 2017년 11월 15일
초판 1쇄 발행 | 2017년 11월 30일

주소 | 10881 경기도 파주시 광인사길 153 한울시소빌딩 3층
전화 | 031-955-0655
팩스 | 031-955-0656
홈페이지 | www.hanulmplus.kr
등록번호 | 제406-2015-000143호

Printed in Korea.
ISBN 978-89-460-6404-1 03340(양장)
      978-89-460-6405-8 03340(반양장)